Markus Antonius Wirtz

# Basiswissen Statistische Methoden

Grundlagen und Anwendung in den Therapie- und Gesundheitswissenschaften

W0280607

hogrefe

**Markus Antonius Wirtz**, Prof. Dr., Pädagogische Hochschule Freiburg, Abteilung für Forschungsmethoden in den Gesundheitswissenschaften

**Wichtiger Hinweis:** Der Verlag hat gemeinsam mit den Autoren bzw. den Herausgebern große Mühe darauf verwandt, dass alle in diesem Buch enthaltenen Informationen (Programme, Verfahren, Mengen, Dosierungen, Applikationen, Internetlinks etc.) entsprechend dem Wissensstand bei Fertigstellung des Werkes abgedruckt oder in digitaler Form wiedergegeben wurden. Trotz sorgfältiger Manuskriptherstellung und Korrektur des Satzes und der digitalen Produkte können Fehler nicht ganz ausgeschlossen werden. Autoren bzw. Herausgeber und Verlag übernehmen infolgedessen keine Verantwortung und keine daraus folgende oder sonstige Haftung, die auf irgendeine Art aus der Benutzung der in dem Werk enthaltenen Informationen oder Teilen davon entsteht. Geschützte Warennamen (Warenzeichen) werden nicht besonders kenntlich gemacht. Aus dem Fehlen eines solchen Hinweises kann also nicht geschlossen werden, dass es sich um einen freien Warennamen handelt.

**Bibliografische Information der Deutschen Nationalbibliothek**
Die Deutsche Nationalbibliothek verzeichnet diese Publikation in der Deutschen Nationalbibliografie; detaillierte bibliografische Daten sind im Internet über http://www.dnb.de abrufbar.

Dieses Werk einschließlich aller seiner Teile ist urheberrechtlich geschützt. Jede Verwertung außerhalb der engen Grenzen des Urheberrechtes ist ohne Zustimmung des Verlages unzulässig und strafbar. Das gilt insbesondere für Kopien und Vervielfältigungen zu Lehr- und Unterrichtszwecken, Übersetzungen, Mikroverfilmungen sowie die Einspeicherung und Verarbeitung in elektronischen Systemen.

Anregungen und Zuschriften bitte an:
Hogrefe AG
Lektorat Gesundheitsberufe
z. Hd. Barbara Müller
Länggass-Strasse 76
3012 Bern
Schweiz
Tel. +41 31 300 45 00
info@hogrefe.ch
www.hogrefe.ch

Lektorat: Barbara Müller
Herstellung: Daniel Berger
Umschlagabbildung: © Klaus Vedfelt, GettyImages.com
Umschlag: Claude Borer
Satz: Claudia Wild, Konstanz
Druck und buchbinderische Verarbeitung: Finidr s. r. o., Český Těšín
Printed in Czech Republic

1. Auflage 2024
© 2024 Hogrefe Verlag, Bern

(E-Book-ISBN_PDF 978-3-456-96280-1)
ISBN 978-3-456-86280-4
https://doi.org/10.1024/86280-000

# Inhaltsverzeichnis

# Vorwort

Studierende der Therapie- und Gesundheitswissenschaften benötigen in ihrer zukünftigen beruflichen Tätigkeit Fähigkeiten und Fertigkeiten, die sie in die Lage versetzen, den Gesundheitszustand der betreuten und behandelten Menschen – gemeinsam mit diesen – positiv zu beeinflussen. Damit die Gesundheit von Menschen gezielt gefördert werden kann, bedarf es soliden Wissens, wodurch deren Gesundheit gekennzeichnet ist und von welchen Merkmalen oder Behandlungsmaßnahmen der Gesundheitszustand beeinflusst wird.

Gesundheitswissenschaftliche Forschung dient der Gewinnung und der kritischen Analyse dieses Wissens. In empirischen gesundheitswissenschaftlichen Forschungsstudien werden Menschen hinsichtlich Eigenschaften und Merkmalen untersucht, die für eine Forschungsfragestellung bedeutsam sind: z. B.: „Welche Erkrankungssymptome treten typischerweise wann im Falle einer bestimmten Erkrankung auf?", „Welche Gesundheitsmerkmale stehen mit einer hohen Lebenszufriedenheit in Zusammenhang?" oder „Hat ein verbessertes Ernährungs- und Bewegungsverhalten ein höheres Wohlbefinden oder ein verringertes Erkrankungsrisiko zur Folge?"

Bei der Beforschung und Analyse solcher Fragestellungen sind empirische Forschungsmethoden und statistische Analyseverfahren von grundlegender Bedeutung. Dies wird schnell deutlich, wenn man sich zum Stand der Forschung zu einem Thema kundig machen will. Studienbefunde werden in Fachzeitschriften und auf Fachkonferenzen so präsentiert, dass diese ohne Kenntnis der methodischen und statistischen Hintergründe nicht angemessen verstanden und eingeordnet werden können: Die Studieninformationen und -ergebnisse werden mittels statistischer Koeffizienten, wie Mittelwerten, Standardabweichungen oder Korrelationskoeffizienten, kommuniziert. Ob eine Maßnahme den Menschen hilft, wird daraus abgeleitet, ob ein ominöser sogenannter p-Wert den Wert ,05 unterschreitet. Und nicht nur die Zahlen, sondern auch die Begriffe wirken zum Teil kryptisch, wenn man sich nicht fundiert mit den forschungsmethodischen und statistischen Hintergründen auseinandergesetzt hat.

Gesundheitswissenschaftlerinnen und Gesundheitswissenschaftler sollten in der Lage sein, solche statistischen Informationen und Argumentationen richtig zu verstehen, kritisch zu beurteilen und daraus angemessene Schlussfolgerungen zu ziehen. Dieses Lehrbuch verfolgt das Ziel, Sie zu befähigen, diese Informationen zu verstehen und entsprechende Methoden einzuordnen sowie auch eigenständig umzusetzen.

Jedoch gehören statistische Methoden bei Studierenden erfahrungsgemäß in der Regel nicht zu den Inhalten des Studiums, denen sie mit dem größten Interesse und mit dem größten Wissensdurst begegnen. Zum einen, weil die Inhalte vielleicht nicht den Kern dessen betreffen, was sie zur Wahl eines gesundheitswissenschaftlichen Studiums bewogen hat. Mit Menschen arbeiten zu wollen und deren Gesundheit und Wohlbefinden zu fördern, hat – zumindest auf den ersten und wahrscheinlich auch auf den zweiten Blick – nichts mit der Anwendung von Formeln und Rechenvorschriften gemeinsam. Zum anderen löst „Mathematik" und „Statistik" bei vielen nicht unmittelbar positive Emotionen aus. Mathematikangst oder ein aversionsbegleiteter Respekt vor Mathematik stellen eine nicht seltene Hürde dar, um das Studium mit unvoreingenommer Neugierde, Freude und Offenheit zu beginnen.

Aber spätestens bei der genaueren Beschäftigung mit der Inhaltsstruktur des Studiums wird deutlich, dass Statistik und eher technisch anmutende Forschungsmethoden einen Kernbestandteil ausmachen. Die bittere Einsicht mag dann unvermeidbar scheinen: „Es nützt alles nichts, da muss man durch!"

Als Autor dieses Lehrbuchs ist es mir ein dringendes Anliegen, eine positivere Sichtweise und Haltung bei Ihnen, den Leserinnen und Lesern, zu unterstützen. Ein wesentliches Ziel dieses Lehrbuchs besteht darin, dass Sie verstehen, *weshalb* den Forschungsmethoden und der Statistik eine so hohe Bedeutung in der Ausbildung und in der Beschäftigung mit gesundheitswissenschaftlicher Forschung beigemessen wird. Verstehen Lernende den Sinn dessen, so lernen sie tendenziell unbefangener und interessierter Statistik – und damit auch wesentlich erfolgreicher. Eine pragmatische Einstellung, die die Sinnhaftigkeit unterstützt, besteht darin, dass Statistik und Forschungsmethoden unerlässliche Werkzeuge von Gesundheitswissenschaftlerinnen und Gesundheitswissenschaftlern darstellen. In jeder Profession gibt es Wissen, Fähigkeiten und Fertigkeiten, über die man verfügen und die man beherrschen muss, um den Beruf professionell betreiben zu können – unabhängig davon, in welchem Maße diese an sich als spannend oder interessant empfunden werden. Also, auch wenn Sie Statistik und Forschungsmethoden als „notwendiges Übel" betrachten würden, wäre bereits eine Basis geschaffen, sich dem Themengebiet in interessierter Weise zu nähern: Nämlich dann, wenn Sie die „Notwendigkeit" erkennen und für sich ernst nehmen, weil diese Kernmerkmale gesundheitswissenschaftlicher Professionalität darstellen.

Erstrebenswerter ist es jedoch, dass Sie für sich das Bewusstsein entwickeln, dass Statistik und Forschungsmethoden Ihr Wissen, Ihre Kompetenzen sowie Ihre Entscheidungsfähigkeit positiv bereichern. Statistik und Forschungsmethoden besitzen nämlich deswegen einen so hohen Stellenwert, weil sie es in gesundheitswissenschaftlichen Forschungs- und Handlungsfeldern ermöglichen, Sachverhalte aussagekräftiger, transparenter, fehlerfreier und zuverlässiger zu beurteilen. Nur wer die entsprechenden Informationen versteht und kritisch einordnen kann, kann Forschungserkenntnisse adäquat nutzen. Möchte man beispielsweise beurteilen, ob und in welchem Maße eine Fördermaßnahme die Gesundheit unterstützt, so muss man sich fragen: „Woran kann ich erkennen, dass die Wirksamkeit als nachgewiesen gelten kann?", „Woran kann ich erkennen, welche gesundheitlichen Merkmale in stärkerem oder schwächerem Maße gefördert werden können?". Wie wir in diesem Lehrbuch sehen werden, bedarf es mehrerer begründeter Entscheidungen zur Studienanlage („Welche Personen müssen wann wie untersucht werden?") und der statistischen Auswertung, damit belastbare Aussagen resultieren. Denkt man darüber nach, wie sich eine gesundheitswissenschaftliche Fragestellung beantworten lässt, so bedeutet dies unmittelbar, dass man sich Gedanken darüber machen muss, wie man das Problem strukturiert untersuchen (Domäne der Forschungsmethoden) und wie man die Daten statistisch auswerten sollte (Domäne der Statistik), damit eine möglichst klare Antwort erwartet werden kann.

Die öffentlichen Informationen und Diskussionen zur COVID-19-Pandemie haben besonders nachdrücklich gezeigt, wie eng verwoben individuelle und öffentliche gesundheitsbezogene Entscheidungen mit statistischen Informationen und statistisch sorgfältig ausgewerteten Studienergebnissen sind: Maßzahlen wie die Inzidenz (Neuerkrankungsrate) oder der R-Wert (als Maß der Infektionsdynamik) waren entscheidend, um die Gefährdung des Einzelnen und der Gesellschaft beurteilen zu können. Wie sich Bürgerinnen und Bürger verhalten sollten, um ihre Gesundheit zu schützen, wurde von diesen Kennziffern oder von statistischen Vorhersagemodellen abhängig gemacht. Ob eine Impfung gegen das Virus effektiv schützt, wurde aus dem statistischen Vergleich kontrolliert ermittelter Prozentzahlen abgeleitet. Aber auch Falsch-Nachrichten („Fake news") wurden durch Zahlenangaben und Studien begründet. Als Gesundheitswissenschaftlerinnen und Gesundheitswissenschaftler müssen Sie mit diesen Informationen und deren Hintergründen kompetent umgehen können.

Aber auch für die direkte Kommunikation mit Menschen sind forschungsmethodische und statistische Kenntnisse wichtig. Dies wird insbesondere durch das moderne Konzept der gemeinsamen oder partizipativen Entscheidungsfindung nachvollziehbar. Weder die beratende bzw. betreuende noch die beratene bzw. betreute Person ist für gesundheitsbezogene Entscheidungen allein verantwortlich. Vielmehr ist es die Aufgabe beider, sich kritisch über die möglichen Alternativen zu informieren und sich vor dem Hintergund der individuellen Lebenssituation und Bedürfnisse für die im Einzelfall passendste Alternative zu entscheiden. Ihre Aufgabe wird dabei insbesondere darin bestehen, die beratenen und betreuten Menschen, die Hilfe und Unterstützung in Gesundheitsfragen suchen, kompetent über den Stand der Forschung zu informieren. Dies setzt voraus, dass Sie aktuelle Erkenntnisse identifizieren, verstehen, kritisch beurteilen und anwendungsbezogen reflektieren können. Dies stellt die Basis dar, um Menschen angemessen informieren und sich mit Menschen professionell austauschen zu können.

Gesundheitswissenschaftliches Denken und gesundheitswissenschaftliche Erlkenntnisgewinnung gehen also Hand in Hand mit forschungsmethodisch fundiertem Handeln und statistischer Datenanalyse. Je vernetzter und integrierter Sie sich parallel mit der inhaltlichen Ebene und der forschungsmethodisch-statistischen Ebene beschäftigen, desto besser können Sie Ihre eigenen Kompetenzen als Gesundheitswissenschaftlerin und Gesundheitswissenschaftler entwickeln und in der Praxis zielgerichtet und lösungsorientiert anwenden.

Um Ihnen hierzu einen hilfreichen Einstieg zu ermöglichen können, werden in diesem Lehrbuch, verschiedene **didaktische Leitgedanken** und **Methoden** berücksichtigt:

- *Beispielbasierte Einführung der Inhalte*: Alle statistischen Inhalte werden in Zusammenhang mit einem Anwendungsbeispiel aus der Gesundheitswissenschaft eingeführt. Die kombinierte Darstellung unterstützt Sie dabei, die statistischen Informationen verknüpft mit anschaulichen Anwendungsfragen zu verstehen.
- *Anwendungsbeispiele*: Zusätzlich werden vertiefende gesundheitswissenschaftliche Beispiele aus der angewandten Forschung dargestellt, die das Verständnis für die gesundheitswissenschaftliche Bedeutung der Verfahren fördern.
- *Blitzlichter aus der Forschungspraxis:* Als letzter Unterabschnitt werden in jedem Kapitel drei Blitzlichter aus der Forschungspraxis samt Quellenangabe berichtet. Hierbei handelt es sich in der Regel um eindrückliche Anwendungsfälle aus der Literatur, komplexere Studien oder spezialisierte Vertiefungstexte, in denen die Kapitelinhalte wieder auftauchen. Hierdurch wird die Verbindung der Kapitelinhalte zu anspruchsvolleren wissenschaftlichen Anwendungen, Diskursen und Textformen hergestellt.
- *Einbindung der Informationen in Forschungsprozesse*: Statistische Inhalte und Analyseschritte werden als Teil von Forschungsprozessen eingeführt, sodass die Bedeutung in Bezug auf gesundheitswissenschaftliche Inhalte („Wieso bzw. mit welchem Ziel wird diese Analyse so ausgeführt?") im Blick behalten werden kann. Insbesondere das einführende Kapitel 1 widmet sich vorwiegend der Rahmung statistischer Verfahren in vollständigen

gesundheitswissenschaftlichen Forschungsprozessen – von der theoretischen Fundierung bis zur Implemetierung in der Anwendungspraxis.

- *So wenig Mathematik wie erforderlich, aber nicht weniger*: Ihnen stehen Programme und Internettools zur Verfügung, die nahezu jede konkrete Rechenarbeit und statistische Analyse für Sie erledigen werden. Es wäre also auch möglich, die Grundlagen der Statstik so einzuführen, dass Sie nur noch entscheiden müssen, welche Zahlen Sie wo eintragen müssen und welcher Buttonclick Ihnen dann die fertigen Ergebnisse liefert. Für das wirkliche Verständnis der Verfahren und deren flexible Anwendung ist es aber wichtig, einmal an exemplarischen Fällen genau nachzuvollziehen, wie die statistische Berechnung erfolgt: Woher soll man wissen, was gerechnet werden muss, wenn man nicht weiß, was da eigentlich wie verrechnet wird? Zudem werden Sie auch im Studium und bei der Beschäftigung mit Literatur mit abgewandelten Formen der im Buch behandelten statistischen Inhalte und darauf aufbauenden weiterführenden Verfahren konfrontiert werden. Damit Sie ein solides Fundament für das „Denken in Bezug auf statistische Methoden" entwickeln, ist es wichtig, die elementaren Rechenprinzipien durchdacht und nachvollzogen zu haben.
  Die in diesem Buch eingeführten statistischen Inhalte sind prinzipiell aufgrund elementarer mathematischer Kenntnisse nachvollziehbar: Über die Bildung von Summen, Differenzen, Produkte und Brüchen sowie die Quadrierung von Werten gehen die Inhalte nur selten hinaus. Die Exponentialfunktion und der Logarithmus lassen sich leider nicht ganz vermeiden. Auch wenn der Autor dies aufgrund seines Interesses und der längerfristigen Beschäftigung mit statistischen Inhalten wahrscheinlich nicht mehr unvoreigenommen beurteilen kann, so werden zwar detaillierte, aber keine komplexen mathematischen Betrachtungen notwendig sein. Bei der Darstellung wurde darauf geachtet, dass alle Schritte logisch und auf Basis konkreter Beispiele, Zahlen und Erläuterungen eingeführt werden. Es würde mich sehr freuen, wenn dadurch bei Ihnen das sehr hilfreiche Bewusstsein unterstützt werden kann, dass die Basisstatistik kein mathematisches Hexenwerk darstellt und diese prinzipiell auch inhaltlich-logisch sinnvollen Überlegungen folgt.
- *Kurzeinführung in die computergestützte Datenverarbeitung*: Für wichtige Testverfahren wird gezeigt, wie diese in der Analysepraxis mittels des Statistikprogramms SPSS oder online frei verfügbarer Internettools angewendet werden. So können Sie unmittelbar nachvollziehen, wie die von Ihnen selbst berechneten Ergebnisse bei der Berechnung per Computer angezeigt werden. Dies erleichtert den Transfer der Inhalte in die praktische Anwendung bei der Durchführung eigener statistischer Analysen im Studium und in der eigenständigen Forschungspraxis.
- *Übungsaufgaben*: In den einzelnen Kapiteln werden die statistischen Verfahren stets erläutert und begründet. Am Ende des Kapitels finden Sie dann Aufgaben, die Sie selbstständig allein oder in einer Lerngruppe bearbeiten sollten. Inhalte zunächst angeleitet oder kommentiert durchzuarbeiten, und sie dann möglichst unmittelbar selbstständig an Aufgaben anzuwenden, die einen gewissen Transfer erfordern, sichert den Lernerfolg nachhaltig. Ihre Lösungen können Sie dann mit den Musterlösungen abgleichen, die als Zusatzmaterialien in der Mediathek beigefügt sind. Sie können dort unter dem Link hgf.io/download und dem Code B-158199 abgerufen werden.
- *Aufgliederung in gut abgrenzbare, strukturierte Informationseinheiten*: Die einzelnen Kapitel wurden möglichst kurz gehalten, sodass sie sich mit gut abgrenzbaren Inhalten kompakt beschäftigen können. Die wesentlichen Inhalte und Ziele werden zu Beginn jedes Kapi-

tels als Ausblick (engl. Advance Organizer) explizit vorangestellt. Am Ende jedes Kapitels findet sich eine strukturierte Zusammenfassung der zentralen Kapitelinhalte.

Ich wünsche Ihnen, liebe Leserinnen und Leser, eine erkenntnisreiche Beschäftigung mit den Inhalten des Lehrbuchs. Es würde mich sehr freuen, wenn sich diese – verknüpft mit den übrigen Inhalten Ihres Studiums oder Ihrer gesundheitsberuflichen Tätigkeit – als hilfreich und nützlich erweisen.

Freiburg, im Juni 2023
Markus Antonius Wirtz

**Anmerkung des Lektorats**
Das Lektorat dankt der Hamburger Fernhochschule für die Übertragung der Nutzungsrechte an den Studienbriefen GLS 01-1705-001-1, GLS 01-1705-002-1, GLS 01-1705-003-1, GLS 01-1705-004-1, GLS 01-1705-005-1.

# Danksagung

Die inhaltliche Aufbereitung dieses Lehrbuchs basiert auf einer Reihe von Lehrmaterialien, die ich gemeinsam mit Frau Dr. Anja Alexandra Schulz als Studienbriefe für den Studiengang Therapie- und Pflegewissenschaften für die Fernhochschule Hamburg verfasst habe. Anja Schulz hat auch die Darstellung der Inhalte in diesem Buch durch kritische Rückmeldungen unterstützt. Die Aufbereitung der Inhalte dieses Lehrbuchs orientiert sich an dem an der Fernhochschule Hamburg etablierten Konzept für die didaktische Gestaltung von Studienbriefen. Sehr herzlich möchte ich mich deswegen bei Frau Prof. Dr. Cathleen Gaede-Illig und Stephan Müthel für die unkomplizierte und angenehme Kommunikation bei Erstellung der Studienbriefe bedanken. Zudem sei Frau Bettina Scharpenberg und Frau Jutta Boye vom Verlag Handwerk und Technik gedankt, die die Erstellung eines Textes für das Oberstufenlehrbuch „Mensch im Fokus I – Gesundheitswissenschaften und Gesundheitsförderung“, an dem sich einzelne Inhalte des vorliegenden Lehrbuchs orientieren, hilfreich begleitet haben. Wesentliche Teile des Textes wurden durch Stephan Müthel und Katharina Wirtz sehr sorgfältig lektoriert.

# 1 Statistik und Forschungsmethoden in der gesundheitswissenschaftlichen Forschung

*Statistische Methoden* sind von elementarer Bedeutung für alle wissenschaftlichen Disziplinen, wenn Phänomene systematisch beschrieben und Fragestellungen mittels empirischer Sachverhalte untersucht werden. In den Therapie- und Gesundheitswissenschaften interessieren wir uns beispielsweise für Merkmale des Gesundheitssystems, Behandlermerkmale oder Eigenschaften von Patientinnen und Patienten. Es sollen Informationen gewonnen werden, unter welchen Bedingungen (z. B. Ernährungsstil, Stressbelastung) Erkrankungen (wahrscheinlicher) auftreten, oder welche Behandlungsmethoden unter welchen Bedingungen dazu führen, dass sich der Gesundheitszustand der Behandelten günstig entwickelt bzw. Behandlungsziele erreicht werden. Statistische oder quantitative Methoden sind ein wichtiges Werkzeug, um solche Forschungsinhalte in strukturierter Weise und auf Basis begündeter Wissenschaftsstandards untersuchen zu können.

Um die Prinzipien des angewandten Arbeitens mit statistischen Verfahren in den Therapie- und Gesundheitswissenschaften verstehen zu können, ist es nicht nur wichtig, sich damit auseinanderzusetzen, wie Statistik funktioniert oder Statistiken berechnet werden können. Vielmehr bedarf es eines vertieften Verständnisses, weshalb die quantitativen Methoden einen solch hohen Stellenwert bei der Gewinnung verlässlicher wissenschaftlicher Erkenntnisse haben. Quantitative Methoden müssen begründet in komplexere Forschungsprozesse eingebunden sein, damit sich ein optimaler Erkenntnisnutzen für die therapie- und gesundheitswissenschaftliche Forschung und Praxis ergeben kann.

In diesem Kapitel werden einführend grundlegende *Merkmale wissenschaftlichen Arbeitens* geklärt. Dies wird an den Anfang gestellt, da die Anwendung und Aussagekraft statistischer Methoden wesentlich davon abhängen, wie ein mehr oder weniger komplexer Forschungsansatz begründet werden kann. Forschung muss immer so erfolgen, dass das gewählte Vorgehen bestmöglich geeignet ist, die Forschungsfrage angemessen zu beantworten. Die Bearbeitung von Forschungsfragen erfolgt dabei stets in mehreren Schritten. Diese Schritte bilden den sogenannten Forschungsprozess.

Nach Durcharbeiten dieses Kapitels
- kennen Sie die Grundmerkmale gesundheitswissenschaftlicher Forschung.
- verstehen Sie, wie in der wissenschaftlichen Forschung die Zuverlässigkeit und Aussagekraft von Befunden sichergestellt wird.
- können Sie die Grenzen wissenschaftlicher Erkenntnisse einschätzen.
- wissen Sie, wie statistische Methoden im Rahmen empirischer Erkenntnisprozesse eingebunden werden.
- kennen Sie typische Fragestellungen der gesundheitswissenschaftlichen Forschung.
- kennen Sie die Parallelen statistischer Forschungsansätze und inhaltlicher Forschungsziele.
- kennen Sie die Parallelen von empirischen und theoretischen Forschungselementen.

## 1.1 Angewandte wissenschaftliche empirische Forschung

**Wissenschaftliche Erkenntnisse** gelten im Vergleich zu alltäglichen Erfahrungen als besonders aussagekräftig, verlässlich und nützlich. Auf persönlichen Erfahrungen gründende Meinungen und Überzeugungen gelten in der Regel als individuell, d.h. durch die spezifische Sichtweise der jeweiligen Person geprägt. Zudem sind geäußerte Meinungen von der jeweiligen Kommunikationssituation abhängig und verändern sich je nach Verlauf der Kommunikation. Wird hingegen eine Erkenntnis als „wissenschaftlich" oder „wissenschaftlich geprüft" bezeichnet, so kann man sich in stärkerem Maße darauf verlassen, dass diese Erkenntnis auch wirklich zutrifft.

Aber was bedeutet „wissenschaftlich" tatsächlich? Sind wissenschaftliche Erkenntnisse „wahr"? Sind Aussagen, die nicht mit einer wissenschaftlich geprüften Aussage im Einklang stehen, notwendigerweise „unwahr" oder „falsch"? Ist etwas nur dann „wissenschaftlich", wenn eine Wissenschaftlerin oder ein Wissenschaftler, die bzw. der eine entsprechende Ausbildung durchlaufen hat, diese Erkenntnis gewonnen hat?

Dass der Begriff der „*Wahrheit*" kein guter Ausgangspunkt zur Charakterisierung von „*Wissenschaftlichkeit*" ist, wird bereits dadurch kenntlich, dass sich nicht alle Wissenschaftlerinnen und Wissenschaftler einig sind. Ganz im Gegenteil bestehen auch in der Wissenschaft unterschiedliche Ansätze zur Erklärung zu demselben Problem. So existieren Befunde und Theorien, dass beispielsweise psychische Störungen eher genetisch, eher neurophysiologisch, eher durch individuelle und soziale Lernerfahrungen oder durch die systemische Lebensumwelt bedingt sein können. Verschiedene Wissenschaftlerinnen bzw. Wissenschaftler können den möglichen Ursachen eine unterschiedliche Bedeutung zuschreiben und ihre eigenen Forschungsaktivitäten daran ausrichten. Die Erkenntnisse, die die Forschenden gewinnen, sind somit in gewissem Maße auch davon abhängig, welche Forschungsinhalte sie als besonders wichtig oder „beforschenswürdig" halten und wie sie die Befunde argumentativ einordnen.

Zudem verändern sich wissenschaftliche Erkenntnisse. Bestehende Erkenntnisse werden erweitert oder es wird deutlich, dass diese – anders als ursprünglich angenommen – nur unter bestimmten Bedingungen gültig sind. Auch als gesichert angenommene Erkenntnisse können durch neue Erfahrungen oder neue wissenschaftliche Untersuchungsmethoden widerlegt werden. Wissenschaftliche Erkenntnisse sind also nicht für immer gültig: Vielmehr ist gerade das kritische Hinterfragen etablierten Wissens ein wichtiger Ansatzpunkt für wissenschaftlichen Fortschritt.

**BOX – Merke**

**Wissenschaftliche Erkenntnisse** gelten als besonders aussagekräftig, verlässlich und nützlich. Trotzdem sind diese nicht als „wahr", sondern im Vergleich zu nicht wissenschaftlichen Erkenntnissen als besonders gründlich und begründet untersucht sowie kritisch geprüft zu betrachten.

Um die Kernmerkmale wissenschaftlichen Arbeitens und wissenschaftlicher Erkenntnisse verstehen und einordnen zu können, ist es hilfreich, sich mit dem Unterschied zu **Alltagsüberzeugungen** und **Alltagserkenntnissen** zu beschäftigen. Wissenschaftliche Erkenntnisgewinnung unterscheidet sich wesentlich von der Gewinnung von Alltagserkenntnissen. Um die Bedeutung der Statistik für die Gesundheitswissenschaften verstehen zu können, sollen Alltagswissen und wissenschaftliches Wissen zunächst kontrastiert werden, bevor der Fokus auf die Statistik an sich gelegt wird.

### 1.1.1 Alltagstheorien und -überzeugungen

Alltägliches menschliches Wahrnehmen und Denken verfolgt ähnliche Ziele wie wissenschaftliches Arbeiten. Wir müssen im Alltag erkennen, welche Informationen in unserer Umwelt wichtig sind und müssen deren Bedeutung verstehen. Wir bilden uns eine Vorstellung von der Welt, durch die für uns verständlich wird, welche Bedingungen oder Ursachen welche Konsequenzen zur Folge haben. Auf Basis dieses Weltverständnisses entwickeln wir Handlungsstrategien, um uns in der Welt zurechtzufinden und diese im Sinne von uns angestrebten Zielen zu gestalten bzw. zu beeinflussen.

So hat jeder Mensch zu wesentlichen Fragen des alltäglichen Lebens bestimmte Überzeugungen oder Meinungen. Fragt man Menschen zum Beispiel, was für ihn in Bezug auf seine Gesundheit wichtig ist, so wird jeder hierzu ein Gefüge von Meinungen und Überzeugungen äußern können. Menschen können für sich persönlich in der Regel äußern und auch begründen, in welchem Maße körperliche Bewegung im Alltag als wichtig erachtet wird, was eine gesunde Ernährung kennzeichnet, welche Bedeutung psychischen Belastungen (z. B. Stress) beigemessen wird oder in welchem Maße die Kontrolle von Gesundheitsparametern (z. B. Gewicht, Inanspruchnahme von Vorsorgeuntersuchungen) als bedeutsam erachtet wird. Menschen haben darüber hinaus implizite Annahmen oder Überzeugungen, ob Gesundheitsvorsorge überhaupt für sie persönlich bedeutsam ist (Bedrohungserleben) und in welchem Maße sich die Gesundheitsentwicklung überhaupt beeinflussen lässt (Kontrollüberzeugungen; Schüz, 2018).

Im Kopf jedes Menschen existiert also ein mehr oder weniger starkes „Bild“ oder Informationsmodell von einem Gegenstandsbereich. Dies hilft dem Menschen zu verstehen, weshalb die Dinge so sind wie sie sind, und wie er sich selbst verhalten kann, damit er sein Leben gemäß der eigenen Bedürfnisse und Ziele gestalten kann. Ein solches Informationsmodell kann man als Alltagstheorie verstehen. Denn eine solchen Theorie wird durch Erfahrungen im natürlichen alltäglichen Leben geprägt und erzeugt.

**BOX – Merke**

**Überzeugungen** und **Meinungen** kennzeichnen die Sichtweise und Bewertungen des einzelnen Menschen in Bezug auf ein bestimmtes Objekt oder einen bestimmten Sachverhalt. Sie sind abhängig von individuellen Erfahrungen und subjektiv geprägt. Zu demselben Sachverhalt unterscheiden sich Überzeugungen und Meinungen zwischen Menschen (interindividuell) systematisch. Sie verändern sich aber auch ggf. für jede Personen (intraindivduell) je nach Situation und Erfahrungen.

**BOX – Definition**

**Alltagstheorien** bzw. **Alltagsüberzeugungen** sind Auffassungen, die sich Menschen über ihre Lebensumwelt aufgrund ihrer Erfahrung in ihrer natürlichen Lebensumwelt gebildet haben. Sie „haben die wichtige Funktion, sowohl das eigene Leben als auch das Verhalten anderer Menschen verstehbar, subjektiv voraussagbar und scheinbar kontrollierbar zu machen.“ (Fahrenberg, 2022, S. 136)

Je genauer und zutreffender eine Alltagstheorie die tatsächlichen Sachverhalte in der Welt abbildet, desto besser gelingt es dem Menschen, die Welt zu verstehen und sich in ihr zurechtzufinden. Alltagstheorien bilden die Sachverhalte in der Welt jedoch in der Regel nur annähernd und gegebenenfalls nicht angemessen ab. Angenommen, eine Person äußert die Überzeugung, dass Rauchen nicht schädlich sei. Dies begründet sie damit, dass ein ehemaliger Bundeskanzler trotz langzeitigem und intensivstem Tabakkonsum ein beneidenswert hohes Lebensalter bei gleichzeitig außergewöhnlich hoher kognitiver Leistungsfähigkeit erreicht habe. Obwohl diese Person aufgrund eines wahren Sachverhaltes ihre Überzeugung begründen kann, kommt sie zu einer falschen Schlussfolgerung.

In der Statistik lernen wir, dass eine allgemeine Gesetzmäßigkeit (z. B. Rauchen erhöht die Wahrscheinlichkeit für Gesundheitsschäden; Rauchen hat eine verringerte Lebenserwartung zur Folge) durch Einzelfälle nicht widerlegt werden kann. In der Statistik beschäftigen wir uns wesentlich mit der Bedeutung von *Zufallseffekten*, die in Einzelfällen zu Beobachtungen führen können, die für sich genommen einer allgemeinen Gesetzmäßigkeit zu widersprechen scheinen. Erst dadurch, dass wir Techniken und Methoden entwickeln, solche Zufallseffekte abschätzen zu können und zu kontrollieren, kommen wir zu belastbaren und stabilen Aussagen.

**BOX – Definition**

**Allgemeine Gesetzmäßigkeit**: Regel oder Prinzip, die bzw. das empirischen Sachverhalten unterliegt (z. B. Frauen haben eine höhere Lebenserwartung als Männer; gesunde Ernährungsweise geht mit einem besseren Gesundheitsstatus einher).

**Zufallseffekt**: Unsystematische Abweichungen, die nicht erklärt oder vorhergesagt werden können (z. B. gleichaltrige Menschen gleichen Geschlechts mit identischem Ernähungsstil unterscheiden sich dennoch unsystematisch bzw. zufallsbedingt in ihrem Gesundheitsstatus).

### 1.1.2 Wesentliche Merkmale von Alltagstheorien und -überzeugungen

Dass Alltagstheorien und -überzeugungen – obwohl sie auf den Erfahrungen von Menschen gründen – eingeschränkt belastbar und zudem fehleranfällig sind, wird durch folgende Aspekte deutlich:

- *Jeder Mensch hat eine eigene, subjektiv geprägte Theorie (***mangelnde Intersubjektivität***):* Die Sichtweise jedes Menschen wird insbesondere durch die Erziehung, durch die soziale Umwelt, durch individuelle Erfahrungen und die eigene Persönlichkeit geprägt. Diskutieren zwei beliebige Menschen über einen Sachverhalt (z. B. „Was kennzeichnet ein gesundes Leben?“), so werden immer auch Unterschiede in den Sichtweisen kenntlich. Wenn aber Menschen die Welt für sich unterschiedlich verstehen oder verstehbar machen, so wird deutlich, dass das *individuelle Bild der Realität* in der Regel nicht deckungsgleich mit der Realität an sich sein kann (**Abbildung 1-1**).
- *Dieselbe Person äußert in verschiedenen Situationen oder in unterschiedlichen Lebensphasen andere Überzeugungen (***Mangelnde Zuverlässigkeit** *oder* **Konstanz***):* Obwohl Menschen in der Regel zu einem bestimmten Zeitpunkt fest von der Richtigkeit ihrer Weltsicht überzeugt sind, verändert sich diese, wenn neue Erfahrungen gesammelt werden, sich die Lebenssituation verändert oder auch, wenn in einer Diskussionssituation überzeugende Argumente vorgebracht werden, die der eigenen Weltsicht widersprechen. Obwohl auch wissenschaftliche Theorien sich verändern, sind Alltagstheorien oft durch eine besonders hohe situative Instabilität gekennzeichnet.
- *Erfahrungen werden unsystematisch gesammelt und ausgewertet (***Mangelnde Transparenz** *des Erkenntnisprozesses):* Die Sichtweise von Menschen beruht auf Erfahrungen aus unterschiedlichen Quellen. Was ein Mensch erfährt, hängt von seinen spezifischen Lebensumständen (z. B. familiäre und soziale Umwelt) ab. Fordert man Menschen auf, zu begründen, weshalb sie einer bestimmten Überzeugung sind, so werden häufig typische oder anekdotische Erlebnisse berichtet, die sich im Gedächtnis besonders plastisch eingeprägt haben. Besonders emotional erlebte Situationen wird dabei ein hohes Gewicht verliehen. In der Psychologie charakterisiert man das Erzählen oder Erinnern

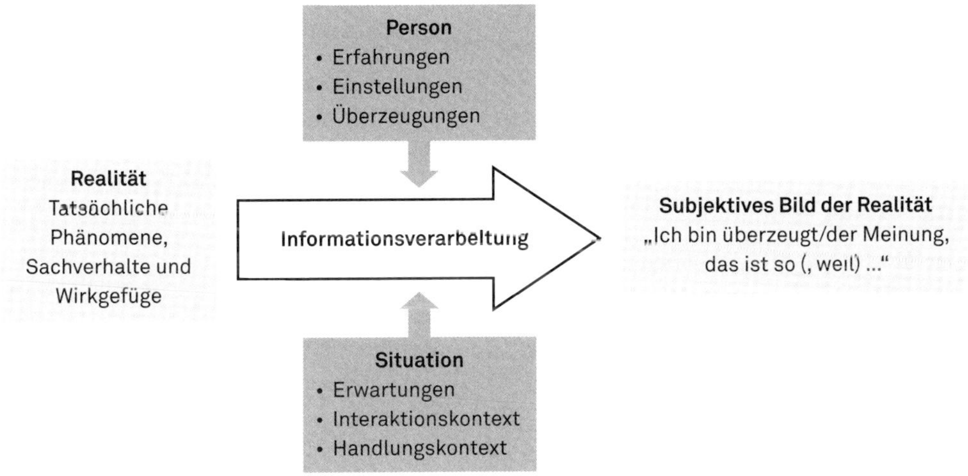


**Abbildung 1-1:** Aufgrund von individuellen Merkmalen der Person und Merkmalen der Situation, in der eine Person über einen Sachverhalt nachdenkt, verändert sich das (geäußerte) subjektive Bild der Realität.

von Erlebnissen oft als *rekonstruktiven Prozess*: Menschen erinnern sich dabei selektiv nur an bestimmte Aspekte. Und die Art und Weise, wie die Dinge erinnert werden, wird durch den Sinn und die Bedeutung, die man dem Erlebten im Nachhinein beimisst, gefärbt oder verzerrt.

Menschliches Erinnern und Bewerten wird durch viele kognitive Verzerrungen beeinflusst. So werden beispielsweise Risiken für Gefahren (z. B. Verkehrsunfälle, Flugzeugabstürze, Terroranschläge) systematisch höher bewertet, wenn diese in den Medien häufiger berichtet werden (Verfügbarkeitsheuristik) oder mit besonders negativen Emotionen (z. B. Ängsten) verbunden sind (Kahneman, 2012).

- *Alltagstheorien haben häufig eine hohe Wertigkeit für Personen (***Mangelnde Neutralität***; Identitätsfunktion):* Sind Menschen von bestimmten Dingen fest überzeugt und sind diese Überzeugungen für sie persönlich von besonderer Bedeutung (z. B. „Menschen einer anderen religiösen Überzeugung sind weniger vertrauenswürdig"; „Schutzimpfungen haben schädliche Wirkungen"), so werden Gegenargumente abgewertet und abgelehnt. Menschen immunisieren sich gegen Argumente, die ihre eigene Überzeugung infrage stellen, in dem sie aktiv deren Gültigkeit anzweifeln. Informationen, die in das eigene Weltbild passen, werden tendenziell unhinterfragt akzeptiert. Informationen, die dem eigenen Weltbild widersprechen, werden ausgeblendet oder besonders kritisch hinterfragt.
- *Begriffe sind oft unpräzise und unterschiedlich definiert (***Mangelnde Klärung von Bedeutungen***):* In der Alltagssprache meinen Menschen manchmal unterschiedliche Dinge, obwohl sie denselben Begriff verwenden. Ob ein Mensch mit seinem Leben zufrieden ist, wird von manchen primär am materiellen Besitz, von anderen hingegen an der psychischen oder aber körperlichen Gesundheit festgemacht. Andere sehen die familiäre, soziale oder berufliche Situation als maßgebende Merkmale, die die Lebenszufriedenheit von Menschen determiniert. Spricht man von der Gesundheit eines Menschen, so verstehen manche Menschen darunter ausschließlich die körperliche Gesundheit. Andere berücksichtigen psychische und soziale Aspekte als wesentliche Elemente des Ge-

sundheitszustands. Je abstrakter Begriffe sind, desto größer sind im Allgemeinen die Unterschiede in den Bedeutungen, die verschiedene Menschen mit diesen verknüpfen.

**BOX – Merke**

**Merkmale von Alltagstheorien und -überzeugungen**
**Mangelnde Intersubjektivität**: Menschen beurteilen denselben Sachverhalt verschieden.
**Mangelnde Zuverlässigkeit**: Subjektive Urteile verändern sich ggf. von Situation zu Situation.
**Mangelnde Transparenz**: Die Bedingungen für die Bildung und Veränderungen subjektiver Urteile bleibt in der Regel unklar.
**Mangelnde Neutralität**: Menschen identifizieren sich mit ihren bzw. durch ihre Meinungen und Überzeugungen (Identitätsfunktion).
**Mangelnde Klarheit von Begriffen**: Die genaue Bedeutung von Begriffen ist oft nicht hinreichend definiert.

### 1.1.3 Kriterien verlässlichen Wissens in den empirischen Wissenschaften

Wissenschaftliche Forschung versucht die im vorangegangenen Abschnitt dargestellten Einschränkungen der Verlässlichkeit von Alltagswissen und Alltagstheorien zu vermeiden oder bestmöglich zu minimieren. Dabei stehen folgende Merkmale wissenschaftlichen Arbeitens im Mittelpunkt:

- **Transparenz des Erkenntnisprozesses:** Forschende legen offen, was sie zu ihrem Forschungsvorhaben angeregt hat, weshalb sie sich für eine bestimmte Untersuchungsmethode entschieden haben und wie die gewonnenen Befunde und die daraus gezogenen Schlussfolgerungen begründet werden. Für wissenschaftliche Befunde genügt es nicht, dass Wissenschaftlerinnen oder Wissenschaftler die Überzeugung gewonnen haben, dass bestimmte Dinge plausibel erscheinen. Vielmehr ist es notwendig, dass sie unabhängigen Personen alle Informationen zugänglich machen, die ein angemessenes Verständnis des tatsächlichen Untersuchungsgeschehens ermöglichen. Außenstehenden wird Einblick in alle Details der Studie gewährt, sodass diese sich einen eigenen kritischen Eindruck der Befundlage bilden können.
- **Systematische Dokumentation des Vorgehens:** Forschende gewähren Einblick in die verwendeten Untersuchungsmaterialien und dokumentieren/begründen ihre Entscheidungen im Verlauf des Forschungsprozesses. Die Forschungsdaten müssen gesichert und gegebenenfalls anderen Forschenden zur kritischen unabhängigen Analyse zur Verfügung gestellt werden. In einem Forschungsbericht wird der gesamte Prozess vollständig dargelegt.
- **Einhaltung von vereinbarten Forschungsstandards**: Sind die Methoden geeignet, um eine Fragestellung aussagekräftig zu beantworten? In der Wissenschaft existieren Standards, die eingehalten werden müssen, damit die angestrebte Erkenntnis bestmöglich erreicht werden kann. Welche Methode zur Beantwortung der Forschungsfragestellung eingesetzt wird, wird wesentlich davon bestimmt, welche Methoden in Lehrbüchern oder Forschungsleitlinien als angemessen empfohlen werden. Möchte man zum Beispiel untersuchen, ob eine Behandlungsmethode ursächlich zur Verbesserung des Patientenzustandes führt, so sind die Forschenden dazu angehalten, ein bestimmtes Design zu verwenden – nämlich ein Experiment oder eine randomisierte kontrollierte Studie (Wirtz & Schulz, 2020). Wissenschaftliche Forschungsstandards legen fest, welche Schlussfolgerungen aus Daten logisch zulässig sind und welche nicht. Hierdurch soll jede Beliebigkeit, die durch die individuelle Person des oder der Forschenden entstehen könnte, vermieden werden.

- **Präzision der Terminologie** *(Definition von Begriffen)*: In Forschungsstudien muss jedes Merkmal, das analysiert werden soll, genau definiert werden. In Kapitel 2 wird in Zusammenhang mit dem „Messen" und „Datenerhebungsmethoden" dargestellt, dass in der quantitativen Forschung Messvorschriften und Messmethoden (Operationalisierung) explizit definiert werden. Nur wenn Merkmale, wie zum Beispiel „Gesundheitszustand", „Behandlungsmotivation" oder „Behandlungszufriedenheit", im Zahlenformat aussagekräftig abgebildet werden, sind die Voraussetzungen für eine solide quantitative Datenanalyse gegeben. Ein erheblicher Teil der gesundheitswissenschaftlichen Forschung beschäftigt sich vorwiegend damit, Messinstrumente und diagnostische Methoden zu entwickeln und zu prüfen (Jerusalem et al., 2018). Hierdurch wird der Eindeutigkeit und Klarheit der Interpretation von Begriffen ein besonders hoher Stellenwert eingeräumt.
- **Einhaltung von Gütekriterien:** Sowohl für die Erfassung von Merkmalsausprägungen bzw. Messergebnissen als auch die verwendete Studienanlage (Welche Gruppen müssen zu welchen Messzeitpunkten untersucht werden?) sind Gütestandards oder -kriterien definiert. Nur wenn diese erfüllt sind, sind die Studienbefunde angemessen interpretierbar und verwertbar.

**BOX – Definition**

**Gütekriterien:** Die wichtigsten Gütekriterien in wissenschaftlichen Studien beziehen sich darauf, dass die Ergebnisse nicht von der Person des Forschenden beeinflusst werden dürfen (Objektivität), die Ergebnisse genau und stabil sein müssen (Reliabilität/Zuverlässigkeit) und die Interpretation von Daten und Ergebnissen tatsächlich das widerspiegelt, was auch tatsächlich untersucht werden sollte (Validität/Gültigkeit) (Bühner, 2021).

- **Kontrolle von Störgrößen:** Standardisierte Untersuchungsdesigns ermöglichen es den Forschenden, die Studienanlage so zu wählen, dass die gewonnenen Daten und Informationen möglichst eindeutig interpretiert werden können. Die Forschenden können sich darauf verlassen, dass durch die Anwendung der Untersuchungsanlage verzerrende Einflüsse, die die eigentlich interessierenden Informationen überlagern, bestmöglich kontrolliert werden (Wirtz, 2018b).

**BOX – Beispiel**

**Kontrolle von Störgrößen:** Angenommen, alkoholabhängige Patientinnen und Patienten können sich freiwillig für ein Abstinenzprogramm entscheiden. Dann könnte es sein, dass sich motiviertere und veränderungsbereitere Alkoholabhängige eher für die Teilnahme am Programm entscheiden. Gelingt es nun denjenigen, die am Abstinenzprogramm teilnehmen, zukünftig besser, ihren Alkoholkonsum zu kontrollieren, als denjenigen, die nicht am Programm teilnehmen, so spiegelt sich darin nicht notwendigerweise die Wirksamkeit oder der Effekt des Programms eindeutig wider. Es kann nicht eindeutig abgeleitet werden, dass ausschließlich die Teilnahme am Behandlungsprogramm bzw. das im Programm Erlernte für diesen positiven Effekt verantwortlich ist. Es gibt nämlich eine alternative Erklärung: Diejenigen, die veränderungsbereiter und motivierter sind, verändern ihr Verhalten eher in günstigerer Weise eher als diejenigen, die generell unmotivierter und weniger veränderungsbereit sind. Möchte man die Wirksamkeit des Behandlungsprogramms aussagekräftig prüfen, so muss man also darauf achten, dass andere möglicherweise systematischen Einflüsse (Störgrößen: Motivation, Veränderungsbereitschaft) diesen Effekt nicht überlagern. In einer Forschungsstudie sollte also möglichst sichergestellt werden, dass sich die Veränderungsbereitschaft und Motivation zwischen der Behandlungsgruppe und der unbehandelten Vergleichsgruppe nicht unterscheidet. Sind Motivation und Veränderungsbereitschaft in beiden Gruppen gleich, so lässt sich eine Verbesserung in der Behandlungsgruppe im Vergleich zur Vergleichsgruppe eindeutiger auf die Behandlung zurückführen. Die Wirksamkeit der Behandlung an sich kann eindeutiger belegt werden, wenn zwei ansonsten vergleichbare Gruppen unter den Studienbedingungen (Teilnahme vs. keine Teilnahme am Behandlungsprogramm) untersucht werden.

- **Systematische Auswertung der Daten:** Die letztendliche Entscheidung, wie die untersuchten Forschungsfragen auf Basis der gewonnenen Daten beantwortet werden können, erfolgt durch die Anwendung *statistischer Testverfahren.* Je nach Untersuchungsanlage und Forschungsfragestellungen, muss dasjenige statistische Verfahren ausgewählt werden, das die angemessenste und aussagekräftigste Beantwortung der Fragestellung ermöglicht. Es existieren genau definierte Entscheidungskriterien, ob Datenstrukturen (z.B. Unterschiede zwischen Gruppen oder Zusammenhänge zwischen Merkmalen) als rein zufallsbedingt betrachtet werden müssen (Forschungshypothese widerlegt) oder aber als systematisch gelten können (Forschungshypothese bestätigt) (Kapitel 7). Die Statistik bietet vielfältige Möglichkeiten, die Stärke von Effekten vergleichend und einheitlich zu beurteilen. Hierdurch wird ein einheitlicher statistischer Vergleichsmaßstab zur Verfügung gestellt, der eine begründete Beurteilung und Einordnung von Effekten aus unterschiedlichen Studien auf rein statistischer Basis ermöglicht (Kapitel 8).
- **Explizit begründete Interpretation von Informationen:** Interpretation von Befunden einer empirischen Studie bedeutet vor allem, dass die konkreten Studienergebnisse in Bezug auf das übergreifende Forschungsinteresse, die Merkmale des verwendeten Studienansatzes und die Literatur reflektiert und eingeordnet werden. Hierbei ist eine enge Verknüpfung der ermittelten statistischen Ergebnisse und der Interpretationsergebnisse sehr wesentlich. Die Forschenden müssen verdeutlichen, was möglichst eindeutig aus den Studienbefunden für die übergreifende Forschungsthematik hervorgeht. Angenommen, ein Behandlungskonzept besteht aus mehreren Elementen (z.B. Vermittlung von Erkrankungswissen, Vermittlung von Behandlungsprinzipien, Stärkung der Patientenkompetenz, Umgang mit der Erkrankung, aktives Behandlungsmanagement im Alltag). Dann sollte bei der Interpretation deutlich werden, für welche Elemente welche Effekte nachgewiesen werden konnten. Dabei sollte betont werden, welche Befunde das Konzept des Behandlungsprogramms bestätigen und welche Befunde unerwarteterweise nicht im Einklang mit den Annahmen der Forschenden stehen. Die Rezipientinnen und Rezipienten der Studie müssen genau verstehen können, was die Daten und die Analyseergebnisse für die Wirksamkeit und gegebenenfalls für die Optimierungsnotwendigkeiten des Behandlungsprogramms bedeuten. Jedes Behandlungsprogramm muss sowohl empirisch (d.h. aufgrund der Ergebnisse vorangehender Forschungsstudien) als auch konzeptionell und theoretisch (d.h. aufgrund von theoretischen Modellen, die die zugrunde liegenden Wirkprozesse beschreiben) gut begründet sein. Es ist grundsätzlich anzustreben, die Bedeutung der Befunde für die theoretischen Annahmen zu klären: Kann davon ausgegangen werden, dass die theoretischen Annahmen für das untersuchte Forschungsfeld Gültigkeit besitzen oder

müssen die zugrunde gelegten Annahmen verworfen oder aber angepasst werden?

- **Wiederholbarkeit und Stabilität:** Ergebnisse sind nur dann als gesichert zu akzeptieren, wenn davon ausgegangen werden kann, dass sich diese bei wiederholten Untersuchungen immer wieder in ähnlicher Weise zeigen werden. Einen wissenschaftlich zuverlässigen Befund gewinnt man nicht dadurch, dass man in einer bestimmten Gruppe von Personen eine Struktur oder einen Zusammenhang zwischen Merkmalen erkennt. Erst wenn sich diese Struktur gezielt vorhersagen lässt, kann von der Tragfähigkeit und Allgemeingültigkeit der Aussage ausgegangen werden.

**BOX – Beispiel**

**Wiederholbarkeit und Stabilität von Beobachtungen:** Angenommen, eine Person vermutet, dass in einer Spielbank die Ergebnisse beim Roulettespiel systematischen Regeln folgen. Sie beobachtet am Roulettetisch 8 aufeinanderfolgende Spiele. Es ergeben sich folgende Zahlen- und Farbenreihen (in Klammern; jede Zahl ist beim Rouletterad mit einer Farbe kombiniert).

1. Spiel: 26 (schwarz)
2. Spiel: 35 (schwarz)
3. Spiel: 22 (schwarz)
4. Spiel: 23 (rot)
5. Spiel: 17 (schwarz)
6. Spiel: 9 (rot)
7. Spiel: 5 (rot)
8. Spiel: 16 (rot)

Obwohl die Ergebnisse das Produkt reinen Zufalls sind, vermeint die Person, Regeln erkennen zu können. Zu Beginn erscheinen eher schwarz markierte Zahlen, am Ende eher rot markierte Zahlen. Dieselbe Farbe erscheint maximal in 3 aufeinanderfolgenden Spielen. Die Farbe grün, mit der beim Rouletterad die „0" markiert ist, erscheint grundsätzlich nicht. In den ersten 4 Durchgängen erscheinen Zahlen im oberen Wertespektrum, in den letzten 4 Durchgängen Zahlen des unteren Wertespektrums. Die Differenz zweier aufeinanderfolgende Zahlen beträgt maximal 11.

Man beachte, dass alle diese Aussagen richtig sind, wenn man sie auf die bekannten Daten bezieht. Trotzdom sind die abgeleiteten Regeln völlig wertlos und falsch, wenn daraus zukünftige Ergebnisse vorhergesagt werden sollen. Denn diese „Regeln" sind nicht gültig für die Ergebnisse beim Roulettespiel im Allgemeinen, sie beschreiben lediglich die bekannten Daten. In den Forschungsmethoden würde man von einer *A-posterori-Analyse* („im Nachhinein" bzw. nach Kenntnis der Daten) sprechen: Wir betrachten Daten und versuchen, eine Systematik zu erkennen. Dies reicht aber nicht, um die erkannten Auffälligkeiten als generell gültige Systematik abzuleiten. Einen wirklichen Erkenntniswert würden diese „Regeln" nur besitzen, wenn diese uns erlauben würden, zukünftige Ereignisse gezielt vorherzusagen (*A-priori-Vorhersage* bzw. „im Vorhinein").

Entsprechend müsste diese Person die von ihr postulierten Regeln erst prüfen, bevor sie diesen einen wirklichen Erkenntniswert beimisst. Angenommen, sie wiederholt ihre Beobachtung am nächsten Tag: Es ergebe sich dann folgende Ergebnisreihe:

1. Spiel: 24 (schwarz)
2. Spiel: 21 (rot)
3. Spiel: 13 (rot)
4. Spiel: 13 (schwarz)
5. Spiel: 6 (schwarz)
6. Spiel: 17 (schwarz)
7. Spiel: 15 (schwarz)
8. Spiel: 16 (rot)

Die am ersten Tag vermuteten Regeln bestätigen sich zumeist nicht: Zu Beginn erscheint nicht auffällig gehäuft schwarz, am Ende nicht auffällig gehäuft rot. Dieselbe Farbe erscheint nun vier Spiele nacheinander (4. bis 7. Runde). Das obere bzw. untere Zahlenspektrum ist nun gleichverteilter über die ersten vs. letzten vier Runden. Nur zwei der

„Regeln“ scheinen sich zu bestätigen: Die Farbe grün erscheint nicht und zwei aufeinanderfolgende Zahlen unterscheiden sich nie mehr als 11 Punkte.

Hier zeigt sich ein weiteres Problem, dessen man sich in der Forschung bewusst sein muss: Untersucht man kleine Stichproben und viele potenzielle Gesetzmäßigkeiten, so läuft man Gefahr, dass sich einzelne vermutete falsche Gesetzmäßigkeiten rein zufallsbedingt erneut zeigen. In der Statistik legt man deswegen darauf Wert, dass möglichst *große Stichproben* untersucht werden (bei 8 Spielrunden treten viel eher ins Auge springende Auffälligkeiten auf als bei z.B. 80 Spielrunden) und Befunde häufig *repliziert* werden: Beim Roulettespiel zeigt sich vielleicht zufallsbedingt an zwei aufeinander folgenden Tagen dieselbe zufallsbedingte Auffälligkeit bei den ersten 8 Spielen des Tages, an 10 aufeinanderfolgenden Tagen ist dies deutlich unwahrscheinlicher und nahezu auszuschließen). Zudem sollten möglichst gezielt wenige Fragestellungen an einem Datensatz überprüft werden: Fokussiert man sich auf wenige Fragestellungen und untersucht diese gezielt, ist die Gefahr geringer, dass Zufallsbefunde auftreten.

Und was hat nun das Roulettespiel mit Gesundheit zu tun? Stellen Sie sich vor, ein Hausarzt oder eine Hausärztin untersucht 20 Personen, die sich vor zwei Wochen mit dem COVID-19-Virus infiziert haben. Unter den 10 Personen, die an einer Allergie leiden, berichten 6 – also 60 % – über immer noch vorliegende deutliche Erschöpfungssymptome. Bei den 10 Personen, die an keiner Allergie leiden, geben lediglich 2 – also 20 % – an, noch an deutlichen Erschöpfungssymptomen zu leiden. Obwohl zwischen den Gruppen ein augenscheinlicher Unterschied zu bestehen scheint (60 % vs. 20 %), wäre es völlig unzulässig zu behaupten, dass ein Zusammenhang zwischen Allergieerkrankung und dem Vorliegen von Erschöpfungssymptomen als geprüft und nachgewiesen gelten kann. Diese A-posteriori-Vermutung des Hausarztes bzw. der Hausärztin müsste erst an neuen Daten einer deutlich größeren Stichprobe a priori geprüft werden. Also auch bei Gesundheitsdaten ist die Frage: „Ist eine auffällig scheinende Struktur als systematisch (bzw. informativ) oder zufallsbedingt zu betrachten?“, von grundlegender Bedeutung, um die Verlässlichkeit empirischer Erkenntnisse sicherzustellen.

- **Überprüfung der Gültigkeit von Annahmen und Befunden:** Werden statistische Methoden eingesetzt, um nach auffälligen Strukturen zu suchen, handelt es sich um ein *informationssuchendes* oder *exploratorisches Vorgehen*. Wie unter dem vorangegangenen Punkt dargestellt, besteht hier das Problem, dass die Wiederholbarkeit bzw. Stabilität der gefundenen Strukturen nicht sichergestellt werden kann. Nur wenn die Studie erneut durchgeführt wird (*Replikationsstudie*), lässt sich die Wiederholbarkeit bzw. Stabilität sicherstellen.
  Den Ergebnissen *prüfender oder konfirmatorischer Forschungsansätze* ist grundsätzlich ein höherer Erkenntniswert beizumessen, als den Befunden exploratorischer Forschungsansätze. Bei konfirmatorischen Ansätzen wird zu Beginn der Studie genau formuliert, welche Effekte theoriebasiert erwartet werden. Die empirische Studie liefert dann die Antwort, ob diese Erwartung gerechtfertigt war oder verworfen werden muss. Die Anwendung dieses Prinzips ist wichtig, um die Stabilität, Genauigkeit und Verlässlichkeit von Studienbefunden zu gewährleisten.
- **Wissenschaftliche Aussagen müssen prinzipiell widerlegbar oder falsifizierbar sein:** Aussagen können nur wissenschaftlich sein, wenn explizit angegeben werden kann, woran erkenntlich würde, dass sie falsch sind oder nicht zutreffen. Dieses Kriterium erscheint auf den ersten Blick überraschend, da die Bewertung einer Aussage genau daran festgemacht wird, dass sie auch nicht zutref-

fen kann. Verständlicher wird dieses Kriterium, wenn man sich klarmacht, dass eine empirische Studie ja der Prüfung einer Aussage dient. Eine Prüfung sollte aber immer auch zu dem Ergebnis führen können, dass die Aussage nicht zutrifft – sonst wäre eine Prüfung obsolet. Wie in Kapitel 7 und den folgenden Kapiteln ausführlich erläutert wird, basiert die Durchführung statistischer Tests auf dem Prinzip, dass eine Untersuchungshypothese sich als zutreffend (Ergebnis statistisch signifikant) oder aber nicht zutreffend (Ergebnis nicht statistisch signifikant) erweist.

**BOX – Beispiel**

**Nicht widerlegbare oder nicht falsifizierbare Aussagen:** Beispiele für nicht widerlegbare oder falsifizierbare Aussagen finden sich typischerweise in religiösen Glaubenssystemen oder aber auch bei Verschwörungstheorien. Für die Aussage „Gott ist gütig" würde ein wirklich Gläubiger oder eine wirklich Gläubige keine Bedingungen nennen können, unter denen er oder sie akzeptieren würde, dass diese Aussage falsch ist. Horoskope machen oft vage Aussagen oder Aussagen, die in gewissem Maße für alle Menschen generell zutreffen. Damit lassen sie sich nicht wirklich als nicht spezifisch informationshaltig entlarven. Dass Horoskope häufig als zutreffend empfunden werden, liegt in der Regel daran, dass Menschen nicht bewusst ist, dass die Aussagen oft unspezifisch und trivial sind (z.B.: „Ihnen wird etwas Unerwartetes passieren", „Sie sollten auf andere Menschen offen zugehen, da die Chance, neue Freundschaften zu schließen, günstig sind") und sich damit einer kritischen Prüfung entziehen.

Ein verschwörungsgläubiger Impfskeptiker oder eine verschwörungsgläubige Impfskeptikerin wird dem Ausbleiben erwarteter negativer Impffolgen durch Anpassung seiner oder ihrer – in der Regel ohnehin diffusen – negativen Befürchtungen begegnen (z.B.: „Viele Dinge, die im Körper passieren, kriegt man ja gar nicht mit", „Wirklich schlimm sind ja die langfristigen Effekte für den Körper"). Das Postulat nicht feststellbarer Effekte oder diffuser Langzeitfolgen unterschiedlichster Natur erweist sich dann als zumindest deutlich schwieriger falsifizierbar.

In der wissenschaftlichen Psychologie werden nicht angemessen prüfbare bzw. nicht widerlegbare Aussagen der psychoanalytischen Theorie aus diesem Grund zum Teil als wissenschaftlich kritisch betrachtet. Wenn die Ursache aller Störungen in der frühen Kindheit und damit einhergehenden Fehlentwicklungen oder Traumatisierungen gesehen wird, so ist dies nicht prüfbar. Potenziell störungsgenerierende frühkindliche Erlebnisse führen nicht bei allen zu psychischen Störungen. Auch wenn bei jeder psychisch erkrankten Person kritische frühkindliche Erlebnisse vorliegen oder erinnert werden können, so ließen sich auch – gemäß des Prinzips „Wer suchet, der findet" – kritische frühkindliche Erlebnisse bei psychisch nicht erkrankten Personen finden. Deswegen wird gegen psychoanalytische Erklärungsansätze von manchen eingewandt, dass es sich um Scheinerklärungen handeln könnte.

- **Fairer und neutraler Umgang mit Erkenntnissen, die den eigenen Interessen und Überzeugungen widersprechen:** Wissenschaftlerinnen und Wissenschaftler sollten neutral über Befunde ihrer empirischen Studie berichten. Obwohl Forschende ihre Forschung mit einem bestimmten Ziel und auch mit einer bestimmten Erwartung betreiben, sollten sie die Daten statistischer Analyseergebnisse „für sich sprechen lassen". Haben Forschende eine spannende Forschungsidee entwickelt, von der sie überzeugt sind, so dürfen sie im Verlauf der Studie und beim Bericht der Studienergebnisse keinen Einfluss darauf nehmen, dass die gewünschten Ergebnisse wahrscheinlicher auftreten als dies wirklich aufgrund der Daten belegt werden kann.

Angenommen, eine Forscherin wendet eine Behandlungsmaßnahme an 50 Patientinnen und Patienten an. Nach kurzer Zeit stellt sie fest, dass bei 10 der Behandelten gegen ihre Erwartung eher eine Verschlechterung auftritt. Sie schließt diese aus der Studie ungerechtfertigterweise aus. Würde sie nun berichten, dass sie lediglich 40 Patientinnen und Patienten behandelt hat, ohne anzugeben, dass 10 aufgrund ungünstigen Verlaufs ausgeschlossen wurden, so würde die durchschnittliche Veränderung im Behandlungsverlauf zu positiv eingeschätzt. Die fehlerhafte Darstellung der Einschlusskriterien und der Stichprobenzusammensetzung wäre ein grober Verstoß gegen die wissenschaftliche Seriosität. Das Vorgehen der Forscherin wäre unfair und nicht neutral, da sie die nachweisbare Veränderung der Behandlungsgruppe als zu positiv darstellt. Die intransparente oder bewusst fehlerhafte Darstellung des tatsächlichen Studienverlaufs ist in der Statistik als ähnlich gravierend anzusehen wie die bewusste Fälschung von Daten.

**BOX – Merke**

**Kennzeichen wissenschaftlich gewonnener Erkenntnisse**

- Transparenz, systematische Dokumentation: Der Prozess der Wissensgewinnung muss offengelegt werden.
- Einhaltung von Forschungsstandards, die wissenschaftliche Erkenntnisgewinnung kennzeichnen.
- Wiederholbarkeit und Stabilität: Forschungsbefunde müssen stabil auftreten und immer wieder nachweisbar sein.
- Kontrolle von Störgrößen: Probleme der Interpretierbarkeit von Befunden aufgrund von Störeinflüssen müssen bestmöglich minimiert werden.
- Präzision der Terminologie: Begriffe müssen explizit definiert werden.
- Systematische Auswertung der Daten durch statistische Testverfahren und begründete Entscheidungskriterien.
- Explizit begründete Interpretationen: Studienbefunde werden vor dem Hintergrund mit bestehendem Wissen aus der Literatur eingeordnet und interpretiert.
- Fragestellungen müssen konfirmatorisch geprüft werden und dürfen nicht durch bloße Betrachtung auffälliger Strukturen als beantwortet gelten.
- Wiederlegbarkeit/Falsifizierbarkeit: Forschende müssen angeben, woran erkennbar würde, dass sich ihre Vermutungen als falsch herausstellen würden.
- Fairness und Neutralität: Die Gewinnung und Darstellung der empirischen Fakten dürfen nicht durch subjektive Überzeugungen und Wünsche der Forschenden verzerrt werden.

**BOX – Beispiel**

**Gute wissenschaftliche Praxis (GWP):** In der Wissenschaftspraxis gibt es viele Beispiele für die Verletzung der Neutralität von Wissenschaftlerinnen und Wissenschaftlern gegenüber den berichteten Daten. Forschende haben oft ggf. ein großes Interesse, dass sich die von ihnen entwickelten Ideen im Rahmen empirischer Studien als erfolgreich erweisen. Sie möchten ihre Ergebnisse in hochrangigen wissenschaftlichen Zeitschriften veröffentlichen und es ist oft auch deren Aufgabe, Forschungsgelder für ein Forschungsvorhaben einzuwerben. Wissenschaftlerinnen und Wissenschaftler stehen somit auch unter Erfolgsdruck in der Forschung, da das Renommee der eigenen Forschung über ihren beruflichen Erfolg und ihre Zukunft bestimmt.

Nichtsdestotrotz ist die nicht neutrale und gegebenenfalls geschönte Darstellung von Forschungsergebnissen ein systematischer und inakzeptabler Verstoß gegen die Prinzipien guter Forschungspraxis und Forschungsethik. Um diesem Missstand zu begegnen bzw. vorzubeugen, wurden in den vergangenen Jahren durch die sogenannte „Open science-Initiative" wichtige Standards und Maßnahmen entwickelt, durch die unwissenschaftliches Handeln von Wissenschaftlerinnen und Wissenschaftlern systematisch vermieden werden soll (Dresch et al., 2022). Hier können Sie sich zu entsprechenden Maßnahmen informieren:

- https://www.leibniz-openscience.de/de/
- https://www.bmbwf.gv.at/Themen/HS-Uni/Hochschulgovernance/Leitthemen/Digitalisierung/Open-Science.html

Die Deutsche Forschungsgemeinschaft formuliert konkret elf Punkte, zu denen sich Forschende und Forschungsinstitutionen explizit verpflichten sollten, damit „Gute wissenschaftliche Praxis (GWP)" gewährleistet werden kann (Deutsche Forschungsgemeinschaft, 2019). Die ersten sechs Punkte stehen in direktem Zusammenhang mit den erhobenen Daten und der Anwendung von statistischen Methoden:

- Transparente Veröffentlichung aller Schritte des Forschungsprozesses und Angabe der Qualitätssicherungsschritte (Planung des Forschungsdesigns gemäß aktueller Standards)
- Qualitätsgesicherte Anwendung von Methoden und Standards (nachvollziehbare Dokumentation, die eine Prüfbarkeit ermöglicht)
- Herstellung von öffentlichem Zugang zu Forschungsdaten und -ergebnissen (Archivierung aller relevanten Daten)
- Klare Benennung von Akteurinnen und Akteuren, Verantwortlichkeiten und Rollen (Einhaltung rechtlicher und ethischer Rahmenbedingungen sowie der Nutzungsrechte)
- Verantwortungsübernahme durch die Autorinnen und Autoren (Wahl eines passenden und seriösen Publikationsorgans)
- Vertraulichkeit und Neutralität bei Begutachtungen und Beratungen

**BOX – Definition**

**Arbeitsdefinition „Wissenschaftlichkeit"**
Eine Erkenntnis kann als „wissenschaftlich" gelten, wenn:

- diese auf Basis bestmöglichen Wissens zum Forschungsgegenstand (insbesondere Literatur) gewonnen,
- die Forschenden ihr Handeln und ihre Schlussfolgerungen neutral, vollständig, transparent und nachvollziehbar begründen und dokumentieren,
- die analysierten Merkmale aussagekräftig erfasst bzw. gemessen wurden,
- Methoden eingesetzt werden, die eine möglichst eindeutige und verlässliche Interpretation gewährleisten und
- alternative Erklärungsansätze, die dieselben Befunde ebenso gut erklären können, berücksichtigt, ausgeschlossen oder bestmöglich kontrolliert werden.

Alle Probleme, die die Eindeutigkeit und Interpretierbarkeit der gewonnenen Befunde beeinträchtigen könnten, müssen von den Forschenden explizit offengelegt und kritisch diskutiert werden.

In der **angewandten wissenschaftlichen Forschung** wird die Planung und Durchführung von Forschungsstudien jedoch auch von den praktischen Rahmenbedingungen mitbestimmt. Auch wenn in Lehrbüchern ideale Forschungsdesigns zur Analyse von Fragestellungen empfohlen werden, so müssen Forschende auch darauf achten, dass die Studiendurchführung keine künstlichen Bedingungen schafft, die gegebenenfalls zu Nachteilen für die Studienteilnehmenden führen können. Die Zuweisung von Patientinnen und Patienten zu einer bestimmten Behandlungsbedingung darf z. B. nicht entgegen deren Willen oder gegen den ärztlichen Rat erfolgen. Es wäre auch nicht vertretbar, Patientinnen oder Patienten einfach per Zufall verschiedenen Kliniken zuzuweisen, auch wenn dies aufgrund der Forschungsstandards als optimal erschiene. Angewandte wissenschaftliche Forschung erfordert oft Kompromisse zwischen dem, was idealerweise wünschenswert wäre, und dem, was in der Praxis machbar und forschungsethisch verantwortbar ist. (Naidoo & Wills, 2010)

**BOX – Merke**

In der angewandten gesundheitswissenschaftlichen Forschung müssen neben den idealen Forschungstandards Aspekte der praktischen Machbarkeit berücksichtigt werden. Forschung soll nicht dazu führen, dass künstliche Bedingungen geschaffen werden, sodass die Forschungsbefunde für die praktische Standardversorgung eine eingeschränkte oder keine Aussagekraft besitzen.
„Wissenschaftlichkeit" bedeutet in der angewandten Forschung, dass eine optimale Passung von Forschungsstandards und natürlicher Gesundheitsversorgung angestrebt wird. Die Forschenden müssen dabei aber jede Abweichung von idealen Forschungsstandards dokumentieren und damit einhergehende Probleme für die Aussagekraft der Studien kritisch reflektieren.

## 1.2 Empirische Forschung und Statistik

Forschung wird als empirisch bezeichnet, wenn diese auf Basis oder in engem Bezug zu direkt erfahrbaren oder dokumentierbaren Phänomenen oder Sachverhalten erfolgt. Wird beispielsweise der Gesundheitszustand beforscht, so müssen Daten an Patientinnen und Patienten erhoben werden, die den Gesundheitszustand aussagekräftig widerspiegeln. Der tatsächliche Gesundheitszustand ist das empirische Phänomen, das uns interessiert. Durch Definition von Gesundheitsindikatoren und die Verwendung von Messverfahren wird diese empirische Information der Forschung zugänglich und analysierbar. Die tatsächlich nachweisbaren Phänomene im gesundheitswissenschaftlichen Anwendungsfeld sind somit die Grundlage und der Gradmesser für theoretische Betrachtungen, Modellierungen und Schlussfolgerungen in Forschungskontexten.

**BOX – Definition**

**Empirie bzw. empirische Forschung**: Forschungsansatz, bei dem alle Aussagen möglichst unmittelbar an direkt erhebbare Daten geknüpft sind. Daten bilden die Basis für die Entwicklung theoretischer Vermutungen (theoriegenerierende, induktive Forschung), oder die Gültigkeit theoretischer Annahmen wird auf Basis von Daten geprüft (theorieprüfende, deduktive Forschung). Empirische Forschung verfolgt das Ziel, dass alle Erkenntnisse mit Erfahrungen bzw. erhobenen Daten im Anwendungsfeld korrespondieren.
**Empirische Studie**: Systematische, datenbasierte Untersuchung von Phänomenen im gesundheitswissenschaftlichen Anwendungsfeld zur Beantwortung einer wissenschaftlichen Fragestellung.
**Induktion**: Von einzelnen Beobachtungen oder Sachverhalten im Inhaltsbereich (Daten) wird auf allgemeine Prinzipien oder Gesetzmäßigkeiten geschlossen.
**Deduktion**: Aus theoretischen Annahmen wird abgeleitet, welche Daten oder Datenstrukturen im Inhaltsbereich erwartet werden.

Angenommen, es wurde beobachtet, dass Patientinnen und Patienten besonders positiv auf ein bestimmtes Therapieangebot reagieren. Aufgrund von Beobachtungen und Befragungen im Klinikalltag wird vermutet, dass die Therapieelemente vor allem das Sozialklima und der direkte Austausch zwischen den Erkrankten die positive Akzeptanz bedingen. Hierbei handelt es sich um ein induktives Schlussprinzip (**Abbildung 1-2**): Empirische Erfahrungen werden gesammelt und integriert betrachtet und es wird ein Wirkprinzip vermutet: „Je besser das

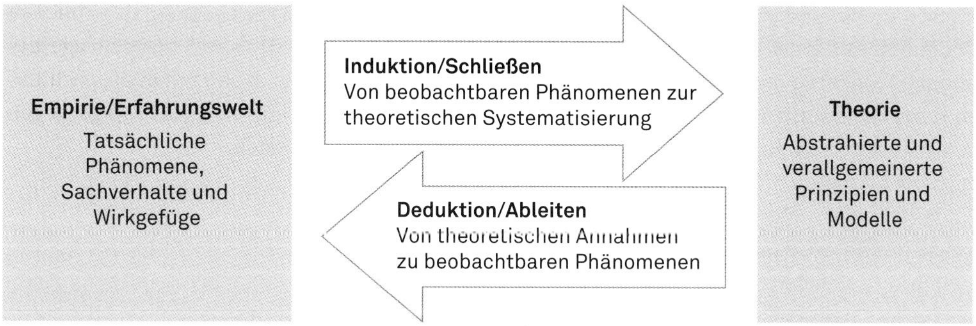


**Abbildung 1-2:** Induktion und Deduktion als Bindeglieder zwischen Theorie und Empirie

Sozialklima und der Austausch, desto positiver ist die Akzeptanz".

Nehmen wir alternativ an, dass eine Theorie existiert, die annimmt, dass soziale Interaktionen zwischen den Teilnehmerinnen und Teilnehmern einer Behandlung eine positive Akzeptanz zur Folge haben. Das Schlussprinzip ist hier deduktiv, da aus der Theorie Vorhersagen bzgl. empirischer Phänomene gemacht werden. Um die theoretische Annahme zu prüfen, müsste untersucht werden, ob in der Behandlungspraxis tatsächlich Angebote mit mehr sozialem Austausch von den Patientinnen und Patienten besser angenommen werden.

Alle in diesem Kapitel dargestellten Eigenschaften und Standards wissenschaftlicher Forschung und Arbeitsweisen stehen in der empirischen Forschung mehr oder weniger in direktem Zusammenhang mit der Anwendung von Statistik bzw. quantitativen Forschungsmethoden. Statistik ermöglicht es uns, Merkmalsstrukturen übersichtlich und transparent zu beschreiben und Modelle von Beziehungen zwischen Merkmalen zu bilden und zu prüfen.

Im **Forschungsprozess** werden inhaltliche Fragestellungen so übersetzt, dass Merkmalsausprägungen als Zahlen (quantifizierte Information) erhoben werden können, die mittels mathematisch-statistischer Verfahren ausgewertet werden. Die Forschungsfragestellungen werden also auf quantitativer Ebene beantwortet. Zahlen bilden die inhaltlich interessierenden Merkmalsausprägungen ab. Die statistischen Analyseergebnisse beantworten die inhaltlichen Fragestellungen.

Statistik kann somit als formalisiertes Analyseinstrumentarium betrachtet werden, das eine möglichst klare und eindeutige Analyse von Strukturen ermöglicht. In der Welt der Statistik wurden gut begründete und flexibel anwendbare Verfahren entwickelt, die die Analyse des fak-

**BOX – Definition**

**Statistik**

Statistik verarbeitet Daten gemäß definierter mathematischer Regeln, Methoden und Verfahren. Unter Daten verstehen wir dabei durch Zahlen repräsentierte Informationen, die in einer Gruppe von Personen oder Objekten (Analysestichprobe) erhoben wurden. Sie sollen Informationen dazu liefern, welche Ausprägungen einzelne Merkmale im Allgemeinen besitzen bzw. welche Beziehungen zwischen verschiedenen Merkmalen bestehen.

Das Ziel statistischer Analysen besteht in der Regel darin, den Informationsgehalt komplexer Datensätze hinsichtlich zentraler Informationsaspekte zu strukturieren und zu verdichten (deskriptive bzw. beschreibende Statistik), oder Vermutungen (Hypothesen) insbesondere zu Merkmalszusammenhängen oder Gruppenunterschieden zu prüfen (Inferenzstatistik; schließende Statistik). (Wirtz & Nachtigall, 2012) tischen und logischen Kerns der gewonnenen Dateninformationen ermöglichen. Statistik ist somit für jede empirische Wissenschaft das elementare Handwerkszeug, das die Eindeutigkeit, Klarheit und Transparenz von Dateninformationen sicherstellen soll. Dies ist die Basis, um Fragestellungen angemessen zu beantworten sowie irreführende und fehlerhafte Interpretationen zu vermeiden (Döring, 2023).

Statistik fungiert in gewisser Weise auch als „Sprache", die es Wissenschaftlerinnen und Wissenschaftlern ermöglicht, sich möglichst eindeutig über den Informationsgehalt von Daten und Studienbefunden auszutauschen. Forscht man z. B. zur „Lebensqualität", ist man aufgefordert, Instrumente zu verwenden, die statistischen Kriterien genügen: Hierdurch wird sichergestellt, dass das Merkmal „Lebensqualität" fundiert und gültig gemäß vereinbarter Standards erfasst wird. Rezipientinnen und Rezipienten einer Studie, die die „Sprache der Statistik" beherrschen, können an einigen Zahlenangaben ablesen, inwiefern die Merkmalserfassung als gelungen gelten kann. Wird in einer Studie formuliert, dass die Information der gemessenen „Lebensqualität" zu einem bestimmten Prozentanteil durch Merkmale des sozialen Umfelds vorhergesagt werden kann, spiegelt dies in kompakter Weise eine komplexe Information wieder. Diese Information angemessen dechiffrieren und einordnen zu können, verlangt vertiefte Kenntnisse darüber, welche Informationen durch die statistischen Kennziffern abgebildet werden und welche nicht. Dies erfordert, dass man die Sprache der Statistik gelernt hat und zumindest basal verstanden haben muss, um die Bedeutung von Studienbefunden inhaltlich richtig einordnen zu können.

### 1.2.1 Inhaltliche Ebene und statistische Ebene

Das Ineinandergreifen angewandten inhaltlichen Arbeitens und statistischer Analyse kann durch den sogenannten **Modellierungskreislauf**, der in der Mathematikdidaktik entwickelt wurde (Blum, 2011), nachvollzogen werden. **Abbildung 1-3** zeigt die für gesundheitswissenschaftliche Forschung angepasste Struktur des Modellierungskreislaufs.

In diesem Modell werden drei Ebenen unterschieden:

1. *Gesundheitswissenschaftliches Anwendungsfeld*: Dies ist das reale Tätigkeitsfeld von Menschen, die im Gesundheitssystem tätig sind. Behandelnde arbeiten mit Patientinnen und Patienten zusammen, um deren Gesundheitszustand zu verbessern.

2. *Modell des gesundheitswissenschaftlichen Anwendungsfelds*: Sieht man sich Aufgaben oder Problemen in der Behandlungs- und Versorgungspraxis gegenüber, so muss man sich darüber klar werden, welche Merkmale wichtig sind, welche Behandlungsmaßnahmen hilfreich sein könnten und wie die Interaktion mit den Behandelten gestaltet werden kann. Hier sprechen wir von einem Modell, weil eine solche Betrachtung vereinfachend und strukturierend auf das Wesentliche fokussiert.

3. *Statistik bzw. statistische Modellebene*: Es muss eine quantitative Beschreibungsebene geschaffen werden, in der alle für wesentlich gehaltene Aspekte des Inhaltsbereiches angemessen durch Zahlen abgebildet werden. Dies ermöglicht die statistischen Analysen, die uns solide und mathematisch abgesicherte Erkenntnisse zur Verfügung stellen.

Die Bedeutung der einzelnen Elemente im Modellierungskreislauf soll an zwei Beispielen verdeutlicht werden. Zunächst werden wir den Prozess am Beispiel der Definition und Messung eines gesundheitlichen Merkmals erläutern. Anschließend wird im folgenden Abschnitt der Forschungsprozess eingeführt. Dabei wird der Bezug zum Modellierungskreislauf für die Prüfung einer gesundheitswissenschaftlichen Intervention verdeutlicht.

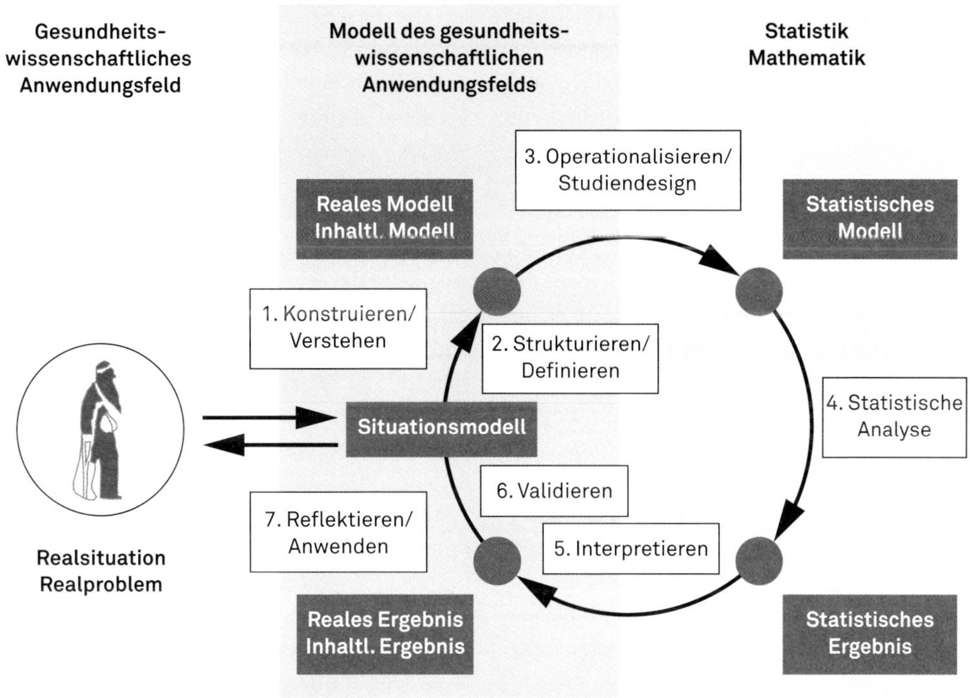


**Abbildung 1-3:** Der Modellierungskreislauf (angelehnt an Blum, 2011)

**BOX – Definition**

**Modell:** Modelle sind vereinfachte und abstrahierte Darstellungen realer Sachverhalte. In Modellen werden die wesentlichen Merkmale und Beziehungen zwischen Merkmalen abgebildet. Modelle haben den Anspruch, die wesentlichen Aspekte eines Problembereichs so abzubilden, dass Betrachtungen und Analysen auf Ebene des Modells es ermöglichen, gültige Aussagen über und gültige Vorhersagen für die realen Sachverhalte im gesundheitswissenschaftlichen Anwendungsfeld abzuleiten.

### Merkmale des Modellierungskreislaufs am Beispiel einer Merkmalsdefinition und Merkmalserfassung

Im Rahmen der Behandlung von Krebspatienten und -patientinnen sei deutlich geworden, dass diese unter einer besonderen Art der Erschöpfung leiden. Für die Patienten und Patientinnen stellt dies eine große Belastung dar. Im Versorgungsalltag zeigt sich, dass diese besondere Art der Erschöpfung bei allen Behandlungsmaßnahmen und der Organisation des Behandlungsplans berücksichtigt werden sollte.

**1. Verstehen/Konstruieren:** Widmet man sich diesem Problem im „gesundheitswissenschaftlichen Anwendungsfeld“ analytisch, so muss ein genaues Verständnis dieses Phänomens geschaffen werden. Es gilt, diese besondere Form der Erschöpfung genau zu beschreiben. Hierzu könnten sich beispielsweise im Behandlungsprozess Beteiligte dazu austauschen, wie sie das Phänomen erleben und welche Charakteristika dieses so besonders machen. Ist dies abgeschlossen, so liefert das resultierende Situationsmodell eine fokussierte Darstellung aller relevanten Problemcharakteristika. Das Situationsmodell bildet alle wesentlichen Informationen ab, und bildet die Basis für alle weiteren Arbeitsschritte.

**2. Strukturieren/Definieren:** Hier steht die Benennung klarer Kriterien im Mittelpunkt, die den Erschöpfungszustand kennzeichnen und eine systematische Diagnose ermöglichen. Als kennzeichnend wird definiert, dass Patientinnen und Patienten über einen längeren Zeitraum unter einem belastenden Gefühl atypischer Müdigkeit und Schwäche auf körperlicher, emotionaler und kognitiver Ebene leiden, die nicht durch erhöhte körperliche oder geistige Beanspruchung ausgelöst wird. Ausruhen oder Schlaf tragen nicht wesentlich zur Besserung bei. Die Forschenden wählen den Begriff „Chronisches Müdigkeitssyndrom" bzw. „Fatigue" zur Beschreibung des klinischen Bildes (Henningsen & Martin, 2013). Neben der Benennung verschiedener Komponenten (z.B. körperliche, emotionale und geistige Ebene) ist eine trennscharfe Abgrenzung zu ähnlichen Krankheitsbildern, wie z.B. Depression oder Demenz, wichtig.

**3. Operationalisieren/Studiendesign:** Hat man das Phänomen als wichtig erkannt und genau definiert, so muss man nun eine Möglichkeit schaffen, dieses zu diagnostizieren oder zu messen. Dies stellt die Basis dafür dar, das Merkmal „Fatigue" im Rahmen der Behandlung systematisch berücksichtigen zu können. Ist ein Merkmal klinisch relevant, so sollte es bei der Beschreibung des Patientenzustands und dessen Verlauf berücksichtigt werden können. Operationalisierung bedeutet also, ein Merkmal konkret erfassbar oder messbar zu machen. Es stellt sich die Frage, ob die behandelnden Ärztinnen und Ärzte oder andere an der Behandlung Beteiligte das Ausmaß an Fatigue der einzelnen Patientinnen und Patienten aussagekräftig einschätzen können. In der Regel ist es aber empfehlenswert, die Patientinnen und Patienten ihren eigenen Zustand selbst einschätzen zu lassen, wenn das Phänomen im Wesentlichen auf Ebene des eigenen Erlebens und Wahrnehmens lokalisiert ist (Weldring & Smith, 2013).

Die subjektiv empfundene Stärke von Fatigue-Symptomen erfasst man üblicherweise mittels eines standardisierten Fragebogens. In diesem geben die Befragten an, in welchem Maße die Aussageninhalte, die Fatigue-Symptome repräsentieren, für sie persönlich als zutreffend empfunden werden. **Abbildung 1-4** zeigt sechs Items, die zur Erfassung der Symptomatik eingesetzt werden könnten.

Das Ausmaß bzw. die Häufigkeit der erfragten Symptome wird von den Befragten durch Ankreuzen einer der vorgegebenen abgestuften Antwortkategorien angegeben. Da den Antwortkategorien „nie", „manchmal", „oft" und

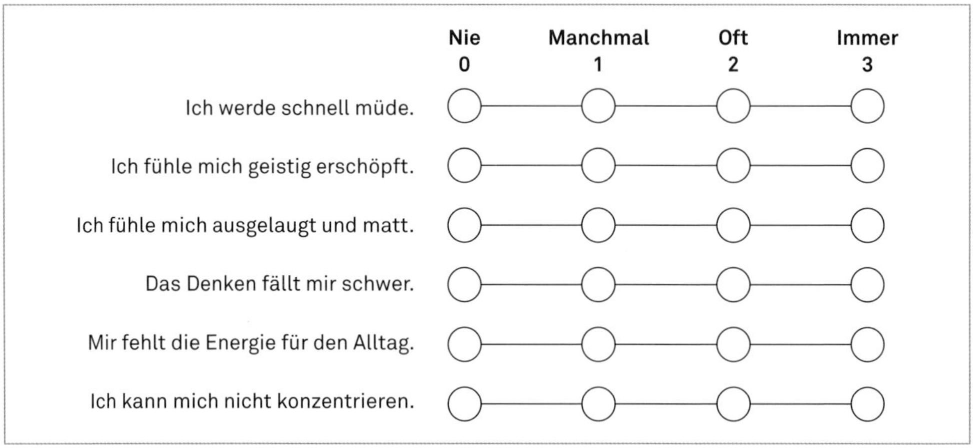


**Abbildung 1-4:** Mögliche Fragebogenitems zur Erfassung von Symptomen der Fatigue bzw. des Chronischen Erschöpfungssyndroms.

„immer" Zahlen zugeordnet sind, erfolgt eine Quantifizierung. Je höher die angegebene Zahl, desto häufiger tritt das entsprechende Symptom auf. In der Abbildung 1-3 erfolgt damit der Übergang vom realen Anwendungsmodell zur Welt der Statistik.

**4. Statistische Analyse:** Bevor ein entsprechendes Instrument zur Erfassung der Fatigue eingesetzt werden kann, werden die Eigenschaften und die Struktur der Itemgruppe statistisch analysiert. Wenn eine große Gruppe von Patientinnen und Patienten die Items beantwortet hat, lassen sich zum Beispiel folgende Fragen statistisch analysieren:

- Wie häufig werden die einzelnen Antwortkategorien für jedes Item angekreuzt?
- Für welches Symptom wird im Durchschnitt das häufigste Auftreten angegeben?
- Wie stark unterscheiden sich die Angaben für die sechs Items?
- Ab welchem Messwert kann von einer klinisch bedeutsamen Fatiguebelastung ausgegangen werden?
- Sind die sechs Items geeignet, das Merkmal Fatigue zuverlässig abzubilden?
- Bilden die sechs Items eine homogene Gruppe von Items, in dem Sinne, dass sich in allen Items dieselbe Merkmalsinformation (nämlich das Ausmaß an Fatigue) widerspiegelt? Oder müssen zwei Teilaspekte von Fatigue unterschieden bzw. getrennt betrachtet werden? (z. B.: Körperliche Fatigue: Items 1, 3 und 5; kognitive Fatigue: Items 2, 4 und 6)
- Besteht ein Zusammenhang der gemessenen Fatigue mit anderen klinischen Merkmalen, wie z. B. Depression? Können die Merkmale Fatigue und Depression statistisch solide getrennt erhoben werden?

Welche Fragestellungen statistisch analysiert werden, wird sowohl von inhaltlichen als auch statistischen Aspekten bestimmt:

- *Inhaltlicher Aspekt*: Was kennzeichnet das Merkmal Fatigue aus inhaltlich-klinischer Perspektive im gesundheitswissenschaftlichen Anwendungsfeld?
- *Statistischer Aspekt*: Welche statistischen Eigenschaften und Gütekriterien muss ein Fragebogeninstrument erfüllen, damit es als statistisch zuverlässig gelten kann? (Bühner, 2021)

**5. Interpretieren:** Alle statistischen Befunde müssen nun im Hinblick auf das reale gesundheitswissenschaftliche Anwendungsfeld interpretiert werden. Interpretieren heißt, die Bedeutung der statistischen Analyseergebnisse für das Anwendungsfeld zu reflektieren und zu benennen. Im Modellierungskreislauf verlassen wir nun wieder die Ebene der Statistik, jedoch sind die gewonnenen statistischen Ergebnisse auch Gegenstand der folgenden Schritte, da die Kongruenz statistischer Befunde und inhaltlicher Bedeutung im Mittelpunkt steht.

**6. Validieren:** Alle statistischen Analysen wurden durchgeführt, weil die Ergebnisse die Merkmalseigenschaften der „realen Fatigue" angemessen widerspiegeln sollen. Nur dann wird wirklich das Merkmal „Fatigue" durch das Instrument abgebildet. In der Phase des Validierens gilt es also im Blick zu behalten, inwiefern die durch den Fragebogen realisierte Messung („gemessene Fatigue") mit den Phänomenen, die im Anwendungsfeld unter dem

**BOX – Definition**

**Prüfung bzw. Validierung eines Fragebogeninstruments:** Die Prüfung eines Fragebogeninstruments berücksichtigt sowohl möglichst alle Aspekte, die das zu messende Merkmal im klinischen Anwendungsfeld betreffen, als auch die statistischen Gütekriterien, die an wissenschaftliche Erhebungsinstrumente gestellt werden. Lässt sich statistisch nachweisen, dass das zu messende Merkmal objektiv, möglichst fehlerfrei (reliabel) und aussagekräftig (valide) durch das Fragebogeninstrument erfasst wird, so kann das Instrument in der Praxis eingesetzt werden (Eid & Schmidt, 2014).

Begriff „Fatigue“ gefasst werden, korrespondieren. Je besser die statistischen Analysen in den vorangehenden Schritten begründet wurden und je besser es gelungen ist, alle für die „Fatigue“ relevanten Bezugsmerkmale zu erheben, desto vollständiger und aussagekräftiger kann die Validierung erfolgen.

7. **Reflektieren/Anwenden:** Wurden die vorherigen Schritte erfolgreich abgeschlossen, so muss nun entschieden werden, wie und zu welchen Zwecken das Instrument in der Praxis nützlich eingesetzt werden kann. Dabei muss zum Beispiel begründet werden, in welchen Patientengruppen die Anwendung empfohlen werden kann, ob sich das Instrument eignet, Veränderungen im klinischen Verlauf abzubilden oder ob mittels des Instruments eine Diagnose gestellt werden kann. Diese Empfehlungen müssen in der Regel unmittelbar im Zusammenhang mit den Befunden der statistischen Datenanalyse untermauert und begründet werden.

**BOX – Merke**

**Bedeutung der Elemente des Modellierungskreislaufs**

- Verstehen/Konstruieren: Identifikation aller wichtigen Informationen
- Strukturieren/Definieren: Klärung und Definition des Phänomens und der Begriffe/Merkmale
- Operationalisieren/Studiendesign: Messbarmachung der Merkmale; Begründung der Studienanlage
- Statistische Analyse: Analyse von Zahlen zur Beantwortung der Fragestellungen
- Interpretieren: Rückbezug der statistischen Analyseergebnisse auf das Anwendungsfeld
- Validieren: Prüfen, ob die Phänomene im Anwendungsfeld mit den Analyseergebnissen korrespondieren
- Reflektieren/Anwenden: Praktische Nutzung der Ergebnisse

### 1.2.2 Der empirische Forschungsprozess

Die statistische Analyse ist stets in einen **Forschungsprozess**[1] eingebunden. Dieser Forschungsprozess startet bei der inhaltlichen Fragestellung und endet bei den Schlussfolgerungen, die wiederum den gesundheitswissenschaftlichen Inhaltsbereich betreffen. Innerhalb dieses Prozesses wird durch die Anwendung von Statistik sichergestellt, dass die Fragestellungen gut begründet im Hinblick auf den Erkenntnisnutzen, logisch eindeutig und nachvollziehbar dokumentiert auf Basis empirischer Beobachtungen und Analysen beantwortet werden können.

Um aussagekräftige und belastbare Erkenntnisse zu gewährleisten, müssen die folgenden Fragen bei der Planung und Umsetzung empirischer Forschungsstudien beantwortet werden:

1. Welche Fragestellung(en) werden mit welchem Erkenntnisziel untersucht?
2. Wie bezieht sich die Forschungsstudie auf vorhandene Erkenntnisse und das Wissen zur Forschungsfrage in der Literatur?
3. Weshalb eignet sich die gewählte Untersuchungsform dazu, die Fragestellung zu beantworten?
4. Welche Personen und/oder Personengruppen werden untersucht?
5. Wie werden die untersuchten Merkmale erhoben?
6. Wie werden die erhobenen Daten ausgewertet?
7. Welche Antworten liefern die Daten auf die untersuchte Forschungsfrage?

1 Die Darstellung in diesem Kapitel orientiert sich an dem Text von Wirtz & Warnke (2020, S. 51–57) [© Verlag Handwerk und Technik, Hamburg – https://www.handwerk-technik.de – Mensch im Fokus I]. Dieser Text wurde angepasst und in Teilen direkt für dieses Lehrbuch übernommen.

8. Welche Überlegungen fließen in die Ergebnisinterpretation mit ein, die nicht unmittelbar durch die Daten belegt werden?
9. Wie lassen sich die Ergebnisse in Bezug auf das bestehende Wissen aus anderen Studien und der Literatur einordnen und interpretieren?
10. Welche Stärken und Schwächen weist der gewählte Forschungsansatz auf?
11. Welche weiterführenden Fragen ergeben sich für die zukünftige Forschung?

Diese Anforderungen sollen nun an einem Anwendungsbeispiel verdeutlicht werden, wobei die Bedeutung und Anwendung statistischer Analysemethoden besonders hervorgehoben wird. Zudem können die im vorangegangenen Abschnitt behandelten Elemente des Modellierungskreislaufs nachvollzogen werden.

**BOX – Beispiel**

**Forschungsinhalt der Beispielstudie:** In einer Rehabilitationsklinik soll ein Angebot entwickelt werden, das das Gesundheitsverhalten von Patientinnen und Patienten mit chronischer Erkrankung des Herz-Kreislauf-Systems im Alltag fördert. Die Rehabilitandinnen und Rehabilitanden sollen Kompetenzen und Strategien entwickeln, die es ihnen ermöglichen, ihren Alltag gesundheitsbewusst und mit dem Ziel der langfristigen Erhaltung des bestmöglichen Gesundheitszustands zu gestalten.

Der in **Abbildung 1-5** dargestellte Ablauf liegt in Forschungsstudien immer zugrunde, wenn Fragestellungen aufgrund von Forschungshypothesen überprüft werden. Da hierdurch in der Regel die Gültigkeit einer vermuteten Hypothe-

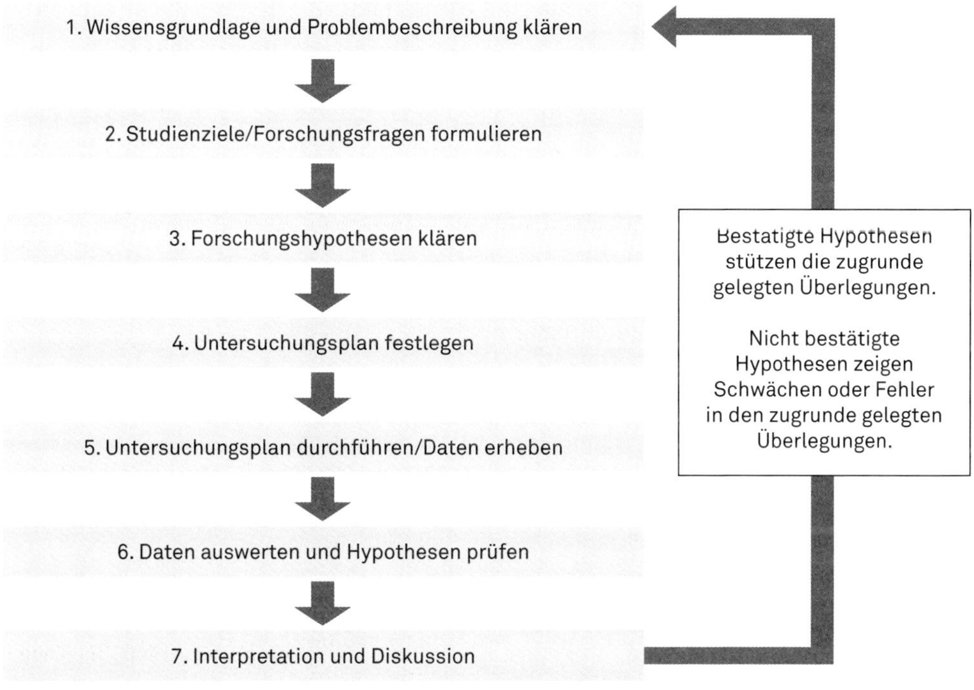


**Abbildung 1-5:** Phasen des Forschungsprozesses, wenn die Hypothesenprüfung im Mittelpunkt steht (Wirtz & Warnke, 2020, S. 53).

se bestätigt oder geprüft werden soll, werden solche Studien auch als konfirmatorische oder hypothesenprüfende Studien bezeichnet.

**BOX – Definition**

**Forschungshypothese:** Theoretisch begründete Vermutungen, deren Gültigkeit empirisch geprüft wird.
**Konfirmatorische oder hypothesenprüfende Studie:** Studie, in der die Gültigkeit einer Vermutung geprüft wird.

### 1.2.3 Phasen des Forschungsprozesses

**1. Schritt: Wissensgrundlagen und Problembeschreibung klären**
Damit Forschung zielgerichtet erfolgen kann, müssen Forschende sich sehr gut im zu beforschenden Themengebiet auskennen. Sie müssen die Qualifikation und Erfahrungen besitzen, die sie befähigen, zu einem Thema zu forschen. Da gesundheitswissenschaftliche Themen meist komplex sind, wird Forschung in der Regel in Forschungsteams durchgeführt. Um die Gesundheit von Menschen mit Herz-Kreislauf-Erkrankungen umfassend verbessern zu können, bedarf es Wissen zu Erkrankungsaspekten aus verschiedenen Disziplinen (gemäß Abbildung 1-3: Pfad 1: Konstruieren/Verstehen).

Insbesondere auf Basis von Expertenwissen, Betroffenenbefragungen und wichtigen Forschungsartikeln wird das Wissen zum Forschungsinhalt identifiziert, strukturiert aufbereitet und in Bezug auf das konkrete Forschungsanliegen bewertet.

Als zentrales Ergebnis könnte beispielsweise ermittelt werden: Menschen mit chronischen Herz-Kreislauf-Erkrankungen können ihre Gesundheit durch diese Lebensstiländerungen verbessern:

- Steigerung der Bewegung und körperlichen Aktivität
- Reduktion des Körpergewichts
- Verbesserung der Ernährungsgewohnheiten, insb. Reduktion des Verzehrs gesättigter Fettsäuren, von Salz und Alkohol
- Reduktion von psychischen Belastungen und Stress

Zusätzlich ist es wichtig, dass verordnete Medikamente zuverlässig eingenommen werden. Der Gesundheitszustand sollte vor allem aufgrund von Bluthochdruck und der gesundheitsbezogenen Lebensqualität bewertet werden. Es ist grundsätzlich wichtig, die langfristigen Veränderungen im Alltag der Patientinnen und Patienten zu beachten. In Bezug auf die Darstellung in Abbildung 1-3 sind diese Arbeitsschritte dem Pfad 2: Strukturieren/Definieren zuzuordnen.

**2. Schritt: Studienziele/Forschungsfragen formulieren**
Die Forschungsgruppe muss auf Basis der Wissensgrundlagen und der eigenen Forschungsmotivation nun genau formulieren, worin der Schwerpunkt der geplanten Studie liegen soll (gemäß Abbildung 1-3: Pfad 2: Strukturieren/Definieren).

Typische Studienziele könnten sein:

- *Prüfung des Wissens für einen konkreten Anwendungsbereich*, z. B.: Ist das allgemein ermittelte Wissen auch für eine bestimmte Patientengruppe (z. B. Patientinnen und Patienten mit zusätzlicher Diabeteserkrankung) gültig?
- *Differenzierung des Wissens*, z. B.: Zeigen sich Unterschiede für ältere und jüngere Patientinnen und Patienten?
- *Erweiterung des Wissens*, z. B.: Beeinflussen das soziale Umfeld oder das Leben in einer Partnerschaft den Gesundheitszustand?
- *Prüfung der Wirksamkeit konkreter Fördermaßnahmen*, z. B.: Welche Inhalte und/oder didaktischen Gestaltungsprinzipien von Patienteninformationen (z. B. Informationsblätter, Broschüren) oder Patientenschulungen führen zu Verbesserungen?

Im Folgenden wollen wir davon ausgehen, dass die Motivation der Forschenden für die Studie daraus entstanden ist, dass die Patientinnen und Patienten im Rahmen eines stationären Aufenthalts in der kardiologischen Rehabilitation regulär an Patientenschulungen teilnehmen, in denen Wissen zu Ernährung und Bewegung vermittelt werden. Obwohl die Patientinnen und Patienten angeben, mit der Schulung sehr zufrieden zu sein, wurden große Mängel in der Umsetzung des Wissens im Alltag festgestellt: Bereits ein halbes Jahr nach Entlassung sei kein nachhaltiger Effekt der Schulungen mehr feststellbar.

Um die Nachhaltigkeit der Patientenschulungen zu verbessern, sollen zwei Maßnahmen eingeführt und ihre Effektivität in der Studie überprüft werden:

- Der Lebenspartner bzw. die Lebenspartnerin nimmt an der Patientenschulung ebenfalls teil.
- Es wird ein internetbasiertes Programm eingeführt, das die Patientinnen und Patienten im Alltag begleitet. Dieses stellt Informationen zur Verfügung, sendet Handlungsvorschläge oder -aufträge per SMS und dient in Form eines Tagebuchs der Dokumentation gesundheitsförderlicher Verhaltensweisen.

Um die Grundprinzipien des Forschungsprozesses beispielhaft zu verdeutlichen, wird im Folgenden die Frage verfolgt, ob der Einbezug des Partners bzw. der Partnerin in die Patientenschulungen wirksam ist.

In Bezug auf die Statistik ist es bei Schritt 1 und 2 wichtig mit im Blick zu behalten, ob für die zentralen Merkmale etablierte Messvorschriften bzw. Messinstrumente vorliegen. Die statistische Erhebung und Auswertungsstandards in der Referenzliteratur können wichtige Hinweise geben, wie die Datenerhebung und Datenauswertung erfolgen können, sodass diese aussagekräftig und anschlussfähig sind.

**3. Schritt: Forschungshypothesen formulieren**

Forschungshypothesen entsprechen den Vermutungen, die durch die Forschungsstudie geprüft werden sollen. Merkmale werden dabei als Variablen definiert, die konkret erfasst bzw. gemessen werden können (gemäß Abbildung 1-3: Pfad 3: Operationalisieren/Studiendesign). Bei Studien, die die Wirksamkeit von Maßnahmen prüfen, unterscheidet man zwei Variablentypen:

**Unabhängige Variable (UV):** Diese entspricht den Untersuchungsbedingungen, die in der Studie verglichen werden. Die UV repräsentiert damit das Merkmal, das die gewünschten Veränderungen bewirken soll. Im Beispiel hat die UV zwei Ausprägungen:

- Bedingung A – Kontrollbedingung: Partner bzw. Partnerin nimmt nicht teil.
- Bedingung B – Interventionsbedingung: Partner bzw. Partnerin nimmt teil.

**Abhängige Variable (AV):** Merkmal, das durch die Maßnahme bzw. die unabhängige Variable beeinflusst werden soll bzw. in dem sich die gewünschten Veränderungen widerspiegeln.

Im Beispiel sollen insbesondere die beiden Gesundheitsaspekte

- Bluthochdruck und
- gesundheitsbezogene Lebensqualität

als abhängige Variable betrachtet werden.

Die Forschungshypothese nimmt an, dass ein *Zusammenhang zwischen unabhängiger und abhängiger Variablen* besteht. Die Hypothese lässt sich hier als Gruppenunterschied formulieren:

*Nimmt der Partner bzw. die Partnerin an der Schulung teil, ist der Blutdruck langfristig niedriger und die gesundheitsbezogene Lebensqualität langfristig höher ausgeprägt, als wenn der Partner bzw. die Partnerin nicht teilnimmt.*

Oder:

*In der Interventionsgruppe sind die Werte der abhängigen Variablen langfristig günstiger ausgeprägt als in der Kontrollgruppe.*

Bei den Haupthypothesen einer Studie ist es wichtig, dass diejenigen Merkmale als Zielgrößen (AVs) betrachtet werden, die die Gesundheit der Patientinnen und Patienten angemessen widerspiegeln. Zusätzlich sollten im Rah-

**BOX – Definition**

**Variable:** Quantifiziertes Untersuchungsmerkmal, dessen unterschiedliche (bzw. variablen) Ausprägungen verglichen bzw. untersucht werden.
**Unabhängige Variable:** Untersuchungsbedingungen, deren Einfluss untersucht werden soll (z.B. Zugehörigkeit zu einer Untersuchungsgruppe).
**Abhängige Variable:** Untersuchungsmerkmal, dessen Ausprägung durch die unabhängige Variable beeinflusst werden soll (z.B. Gesundheitszustand).
**Interventionsbedingung:** Untersuchungsbedingung, deren Wirkung untersucht wird (z.B. Teilnahme an einer Fördermaßnahme).
**Kontrollbedingung:** Untersuchungsbedingung, die als Vergleich zur Interventionsbedingung dient (wichtig, um Veränderungen zu ermitteln, die ohne die Intervention auftreten).

men der Studie weitere Merkmale untersucht werden, die als günstige Voraussetzungen für den Erfolg der Maßnahme erachtet werden, wie:

- Inwieweit sind die Teilnehmenden zufrieden mit den Schulungsinhalten?
- Inwieweit werden die Lernziele der Schulung erreicht?
- Wie motiviert sind die Teilnehmenden, ihr Verhalten zu ändern?
- In welchem Maße verändern die Teilnehmenden ihr Verhalten tatsächlich?
- Woran liegt es, dass das Verhalten im Alltag nicht angemessen umgesetzt wird?

Im Zentrum steht aber die Haupthypothese, die eine Aussage dazu zulässt, ob die gemeinsame Teilnahme der Partnerin oder des Partners grundsätzlich als günstig nachgewiesen werden kann.

**4. Schritt: Forschungsdesign festlegen**

Zur Festlegung eines Forschungsdesigns müssen Standards berücksichtigt werden, die die Untersuchungshypothesen aussagekräftig beantworten (gemäß Abbildung 1-3: Pfad 3: Operationalisieren/Studiendesign). Für das Beispiel könnten zentrale Fragen zum Forschungsdesign wie folgt beantwortet werden:

- *Wer nimmt an der Studie teil?* Patienten und Patientinnen mit chronischen Herz-Kreislauf-Erkrankungen, die in einer Partnerschaft leben, sowie deren Partnerin bzw. Partner. Die Patientinnen und Patienten und deren Partnerin bzw. Partner werden über die Studieninhalte aufgeklärt. Die Studienteilnahme ist freiwillig.
- *Welche Gruppen werden untersucht?* Die Hälfte der teilnahmebereiten Patientinnen und Patienten und deren Partnerin bzw. Partner wird der Interventionsgruppe zugewiesen. Die andere Hälfte wird wie üblich behandelt, der Partner bzw. die Partnerin nimmt also nicht an der Schulung teil. Sie bilden die Kontrollgruppe. Damit die Gruppen fair verglichen werden können, erfolgt die Zuweisung der Patientinnen und Patienten zu Behandlungs- und Kontrollgruppe nach dem Zufallsprinzip, der Randomisierung.
- *Wie werden die abhängigen Merkmale erhoben?* Der Blutdruck wird mit üblichen Blutdruckmessgeräten bestimmt. Es muss begründet werden, ob die Bestimmung durch einen Arzt bzw. eine Ärztin erfolgen muss oder ob auch die Bestimmung durch den Patienten oder die Patientin bzw. dessen Partnerin bzw. Partner eine angemessene Datenqualität gewährleistet. Unter Umständen kann die selbstständige Messung durch den Patienten bzw. die Patientin selbst oder den Partner bzw. die Partnerin vorteilhaft sein, da eine größere Menge an Daten in unterschiedlichen Alltagssituationen erhoben werden kann.
  Zur Messung der gesundheitsbezogenen Lebensqualität wird mit dem SF-36 Fragebogen zur Lebensqualität (Morfeld et al., 2011) ein gut geprüftes Instrument verwendet, das körperliche, psychische und soziale Aspek-

te der gesundheitsbezogenen Lebensqualität erfasst.

- *Zu welchen Zeitpunkten werden die Merkmale erfasst?* Um die langfristige Entwicklung des Gesundheitszustands abbilden zu können und um zwischen Interventions- und Kontrollbedingung vergleichen zu können, wird die Lebensqualität vor, unmittelbar nach, sowie sechs Monate und ein Jahr nach der Behandlung erhoben.

**BOX – Merke**

Im **Forschungsdesign** wird festgelegt, welche und wieviele Personen unter welchen Bedingungen mit welchen Datenerhebungsverfahren untersucht werden.
**Randomisierung:** Zuteilung zu den Untersuchungsgruppen nach dem Zufallsprinzip.

### 5. Schritt: Untersuchung durchführen und Daten erheben

Die Untersuchung wird gemäß des in Schritt 4 entwickelten Forschungsdesigns durchgeführt (gemäß Abbildung 1-3: Pfad 3: Operationalisieren/Studiendesign). Kommt es zu Abweichungen vom ursprünglichen Plan, müssen diese dokumentiert und bei der Darstellung und Interpretation der Ergebnisse berücksichtigt werden. Typische Aspekte, die sich erst im Rahmen der Studiendurchführung entscheiden:

- Wieviele Personen nehmen tatsächlich teil?
- Wieviele Personen verweigern die Studienteilnahme oder brechen die Studie ab?
- Welche Gründe bedingen die Studienteilnahme oder den Studienabbruch?
- Muss das Studiendesign aufgrund praktischer Rahmenbedingungen angepasst werden?

### 6. Schritt: Daten auswerten und Hypothesen prüfen

Datenanalysemethoden werden angewendet, um zu prüfen, ob sich statistisch bedeutsame Unterschiede zwischen den beiden Untersuchungsgruppen nachweisen lassen (gemäß Abbildung 1-3: Pfad 4: Statistisch analysieren).

**Abbildung 1-6** zeigt mögliche Mittelwerte der gesundheitsbezogenen Lebensqualität für die beiden Vergleichsgruppen im Zeitverlauf. Für das Messinstrument gilt, dass höhere Werte eine höhere Lebensqualität anzeigen. Vor der Schulung weisen die beiden Gruppen ähnliche Mittelwerte (≈ 41) auf. Ist der Partner bzw. die Partnerin anwesend, so steigt der Mittelwert auf ca. 50 nach der Schulung, nach sechs Monaten ist der Mittelwert nahezu unverändert, nach

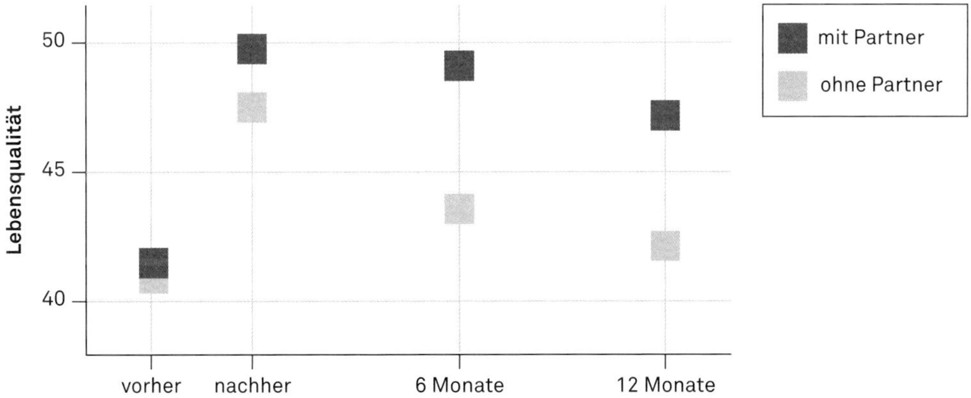


**Abbildung 1-6:** Mittelwerte der Lebensqualität für die beiden Untersuchungsbedingungen „mit Partner" und „ohne Partner" vor und nach einer Patientenschulung sowie 6 und 12 Monate im Anschluss (Wirtz & Warnke, 2020, S. 55)

12 Monaten ist ein leichter Rückgang zu verzeichnen (Mittelwert ≈ 47). In der Gruppe ohne Partner bzw. Partnerin fällt die Verbesserung nach der Schulung schwächer aus und nach 12 Monaten fällt der Mittelwert mit ca. 42,5 fast wieder auf das Ausgangsniveau zurück.

Die Mittelwerte legen also nahe, dass sich die Lebensqualität in der Gruppe „mit Partner" langfristig besser entwickelt, als wenn der Partner bzw. die Partnerin nicht bei der Schulung anwesend ist. Erweist sich diese unterschiedliche Entwicklung in statistischen Prüftests als bedeutsam, so kann die Forschungshypothese als bestätigt gelten: Kann sichergestellt werden, dass die bessere Entwicklung in der Gruppe mit Partner nicht durch Zufall zustande gekommen ist – also statistisch signifikant ist –, so wirkt sich die Anwesenheit des Partners positiv auf die Nachhaltigkeit des Schulungserfolgs aus.

**7. Schritt: Interpretation und Diskussion**
In der Diskussion werden die Studienergebnisse hinsichtlich ihres praktischen Nutzens und ihrer Bedeutung für das Wissen zum Forschungsinhalt eingeordnet (gemäß Abbildung 1-3: Pfad 5–6: Interpretieren/Validieren).

- Kann die Forschungshypothese bestätigt werden, so ist damit zum einen die Wirksamkeit der Schulung belegt, zum anderen gelten die zu Studienbeginn zugrunde gelegten theoretischen Überlegungen als nützlich oder angemessen.
- Wird die Forschungshypothese nicht bestätigt, so stellt dies auch die zugrunde gelegten Annahmen der Forschungsstudie in Frage.

Dabei ist es wichtig, die vorliegende Literatur zum Thema zu berücksichtigen und darzustellen, wie die durchgeführte Studie Erkenntnisse aus anderen Studien untermauert, neue Erkenntnisse erbringt oder wichtigen Forschungsbedarf aufzeigt. Am Ende einer Forschungsstudie steht man also in der Regel wieder vor neuen Fragen, die Gegenstand zukünftiger Forschung sein sollten. Zudem ist es wichtig zu klären, wie das gewonnene Wissen für die gesundheitswissenschaftliche Anwendungspraxis bei der Versorgung von Rehabilitandinnen und Rehabilitanden mit chronischen Herz-Kreislauf-Erkrankungen genutzt werden kann (gemäß Abbildung 1-3: Pfad 7: Reflektieren/Anwenden).

### 1.2.4 Grundlegende Merkmale der Anwendung statistischer Verfahren in den Gesundheitswissenschaften

Bevor in den folgenden Kapiteln konkrete Methoden der angewandten Statistik einführend behandelt werden, sollen zum Abschluss dieser einleitenden Darstellung der allgemeinen Rahmenbedingungen noch kurz einige Punkte betont werden, die grundsätzlich als Hintergrundinformation bei der Anwendung von Statistik in den Gesundheitswissenschaften mit bedacht werden sollten. Diese Informationen sollen helfen, zu verstehen, weshalb die Schwerpunkte in diesem Lehrbuch in der vorliegenden Form gewählt wurden. Zudem tragen sie dazu bei, einordnen zu können, welche statistischen Verfahren mit welchem Zweck und zur Erreichung welcher Ziele eingesetzt werden.

**Biometrisch-medizinische und sozialwissenschaftliche Standards**
Für das Verständnis der Anwendung von Statistik und Forschungsmethoden in der gesundheitswissenschaftlichen Forschung ist es hilfreich zu wissen, dass diese sich sowohl an biometrisch-medizinischen Standards als auch an sozialwissenschaftlichen Standards orientieren.

**Biometrisch-medizinische statistische Standards** haben sich vor allem zur optimalen Analyse klinischer Patientenparameter entwickelt. Die zugrunde liegenden Daten werden in der Regel mittels genormter technischer Apparaturen oder Laboranalysen ermittelt, die Gesundheitsindikatoren (z. B. Blutdruckmessung, Bestimmung von Blutparametern oder Leberwerten, Röntgenaufnahmen oder Hirnscans) oder den Erkrankungsstatus (gesund vs. krank) widerspiegeln. Insbesondere im Rahmen der COVID-19-Pandemie bildeten die Ergebnisse von Schnelltests oder PCR-Tests die entscheidenden Größen, um die gesundheitliche Status- und Gefährdungssituation zu beschreiben. Als Ergebnisse oder Zielmerkmale werden traditionell vor allem der Erkrankungsstatus oder das Überleben von Behandelten betrachtet. Diese Ergebniskriterien werden möglichst auf Basis objektiver Daten eingeschätzt. Der Erfolg von Präventionsmaßnahmen zur Eindämmung von COVID-19-Infektionen wurde beispielsweise lange ausschließlich auf Basis eines vereinbarten Parameters, dem Inzidenzwert, beurteilt und evaluiert.

**Sozialwissenschaftliche Standards** orientieren sich weniger an medizinischer Grundlagenforschung im sterilen Untersuchungslabor, in dem Forscherinnen und Forscher im weißen Kittel und mit Schutzbrille z.B. das Wachstum eines Präparats in einer Petrischale mikroskopieren. Viel wichtiger ist es, dass die Gesundheitsversorgung in der sozialen Interaktion zwischen Menschen stattfindet,

- die individuell wahrnehmen und empfinden (z.B. Körperwahrnehmung, psychische Befindlichkeit, Lebensqualität),
- die emotional reagieren (z.B. mit Ängsten, Verunsicherung),
- die Informationen verarbeiten/denken,
- die in ein soziales Umfeld eingebunden sind und
- die Entscheidungen treffen.

Insbesondere in Fragen der Gesundheitsvorsorge sowie dem Umgang mit chronischen Erkrankungen sind Menschen für ihre eigene Gesundheit (mit)verantwortlich und treffen Entscheidungen, die ihre Gesunderhaltung oder Erkrankungswahrscheinlichkeit beeinflussen (z.B. „Ich möchte meinen Lebensstil ändern, weil ich weiß, dass es mir dann langfristig besser geht.“). Es ist wichtig, dass Menschen über ihre Erkrankung umfassend informiert sind und motiviert sind, bewusst und eigenverantwortlich ihr individuelles Gesundheitsverhalten zu gestalten.

**BOX – Definition**

**Empirische Sozialforschung** betrachtet das Erleben und Verhalten des Menschen in sozialen Kontexten und in möglichst natürlichen Untersuchungssituationen. Deshalb sind für die Gesundheitswissenschaften Standards empirischer Sozialforschung besonders wichtig.

Empirische Sozialforschung analysiert insbesondere subjektive Angaben, die z.B. mittels standardisierter Fragebögen erhoben werden. Die Befragten geben dabei selbst Auskunft über ihre individuellen Empfindungen, Gedanken, Überzeugungen oder Bewertungen. Hierdurch wird die subjektive Welt der Befragten Gegenstand der quantitativen Forschung, die sich an den oben dargestellten Kriterien objektiver Forschung orientiert. Da die Psychologie die Wissenschaft des subjektiven Erlebens und Verhaltens der Menschen ist (Wirtz & Strohmer, 2022), haben sich die in dieser Disziplin entwickelten Forschungsstandards als besonders fruchtbar für die gesundheitswissenschaftliche Forschung erwiesen.

Die Weltgesundheitsorganisation (WHO, 2002) hat die integrierte Betrachtung klassischer biometrisch-medizinischer und sozialwissenschaftlicher Standards in den vergangenen Jahrzehnten besonders befördert. Unter Stichworten wie Patientenbeteiligung, Patientenorientierung, partizipative Behandlungsgestaltung und Entscheidungsfindung und Teilhabe wird eingefordert, dass die Sichtweise der Betroffenen und die Bedeutung von Behandlungen für das alltägliche Leben der Behandelten stärker in den Fokus der Forschung gerät. Beispielhaft kann genannt werden, dass bei der Prüfung der Wirksamkeit von Behandlungsmaßnahmen auch die von den Patientinnen und Patienten selbst eingeschätzte gesundheitsbezogene Lebensqualität (Michalos, 2014) als drittes zentrales Ergebniskriterium neben den klassischen Kriterien Erkrankungsstatus und Sterblichkeit (Morbidität und Mortalität) systematisch berücksichtigt werden muss.

### Deskriptive, beschreibende Statistik und schließende Inferenzstatistik

Statistik lässt sich grob in zwei Unterdisziplinen unterteilen, die unterschiedliche Zielsetzungen bei der Analyse der erhobenen Daten verfolgen und zu unterschiedlichen Schlussfolgerungen führen.

**BOX – Definition**

**Deskriptive, beschreibende Statistik:** Die Daten einer Gruppe von Personen oder Objekten (Stichprobe) werden analysiert, um die Datenverteilung in genau dieser Stichprobe informativ und kompakt darstellen zu können. Die Verteilung der Analysemerkmale in dieser Stichprobe werden geordnet oder aggregiert grafisch aufbereitet bzw. mittels statistischer Maßzahlen (Koeffizienten; z. B. Prozentzahlen, Mittelwerte) zusammengefasst abgebildet. Deskriptivstatistische Ergebnisse beziehen sich ausschließlich auf die erhobenen Daten der untersuchten Personen oder Objekte, die sich in der Stichprobe befinden (**Abbildung 1-7**).

**Induktive, schließende Statistik (Inferenzstatistik):** Von den Dateninformationen in der Untersuchungsstichprobe wird auf die Merkmalsverteilung der zugrunde liegenden allgemeiner definierten Grundgesamtheit (Population) geschlossen. Die Stichprobe wird hier also als stellvertretend für die Population analysiert. Konfidenzintervalle geben die Bereiche an, in denen die Werte der Population mit einer definierten Wahrscheinlichkeit vermutet werden können. Signifikanztests ermöglichen es, mit einer gewissen Fehlerwahrscheinlichkeit zu prüfen, ob in der Population systematische Gruppenunterschiede oder Merkmalszusammenhänge existieren.

**Stichprobe:** Gruppe der tatsächlich untersuchten Personen; alle Untersuchungsteilnehmerinnen und -teilnehmer

**Population:** Allgemein definierte Grundgesamtheit von Personen (z. B. alle an Diabetes erkrankte Erwachsene)

**Repräsentative Stichproben** weisen im Wesentlichen dieselben Eigenschaften (z. B. Verteilung hinsichtlich Alter, Geschlecht, Sozialstatus, Gesundheitszustand) auf wie die Population. Die Verhältnisse in repräsentativen Stichproben spiegeln die Verhältnisse in der Population unverzerrt wieder. Repräsentativität kann am besten durch zufällige Auswahl der Stichprobenmitglieder aus der Population erreicht werden.

**Beispiele für deskriptiv-statistische Analysen:**

- In einer Schule wird erhoben, welche Nahrungsmittel zum Verzehr in der Pause mitgebracht werden. Die Häufigkeit bestimmter Nahrungsmittelformen (z. B. Obst, Süßigkeiten, Brote) soll beschreibend für die Schule dokumentiert werden.
- In einer Rehabilitationsklinik wird erhoben, welche Behandlungsziele (z. B. Schmerzreduktion, Berufsfähigkeit, Funktionsfähigkeit im Alltag) orthopädische Patientinnen und Patienten für prioritär halten. Die Behandlungsziele sollen getrennt nach Alters- und Geschlechtsgruppen dokumentiert werden.
- Im Rahmen der Qualitätssicherung wird in einer Klinik erhoben, wie zufrieden die Patientinnen und Patienten zum Zeitpunkt der Entlassung mit der Behandlung gewesen sind. Zufriedenheitswerte von 0 % bis 100 % werden angegeben. Für verschiedene Stationen und Behandlungsangebote wird der Durchschnittswert berechnet.

In der Inferenzstatistik werden statische Verfahren zumeist zur Prüfung von Hypothesen angewendet: Es wird zum Beispiel geprüft, ob auf Basis eines Unterschieds in Stichproben mit

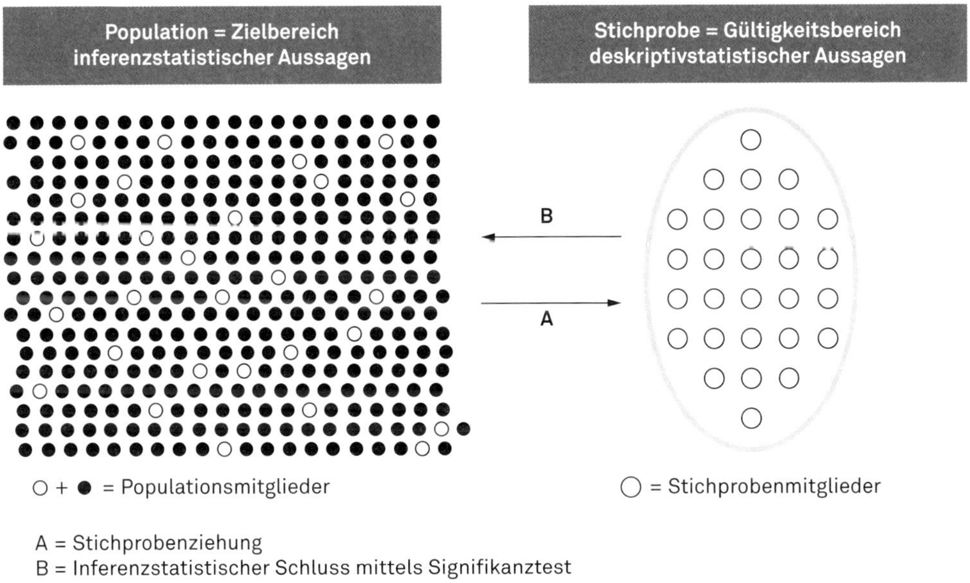


**Abbildung 1-7:** Population und Stichprobe (aus Wirtz & Nachtigall, 2012, S. 30).

hinreichender Sicherheit davon ausgegangen werden kann, dass dieser Unterschied allgemein, also in der Population, besteht.

- Es wird die Hypothese geprüft, ob sich der Verzehr bestimmter Nahrungsmittel in der Schulpause für bestimmte Schülergruppen (z.B. Geschlechtsgruppen, soziale Schicht) systematisch unterscheidet. Wird die Hypothese bestätigt, so kann allgemein davon ausgegangen werden, dass in der Schülerpopulation ein Unterschied im Nahrungsmittelkonsum in Abhängigkeit von Geschlecht oder sozialer Schicht besteht.
- Es wird die Hypothese geprüft, ob sich für Gruppen in der Rehabilitation (z.B. Rehabilitandinnen und Rehabilitanden mit unterschiedlichen Erkrankungsformen, Altersgruppen) die mit der Behandlung verbundenen Ziele systematisch unterscheiden. Wird die Hypothese bestätigt, so kann allgemein davon ausgegangen werden, dass sich die Ziele zwischen den Erkrankungsgruppen unterscheiden.
- Es wird die Hypothese geprüft, ob sich die Zufriedenheit mit der Behandlung für verschiedene typische Behandlungsmaßnahmen einer Klinik systematisch unterscheidet. Wird die Hypothese bestätigt, kann von einem generellen Unterschied zwischen den Behandlungsformen ausgegangen werden.

**BOX – Merke**

**Deskriptive, beschreibende Statistik** dient der Darstellung von Merkmalseigenschaften in Stichproben. **Inferenzstatistik** nutzt Stichprobendaten, um verallgemeinernde Aussagen treffen zu können.

**Typische gesundheitswissenschaftliche Fragestellungen und deren statistische Analyse**
Statistische Methoden werden im Rahmen gesundheitswissenschaftlicher Studien zu unterschiedlichen Zwecken eingesetzt (Eid et al., 2017). Im Folgenden werden zu einigen typischen Zielstellungen Beispiele genannt, die Ihnen helfen sollen, sich konkret vorstellen zu können, in welchen Inhaltsbereichen, die in diesem Lehrbuch behandelten, statistischen

Grundlagen in der gesundheitswissenschaftlichen Forschung angewendet werden:

1.) *Entwicklung und Prüfung von Messverfahren:* Statistische Methoden werden eingesetzt, um zu prüfen, ob z. B. Items eines Fragebogens oder die Beurteilung durch Fachkräfte eine zuverlässige Erfassung von Merkmalsausprägungen ermöglichen (Bühner, 2021; Eid & Schmidt, 2014). Zum Beispiel:
   - Welche Messverfahren sind geeignet, eine Erkrankungsdiagnose zu stellen? Wie zuverlässig oder genau sind diese Erhebungsmethoden?
   - Mit welchen Messverfahren lassen sich Merkmale, wie z. B. Behandlungsmotivation oder die gesundheitsbezogene Lebensqualität, erfassen?

   Grundlegende Aspekte der Merkmalsmessung werden im folgenden Kapitel 2 behandelt.

2.) *Deskription – Beschreiben von Merkmalsausprägungen*: Bei beschreibendem Einsatz statistischer Methoden wird der Status Quo bzw. der Ist-Zustand mittels Übersichtsgrafiken oder statistischen Kennziffern (z. B. Prozentangaben, Mittelwerte) prägnant und übersichtlich dargestellt.
   - Stichprobenbeschreibungen: Die Zusammensetzung der an einer Studie teilnehmenden Personen wird dokumentiert.
   - Dokumentation, Klärung und vertieftes Verständnis des Ist-Zustands: z. B. Welche Gesundheitsangebote werden von wem wie häufig genutzt? Unter welchen psychischen Belastungen leiden Patientinnen und Patienten mit einer bestimmten Erkrankung?
   - Unter diesem Punkt sind folgende Studienformen zu verorten:
     - *Bedarfsanalysen*: Welche Ziele sind den Patientinnen und Patienten im Rahmen einer Behandlung wichtig? Welche Patientengruppen benötigen welche Angebote?
     - *Epidemiologische Studien*: Wie verteilen sich verschiedene Erkrankungsformen in der Bevölkerung? Wie hängt diese Verteilung z. B. von Geschlecht oder Alter der Patientinnen und Patienten ab?
     - *Ist-Stand-Analysen im Rahmen von Qualitätssicherung*: z. B. Welche Stärken und Schwächen (Defizite) treten in der Praxis der Patientenversorgung auf? Welche Gesundheitsangebote werden (nicht) ausreichend zur Verfügung gestellt?

   Grundlegende Methoden der deskriptiven Statistik werden in Kapitel 3 und 4 behandelt.

3.) *Deskription und inferenzstatistische Prüfung von Gruppenunterschieden:* Es wird geprüft, ob sich verschiedene Gruppen hinsichtlich eines abhängigen Merkmals unterscheiden, z. B.:
   - Unterscheiden sich zwei Patientengruppen (z. B. Suchtpatienten bzw. -patientinnen versus Nicht-Suchtpatienten bzw. -patientinnen) hinsichtlich der Behandlungsmotivation?
   - Unterscheiden sich Männer und Frauen in ihrer Gesundheitskompetenz?

4.) *Deskription und inferenzstatistische Prüfung von Merkmalsveränderungen*: Es wird geprüft, ob sich ein Merkmal im Zeitverlauf (z. B. vor vs. nach einer Behandlung) verändert, z. B.:
   - Verbessert sich der Gesundheitszustand der Patientinnen und Patienten im Behandlungsverlauf?
   - Nimmt eine bestimmte kognitive Fähigkeit mit zunehmendem Alter ab?

   Grundlegende Methoden der Analyse von Gruppenunterschieden und von Merkmalsveränderungen werden in Kapitel 7 behandelt.

5.) *Deskription und inferenzstatistische Prüfung von Merkmalsveränderungen im Gruppenvergleich:* Es wird geprüft, ob sich ein Merkmal im Zeitverlauf (z. B. vor vs. nach einer Behandlung) in verschiedenen Gruppen ähnlich oder unterschiedlich entwickelt, z. B.:
   - Verbessert sich der Gesundheitszustand von Patientinnen und Patienten in ei-

ner behandelten Gruppe in stärkerem Maße als in einer unbehandelten Gruppe? (*Wirksamkeitsstudie*)
  - Entwickeln sich die kognitiven Fähigkeiten in unterschiedlichen sozialen Schichten ähnlich oder systematisch unterschiedlich? (*epidemiologische Kohortenstudie*)

Zur Beantwortung solcher Fragestellungen kommen komplexere, varianzanalytische Methoden zur Anwendung. Diese werden in den Kapiteln nicht behandelt, basieren aber auf den in Kapitel 8 behandelten Methoden.

- *Deskription und inferenzstatistische Prüfung von Merkmalszusammenhängen (Korrelationen):* Stehen Merkmale miteinander in Zusammenhang, in dem Sinne, dass höhere Werte in einem Merkmal mit tendenziell höheren oder niedrigeren Werten im anderen Merkmal einhergehen, z. B.:
  - Geht eine höhere Behandlungsmotivation mit einem höheren Behandlungserfolg einher?
  - Korrespondiert Impfangst mit Persönlichkeitsmerkmalen (z. B. Neurotizismus)?
- *Deskription und inferenzstatistische Prüfung von Vorhersagbarkeit von Merkmalsausprägungen (Regressionsanalytische Methoden):* Stehen Merkmale miteinander in Zusammenhang, in dem Sinne, dass höhere Werte in einem Merkmal mit tendenziell höheren oder niedrigeren Werten im anderen Merkmal einhergehen, z. B.:
  - Wie lässt sich der Behandlungserfolg optimal aus Patientenmerkmalen zu Beginn der Behandlung vorhersagen?
  - Wie lässt sich aus Erkrankungsmerkmalen ein vorzeitiges Ausscheiden aus dem Beruf vorhersagen?

Korrelationsstatistische und regressionsanalytische Methoden werden in den Kapiteln 9 bis 13 behandelt.

## 1.3 Zusammenfassung

In der empirischen gesundheitswissenschaftlichen Forschung werden statistische Methoden eingesetzt, um gesundheitswissenschaftliche Anwendungsfragen auf Basis von **Daten** zu untersuchen. Die analysierten Daten müssen die zentralen Informationen des gesundheitswissenschaftlichen Anwendungsfeldes angemessen widerspiegeln.

In der **empirischen Forschung** erfolgt die Datenanalyse im Wechselspiel mit zugrunde liegenden Annahmen über den Forschungsgegenstand (Theoriemodelle). Empirische Forschung dient zumeist der Prüfung von aus Theorien abgeleiteten Vermutungen (Hypothesen). Empirisch bestätigte Hypothesen erhöhen den Bewährungsgrad der theoretischen Grundlagen. Widerlegte Hypothesen zeigen Mängel im theoretischen Annahmengerüst.

Eine Erkenntnis kann als **„wissenschaftlich“** gelten, wenn sie auf Basis bestmöglichen Wissens zum Forschungsgegenstand gewonnen wird, die Forschenden ihr Handeln und ihre Schlussfolgerungen neutral, vollständig, transparent und nachvollziehbar begründen und dokumentieren, die analysierten Merkmale aussagekräftig erfasst wurden, und Methoden eingesetzt werden, die eine möglichst eindeutige und verlässliche Interpretation gewährleisten. Zudem müssen Erklärungsansätze, die dieselben Befunde ebenso gut erklären könnten, ausgeschlossen werden können. Alle Probleme, die die Eindeutigkeit und Interpretierbarkeit der gewonnenen Befunde beeinträchtigen könnten, müssen von den Forschenden explizit offengelegt und kritisch diskutiert werden. Es existieren vereinbarte Forschungsstandards (z. B. „Gute wissenschaftliche Praxis“), die auf begründeten Erkenntnisstandards basieren und deren Einhaltung zur Sicherstellung von Wissenschaftlichkeit erforderlich ist.

**Statistik** verarbeitet Daten nach definierten mathematischen Regeln, Methoden und Verfahren. Unter Daten verstehen wir dabei durch Zahlen repräsentierte Informationen, die in einer Gruppe von Personen oder Objekten (**Analysestichprobe**) erhoben wurden. Sie sollen Informationen darüber liefern, welche Ausprägungen einzelne Merkmale im Allgemeinen besitzen bzw. welche Beziehungen zwischen verschiedenen Merkmalen bestehen. Das Ziel statistischer Analysen besteht in der Regel darin, den Informationsgehalt von Datensätzen hinsichtlich zentraler Informationsaspekte zu strukturieren und zu verdichten (**deskriptive bzw. beschreibende Statistik**) oder Vermutungen (Hypothesen) insbesondere zu Merkmalszusammenhängen oder Gruppenunterschieden zu prüfen (**Inferenzstatistik**; schließende Statistik). Hierdurch kann Aufschluss gewonnen werden, ob mit hinreichender Sicherheit davon ausgegangen werden kann, dass die gewonnenen Erkenntnisse auch über die Stichprobe hinaus als gültig betrachtet werden können.

Um Statistik anwenden zu können, muss ein Problem im gesundheitswissenschaftlichen Anwendungsfeld in ein auf die wesentlichen Phänomene fokussiertes **Modell des Problembereichs** übersetzt werden. Die im Modell benannten Merkmale müssen solide operationalisiert und gemessen werden. Das **Studiendesign** legt fest, welche Personen unter welchen Bedingungen und zu welchen Messzeitpunkten wie untersucht werden müssen, um die Fragestellung möglichst eindeutig beantworten zu können. Je besser die **Operationalisierung** und die Definition des Studiendesigns gelingt, desto aussagekräftiger und gültiger sind die Ergebnisse angewandter statistischer Operationen. Statistische Ergebnisse müssen begründet interpretiert und validiert werden, damit der Nutzen der Befunde im gesundheitswissenschaftlichen Anwendungsfeld gewährleistet werden kann (s. Modellierungskreislauf in Abbildung 1-3).

## 1.4 Blitzlichter aus der Forschungspraxis

Am Ende jedes Kapitels dieses Lehrbuch werden drei typische Forschungsbeispiele genannt. Diese sollen Ihnen einen beispielhaften Eindruck vermitteln, wie die behandelten Grundlagen in gesundheitswissenschaftlicher Forschung konkret berücksichtigt und angewendet werden. Neben den kurzen Darstellungen werden Literaturquellen genannt, die es Ihnen ermöglichen, sich einen genaueren Einblick zu den Inhalten zu verschaffen.

**Blitzlicht 1.1: Checklisten zur Gestaltung und zur Publikation von Forschungsstudien**
Für wissenschaftliche Studien wurden von Arbeitsgruppen und Fachgesellschaften Standards zur Dokumentation von Forschungsstudien entwickelt. Werden Studien in Fachzeitschriften publiziert, sollten die Autorinnen und Autoren das Manuskript entsprechend dieser Punkte gliedern und zu allen diesen Punkten explizit Stellung nehmen. Diese Checklisten können aber auch genutzt werden, um in der Planungsphase einer Studie alle relevanten Anforderungen für eine angemessene Studienkonzeption im Blick halten zu können.

Das *CONSORT Statement* (Schulz, Altman & Moher, 2010; www.equator-network.org/reporting-guidelines/consort) formuliert für randomisierte Gruppenvergleiche (s. Kapitel 1.2.2) 25 Einzelpunkte. Beispielhaft verdeutlichen die folgenden 13 der 25 Punkte, dass die in diesem Kapitel eingeführten forschungsmethodischen und statistischen Inhalte von zentraler Bedeutung sind:

*Einleitung*
2 – Hintergrund und Ziele: Formulierung der Forschungsfragestellungen bzw. -hypothesen.

*Methoden*
3.a – Studiendesign: Beschreibung des Forschungsdesigns (insbesondere Untersuchungsgruppen, Zeitplan).

5 – Interventionen: Beschreibung der Interventionen (Behandlungsmaßnahmen) und der Durchführung, sodass die Studie genau wiederholt werden könnte.
6.a – Outcomes/Erfolgskriterien: Genaue Beschreibung der Merkmale, an denen der Erfolg der Behandlung festgemacht wird (Studienoutcomes).
8a-10 – Randomisierte Gruppenzuordnung: Detaillierte Beschreibung, wie die zufällige Zuordnung (Randomisierung) zu den Untersuchungsgruppen umgesetzt und kontrolliert wurde.
12 – Statistische Methoden: Begründung und Beschreibung der statistischen Methoden.

*Ergebnisse*
13 – Teilnahmeverlauf: Dokumentation der Aufnahme von an der Studie Teilnehmenden und ggf. des Studienabbruchs von Teilnehmenden.
17a – Outcomes und Schätzung: Angabe der Ergebnisse für jede Gruppe sowie die geschätzte Effektgröße und deren Genauigkeit (z. B. 95 % Konfidenzintervall) für jedes primäre und sekundäre Studienoutcome. (s. Kapitel 6-8)
17b – Outcomes und Schätzung: Angabe des relativen und des absoluten Risikos bei zweistufigen Studienoutcomes. (s. Kapitel 13)
19 – Schaden: Dokumentation aller wichtigen schädlichen oder unbeabsichtigten Wirkungen in jeder Gruppe.

*Diskussion*
20 – Limitationen: Dokumentation aller Studieneinschränkungen, von Quellen potenzieller Ergebnisverzerrungen sowie Ungenauigkeiten.
22 – Interpretation: Interpretation im Einklang mit den Ergebnissen, Abwägung von Nutzen und Schaden und Berücksichtigung anderer relevanter Erkenntnisse.

*Weitere Informationen*
23 – Studienprotokoll: Angabe der Quelle, wie der vollständige Studienprüfplan eingehalten werden kann.

Schulz, Dresch und Wirtz (2022) erläutern alle 25 Punkte ausführlich an einem Beispiel aus der Versorgung chronisch kranker Menschen. Dort werden zudem weitere Checklisten eingeführt, die für weitere Studientypen empfohlen werden.

**Blitzlicht 1.2: Phasenmodelle komplexer Forschungsprozesse**

In Kapitel 1.2.4 wurde ein Überblick über typische gesundheitswissenschaftliche Fragestellungen und deren statistische Analyse eingeführt. Betrachtet man die Ziele und Struktur von Forschungsprojekten genauer, so unterscheiden sich die Merkmale angemessener Studiendesigns und Forschungsfragestellungen systematisch: Je nachdem, ob ein bisher unerforschtes vs. ein bereits substanziell erforschtes Thema behandelt wird, oder ob es eher um die Entwicklung oder Prüfung von Maßnahmen bzw. um deren Anwendung in der Praxis der Patientenversorgung geht.

Craig et al. (2008) haben hierfür ein systematisches Rahmenmodell entwickelt, das eine sehr hilfreiche Strukturierung liefert, um beurteilen zu können, welche Forschungsdesigns in welchen Phasen der Forschung als angemessen gelten können. Diese Strukturierung basiert auf der Unterscheidung von vier Phasen der Forschung:

1. Konzeptionsphase: Wodurch ist das zu behandelnde Thema gekennzeichnet? Welche Ansatzpunkte liegen vor, um eine verbesserte Behandlung entwickeln zu können?
2. Phase der Machbarkeit: Wie kann ein Behandlungs- oder eine Interventionsmaßnahme optimal umgesetzt und beforscht werden?
3. Phase der Prüfung der Wirksamkeit: Verbessert eine Behandlungs- oder Interventionsmaßnahme die Zielmerkmale tatsächlich? Welche Wirkmechanismen verursachen die Verbesserung?
4. Implementierungsphase: Wie kann eine wirksame Maßnahme in der Praxis optimal umgesetzt werden, sodass ein möglichst großer Nutzen für möglichst viele Menschen resultiert?

Möhler und Farin-Glattacker (2022) und Wirtz et al. (2019) verwenden diese Grundlage als orientierendes Leitmodell für die Beurteilung und Planung gesundheitswissenschaftlicher Studien im deutschsprachigen Raum.

**Blitzlicht 1.3: Irreführende Statistiken**
Das Harding-Zentrum für Risikokompetenz veröffentlicht jeden Monat eine „Unstatistik des Monats" (https://www.hardingcenter.de/de/transfer-und-nutzen/unstatistik-des-monats). Dabei handelt es sich um Beispiele, in denen durch falsche Anwendung statistischer Methoden oder durch falsche Interpretation statistischer Ergebnisse ein falscher Eindruck von Sachverhalten entsteht. Solche Befunde gelangen dann häufig als (reißerische) Schlagzeilen an die Öffentlichkeit und erzielen ihre Wirkung nur dadurch, dass die Informationen irreführend oder zumindest suggestiv verfälschend präsentiert werden. In den Beiträgen des Harding-Zentrums wird dann genau erläutert, weshalb Meldungen, die eine drastische Gewichtszunahme bei Kindern im Verlauf der Corona-Pandemie vermelden (Juli 2022), eine extreme Übersterblichkeit im Verlauf der Corona-Pandemie feststellen (Mai 2022), eine höhere Straßenbaumdichte als Determinante psychischer Gesundheit behaupten (Februar 2022) oder hohe Impfquoten als Ursache für die Übersterblichkeit formulieren (Dezember 2021), durch falsche Anwendung und Interpretation von Statistik zustande kommen.

Diese Beispiele sind nicht nur amüsant, sondern auch sehr lehrreich dafür, dass der Umgang mit Statistik nicht oberflächlich, sondern fundiert erfolgen muss. Statistik kann schädlich sein, wenn sie falsch genutzt wird. Deshalb muss jeder Gesundheitswissenschaftler und jede Gesundheitswissenschaftlerin über zumindest grundlegende statistische und forschungsmethodische Kompetenzen verfügen.

## Übungsaufgaben

1. Im Zusammenhang mit der Corona-Pandemie und Impfungen hat das Thema „Verschwörungstheorien" (z. B. „Die Pandemie wurde bewusst erfunden oder genutzt, damit Menschen Microchips injiziert werden konnten") großes Interesse in der Öffentlichkeit gefunden. Bitte begründen Sie aufgrund der Inhalte dieses Kapitels: (a) weshalb man bei „Verschwörungstheorien" den Begriff „Theorie" verwenden kann und (b) worin sich „Verschwörungstheorien" von wissenschaftlichen Theorien unterscheiden.
2. In einer Studie sei festgestellt worden, dass Menschen, die häufig per Flugzeug reisen, eine höhere Lebenserwartung haben als Menschen, die nicht oder selten per Flugzeug reisen. Wie lässt sich dieser Sachverhalt plausibel erklären? Welche Störgrößen können dazu führen, dass sich dieser Sachverhalt zeigt, ohne dass das Fliegen eine lebensverlängernde Wirkung hat?
3. Sie möchten sich der Frage widmen, wodurch ein gesundheitsbewusster Lebensstil von Studierenden gekennzeichnet ist und wie sich dieser systematisch erfassen lässt. Skizzieren Sie, wie sich diese Fragestellung im Sinne des in Abbildung 1-3 dargestellten Modellierungskreislaufs bearbeiten ließe?
4. Sie möchten ein Training zur Vermeidung von Konflikten am Arbeitsplatz entwickeln und prüfen, ob dieses wirksam ist. Skizzieren Sie in Stichpunkten, wie Sie ein solches Vorhaben im Sinne des in Abschnitt 1.2.2 dargestellten Forschungsprozesses durchführen.

# 2 Erfassung von Merkmalen: Messen und Skalen

Um Statistik anwenden zu können, werden die Phänomene und Merkmale, die wir untersuchen wollen, strukturiert erfasst (Datenerhebung). Die Daten, die die entsprechenden Merkmalsausprägungen widerspiegeln, müssen im Zahlenformat vorliegen, damit diese statistisch analysiert werden können. Werden Merkmalsinformationen im Zahlenformat erfasst, bezeichnet man dies als *Quantifizierung* oder – wenn bestimmte Zusatzbedingungen erfüllt sind – als *Messung*. In den Therapie- und Gesundheitswissenschaften werden Merkmale wie Gesundheitsstatus, Lebensqualität, Behandlungsmotivation oder Therapieerfolg durch Zahlen ausgedrückt – sie werden also „gemessen". Solchen Merkmalsmessungen liegt die Annahme zugrunde, dass sich diese Merkmale bzw. Merkmalsausprägungen durch Zahlen aussagekräftig abbilden lassen. Gelingt uns dies, so bieten die statistischen bzw. die quantitativen Methoden vielfältige Möglichkeiten, um Sachverhalte und Phänomene prägnant und nach vereinbarten Standards darzustellen und zu analysieren. In diesem Kapitel werden wir die Begriffe „Messen" und „Messskalen" genauer einführen und die grundlegenden Überlegungen kennenlernen, wie die gewonnenen Messwerte angemessen analysiert werden dürfen.

Nach Durcharbeiten dieses Kapitels

- kennen Sie den Begriff des Messens.
- wissen Sie, dass die Bedeutung von Zahlenwerten vom Skalenniveau der Messung abhängig ist.
- wissen Sie, dass die Anwendbarkeit statistischer Analyseverfahren durch das Skalenniveau bestimmt wird.
- verstehen Sie, weshalb gesundheitswissenschaftliche Merkmale operationalisiert werden müssen, um statistisch analysiert werden zu können.
- kennen Sie typische Methoden, mittels derer gesundheitswissenschaftliche Merkmale erfasst werden können.
- kennen Sie Gütekriterien, die erfüllt sein müssen, damit Merkmalsmessungen zuverlässig und aussagekräftig sind.

## 2.1 Klärung des Begriffs „Messen"

Der Begriff „**Messen**" wird vor allem mit der Anwendung technischer Messapparaturen verbunden. Mittels eines Zollstocks wird eine Ausdehnung oder Distanz ermittelt. Das Gewicht eines Gegenstands kann mittels einer genormten Waage einheitlich bestimmt werden. In den Gesundheitswissenschaften werden **medizinisch-diagnostische Messgrößen** mit Hilfe technischer Gerätschaften bestimmt, wenn der Blutdruck gemessen wird oder wenn die Konzentration von Bestandteilen des Blutes labortechnisch analysiert wird. Die Aussagekraft und Zuverlässigkeit solcher Messergebnisse werden dadurch gewährleistet, dass die Messgeräte definierten, geeichten technischen Standards genügen.

Die Nutzung von Messgrößen, die in vereinbarten Maßeinheiten erfasst werden, dient vor allem dazu, verschiedene Objekte einfach, ökonomisch und aussagekräftig aufgrund prägnanter Zahlenangaben miteinander vergleichen zu können. Der Transport eines Gegenstands von

4,5 kg erfordert mehr Kraftaufwand als der Transport eines 3 kg schweren Gegenstands. Ein Nahrungsmittel mit 400 kcal liefert dem Körper mehr Substanz bzw. Energie als ein Nahrungsmittel mit 200 kcal. Eine Körpertemperatur von 39,8 Grad Celsius zeigt im Allgemeinen aussagekräftig an, dass der Gesundheitszustand einer Person schlechter ist, als wenn die Körpertemperatur lediglich 36,8 Grad Celsius betragen würde. Wären hierfür keine quantifizierten Maßstäbe geschaffen worden, wäre die genaue Charakterisierung der Sachverhalte nicht so einfach.

In den *Sozialwissenschaften* und den Gesundheitswissenschaften bedarf es aber eines erweiterten Verständnisses dessen, was „Messen" bedeutet (Stevens, 1959). Denn Begriffe wie Lebensqualität, psychische Belastung, Motivation, Aufmerksamkeit oder Zufriedenheit werden nicht unmittelbar als in Messgrößen oder Zahlen erfassbar verstanden. Insbesondere, wenn subjektive, individuelle Eindrücke oder Meinungen dem Messergebnis zugrunde liegen, scheinen Zahlen eine zumindest gewöhnungsbedürftige Form der Repräsentation der entsprechenden Merkmalsausprägung zu sein.

Wesentlich für das Verständnis eines **erweiterten Messbegriffes** sind folgende Punkte (Gigerenzer, 1981; Wirtz & Nachtigall, 2012):

1. Beim Messen werden Objekten oder Personen Zahlen (Messwerte) zugeordnet.
2. Die zugeordneten Zahlen repräsentieren Merkmalsausprägungen.
3. Es muss geklärt werden, nach welchem Prinzip die Zuordnung der Zahlen erfolgt. Dieses Prinzip wird als *Messvorschrift* oder *Operationalisierung* bezeichnet. Wir gewinnen hierdurch einen Indikator, dessen Werte die Ausprägungen des eigentlich zu messenden Merkmals angemessen widerspiegeln sollte.
4. Eine Messung bezieht sich zunächst immer auf die Erfassung der Ausprägung *eines* Merkmals.
5. Um komplexe Sachverhalte abzubilden, ist es erforderlich, genau zu definieren, welche einzelnen Merkmale zur Erfassung des Sachverhalts berücksichtigt werden müssen. Für jedes einzelne Merkmal muss eine eigene Messvorschrift definiert werden.
6. Es muss genau angegeben werden, welche Informationen durch die Zahlen repräsentiert werden.

**Box – Beispiel**

**Ansatzpunkte zur Messung körperlicher Fitness:** Um die körperliche Fitness einer Patientin oder eines Patienten zu erfassen, wird er bzw. sie einer Belastung ausgesetzt (z. B. Laufen auf dem Laufband). Die Dauer, bis wann ein Puls von 140 Schlägen pro Minute erreicht ist, könnte als Operationalisierung des Begriffs körperliche Fitness verwendet werden [Punkt 2 und 3]. Patientin A erhält den Wert 580 Sekunden. Patient B erhält den Wert 460 Sekunden [Bestimmung von Messwerten; Punkt 1]. Je größer die Dauer ist, als desto höher wird die Fitness eingeschätzt [Punkt 2]. Die Dauer wird als Indikator zur Charakterisierung lediglich eines Patientenmerkmals – nämlich der körperlichen Fitness – verwendet [Punkt 4]. Selbstverständlich ist die Fitness nur ein mögliches Merkmal, das den komplexen Gesundheitszustand der Patientin bzw. des Patienten widerspiegelt. Aber auch wenn uns ausschließlich die Fitness interessiert, stellt sich die Frage, ob die gewählte Operationalisierung hinreichend aussagekräftig ist. Gegebenenfalls müsste neben der Laufausdauer noch ein Indikator für die Kraft oder die Ermüdbarkeit bei Alltagstätigkeiten berücksichtigt werden, um wirklich von einer angemessenen Operationalisierung der körperlichen Fitness sprechen zu können [Punkt 5]. Wie wir weiter unten sehen werden (2.2.4: Verhältnisskala) stellt die Tatsache, dass die Dauer in Zeiteinheiten gemessen wird, eine gute Voraussetzung für die Anwendung statistischer Operationen dar. Es handelt sich um eine klar definierte Größe, bei der die Differenz von Zahlenwerten aussagekräftig ist. Bei genauerer Betrachtung stellt sich aber auch hier ein weitergehendes Interpretationsproblem: Dürfen dieselben Zeitdifferenzen – z.B. 50 sek. vs. 100 sek. und 600 sek. vs. 650 sek. – auch im Sinne derselben Fitnessunterschiede interpretiert werden? Ist eine Person mit 200 sek. als halb so „fit“ anzusehen wie eine Person mit 400 sek.? Spitzenathletinnen und -athleten, die ihre Bestzeit im 100-m-Lauf von 10,7 auf 10,2 sek. verbessern wollen, müssen ihre Leistung mit sehr viel Aufwand extrem verbessern. Hobbysportlerinnen und -sportler, die ihre Bestzeit von 13,5 auf 13,0 sek. verbessern wollen, können dies ggf. durch einen sehr viel geringeren Trainingsaufwand erreichen. Eine Zeitdifferenz von 0,5 sek. spiegelt damit in den Vergleichszenarien je nach Ausgangswert eine deutlich unterschiedliche Leistungsdifferenz wider.

In empirischen Projekten besteht das Ziel des Messens darin, alle für den Inhaltsbereich relevanten Merkmale bzw. Merkmalsausprägung in ein Zahlenformat zu übersetzen. Auf Ebene der Zahlen (quantitative Ebene) entspricht jedem Merkmal eine **Variable**. Jede unterscheidbare Merkmalsausprägung wird durch einen spezifischen Zahlenwert bzw. eine spezifische Variablenausprägung repräsentiert.

Aber nicht jede **Zuordnung von Zahlen zu Objekten** bzw. Abbildung von Objekten auf Zahlen darf als Messung bezeichnet werden. Eine solche Zuordnung ist nur dann eine Messung, wenn es eine eindeutige Zuordnungsregel gibt, die den **Erhalt von Informationen** gewährleistet. Die Messtheorie beschäftigt sich unter anderem mit der Erarbeitung von Zuordnungsregeln, die es ermöglichen, Informationen so in einem Zahlensystem abzubilden, dass diese möglichst genau erhalten bleiben. Hierauf soll nicht im Detail eingegangen werden, aber im folgenden Unterkapitel zu Skalenniveaus wird deutlich, dass die Klärung der abgebildeten Informationsgehalte entscheidend für die Auswahl geeigneter statistischer Verfahren ist.

**Box – Definition**

**Messen:** Messen bedeutet, dass Personen oder Objekten Zahlen so zugeordnet werden, dass sich Merkmalsunterschiede zwischen den Personen oder Objekten (empirisches Bezugssystem bzw. Relativ) eindeutig in entsprechenden Zahlenunterschieden (numerisches Bezugssystem bzw. Relativ) widerspiegeln.
Messen ist somit eine *informationserhaltende Zuordnung von Zahlen zu Personen bzw. Objekten.* Informationserhaltend bedeutet, dass alle zu messenden empirischen Informationen durch die gemessenen numerischen Informationen repräsentiert sind bzw. in dem Zahlensystem erhalten bleiben. Das empirische und numerische Relativ müssen in Bezug auf das zu messende Merkmal strukturgleich sein.
Bei einer Messung wird jeder Person bzw. jedem Objekt genau *ein* Messwert bzw. *eine* Zahl zugeordnet. Jede Messung bezieht sich also immer nur auf eine Eigenschaft der Personen bzw. Objekte und jede Person bzw. jedes Objekt darf nur eine Merkmalsausprägung besitzen.
Im numerischen Bezugssystem entspricht jedem Merkmal eine **Variable**. Das aus einer Messung resultierende numerische Bezugssystem wird als **Skala** bezeichnet. Eine Skala besteht also aus den Zahlen oder den Zahlenbereichen, die die Ausprägungen eines Merkmals widerspiegeln (Bühner, 2021; Wirtz & Nachtigall, 2012).

**Abbildung 2-1** verdeutlicht das Prinzip des Messens. Das empirische Bezugssystem wird von den vier Personen Petra, Helge, Helga und Peter sowie deren Eigenschaften gebildet. Wir betrachten hier zwei Eigenschaften, die in zwei unabhängigen Messungen erfasst werden: „Geschlecht“ und „Erkältungsgrad“. Die Zuordnung von Zahlen erfolgt links so, dass die Geschlechtsinformation erhalten bleibt: „1“ = „männlich“, „2“ = „weiblich“. Auf der rechten Seite wird der Intensitätsgrad der Erkältung durch die Zahlen repräsentiert: von „1“ = „nicht erkältet“ bis „4“ = „stark erkältet“.

| Numerisches Bezugs-system | Zuordnung bzgl. Geschlecht | Empirisches Bezugssystem | Zuordnung bzgl. Erkältungsgrad | Numerisches Bezugs-system |
|---|---|---|---|---|
| 2 | ← | Petra ist nicht erkältet | → | 1 |
| 1 | ← | Helge ist stark erkältet | → | 4 |
| 2 | ← | Helga ist leicht erkältet | → | 2 |
| 1 | ← | Peter ist eher stark erkältet | → | 3 |
| Information: Nominal bzw. gleich/ungleich | | | Information: Ordinal bzw. größer/kleiner | |

**Abbildung 2-1:** Informationserhaltende Zuordnung bzw. Messung bzgl. der Merkmale Geschlecht (links) und Erkältungsgrad (rechts)

**Box – Merke**

**Messen:** Bei jeder Messung wird jeder Person nur *ein* Zahlenwert zugeordnet. Für jede Person können aber verschiedene Merkmale gemessen werden.

## 2.2 Skalenniveau von Messergebnissen

In Rahmen der Begutachtungsverfahren für Rehabilitationsbedürftigkeit werde für jede begutachtete Person angegeben, welche Form der rehabilitativen Behandlung indiziert ist: „1" - „Orthopädische Rehabilitation", „2" - „Kardiologische Rehabilitation", „3" - „Psychosomatische Rehabilitation", „4" - „Neurologische Rehabilitation", „5" - „Onkologische Rehabilitation", „6" - „Sonstige". Bei dieser Zuordnung ist es augenscheinlich, dass die Größe der Zahlen keinen Informationswert hat: „Neurologische Rehabilitation" ist nicht „das Doppelte" einer „Kardiologischen Rehabilitation", obwohl 4 dem doppelten Wert von 2 entspricht. Auch die Aussage, dass „Psychosomatische Rehabilitation" in irgendeiner Form mehr sei als „Kardiologische Rehabilitation", da 3 größer 2 ist, ist unzulässig. Obwohl hier Zahlen zur Charakterisierung verwendet werden, dürfen die Zahlen nur eingeschränkt interpretiert werden. Arithmetische Operationen, wie z. B. Summen- oder Differenzbildung, führen offensichtlich zu inhaltlich bedeutungslosen bzw. unsinnigen Ergebnissen.

In diesem Beispiel fungieren die Zahlen nur als Kürzel für die **kategoriale Information**, um welche Form der Rehabilitation es sich handelt. Zwei Personen, denen jeweils dieselbe Zahl zugeordnet wird, sind hinsichtlich des Merkmals „Empfohlene Form der Rehabilitation" als gleich zu betrachten. Zwei Personen, denen unterschiedliche Zahlen zugeordnet werden, sind hinsichtlich des Merkmals „Empfohlene Form der Rehabilitation" verschieden. Wenn Messwerte nur die Information gleich vs. ungleich abbilden, so handelt es sich um ein **nominales Messergebnis**. Nominale Messergebnisse spiegeln ausschließlich wider, welche der möglichen Merkmalsausprägungen zutrifft.

Wird eine Person jedoch gebeten anzugeben, welche fünf Gesundheitsprobleme sie am meisten belasten und diese fünf Probleme in eine Rangreihe gemäß der Belastung zu bringen, so ist die Größenanordnung der Messwerte bzw. Rangzahlen informativ. Erhält das belastendste Problem die Rangzahl „5" (z. B. Rückenschmerzen) und das am wenigsten belastende Problem die Rangzahl „1" (z. B. eingeschränkter Appetit), so repräsentiert eine höhere Zahl eine höhere Belastung. Dies wird als **ordinale** oder **Ranginformation** bezeichnet. Ordinale Messergebnisse spiegeln wider, ob eine höhere oder niedrigere Merkmalsausprägung vorliegt.

Für eine Rangreihe sind in der Regel jedoch die **Abstände der Zahlen** nicht fair miteinander vergleichbar. Stellen für eine Person die Rückenschmerzen dasjenige Problem dar, das sie mit Abstand am stärksten belastet, so ist die inhaltliche Bedeutung des Sprungs von Rangplatz „5" = „Rückenschmerzen" zum nächstgenannten Problem (Rangplatz 4) sehr viel größer als die Bedeutung des Sprungs z. B. von „4" nach „3" oder von „3" nach „2". Eine andere Person belasten vielleicht Knieschmerzen (Rangplatz 4) fast in ähnlich starkem Maße wie die dominanten Rückenschmerzen (Rangplatz 5): Für diese Person würde der Unterschied in den Rangplätzen „5" und „4" sehr viel geringer ausfallen. Hier wird das nächste Problem bei der Verwendung von Zahlenwerten deutlich: Ist der Abstand bzw. die Differenz zwischen den Messwerten aussagekräftig und vergleichbar?

**Box – Merke**

**Nominale Merkmalsinformation:** Nur die Gleich- vs. Ungleichheit von Merkmalsausprägungen wird erfasst. Es ist nur informativ, ob Zahlen gleich oder ungleich sind.
**Ordinale Merkmalsinformation:** Die Rangordnung der Merkmalsausprägungen wird abgebildet. Es sind Größer-Kleiner-Vergleiche der Zahlenwerte zulässig.
**Abstands- oder Distanzinformation:** Der Abstand zwischen Merkmalsausprägungen wird durch die Zahlendifferenzen angemessen abgebildet. Die Differenzen zwischen Zahlen dürfen gebildet und verglichen werden.

Bei jeder Messung muss also mit angegeben werden, welche Informationen das numerische Bezugssystem bzw. die Skala abbildet. Ob lediglich Un-/Gleichheit oder aber die Ordnung durch die Zahlen repräsentiert werden, ist ausschlaggebend für die Interpretation der Messwerte und die mathematischen Operationen, die durchgeführt werden dürfen.

In den nächsten Abschnitten werden wir fünf Skalenarten kennenlernen, die die Systematik unterschiedlicher Informationsgehalte von Messskalen klären. Für jede dieser fünf Skalenarten sind die folgenden drei Fragen, die als **Kardinalprobleme der Messtheorie** bezeichnet werden, zu beantworten (Bühner, 2021; Wirtz & Nachtigall, 2012):

- Welcher Informationsgehalt wird durch das numerische Bezugssystem bzw. die Skala repräsentiert? Welche Beziehungen/Relationen sind zwischen den Zahlen definiert, sodass diese mit den Verhältnissen im empirischen Bezugssystem eindeutig korrespondieren? [**Repräsentationsproblem**]
- Welche mathematischen Transformationen sind zulässig? Wie dürfen die Skalenwerte transformiert werden, ohne dass die vorhandenen Informationen verloren gehen? [**Eindeutigkeitsproblem**]
- Welche Statistiken bzw. statistische Maßzahlen können verwendet werden, um die Merkmalsinformation angemessen zu charakterisieren? Das Ergebnis der Verrechnung von Messergebnissen muss eine Entsprechung im empirischen Bezugssystem haben: Wird z. B. eine Differenz zweier Zahlen gebildet,

**Box – Merke**

Für jede Messung muss bekannt sein, welches **Skalenniveau** die Messergebnisse besitzen. Das Skalenniveau einer Messung ist entscheidend dafür, welche mathematischen Operationen mit Zahlen durchgeführt werden dürfen bzw. zu empirisch informativen Ergebnissen führen.

so muss das Ergebnis die Unterschiedlichkeit der zugrunde liegenden Merkmalsausprägungen angemessen widerspiegeln. Zahlen dürfen nur so verrechnet werden, dass den Ergebnissen eine empirische Bedeutung zukommt. **[Bedeutsamkeitsproblem]**

### 2.2.1 Nominalskalenniveau

**Box – Definition**

**Nominalskala:** Werte einer Nominalskala (numerisches Bezugssystem) geben an, welche Objekte die gleiche Merkmalsausprägung oder aber verschiedene Merkmalsausprägungen besitzen (empirisches Bezugssystem). Wird Objekten derselbe Zahlenwert zugeordnet, so besitzen sie dieselbe Merkmalsausprägung. Sind die zugeordneten Messwerte verschieden, so unterscheiden sich die Objekte hinsichtlich der Merkmalsausprägung.

Eine Nominalskala kann als ungeordnetes Kategoriensystem aufgefasst werden. Die Zahlen, die den einzelnen Kategorien zugeordnet sind, dienen nur der Identifikation der Kategorienzugehörigkeit.

Angenommen, das Merkmal Krankenkassenzugehörigkeit wird erfasst. Der einzige Unterschied zur begrifflichen Bezeichnung der Krankenkassenzugehörigkeit (z. B. AOK, TKK, Barmer) besteht darin, dass stattdessen zugeordnete Zahlenwerte vergeben werden (z. B. AOK = „1", TKK = „2", Barmer = „3"...).

Damit es sich wirklich um die Kategorien einer Nominalskala handelt, müssen zudem drei Kriterien erfüllt sein:

1. *Die Kategorien müssen* **exakt definiert** *sein*: Jedes Objekt muss eindeutig einer Klasse zuzuordnen sein. Im Falle der Krankenkassen ist dieses Kriterium erfüllt, da die Krankenkassenzugehörigkeit durch einen Vertrag und die entsprechenden monatlichen Beitragszahlungen eindeutig klar sind. Weniger eindeutig verhält es sich zunächst, wenn die Art einer psychischen Störung festgestellt werden muss. Um hier Klarheit und Eindeutigkeit zu schaffen, wurden Klassifikationssysteme entwickelt (Internationale Klassifikation der Krankheiten [ICD], WHO). Klinische Diagnostik kann man in diesem Sinne als Messprozedur auffassen. Auf Basis festgelegter Kriterien wird ein zunächst nicht geklärtes, ggf. diffus erscheinendes Gebiet von Phänomenen („Wodurch ist das psychische Problem primär gekennzeichnet?") in ein exakt definiertes Kategoriensystem überführt, dessen Kategorien verschiedenen Formen psychischer Störungen entprechen.
2. *Die Kategorien müssen das* **Merkmalsspektrum erschöpfend abdecken**: Alle Merkmalsausprägungen müssen erfassbar sein, so dass jedes Objekt zugeordnet werden kann. Im Krankenkassenbeispiel muss darauf geachtet werden, dass alle möglichen Merkmalsausprägungen eingeordnet werden können. Würde man z. B. nur gesetzliche Krankenkassen als Kategorie vorsehen, so wäre für alle Privatversicherten keine Messwertvergabe möglich. Ist man unsicher, ob wirklich alle möglichen Kategorien im Kategorienschema enthalten sind, kann man eine Kategorie „Sonstige" oder „Nicht zuordenbar" einfügen. Dann ist sichergestellt, dass keine nicht kategorisierbaren Fälle vorkommen können. Werden bei der Erfassung des Geschlechts nur „1" – „männlich" und „2"– „weiblich" unterschieden und ist eine sich als „divers" empfindende Person nicht zuordenbar, so ist das Kategoriensystem nicht erschöpfend.
3. *Die Kategorien müssen sich* **gegenseitig ausschließen**: Jedes Objekt darf nur einer Kategorie angehören. Dürfte man sich bei zwei Krankenkassen simultan versichern, so wäre dieses Kriterium verletzt. Denn in diesem Falle müsste jede doppelt versicherte Person zwei Werte auf der Skala „Krankenkassenzugehörigkeit" zugewiesen bekommen. Die Messung eines Merkmals setzt jedoch voraus, dass lediglich ein Wert die

Variablenausprägung kennzeichnet. Wird für Patientinnen und Patienten die Erkrankungsform mittels eines Kategoriensystems erhoben, so tritt dasselbe Problem auf, wenn ein Patient oder eine Patientin unter mehr als einer Erkrankung leidet. Im Falle von Mehrfachnennungen bzw. simultanem Vorliegen mehrerer Merkmalsausprägungen stellt es deswegen die typische Lösung dar, ein Merkmal („Erkrankungsform") in mehrere einzelne Variablen zu überführen. Die einzelnen Variablen stehen dann für jede mögliche Merkmalsausprägung.

**Tabelle 2-1** zeigt ein Beispiel, in dem fünf Erkrankungsformen (A bis E) auftreten können. In der zweiten Spalte sind für jede Patientin bzw. jeden Patienten die zutreffenden Erkrankungsformen eingetragen. In der Spalte „Erkrankung" sind einzelnen Patientinnen oder Patienten mehr als eine Erkrankungsform zugewiesen. Hier handelt es sich also nicht um eine Messung, auch wenn wir statt der Buchstaben Zahlen verwenden würden.

Um Messungen handelt es sich aber in jeder der Spalten A bis E: In diesen Spalten ist eine „1" eingetragen, wenn die jeweilige Erkrankungsform vorliegt. Eine „0" zeigt an, dass die Erkrankungsform nicht vorliegt. Bei den letzten fünf Variablen ist das Kriterium der eindeutigen Wertevergabe erfüllt. Somit konnte das aufgrund von Mehrfachausprägungen nicht nominalskalierte Merkmal „Erkrankungsform" in fünf zweistufige oder dichotome nominalskalierte Variablen überführt werden.

Würde man die Information der Erkrankungsform in einer Variablen erfassen wollen, so müsste man bei der Erhebung darauf achten, dass auch nur eine Erkrankungsform genannt bzw. diagnostiziert werden könnte: z. B. „Welches ist die wichtigste Erkrankungsform, an der der Patient oder die Patientin leidet?". Dann würde es sich um eine polytome Variable handeln, da mehr als zwei Merkmalsausprägungen definiert sind, von denen aber für jede Person nur ein Wert zutreffen dürfte.

**Box – Definition**

**Kategoriale Variable:** Variable, deren Ausprägungen die Zugehörigkeit zu Kategorien bzw. qualitativ verschiedene Ausprägungsformen repräsentieren.

**Dichotome Variable:** Kategoriale Variable mit zwei Ausprägungen.

**Polytome Variable:** Kategoriale Variable mit mehr als zwei diskreten Ausprägungen.

**Box – Merke**

**Kategorien** eines Kategoriensystems sind genau definiert („Woran erkennt man die Kategorienzugehörigkeit?"), sind erschöpfend („Können alle Objekte einer der vorgegebenen Kategorien zugeordnet werden?") und erlauben die eindeutige Zuordnung jedes Objekts („Ist eindeutig klar, welche der Kategorien zutrifft bzw. dass die übrigen Kategorien nicht zutreffen?")

**Tabelle 2-1:** Kodierung von Mehrfachnennungen in dichotome Einzelvariablen

| Pat. | Erkrankung | A | B | C | D | E |
|---|---|---|---|---|---|---|
| 1 | A, E | 1 | 0 | 0 | 0 | 1 |
| 2 | B | 0 | 1 | 0 | 0 | 0 |
| 3 | B, C, E | 0 | 1 | 1 | 0 | 1 |
| 4 | C | 0 | 0 | 1 | 0 | 0 |
| 5 | A, D | 1 | 0 | 0 | 1 | 0 |

Die drei Kardinalprobleme der Messtheorie sind für Nominalskalen wie folgt zu beantworten:

- *Repräsentationsproblem*: Die Skalenwerte bilden Äquivalenzinformationen bzw. Gleich-Ungleich-Beziehungen. Die Interpretation muss sich also darauf beschränken, ob sich Objekte hinsichtlich der vergebenen Werte unterscheiden oder ob sie gleich sind.
- *Eindeutigkeitsproblem*: Die Skalenwerte sind prinzipiell beliebig: Ob die Werte „1", „2", „3"... oder „10", „9", „8"... oder aber „10", „20", „30"... gewählt werden, ist unerheblich. Wenn Kategorien ein anderer Wert zugeordnet wird und verschiedene Kategorien anschließend immer noch unterscheidbar sind, so stellt diese informationserhaltende Umbenennung eine zulässige Transformation dar.
- *Bedeutsamkeitsproblem*: Wie wir in Kapitel 4 vertiefen werden, sind für Nominalskalen nur sehr einfache statistische Operationen zulässig. So kann beispielsweise die Häufigkeit oder aber der Prozentanteil, mit der jede Kategorie besetzt ist, angegeben werden. Als typischer oder charakteristischer Wert ist diejenige Kategorie definiert, die am häufigsten vorliegt (Modus oder Modalwert).

Angenommen, in einer Klinik werden Patientinnen und Patienten, die an psychischen Störungen leiden, behandelt: „Affektive Störungen" seien mit dem Wert „1", „Persönlichkeitsstörungen" mit dem Wert „2" und Suchtstörungen mit dem Wert „3" kodiert. Werden viele Personen der Kategorie 1 und 3 und nur wenige der Kategorie 2 behandelt, so läge offensichtlich ein Problem der Bedeutsamkeit vor, wenn die durchschnittliche Störungsform als arithmetisches Mittel der Werte berechnet würde. Wie wir in Kapitel 4 sehen werden, würde der Mittelwert im Bereich von „2" liegen, wenn 3 und 1 jeweils häufig vorkommen und „2" die am seltensten behandelte Form ist. Die Bildung des arithmetischen Mittelswerts ist aufgrund des Bedeutsamkeitsproblem offensichtlich unangemessen und nicht sinnvoll.

**Beispiel: Bildung nominalskalierter Kategorien im Rahmen der Qualitativen Inhaltsanalyse**

In der qualitativen gesundheitswissenschaftlichen Forschung werden Kategoriensysteme typischerweise ausgehend von Text- oder Interviewmaterialien entwickelt. Im Rahmen der **Qualitativen Inhaltsanalyse** (Mayring, 2018) werden beispielsweise interpretierende und strukturierende Schritte vorgenommen, um Textsegmente den entwickelten Kategorien (induktive Kategorienbildung) zuzuordnen.

*Interviewsegment: „Oft denke ich, dass ich im Alltag zu wenig Rücksicht auf meine Beschwerden nehmen kann und ich irgendwie auch selbst nicht genug auf meine Gesundheit achte. Aber gerade, wenn die Kinder zu Hause sind, bin ich oft so eingespannt, dass mir nichts anderes übrigbleibt, als irgendwie zu funktionieren. Die Arbeit muss halt gemacht werden. Dass mir das nicht guttut, merke ich dann erst, wenn ich abends mal die Möglichkeit habe, zur Ruhe zu kommen."*

Wesentliche Schritte der Qualitativen Inhaltsanalyse bestehen darin, dass für einzelne Äußerungen übergeordnete Begriffe identifiziert werden. Diese übergeordneten Begriffe entsprechen Kategorienbezeichnung, die den Inhalt des Gesagten in Bezug zu abstrakteren, theorieorientierten Inhalten widerspiegeln. **Tabelle 2-2** zeigt eine entsprechende Analysestruktur. Die in Spalte 2 genannten theorieorientierten Oberbegriffe seien durch die Forschenden entwickelt worden. Im Rahmen der statistischen Analyse können diese Informationen verwertet werden, wenn jeder Kategorie eine Zahl zugeordnet wird. Bei der Analyse ganzer und gegebenenfalls mehrerer Interviews stellt es eine große Herausforderung dar, Kategorienbenennung zu finden, die eindeutig, erschöpfend und sich gegenseitig ausschließend sind. Dies stellt nicht nur eine wichtige Voraussetzung zur Gewähr-

**Tabelle 2-2:** Auf Basis von Textsegmenten werden bei der zusammenfassenden Qualitativen Inhaltsanalyse nominalskalierte Kategorien gebildet.

| Textsegment | Kategorie | Wert |
|---|---|---|
| Oft denke ich, dass ich in stressigen Situationen im Alltag | Externale Belastung | 1 |
| zu wenig Rücksicht auf meine Beschwerden nehmen kann | Fehlende eigenverantwortliche Verhaltenskontrolle | 2 |
| und ich auch irgendwie selbst nicht genug auf meine Gesundheit achte. | Ignorieren/Vernachlässigen | 3 |
| Aber gerade, wenn die Kinder zu Hause sind, | Externale Belastung | 1 |
| bin ich oft so eingespannt, | Externale Belastung | 1 |
| dass mir nichts anderes übrigbleibt, als irgendwie zu funktionieren. | Fehlende eigenverantwortliche Verhaltenskontrolle | 2 |
| Die Arbeit muss halt gemacht werden. | Externale Belastung | 1 |
| Dass mir das nicht guttut, merke ich dann erst, | Ignorieren/Vernachlässigen | 3 |
| wenn ich abends mal die Möglichkeit habe, zur Ruhe zu kommen. | Entlastende situative Bedingung | 4 |

leistung von Nominalskalenqualität dar, sondern ist wesentlich, um eine angemessene, kommunizierbare und klare theoretische Struktur des Textmaterials gewinnen zu können.

Die interpretierenden und strukturierenden Schritte der Forschenden bilden hierbei die Messvorschrift, gemäß der die Zuordnung von Kategorien aufgrund der inhaltlichen Essenz der Kommunikationsinhalte festgelegt wird. Um im Rahmen der Qualitativen Inhaltsanalyse die Bedeutungsgehalte transparent zu machen, müssen die diesen Schritten zugrunde liegenden Gedanken und Informationsverarbeitungsprozesse möglichst explizit dokumentiert werden.

### 2.2.2 Ordinalskalenniveau

Ordinalskalen werden auch als **Rangskalen** bezeichnet, da aus den Messwerten die Rangreihe der Objekte ablesbar ist. Typisch ist deren Verwendung beispielsweise im Sport, wenn die beste Mannschaft Platz 1 einnimmt, die zweitbeste Mannschaft Platz 2 usw. Man achte hierbei darauf, dass es sich um eine inverse ordinale Abbildung handelt, da kleinere Werte die bessere Leistung repräsentieren.

Ordinalskalenniveau kann im Vergleich zu Nominalskalenniveau als „höher" bezeichnet werden: Denn alle Eigenschaften, die für Nominalskalen definiert sind, gelten auch für Ordinalskalen. Es kommt jedoch eine weitere Eigenschaft hinzu: Die Messwerte sind nicht nur als

**Box – Definition**

**Ordinalskala:** Die Rangordnung der Messwerte einer Ordinalskala bildet die Ordnung der Merkmalsausprägungen ab:

- Werte einer gleichgerichteten Ordinalskala sind umso höher ausgeprägt, je höher die Merkmalsausprägung der Messobjekte ist.
- Werte einer inversen Ordinalskala sind umso höher ausgeprägt, je niedriger die Merkmalsausprägung der Messobjekte ist (z. B. Sporttabelle; bester Wert = 1).

gleich bzw. ungleich zu interpretieren, sondern zusätzlich auch hinsichtlich ihrer Größenausprägung. Dies ist ein allgemeines Prinzip: Für die in den folgenden Abschnitten behandelten jeweils höheren Skalenniveaus gelten auch alle Eigenschaften der niedrigeren Skalenniveaus. Es kommen jedoch neue Aspekte hinzu, die für die niedrigeren Skalenniveaus nicht gelten.

Darf jeder Wert einer Ordinalskala nur einmal vorkommen, handelt es sich um eine **starke Ordnungsrelation.** Soll ein Patient oder eine Patientin die für ihn oder sie wichtigen Behandlungsziele in eine eindeutige Rangreihe bringen, resultiert eine starke Ordnungsrelation.

Kann ein Wert mehrmals vorkommen, so liegt eine **schwache Ordnungsrelation** vor. Soll eine Patientin oder ein Patient beispielsweise angeben, welche Probleme sie oder ihn „0“ = „nicht“, „1“ = „mäßig“ oder „2“ = „stark“ belasten, so wird ab mindestens vier Problemen eine der Kategorien doppelt belegt sein. Schwache Ordnungsrelationen entstehen insbesondere dann, wenn Objekte oder Sachverhalte vorgegebenen ordinalen Kategorien zugeordnet werden sollen.

Nominale und ordinale Einschätzungen sind besonders typisch für menschliche Beurteilungsprozesse. Im Alltag verwenden wir in der Sprache völlig natürlich Gleich-Ungleich-Beurteilungen oder mittels grober *Quantifikatoren* abgestufte Einschätzungen (z. B. nie, manchmal, oft, schwach, mäßig, stark, sehr stark). Soll eine Lehrkraft die Leistung einer Schülerin oder eines Schülers beurteilen, so gelingt es ihr in der Regel subjektiv zufriedenstellend, einen Notenwert von „1“ - „sehr gut“ bis „6“ - „ungenügend“ zu vergeben. Obwohl die Leistungen nicht genau charakterisiert werden können, werden abgestufte Urteile von der beurteilenden Person als angemessen empfunden. Fragt ein Arzt oder eine Ärztin einen Patienten oder eine Patientin, wie ausgeprägt Schmerzen empfunden werden, so ist eine abgestufte Einschätzung auf einer ordinalen Skala von „1“ = „überhaupt nicht“, „2“ = „mäßig“, „3“ = „deutlich“, „4“ = „stark“, „5“ - „extrem“ in der Regel sehr gut möglich. Werden Patientinnen und Patienten zur Zufriedenheit mit der Behandlung gefragt, so fällt es ihnen in der Regel nicht schwer, ihre Einschätzungen abgestuften Kategorien wie z. B. „überhaupt nicht zufrieden“, „unzufrieden“, „eher unzufrieden“, „eher zufrieden“, „zufrieden“, „in hohem Maße zufrieden“ zuzuordnen.

**Box – Merke**

**Nominale** und **ordinale Urteile** sind in der Regel gut geeignet, um subjektive Empfindungen und Einschätzungen von Menschen abzubilden, da diesen ähnliche Informationsverarbeitungsprozesse unterliegen, wie dem alltäglichen menschlichen Denken und Urteilen. Diese als natürlich empfundenen Urteile in Zahlen zu übertragen, stellt in den Sozialwissenschaften eine der wichtigsten Grundlage zur Erfassung von Daten dar, die die subjektive Welt der Befragten zugänglich bzw. messbar machen sollen.

Neben solchen *Zuordnungen von Objekten oder subjektiven Empfindungen zu Kategorien,* die zueinander in einer Ordnungsrelation stehen, kann ordinales Datenformat durch eine **direkte Rangreihung** (z. B. „Ordnen Sie die Objekte gemäß ihrer Wichtigkeit“) oder indirekt mittels Paarvergleichen erreicht werden.

Beim **Paarvergleich** werden nacheinander jeweils zwei Alternativen im Kontrast abgefragt:

1. „Was ist Ihnen wichtiger: A oder B“?
2. „Was ist Ihnen wichtiger: A oder C“?
3. „Was ist Ihnen wichtiger: C oder A“?

Wird B im Kontrast zu A als wichtiger [B > A], und C im Kontrast zu B [C > B] und im Kontrast zu A [C > A] empfunden, so resultiert indirekt die Rangreihe C > B > A.

Damit eine eindeutige Rangreihe resultiert, muss die Transitivitätsbedingung (logische Eindeutigkeit der Reihung) erfüllt sein: Im Falle von B < A, C > A, aber C < B wäre keine Rangreihe ableitbar, da sich keine widerspruchsfreie

Anordnung der drei Elemente ableiten ließe. Äußert ein Klient oder eine Klientin, dass ihm oder ihr die Partnerschaft wichtiger sei als der Beruf, der Beruf ihr oder ihm wichtiger sei als ihre oder seine Gesundheit, aber die Gesundheit wichtiger als die Partnerschaft, so ergibt sich kein konsistentes oder transitives Gesamtbild.

Diese Methode der paarvergleichsbasierten Rangreihung wird insbesondere angewendet, wenn eine direkte Rangreihung aller Objekte als kognitiv zu anspruchsvoll empfunden würde, da zu viele Dinge simultan bedacht werden müssen. Bei anspruchsvollen Vergleichsprozessen tritt das Problem der Intransitivität aber nicht selten auf, wenn viele Paarvergleiche angestellt werden müssen.

Die drei **Kardinalprobleme der Messtheorie** sind für Ordinalskalen wie folgt zu beantworten:

- *Repräsentationsproblem*: Die Skalenwerte bilden Rangordnungen oder geordnete bzw. gestufte Informationen ab. Die Interpretation muss sich also darauf beschränken, dass die vergebenen Werte größer oder kleiner sind. Die Größenanordnung darf zusätzlich zur (Un-)gleichheitsinformation berücksichtigt werden.
- *Eindeutigkeitsproblem*: Quantitative Informationen einer Ordinalskala werden durch beliebige positive monotone Transformation der Skalenwerte nicht beeinflusst. Positiv monoton bedeutet, dass die Rangordnung erhalten bleibt: Ist a > b, so muss für die transformierten Werte t(a) > t(b) gelten.
- *Bedeutsamkeitsproblem*: Wie wir in Kapitel 4 vertiefen werden, sind für Ordinalskalen – zusätzlich zu den für Nominalskalen anwendbaren Statistiken – Datenauswertungen zulässig, die die Ranginformation der Messwerte berücksichtigen. Perzentile geben an, bis zu welchem Wert welcher Prozentsatz der Messdaten gemessen wurde. Als typische oder Durchschnittsmaßzahl wird der Medianwert verwendet. Der Median ist der kleinste Wert, für den gilt, dass 50 % aller Messwerte kleiner-gleich sind.

### 2.2.3 Intervallskalenniveau

**Box – Definition**

**Intervallskala:** Gleiche Differenzen bzw. Abstände der Werte einer Intervallskala, spiegeln gleiche Unterschiede der Merkmalsausprägungen wider.
Benachbarte ganzzahlige Werte sind immer gleich weit voneinander entfernt (Gleichabständigkeit = **Äquidistanz**). Die Distanz zwischen benachbarten ganzen Zahlen definiert die Maßeinheit der Skala.

Ab Intervallskalenniveau liegt eine wichtige Eigenschaft vor, die wir beim alltäglichen Gebrauch des Begriffs „Messen" grundsätzlich mitdenken: Wie bei einem technischen Messgerät ist eine feste Maßeinheit definiert. Wir können uns die Maßeinheiten einer intervallskalierten Messskala wie diejenige eines Lineals vorstellen, das feste Distanzen zwischen benachbarten Zahlenwerten aufweist. Bei einem Lineal liegen zwischen allen benachbarten Zahlen gleiche Distanzen. Die Distanz zwischen 5 und 6 cm ist dieselbe wie zwischen 86 cm und 87 cm. Diese genormte Distanz wird als Maßeinheit bezeichnet, nämlich Zentimeter. Die Differenzen zwischen Größenangaben sind eindeutig miteinander vergleichbar: Der Unterschied zwischen 10 cm und 35 cm ist halb so groß wie derjenige zwischen 100 cm und 150 cm. Wenn die Körpergröße von Menschen (empirisches Bezugssystem) erfasst werden soll und diesen der entsprechende Zentimeterwert (numerisches Bezugssystem) zugeordnet wird, korrespondieren zu Zahlenunterschieden eindeutig Körpergrößenunterschiede.

Im Unterschied zu Nominal- und Ordinalskalen ist es für die menschliche Wahrnehmung und Beurteilung aber nicht unmittelbar natürlich, intervallskalierte Beurteilungen vorzunehmen: Wir besitzen keine geistigen Instrumente, die wie ein genaues Zentimetermaß funktionieren. Hingegen können wir Größer-Kleiner-Relationen intuitiv einfach erfassen und sprachlich ausdrücken. In der Technik ist es notwendig, geeichte Messinstrumente zu entwickeln, um diese Intervallskalenqualität zu erreichen. Um auch in den Sozial- und Gesundheitswissenschaften Messwerte genauso verrechnen zu können, wie die Ergebnisse technischer Messinstrumente, bedarf es deswegen besonderer Bemühungen. Gelingt dies, so kann auch zum Beispiel bei Fragebogendaten oder Experteneinschätzungen begründet von der Intervallskalenqualität der Messwerte ausgegangen werden.

Die genauen Ausführungen hierzu würden eine vertiefende Behandlung diagnostischer und psychometrischer Methoden erfordern. An dieser Stelle sei deswegen auf zwei grundlegende Aspekte hingewiesen, die es ermöglichen, mittels Leistungstests (z. B. zur Messung von Intelligenz; PISA-Schulleistung) und Fragebögen (z. B. zur Messung Gesundheitsbezogener Lebensqualität, Motivation, psychischer Belastung oder Depressivität) Merkmale intervallskaliert zu erfassen.

1. *Verwendung geprüfter* **Einschätzungsskalen** *bzw.* **Ratingskalen**: In Fragebögen werden Einstellungen oder Beurteilungen in der Regel mittels gestufter *Ratingskalen* erfasst. Ein Beispiel wurde bereits in Abbildung 1-4 gezeigt. Streng genommen müssen solche Ratingskalen als lediglich ordinalskaliert gelten. Es wurde jedoch empirisch untersucht, wie man die Stufen der Einschätzungsskalen benennen sollte, damit die Abstände zwischen den Antwortstufen als annähernd gleichabständig angenommen werden können. In diesem Falle spricht man auch von *Quasi-Intervallskaliertheit* der Daten. Abweichungen von der Gleichabständigkeit kann man nicht völlig ausschließen, jedoch führt diese Unsicherheit zu keinen wesentlichen Verzerrungen bei der statistischen Auswertung. **Abbildung 2-2** zeigt drei Beispiele für empfohlene Erhebungsformate, die als quasi-intervallskaliert gelten können.
2. *Verwendung psychometrisch entwickelter* **Mehr-Item-Skalen**: Auch wenn jedes einzelne Item mittels einer empfohlenen Ratingskala erfasst wird, so kann die Annäherung an Intervallskalenniveau noch besser erreicht werden, wenn das entsprechende Merkmal durch mehrere Items erfasst wird. In Abbildung 1-4 sind zur Erfassung der Indikatoren des chronischen Müdigkeitssyn-

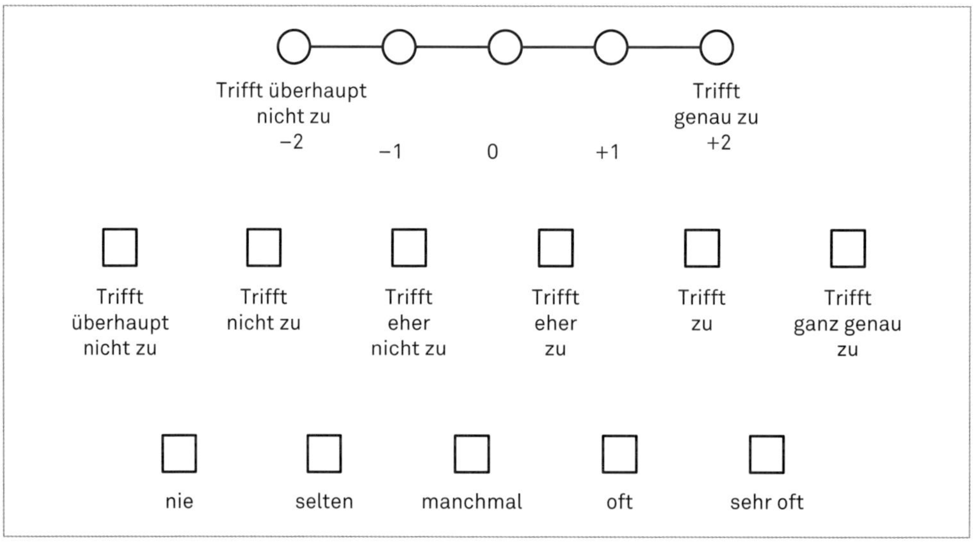


**Abbildung 2-2:** Empfohlene Ratingskalen, die als quasi-intervallskaliert angenommen werden können (Rohrmann, 1978; Bühner, 2021).

droms (Fatigue) sechs Items entwickelt worden. Psychometrische Messinstrumente sind in der Regel immer so aufgebaut, dass für das eigentlich interessierende Merkmal (hier: Fatigue) mehrere gut erfassbare Indikatoren oder Symptome erfragt werden. Eine psychometrisch vertiefende Analyse prüft dann, ob auch nach statistischen Kriterien alle Items dasselbe Merkmal anzeigen (zu den Hintergründen s. Bühner, 2021 bzw. Eid & Schmidt, 2014). Ist dies der Fall, so kann der Mittelwert (durchschnittliches Antwortniveau) über die Einzelitems für jede einzelne befragte Person bestimmt werden. Durch die Aggregation der Information über die Indikatoren wird durch weitere statistische Prinzipien (s. Abschnitt 7.3: Zentraler Grenzwertsatz) Intervallskalenniveau angenähert.

Die Fragen zu den drei **Kardinalproblemen der Messtheorie** sind für Intervallskalen wie folgt zu beantworten:

- *Repräsentationsproblem*: Die Skalenwerte bilden metrische Informationen ab, sodass dieselben Unterschiede in den Merkmalsausprägungen durch identische Zahlendifferenzen abgebildet werden. Die Größe der Differenzen zwischen den Zahlen lässt einen Rückschluss auf das Ausmaß der Merkmalsunterschiede im empirischen Bezugssystem zu. Der Messwert 0 darf jedoch nicht mit einer fehlenden Merkmalsausprägung gleichgesetzt werden.
- *Eindeutigkeitsproblem*: Die Messwerte dürfen linear transformiert werden ($y = b_0 + b_1 \cdot x$). Die Distanzen zwischen den Messwerten werden dabei alle um denselben Faktor $b_1$ gestreckt bzw. gestaucht, sodass sich das Verhältnis der Differenzen zueinander nach der Transformation nicht verändert. Lineare Beziehungen entsprechen in einem Koordinatensystem dem Verlauf einer Geraden.

Die oben verwendete Analogie des Lineals ist insofern nicht ganz zutreffend, weil Intervallskalen *keinen natürlichen Nullpunkt* aufweisen. Der Nullpunkt bei z. B. Temperaturmessungen ist zwar nach einem bestimmten Kriterium definiert, dieses Kriterium wurde aber in gewisser Weise beliebig festgelegt. Dies wird auch dadurch deutlich, dass unterschiedliche Temperaturskalen (Kelvin, Fahrenheit, Celsius) existieren, die verschiedene Nullpunktdefinitionen verwenden. Intervallskalen haben zwar eine Maßeinheit, diese ist aber ebenfalls beliebig definierbar: Wie für das Lineal können wir sowohl die Maßeinheit Meter als auch Zentimeter oder Millimeter verwenden.

**Beispiele: Zur Transformation von intervallskalierten Werten**

Temperaturen werden intervallskaliert gemessen, da eine konstante Grad-Einheit definiert ist. In allen Wertebereichen entspricht eine 1°-Differenz demselben physikalischen Temperaturunterschied. Jedoch existieren unterschiedliche intervallskalierte Messskalen.

- Wasser friert bei 32° Fahrenheit bzw. bei 0° Celsius.
- Wasser kondensiert bei 212° Fahrenheit bzw. bei 100° Celsius.

Da beide Skalen intervallskaliert sind, lassen sie sich durch **lineare Transformation** ineinander überführen. (F = Fahrenheit, C = Celsius):

$$F = b_0 + b_1 \cdot C$$

- Wenn C = 0, gilt F = 32: $32 = b_0 + b_1 \cdot 0$ $\rightarrow b_0 = 32$
- Wenn C = 100, gilt F = 212: $212 = 32 + b_1 \cdot 100 \rightarrow b_1 = \frac{212-32}{100} = 1{,}8$

Mittels der linearen Transformationsformel $F = 32 + 1{,}8 \cdot C$ kann also für jeden beliebigen Grad-Celsius-Wert bestimmt werden, welcher Grad-Fahrenheit-Wert diesem genau entspricht.

Man beachte hier, dass es aufgrund der Beliebigkeit des Nullpunktes bei Intervallskalen unzulässig ist, zu behaupten, 32° Celsius seien doppelt so warm wie 16° Celsius. Hieraus müsste dann ja folgen, dass 89,6° Fahrenheit doppelt so warm sind wie 60,8° Fahrenheit.

Bei der Entwicklung von Intelligenzskalen wurde festgelegt, dass die Messwerte der Allgemeinbevölkerung im Durchschnitt bei dem Wert 100 liegen. Die Messwerte variieren im Allgemeinen zwischen den Werten 70 und 130. Die PISA-Skalen, mittels derer z. B. die mathematischen Kompetenzen von Schülerinnen und Schülern in den OECD-Staaten gemessen bzw. verglichen werden, liegen im Durchschnitt bei dem Wert 500. Die üblichen Werte variieren im Bereich von 300 und 700. Die Entscheidung für die verwendeten Wertebereiche bzw. Skalierung erfolgte vor allem auch nach dem Kriterium, wie man die Werte anschaulich berichten kann (Eid & Schmidt, 2014). Sowohl bei der Intelligenzskala als auch der PISA-Skala kann man z. B. aufgrund des großen Wertebereiches immer über ganze Zahlen sprechen (z. B. Deutschland = 496; Finnland = 530) und muss keine Nachkommastellen berichten. Man hätte sich stattdessen auch für eine in der Statistik übliche sog. z-Standardisierung entscheiden können. Diese lernen wir in Abschnitt 4.4 kennen. Hier liegen die Messwerte im Bereich von −2 bis + 2 und der Durchschnittswert beträgt 0: Diese z-Skala eignet sich aber für die anschauliche Darstellung weniger gut, da negative und positive Zahlen auftreten, Nachkommastellen entscheidend sind und auch inhaltlich bedeutsame Unterschiede sich nur in kleinen Zahlendifferenzen abbilden.

Welchem IQ-Skalenwert welche Werte auf der PISA-Skala entsprechen würde, kann man durch Lineartransformation berechnen:

IQ-Skalenwert = 100 entspricht PISA-Skalenwert = 500
IQ-Skalenwert = 70 entspricht PISA-Skalenwert = 300

$500 = b_0 + b_1 \cdot 100 \Longrightarrow b_0 = 500 - b_1 \cdot 100$
$300 = b_0 + b_1 \cdot 70 \Longrightarrow 300 = (500 - b_1 \cdot 100) + b_1 \cdot 70 = 500 - b_1 \cdot 30$

$\Longrightarrow b_1 = -[(300 - 500) / 30] = 6{,}67$
$b_0 = 500 - b_1 \cdot 100 = 500 - (6{,}67) \cdot 100 = -167$

PISA-Skalenwert = −167 − 6,67 · IQ-Skalenwert

Hier muss darauf geachtet werden, dass wir uns nur mit folgender Frage beschäftigt haben: „Welche IQ-Werte ergäben sich, wenn die Entwickler der IQ-Skala sich auch für eine Skala entschieden hätten, die den Mittelwert 500 besitzt und deren Wertebereich ca. 300 bis 700 beträgt?“ Selbstverständlich kann man Intelligenzwerte nicht in Schulleistungswerte verrechnen, da es sich um verschiedene Merkmale handelt: Aber wir können angeben, wie es sich ausgewirkt hätte, wenn eine Intervallskala mit anderem Mittelwert und anderer Streubreite gewählt worden wäre.

Wären beide Merkmale mit derselben Skalierung gemessen worden – z. B. derjenigen der PISA-Skala – könnten wir die Zahlen direkt vergleichen. Ein IQ-Wert von 500 würde einen Schüler als durchschnittlich intelligent auszeichnen. Würde er im Schulleistungstest eine 600 erreichen, so könnten wir durch den Vergleich der Zahlen ablesen, dass die Leistung im Schultest deutlich höher ausfällt als im Intelligenztest. Verwenden wir jedoch unterschiedliche Skalierung, so ist in einem klassischen Intelligenztest (Mittelwert = 100) ein IQ-Wert von 130 als deutlich höher einzuschätzen als ein PISA-Wert von 500. Die Zahlen an sich lassen sich also nur direkt vergleichen, wenn die gleiche Skalierung verwendet wird. Ansonsten ist ein Vergleich der absoluten Zahlenwerte auf unterschiedlichen Skalen nicht zulässig.

- *Bedeutsamkeitsproblem*: Wie wir in Kapitel 4 vertiefen werden, sind für Intervallskalen – zusätzlich zu den für Ordinalskalen anwendbaren Statistiken – Datenauswertungen zulässig, die die Differenzen der Messwerte berücksichtigen (metrische statistische Methoden; z. B. arithmetisches Mittel, Varianz). Für die mathematisch-statistische Anwendung ist die eindeutige Interpretierbarkeit der Unterschiede bzw. Differenzen zwischen

Zahlen von besonderer Wichtigkeit. Nur wenn Unterschiede interpretiert werden dürfen, sind z. B. die Addition oder Subtraktion von Werten zulässig. Um Messwerte miteinander verrechnen zu können oder übliche mathematische Operationen durchzuführen, muss deswegen ein Intervallskalenniveau vorliegen. Für Intervallskalen dürfen jedoch keine Brüche bzw. Größenverhältnisse von Messwerten interpretiert werden.

### 2.2.4 Verhältnisskalenniveau

**Box – Definition**

**Verhältnisskala:** Das Verhältnis bzw. der Quotient zweier Werte einer Verhältnisskala, spiegelt das Größenverhältnis der empirischen Merkmalsausprägungen wider. Bei einer Verhältnisskala ist im Unterschied zur Intervallskala ein fester Nullpunkt definiert. Die Maßeinheiten sind jedoch ebenfalls beliebig definiert.

Die drei **Kardinalprobleme der Messtheorie** lassen sich für Verhältnisskalen wie folgt beantworten:

- *Repräsentationsproblem*: Anders als für den Sprung von Ordinalskala zu Intervallskala, ist der Unterschied von Intervallskala zu Verhältnisskala für die in diesem Buch behandelten Methoden marginal. Der einzig bedeutsame Unterschied besteht darin, dass Brüche von Messwerten gebildet werden können. Dies ist nur zulässig, da der Nullpunkt festgelegt ist: „0“ bedeutet, dass keine Merkmalsausprägung vorliegt. Längen-, Zeit- und Gewichtsmessungen oder Geldeinheiten sind typische Beispiele für Verhältnisskalen. „0“ bedeutet keine Länge, keine Zeitdauer, kein Gewicht, kein Geld. Die Maßeinheiten der Messungen dürfen jedoch frei gewählt werden: cm vs. m, sek. vs. min., g vs. kg, Ct vs. EUR.
- *Eindeutigkeitsproblem*: Eine Verhältnisskala kann durch die Transformation $y = b_1 \cdot x$ ($b_1 > 0$) in eine andere Verhältnisskala ohne Informationsverzerrung überführt werden (*proportionale Transformationen*). Die Einheiten einer Verhältnisskala sind nicht festgelegt, es ist nur wichtig, dass das Verhältnis der Skalenwerte zueinander gleich bleibt:
  - Ein Objekt von 2 m bzw. 2000 mm Körpergröße ist doppelt so hoch wie eines von 1 m bzw. von 1000 mm.
  - 5 Stunden sind 10-mal so lang wie eine halbe Stunde. Dies gilt auch für die Minutenwerte, die man nach Multiplikation der Werte mit 60 erhält: $5 \times 60$ min = $10 \times 0{,}5 \times 60$ min bzw. 300 min = $10 \times 30$ min.
  - 10 kg bzw. 10.000 g entsprechen $0.4 \times 40$ kg bzw. $0.4 \times 40.000$ g
  - Der Wechselkurs von Euro zu russischem Rubel ist unabhängig davon, ob Euro in Rubel oder Cent in Kopeken umgerechnet werden: 1 EUR = 59,57 mal 1 Rubel bzw. 100 Cent = 59,57 mal 100 Kopeken [Wechselkurs vom 24. August 2022].
  - Durch die Änderung der Maßeinheiten ($y = b1 \cdot x$) bleiben in allen Beispielen die Verhältnisse stabil, da der Nullpunkt eindeutig festgelegt ist.
- *Bedeutsamkeitsproblem*: Zusätzlich zu den für die statistische Auswertung von Intervallskalen anwendbaren Statistiken können für Verhältnisskalen zusätzlich der geometrische Mittelwert und der Variabilitätskoeffizient berechnet werden. Diese sind für die Inhalte der folgenden Kapitel jedoch nicht von Bedeutung. Lediglich die zusätzliche Aussagekraft von Brüchen bzw. Verhältnissen von Messwerten ist relevant.

**Ergänzung zum Beispiel in der Einleitung zu Kap. 2.2**

Befragt die Gutachterin oder der Gutachter die Patientinnen bzw. Patienten, wie viele Mehrkosten für sie aufgrund der Erkrankung im letzten Jahr resultierten, so wird eine verhältnisskalierte Geldangabe erfasst. Wer im letzten Jahr

800 EUR Mehrausgaben hatte, hatte im Vergleich zu einer Person, die 1600 EUR angibt, nur die Hälfte der Mehrausgaben. Für diese Geldangaben dürfen nicht nur die Distanzen interpretiert und verrechnet werden (1600 EUR – 800 EUR = 800 EUR), sondern auch die Verhältnisse (1600 EUR / 800 EUR = 2, entspricht dem 2-fachen Wert).

Manchmal werden solche Verhältnisangaben auch unzulässigerweise für intervallskalierte Werte angegeben. Hätte Land A im Pisa-Test das Ergebnis 250 und Land B 500, so wäre es völlig unzulässig zu behaupten, die Kompetenz in Land B sei doppelt so hoch wie diejenigen in Land A. Tatsächlich würde diese Differenz ein Vielfaches mehr als eine Verdopplung bedeuten. Selbiges würde für einen IQ-Unterschied von 50 und 100 gelten. Auch die Aussage, dass 22° C doppelt so viel sind wie 11° C ist falsch (s. oben), da es sich lediglich um eine intervallskalierte Messung handelt.

### 2.2.5 Absolutskalenniveau

**Box – Definition**

Absolutskala: Für Absolutskalen sind sowohl der Nullpunkt als auch die Maßeinheit natürlich festgelegt.

Eine Absolutskala liegt vor, wenn Elemente natürlich definiert sind (insbesondere Personen, Objekte) und sich unmittelbar abzählen lassen. Es bedarf keiner Vereinbarung einer Größeneinheit, da diese eindeutig vorgegeben ist. Die Anzahl der Patientinnen und Patienten pro Station, die Anzahl durchgeführter Operationen oder die Anzahl freier Intensivbetten stellen typische Beispiele dar.

Die absolutskalierte Messung erfasst also die Häufigkeit der Elemente (*Repräsentationsproblem*), die Messwerte dürfen nicht transformiert werden (10 Operationen sind immer gleich 10 Operationen; *Eindeutigkeitsproblem*) und die statistischen Auswertungsmöglichkeiten (*Bedeutsamkeitsproblem*) unterscheiden sich für die Darstellung in den folgenden Kapiteln nicht von denjenigen für Verhältnisskalen.

### 2.2.6 Die Rangordnung der Skalentypen

Je höher das Skalenniveau ist, desto strenger bzw. genauer ist definiert, welche Informationen die Zahlen im Vergleich zueinander abbilden. Auf Nominalskalenniveau sind die Zahlen beliebig wählbar, solange die Gleich- vs. Ungleichheitsinformation (Äquivalenzrelation) abgebildet wird bzw. erhalten bleibt. Bei Ordinalskalen muss die Ordnung der Zahlen zusätzlich beachtet werden (Ordnungsrelation). Bei Intervallskaleniveau können Zahlen nur durch lineare Transformation verändert werden, damit die Abstände weiterhin vergleichbar bleiben. Je informativer die Messung, desto vorsichtiger muss man sein, wenn die Zahlenwerte verändert bzw. transformiert werden.

Der mit steigender Skalendignität einhergehende höhere Informationsgehalt führt vor allem dazu, dass aussagekräftigere statistische Analysemethoden angewendet werden können. Je informativer die Skalenwerte, desto informativer auch die Ergebnisse der statistischen Analyse.

**Tabelle 2-3** gibt eine zusammenfassende Übersicht über die Skalentypen. Die fünf Skalentypen können auf höherer Ebene wieder als ordinalskaliert betrachtet werden: Je höher das Skalenniveau, desto höher die Aussagekraft und die statistische Verwertbarkeit der Informationen.

## 2.3 Zusammenfassung

Um Merkmale statistisch analysieren zu können, müssen diese zunächst gemessen werden. Wir sprechen von der **Messung** eines Merkmals, wenn Personen Zahlen (Messwerte) zuge-

**Tabelle 2-3:** Eigenschaften der Skalenniveaus im Überblick (adaptiert übernommen aus von der Lippe, 1993, S. 11)

| Skala | Information/ Definition | zulässige Transformationen | Beispiele | Zentrum | Analyse |
|---|---|---|---|---|---|
| Nominalskala | (Un-) Gleichheit<br>Ungeordnete Kategorienzugehörigkeit | Umbenennung | Berufsgruppe, Diagnosen, Geschlecht, Behandlungseinrichtung, Krankenkassenzugehörigkeit | Modus | Nichtparametrische Statistik |
| Ordinalskala Rangskala | + Ordnungs- bzw. Größer-Kleiner-Relation<br>Ranginformation | streng monoton steigend | Pflegestufen, Schmerzintensität, Schweregrade, soziale Schicht, Eigenschaftsbeschreibungen mit Quantifikatoren, Schulnoten | + Median | |
| Intervallskala | + äquidistante Skalenpunkte<br>Interpretierbarkeit von Wertedifferenzen/Abständen | linear $y = b_0 + b_1 \cdot x$ | Psychometrische Skalen (Intelligenz, Lebensqualität, Depressivität)<br>Temperatur in Celsius und Fahrenheit | + arithmetisches Mittel | Parametrische Statistik |
| Verhältnisskala Ratioskala | + natürlicher Nullpunkt<br>Interpretierbarkeit von Verhältnissen | proportional $y = b_1 \cdot x$ | Längenmaße, Gewichtsmaße, Zeitdauer | + geometrisches Mittel | |
| Absolutskala | + natürliche Maßeinheit | keine | Häufigkeiten, Anzahl | | |

ordnet werden, die die Ausprägung des Merkmals angemessen widerspiegeln. Merkmale werden hierbei in Variablen überführt. Es muss geklärt werden, nach welchem Prinzip – **Messvorschrift** bzw. **Operationalisierung** – die Zuordnung der Zahlen erfolgt. Eine Messung bezieht sich zunächst immer auf die Erfassung der Ausprägung *eines* Merkmals. Um komplexe Sachverhalte abzubilden, ist es erforderlich, genau zu definieren, welche einzelnen Merkmale zur Erfassung des Sachverhalts berücksichtigt werden müssen. Für jedes einzelne Merkmal muss eine eigene Messvorschrift definiert werden.

Zur statistischen Verwertung der gewonnenen Messergebnisse (Variablenwerte) muss deren **Skalenniveau** beachtet werden. Es werden fünf Skalenniveaus unterschieden. Je höher das Skalenniveau ist, desto strenger sind die Bedingungen, die die Messwerte erfüllen müssen, und desto anspruchsvollere statistische Verfahren können zur Datenanalyse verwendet werden.

Auf **Nominalskalenniveau** spiegeln die Messwerte nur wider, ob die Personen hinsichtlich des betreffenden Merkmals gleich oder ungleich sind (Äquivalenzrelation). Für **ordinalskalierte Daten** ist die Rangordnung zusätzlich aussagekräftig interpretierbar (Ordnungsrelation). Auf **Intervallskalenniveau** sind die Messwerte nicht nur gemäß Größe geordnet, sondern die Distanzen zwischen den Messwerten können verglichen werden. Der Sprung von Ordinalskalenniveau auf Intervallskalenniveau ist für die Statistik von fundamentaler Bedeutung, da wichtige statistische Verfahren (**parametrische statistische Verfahren**) Intervallskalenniveau voraussetzen. Für nominale und ordinale Daten ist das statistische Auswertungsrepertoire deutlich eingeschränkter als für mindestens intervallskalierte Daten (**nonparametrische statistische Verfahren**). In den empirischen Sozialwissenschaften bildet die Begründung und Entwicklung von Messinstrumenten, die das Intervallskalenniveau der Daten gewährleisten, deswegen einen besonderen Schwerpunkt. Ob die gewonnene metrische Skala einen eindeutigen Nullpunkt hat (**Verhältnisskala**) und zusätzlich natürliche Maßeinheiten aufweist (**Absolutskala**) ist für die gesundheitswissenschaftliche Statistik hingegen in der Regel eher nachrangig.

Nur wenn sichergestellt ist, dass Merkmale solide und aussagekräftig gemessen wurden, und geklärt wurde, welches Skalenniveau die Messergebnisse (Variablen) besitzen, können die in den folgenden Kapiteln behandelten Analysemethoden begründet angewendet werden.

## 2.4 Blitzlichter aus der Forschungspraxis

Die in diesem Kapitel eingeführten Begriffe und Konzepte stellen die Basis jeder Datenerhebung in der gesundheitswissenschaftlichen Forschung dar. In der Diagnostik wurden auf dieser Grundlage fundierte und ggf. komplexe Messinstrumente, die den Anspruch haben, Gesundheitsmerkmale aussagekräftig abzubilden, entwickelt und detailliert psychometrisch geprüft. Einen Überblick über etablierte Instrumente finden Sie z. B. unter:

- https://www.assessment-info.de
- https://dorsch.hogrefe.com/testverzeichnis
- bzw. Wirtz (2022)

Um einen forschungsorientierten Einblick in die gesundheitswissenschaftliche Beschäftigung mit messtheoretischen Aspekten bei der Merkmalserfassung zu gewinnen, seien zudem folgende Blitzlichter empfohlen:

**Blitzlicht 2.1: Analyse des Effekts verschiedener Formulierungen von Antwortstufen von Ratingskalen**
Der Einfluss verschiedener Formulierungen der Antwortstufen ordinaler Beurteilungs- oder Ratingskalen auf Eigenschaften der gemessenen Werte und die Ergebnisse der Datenauswertung ist auch Gegenstand empirischer Forschung. In einer klassischen Studie hat Rohrmann (1978) verschiedene Arten von Ratingskalen vergleichend untersucht. Menold (2019) berichtet in einer Überblicksarbeit, welche Anzahl von Antwortstufen als optimal gelten kann, um eine gute Skalenqualität zu erreichen. In beiden Studien werden Empfehlungen ausgesprochen, wie z.B. das Ausmaß an Zustimmung/Ablehnung zu einer Aussage (z. B. „trifft überhaupt nicht" zu bis „trifft ganz genau zu") oder die Häufigkeit von Ereignissen (z. B. „nie", „selten", „manchmal", „häufig", „sehr häufig") optimal durch verbale Formulierungen oder Zahlenmarkierungen erfasst werden kann. Wenn Sie einen eigenen Fragebogen entwickeln wollen, sollten Sie sich unbedingt genau mit solchen empirisch begründeten Empfehlungen auseinandersetzen. Die Verwendung suboptimaler Antwortformate kann die Möglichkeit der Datenauswertung erheblich einschränken oder sogar unmöglich machen.

**Blitzlicht 2.2: Messung von Schmerzen**
Reichel-Vacariu et al. (2017) geben einen Überblick über Operationalisierungsmöglichkeiten bei der Erfassung von Schmerzen. Dabei gehen sie darauf ein, dass Schmerz eine subjektiv erlebte Empfindung ist, die in verschiedenen Formen und in unterschiedlichen Intensitäten auftreten und als unterschiedlich belastend wahrgenommen werden kann. Die angemessene Erfassung erfordert es, dass der Patient bzw. die Patientin selbst die Einschätzung vornimmt. Für Schmerzformen werden insbesondere nominalskalierte Klassifikationssysteme vorgestellt (z. B. chronisch vs. akut; Rücken-, Gelenk-, Kopfschmerzen). Für Schmerzintensitäten werden ordinale Ausprägungsgrade (z. B. geringer bis extremer Schmerz bzw. geringe bis hohe Beeinträchtigung) unterschieden. Hierbei ist die Frage, ob die gestuften Messwerte als annähernd intervallskaliert angenommen werden können, entscheidend, um die erhobenen Informationen statistisch angemessen zu analysieren. Darüber hinaus wird gezeigt, dass für eine behandlungsbezogene Erfassung von Schmerzen auch der Umgang der Betroffenen mit Schmerzen (Schmerzverhalten, -verarbeitung, -bewältigung) strukturiert erhoben bzw. gemessen werden sollte.

**Blitzlicht 2.3: Messung gesundheitsbezogener Lebensqualität**
In Kapitel 1 wurde bereits angedeutet, dass zur Messung eines gesundheitswissenschaftlichen Merkmals zumeist mehrere Informationen erhoben werden müssen (vgl. Abbildung 1-4). Zum einen, weil solche Merkmale aus mehreren Facetten bestehen: So postuliert die Definition der Weltgesundheitsorganisation (WHO, 2002), dass das Merkmal „Gesundheitsbezogene Lebensqualität" nur durch die gemeinsame Betrachtung körperlicher, psychischer und sozialer Aspekte angemessen definiert werden kann (biopsychosoziales Modell; *Kriterium der Konstruktvalidität*). Zum anderen, weil aufgrund einzelner Informationen, die z. B. mit einzelnen Fragen, die mit ja vs. nein oder den wenigen Stufen einer Ratingskala beantwortet werden, kein hinreichend differenziertes (*Kriterium der Skalierung*) oder lediglich ein zu fehleranfälliges bzw. unzuverlässiges (*Kriterium der Reliabilität*) Messergebnis gewonnen werden kann. Kohlmann (2014) verdeutlicht, welche Schritte bei der Entwicklung solcher Fragebogeninstrumente durchlaufen werden müssen. Grundlegend sind dabei die in diesem Kapitel eingeführten Fragen des Skalenniveaus. Wie müssen einzelne Fragen formuliert und beantwortet werden, damit man von der Intervallskaliertheit der Daten ausgehen kann? Die Sicherstellung der Intervallskalenqualität ist fundamental, um komplexere Methoden der statistischen Analyse anwenden zu können, sodass die Messeigenschaften des Fragebogeninstruments adäquat geprüft werden können. Darüber hinaus wird gezeigt, welche Überlegungen dazu führen, ob die Betroffenen selbst (Selbsteinschätzung) oder z. B. Expertinnen und Experten (Fremdeinschätzung) die Fragen beantworten. Der Beitrag von Kohlmann (2014) zeigt für das Konstrukt „Gesundheitsbezogene Lebensqualität" exemplarisch, wie komplexe Messvorschriften und -instrumente in den Gesundheitswissenschaften begründet und empirisch entwickelt werden können. Neumann et al. (2007) behandeln grundlegende messtheoretische und diagnostische Aspekte am Beispiel der Erfassung von Patientenzufriedenheit in der Versorgung von Krebspatientinnen und -patienten.

## Übungsaufgaben

1. Im Rahmen der Qualitätssicherung in einer Rehabilitationsklinik werden verschiedene Merkmale erhoben. Welche Skalenniveaus liegen in den folgenden Beispielen vor? Geben Sie in den einzelnen Beispielen an, für welche Objekte die Messungen erfolgen.
   a. Es wird eine Liste der in der Klinik angebotenen Behandlungsmaßnahmen erstellt.

b. Behandelnde geben an, welche Maßnahmen „unbedingt“, „möglichst“, „eher nicht“ oder „nicht“ bei einer bestimmten Erkrankungsform durchgeführt werden sollen.
c. Die Behandlungsmaßnahmen werden in „medizinische“, „bewegungstherapeutische“, „ergotherapeutische“, „psychotherapeutische“, „sozialtherapeutische“ und „sonstige“ unterschieden.
d. Die Häufigkeit, mit der die Einzelmaßnahmen durchgeführt werden, werden erfasst.
e. Für jede behandelte Person wird erfasst, welche Maßnahmen sie im Verlauf des Klinikaufenthalts in Anspruch nimmt.
f. Für jede behandelte Person wird erfasst, wie viele Maßnahmen sie im Verlauf des Klinikaufenthalts in Anspruch nimmt.
g. Für jede behandelte Person wird erfasst, wie viel Zeit sie am Tag mit der Teilnahme an Behandlungen verbringt.
h. Am Ende der Rehabilitation soll jede Person angeben, welche der in Anspruch genommenen Maßnahmen ihr subjektiv „am meisten“ bis „am wenigsten“ geholfen hat.
i. Jede behandelte Person beantwortet die Items eines Fragebogens zur Behandlungsmotivation. Für diesen ist es zulässig, dass das arithmetische Mittel der Antworten bestimmt wird.
j. Von einem unabhängigen Expertengremium wird die Klinik einer der vier Qualitätsstufen „exzellent“, „sehr gut“, „gut“ bzw. „mangelhaft“ zugeordnet.

2. Es existiere ein Instrument, bei dem Patientinnen und Patienten ihr Wohlbefinden auf folgender Beurteilungskala (**Tabelle 2-4**) markieren sollen.
Ein anderes Instrument verwende hingegen eine Visuelle Analogskala, bei der die Endpunkte durch 0 und 100 markiert sind. Die Skala sei genau 10 cm lang: Die Distanz der von den Befragten markierten Position zum 0-Punkt in Millimeter werde als Maßzahl für das Wohlbefinden definiert (**Abbildung 2-3**). Welche lineare Transformationsformel kann verwendet werden, um die Werte der 7-stufigen Skala in die entsprechenden Werte der Visuellen Analogskala zu überführen?
3. Trotz mancher Bedenken nun ein Beispiel aus der individuell erlebbaren Alltagspraxis. Verzeihen Sie die degoutante Thematik. Immerhin soll aus Gründen der Etikette und der Hygiene von einer themenbezogenen praktischen Übung Abstand genommen

**Tabelle 2-4:** Beurteilungsskala

| −3 | −2 | −1 | 0 | +1 | +2 | +3 |
|---|---|---|---|---|---|---|
| Schlechttest-möglich | | | | | | best-möglich |

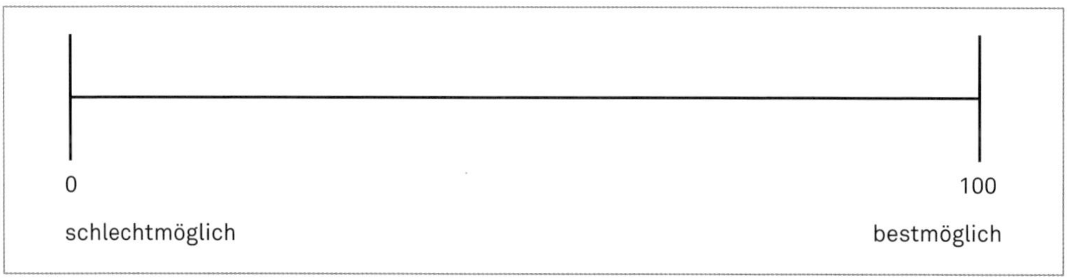


**Abbildung 2-3:** Visuelle Analogskala

werden. In der Gastroenterologie können aus der Beschaffenheit ausgeschiedener, fäkalisierter Nahrung Hinweise auf konsumierte Nahrungsmittel und vorgängige Verdauungsprozesse gewonnen werden. Welches Skalenniveau besitzt die Einordnung auf Basis (a) der Farbe und (b) der Konsistenz des Produkts, dessen Namen nicht genannt werden soll?

**Farbdiagnostik:**
1 = mittelbraun: „gesunde“ Farbe aufgrund von Verdauungssäften
2 = rötlich: bedingt durch rote Lebensmittel (z. B. Rote Beete) oder Blutungen
3 = grünlich: bedingt durch grüne Lebensmittel, Durchfall oder Salmonellen
4 = gelblich: ggf. bedingt durch Nahrungsmittelunverträglichkeiten oder Probleme der Fettverdauung
5 = schwarz: ggf. bedingt durch okkultes Blut (Blutungen im oberen Darmbereich)
6 = lehmfarben: ggf. bedingt durch mangelnde Verdauungssäfte oder Störungen der Galle oder Leber

**Konsistenzdiagnostik**
(Bristol-Stuhlformen-Skala; Heaton & Lewis, 1997; https://www.continence.org.au/pages/bristol-stool-chart.html):
1 = einzelne schwer ausscheidbare harte Kügelchen
2 = wurstartig, klumpig
3 = wurstartig, rissige Oberfläche
4 = wurstartig mit glatter Oberfläche
5 = einzelne leicht ausscheidbare weiche Klümpchen mit glattem Rand
6 = breiige, weiche Klümpchen mit unregelmäßigem Rand
7 = flüssig, ohne festen Rand [„Jackson Pollock“]

# 3 Darstellung der Verteilung eines Merkmals: Tabellen und Grafiken

Wurden Merkmalsausprägungen empirisch in einer Stichprobe erhoben, so besteht der erste grundlegende Schritt der statistischen Aufbereitung in der Regel darin, die Verteilung jedes einzelnen Merkmals übersichtlich und kompakt darzustellen. Je nach Skalenniveau und Datenformat sind bestimmte Darstellungsformen angemessen.

Unter einer *Merkmalsverteilung* verstehen wir – insbesondere im Falle kategorialer Variablen – die Information, welche Merkmalsausprägungen wie häufig gemessen wurden. Sind 40 Personen einer Stichprobe weiblich und 160 Personen männlich, so ist hiermit die Merkmalsverteilung in Bezug auf das Merkmal Geschlecht vollständig beschrieben, wenn 200 Personen untersucht wurden.

*Tabellen* und *Grafiken* können zur Veranschaulichung von Merkmalsverteilungen genutzt werden. Häufigkeitstabellen für kategoriale Merkmale fassen beispielsweise übersichtlich zusammen, welche Merkmalsausprägungen mit welcher (prozentualen) Häufigkeit gemessen wurden. Grafiken, wie z. B. Kreisdiagramme oder Balkendiagramme, vermitteln einen optisch schnell erfassbaren Eindruck von Merkmalsverteilungen.

Nach Durcharbeiten dieses Kapitels

- können Sie absolute und relative Häufigkeiten und Prozentzahlen ermitteln und angemessen aufbereiten.
- kennen Sie die Entscheidungskriterien gemäß derer die Art der grafischen und tabellarischen Darstellung der Verteilung eines Merkmals ausgewählt werden sollte.
- wissen Sie, welche Eigenschaften der aggregierten Darstellung der Verteilung eines Merkmals wichtig für die Interpretierbarkeit der Informationen sind.
- können Sie Kreisdiagramme, Balkendiagramme, Histogramme und Box-Plots zur Veranschaulichung der Verteilung eines Merkmals begründet auswählen und erstellen.

## 3.1 Empirische Merkmalsverteilungen

Stellen Sie sich vor, in einer Klinik wird eine Studie zur gesundheitsbezogenen Lebensqualität von Patientinnen und Patienten durchgeführt. Bei der Aufnahme der Patientinnen und Patienten in die Klinik wird das Geschlecht und das Alter erfragt sowie die Erkrankungsform dokumentiert. Weiterhin erfolgt eine Einschätzung des Sozialstatus basierend auf dem verfügbaren Einkommen und der ausgeübten beruflichen Tätigkeit. Als Bildungsindikator wird der höchste Schulabschluss erfragt. Zur Messung der gesundheitsbezogenen Lebensqualität wird ein standardisiertes psychometrisches Messinstrument eingesetzt (z. B. Short-Form-12; Morfeld, Kirchberger & Bullinger, 2011). Aus Angaben zu 12 Einzelaussagen werden im SF-12 zwei Testwerte ermittelt: Ein Testwert zu der psychischen und ein Testwert zu der körperlichen gesundheitsbezogenen Lebensqualität. **Abbildung 3-1** zeigt ein entsprechendes Dokumentationsblatt.

In diesem und den folgenden Kapiteln sollen die wichtigsten Methoden mittels der Angaben von 30 Patientinnen und Patienten eingeführt

Geschlecht: männlich ☐ weiblich ☐

Alter: ______ Jahre

Erkrankungsform:
☐ Orthopädische Erkrankung
☐ Herz-Kreislauf-Erkrankung
☐ Neurologische Erkrankung

Sozialstatus: niedrig ☐ mittel ☐ hoch ☐

Höchster Schulabschluss:
☐ Hauptschulabschluss
☐ Realschulabschluss
☐ Abitur/Fachabitur

Gesundheitsbezogene Lebensqualität: Psychisch: ________
Körperlich: ________

**Abbildung 3-1:** Dokumentationsblatt zu erfragten Patientinnen- und Patientenmerkmalen

werden. Die Werte der 30 befragten Personen sind in **Tabelle 3-1** abgetragen. Den Merkmalsausprägungen werden folgende Zahlen zugeordnet:

- *Geschlecht*: „1“ = „männlich“, „2“ = „weiblich“. Es handelt sich um ein dichotomes nominalskaliertes Merkmal.
- *Alter*: Das Alter wird in Jahren angegeben. Das Alter ist intervallskaliert.
- *Erkrankungsform*: „1“ = „Orthopädische Erkrankung“, „2“ = „Herz-Kreislauf-Erkrankung“, „3“ - „Neurologische Erkrankung“. Die ungeordneten Kategorien bilden die Stufen einer Nominalskala.
- *Sozialstatus*: „1“ = „niedrig“, „2“ = „mittel“, „3“ - „hoch“. Die geordneten Kategorien bilden die Stufen einer Ordinalskala.
- *Bildungsstatus*: „1“ = „Hauptschulabschluss“, „2“ = „Realschulabschluss“, „3“ - „Abitur/Fachhochschulreife“. Die geordneten Kategorien bilden die Stufen einer Ordinalskala.
- *Psychische und körperliche gesundheitsbezogene Lebensqualität*: Die beiden Testwerte seien intervallskaliert gemessen worden. Die Messwerte liegen zwischen 30 und 61. Je höher der Wert ist, desto höher ist die subjektiv eingeschätzte Lebensqualität. Die Zahlen, die die Ausprägung widerspiegeln, sind intervallskaliert.

Die Darstellung in Tabelle 3-1 entspricht der üblichen Form der Datendarstellung in Tabellenkalkulations- und Statistikprogrammen (z. B. SPSS, Excel). Man bezeichnet diese Anordnung in Form einer Tabelle als **Datenmatrix**.

Die Werte für eine bestimmte Person werden in einer Zeile abgetragen. Üblicherweise verwendet man den Wert i zur Kennzeichnung einer Person oder Datenzeile. Für die Person $i = 5$ gilt beispielsweise, dass diese männlich und 56 Jahre alt ist.

Die Werte einer bestimmten Variablen sind jeweils in einer Spalte angegeben. Zur Kennzeichnung der entsprechenden Spaltennummer wird üblicherweise der Buchstabe j verwendet. In der Spalte $j = 6$ sind die Werte des Bildungsgrades angegeben.

Als allgemeine Bezeichnung für einen Datenwert werden in der statistischen Nomenklatur häufig die Werte x oder y verwendet. Indiziert

**Tabelle 3-1:** Darstellung der Patientinnen- und Patientenangaben als Datenmatrix. In jeder Zeile sind die Werte einer Person, und in jeder Spalte sind die Werte einer Variablen abgetragen.

| 1 Person | 2 Geschl. | 3 Alter | 4 Erkrankung | 5 Sozialstatus | 6 Bildungsgrad | 7 LQ-Psych. | 8 LQ-Körperl. |
|---|---|---|---|---|---|---|---|
| 1 | 1 | 48 | 1 | 2 | 1 | 52 | 49 |
| 2 | 1 | 62 | 2 | 3 | 3 | 53 | 41 |
| 3 | 1 | 49 | 2 | 2 | 1 | 54 | 48 |
| 4 | 1 | 63 | 3 | 1 | 2 | 46 | 32 |
| 5 | 1 | 56 | 2 | 2 | 3 | 51 | 40 |
| 6 | 2 | 64 | 3 | 2 | 3 | 50 | 35 |
| 7 | 1 | 40 | 1 | 1 | 1 | 56 | 53 |
| 8 | 2 | 43 | 1 | 1 | 1 | 57 | 42 |
| 9 | 1 | 58 | 2 | 1 | 1 | 49 | 40 |
| 10 | 1 | 59 | 2 | 2 | 1 | 44 | 37 |
| 11 | 1 | 45 | 2 | 1 | 2 | 48 | 44 |
| 12 | 1 | 54 | 1 | 1 | 2 | 46 | 39 |
| 13 | 2 | 55 | 2 | 2 | 2 | 58 | 45 |
| 14 | 1 | 52 | 2 | 3 | 2 | 50 | 54 |
| 15 | 1 | 54 | 3 | 3 | 2 | 52 | 46 |
| 16 | 1 | 45 | 1 | 2 | 3 | 59 | 52 |
| 17 | 2 | 47 | 1 | 3 | 3 | 52 | 46 |
| 18 | 2 | 54 | 3 | 1 | 1 | 41 | 34 |
| 19 | 1 | 53 | 2 | 1 | 1 | 45 | 43 |
| 20 | 1 | 43 | 1 | 3 | 2 | 52 | 49 |
| 21 | 2 | 49 | 2 | 2 | 1 | 55 | 39 |
| 22 | 2 | 36 | 1 | 3 | 2 | 61 | 45 |
| 23 | 1 | 66 | 3 | 2 | 3 | 42 | 37 |
| 24 | 2 | 59 | 3 | 1 | 2 | 44 | 30 |
| 25 | 1 | 66 | 2 | 1 | 1 | 41 | 31 |
| 26 | 1 | 65 | 3 | 2 | 2 | 45 | 38 |
| 27 | 2 | 49 | 1 | 1 | 2 | 57 | 41 |
| 28 | 1 | 57 | 3 | 3 | 3 | 48 | 43 |
| 29 | 2 | 45 | 1 | 2 | 3 | 59 | 47 |
| 30 | 1 | 52 | 1 | 2 | 2 | 54 | 42 |

man zusätzlich den Zeilen- und Spaltenwert, so entspricht diese Angabe einem konkreten Messwert: $x_{1,2} = 1$, d.h. die erste Person hat im ersten Merkmal (Geschlecht) den Wert 1. Die zehnte Person hat im dritten Merkmal den Wert 59: $x_{10,3} = 59$.

## 3.2 Häufigkeitsverteilungen kategorialer Merkmale

**Kategoriale Merkmale** haben in der Regel wenige Ausprägungen, so dass eine Zuordnung zu den Kategorien einfach möglich ist und man durch die Darstellung der Häufigkeiten der Kategorienbesetzungen einen schnellen Datenüberblick gewinnen kann. In unserem Datenbeispiel sind die Merkmale „Geschlecht“ und „Erkrankungsform“ kategorial erfasst. Da diese beiden Variablen nominalskaliert sind, werden die grundlegenden Aspekte der Aufbereitung kategorialer Merkmale für diese beiden Variablen eingeführt. Für die ordinalskalierten kategorialen Variablen „Sozialstatus“ und „Bildungsgrad“ ergeben sich dann noch einige zusätzliche Darstellungsoptionen, die in den folgenden Abschnitten erläutert werden.

### 3.2.1 Absolute und relative Häufigkeiten

Der Begriff **absolute Häufigkeit** bezeichnet die Anzahl der Beobachtungen mit einer bestimmten Merkmalsausprägung. Die absolute Häufigkeit der Merkmalsausprägung werden durch $n_i$ bezeichnet: Beispielsweise gilt für die Variable „Geschlecht“: $n_1 = n_{i=1} = n(x = 1) = 20$ und $n_2 = n_{i=2} = n(x = 2) = 10$. Für die Variable „Erkrankungsform“: $n_1 = n_{i=1} = n(x = 1) = 11$, $n_2 = n_{i=2} = n(x = 2) = 11$ und $n_3 = n_{i=3} = n(x = 3) = 8$.

Der *Anteil von Personen*, die eine bestimmte Merkmalsausprägung besitzen, wird als **relative Häufigkeit** $h_i$ bezeichnet. $n_1 = 20$ Personen sind männlich. Da insgesamt $N = 30$ Personen befragt wurden, ist die relative Häufigkeit $h_1$ männlicher Studienteilnehmer gleich 20/30 = 0,667.

$$h_i = h_{x=i} = \frac{n_i}{N}$$

**Box – Definition**

**Häufigkeitsverteilung:** Eine Häufigkeitverteilung besteht aus der Angabe der k gemessenen Merkmalsausprägungen $x_i$ (i = 1 bis k) und der jeweiligen Auftretenshäufigkeit $n(x_i)$ bzw. $h(x_i)$.
Verteilung der absoluten Häuigkeiten: $[(x_1, n(x_1)), (x_2, n(x_2)), \ldots, (x_k, n(x_k))]$
Verteilung der relativen Häufigkeiten $[(x_1, h(x_1)), (x_1, h(x_2)), \ldots, (x_k, h(x_k))]$
k = Anzahl der Merkmalsausprägungen

### 3.2.2 Tabellarische Darstellung nominalskalierter Merkmale

Die Häufigkeitsverteilungen können übersichtlich in Tabellenformat dargestellt werden. In **Tabelle 3-2** und **Tabelle 3-3** sind die relativen Häufigkeiten in der vierten Spalte abgetragen. Die absoluten Häufigkeiten sind in der dritten Spalte abgetragen.

**Tabelle 3-2:** Häufigkeitstabelle für das Merkmal „Geschlecht“.

| Messwerte | | Häufigkeiten | | Prozentanteile |
|---|---|---|---|---|
| | i | absolute $n(x_i) = n_i$ | relative $h(x_i) = h_i$ | $100\,\% \cdot h_i$ |
| Männlich | 1 | 20 | 0,667 | 66,7 % |
| Weiblich | 2 | 10 | 0,333 | 33,3 % |
| | Σ | **30** | **1,000** | **100 %** |

**Tabelle 3-3:** Häufigkeitstabelle für das Merkmal „Erkrankungsform".

| Messwerte | | Häufigkeiten | | Prozentanteile |
|---|---|---|---|---|
| | **i** | **absolute** $n(x_i) = n_i$ | **relative** $h(x_i) = h_i$ | **100%·$h_i$** |
| Orthopädisch | 1 | 11 | 0,367 | 36,7% |
| Herz-Kreislauf | 2 | 11 | 0,367 | 36,7% |
| Neurologisch | 3 | 8 | 0,277 | 27,7% |
| | Σ | **30** | **1.000** | **100%** |

Die **prozentuale Verteilung** (letzte Spalte in Tab. 3-2 und 3-3) kann ummittelbar aus den relativen Häufigkeiten berechnet werden, indem man diese mit 100% multipliziert:

$$\%_i = \%_{x=i} = h_i \cdot 100\%$$

Dass der relative Anteil von Frauen in der Stichprobe $h_i = 1/3$ bzw. 0,333 beträgt, ist gleichbedeutend mit der Angabe, dass 33,3% weiblich sind.

Der Wertebereich der absoluten Häufigkeit liegt zwischen 0 und der Gesamtanzahl der Studienteilnehmer N (im Beispiel N = 30). Relative Häufigkeiten liegen immer zwischen den Werten 0 und 1. Prozentanteile sind minimal gleich 0 und maximal gleich 100.

Die Summe (Σ) der absoluten Häufigkeiten über alle k Einzelkategorien ist immer gleich N. Die Summe der relativen Häufigkeiten ist immer gleich 1 und die Summe der Prozentanteile ist immer gleich 100.

$$\sum_{i=1}^{k} n_i = N; \ \sum_{i=1}^{k} h_i = 1; \ \sum_{i=1}^{k} \%_i = 100$$

**Box – Definition**

**Das Summenzeichen Σ (Sigma):** Das Symbol Σ (Sigma) entspricht dem großen „S" im griechischen Alphabet. In der Statistik wird Σ als Symbol verwendet, das verkürzt die Aufsummierung von einzelnen Werten repräsentiert. Σ ist also eine Rechenvorschrift bzw. genauer eine Summierungsvorschrift.

Unterhalb des Symbols wird eine untere Grenze (z.B.: i = 1) angegeben, oberhalb des Symbols erscheint die obere Grenze (z.B.: 4). „i" repräsentiert einen Laufparameter, der sukzessive alle Werte zwischen der unteren und oberen Grenze annimmt, im Beispiel also 1, 2, 3 und 4. Diese Werte werden in die hinter dem Σ erscheinenden Term eingesetzt. So wird bei jedem „Durchlauf" ein Summand definiert, z.B.:

$$\sum_{i=1}^{4} i = 1 + 2 + 3 + 4 = 10$$

$$\sum_{i=1}^{4} (i-1)^2 = (1-1)^2 + (2-1)^2 + (3-1)^2 + (4-1)^2 = 14$$

Für die Daten in **Tabelle 3-3** erhalten wir die Gesamtzahl der Studienteilnehmerinnen und -teilnehmer beispielsweise durch diese Rechenvorschrift:

$$\sum_{i=1}^{3} n_i = 11 + 11 + 8 = 30$$

Würden wir nur die Summe der orthopädisch Erkrankten und der Herz-Kreislauf-Erkrankten definieren wollen, lautete die Angabe:

$$\sum_{i=1}^{2} n_i = 11 + 11 = 22$$

Die Summe aller Herz-Kreislauf-Erkrankten und neurologisch Erkrankten ergibt sich aus:

$$\sum_{i=2}^{3} n_i = 11 + 8 = 19$$

### Das Problem fehlender Angaben

Eine wissenschaftliche Studie wird in der Regel so geplant, dass für alle Studienteilnehmerinnen und -teilnehmer alle Merkmalsinformationen erhoben werden, die für die Beschreibung der Stichprobe und die Untersuchung der inhaltlichen Fragestellung wichtig sind. Wenn einzelne Teilnehmerinnen oder Teilnehmer die Angabe verweigern oder ihnen diese Angabe nicht möglich ist (z. B. „Wie zufrieden sind Sie mit Ihrem Beruf?“ bei Nicht-Berufstätigen), resultieren Lücken in der Datenbasis (**fehlende Werte**).

Angenommen, von 200 Befragten geben 120 an, geimpft zu sein. 40 geben an, nicht geimpft zu sein, 40 verweigern die Angabe. **Tabelle 3-4** zeigt die Häufigkeitsverteilung. Die relativen Häufigkeiten können nun entweder in Bezug zur Gesamtanzahl der Befragten N = 200 (Spalte 3) oder aber in Bezug zur Gesamtanzahl der Personen, die gültige Angaben zum Impfstatus gemacht haben, berechnet werden. So liegt die relative Häufigkeit derjenigen, die angeben, geimpft zu sein, bei $h_{\text{geimpft, alle}} = 120/200 = 0{,}6$. Es wäre aber falsch zu sagen, dass 60 % der Befragten geimpft sind, denn für 20 % der Befragten liegen ja keine gültigen Angaben vor. Bezieht man die 120 Personen hingegen auf diejenigen mit gültigen Angaben (N = 160), so ergibt sich eine relative Häufigkeit von $h_{\text{geimpft, gültige Angaben}}$ von 0,75.

Da unbekannt ist, wie der Impfstatus derjenigen ohne Angabe ist, lässt sich nicht beantworten, welche der beiden relativen Häufigkeiten die tatsächlichen Verhältnisse angemessener widerspiegelt. Verweigern nur Personen die Angabe, die nicht geimpft sind, so wäre die Angabe $h_{\text{geimpft}} = 0{,}6$ korrekt. Verweigern nur Personen, die geimpft sind, die Angabe, so wäre die relative Häufigkeit $h_{\text{geimpft}} = 160/200 = 0{,}8$ korrekt. Der tatsächliche Anteil der Geimpften muss also im Bereich von 0,6 bis 0,8 liegen.

Die relative Häufigkeit 0,75 wäre dann korrekt, wenn die Personen ihre Angaben unabhängig vom tatsächlichen Impfstatus verweigern würden (rein zufälliges Fehlen). Genau wie bei denjenigen, die den Impfstatus berichten, sollten dann 75 % der Personen, die die Angabe verweigern, geimpft sein und 25 % nicht geimpft sein.

Fehlende Werte gehen in der Statistik immer damit einher, dass über die tatsächlichen Verhältnisse in gewissem Maße spekuliert werden muss. Wichtig ist es deswegen anzugeben, ob es sich um die relativen Angaben bezüglich der Anzahl aller Befragter oder bezüglich der Befragten mit gültigen Angaben handelt. In einer wissenschaftlichen Arbeit sollten beide Formen berichtet werden, sodass der Leser oder die Leserin sich selbst einen Eindruck von der Problematik verschaffen kann. Der adäquate Umgang mit fehlenden Daten stellt ein anspruchsvolles Vertiefungsthema dar, das den Rahmen dieser Einführung sprengen würde (Wirtz, 2004).

**Tabelle 3-4:** Häufigkeitstabelle für das Merkmal „Erkrankungsform“.

| | Häufigkeiten | | Häufigkeiten gültiger Angaben |
|---|---|---|---|
| | **absolute** $n(x_i) = n_{ii}$ | **relative** $h(x_i) = hi$ | **relative** $h(x_i) = hi$ |
| Geimpft | 120 | 120/200 = 0,6 | 120/160 = 0,75 |
| Nicht geimpft | 40 | 40/200 = 0,2 | 40/160 = 0,25 |
| Keine Angabe | 40 | 40/200 = 0,2 | |
| | 200 | 1,000 | 100 |

### 3.2.3 Grafische Darstellung nominalskalierter Merkmale

Im Falle nominalskalierter kategorialer Daten eignen sich Darstellungsformen, die die Häufigkeit im Vergleich der Kategorienbesetzung zueinander zeigen. **Kreisdiagramme** bzw. **Tortendiagramme** bilden die einzelnen Kategorien als Kreissegmente ab. Die Verhältnisse der Flächen der Kreissegmente entsprechen den Verhältnissen der Kategorienbesetzungen. Der Winkel des Kreissegments der Kategorie ergibt sich gemäß der Formel: $\text{Winkel}(i) = h_i \cdot 360°$

Für das in **Abbildung 3-2** dargestellte Merkmal Erkrankungsform ergeben sich folgende Werte: $\text{Winkel}(1) = \text{Winkel}(2) = 0{,}367 \cdot 360° = 132{,}12°$, $\text{Winkel}(3) = 0{,}277 \cdot 360° = 99{,}72°$.

Kreisdiagramme sind für nominalskalierte kategoriale Daten besonders gut geeignet, weil sie keine Ordnung der Kategorien andeuten (Abbildung 3-2).

In Balkendiagrammen entspricht die Höhe jedes Balkens der absoluten (links) oder relativen (rechts) Häufigkeit, die auf der Ordinate angegeben ist. Wie in **Abbildung 3-3** können absolute und relative Häufigkeiten auch in einer gemeinsamen Darstellung als Ordinatenwerte angegeben sein.

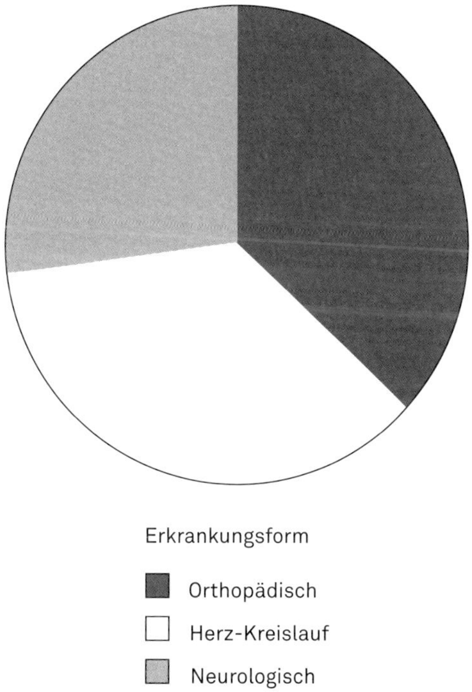


**Abbildung 3-2:** Kreisdiagramm für das Merkmal „Erkrankungsform“.

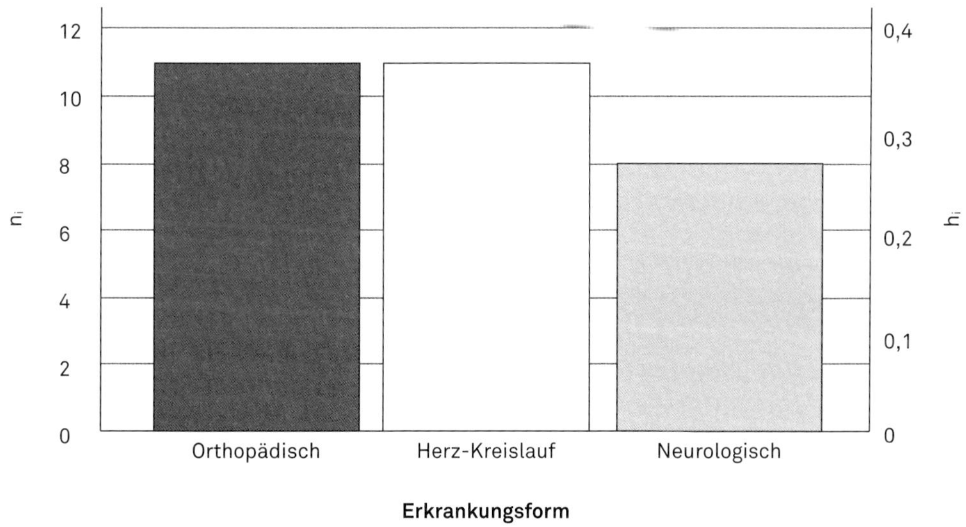


**Abbildung 3-3:** Balkendiagramm für das Merkmal „Erkrankungsform“.

### 3.2.4 Tabellarische und grafische Darstellung mindestens ordinalskalierter Merkmale mit wenigen diskreten Merkmalsstufen

Wurden die Merkmale ordinalskaliert gemessen, so erfolgt die tabellarische Darstellung in weitestgehend identischer Form, wie bei nominalskalierten Merkmalen. Da jedoch geordnete Merkmalsstufen vorliegen, können zusätzlich die kumulierten Häufigkeiten angegeben werden (**Tabelle 3-5**). Die **kumulierte Häufigkeit** für eine bestimmte Kategorie entspricht der Häufigkeit für diese Kategorie plus der Häufigkeit aller darunter liegenden Kategorien bzw. der Kategorien mit Werten, die kleiner-gleich sind.

Kumulierte absolute Häufigkeiten:

$$N_i = N(x_i) = n(X \leq x_i) = \sum_{j=1}^{i} n_j$$

Kumulierte relative Häufigkeiten:

$$F_i = F(x_i) = h(X \leq x_i) = \sum_{j=1}^{i} h_j = \frac{N_i}{N}$$

Um die Verteilung grafisch zu veranschaulichen, eignet sich ein Balkendiagramm. Zusätzlich können für ordinalskalierte Daten auch die kumulierten Häufigkeiten als Balkendiagramm angegeben werden (**Abbildung 3-4**). Kreisdia-

**Box – Definition**

**Notationen für kategoriale Variablen**

$x_1 \dots x_k$:
Ausprägungen des diskreten, k-stufigen Merkmals X

$n_i = n(x_i)$:
Absolute Häufigkeit der Merkmalsausprägung $x_i$

$N = \sum_{i=1}^{k} n_i$:
Umfang der Gesamtstichprobe

$h_i = h(x_i) = \frac{n_i}{N}$:
Relative Häufigkeit der Merkmalsausprägung $x_i$

$0 \leq h_i \leq 1$:
Relative Häufigkeiten liegen zwischen 0 und 1

$\sum_{i=1}^{k} h_i = 1$:
Die Summe der relativen Häufigkeiten ergibt den Wert 1

$P_i = 100\,\% \cdot h_i$: Prozentualer Anteil der Ausprägung i

$N_i = n(X \leq x_i) = \sum_{j=1}^{i} n_j$:
Absolute kumulierte Häufigkeit bis einschließlich der Kategorie j

$F_i = h(X \leq x_i) = \sum_{j=1}^{i} h_j$:
Relative kumulierte Häufigkeit bis einschließlich der Kategorie j

**Tabelle 3-5:** Häufigkeitstabelle für das Merkmal „Sozialstatus“

| | | Häufigkeiten | | Kumulierte Häufigkeiten | |
|---|---|---|---|---|---|
| | i | absolute $n(x_i) = n_i$ | relative $h(x_i) = h_i$ | absolute Ni | relative Fi |
| Niedrig | 1 | 11 | 0,367 | 11 | 0,367 |
| Mittel | 2 | 12 | 0,400 | 23 | 0,767 |
| Hoch | 3 | 7 | 0,233 | 30 | 1,000 |
| Σ | | **30** | **1,000** | | |

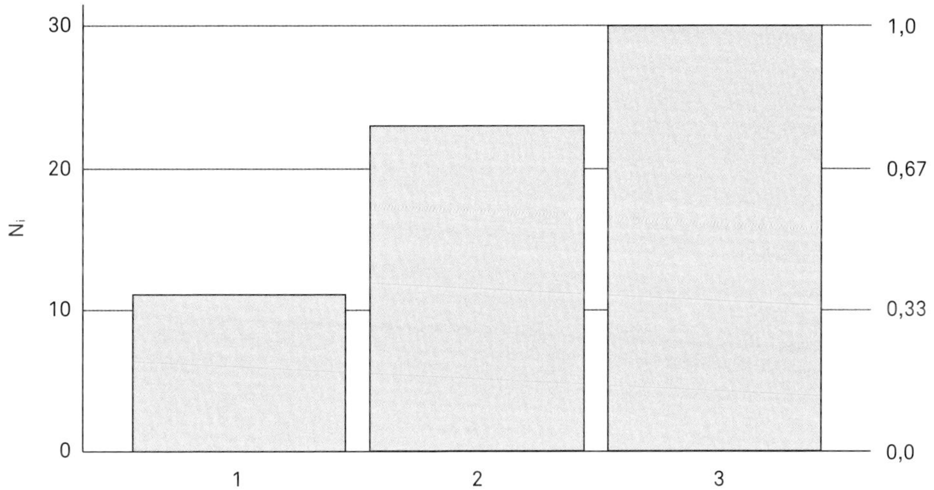


**Abbildung 3-4:** Kumuliertes Balkendiagramm für das Merkmal „Sozialstatus".

gramme sind hingegen bei geordneten Werten nicht zu empfehlen: Im Kreisdiagramm wird keine Ordnung im Sinne von Größer-Kleiner-Beziehungen angedeutet. Da dies aber eine wesentliche Dateninformation ist, bilden Kreisdiagramme die Werteverteilung nur eingeschränkt aussagekräftig ab.

### 3.2.5 Verteilung stetig verteilter bzw. fein gestufter mindestens intervallskalierter Merkmale

#### Darstellung der kategorisierten Werte

Die Darstellungsempfehlungen im vorangegangenen Abschnitt geben nur dann einen guten Überblick über die Merkmalsverteilungen, wenn einzelne Merkmalsausprägungen mehrfach auftreten. Wird ein Merkmal hingegen sehr fein gestuft erhoben, sodass einzelne Ausprägungen in der Regel nur einmal oder selten mehrfach vorliegen, so ist eine Kategorisierung hilfreich. In Tabelle 3-1 sind die Werte der beiden intervallskalierten Variablen zur gesundheitsbezogenen Lebensqualität fein gestuft erfasst, für beide Variablen treten einzelne Werte höchstens doppelt auf.

**Abbildung 3-5** zeigt die Daten für die körperliche gesundheitsbezogene Lebensqualität in Form eines Balkendiagramms. Bei dieser Darstellungsform sind zwei Aspekte kritisch: (1) Die Gestalt der Verteilung wird nicht optimal kenntlich, da optisch nicht ins Auge springt, in welchen Bereichen häufiger bzw. seltener Werte gemessen werden. Dieses Problem wird bei großen Stichproben noch bedeutsamer. Aber auch in unserer recht kleinen Stichprobe von N = 30 Personen bringt die grafische Veranschaulichung kaum einen Mehrwert gegenüber der Information, dass die Messwerte zwischen 30 und 54 liegen. (2) Im Balkendiagramm werden die Werte auf der x-Achse geordnet abgetragen, ohne dass Lücken in der Verteilung kenntlich werden. Da insbesondere Werte in den Extrembereichen – 33, 36, 50, 51 – fehlen, ist die Verteilung optisch gestaucht abgebildet. Die x-Achse berücksichtigt also nur die ordinale und nicht die intervallskalierte Information in den Daten.

Statt eines Balkendiagramms sollte deswegen ein **Histogramm** verwendet werden: Im Histogramm ist die x-Achse intervallskaliert und zudem werden die Messwerte zu Kategorien zusammengefasst. Hierdurch wird die Gestalt der Verteilung optisch angemessener abgebildet.

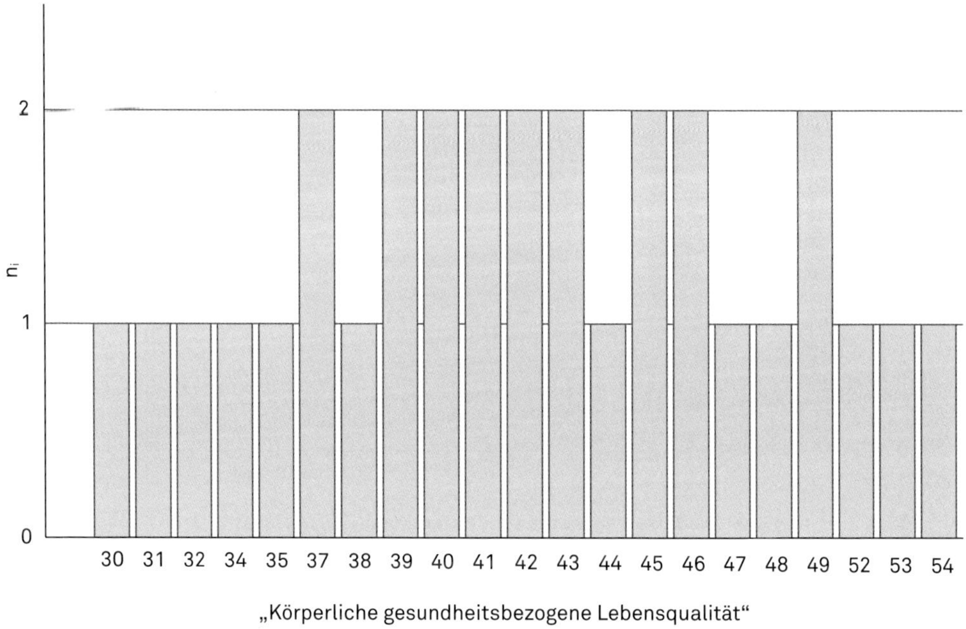


**Abbildung 3-5:** Balkendiagramm für das Merkmal „Körperliche gesundheitsbezogene Lebensqualität“.

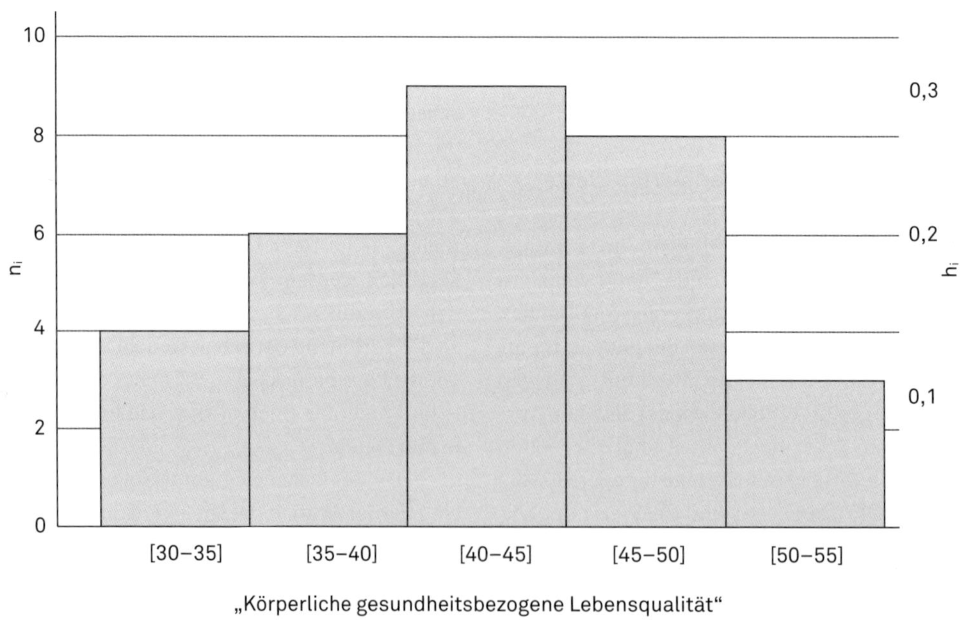


**Abbildung 3-6:** Histogramm für das Merkmal „Körperliche gesundheitsbezogene Lebensqualität“.

**Abbildung 3-6** zeigt das Histogramm für eine Kategorien- bzw. Intervallbreite von fünf Einheiten. Je breiter das Merkmalsspektrum ist und je mehr Personen untersucht wurden, desto schmaler können die Kategorien im Allgemeinen gewählt werden, sodass ein guter Eindruck von der Merkmalsverteilung gewährleistet bleibt.

Werden stetige Merkmale zu Intervallen zusammengefasst, so werden die Intervalle als **halboffene Intervalle** definiert und berichtet. „Halboffen" bedeutet, dass nur eine der Kategoriengrenzen noch in das Intervall fällt (Symbol: „["): die 35 gehört also in das zweite Intervall („[35") und die 40 gerade eben nicht mehr „40["). Insbesondere bei fein gestuften Ursprungsmerkmalen mit beliebig vielen Nachkommastellen ist es wichtig, in dieser Form genau zu definieren, wo der Trennwert liegt.

Man beachte, dass im Histogramm – im Gegensatz zum Balkendiagramm – die Flächen direkt aneinander angrenzen: Hierdurch wird deutlich, dass der Übergang zwischen den Kategorien als kontinuierlich zu verstehen ist bzw. die Kategoriengrenzen eine Segmentierung des Wertespektrums auf der x-Achse repräsentieren.

In der kumulierten Häufigkeitsverteilung bzw. kumulierten Verteilungsfunktion entspricht der Übergang einem „Sprung". Welcher Kategorie der Werte an der Sprungstelle angehört, muss kenntlich gemacht werden. In **Abbildung 3-7** kennzeichnet der schwarze Anfangspunkt, dass die Sprungstelle zur höheren Kategorie gehört.

Tabellarisch kann die Merkmalsverteilung der kategorisierten Werte (**Tabelle 3-6**) in der gleichen Weise wie in Tabelle 3-5 dargestellt werden.

## Box-and-Whisker-Plot

Im **Box-and-Whisker-Plot** oder einfach im *Box-Plot* werden anstatt der gemessenen Werte – neben dem kleinsten gemessenen Wert (Minimum) – die sogenannten Quartile abgebildet. **Quartile** entsprechen den jeweils kleinsten Messwerten für die gilt, dass:

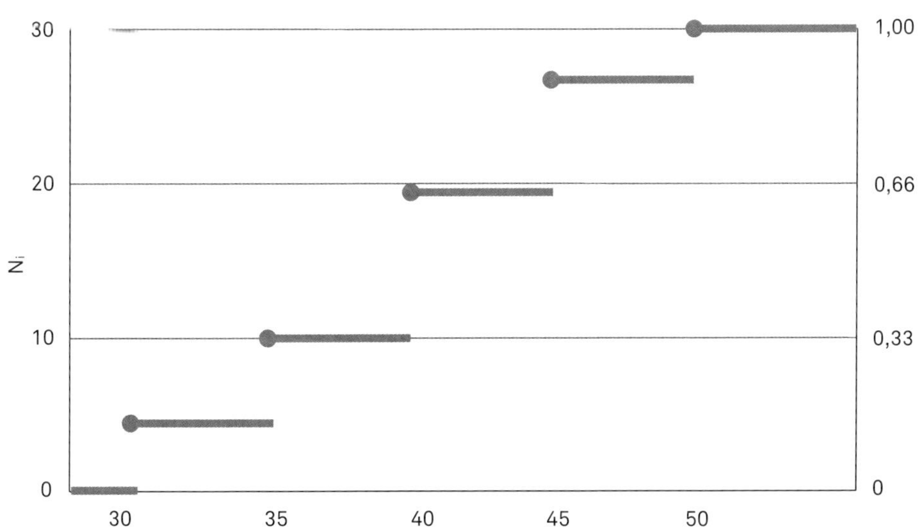


**Abbildung 3-7:** Kumulierte Verteilungsfunktion für das Merkmal „Körperliche gesundheitsbezogene Lebensqualität".

- 25 % der gemessenen Werte kleiner-gleich sind (1. Quartil)
- 50 % der gemessenen Werte kleiner-gleich sind (2. Quartil bzw. Median)
- 75 % der gemessenen Werte kleiner-gleich sind (3. Quartil)
- 100 % der gemessenen Werte kleiner-gleich sind (4. Quartil bzw. Maximum).

In **Abbildung 3-8** sind die Werteverteilungen der Variablen „psychische und körperliche gesundheitsbezogene Lebensqualität" als Box-Plot dargestellt. Die graue Box in der Mitte gibt in vertikaler Richtung den Bereich an, in dem die mittleren 50 % der Datenverteilungen liegen. Es wird deutlich, dass für die psychische gesundheitsbezogene Lebensqualität

**Tabelle 3-6:** Häufigkeitstabelle für das kategorisierte Merkmal „körperliche gesundheitsbezogene Lebensqualität".

| | Häufigkeiten | | Kumulierte Häufigkeiten | |
|---|---|---|---|---|
| | absolute $n(x_i) = n_i$ | relative $h(x_i) = h_i$ | absolute Ni | relative Fi |
| [30-35[ | 4 | 0,133 | 4 | 0,133 |
| [35-40[ | 6 | 0,200 | 10 | 0,333 |
| [40-45[ | 9 | 0,300 | 19 | 0,633 |
| [45-50[ | 8 | 0,267 | 27 | 0,900 |
| [50-55[ | 3 | 0,100 | 30 | 1,000 |
| Σ | **30** | **1,000** | | |

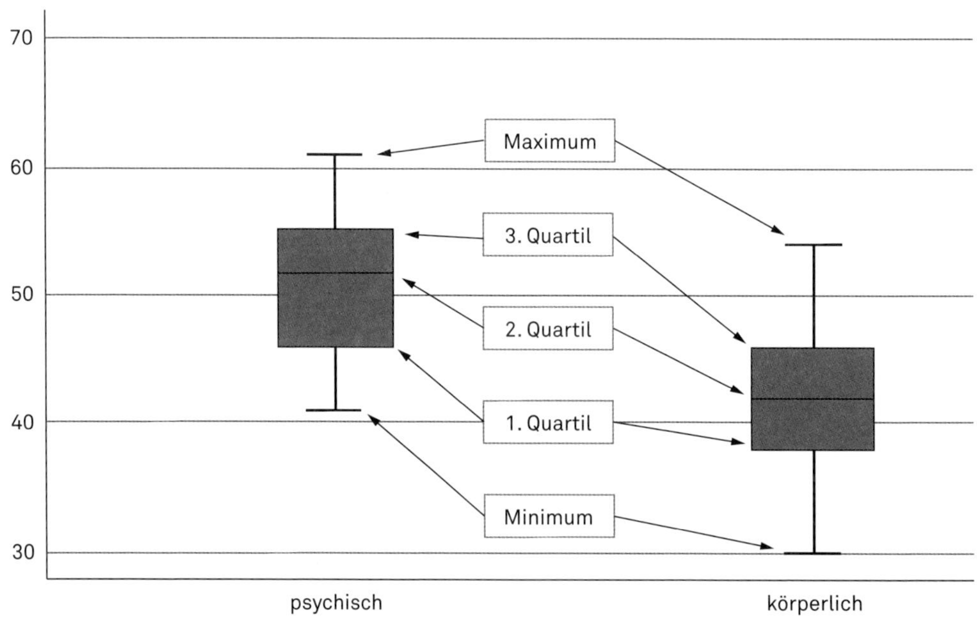


**Abbildung 3-8:** Box-and-Whisker-Plot für die Variablen „psychische und körperliche gesundheitsbezogene Lebensqualität"

insgesamt höhere Werte gemessen wurden als für die körperliche. Sowohl der gesamte Wertebereich (Minimum bis Maximum) als auch die mittleren 50 % liegen im psychischen Bereich höher.

Zur Veranschaulichung der zentralen Verteilungscharakteristiken ist diese Darstellungsform sehr gut geeignet, da man schnell erkennen kann, wo das Zentrum der Verteilung liegt und ob die Verteilung als angenähert symmetrisch gelten kann. Symmetrie liegt vor, wenn die Distanz vom zweiten Quartil zum Maximum bzw. zum dritten Quartil ähnlich groß ist wie die Distanz vom zweiten Quartil zum Minimum bzw. zum ersten Quartil. In Kapitel 4.3.1 werden wir noch weitere Eigenschaften des Box-and-Whisker-Plots kennenlernen.

## 3.3 Zusammenfassung

In diesem Kapitel haben wir uns damit beschäftigt, wie empirisch erhobene Daten grundlegend aufbereitet und grafisch dargestellt werden können. Nachdem die **Daten im Matrixformat** (Zeilen: Personen; Spalten: Merkmale) aufbereitet wurden, beruht die Entscheidung für die Darstellung und Analyse wesentlich auf dem Skalenniveau und ggf. der Anzahl der Merkmalsausprägungen (insbesondere diskret vs. kontinuierlich).

- Für kategoriale Merkmale mit wenigen diskreten Stufen können für jede Merkmalsausprägung die **absolute** und die **relative Auftretenshäufigkeit** sowie **Prozentwerte** berechnet werden.
- Sind die Merkmale mindestens ordinalskaliert, so können zusätzlich **kumulierte** absolute, relative und prozentuale Werte angegeben werden.
- Die absoluten Häufigkeiten summieren sich über alle Kategorien zum Gesamtstichprobenumfang N. Die relativen Häufigkeiten ergeben in der Summe 1, die prozentualen Anteile ergeben in der Summe 100 %.
- Verweigern einige Personen die Angabe der Daten oder ist ihnen die Angabe nicht möglich, so sollte bei den absoluten Häufigkeiten eine Zusatzkategorie „**fehlende Angaben**“ aufgeführt werden. Die relativen Häufigkeiten und die prozentualen Häufigkeiten sollten sowohl in Bezug auf den Gesamtstichprobenumfang N als auch in Bezug auf die Anzahl der Personen mit gültigen Angaben berichtet werden.
- Zur grafischen Darstellung der Verteilung nominalskalierter Merkmale eignen sich **Kreis-** und **Balkendiagramme**. Im Falle ordinaler Merkmale oder höher skalierter Merkmale mit wenigen Ausprägungen sind Balkendiagramme bzw. kumulierte Balkendiagramme geeignet.
- Sind mindestens intervallskalierte Merkmale kontinuierlich oder feingestuft verteilt, so können zur tabellarischen und grafischen Aufbereitung Intervalle definiert werden, für die substanzielle Besetzungshäufigkeiten resultieren. Die Verteilung kann mittels eines **Histogramms** oder eines **Box-and-Whisker-Plots** grafisch dargestellt werden.

## 3.4 Blitzlichter aus der Forschungspraxis

In diesem Kapitel wurden die basalen Aspekte der tabellarischen und grafischen Darstellung der Verteilung von Merkmalen behandelt. Diese Informationen sind ausreichend, um aussagekräftige Standardstichprobenbeschreibungen zu erstellen (Blitzlicht 3.1). Sollen die Verteilungen mehrerer Merkmale gemeinsam abgebildet werden, so ergeben sich vielfältige Möglichkeiten, Darstellungsoptionen informativ zu kombinieren (Blitzlicht 3.2).

**Blitzlicht 3.1: Gesundheitsberichterstattung**
Um einen Einblick in die Verteilung von Gesundheitsmerkmalen in der Gesamtbevölkerung zu erhalten, werden in großen repräsenta-

tiven Studien regelmäßig Daten erhoben. Solche Informationen sind für Forschungsstudien von großer Bedeutung. Untersucht man in einer Studie z. B. Menschen mit einer gesundheitlichen Beeinträchtigung (z. B. chronisch Erkrankte) oder Menschen, die unter bestimmten Lebensbedingungen leben (z. B. Arbeitslose, Migrantinnen und Migranten), so können deren Merkmale mit denjenigen der Allgemeinbevölkerung verglichen werden. Hierdurch gewinnt man dann erst aussagekräftige Informationen darüber, welche Besonderheiten im Gesundheitsstatus in der Untersuchungsgruppe vorliegen. Durch die Kenntnis der Merkmalsverteilungen in der Allgemeinheit kann man zudem auch begründet angeben, welche Subgruppen in Forschungsstudien über- oder unterrepräsentiert sind. Dies kann sehr wichtig sein, um die Übertragbarkeit (Generalisierbarkeit) der Studienergebnisse auf die Allgemeinheit einschätzen zu können.

Wichtige tabellarisch aufgelistete Vergleichsdaten werden z. B. auf folgenden Internetseiten zur Verfügung gestellt:

- Informationssystem der Gesundheitsberichterstattung des Bundes: *https://www.gbe-bund.de/gbe/*
- Befragungsstudie Gesundheit in Deutschland aktuell (GEDA 2019/2020-EHIS) des Robert-Koch-Instituts: *https://www.rki.de/DE/Content/Gesundheitsmonitoring/Studien/Geda/Geda_2019_inhalt.html*
- Deutsche Rentenversicherung: *https://www.deutsche-rentenversicherung.de/DRV/DE/Experten/Zahlen-und-Fakten/Statistiken-und-Berichte/statistiken-und-berichte_node.html*
- Gesundheitsatlas Deutschland: *https://www.gesundheitsatlas-Deutschland.de*
- Statistisches Bundesamt: *https://www.dashboard-deutschland.de/gesundheit/gesundheit*
- Weltgesundheitsorganisation: *https://www.who.int/data/gho*

**Blitzlicht 3.2: Grafische Aufbereitung von Gesundheitsinformationen**

Im Internet werden auf öffentlich zugänglichen Seiten vielfältige und oft beeindruckende grafische Visualisierungen von Gesundheitsdaten zur Verfügung gestellt. Diese Darstellungen sind zwar komplex, aber trotzdem verständlich. Auf der Seite *https://www.gapminder.org/* sind z. B. mehrere Merkmale von Ländern simultan visualisiert: So kann z. B. die Bevölkerungsstärke, der soziale Status und/oder die Lebenserwartung im dynamischen Zeitverlauf von 1830 bis 2022 kontinuierlich nachverfolgt werden. Zudem werden die Informationen von den Gestalterinnen und Gestaltern der Seite didaktisch sehr schön kommentiert. Man gewinnt spannende und inspirierende Eindrücke, die informativ die Verteilung von Gesundheit, Gesundheitsversorgung und sozialen Merkmalen im Entwicklungsverlauf anschaulich verständlich machen.

Weitere empfehlenswerte Seiten:

- World Health Statistics data visualizations dashboard der Weltgesundheitsorganisation: *https://apps.who.int/gho/data/node.sdg*
- Institute for Health Metrics and Evaluation (Seattle): *https://www.healthdata.org/gbd/data-visualizations*

**Blitzlicht 3.3: Fehler bei der Darstellung von empirischen Daten**

Walter Krämer hat mehrere Bücher zur Problematik der angemessenen Darstellung statistischer Ergebnisse veröffentlicht. In diesen bringt er in unterhaltsamer Weise nahe, welche Fehler bei der Wahrnehmung statistischer Ergebnisse resultieren können, wenn die grafische und tabellarische Aufbereitung bewusst oder unbewusst nicht optimal erfolgt: „Nicht optimal“ in dem Sinne, dass bei den Rezipientinnen und Rezipienten ein falscher Eindruck der gewonnenen Datenlage und Informationen resultieren. In dem Buch mit dem ironisch-provokant gewählten Titel „So lügt man mit Statistik“ (Krämer, 2015) lernt man, wie Grafiken und Tabellen *nicht* gestaltet werden sollten. Dies eröffnet einen lockeren, erheiternden und lehrreichen Zugang, um die Aussagekraft von Datendarstellungen kritisch beurteilen zu können und selbst zu vermeiden.

## Übungsaufgaben

1. Es wurden folgende Merkmale erhoben (**Tabelle 3-7**):

Diagnose: A☐ B☐ C☐ D☐
Erkrankungsdauer in Wochen: ____________

Stellen Sie die Daten angemessen grafisch und tabellarisch dar. Verwenden Sie zur Kategorisierung der Dauer ein Intervall von vier Wochen.

**Tabelle 3-7:** Übungsaufgabe

| Person | Diagnose | Dauer |
|---|---|---|
| 1 | C | 7 |
| 2 | C | 16 |
| 3 | A | 19 |
| 4 | D | 8 |
| 5 | A | 7 |
| 6 | C | 13 |
| 7 | B | 11 |
| 8 | A | 15 |
| 9 | k. Angabe | 3 |
| 10 | D | 9 |
| 11 | C | 10 |
| 12 | C | 2 |

# 4 Kennzahlen der Verteilung eines Merkmals: Zentrale Tendenz, Variabilität und Schiefe

Alternativ oder ergänzend zu Grafiken und Tabellen können statistische Maßzahlen verwendet werden, um Eigenschaften von Merkmalsverteilungen zu charakterisieren. *Statistische Kennziffern* oder *Koeffizienten* bilden eine bestimmte statistische Information in einer Zahl ab. Hierdurch gewinnt man beispielsweise einen Eindruck, welche Merkmalsausprägungen besonders typisch sind oder in welchem Bereich die Messwerte liegen, z. B.: „Das Alter von 50 % der Befragten lag im Bereich von 32 bis 46 Jahren", „die Hälfte der Befragten war jünger als 38 Jahre", „das arithmetische Mittel lag bei 39,6 Jahren" oder „die Standardweichung der Messwerte betrug 8,7 Jahre".

Obwohl die Ausprägung des Merkmals an vielen Studienteilnehmerinnen und -teilnehmern erhoben wurde, suchen wir *einen* Wert (z. B. einen Durchschnittswert, ein Maß der Variabilität der Werte oder ein Maß der Schiefe der Werteverteilung), der eine genau definierte Eigenschaft der Merkmalsverteilung aussagekräftig widerspiegelt. Eine statistische Kennziffer „verdichtet" viele Einzeldaten oder -informationen zu einer zusammenfassenden, aggregierten Größe. Eigenschaften der Verteilung *eines* Merkmals in *einer* Stichprobe werden so vereinfacht, abstrakter und kompakt in Zahlen abgebildet. Diese Zahlen kann man für verschiedene Gruppen (z. B. Erkrankungsgruppen) oder verschiedene Einzelstudien vergleichend einordnen. Dabei muss man sich aber auch genau bewusst sein, welche Informationen wirklich abgebildet werden, wenn wir einen Koeffizienten definieren und berechnen, und welche nicht. Hierdurch werden die Potenziale aber auch Grenzen weiterführender statistischer Analysen mit festgelegt. Welche Informationen hierbei zu beachten sind und welche Rechenvorschriften den statistischen Koeffizienten zugrunde liegen, werden wir in diesem Kapitel behandeln. Dies bildet die Basis für die weiteren Kapitel, in denen Methoden eingeführt werden, mittels derer gesundheitswissenschaftliche Fragestellungen untersucht und Hypothesen geprüft werden können.

Weiterhin beschäftigen wir uns mit der Frage, wie wir die Verteilungen unterschiedlicher intervallskalierter Merkmale miteinander vergleichen können. Eine Körpergröße von 80 cm ist nicht größer als ein Gewicht von 70 kg, weil die Zahl 80 größer ist als die Zahl 70. Verschiedene Merkmale werden mit verschiedenen Messinstrumenten gemessen: Die Messergebnisse werden in unterschiedlichen Einheiten (z. B. cm und kg) angegeben. Bei etablierten Instrumenten zur Erfassung der Lebensqualität ist beispielweise festgelegt, in welchen Zahlenbereichen die Werte der Getesteten üblicherweise zu erwarten sind: Bei manchen Instrumenten liegen die Werte zwischen 25 und 75, bei anderen zwischen 0 und 10. Zahlenausprägungen dürfen nur dann direkt verglichen werden, wenn dieselben Einheiten verwendet werden bzw. wenn dieselbe *Skalierung* vorliegt. Werden verschiedene Messskalen verwendet, so müssen die Messergebnisse als relativ zu dem typischen Wertebereich eingeordnet betrachtet werden, um deren Bedeutung ablesen zu können. Unter dem Begriff der *Standardisierung* verstehen wir Techniken, mittels derer Merkmalsausprägungen statistisch vergleichbar gemacht werden können, obwohl unterschiedliche Messinstrumente und Maßeinheiten verwendet wurden. Nach Standardisierung ist ein statistischer Vergleich von Messgrößen zulässig, auch wenn die Ursprungsmessungen mittels unterschiedlicher Messverfahren erhoben wurden.

Nach Durcharbeiten dieses Kapitels

- kennen Sie Maßzahlen, durch die das Zentrum einer Datenverteilung charakterisiert werden kann (*Maße der zentralen Tendenz*) und können diese berechnen.
- kennen Sie Maßzahlen, mittels derer die Unterschiedlichkeit oder Variabilität der Messwerte abgebildet werden kann (*Maße der Dispersion*), und können diese berechnen.
- wissen Sie, was man unter der „Schiefe" einer Datenverteilung versteht und wie diese in einem *Schiefekoeffizienten* abgebildet werden kann.
- können Sie die Datenverteilung auf Basis von Kennwerten grafisch in einem sog. *Box-and-Whisker-Plot* grafisch veranschaulichen.
- können Sie Messwerte aus unterschiedlichen Datenverteilungen standardisieren und somit vergleichbar machen.

## 4.1 Maße der zentralen Tendenz: Modus, Median, arithmetisches Mittel

Die Bezeichnung „**Maße der zentralen Tendenz**" impliziert bereits, dass diese Maße die Mitte oder eine möglichst typische oder repräsentative Merkmalsausprägung abbilden. Es werden drei wichtige Maße unterschieden.

In der Messwertreihe „1, 1, 1, 2, 3, 4, 9" ist:

- der Modus gleich 1,
- der Median gleich 2 und
- das arithmetische Mittel gleich $(1 + 1 + 1 + 2 + 3 + 4 + 9) / 7 = 3$.

Welcher der Werte aussagekräftig berechnet werden darf, hängt unter anderem vom Skalen-

**Box – Definition**

**Maße der zentralen Tendenz**
Der **Modus** bzw. der **Modalwert** ist derjenige Messwert $x_i$, der am häufigsten gemessen wurde.
Der **Median** ist derjenige Wert $x_i$ für den gilt, dass 50 % der Messwerte $x_i$ kleiner-gleich und 50 % der Messwerte $x_i$ größer-gleich sind.
Das **arithmetische Mittel** $\overline{x}$ ergibt sich als Summe aller Messwerte $x_i$ geteilt durch die Anzahl der Summanden N: $\overline{x} = \frac{1}{N} \cdot \sum_{i=1}^{N} x_i$

niveau der Merkmalsmessung ab (vgl. Tabelle 2-3). Wurde ein Merkmal nominalskaliert gemessen, kann lediglich der **Modalwert** als Maß der zentralen Tendenz bestimmt werden. In unserem Datenbeispiel in Tabelle 3-1 ist der Modalwert des Merkmals Geschlecht gleich 1 („männlich"). Für das Merkmal Erkrankungsform treten die Merkmalsausprägungen „1" („Orthopädisch") und „2" („Herz-Kreislauf") jeweils mit der höchsten Häufigkeit $n_i = 11$ auf, so dass 2 Modalwerte „1" und „2" vorliegen.

Für ordinalskalierte Werte kann zusätzlich zum Modus der **Median** angegeben werden. Ordnet man die 30 Werte für den Sozialstatus ansteigend an, so steht in der Mitte der Verteilung auf Rang 15 und 16 der Wert „2". In der Darstellung der relativen kumulierten Häufigkeitsverteilung in Tabelle 3-5 entspricht der Median demjenigen Wert, bei dem der 50 %-Wert bzw. die kumulierte relative Häufigkeit $h_i = 5$ übersprungen wird. Der Median ist für den Sozialstatus gleich dem Modus, da der mittlere soziale Status mit $n_i = 12$ am häufigsten gemessen wurde.

Man beachte, dass nur dann ein einziger Wert in der Mitte der geordneten Datenreihe steht, wenn eine ungerade Anzahl N von Messwerten erhoben wurde, z. B.: 2, 4, 6, 8, 10. Da $N = 5$ ungerade ist, existiert eine eindeutige mittlere Position. Die mittlere Position ist definiert als der $(N + 1)/2$-Wert in der geordneten Reihe. In unserem Beispiel steht der Median also an der 3. Position [(5 + 1)/2 = 3]. Der Median lautet somit „6“.

Wird ein sechster Wert hinzugefügt (2, 4, 6, 8, 10, 12), so bilden zwei Werte, nämlich „6“ und „8“, die Mitte der Verteilung. Um dennoch einen eindeutigen Medianwert angeben zu können, wird bei gerader Beobachtungsanzahl das arithmetische Mittel der beiden mittleren Werte (Werte an der (N/2)-ten und ((N + 2)/2)-ten Position) gebildet. Da in unserem Beispiel nun sechs Werte vorliegen, sind die beiden mittleren Positionen die 3. (= 6/2) und 4. (= 8/2). Der Median lautet also (6 + 8)/2 = 7.

Das **arithmetische Mittel** wird auf Basis der Summe der Einzelwerte bestimmt. Folglich muss das Analysemerkmal zumindest intervallskaliert sein. Nur wenn die Abstände zwischen Merkmalsausprägungen eindeutig interpretierbar sind, darf auch die Summe zweier Werte berechnet werden. Um den Mittelwert des in unserem Beispieldatensatz (Tabelle 3-1) intervallskaliert gemessenen Merkmals psychische gesundheitsbezogene Lebensqualität zu bestimmen, müssen alle 30 Werte aufsummiert werden und anschließend durch 30 geteilt werden:

$$\overline{x} = \frac{1}{30}\sum_{i=1}^{30} x_i = \frac{1}{30} \cdot (52 + 53 + 54 + 46 + \ldots$$

$$+ 59 + 54) = 50{,}7$$

**Box – Merke**

Für nominalskalierte Merkmale kann nur der Modalwert bestimmt werden.
Für ordinalskalierte Werte ist neben dem Modalwert auch der Median aussagekräftig.
Zur Charakterisierung der zentralen Tendenz intervallskalierter Merkmale kann zusätzlich zum Modus und Median auch das arithmetische Mittel bestimmt werden.

## 4.2 Maße der Schwankungsbreite oder Variabilität eines Merkmals: Spannweite, Varianz, Standardabweichung

In der gesundheitswissenschaftlichen Statistik sind Maße der Variabilität von Merkmalsausprägungen von großer Bedeutung. Maße der Variabilität bilden die Information ab, in welchem Maße sich die Messwerte voneinander unterscheiden bzw. wie stark die Messergebnisse variieren bzw. streuen. Je größer die Unterschiedlichkeit, je stärker die Werte schwanken, desto höher sind Maße der Variabilität ausgeprägt.

**Tabelle 4-1** zeigt zwei Messwertreihen, die Blutzuckerwerte (gemessen in Milligramm pro Deziliter, mg/dl) einer erwachsenen Person in nüchternem Zustand (links) und zwei Stunden nach dem Essen (rechts) darstellen sollen. Die Werte seien an verschiedenen Tagen gemessen worden.

- In nüchternem Zustand beträgt der höchste Wert 120 und der niedrigste Wert 100. Die Differenz von höchstem und niedrigstem Wert bezeichnet man als **Spannweite** oder **Range** (engl.):
  $Range_{nüchtern} = x_{max} - x_{min} = 120 - 100 = 20$
- Die Spannweite ist zwei Stunden nach dem Essen doppelt so hoch ausgeprägt:
  $Range_{2h} = x_{max} - x_{min} = 180 - 140 = 40$

Die Spannweite ist das einfachste Maß der Variabilität intervallskalierter Daten: Je größer die Differenz der Extremwerte, desto mehr unterscheiden sich die Messwerte voneinander. Zwei Stunden nach dem Essen ist die Unsicherheit und Zufallsanfälligkeit der Messwerte höher als im nüchternem Zustand. Dies wird bereits durch das einfache Maß der Spannweite deutlich.

Die wichtigsten Maßzahlen der Variabilität sind die **Varianz** und die **Standardabweichung** der Messwerte. Beides sind Maße, die auf den Abweichungen der Messwerte $x_i$ vom arithmetischen Mittelwert $\overline{x}$ beruhen. Je weiter

**Box – Definition**

**Spannweite** bzw. **Range** = $x_{max} - x_{min}$:
Differenz des größten und des kleinsten Messwerts

die einzelnen Messwerte $x_i$ vom Durchschnittswert abweichen, desto verschiedener sind auch die einzelnen Messwerte $x_i$ voneinander.

Um die beiden Maße zu berechnen, bestimmen wir zunächst die Differenz jedes Messwertes $x_i$ und des arithmetischen Mittelwerts $\overline{x}$. Im nüchternen Zustand liegt das arithmetische Mittel bei dem Wert $\overline{x}_{nüchtern} = 110$. Zwei Stunden nach dem Essen ist $\overline{x}_{2h} = 160$. Diese Abweichungen der Messwerte von dem jeweiligen Durchschnittswert sind in Tabelle 4-1 jeweils in der zweiten Spalte abgetragen.

Die Summe über die Abweichungen vom Mittelwert beträgt exakt 0, da sich positive und negative Abweichungen genau aufheben. Dies ist eine allgemeine Eigenschaft des arithmetischen Mittelwertes: Die Summe der Abweichungen der $x_i$ von $\overline{x}$ ist stets gleich 0. Entsprechend ist die Summe der Abweichungen vom Mittelwert als Maß der Variabilität völlig ungeeignet.

In der jeweiligen dritten Spalte sind die Quadrate der Differenzen abgetragen. Ein wichtiges Ergebnis besteht darin, dass aufgrund der Quadrierung nun alle Werte positiv sind und sich bei der Summierung nicht mehr gegenseitig aufheben. Dass die Variabilität der Messwerte zwei Stunden nach dem Essen deutlich höher ist als im nüchternen Zustand, bildet sich in diesen Summenwerten ab: 1000 ist größer als 250.

**Box – Definition**

**Varianz**: Die Varianz der Werte erhält man, indem man die Summe der quadrierten Abweichungen der Einzelwerte vom arithmetischen Mittelwert durch die um 1 verringerte Anzahl der Beobachtungen N teilt.

$$Varianz = \hat{\sigma}_x^2 = \frac{1}{N-1} \cdot (x_i - \overline{x})^2$$

Die Varianz ist ein Maß der durchschnittlichen quadrierten Abweichung der Messwerte vom arithmetischen Mittelwert.

Die Koeffizientenbezeichung $\sigma$ (lies: Sigma) entspricht dem „s" im griechischen Alphabet. $\hat{\sigma}$ wird als Sigma-Dach gelesen: Das Dach verwendet man als Symbol für geschätzte Werte, also immer dann, wenn aufgrund von Stichprobendaten eine Kenngröße – in gewissem Maße – fehlerbehaftet geschätzt wird.

Die Varianz der Messwerte beträgt in unseren Beispieldaten also:

Nüchtern: $\hat{\sigma}_x^2 = \frac{1}{5-1} \cdot 250 = 62{,}5$

Zwei Stunden nach dem Essen:

$\hat{\sigma}_x^2 = \frac{1}{5-1} \cdot 1000 = 250$

**Tabelle 4-1:** Blutzuckerwerte (in mg/dl) einer erwachsenen Person in nüchternem Zustand (links, arithmetischer Mittelwert = 110) und 2 Stunden nach dem Essen (rechts, arithmetischer Mittelwert = 160).

| Nüchtern | | | Zwei Stunden nach dem Essen | | |
|---|---|---|---|---|---|
| $x_i$ | $x_i - \overline{x}$ | $(x_i - \overline{x})^2$ | $x_i$ | $x_i - \overline{x}$ | $(x_i - \overline{x})^2$ |
| 100 | −10 | 100 | 160 | 0 | 0 |
| 115 | +5 | 25 | 180 | +20 | 400 |
| 105 | −5 | 25 | 170 | +10 | 100 |
| 110 | 0 | 0 | 140 | −20 | 400 |
| 120 | +10 | 100 | 150 | −10 | 100 |
| **Σ** | **0** | **250** | **Σ** | **0** | **1000** |

Die Varianz ist für weiterführende statistische Verfahren das wichtigste Variabilitätsmaß. Leider ist dieses Maß jedoch wenig anschaulich. Man kann die Varianz als durchschnittliche quadrierte Abweichung vom Mittelwert verstehen.

*Vertiefende Anmerkung*: Eigentlich müsste die Summe der quadrierten Abweichungen vom Mittelwert durch N und nicht durch N –1 geteilt werden, damit diese Aussage so getroffen werden kann. Auf diesen Punkt weiter einzugehen, würde jedoch bedeuten, dass wir vertieft in die mathematischen Hintergründe einsteigen müssten, was der Verständlichkeit des Textes abträglich wäre. Die Charakterisierung der Varianz als durchschnittliche quadrierte Abweichung vom Mittelwert ist also nicht ganz korrekt. Dennoch behalten wir sie bei, weil sie die Information, die durch die Varianz abgebildet wird, am einfachsten und anschaulichsten annähert.

Dass die quadrierten Abweichungen, und nicht beispielsweise die Betragsabweichungen, bei der ebenfalls alle Einzelabweichungen ein positives Vorzeichen erhalten, zur Quantifizierung der Variabilität verwendet werden, hat rein mathematische Gründe. Die Schwierigkeit der Veranschaulichung der Varianz wird auch dadurch deutlich, dass sie die Maßeinheit $(mg/dl)^2$ besitzt. Würden wir zum Beispiel Körpergrößen betrachten und diese in cm messen, so wäre die Maßeinheit der Varianz $cm^2$. Niemand kann sich Körpergrößenunterschiede im Quadratzentimetereinheiten vorstellen. Dieses Problem der unanschaulichen Maßeinheiten wird durch die Berechnung der Standardabweichung gelöst.

Die Standardabweichung der Messwerte beträgt in unseren Beispieldaten:

- Nüchtern: $\hat{\sigma}_x = \sqrt{62{,}5(mg/dl)^2} = 7{,}91$ mg/dl
- Zwei Stunden nach dem Essen: $\hat{\sigma}_x = \sqrt{250(mg/dl)^2} = 15{,}81\ mg/dl$

Möchte man die Bedeutung anschaulich ausdrücken, so ließe sich formulieren: Im nüchternem Zustand weichen die Blutzuckerwerte im Allgemeinen etwa 7,91 mg/dl-Einheiten vom Durchschnittswert ab. Zwei Stunden nach Einnahme des Essens weichen die Blutzuckerwerte im Allgemeinen ca. 15,81 mg/dl-Einheiten vom Mittelwert ab. Dass die Standardabweichung im nüchternen Zustand deutlich geringer ist als zwei Stunden nach dem Essen, verdeutlicht, dass die Bestimmung der Blutzuckerwerte in nüchternem Zustand genauer und fehlerfreier erfolgen kann.

**Box – Definition**

**Standardabweichung**: Die Standardabweichung $\hat{\sigma}$ ist gleich der positiven Wurzel aus der Varianz: $\hat{\sigma}_x = +\sqrt{\hat{\sigma}_x^2}$

**Beispiel**

Angenommen, die Wartezeiten in einer Arztpraxis betragen im Durchschnitt $\overline{x} = 30$ Minuten und die Standardabweichung betrage $\hat{\sigma} = 5$ Minuten. Wenn Patientinnen und Patienten die Arztpraxis aufsuchen, so liegt die beste Schätzung für die zu erwartende Wartezeit bei 30 Minuten. Aber wahrscheinlich wird niemand genau 30 Minuten warten müssen: Die 30 Minuten sind also eine fehlerbehaftete Schätzung. Die Wartezeit wird mehr oder weniger deutlich unter oder über 30 Minuten liegen. Als Faustregel kann man angeben, dass eine beliebige Wartezeit um ca. $\hat{\sigma} = 5$ Minuten von der erwarteten Dauer $\overline{x} = 30$ Minuten abweicht. Im Durchschnitt verschätzt man sich also um ca. 5 Minuten, wenn man von einer Wartezeit von 30 Minuten ausgeht.

- Wäre $\hat{\sigma} = 1$ Minute, so gäbe es bei einzelnen Patientinnen oder Patienten nur geringe Abweichungen von der 30: Die 30-Minuten-Schätzung wäre recht präzise, da die Wartezeiten kaum, d.h. im Schnitt um ca. 1 Minute von der 30 abweichen.
- Betrüge $\hat{\sigma} = 10$ Minuten, so gäbe es erhebliche Schwankungen in den Wartezeiten: Geht man von 30 Minuten aus, unter- oder überschätzt man die Wartedauer im Schnitt um ca. 10 Minuten.

Würden wir statt der Standardabweichung die Varianz als Streuungsmaß angeben, so wäre keine anschauliche Darstellung möglich: Die Aussage, dass man bei einer Varianz von $\hat{\sigma}^2 = 25$ Minuten$^2$ mit einer Abweichung 25 Quadratminuten vom Wert $\bar{x} = 30$ Minuten rechnen sollte, ist nicht anschaulich vorstellbar. Man kann mit Quadratminuten Rechenoperationen durchführen, die die Rechenwege vereinfachen, aber dafür muss man die Anschaulichkeit der statistischen Informationen vernachlässigen.

## 4.3 Die Schiefe einer Verteilung

Neben den Maßen der zentralen Tendenz, die das Zentrum einer Verteilung, und den Maßen der Variabilität, die die Breite einer Verteilung abbilden, existieren weitere Kennzahlen, die zur Charakterisierung genutzt werden können. Von diesen sind insbesondere die Maße der **Schiefe** einer Verteilung wichtig. Diese bilden ab, ob die Merkmalsverteilung eine symmetrische oder unsymmetrische Gestalt hat.

In **Abbildung 4-1** sehen Sie sechs verschiedene Verteilungsformen für jeweils eine Variable mit dem Wertebereich 1 bis 11. In den ersten beiden Balkendiagrammen sind die Daten symmetrisch um das Zentrum 6 verteilt. Lediglich die Verteilungsbreite unterscheidet diese beiden Darstellungen. Aufgrund dieser Abbildung erkennt man, dass das arithmetische Mittel, der Median und der Modus dem Wert 6 entsprechen. Grundsätzlich gilt in symmetrischen Verteilungen, dass die drei Maße der zentralen Tendenz identisch sind. Den Unterschied zwischen diesen beiden Verteilungen bildet die Varianz oder die Standardabweichung ab: Ohne die Werte berechnen zu müssen wird deutlich, dass die Variabilität bzw. die Merkmalsstreuung im rechten Beispiel b) geringer ausgeprägt ist als in a).

Die Datenverteilungen in den Abbildungen c) und d) sind hingegen deutlich asymmetrisch, also schief verteilt. Die Abbildung in c) bezeichnet man als **rechtsschief** bzw. **linkssteil**, da die Häufigkeiten links des Modus steil ansteigen und rechts des Modus moderater abfallen. Die Werte häufen sich am unteren Ende des Messwertebereichs. In d) ist hingegen eine Verdichtung der Werte am oberen Ende zu erkennen. Bis zum Modus steigen die Häufigkeiten der Merkmalsausprägungen gemäßigt an (**linksschief**), oberhalb des Modus fallen diese steil ab (**rechtssteil**).

In **Tabelle 4-2** sind eine linksschiefe und eine rechtsschiefe Werteverteilung simuliert. Für die linksschiefe Verteilung tritt der höchste Wert 5 am häufigsten auf. Bis zum kleinsten Wert 1 fallen die Häufigkeiten kontinuierlich ab. Diese Verteilung kann nicht als „rechtssteil" bezeichnet werden, da die Schiefe so stark ausgeprägt ist, dass oberhalb des Modus kein Absinken der Häufigkeiten mehr auftritt. Die Verteilung ist sozusagen am oberen Ende abgeschnitten. Tritt der höchste Wert am häufigsten auf, spricht man auch von einem **Deckeneffekt.** Die genau gegenteiligen Eigenschaften sind für die rechtsschiefe Verteilung erkennbar. Da der niedrigste Wert am häufigsten gemessen wurde, bezeichnet man die Verdichtung der Werte am unteren Ende auch als **Bodeneffekt**.

Als erstes wird erkennbar, dass anders als bei symmetrischen Verteilungen, die Maße der zentralen Tendenz nicht identisch sind. Die Werte des Medians und Modus sollten Sie auch selbst direkt aus den Datenverteilungen bestimmen können. Bitte versichern Sie sich selbst, weshalb sich die in der Tabelle angegebenen Werte ergeben.

**Box – Definition**

**Schiefekoeffizient a:** Der statistische Koeffizient für die Schiefe bzw. der Schiefekoeffizient einer Verteilung ist wie folgt definiert.

$$a = \frac{1}{N} \cdot \sum_{i=1}^{N} \left( \frac{x_i - \bar{x}}{\sigma} \right)^3$$

In linksschiefen Datenverteilungen gilt: $a < 0$
In symmetrischen Datenverteilungen gilt: $a \approx 0$
In rechtsschiefen Datenverteilungen gilt: $a > 0$

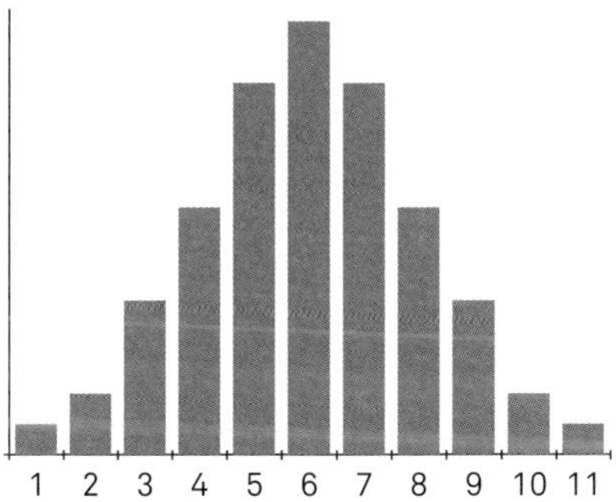

a) unimodal, symmetrisch

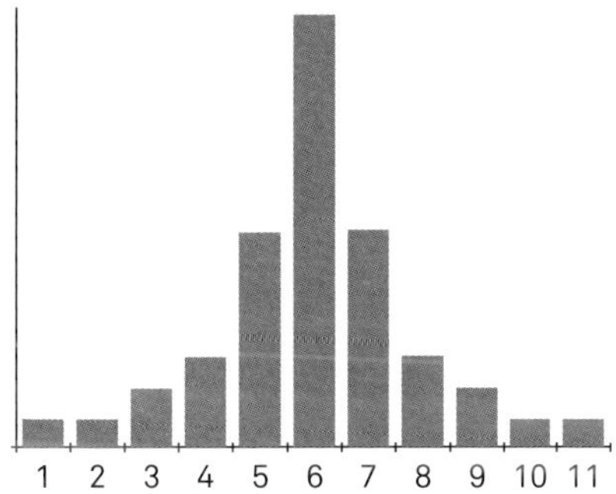

b) unimodal, symmetrisch, schmalgipflig

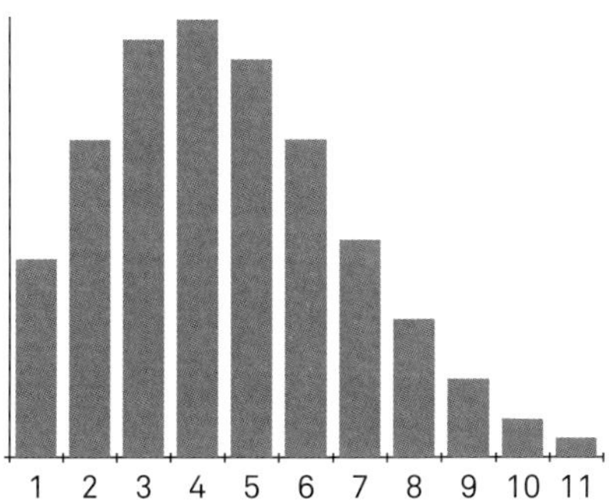

c) unimodal, asymmetrisch, rechtsschief, linkssteil

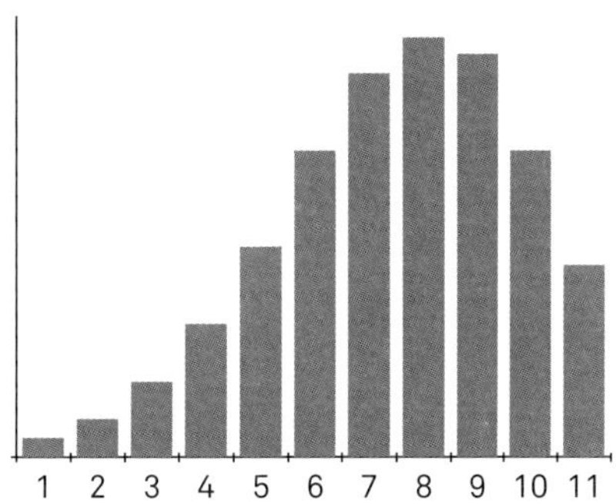

d) unimodal, asymmetrisch, linksschief, rechtssteil

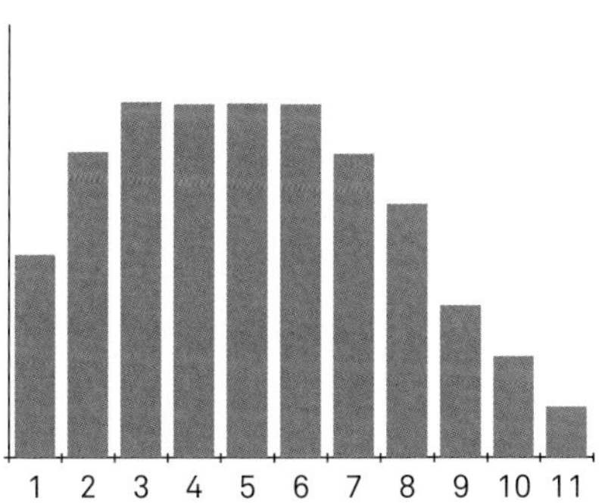

e) unimodal, asymmetrisch, breitgipflig, rechtsschief

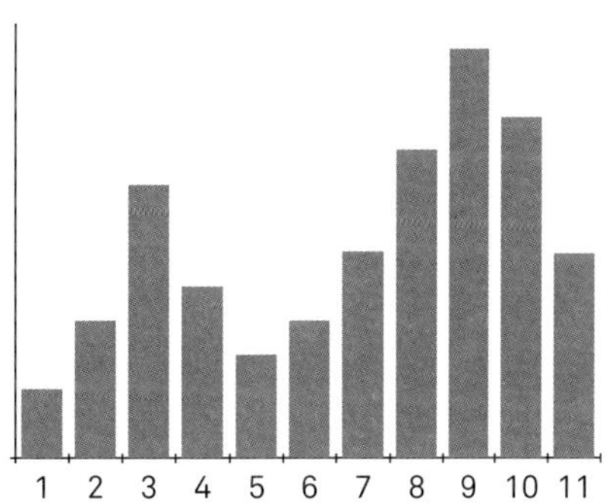

f) bimodal, asymmetrisch

**Abbildung 4-1:** Balkendiagramme, die unterschiedliche Verteilungscharakteristiken aufweisen (aus Wirtz & Nachtigall, 2012, S. 89)

**Tabelle 4-2:** Linksschiefe und rechtsschiefe Datenverteilung sowie in der unteren Zeile die Kennwerte der zentralen Tendenz, der Variabilität ($\hat{\sigma}^2, \hat{\sigma}$) und der Schiefe (a).

| Linksschiefe Werteverteilung | | | | | Rechtsschiefe Werteverteilung | | | | |
|---|---|---|---|---|---|---|---|---|---|
| $x_i$ | $x_i - \bar{x}$ | $(x_i - \bar{x})^2$ | $\frac{x_i - \bar{x}}{\hat{\sigma}}$ | $\left(\frac{x_i - \bar{x}}{\hat{\sigma}}\right)^3$ | $x_i$ | $x_i - \bar{x}$ | $(x_i - \bar{x})^2$ | $\frac{x_i - \bar{x}}{\hat{\sigma}}$ | $\left(\frac{x_i - \bar{x}}{\hat{\sigma}}\right)^3$ |
| 5 | 1,27 | 1,61 | 0,94 | 0,83 | 5 | 2,73 | 7,45 | 2,02 | 8,24 |
| 5 | 1,27 | 1,61 | 0,94 | 0,83 | 4 | 1,73 | 2,99 | 1,28 | 2,10 |
| 5 | 1,27 | 1,61 | 0,94 | 0,83 | 3 | 0,73 | 0,53 | 0,54 | 0,16 |
| 5 | 1,27 | 1,61 | 0,94 | 0,83 | 3 | 0,73 | 0,53 | 0,54 | 0,16 |
| 4 | 0,27 | 0,07 | 0,20 | 0,01 | 2 | −0,27 | 0,07 | −0,20 | −0,01 |
| 4 | 0,27 | 0,07 | 0,20 | 0,01 | 2 | −0,27 | 0,07 | −0,20 | −0,01 |
| 4 | 0,27 | 0,07 | 0,20 | 0,01 | 2 | −0,27 | 0,07 | −0,20 | −0,01 |
| 3 | −0,73 | 0,53 | −0,54 | −0,16 | 1 | −1,27 | 1,61 | −0,94 | −0,83 |
| 3 | −0,73 | 0,53 | −0,54 | −0,16 | 1 | −1,27 | 1,61 | −0,94 | −0,83 |
| 2 | −1,73 | 2,99 | −1,36 | −2,10 | 1 | −1,27 | 1,61 | −0,94 | −0,83 |
| 1 | −2,73 | 7,45 | −2,02 | −8,24 | 1 | −1,77 | 1,61 | −0,94 | −0,83 |
| $\bar{x}$ = 3,73<br>Median = 4<br>Modus =5 | | $\sum$ = 18,15<br>$\hat{\sigma}^2$ = 1,82<br>$\hat{\sigma}$ = 1,35 | | $\sum$ = −7,31<br>a = −0,67 | $\bar{x}$ = 2,27<br>Median = 2<br>Modus =1 | | $\sum$ = 18,15<br>$\hat{\sigma}^2$ = 1,82<br>$\hat{\sigma}$ = 1,35 | | $\sum$ = 7,31<br>a = 0,67 |

**Box – Merke**

**Die Schiefe der Verteilung und Maße der zentralen Tendenz:** Die relative Position der Maße der zentralen Tendenz hängt von der Schiefe der Verteilung ab.

- In linksschiefen Datenverteilungen gilt: Modus > Median > $\bar{x}$
- In rechtsschiefen Datenverteilungen gilt: Modus < Median < $\bar{x}$
- In symmetrischen Datenverteilungen gilt: Modus ≈ Median ≈ $\bar{x}$

**Box – Beispiel**

**Lebenserwartung und Einkommensverteilung:** Die Lebenserwartung in der Normalbevölkerung ist asymmetrisch linksschief und rechtssteil verteilt. **Abbildung 4-2** zeigt für Männer die erwarteten Todeshäufigkeiten pro 100 000 Männer für jedes Lebensjahr (Schweizerisches Bundesamt für Statistik, 2020). Das Zentrum der Verteilung liegt erfreulicherweise im hohen Lebensalter. Am häufigsten sterben Männer im Alter von 88 Jahren (Modus). Die Lebenserwartung ist jedoch definiert als das arithmetische Mittel der Werte, das $\bar{x}$ = 80 Jahre beträgt. Da es sich um eine linksschiefe Verteilung handelt, muss die Lebenserwartung niedriger als der Modus sein. Der Median liegt mit 85 Jahren zwischen der Lebenserwartung und dem häufigsten Sterbealter.

Das Einkommen in der Bevölkerung ist rechtsschief verteilt. **Abbildung 4-3** zeigt die Verteilung des Nettoeinkommens in Deutschland für das Jahr 2016.
Die Häufigkeiten summieren sich zu 100 000. Die Modalkategorie ist „1201–1600". Summiert man die Häufigkeiten von der niedrigsten Kategorie sukzessive auf, so wird der Wert 50.000 (bzw. 50 %) bei der fünften Kategorie „1601–2001" übersprungen. Dies ist also die Mediankategorie. Der Wert des arithmetischen Mittels ist aufgrund der Daten in der Tabelle nicht genau berechenbar, da die beiden oberen Kategorien breiter sind als die übrigen (6001–7000, > 7000). In der Publikation der Daten ist aber angegeben, dass das Durchschnittseinkommen im Bereich von 2150 liegt. Es gilt also: Modalkategorie < Mediankategorie < $\overline{x}$.
In beiden Beispielen ist es wichtig, dass die Bedeutung der verschiedenen Maße der zentralen Tendenz immer berücksichtigt werden muss. Liest man, dass die meisten Männer im Alter von 88 Jahren sterben, darf dies nicht mit der Lebenserwartung, die mit 80 Jahren deutlich niedriger liegt, gleichgesetzt werden. Dass diese Maße nicht gleichgesetzt werden dürfen, gilt immer, wenn die Werte nicht symmetrisch um die maximal besetzte Kategorie verteilt sind. Auch wenn die Lebenserwartung 80 Jahre beträgt, ist gemäß der Abbildung das Versterben mit 88 Jahren am wahrscheinlichsten.
Möchte eine politische Partei das zu geringe Einkommensniveau betonen, so wird sie den Modus als Maß der zentralen Tendenz angeben. Eine andere Partei, die den zufriedenstellenden Wohlstand betonen möchte, wird das deutlich höhere Durchschnittseinkommen als Maß der zentralen Tendenz wählen. Eine moderate Partei wird ggf. den Median präferieren, der zwischen den beiden übrigen liegt. Alle Parteien werden ggf. von Durchschnitt sprechen und die Rezipientin oder der Rezipient der Darstellung wird die Informationen nur richtig einordnen können, wenn er oder sie den Einfluss der Schiefe auf die Maßzahlen kennt.

Die in der Formel definierten Summanden sind in Tabelle 4-2 jeweils in der fünften Spalte abgetragen. Durch den Exponent 3 werden Abweichungen umso stärker gewichtet, je weiter diese vom Mittelwert entfernt liegen: Insbesondere die 1 und die 2 in der linksschiefen Verteilung sowie die 4 und die 5 in der rechtsschiefen Verteilung. Das Vorzeichen der Abweichung bleibt erhalten. In der linksschiefen Verteilung ergibt sich ein negativer Wert von $a = -0{,}67$ und in der rechtsschiefen Verteilung ist $a = +0{,}67$.

### 4.3.1 Ausreißerwerte

In statistischen Analysen sollen in der Regel allgemeine Verhältnisse auf Basis von Stichproben abgeschätzt werden. Die einzelnen Fälle in einer Stichprobe dienen dabei der Abschätzung typischer oder durchschnittlicher Merkmalsinformationen, die die allgemeinen Verhältnisse kompakt und informativ abbilden. Die Aussagekraft von Statistiken kann jedoch beeinträchtigt werden, wenn einzelne Fälle das Ergebnis überproportional stark beeinflussen. In diesem Fall spricht man von **Ausreißerwerten**.

Angenommen, in einer Stichprobe von 19 Personen liege das Nettoeinkommen zwischen 400 und 6.000 €. Das durchschnittliche Einkommen liege bei $\overline{x} = 2.000$ €. Eine extrem gutverdienende Person mit einem Nettoeinkommen von 50.000 € werde zusätzlich in die Stichprobe mit aufgenommen. Aufgrund dieser einen Person erhöht sich das Durchschnittsarbeitseinkommen auf 4400 €. Durch eine einzige Person mit ungewöhnlicher Merkmalsausprägung „springt" der Mittelwert von 2000 € auf 4400 €. Der so bestimmte Mittelwert repräsentiert weder die Lage der „Normalverdienenden" noch die der extrem gutverdienenden Einzelperson angemessen.

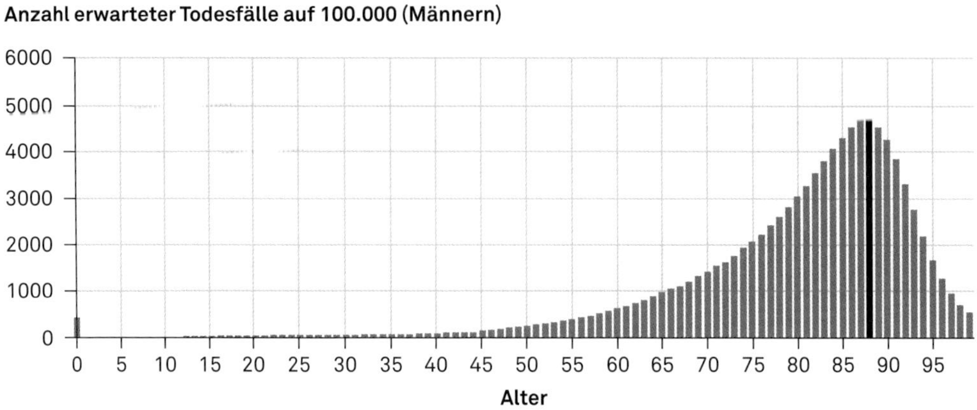


**Abbildung 4-2:** Balkendiagramm der erwarteten Häufigkeit von Sterbefällen von Männern pro 100 000 Männer. Der Balken des Modus ist schwarz markiert. (Quelle: Schweizerisches Bundesamt für Statistik, 2020).

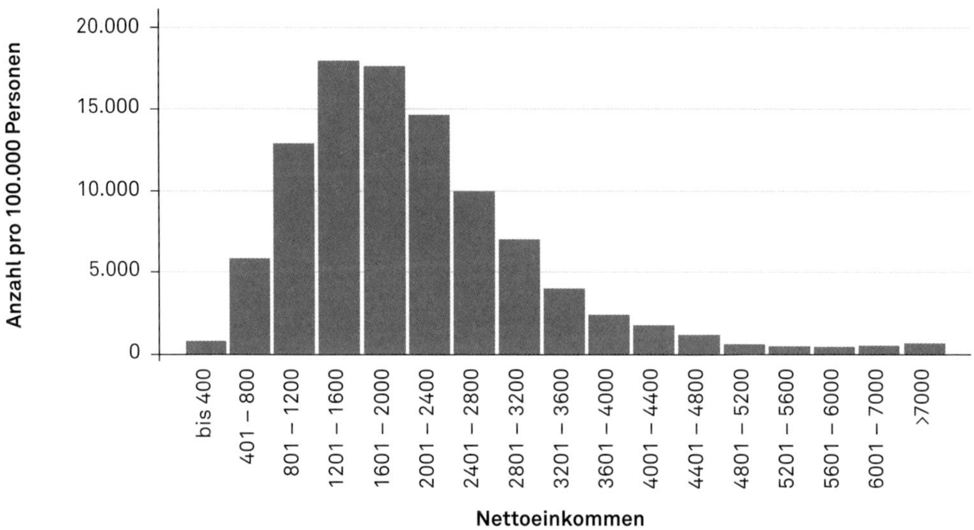


**Abbildung 4-3:** Balkendiagramm des Nettoeinkommens in Deutschland im Jahr 2016 (Daten: Soziökonomisches Panel der deutschen Wirtschaft (2016); https://www.diw.de/de/soep).

**Box – Definition**

**Ausreißerwert:** Ausreißerwerte liegen außergewöhnlich weit außerhalb der Verteilung der übrigen Messwerte.
Ein Ausreißerwert liegt mehr als 1,5 · Interquartilabstand unterhalb des 1. Quartils (bzw. 25. Perzentils) oder oberhalb des 3. Quartils (bzw. 75. Perzentils).

**Ausreißerwerte im Box-and-Whisker-Plot**
Um diese Definition zu veranschaulichen, eignet sich das **Box-and-Whisker-Plot.** Zusätzlich zu den in Abbildung 3-8 dargestellten Informationen, werden in dieser Darstellungsform Ausreißerwerte einzeln visualisiert. **Abbildung 4-4** zeigt die vollständige Definition aller Informationen in einem Box-and-Whisker-Plot für eine rechtsschiefe Verteilung, bei der am oberen Ende zwei Ausreißerwerte gemessen wurden.

Die Box wird durch das erste und das dritte Quartil begrenzt. Die Differenz von drittem und erstem Quartil entspricht dem **Interquartilabstand (IQA).** Um festzustellen, ob Ausreißerwerte vorliegen, müssen nun die kritischen Grenzen bestimmt werden (untere Grenze: 1,5 · IQA unterhalb des ersten Quartils; obere Grenze: 1,5 · IQA oberhalb des dritten Quartils). Werte unterhalb der unteren sowie Werte oberhalb der oberen Grenze werden als einzelne Punkte dargestellt. Der obere **Whisker** (engl. Schnurrbarthaar) entspricht dann dem höchsten Messwert, der innerhalb der so bestimmten Grenze liegt. Es handelt sich also um die höchste tatsächlich gemessene Messwertausprägung, die noch nicht als Ausreißer gilt. Da das Minimum weniger als 1,5 · IQA unterhalb des ersten Quartetts liegt, sind in Abbildung 4-4 keine Ausreißerwerte „nach unten" zu verzeichnen. Also wird der kleinste gemessene Wert (Minimum) hier durch den unteren Whisker dargestellt.

**Einflüsse von Ausreißerwerten auf Kennwerte univariater Verteilungen**
Wenn wir zufällige Stichproben ziehen, sollten die Ergebnisse durch die zufällige Auswahl oder Nicht-Auswahl außergewöhnlicher Fälle nicht deutlich beeinflusst werden. Deswegen sollten Ausreißerwerte kenntlich gemacht werden und es sollte deutlich werden, in welchem Maße diese die Ergebnislage beeinflussen. Manchmal empfiehlt es sich, den Leserinnen und Lesern einer Studie die Ergebnisse sowohl mit den Ausreißern als auch nach Elimination der Ausreißer zu berichten. Schließt man Ausreißerwerte aus der Analyse aus, so muss dies sehr transparent dokumentiert werden: Denn wenn man Fälle aus einer Analyse ausschließt, weil diese ungewöhnlich sind, so läuft man Gefahr, die Dateninformationen (un-)willkürlich zu verzerren oder gar zu manipulieren.

*Vertiefungshinweis*: Das sogenannte *Winsorisieren* oder die Berechnung *getrimmter Statistiken* stellen in solchen Fällen ausgereiftere Verfahren

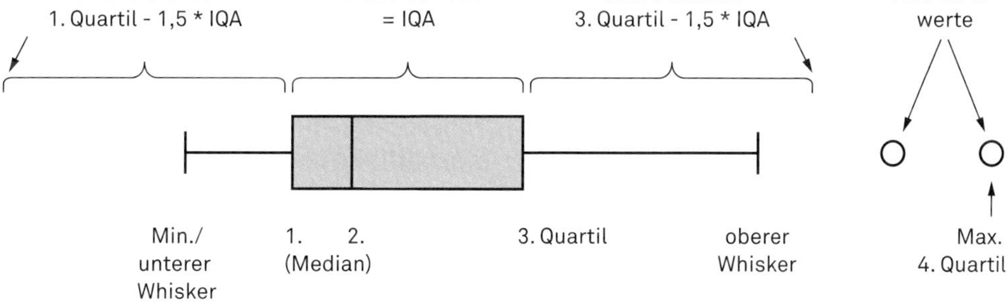


**Abbildung 4-4:** Definition des Box-and-Whisker-Plots (hier: rechtsschiefe Verteilung)

22, 76, 79, 80 | 82, 83, 84, 85 | 86, 87, 87, 89 | 90, 91, 94, 96

| 1. Quartil: | 2. Quartil: | 3. Quartil: |
|---|---|---|
| $(80 + 82)/2 = 81$ | $(85 + 86)/2 = 85{,}5$ | $(89 + 90)/2 = 89{,}5$ |

**Abbildung 4-5:** Quartilswerte in einer Datenreihe mit 16 Messwerten

dar, die an dieser Stelle nicht behandelt werden können. Zur Vertiefung eignet sich die Darstellung in Eid, Gollwitzer und Schmitt (2017).

Liegen Ausreißerwerte vor, so sollte bei der Analyse der Merkmalsverteilung aller Stichprobenelemente unbedingt auch **ausreißerinsensitive Maße** berichtet werden – also Maße, deren Ausprägung nicht von Ausreißern unverhältnismäßig stark beeinflusst werden. Wie das folgende Beispiel zeigt, sind der Modalwert und der Median ausreißerinsensitive Maße der zentralen Tendenz, der IQA ist ein ausreißerinsensitives Maß der Variabilität.

Angenommen, das Sterbealter ist für eine Stichprobe in einem amtlichen Register bestimmt worden (**Abbildung 4-5**): Die Grenzen des Interquartilbereichs liegen bei 81 und 89,5. Der IQA beträgt damit 8,5. Werte die unterhalb $81 - 12{,}75 = 68{,}25$ oder oberhalb $90 + 12{,}75$ liegen, stellen Ausreißer dar. Das Sterbealter von 22 Jahren „reißt" somit aus der typischen Werteverteilung „aus". Der Modus = 87 und der Median = 85,5 sind – genau wie IQA – unbeeinflusst von der Person mit dem extrem niedrigen Sterbealter von 22 Jahren, da diese Statistiken nur die nominale und ordinale Dateninformation berücksichtigen.

Das arithmetische Mittel, die Varianz und die Standardabweichung sind jedoch ausreißersensitiv, da bei diesen die Abstände zwischen den Zahlen verrechnet werden. Im Beispiel gilt: $\overline{x} = 81{,}94$; $\hat{\sigma}^2 = 284{,}20$; $\hat{\sigma} = 16{,}86$. Berechnet man die Werte ohne den Ausreißerwert, erhöht sich der Mittelwert $\overline{x} = 85{,}93$ deutlich um 4 Lebensjahre und die Variabilität ist mit $\hat{\sigma}^2 = 30{,}78$ bzw. $\hat{\sigma} = 5{,}55$ sehr viel geringer.

Die wichtigste Botschaft dieses Abschnitts besteht darin, dass Ausreißerwerte einen unverhältnismäßig hohen Einfluss auf statistische Kennwerte haben, die Intervallskalenniveau voraussetzen. Dieses Problem muss dokumentiert werden, indem u. a. zusätzlich zu den Koeffizienten für intervallskalierte Daten ausreißerinsensitive Kennwerte für nominale bzw. ordinale Daten berichtet werden. Eine allgemeine Lösung des Problems von Ausreißerwerten gibt es jedoch nicht. Dass in unserem Beispiel eine Person in außergewöhnlich jungen Jahren stirbt, darf nicht einfach ignoriert werden. Aber es muss klar werden, in welchem Maße die Aussagekraft von Durchschnitts- oder Variabilitätsangaben hierdurch beeinflusst wird. Inhaltlich kann die Dateninformation am besten so zusammengefasst werden: In der Regel sterben die Personen im höheren oder hohen Alter zwischen 76 und 96 Jahren. In einem außergewöhnlichen Fall liegt das Sterbealter jedoch mit 22 erheblich geringer. Diese Informationen in einem Koeffizienten abzubilden, ist nicht unproblematisch. Deswegen ist eine gute Begründung und eine transparente Darstellung des Vorgehens und der Aussagekraft von Koeffizientenausprägungen je nach Datensatz unabdingbar.

## 4.4 Standardisierung der Verteilung eines Merkmals

Die Berechnung von Koeffizienten dient der kompakten Darstellung wesentlicher Verteilungsinformationen. In diesem Abschnitt soll es nun darum gehen, wie auf dieser Basis die Ausprägung unterschiedlicher Merkmale vergleichbar gemacht werden kann.

Angenommen, in einer repräsentativen Stichprobe von Menschen im Alter von 65–80 Jahren sei der Blutdruck bestimmt worden. Der Durchschnittswert liege bei $\overline{x} = 135$ mmHg und die Standardabweichung betrage $\hat{\sigma} = 12$ mmHg. In einer repräsentativen Stichprobe junger Erwachsener im Alter von 20 bis 35 Jahren liege der Durchschnittwert bei $\overline{x} = 110$ mmHg und die Standardabweichung $\hat{\sigma}$ sei gleich 10 mmHg.

Die Werteverteilungen unterscheiden sich insbesondere hinsichtlich der Durchschnittswerte zwischen den Altersgruppen mit 25 mmHg deutlich. Im höheren Alter liegt der durchschnittliche systolische Blutdruck höher. Möchte man nun die Blutdruckwerte in Bezug zu den Werten der jeweiligen Altersgruppe einschätzen, so sollte das unterschiedliche Grundniveau mit in Rechnung gestellt werden: Während ein Wert von 130 mmHg bei jungen Erwachsenen vergleichsweise hoch bzw. überdurchschnittlich ausgeprägt ist, ist ein solcher Wert in der Gruppe der Menschen zwischen 65 und 80 Jahren tendenziell niedrig bzw. unterdurchschnittlich.

**Standardisierung** kann man generell so verstehen, dass die relativen Positionen in den Stichproben als entscheidend gelten und nicht die absoluten Werte. Zwar besitzt eine ältere Person mit einem systolischen Blutdruck von 135 mmHg einen höheren absoluten Wert als eine jüngere Person, deren Wert 110 mmHg beträgt. Relativ zu ihrer Altersgruppe sind beide jedoch als gleich zu betrachten, da ihre Merkmalsausprägung genau dem jeweiligen Durchschnitt entspricht.

Ebenso wäre ein Wert von 147 mmHg bei älteren Personen vergleichbar mit einem Wert von 120 mmHg bei jüngeren Personen, da beide Werte in der Verteilung ihrer Altersgruppe eine Standardabweichung vom Mittelwert nach oben abweichen. Die relative Lage ist somit als identisch zu betrachten.

**Tabelle 4-3** zeigt für die jungen Erwachsenen und die älteren Personen die Blutdruckwerte, die hinsichtlich ihrer Abweichung vom Mittelwert der jeweiligen Altersgruppe als gleich betrachtet werden können.

## z-Standardisierung

Transformiert man die Messwerte gemäß folgender Formel, so erhält man die sogenannten **z-standardisierten Werte**.

$$z(x_i) = \frac{x_i - \overline{x}}{\hat{\sigma}_x}$$

Die z-standardisierten Werte sind in Tabelle 4-3 in der ersten Spalte abgetragen: Dass 120 mmHg bei jungen Erwachsenen und 147 mmHg bei älteren Erwachsenen als gleich auffällig betrachtet werden können, erkennt man daran, dass beiden derselbe z-Wert, nämlich $z = +1$, zugeordnet ist. Der Wert +1 gibt an, dass die Messwerte jeweils eine Standardabweichung oberhalb des Mittelwerts liegen. Somit sind die z-Werte die einfachste Form, wie die Messwerte hinsichtlich ihrer relativen Lage zum Mittelwert abgebildet werden können: Der Mittelwert der z-Werte ist immer gleich 0 und die Standardabweichung kann als Maßeinheit betrachtet werden.

**Box – Definition**

**Standardisierung und z-Standardisierung:** *Standardisierung* bedeutet, dass Datenverteilungen, die unterschiedliche Mittelwerte und unterschiedliche Standardabweichungen besitzen, so transformiert werden, dass diese identische Mittelwerte und Standardabweichungen besitzen. Durch die Standardisierung wird der Messwert in unserem Beispiel also in der alterstypischen Verteilung eingeordnet: Die relative Position in der Altersgruppe ist der Maßstab, wie die Größe eines Messwerts eingeordnet oder beurteilt wird.
**z-standardisierte Werte geben an, wie viele Standardabweichungen und in welche Richtung ein Messwert vom Mittelwert abweicht.**

- Negativer z-Wert bzw. $z(x_i) < 0$: Ein Messwert $x_i$ liegt unterhalb des arithmetischen Mittelwerts $\bar{x}$.
- $z(x_i) = 0$: Der Messwert $x_i$ entspricht dem arithmetischen Mittelwert $\bar{x}$.
- Positiver z-Wert bzw. $z(x_i) > 0$: Ein Messwert $x_i$ liegt oberhalb des arithmetischen Mittelwerts $\bar{x}$.
- Die z-standardisierten Werte haben immer einen Mittelwert von $z(\bar{x}) = 0$ und eine Standardabweichung von $\hat{\sigma}_{z(x)} = 1$.
- Der Wertebereich der z-standardisierten Werte liegt in der Regel zwischen -2,5 und + 2,5.

Sind die z-standardisierten Werte bekannt, so kann durch Einsetzen in die folgende Formel der entsprechende Messwert $x_i$ ermittelt werden:

$$x_i = z_i \cdot \hat{\sigma}_X + \bar{x}$$

Einem Wert von $z_i$ =-1,1 würde bei jungen Erwachsenen ein systolischer Blutdruckwert von

$$x_i = -1{,}1 \cdot 10 + 110 = 99$$

entsprechen. Für ältere Erwachsene läge der Wert bei

$$x_i = -1{,}1 \cdot 12 + 135 = 123{,}8 \approx 124$$

Relativiert an den Altersverteilungen sind der Wert 99 bei den jüngeren und der Wert 124 bei den älteren als statistisch gleich zu betrachten.

Angenommen, für Männer beträgt die durchschnittliche Körpergröße $\bar{x}_M = 178$ cm und die Standardabweichung beträgt $\hat{\sigma}_M =$ 8 cm. Für Frauen sollen folgende Werte gelten: $\bar{x}_F = 168$ cm, $\hat{\sigma}_F = 7$ cm.

Ein Mann der Größe 186 cm ist – relativ zu den übrigen Männern – vergleichbar groß, wie eine Frau der Größe 175 cm – relativ zu den übrigen Frauen. Denn beiden Werten entspricht der Wert $z(x_i) = +1$. Eine Frau von 175 cm ist

**Tabelle 4-3:** z-standardisierte Werte für den systolischen Blutdruck im Datenbeispiel für Erwachsene im Alter von 20 bis 35 ($\bar{x} = 110$, $\hat{\sigma} = 10$) und im Alter von 65 bis 80 Jahren ($\bar{x} = 135$, $\hat{\sigma} = 12$) (Werte der Standardabweichungen seien vorgegeben.)

| $z_i = \frac{x_i - \bar{x}}{\hat{\sigma}}$ | Junge Erwachsene $x_i$ | Ältere Erwachsene $x_i$ |
|---|---|---|
| −3,0 | 80 | 99 |
| −2,5 | 85 | 105 |
| −2,0 | 90 | 111 |
| −1,5 | 95 | 117 |
| −1,0 | 100 | 123 |
| −0,5 | 105 | 129 |
| 0 | 110 | 135 |
| +0,5 | 115 | 141 |
| +1,0 | 120 | 147 |
| +1,5 | 125 | 153 |
| +2,0 | 130 | 159 |
| +2,5 | 135 | 165 |
| +3,0 | 140 | 170 |

eine vergleichsweise große Frau, während ein Mann derselben absoluten Größe 175 cm ein vergleichsweise kleiner Mann $z(x_i) = -0{,}375$ ist.

Mittels Standardisierung wird also der sprichwörtliche Vergleich von Äpfeln und Birnen ermöglicht. Zwar nicht bezüglich ihrer „Apfelhaftigkeit“ und „Birnenhaftigkeit“, aber hinsichtlich der statistischen Eigenschaften eines spezifischen Merkmals, z. B. des Gewichts, des Umfangs, des Glukosegehalts oder des Kaufpreises. Dies gelingt, indem wir das Merkmal eines bestimmten Apfels bzw. einer bestimmten Birne relativ zu der Verteilung der jeweiligen Eigenschaften der übrigen Äpfel oder aber der übrigen Birnen setzen und damit relative Vergleiche ermöglichen. Ein Apfel kann beispielsweise relativ zu den übrigen Äpfeln sehr süß sein, während eine Birne desselben Glukosegehalts eine unterdurchschnittlich süße Birne sein kann.

**Abbildung 4-6** verdeutlicht grafisch die Transformations- bzw. Umrechnungsvorschriften. Die Umrechnung entspricht einer veränderten Beschriftung der Achse. Die Achsenwerte werden verschoben, d. h. die Mittelwerte werden verändert bzw. künstlich gleichgesetzt. Die Werteverteilung wird gestreckt oder gestaucht, indem die Maßeinheiten verändert werden (z. B. x in mmHg oder cm und z in der Einheit Standardabweichung).

## Normskalen

Durch die Standardisierung haben wir eine Methode zur vergleichenden Einordung von Messwerten kennengelernt. Dies ist für die Beurteilung der Ausprägung von Messwerten wichtig, da in der praktischen Anwendung die absolute Ausprägung von Merkmalen in der Regel nicht informativ ist. Erfahren wird, dass der LDL-Blutfettwert bei 240 mg/dl liegt, so benötigen wir Vergleichswerte, die uns Auskunft darüber geben, was als „normal“ oder „unbedenklich“ gelten kann. Wissen wir nun, dass der Populationsmittelwert bei 190 mg/dl liegt, dann können wir den Wert als überdurchschnittlich einordnen. Je kleiner die Standardabweichung der LDL-Werte ist, desto auffälliger ist der Messwert 240 mg/dl: Je geringer die Standardabweichung, desto weiter liegt dessen z-Wert von der 0 entfernt.

Vor dem Problem, wie absolute Messwerte beurteilt werden können, stehen wir auch, wenn wir z. B. die Anzahl der Fehler oder die Reaktionszeit in einem Aufmerksamkeitstest, die Zeit zur Erreichung einer bestimmten Herzfrequenz unter Belastung oder die Ausprägung von Angstsymptomen erfassen. Normskalen stellen ein wichtiges Element zur Quantifizierung der „relativen statistischen Ausprägung“ dar.

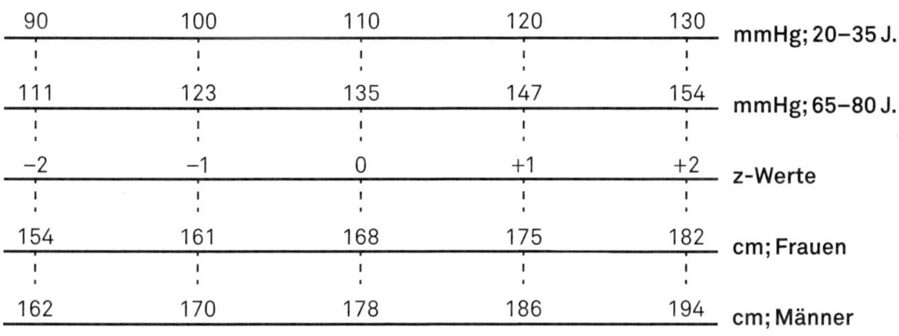


**Abbildung 4-6:** Entsprechung der Werte aus den Beispielen zum systolischen Blutdruck und der Körpergröße in Bezug auf die z-standardisierten Werte

**Box – Definition**

**Normskalen:** Auch wenn die Maßeinheiten (z.B. sek., mg/dl) von Messinstrumenten festgelegt sind, so sind die Messwerte an sich erst dann aussagekräftig, wenn sie bezüglich der Merkmalsverteilung in einer geeigneten Referenzgruppe eingeordnet werden können.
Normskalen sind einheitlich definierte Skalen, mit festgelegtem Mittelwert ($\bar{x}$ bzw. $\mu$) und Standardabweichung ($\hat{\sigma}$ bzw. $\sigma$), die die relative Abweichung in der Referenzgruppe bzw. -population abbilden. Sind der Mittelwert und die Standardabweichung der Merkmalsverteilung bekannt, so kann jedes beliebige Merkmal in Werte dieser Normskalen übertragen bzw. transformiert werden.

**Box – Statistischer Hintergrund**

**Normskalen:** Im bisherigen Text haben wir den Mittelwert immer mit $\bar{x}$ bezeichnet. Wenn wir $\bar{x}$ schreiben, dann bedeutet dies, dass es sich um den Mittelwert einer Stichprobe handelt. Diesen Mittelwert können wir direkt berechnen, wenn alle Merkmalsausprägungen in der Stichprobe bekannt sind. Wie wir in den folgenden Kapiteln sehen werden, können Koeffizientenausprägungen in Stichproben als Schätzwerte für die allgemeinen Verhältnisse in der Gesamtheit bzw. Population genutzt werden. Diese werden auch als „wahre Koeffizientenausprägungen“ bezeichnet. Die „wahren“ Verhältnisse in Populationen sind in der Regel empirisch nicht berechenbar. Den Durchschnittswert eines Merkmals aller Menschen, die an Diabetes erkrankt sind, wird man in keiner Studie ermitteln können. Trotzdem ist es sinnvoll anzunehmen, dass ein Populationsmittelwert existiert.
Immer wenn wir annehmen, dass Werte die allgemeinen Verhältnisse bzw. in Populationen abbilden, verwenden wir zur Charakterisierung griechische Buchstaben. $\mu$ (lies: mue) bezeichnet den wahren Mittelwert oder den Erwartungswert in der Population. $\sigma^2$ bezeichnet die wahre Varianz bzw. $\sigma$ die wahre Standardabweichung in der Population.
Dient die Bestimmung eines Koeffizienten in einer Stichprobe der Schätzung dieser wahren Verhältnisse, so wird dies durch den griechischen Buchstaben mit einem „^“ (lies: Dach) gekennzeichnet. $\hat{\sigma}$ (lies: Sigma-Dach) ist somit die Schätzung der wahren Standardabweichung in der Population auf Basis der Stichprobenwerte.
Da Normskalen theoretisch definierte bzw. in der Allgemeinheit gültige Maßstäbe darstellen, werden hier die griechischen Buchstaben zur Charakterisierung verwendet.

Die Skala der z-standardisierten Werte, die wir im vorigen Abschnitt kennengelernt haben, bildet die zentrale Ausgangsbasis, um die Werte auf anderen Normskalen einzuordnen. **Abbildung 4-7** zeigt wichtige in der Diagnostik gebräuchliche Normskalen. Die Z-Werte-Skala – bitte beachten Sie, dass dieses „Z“ großgeschrieben wird – hat genau wie die IQ-Skala einen Mittelwert von 100. Die Standardabweichung ist für die IQ-Skala mit 15 jedoch größer als die der Z-Werte-Skala mit 10. T-Werte liegen im Durchschnitt bei 50 und haben eine Standardabweichung von 10.

Rohwerte $x_i$ können gemäß folgender Formel in Einheiten von Normskalen umgerechnet werden:

$$Normskalenwert(x_i) = \frac{x_i - \bar{x}}{\hat{\sigma}_x} \cdot \sigma_{Normskala} + \mu_{Normskala} = z(x_i) \cdot \sigma_{Normskala} + \mu_{Normskala}$$

Gemäß der Daten in Abbildung 4-7 würde einem jungen Erwachsenen mit einem systolischen Blutdruckwert von 120 mmHg folgender Z-Wert bzw. T-Wert zugeordnet:

$Z_i = \frac{120-110}{10} \cdot 10 + 100 = 110$

$T_i = \frac{120-110}{10} \cdot 10 + 50 = 60$

Dieselben $Z_i$- und $T_i$-Werte würden für einen älteren Erwachsenen mit 147 mmHg, einen Mann der Größe 186 cm und eine Frau der Größe 175 cm resultieren.

## 4.5 Zusammenfassung

Als Maß der zentralen Tendenz kann der **Modus** oder **Modalwert** bereits bei nominalskalierten Daten bestimmt werden: Er entspricht der am häufigsten gemessenen Merkmalsausprägung. Für mindestens ordinalskalierte Messungen „teilt" der **Median** die Messwerte in zwei gleich große Bereiche: 50 % der Messwerte sind kleiner-gleich dem Median und 50 % sind größer-gleich dem Median. Die Berechnung des **arithmetischen Mittels $\bar{x}$** setzt mindestens Intervallskalenniveau voraus: Der Wert von $\bar{x}$ ergibt sich als Summe aller Messwerte geteilt durch deren Anzahl.

In symmetrischen Verteilungen sind diese drei Maße der zentralen Tendenz gleich oder zumindest ähnlich ausgeprägt und der **Schiefekoeffizient $\alpha$** ist ungefähr gleich 0. In rechtsschiefen bzw. linkssteilen Verteilungen ist der Schiefekoeffizient a > 0. Zudem ist der Modus kleiner dem Median. Das arithmetische Mittel $\bar{x}$ ist am höchsten ausgeprägt. Bei linksschiefer bzw. rechtssteiler Verteilung gilt umgekehrt: a < 0 bzw. Modus > Median > $\bar{x}$.

Die Variationsbreite und Verteilungsform, kann sehr gut durch ein **Box-and-Whisker-Plot** grafisch veranschaulicht werden. Neben der Schiefe und Schwankungsbreite können untypische Ausreißerwerte kenntlich gemacht werden.

Die **Varianz $\hat{\sigma}^2$** und die **Standardabweichung $\hat{\sigma}$** sind die wichtigsten Maße der Merkmalsvariabilität mindestens intervallskalierter Merkmale. Während die Varianz $\hat{\sigma}^2$ (Schätzung der durchschnittlichen quadrierten Abweichung der Messwert $x_i$ von $\mu$) eine wichtige Basis weiterführender statistischer Verfahren ist, kann die Standardabweichung $\hat{\sigma}$ anschaulicher interpretiert werden, da sie ein Maß der unge-

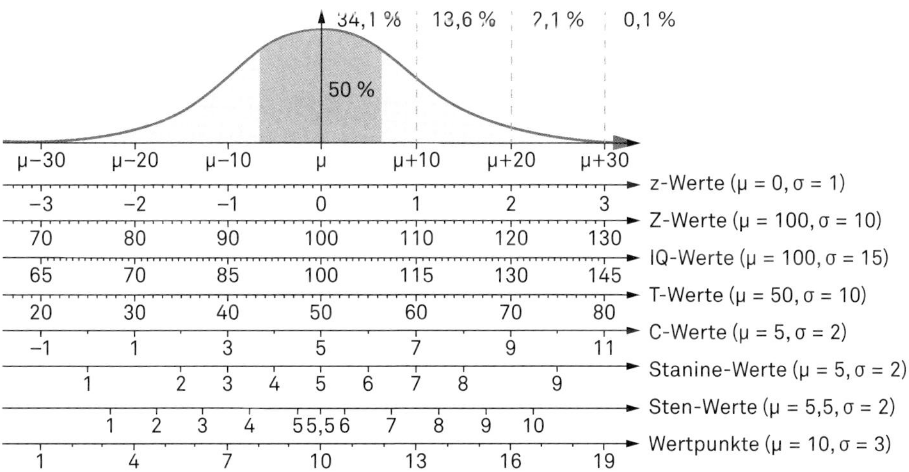


**Abbildung 4-7:** In der Diagnostik gebräuchliche Normskalen (übernommen aus: Kubinger, 2009, S. 87). Der Wert $\mu$ (griech. mue) stellt den Mittelwert der Population dar und kann gemäß der Darstellung in diesem Kapitel durch $\bar{x}$ ersetzt werden.

fähren durchschnittlichen Abweichung der Messwerte $x_i$ von $\bar{x}$ darstellt.

**Standardisierung** von Messwerten bedeutet, dass die absoluten Merkmalswerte $x_i$ derart transformiert werden, dass die relative Abweichung vom Mittelwert einheitlich abgebildet wird. Nicht die Merkmalsausprägung an sich, sondern deren relative Position zum bzw. Abweichung vom Mittelwert wird abgebildet. Standardisierte Angaben fokussieren auf die statistische Auffälligkeit oder Anomalität von Messwerten in Referenz zu den übrigen Messwerten in einer Stichprobe oder Population. Die **z-Standardisierung** kann als Basis aller üblichen **Normskalen** verstanden werden. Der z-Wert gibt an, um wie viele Standardabweichungen und in welche Richtung (Vorzeichen) ein Messwert vom Mittelwert abweicht. Andere Normskalen sind lediglich durch einen anderen Mittelwert und eine andere Standardabweichung gekennzeichnet (z. B. T-Skala: $\mu = 50$: $\sigma = 10$). Eine Standardisierung entspricht immer einer Lineartransformation der Messwerte, sodass die transformierten Normskalenwerte einen definierten Mittelwert und eine definierte Standardabweichung besitzen.

## 4.6 Blitzlichter aus der Forschungspraxis

Die in diesem Kapitel eingeführten Maße sind die elementare Grundlage zur Beschreibung von Merkmalsverteilungen in Untersuchungsstichproben. In nahezu jeder empirischen Studie finden Sie Koeffizienten und Informationen, die hier eingeführt wurden. Beispielhaft seien drei Studien angeführt, deren Kernaussagen sich auf Eigenschaften der Verteilung eines Merkmals beziehen.

**Blitzlicht 4.1: Vergleichsdaten für die körperliche und psychische Lebensqualität**
Ellert und Kurth (2004) berichten Mittelwerte und Standardabweichungen der körperlichen und psychischen gesundheitsbezogenen Lebensqualität für Erwachsene in Deutschland. Die körperliche und psychische gesundheitsbezogene Lebensqualität werden mittels des Short-Form (SF-36) intervallskaliert gemessen. Die Messwerte auf der körperlichen (PCS-Skala) und der psychischen (MCS-Skala) werden als **T-Werte** angegeben. Wie wir in diesem Kapitel erfahren haben, besitzen T-Werte in der Gesamtpopulation einen Mittelwert von $\mu = 50$ und eine Standardabweichung von $\sigma = 10$. Die Tabelle 3 in diesem Artikel zeigt die geschlechtsspezifischen Mittelwerte und Standardabweichungen für verschiedene Altersgruppen. Es zeigt sich, dass sowohl für Frauen als auch Männer die körperliche gesundheitsbezogene Lebensqualität mit steigendem Alter absinkt: 20–29 Jahre: $\bar{x} = 54{,}47$ bzw. 54,07; 70–79 Jahre: $\bar{x} = 42{,}5$ bzw. 42,41. Die Variabilität der Werte nimmt hingegen zu: 20–29 Jahre: $\hat{\sigma} = 6{,}26$ bzw. 6,31; 70–79 Jahre: $\bar{x} = 12{,}56$ bzw. 13,70. Mit zunehmendem Alter nimmt die körperliche Lebensqualität deutlich ab (*Information der Mittelwerte*), gleichzeitig unterscheiden sich die Menschen mit zunehmendem Alter stärker voneinander (*Information der Standardabweichung*). Interessanterweise nehmen die Werte der psychischen Lebensqualität nicht ab, sondern steigen sogar leicht an: 20–29 Jahre: $\bar{x} = 49{,}60$ bzw. 49,94; 70–79 Jahre: $\bar{x} = 50{,}54$ bzw. 51,30. Die Variabilität der Werte der psychischen Lebensqualität bleibt über die Altersstufen nahezu unverändert: 20–29 Jahre: $\hat{\sigma} = 9{,}28$ bzw. 8,78; 70–79 Jahre: $\hat{\sigma} = 10{,}95$ bzw. 9,64. Die psychische Lebensqualität verschlechtert sich somit im Unterschied zur körperlichen Lebensqualität im Allgemeinen nicht mit steigendem Alter. Zudem ist die Unterschiedlichkeit in der psychischen Lebensqualität bei jungen Menschen ähnlich hoch wie bei alten Menschen.

**Blitzlicht 4.2: Der Median als Basis für die Berechnung für die Armutsgefährdung**
Als Definition für die Armutsgefährdung von Menschen in Deutschland wird ein bestimmter Einkommenswert festgelegt, bei dem zwei As-

pekte berücksichtigt werden, die wir in diesem Kapitel kennengelernt haben. Das kritische Einkommen wird auf Basis des Durchschnittseinkommens einer Vergleichspopulation bestimmt. Als Durchschnittseinkommen wird dabei der *Median* und nicht das arithmetische Mittel verwendet, weil das Einkommen rechtsschief verteilt ist (vgl. Abbildung 4-3). Der Median besitzt den Vorteil, dass dieser Wert ausschließlich von den Einkommen der unteren 50 % der Einkommensverteilung bestimmt wird und nicht von der Tatsache, wieviel die besser, gut und sehr gut bezahlten oberen 50 % der Population verdienen. Wenige sehr gut verdienende „Ausreißer" könnten sonst das Ergebnis unverhältnismäßig beeinflussen, wenn das arithmetische Mittel als Durchschnittswert verwendet würde. Generell gilt man als arm oder armutsgefährdet, wenn man man weniger als 60 % des Medianeinkommens verdient.

Entsprechende Daten werden auf der Homepage der Statistikämter des Bundes dokumentiert (https://www.statistikportal.de/de/sbe/ergebnisse/einkommen-armutsgefaehrdung-und-soziale-lebensbedingungen/armutsgefaehrdung-und-9). Das kritische Einkommen, das unterschritten werden muss, damit man als armutsgefährdet gilt, orientiert sich also immer an der Verteilung des Einkommens in einer Vergleichspopulation. Damit handelt es sich um eine Art *Standardisierung*: Die Höhe des Einkommens eines Haushalts oder aber von Einzelpersonen wird daran bemessen, wie dieses relativ zu den übrigen Haushalten oder Einzelpersonen liegt. Wichtig ist es deshalb, dass dieses kritische Einkommen jedes Jahr neu bestimmt wird. Den Angaben auf der Homepage lässt sich entnehmen, dass das kritische Einkommen seit 2005 von 1226 EUR auf 1790 EUR im Jahr 2019 angestiegen ist. Zudem werden unterschiedliche Referenzpopulationen verwendet, da z.B. je nach Bundesland andere Lebensstandards berücksichtigt werden müssen. Im Jahr 2019 lag die Grenze für die Armutsgefährdung in Mecklenburg-Vorpommern bei 1562 EUR, während in Baden-Württemberg ein Wert von 1945 EUR unterschritten werden musste.

**Blitzlicht 4.3: Statistische Angaben richtig einordnen**

Statistische Angaben werden in den Medien oft verkürzt und plakativ dargestellt. Damit werden Eindrücke erzeugt, die sehr schnell zu falschen Eindrücken führen können – sowohl bei den Lesenden als auch Journalistinnen und Journalisten, die davon ausgehend eigene Beiträge falsch formulieren. Ein Beispiel hierfür wird in der Reihe Unstatistik des Monats des Harding-Zentrums berichtet: https://www.hardingcenter.de/de/unstatistik/unstatistik-des-monats-dickere-kinder-als-folge-der-pandemie-zeit).

In seriösen Medien wurde berichtet, dass eine Studie gezeigt habe, dass die Deutschen im Verlauf der Corona-Pandemie im Schnitt 5,6 kg an Körpergewicht zugenommen hätten. Tatsächlich gilt dieser Mittelwert nur für den Teil der Befragten (41 %), die angaben, zugenommen zu haben. Die 59 %, die angaben, ihr Gewicht gehalten oder abgenommen zu haben, wurden also nicht berücksichtigt. Tatsächlich lag die Gewichtszunahme bei allen Befragten im Schnitt bei knapp 1,5 kg. Beachtet man zusätzlich, dass Menschen mit dem Alter grundsätzlich tendenziell an Gewicht zulegen, ist auch die Zunahme um knapp 1,5 kg nicht notwendigerweise oder zumindest nur in geringerem Maße mit der Corona-Pandemie in Zusammenhang zu sehen.

Dieses Beispiel verdeutlicht zwei grundsätzlich wichtige Dinge: 1.) Bei jeder Statistik muss man sich im Klaren darüber sein, wie sie tatsächlich zustande kam, um ihre Aussagekraft angemessen beurteilen zu können. Es muss insbesondere klar sein, an welcher Stichprobe die Statistik ermittelt wurde. 2.) Es müssen kritisch alternative Erklärungen als Ursache eines Effekts (hier: die Befragten sind älter geworden) in Erwägung gezogen werden. Man darf sich nicht nur auf das konzentrieren, was ins Auge springt und bemerkenswert scheint („Corona-Pandemie verursacht enorme Gewichtszunahme!").

## Übungsaufgaben

1. Angenommen, Sie haben folgende Werte gemessen: 9, 12, 13, 15, 16, 16, 17, 19, 22, 24, 27, 38
   a. Erstellen Sie ein Box-and-Whisker-Plot.
   b. Berechnen Sie das arithmetische Mittel, die Standardabweichung und die Schiefe.
   c. Berechnen Sie die z-standardisierten Werte der beiden Variablen LQ-Psychisch und LQ-Körperlich für die Daten in Tabelle 3-1.
   d. Transformieren Sie beide Variablen in die Werte auf den Normskalen Z, T und C.

# 5 Modellierung von Zufallsschwankungen: Wahrscheinlichkeiten, statistische Verteilungen und Wahrscheinlichkeitsbereiche

In Kapitel 1 wurde bereits das Kernprinzip statistischer Schätzungen skizziert: Befunde aus Stichproben werden genutzt, um die Verhältnisse in der zugrunde liegenden Population (Grundgesamtheit) abzuschätzen oder populationsbezogene Hypothesen zu prüfen. Dieser Schritt von der *deskriptiven Statistik* zur *Inferenzstatistik* wurde in Kapitel 4 dadurch vorbereitet, dass wir uns zunächst mit der Häufigkeitsverteilung eines Merkmals in Stichproben beschäftigt haben. Je nach Stichprobe ergibt sich zumindest eine leicht andere Verteilung der Häufigkeiten, mit der die jeweiligen Merkmalsausprägungen auftreten (z. B. einzelne Werte der intervallskaliert gemessenen Lebensqualität).

Im vorliegenden Kapitel beschäftigen wir uns nun mit dem Konzept der Wahrscheinlichkeit und mit Wahrscheinlichkeitsverteilungen.

*Wahrscheinlichkeiten* können als erwartete relative Häufigkeit eines Ereignisses (z. B. Eintritt einer Erkrankung) in sehr großen, repräsentativen Stichproben verstanden werden. *Wahrscheinlichkeitsverteilungen* sind mathematisch definierte, theoretische Verteilungen, die die Verteilung der Wahrscheinlichkeiten der Ausprägungen eines Merkmals in sehr großen Stichproben hinreichend genau beschreiben. Wahrscheinlichkeitsverteilungen sind sozusagen ideale Verteilungen, denen sich die Verteilung der Ausprägungen eines Merkmals in einer Stichprobe mit wachsendem Stichprobenumfang annähert. Betrachtet man zum Beispiel die Verteilung des Merkmals Körpergröße oder Intelligenz in einer sehr großen Stichprobe (z. B. 10.000 Menschen), so sind diese Merkmale glockenförmig verteilt. Wir lernen hierfür den Begriff der *Gauß'schen Normalverteilung* kennen. Gelingt es uns, Wahrscheinlichkeitsverteilung zu finden, die die allgemeinen Verhältnisse in einer Population gut beschreiben, so können wir diese Wahrscheinlichkeitsverteilungen nutzen, um die Eigenschaften von Häufigkeitsverteilung in Stichproben (deskriptive Statistik) fundiert einordnen und analysieren zu können. Alle statistischen Testverfahren, die wir in den folgenden Kapiteln behandeln werden, basieren auf dem Prinzip der Einordnung oder Beurteilung von Stichprobenergebnissen vor dem Hintergrund zugrunde liegender Wahrscheinlichkeitsverteilungen.

Nach dem Durcharbeiten dieses Kapitels

- kennen Sie grundlegende Aspekte des Wahrscheinlichkeitsbegriffs.
- kennen Sie grundlegende Eigenschaften von Wahrscheinlichkeitsverteilungen.
- kennen Sie die Wahrscheinlichkeitsverteilung eines zweistufigen Merkmals (z. B. Wappen vs. Zahl; gesund vs. krank) (*Bernoulli-Verteilung*).
- kennen Sie die Wahrscheinlichkeitsverteilung, mit der beschrieben werden kann, wie häufig ein Ereignis bei mehrfachen Wiederholungen auftritt (z. B. Anzahl von schweren Erkrankungsverläufen bei N Patientinnen und Patienten) (*Binomialverteilung*).
- kennen Sie die Eigenschaften der Gauß'schen Normalverteilung.
- können Sie für die behandelten Wahrscheinlichkeitsverteilungen bestimmen, wie wahrscheinlich bestimmte Ereignisse oder Merkmalsausprägungen auftreten.

## 5.1 Wahrscheinlichkeiten

Der Begriff „wahrscheinlich" ist Teil der natürlichen Alltagssprache. Er wird verwendet, wenn keine eindeutige Aussage darüber getroffen werden kann, ob ein Ereignis vorliegt oder aber zukünftig eintreten wird. Trotzdem formulieren wir mittels des Wahrscheinlichkeitsbegriffs Aussagen, die sich darauf beziehen, als wie *erwartbar* oder *sicher* das Vorliegen oder Eintreten eines Ereignisses gelten kann. Solche Aussagen gehen über reines Raten hinaus. Wird ein Ereignis als „recht wahrscheinlich" bezeichnet, so ist *eher* davon auszugehen, dass dieses eintritt, als dass dieses nicht eintritt. „*Wahrscheinlich*" bedeutet also „*Scheint eher wahr zu sein bzw. eher zuzutreffen*". „*Unwahrscheinlich*" impliziert „*Scheint eher nicht wahr zu sein bzw. eher nicht zuzutreffen.*" Treten Nebenwirkungen eines Medikaments in seltenen Fällen bzw. mit einer geringen relativen Häufigkeit auf, so sind Nebenwirkungen „unwahrscheinlich". Bleiben Menschen häufiger von einer Infektion verschont, wenn sie geimpft sind, als wenn sie nicht geimpft sind, so ist die Wahrscheinlichkeit, gesund zu bleiben, bei Geimpften höher als bei Ungeimpften.

Um uns dem **Wahrscheinlichkeitsbegriff** mathematisch zu nähern, sollen die folgenden beiden Beispiele dienen.

In Beispiel 1 betrachten wir Würfelwürfe. In Beispiel 2 untersuchen wir das Eintreten von Long-COVID. In der Wahrscheinlichkeitsrechnung würde man das Eintreten des Würfelergebnisses „6" und das Eintreten einer Long-COVID-Symptomatik als **Zufallsereignis** bezeichnen. Das Eintreten der Zufallsereignisse wird jeweils bei mehrfachen Wiederholungen untersucht. In Beispiel 1 werfen wir 10-, 25-, 50-, 100-, 500-, 1000-mal wiederholt einen Würfel (*Anzahl Zufallsbeobachtungen*). Als Ergebnis jedes Wurfs bzw. Zufallsereignisses notieren wir, ob das Zielereignis „6" eingetreten ist oder nicht.

Wir gehen bei dieser Betrachtung implizit davon aus, dass ein bestimmtes Würfelergebnis bei jeder Zufallsbetrachtung mit einer festen Wahrscheinlichkeit p eintritt (p steht als Abkürzung für das lateinische *probabilitas*). Beim Würfeln lässt sich diese Wahrscheinlichkeit nach der Wahrscheinlichkeitsdefinition von

**BOX – Beispiel**

**Zufallsbetrachtungen**

*Beispiel 1:* Angenommen, wir werfen wir einen fairen Würfel 10-, 25-, 50-, 100-, 500- und 1000-mal. Bei den 10 Würfen erscheint dreimal die 6. Bei den 25 Würfen erscheint ebenfalls dreimal die 6. Bei 50 Würfen erscheint 6-mal die 6, bei 100 Würfen erscheint 18-mal die 6, bei den 500 bzw. 1000 Würfen erscheint 78- bzw. 151-mal die 6. Folglich haben sich folgende relative Häufigkeiten ergeben:

$h(6)_{10} = 3/30 = ,300$
$h(6)_{25} = 3/25 = ,120$
$h(6)_{50} = 6/50 = ,140$
$h(6)_{100} = 18/100 = ,180$
$h(6)_{500} = 78/500 = ,156$
$h(6)_{1000} = 164/100 = ,164$

*Beispiel 2*: In drei repräsentativen Studien seien an jeweils N = 100 Personen, die mit COVID-19 infiziert waren, die relativen Häufigkeiten von Long-COVID-Symptomen bestimmt worden. In den Studien wurden bei 5, 18 bzw. 12 Personen Symptome von Long-COVID diagnostiziert. Die relativen Häufigkeiten betragen also:

$h_{1,N=100}$ (LC) = ,05,
$h_{2,N=100}$ (LC) = ,18,
$h_{3,N=100}$ (LC) = ,12.

In drei anderen repräsentativen Studien seien jeweils 5000 Personen untersucht worden, die mit COVID-19 infiziert waren. In den Studien seien bei 528, 467 bzw. 511 Personen Symptome von Long-COVID diagnostiziert worden. Die relativen Häufigkeiten betragen also:

$h_{1,N=5000}$ (LC) = ,106,
$h_{2,N=5000}$ (LC) = ,093,
$h_{3,N=5000}$ (LC) = ,102.

**Box – Merke**

**Wahrscheinlichkeitsdefinition nach Laplace:** Sind die k möglichen Elementarereignisse einer Zufallsbetrachtung gleich wahrscheinlich, so ergibt sich die Wahrscheinlichkeit des oder der Zielereignisse(s) als Quotient der Anzahl des oder der Zielerreignisse und der Anzahl möglicher Ereignisse:

$$p(\text{Zielereignisse}) = \frac{n(\text{Zielereignisse})}{n(\text{mögliche Ereignisse})} = \frac{n(\mathit{Zielereignisse})}{k}$$

Sind alle k möglichen Einzel- bzw. Elementarereignisse gleich wahrscheinlich, so ist die Wahrscheinlichkeit jedes Einzel- bzw Elementarereignisses i definiert als:

$$p\,(X = i) = \frac{1}{k}$$

Genau wie die Summe der relativen Häufigkeiten $h_i$ aller möglichen Ereignisse ergibt die Summe der Wahrscheinlichkeiten $p_i$ aller k möglichen Ereignisse den Wert 1, d.h. eines der 1...k Ergebnisse tritt mit Sicherheit immer bzw. mit der Wahrscheinlichkeit 1 ein.

**Pierre Simon Laplace** (1749–1827) mathematisch bestimmen.

Bei einem fairen Würfel sind per Definition alle k = 6 Elementarereignisse {1,...,6} gleich wahrscheinlich. Somit ist die Wahrscheinlichkeit, eine 6 zu würfeln, gleich p(X = 6) = 1/6 = ,167. Die Wahrscheinlichkeit, eine ungerade Zahl zu würfeln, beträgt p(X = 1, 3, 5) = 3/6 = ,5.

In Beispiel 1 können wir die empirisch ermittelten relativen Häufigkeiten ,300, ,120, ,140, 180, ,156 und ,164 als empirische Schätzungen der nun bekannten Wahrscheinlichkeit p = 1/6 = ,167 betrachten.

In den Daten zeigt sich die allgemeine Tendenz, dass die relative Häufigkeit mit größer werdender Stichprobe systematisch näher am Wert der Wahrscheinlichkeit liegt. Nähert sich der Wert eines statistischen Koeffizenten (hier: relative Häufigkeit) mit wachsender Stichprobengröße sukzessive dem zu schätzenden Wert (hier: Wahrscheinlichkeit) an und wird der zu schätzende Wert hierbei nicht systematisch unter- oder überschätzt, so handelt es sich um einen **konsistenten** und **erwartungstreuen Schätzer**. Dass die relative Häufigkeit einen erwartungstreuen und konsistenten Schätzer des Wahrscheinlichkeitswertes darstellt, ermöglicht eine nützliche alternative Definition von Wahrscheinlichkeiten, die mittels Beispiel 2 nachvollzogen werden kann.

Im Beispiel 2 können die 100 oder 5000 mit COVID-19 infizierten Personen als wiederholte Beobachtungen aufgefasst werden: Bei Person 1 wird vermerkt, ob sie Long-COVID entwickelt oder nicht, anschließend wird diese Beobachtung für die zweite Person wiederholt usw. In diesem Beispiel wäre es völlig falsch, die **Laplace'sche Wahrscheinlichkeitsdefinition** anzuwenden. Hier gibt es zwei mögliche Elementarereignisse: Long-COVID tritt auf oder aber nicht. Nach der Laplace'schen Definition ergäbe sich damit eine Wahrscheinlichkeit von p = ½, dass eine Person Long-COVID-Symptome entwickelt. Bei der Untersuchung empirischer Phänomene (z.B. hinsichtlich Prävalenz oder Risiko; s. Kapitel 13) dürfen wir jedoch nicht einfach voraussetzen, dass alle Ereignisse, wie beim Würfeln oder beim Werfen einer Münze, gleich wahrscheinlich sind.

Dass ein Mitarbeiter oder eine Mitarbeiterin an einer Depression erkrankt, ist nicht gleich ,5 (bzw. 50 %), obwohl es genau zwei mögliche Ereignisse gibt: „erkrankt“ bzw. „erkrankt nicht“. Die Wahrscheinlichkeit, eine bestimmte Blutgruppe zu haben, ist nicht gleich p = 1/8 (bzw. 12,5 %), obwohl es 8 mögliche Blutgruppen gibt. Tatsächlich treten die Blutgruppen A+ und 0+ mit 37 % bzw. 35 % sehr viel häufiger auf als die übrigen. Hier ist die Laplace'sche Definition der Wahrscheinlichkeit also überhaupt nicht hilfreich, weil die Voraussetzung der Gleichwahrscheinlichkeit der möglichen Ereignisse den natürlichen Verhältnissen nicht entspricht.

Stattdessen müssen wir die Wahrscheinlichkeit empirisch schätzen. Um die Wahrscheinlichkeit zu schätzen, dass ein Mensch die Blutgruppe A+ hat, müsste für sehr viele zufällig ausgewählte Menschen die Blutgruppe ermittelt werden. Die relative Häufigkeit stellt dann eine Schätzung der tatsächlichen Wahrscheinlichkeit dar.

Wir erhalten also eine solide Schätzung, wenn wir uns das oben bereits skizzierte Prinzip zunutze machen, dass sich die relative Häufigkeit in großen und repräsentativen Stichproben dem Wahrscheinlichkeitswert p annähert. Dieses Prinzip wird in den Daten in Beispiel 2 wie folgt deutlich: Während in den vergleichsweise kleinen 100-er Stichproben die relative Häufigkeit Werte im Bereich ,05 bzw. 5 % bis ,18 bzw. 18 % deutlich unterschiedlich ausgeprägt ist, verringert sich der Schwankungsbereich der relativen Häufigkeiten bzw. Prävalenzschätzungen in den 5000-er Stichproben von ,093 bis ,106. Wenn wir auch hier – wie beim Würfeln – eine Wahrscheinlichkeit p unterstellen, die für alle Personen gilt, so wäre es aufgrund der empirischen Schätzungen anzunehmen, dass p ungefähr gleich ,10 bzw. 10 % sein sollte.

Auch in Beispiel 1 wird deutlich, dass sich die relativen Häufigkeiten mit wachsendem N dem Wahrscheinlichkeitwert p = 1/6 = ,167 annähern: Bei 1000 Betrachtungen liegt die relative Häufigkeit mit ,164 systematisch näher am Wert von p als bei N = 10, 25, 50, 100 oder 500 mit ,300, ,120, ,140, ,180 oder ,154.

**Box – Definition**

**Wahrscheinlichkeit als Grenzwert relativer Häufigkeiten in repräsentativen Stichproben:** Die Wahrscheinlichkeit eines Ereignisses kann als Grenzwert relativer Häufigkeiten aufgefasst werden: Würde man die Anzahl der Beobachtungen N immer größer werden lassen, so würde die relative Häufigkeit des Eintretens des Zielereignisses i mit wachsender Anzahl N systematisch näher an dem Wert der Wahrscheinlichkeit liegen:

$$p(X = i) = \lim_{N \to \infty} \frac{n_i}{N} = \lim_{N \to \infty} h_i$$

$\lim_{N \to \infty}$: Mit gegen unendlich wachsender Anzahl N konvergiert $h_i$ gegen $p(X = i)$. Bzw.: Je größer N, desto ähnlicher sind $h_i$ und $p(X = i)$.

Es wird hierbei angenommen, dass für alle Personen oder Fälle dieselbe Wahrscheinlichkeit $p(X = i)$ gilt.

Die Wahrscheinlichkeit eines Ereignisses bzw. einer Merkmalsausprägung entspricht also der (theoretisch) erwarteten relativen Häufigkeit.

*Vertiefende Anmerkung:* Die Annahme einer konstanten Wahrscheinlichkeit für alle Personen ist aber keineswegs unproblematisch, sondern bedarf einer kritischen theoretischen und empirischen Begründung. Denn einen konstanten Wert p für ein Ereignis oder eine Erkrankung anzunehmen, bedeutet, dass alle Personen „in einen Topf geworfen" werden dürfen. Es ist inzwischen bekannt, dass die Wahrscheinlichkeit von Long-COVID z. B. für junge erwachsene Frauen höher ist als für junge erwachsene Männer. Hieraus folgt die Notwendigkeit, für junge Frauen und junge Männer unterschiedliche Wahrscheinlichkeiten anzunehmen und empirisch über relative Häufigkeiten zu schätzen. Menschen mit einer bestimmten genetischen Disposition haben ggf. eine höhere Wahrscheinlichkeit, eine Erkrankung zu entwickeln, als Personen ohne diese Disposition. Wann die Angabe und Nutzung von Wahrscheinlichkeitswer-

**BOX – Definition**

**Zufallsereignis:** Ein Zielereignis tritt mit einer gewissen Wahrscheinlichkeit p auf bzw. mit der Gegenwahrscheinlichkeit (1-p) nicht auf.

**Zufallsbetrachtung;** Für einen Fall oder eine Person wird bestimmt, ob ein Zielereignis eintritt/vorliegt oder aber nicht.

Die **Wahrscheinlichkeit** p kann über die relative Häufigkeit des Auftretens des Zielereignisses abgeschätzt werden, indem man die Zufallsbetrachtung wiederholt durchführt.

ten für wen sinnvoll ist, ist somit ebenfalls Gegenstand empirischer Forschung. Auf diese Problematik sei an dieser Stelle lediglich hingewiesen, eine Vertiefung würde diese basale Einführung deutlich sprengen.

Für Wahrscheinlichkeiten gelten bestimmte Rechenregeln. Auf diese werden wir in Kapitel 12 eingehen. An dieser Stelle soll die einführende Charakterisierung des Wahrscheinlichkeitsbegriffs genügen, da im Folgenden die Bestimmung von Wahrscheinlichkeiten auf Basis theoretischer Verteilungen eingeführt wird.

**BOX – Definition**

**Diskrete Wahrscheinlichkeitsverteilung**: Eine diskrete Wahrscheinlichkeitsverteilung ist definiert als die Zuordnung der Wahrscheinlichkeit auf der y- Achse zu jedem möglichen Ereignis (x-Achse).

**Diskrete Gleichverteilung**: Jedem der mögliche der k Ereignisse (x-Achse) ist derselbe Wahrscheinlichkeitswert 1/k auf der y-Achse zugeordnet.

## 5.2 Verteilung einer Zufallsvariable bei einmaliger Beobachtung: Bernoulli-Verteilung, Gleichverteilung

Betrachtet man das einmalige Werfen einer Münze, so sprechen wir von einer *Gleichverteilung*, denn jedes der möglichen Ereignisse „Zahl" bzw. „Wappen" tritt gemäß der Laplace'schen Wahrscheinlichkeitsdefinition mit der gleichen Wahrscheinlichkeit von p = ,5 bzw. 50 % auf. **Abbildung 5-1** zeigt links die Wahrscheinlichkeitsverteilung beim fairen Münzwurf.

Auch beim Werfen eines fairen Würfels ist jede der sechs Augenzahlen gleich wahrscheinlich. Es gilt p = 1/6 = ,167. In **Abbildung 5-1** ist die entsprechende Gleichverteilung rechts abgebildet.

Diskret (Gegenteil: kontinuierlich) bedeutet, dass alle möglichen Ereignisse (X-Achse) einzeln benannt bzw. aufgezählt werden können: In den Beispielen in Abbildung 5-1 gibt es 2 bzw. 6 diskrete Ereignisse. Bei der grafischen Darstellung werden die möglichen Ereignisse auf der x-Achse abgetragen und die Wahrscheinlichkeiten auf der y-Achse.

Sind nur zwei Ergebnisse (z. B. Wappen vs. Zahl; Würfeln einer 6 vs. Würfeln keiner 6, Blutgruppe A+ vs. andere Blutgruppe) möglich und tritt das Zielereignis mit einer beliebigen, aber konstanten Wahrscheinlichkeit p ein, so handelt es sich um eine **Bernoulli-Verteilung**.

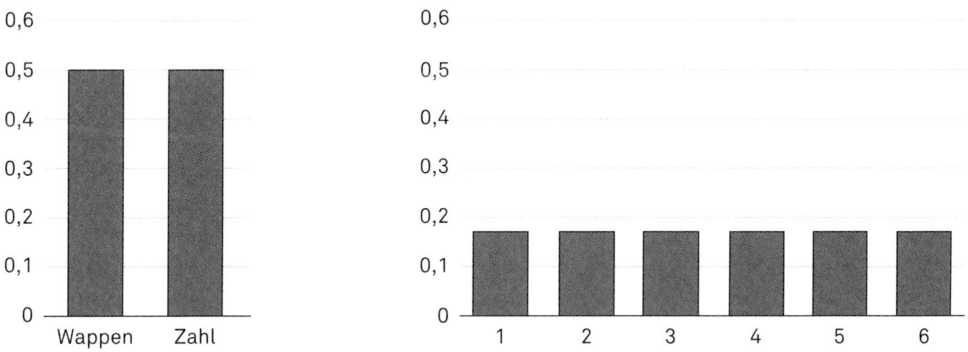


**Abbildung 5-1:** Gleichverteilungen für den Münzwurf (links; $p_i$ = 1/2 = ,5) und beim Würfeln (rechts; $p_i$ = 1/6 = ,167)

**Box – Definition**

**Bernoulli-Verteilung:** Eine Bernoulli-Verteilung, liegt vor, wenn bei einer Zufallsbeobachtung lediglich zwei Ereignisse auftreten können.

Tritt ein Ereignis mit der Wahrscheinlichkeit $p(X = 1)$ auf, so wird die Wahrscheinlichkeit, dass dieses Ereignis nicht auftritt, als Gegenwahrscheinlichkeit $p(X = 0) = 1 - p(X = 1)$ bezeichnet.

Der Erwartungswert E(X), also der theoretische Mittelwert, ist gleich $p(X = 1)$.

Die Varianz $\sigma^2(X)$ ist gleich $p(X = 1) \cdot p(X = 0) = p(X = 1) \cdot (1 - p(X = 1))$

Die Standardabweichung $\sigma(X)$ ist gleich

$$\sqrt{p(X = 1) \cdot p(X = 0)} =$$

$$\sqrt{p(X = 1) \cdot (1 - p(X = 1))}$$

**Box – Beispiel**

**Beispiele für Bernoulli-Verteilungen:** Die Wahrscheinlichkeit, dass ein Neugeborenes weiblich ist, beträgt $p_w = {,}514$. Die Wahrscheinlichkeit für ein männliches Neugeborenes ist $p_m = 1 - p_w = {,}486$. Damit beträgt der Erwartungswert für Mädchen E(X) = ,514. Die Varianz ist $\sigma^2 = {,}514 \cdot {,}486 = {,}2498$. Die Standardabweichung beträgt $\sigma = {,}4998$. Nimmt man an, dass das Neugeborene ein Mädchen wird, so kann man erwarten, in 51,4 % der Fälle richtig zu liegen. Da aber nur „0" „männlich" und „1" „weiblich" beobachtet werden können, liegt man mit der Erwartung 0,514 ca. 0,5 abseits vom tatsächlichen Ergebnis. Dieser „ungefähre durchschnittliche Fehler" wird durch die Standardabweichung abgebildet.

Angenommen, an COVID-19 erkrankte Personen mit schwerem Verlauf müssen zu p = ,3 (fiktiver Wert) künstlich beatmet werden. Es ist also zu erwarten, dass die relative Häufigkeit der künstlich zu Beatmenden bei ,3 (bzw. 30 %) liegt. Aber auch hier sind nur 2 Ausgänge möglich: „0" = nein; „1" = ja". Muss eine Person künstlich beatmet werden, liegt man mit der Schätzung 0,7 (bzw. 70 %) Einheiten daneben. Muss sie nicht künstlich beatmet werden, beträgt der Fehler 0,3 (bzw. 30 %). Die Standardabweichung schätzt den „ungefähren durchschnittlichen Fehler" auf $\sqrt{0{,}3 \cdot 0{,}7} = {,}4583$ (bzw. 45,83 %).

Die Wahrscheinlichkeit, dass ein Kind die Blutgruppe A+ hat beträgt p(A+) = ,37. Damit ist der Erwartungswert für Blutgruppe A+ gleich ,37 und die Varianz beträgt $,37 \cdot {,}63 = {,}2331$. Die Standardabweichung ist gleich $\sqrt{{,}2331} = {,}4828$.

## 5.3 Verteilung der Häufigkeit eines Merkmals bei mehrmaliger Beobachtung: Binomialverteilung

Bisher haben wir uns mit dem Problem beschäftigt, welche Wahrscheinlichkeiten sich ergeben, wenn ein Zufallsexperiment *einmal* durchgeführt wird. Bei einem Münzwurf erscheint „Wappen" mit einer Wahrscheinlichkeit von 0,5. Angenommen, Sie werfen eine Münze nicht nur einmal, sondern 100-mal. Wenn es sich um eine faire Münze handelt, kann man erwarten, dass sich die Häufigkeit für Zahl oder Wappen im Bereich von 50 bewegt. Werfen zehn Personen eine Münze jeweils 100-mal, so könnte bei einer Person „Zahl" 45-mal erscheinen, bei einer anderen 48-mal oder 55-mal. Generell würde man erwarten, dass die Durchschnittshäufigkeit 50 beträgt. In der Regel würde jedoch nicht genau der Wert 50 resultieren, sondern die Häufigkeit von „Zahl" würde unsystematisch oder zufällig von der 50 nach oben oder unten abweichen. Die Werte verteilen sich also um den Wert 50. Die **Binominalverteilung** kann generell verwendet werden, wenn eine Zufallsbeobachtung N-fach wiederholt und die Häufigkeit des Eintretens eines Zielereignisses betrachtet wird.

Stellen Sie sich vor, in einem Krankenhaus werden N = 100 Personen eingeliefert, die aufgrund einer COVID-19-Infektion erkrankt sind und deren Gesundheitszustand sich kritisch entwickelt hat. Angenommen, wir wissen, dass im Krankenhaus eingelieferte COVID-19-Patientinnen und -Patienten mit einer Wahrscheinlichkeit von p = ,3 künstlich beatmet werden müssen. Aufgrund dieser Informationen können wir erwarten, dass 30 Personen künstlich bearbeitet werden müssen.

- Gesamtanzahl der Fälle: N = 100
- Wahrscheinlichkeit einer künstlichen Beatmung: $p_{KB}$ = ,3
- Erwartete Fälle, die künstlich beatmet werden: $E_{KB} = N \cdot p_{KB} = 100 \cdot ,3 = 30$.

Dieser wahrscheinlichkeitstheoretisch erwartete Wert ist jedoch ähnlich wie der arithmetische Mittelwert als Durchschnittswert zu betrachten. Auch wenn die erwartete Häufigkeit 30 ist, so wird in einer bestimmten Klinik der Wert zwar im Bereich von 30 liegen, aber wir können nicht davon ausgehen, dass die Anzahl der künstlich zu beatmenden Patientinnen und Patienten genau 30 betragen wird. Denn die tatsächliche Anzahl wird durch Zufallseffekte mitbestimmt. Ob eine künstliche Beatmung bei einer bestimmten Person erforderlich wird, hängt mit zum Teil nicht vorhersagbaren Reaktionen des Körpers oder der Virenausbreitung zusammen. Rein zufällig könnten in unserem Beobachtungszeitraum z. B. gehäuft eher ältere oder eher jüngere eingeliefert werden. Solche Einflussmerkmale, die wir nicht kontrollieren können und die im Rahmen einer Studie natürlichen Schwankungen unterliegen, fassen wir als Zufallseffekte auf.

**Box – Merke**

**Zufallseffekte**: Unkontrollierte und nicht vorhersagbare Effekte, die die Schwankungen und Variabilität von Messwerten bedingen.

In **Abbildung 5-2** sehen Sie oben links ein mögliches Ergebnis, wenn wir 10 Kliniken betrachten würden, die jeweils 100 Patientinnen und Patienten versorgen. Obwohl in allen Kliniken dieselbe Wahrscheinlichkeit p = ,3 gilt und wir somit 30 Fälle erwarten, werden Ereignishäufigkeiten im Bereich von 22–40 gemessen. Erhöhen wir nun die Anzahl der betrachteten Kliniken auf 20, 50, 100 oder 1.000, so wird erkennbar, dass sich die Häufigkeiten im Bereich des Erwartungswertes 30 ballen. Je weiter wir uns von der 30 nach oben oder unten entfernen, desto seltener treten entsprechende Ereignishäufigkeiten zufallsbedingt auf.

In der letzten Grafik in Abbildung 5-2 sehen wir die Werteverteilung, die wir theoretisch erwarten würden. Theoretisch kann man hier so auffassen, dass sich diese Verteilung ergeben sollte, wenn sich die Anzahl der Kliniken dem Wert unendlich nähert. Es handelt sich um eine sogenannte **Binominalverteilung**. Im Falle einer Binominalverteilung muss man immer mit angeben, bei wie vielen Fällen N (N = 100 Patientinnen und Patienten in unserem Beispiel) das Ereignis auftreten kann. Zudem muss die Ereigniswahrscheinlichkeit (hier: p = ,3) berichtet werden. In unserem Falle läge eine Binominalverteilung (N = 100; p = ,3) vor.

Die Varianz einer Binominalverteilung kann direkt aufgrund der Werte N und p bestimmt werden: $\sigma^2 = N \cdot p \cdot (1 - p)$. In unserem Beispiel gilt $\sigma^2 = 100 \cdot 0{,}3 \cdot 0{,}7 = 21$. Die Standardabweichung entspricht wie immer der Wurzel der Varianz: $\sigma = \sqrt{21} = 4{,}58$.

**Box – Definition**

**Binomialverteilung – Verteilung von Ereignishäufigkeiten:** Eine Binominalverteilung (N; p) ergibt sich, wenn wir eine Zufallsbetrachtung N-mal wiederholen. Bei jeder Wiederholung tritt ein definiertes Ereignis mit einer Wahrscheinlichkeit von p ein. Es muss

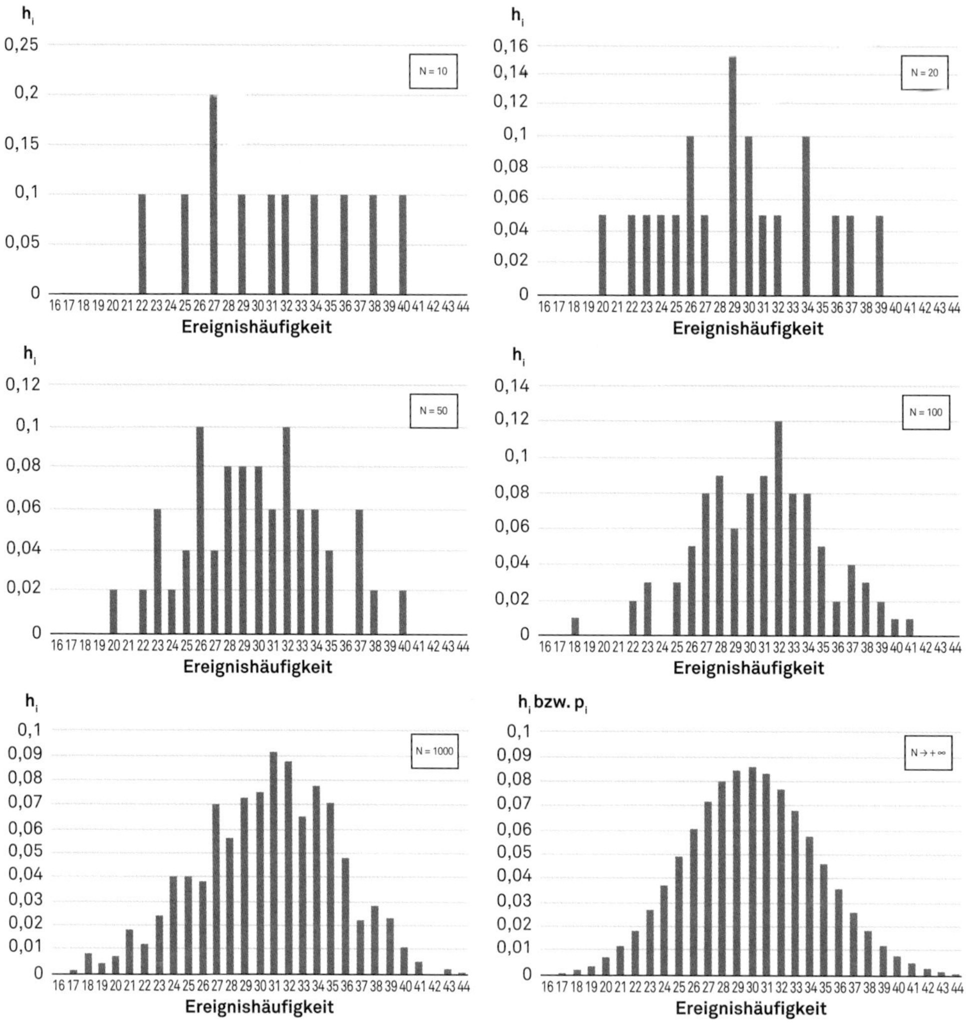


**Abbildung 5-2:** Simulierte relative Häufigkeiten $h_i$, mit der ein Ereignis der Wahrscheinlichkeit $p$ = ,3 in $N$ = 100 Fällen auftritt (Darstellung 1–5 für $N$ = 10, 20, 50, 100, 1000 Betrachtungen bei 100 möglichen Fällen). Mit wachsender Anzahl der Betrachtungen nähert sich die Gestalt der Verteilung der Binomialverteilung ($N$ = 100; $p$ = 0,3) an, die im letzten Balkendiagramm abgebildet ist.

sich dabei um unabhängige Betrachtungen handeln: Also die Wahrscheinlichkeit, dass das Ereignis bei einer Person eintritt/vorliegt, darf sich z.B. nicht erhöhen oder verringern, wenn in einem anderen Fall das Ereignis eingetreten ist (typische Verletzung: Die Wahrscheinlichkeit, infiziert zu sein, ist höher, wenn der Partner oder die Partnerin infiziert ist).

Die Binominalverteilung gibt an, mit welcher Wahrscheinlichkeit das Ereignis genau 0-, 1-, 2-, ... bzw. N-mal eintritt.

Die Binominalverteilung ist eine eingipflige, unimodale Wahrscheinlichkeitsverteilung. Liegt die Ereigniswahrscheinlichkeit p im mittleren Wahrscheinlichkeitsbereich ($,2 < p < ,8$) so ist die Gestalt der Binominalverteilung annähernd symmetrisch und glockenförmig.

- Der Erwartungswert E(X) der Binomialverteilung ist gleich $N \cdot p$.
- Die Varianz der Binominalverteilung beträgt: $\sigma^2 = N \cdot p \cdot (1 - p)$
- Die Standardabweichung ist gleich: $\sigma = \sqrt{\sigma^2} = \sqrt{N \cdot p \cdot (1 - p)}$

Werden in einer Klinik N = 340 Patientinnen und Patienten behandelt, so kann erwartet werden, dass $E = 340 \cdot ,37 = 125{,}8$ Patientinnen und Patienten die Blutgruppe A+ aufweisen (p(A+) = ,37). Die Varianz der entsprechenden Zufallsverteilung beträgt $\sigma^2 = 340 \cdot ,37 \cdot ,63 = 79{,}254$ und die Standardabweichung $\sigma = 8{,}90$.

## 5.4 Bestimmung der Wahrscheinlichkeitswerte einer Binomialverteilung

Wahrscheinlichkeitsverteilungen können als ideale Häufigkeitsverteilungen aufgefasst werden, da sich Häufigkeitsverteilungen mit wachsender Stichprobengröße (im Beispiel: Anzahl der Kliniken) der Wahrscheinlichkeitsverteilung annähern. Diese sukzessive Annäherung ist in Abbildung 5-2 beispielhaft dargestellt.

In der *deskriptiven Statistik* bestimmen wir die Verteilung der Häufigkeit eines Merkmals in Stichproben. Untersuchen wir zwei verschiedene Stichproben, so werden wir unterschiedliche Häufigkeitsverteilungen erhalten. Häufigkeitsverteilungen verändern ihre Gestalt zufallsbedingt von Stichprobe zu Stichprobe.

Eine **Wahrscheinlichkeitsverteilung** repräsentiert die Verteilung der Wahrscheinlichkeiten von Merkmalsausprägungen, ohne dass wir Stichprobendaten benötigen, um diese Verteilung zu schätzen. Wir gelangen zu diesen Verteilungen aufgrund mathematischer Betrachtungen.

Wie wir insbesondere in den folgenden beiden Kapiteln sehen werden, verknüpft die Inferenzstatistik die empirische Ebene der Stichprobendaten mit der mathematisch-theoretischen Ebene. Dies ermöglicht es uns, Wahrscheinlichkeiten für Ereignisse zu bestimmen, wenn wir begründet annehmen können, dass den Daten eine bestimmte Wahrscheinlichkeitsverteilung zugrunde liegt. **Tabelle 5-1** zeigt die genauen Wahrscheinlichkeitswerte, die denjenigen der letzten Grafik in **Abbildung 5-2** entsprechen. Die Wahrscheinlichkeit, dass von den 100 Personen genau 29 künstlich bearbeitet werden müssen, beträgt also p(k = 29) = ,0856 bzw. 8,56 %.

Die Werte einer Binomialverteilung ergeben sich für jede Ereignishäufigkeit k bei insgesamt n Beobachtungen gemäß folgender Formel:

$$p\,(k,N) = \binom{n}{k} \cdot p^k \cdot (1-p)^{n-k}$$

Die einzelnen Komponenten der Formel haben folgende Bedeutung:

$$\binom{n}{k} = \frac{n!}{(n-k)! \cdot k!}$$

Lies „n über k gleich n-Fakultät geteilt durch n-k-Fakultät mal k-Fakultät“:

Dies entspricht der Anzahl der möglichen Positionskombinationen, an denen die k Ereignisse bei insgesamt n Versuchen positioniert sein können. Angenommen, bei n = 100 Versuchen fragen wir uns, an wievielen Positionen k = 3 Ereignisse auftreten können.

Die Lösung ist dann:

$$\binom{100}{3} = \frac{100 \cdot 99 \cdot 98 \cdot \ldots \cdot 2 \cdot 1}{(97 \cdot 96 \cdot 95 \cdot \ldots \cdot 2 \cdot 1) \cdot (3 \cdot 2 \cdot 1)} =$$

$$\frac{100 \cdot 99 \cdot 98}{3 \cdot 2 \cdot 1} = 161.700.$$

Drei Ereignisse können auf 161.700 verschiedene Arten verteilt sein, wenn 100 Plätze möglich sind.

$p^k$ : k-mal tritt das Ereignis ein, das die Eintrittwahrscheinlichkeit p hat.

$(1-p)^{n-k}$ : (n-k)-mal tritt das Ereignis nicht ein.

Bitte prüfen Sie für drei der in **Tabelle 5-1** angebenen Werte von k, ob Sie die entsprechenden Wahrscheinlichkeitswerte mittels dieser Formel reproduzieren können.

Zur Bestimmung dieser Wahrscheinlichkeiten stehen im Internet auch einfach zu bedienende Online-Rechner zur Verfügung. Beispielsweise finden Sie unter *https://stattrek.com/online-calculator/binomial.aspx* ein Tool, bei dem in drei Feldern die Werte p, N und k eingetragen werden müssen (einzugebende Informationen: **Abbildung 5-3**; Berechungsergebnisse: **Abbildung 5-4**).

In unserem COVID-19-Beispiel würden wir also annehmen, dass im Einzelfall das gesuchte Ereignis mit einer Wahrscheinlichkeit von p = ,3 eintritt. Gemäß der Eingabe würden wir z. B. wissen wollen, wie wahrscheinlich dieses genau 28-mal eintritt, wenn wir 100 Fälle betrachten. Das Programm berechnet dann die Wahrscheinlichkeitswerte in Tabelle 5-1.

Auch für Intervalle lässt sich eine Wahrscheinlichkeit bestimmen. Die Wahrscheinlichkeit, dass höchstens 24 Personen künstlich be-

**Tabelle 5-1:** Wahrscheinlichkeitswerte einer Binominalverteilung ($N = 100$; $p = 0{,}3$). Die Werte entsprechen den Daten in der letzten Grafik in Abbildung 5-2.

| k | p(k) | k | p(k) | k | p(k) |
|---|---|---|---|---|---|
| 16 | ,0006 | 26 | ,0613 | 36 | ,0362 |
| 17 | ,0012 | 27 | ,0720 | 37 | ,0268 |
| 18 | ,0024 | 28 | ,0804 | 38 | ,0191 |
| 19 | ,0044 | 29 | ,0856 | 39 | ,0130 |
| 20 | ,0076 | 30 | ,0868 | 40 | ,0085 |
| 21 | ,0124 | 31 | ,0840 | 41 | ,0053 |
| 22 | ,0190 | 32 | ,0776 | 42 | ,0032 |
| 23 | ,0277 | 33 | ,0685 | 43 | ,0019 |
| 24 | ,0380 | 34 | ,0579 | 44 | ,0010 |
| 25 | ,0496 | 35 | ,0468 | 45 | ,0006 |

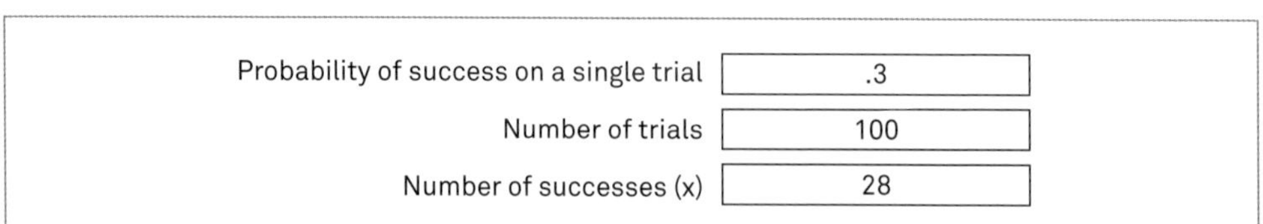


**Abbildung 5-3:** Eingabe der Daten zur Bestimmung der Wahrscheinlichkeiten einer Binomialverteilung auf der Seite *https://stattrek.com/online-calculator/binomial.aspx*

| | | |
|---|---|---|
| Binomial probability: P(X = x) | 0.080412 | Der Wert 28 tritt mit *p* = ,0804 bzw. in 8,04 % aller Fälle auf |
| Cumulative probability: P(X < x) | 0.296366 | Mit *p* = ,2964 wird ein kleinerer Wert als 28 gemessen. |
| Cumulative probability: P(X ≤ x) | 0.376778 | Mit *p* = ,3768 wird höchstens ein Wort von 28 gemessen. |
| Cumulative probability: P(X > x) | 0.623221 | Mit *p* = ,6232 wird ein größerer Wert als die 28 gemessen. |
| Cumulative probability: P(X ≥ x) | 0.703633 | Mit *p* = ,7036 wird mindestens der Wert 28 gemessen. |

**Abbildung 5-4:** Ausgabe der Wahrscheinlichkeitswerte auf der Seite *https://stattrek.com/online-calculator/binomial.aspx*

atmet werden müssen, ergibt sich durch auf Summierung aller Werte bis zum Wert $k = 24$: $p(k \leq 24) = ,006 + ,0012 + ,0024 + ... + ,0380 = ,1132$ bzw. 11,32%.

Die Wahrscheinlichkeit, dass von 100 Personen zwischen 27 und 33 Personen künstlich beatmet werden müssen, errechnet sich wie folgt: $p(27 \leq k \leq 33) = p(k = 27) + p(k = 28) + ... + p(k = 33) = ,0720 + ,0804 + ,0856 + ,0868 + ,0776 + ,0685 = ,5549$ bzw. 55,19 %

Im Umkehrschluss können wir folgern, dass mit einer Wahrscheinlichkeit von $p = 1 - ,5549 = ,4451$ bzw. 44,51% die Anzahl um mehr als 3 Einheiten vom Erwartungswert 30 abweicht.

Die Wahrscheinlichkeit, dass von 100 Personen zwischen 25 und 35 Personen künstlich beatmet werden müssen, beträgt: $p(25 < k \leq 35) = p(k = 25) + p(k = 26) + ... + p(k = 35) = ,0496 + ,0613 + ... + ,0468 = ,7705$ bzw. 77,05%

Mit einer Wahrscheinlichkeit von $p = 1 - ,7705 = ,2295$ bzw. 22,95% liegt die die Anzahl um mehr als 5 Einheiten vom Erwartungswert 30 entfernt.

Die Wahrscheinlichkeit, dass von 100 Personen zwischen 23 und 37 Personen künstlich beatmet werden müssen, ist ungefähr gleich ,90 bzw. 90%: $p(23 < k \leq 37) = p(k = 23) + p(k = 24) + ... + p(k = 37) = ,0277 + ,0380 + ... + ,0268 = ,8992$ bzw. 89,92%

Nur in ca. 10% aller Fälle sollte die Anzahl um mehr als 7 Personen von der 30 abweichen.

**BOX – Vertiefung**

**Poisson-Verteilung:** Treten Ereignisse mit einer geringen Wahrscheinlichkeit ein (Orientierungswert: p(Ereignis) < .10), so beschreibt die Poisson-Verteilung die Zufallsverteilung im Allgemeinen angemessener als die Binomialverteilung. Die Poisson-Verteilung wird auch als *Verteilung seltener Ereignisse* bezeichnet. Um seltene Ereignisse (z.B.: Eintreten von Nebenwirkungen bei Einnahme eines Medikaments) zu analysieren, bedarf es einer großen Anzahl von Gesamtbeobachtungen (z.B.: hohe Anzahl von Personen, die das Medikament einnehmen). Die Poisson-Verteilung ist der Binomialverteilung vorzuziehen, wenn Bodeneffekte auftreten und sich folglich eine bedeutsam schiefe Verteilung der Häufigkeiten ergibt (Eid et al., 2017).

## 5.5 Verteilung eines Merkmals, dessen Ausprägung durch viele unabhängige Zufallsprozesse zustande kommt: Die Gauß'sche Normalverteilung

Die **Gauß'sche Normalverteilung** ist die wohl bekannteste und – zumindest in den Sozial- und Gesundheitswissenschaften – am häufigsten angenommene Wahrscheinlichkeitsverteilung. **Abbildung 5-5** zeigt die Gestalt der Normalverteilung. Sie ähnelt der Verteilung in der letzten Grafik in Abbildung 5-2, also der Binomialverteilung. Der wichtigste Unterschied besteht darin, dass es sich bei der Binomialverteilung um eine **diskrete Verteilung** handelt: Es können nur ganzzahlige Werte gemessen werden und für jede gemessene Zahl kann die Auftretenshäufigkeit abgezählt werden oder die relative Häufigkeit berechnet werden.

Die Gauß'sche Normalverteilung ist hingegen eine **kontinuierliche Verteilung**, die Werte auf der x-Achse muss man sich beliebig fein aufgelöst vorstellen. Körpergröße oder Körpergewicht sind beispielsweise kontinuierlich: Zwischen 178 cm und 179 cm gibt es beliebig viele bzw. theoretisch unendlich viele mögliche Zwischenausprägungen. Zur Darstellung der Ausprägungen verwenden wir gerundete Werte: Im Personalausweis stehen nur ganze Zentimeterangaben. Für praktische Zwecke machen wir also aus einem kontinuierlichen Merkmal ein künstlich diskretes (ganzzahliges oder gerundetes) Merkmal.

Für die statistische Nutzung der Normalverteilung ist es wichtig, dass aufgrund der kontinuierlichen Merkmalsskala immer nur die Wahrscheinlichkeit für Intervalle angegeben werden können. Für einzelne Messwerte lässt sich die Wahrscheinlichkeit nicht unmittelbar bestimmen.

In Abbildung 5-5 sind wichtige Wahrscheinlichkeitswerte angegeben. Die x-Achse ist in der ersten Zeile durch z-standardisierte Werte definiert. Darunter sind allgemein die Werte $\mu + k \cdot \sigma$ angeben: Sind der Populationsmittel-

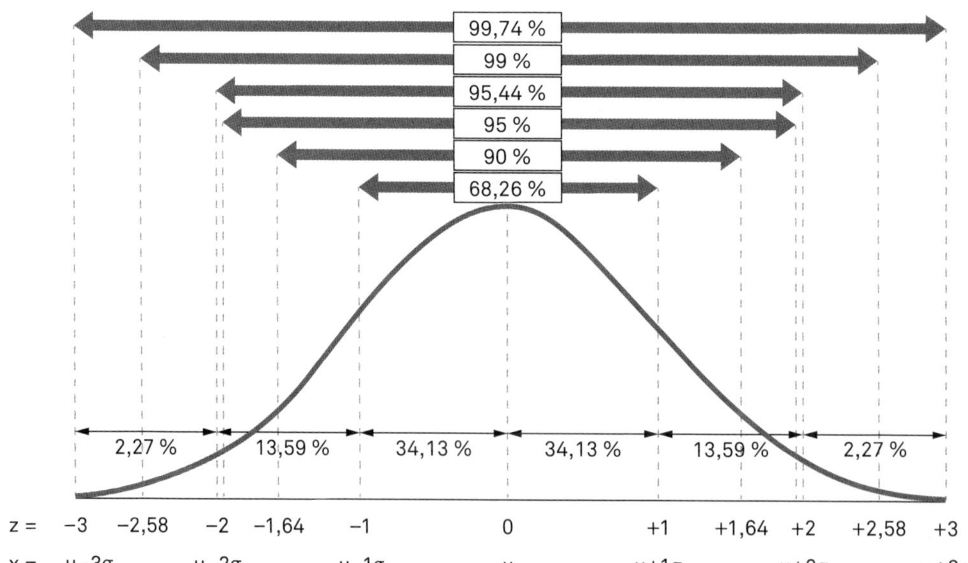


**Abbildung 5-5:** Die Gauß'sche Normalverteilung mit Angaben zu der Wahrscheinlichkeit, mit der Messwerte in einem definierten Intervall liegen

**Tabelle 5-2:** Intervalle, in denen die mittleren x% (Spalte 1) für verschiedene Normskalen liegen, wenn die die Werte normalverteilt sind

| Mittlere x% | z-Werte $\mu = 0; \sigma = 1$ | Z-Werte $\mu = 100; \sigma = 10$ | IQ-Werte $\mu = 100; \sigma = 15$ | T-Werte $\mu = 50; \sigma = 10$ |
|---|---|---|---|---|
| 68,26 % | −1 bis +1 | 90 bis 100 | 85 bis 115 | 40 bis 60 |
| 90 % | −1,64 bis +1,64 | 83,6 bis 116,4 | 75,4 bis 124,6 | 33,6 bis 66,4 |
| 95 % | −1,96 bis +1,96 | 80,4 bis 119,6 | 70,6 bis 129,4 | 30,4 bis 69,6 |
| 95,44 % | −2 bis +2 | 80 bis 120 | 70 bis 130 | 30 bis 70 |
| 99 % | −2,58 bis +2,58 | 74,2 bis 125,8 | 61,3 bis 138,7 | 24,2 bis 75,8 |
| 99,74 % | −3 bis +3 | 70 bis 130 | 55 bis 145 | 20 bis 80 |

wert bzw. der Erwartungswert μ und die Standardabweichung σ bekannt, so können die Intervalle, in denen die Messwerte jeder beliebigen Normalverteilung mit der gegebenen Wahrscheinlichkeit liegen, unmittelbar abgelesen werden. So liegen in jeder Normalverteilung 68,26 % der Werte nicht mehr als eine Standardabweichung vom Mittelwert entfernt. 10 % der Werte weichen mehr als 1,64 Standardabweichungen vom Mittelwert ab. **Tabelle 5-2** zeigt die oberen und unteren Grenzen der Intervalle für verschiedene Normskalen (vgl. Abbildung 4-7): die Grenzen schließen die mittleren 68,26 %, 90 %, 95 %, 95,44 %, 99 % bzw. 99,74 % der Werteverteilung ein.

Eine Normalverteilung entsteht immer dann, wenn viele **unabhängige Zufallsprozesse** zur Merkmalsausprägung beitragen und diese sich additiv überlagern. So wird die Körpergröße eines Menschen beispielsweise durch die Körpergröße der Mutter und des Vaters, weitere genetische Merkmale und die Ernährung mitbestimmt. Hinzu kommen auch viele Merkmale oder Prozesse, die sich nicht vollständig benennen lassen. Entsprechend verteilt sich die Körpergröße in der Bevölkerung normal.

In der Statistik beruhen viele Analyseverfahren auf der Annahme, dass Messwerte normalverteilt sind. Bei der Entwicklung von Messverfahren werden deswegen systematische Verfahren eingesetzt bzw. statistische Prinzipien genutzt, die sicherstellen, dass die Messwerte als normalverteilt gelten können. Die in Tabelle 3-1 dargestellten Werte zur körperlichen und psychischen Lebensqualität können beispielsweise mit dem Fragebogen Short-Form-12 (Morfeld et al., 2011) erfasst werden. Dieses Instrument wurde so entwickelt, dass die Messwerte angenähert normalverteilt sind. In Kapitel 6 werden wir allgemeine statistische Gesetzmäßigkeiten kennenlernen, die die Normalverteilung von Messwerten gewährleisten.

**Box – Definition**

Die **Gauß'sche Normalverteilung** ist eine symmetrische, glockenförmige Verteilung.
Verschiedene Normalverteilungen unterscheiden sich nur durch den Mittelwert bzw. Erwartungswert μ und die Standardabweichung σ. Die Gestalt bleibt immer identisch.
Die Schiefe a ist gleich 0.
Die Normalverteilung der z-standardisierten Werte ($\mu = 0; \sigma = 1$) bezeichnet man als Standardnormalverteilung.

## 5.6 Bestimmung der Wahrscheinlichkeitswerte einer Normalverteilung

**Tabelle 5-3** zeigt für die **Standardnormalverteilung** die Wahrscheinlichkeit, dass ein z-Wert kleiner als ein bestimmter z-Wert ist. Es ist angegeben, mit welcher relativen Häufigkeit Werte bis zu einem bestimmten z-Wert liegen.

**Tabelle 5-3:** Wahrscheinlichkeiten, mit denen ein Wert in einer Standardnormalverteilung kleinergleich z ist.

| z-Wert; erste Nachkommastelle | zweite Nachkommastelle | | | | | | | | | |
|---|---|---|---|---|---|---|---|---|---|---|
| | **x,x0** | **x,x1** | **x,x2** | **x,x3** | **x,x4** | **x,x5** | **x,x6** | **x,x7** | **x,x8** | **x,x9** |
| **0,0** | ,5000 | ,5040 | ,5080 | ,5120 | ,5160 | ,5199 | ,5239 | ,5279 | ,5319 | ,5359 |
| **0,1** | ,5398 | ,5438 | ,5478 | ,5517 | ,5557 | ,5596 | ,5636 | ,5675 | ,5714 | ,5753 |
| **0,2** | ,5793 | ,5832 | ,5871 | ,5910 | ,5948 | ,5987 | ,6026 | ,6064 | ,6103 | ,6141 |
| **0,3** | ,6179 | ,6217 | ,6255 | ,6293 | ,6331 | ,6368 | ,6406 | ,6443 | ,6480 | ,6517 |
| **0,4** | ,6554 | ,6591 | ,6628 | ,6664 | ,6700 | ,6736 | ,6772 | ,6808 | ,6844 | ,6879 |
| **0,5** | ,6915 | ,6950 | ,6985 | ,7019 | ,7054 | ,7088 | ,7123 | ,7157 | ,7190 | ,7224 |
| **0,6** | ,7257 | ,7291 | ,7324 | ,7357 | ,7389 | ,7422 | ,7454 | ,7486 | ,7517 | ,7549 |
| **0,7** | ,7580 | ,7611 | ,7642 | ,7673 | ,7703 | ,7734 | ,7764 | ,7794 | ,7823 | ,7852 |
| **0,8** | ,7881 | ,7910 | ,7939 | ,7967 | ,7995 | ,8023 | ,8051 | ,8078 | ,8106 | ,8133 |
| **0,9** | ,8159 | ,8186 | ,8212 | ,8238 | ,8264 | ,8289 | ,8315 | ,8340 | ,8365 | ,8389 |
| **1,0** | **,8413** | ,8438 | ,8461 | ,8485 | ,8508 | ,8531 | ,8554 | ,8577 | ,8599 | ,8621 |
| **1,1** | ,8643 | ,8665 | ,8686 | ,8708 | ,8729 | ,8749 | ,8770 | ,8790 | ,8810 | ,8830 |
| **1,2** | ,8849 | ,8869 | ,8888 | ,8907 | ,8925 | ,8944 | ,8962 | ,8980 | ,8997 | ,9015 |
| **1,3** | ,9032 | ,9049 | ,9066 | ,9082 | ,9099 | ,9115 | ,9131 | ,9147 | ,9162 | ,9177 |
| **1,4** | ,9192 | ,9207 | ,9222 | ,9236 | ,9251 | ,9265 | ,9279 | ,9292 | ,9306 | ,9319 |
| **1,5** | ,9332 | ,9345 | ,9357 | ,9370 | ,9382 | ,9394 | ,9406 | ,9418 | ,9429 | ,9441 |
| **1,6** | ,9452 | ,9463 | ,9474 | ,9484 | **,9495** | ,9505 | ,9515 | ,9525 | ,9535 | ,9545 |
| **1,7** | ,9554 | ,9564 | ,9573 | ,9582 | ,9591 | ,9599 | ,9608 | ,9616 | ,9625 | ,9633 |
| **1,8** | ,9641 | ,9649 | ,9656 | ,9664 | ,9671 | ,9678 | ,9686 | ,9693 | ,9699 | ,9706 |
| **1,9** | ,9713 | ,9719 | ,9726 | ,9732 | ,9738 | ,9744 | **,9750** | ,9756 | ,9761 | ,9767 |
| **2,0** | **,9772** | ,9778 | ,9783 | ,9788 | ,9793 | ,9798 | ,9803 | ,9808 | ,9812 | ,9817 |
| **2,1** | ,9821 | ,9826 | ,9830 | ,9834 | ,9838 | ,9842 | ,9846 | ,9850 | ,9854 | ,9857 |
| **2,2** | ,9861 | ,9864 | ,9868 | ,9871 | ,9875 | ,9878 | ,9881 | ,9884 | ,9887 | ,9890 |
| **2,3** | ,9893 | ,9896 | ,9898 | ,9901 | ,9904 | ,9906 | ,9909 | ,9911 | ,9913 | ,9916 |
| **2,4** | ,9918 | ,9920 | ,9922 | ,9925 | ,9927 | ,9929 | ,9931 | ,9932 | ,9934 | ,9936 |
| **2,5** | ,9938 | ,9940 | ,9941 | ,9943 | ,9945 | ,9946 | ,9948 | ,9949 | **,9951** | ,9952 |
| **2,6** | ,9953 | ,9955 | ,9956 | ,9957 | ,9959 | ,9960 | ,9961 | ,9962 | ,9963 | ,9964 |
| **2,7** | ,9965 | ,9966 | ,9967 | ,9968 | ,9969 | ,9970 | ,9971 | ,9972 | ,9973 | ,9974 |
| **2,8** | ,9974 | ,9975 | ,9976 | ,9977 | ,9977 | ,9978 | ,9979 | ,9979 | ,9980 | ,9981 |
| **2,9** | ,9981 | ,9982 | ,9982 | ,9983 | ,9984 | ,9984 | ,9985 | ,9985 | ,9986 | ,9986 |

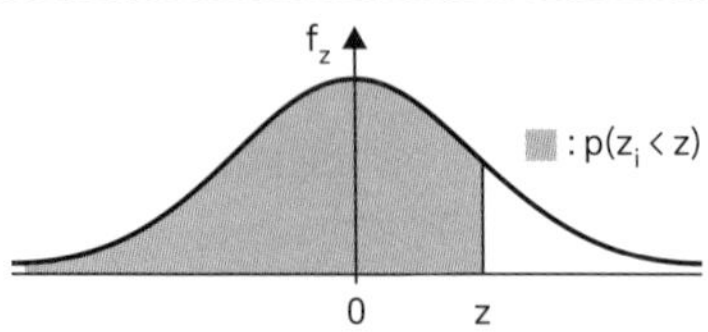

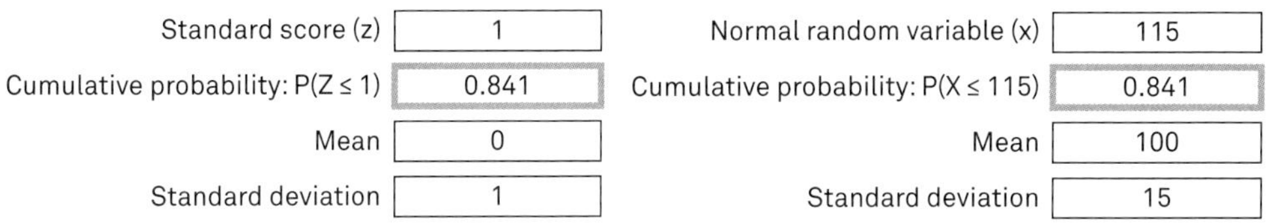


**Abbildung 5-6:** Berechnungstool (https://stattrek.com/online-calculator/normal.aspx) zur Bestimmung von Wahrscheinlichkeiten der Ausprägungen eines normalverteilten Merkmals.

Die Tabelle ist wie folgt zu lesen:

- In den Zeilen sind die positiven z-Werte mit einer Nachkommastelle von 0 bis 2,9 abgetragen.
- Die Spalten definieren die zweite Nachkommastelle des z-Werts.
- Der erste Wert p = ,5000 gilt also für den z-Wert 0,00, der zweite Wert p = ,5040 gilt für z = ,01.
- Fett gedruckt und umrandet sind diejenigen Werte hervorgehoben, die die kritischen Grenzen in Abbildung 5-5 und Tabelle 5-2 definieren.

84,13 % der Werte sind kleiner als z = +1. Hieraus folgt, dass 15,73 % der Werteverteilung größer sind als z = +1. Damit „schneidet“ z = +1 die oberen 15,75 % der Verteilung ab. Da die Verteilung symmetrisch um den Wert 0 ist, wissen wir, dass auch 15,75 % der Werte kleiner als z = −1 sein müssen. Da 15,75 % oberhalb +1 und 15,75 % und 15,75 % unterhalb −1 liegen, müssen im Intervall −1 bis +1 genau 100 % − (2 · 15,75 %) = 68,50 % der Werte liegen (der Unterschied zu den 68,44 % in der Abbildung ist rundungsbedingt).

Das wichtigste Intervall für die folgenden Kapitel ist das **95 %-Intervall.** 97,5 % der Werte liegen bis zum Wert z = +1,96. 2,5 % sind also größer z = +1,96 und 2,5 % sind kleiner als z = −1,96. Innerhalb des Intervalls −1,96 bis 1,96 liegen somit die mittleren 95 %. Nur 5 % der Werte liegen in einer Normalverteilung weiter als 1,96 Standardabweichungen vom Zentrum der Verteilung entfernt.

Wie für die Binomialverteilung existieren Internet-Tools, mittels derer die Wahrscheinlichkeitswerte der Normalverteilung ermittelt werden können, z. B. https://stattrek.com/online-calculator/normal.aspx. Im Tool müssen der z-Wert (Standard Score) (links) oder der x-Wert (Normal random variable) in der ersten Zeile eingetragen werden (**Abbildung 5-6**). Der Mittelwert und die Standardabweichung werden in der dritten und vierten Zeile eingetragen. Das Tool bestimmt dann die Wahrscheinlichkeit, dass ein Wert kleiner z bzw. x auftritt. Bitte probieren Sie selbst aus, ob Sie so einige Werte in Tabelle 5-3 reproduzieren können.

## 5.7 Zusammenfassung

**Häufigkeitsverteilungen** beschreiben die Verteilung der Auftretenshäufigkeiten der Ausprägungen eines Merkmals in einer Stichprobe. Kann man mathematisch herleiten, wie sich die Wahrscheinlichkeit der möglichen Ereignisse bzw. Merkmalsausprägungen verteilt, sprechen wir von einer **Wahrscheinlichkeitsverteilung**. Eine Wahrscheinlichkeitsverteilung kann als die unterliegende oder „wahre“ Verteilung in einer unendlich großen Population aufgefasst werden. Untersuchen wir eine Stichprobe, so stellt die gemessene Häufigkeitsverteilung eine unsichere oder fehlerbehaftete Schätzung der Wahrscheinlichkeitsverteilung dar.

Die **Wahrscheinlichkeit** eines Ereignisses entspricht dessen erwarteter relativer Häufigkeit. Mit wachsender Größe einer repräsentativen Stichprobe nähert sich die relative Häufigkeit eines Ereignisses der Wahrscheinlichkeit des Ereignisses sukzessive an.

Wahrscheinlichkeitsverteilungen stellen theoretisch angenommene oder mathematisch exakt beschreibbare Verteilungen der Wahrscheinlichkeit von Merkmalsausprägungen dar. Würde man theoretisch unendlich häufig die Ausprägung eines Merkmals in einer Population messen können, so ergäbe sich eine solche Wahrscheinlichkeitsverteilung. Führt man eine Zufallsbetrachtung nur einmal durch und sind zur zwei Ergebnisse möglich (z. B. Wappen vs. Zahl beim Münzwurf), so ergibt sich eine **Bernoulli-Verteilung**. Eine **Binomialverteilung** resultiert, wenn eine Zufallsbetrachtung mit zwei möglichen Ergebnissen häufig (n-mal) durchgeführt wird. Die Binomialverteilung beschreibt, wie häufig ein Ereignis bei einer bestimmten Anzahl von Gesamtbeobachtungen auftritt (z. B. Verteilung der Anzahl von Erfolgen bei $n = 20$ Behandlungen). Eine **Gauß'sche Normalverteilung** ergibt sich, wenn das gemessene Merkmal kontinuierlich verteilt ist und von vielen unabhängigen Zufallsprozessen determiniert wird. Die Binomial- und die Gauß'sche Normalverteilung sind symmetrische, eingipflige, glockenförmige Verteilungen.

Dass auf Basis von Wahrscheinlichkeitsverteilungen die Wahrscheinlichkeit möglicher Ereignisse oder Ereignisintervalle genau bestimmt werden kann, stellt eine wichtige Basis für statistische Test- und Schätzverfahren dar. Wissen wir, wie sich Merkmale rein zufallsbedingt verteilen, können wir ableiten, in welchem Maße empirische Ergebnisse rein zufällig schwanken. Wie wir in den folgenden Kapiteln sehen werden, stellt dies die Grundlage dar, um die Bedeutsamkeit und Systematik empirisch gemessener Größen oder Unterschiede (z. B.: „In welchem Maße bessert sich eine behandelte Gruppe in stärkerem Maße als eine unbehandelte Gruppe?“) beurteilen zu können. Als „systematisch“ werten wir alle Informationsanteile, die über das Ausmaß an Zufallsschwankungen hinaus gehen.

## 5.8 Blitzlichter aus der Forschungspraxis

**Blitzlicht 5.1: Normalverteilte Erfassung der Lebensqualität von Kindern und Jugendlichen mittels des Instruments KIDSCREEN-10**

Unter der Bezeichnung KIDSCREEN existieren mehrere Instrumente, mittels derer die gesundheitsbezogene Lebensqualität von Kindern und Jugendlichen erfasst werden kann (Barkmann et al., 2021). Die Entwicklerinnen und Entwickler des KIDSCREEN-10 Index (https://www.kidscreen.org/deutsch/fragebögen/kidscreen-10-index/) haben bei der Konstruktion des Indexes darauf geachtet, dass die Verteilung der Rohwerte des KIDSCREEN-10 Indexes der theoretisch zu erwartenden Normalverteilung entspricht. Weiterhin treten „Decken- bzw. Bodeneffekte ... nur vereinzelt auf und die Rohwerte sind intervallskaliert.“ Dies ist ein gutes Beispiel dafür, wie durch einen sorgfältigen Konstruktionsprozess eines Messinstruments, sehr gute Voraussetzungen für aussagekräftige Daten und die adäquate statistische Analyse geschaffen werden können.

**Blitzlicht 5.2: Nutzung der Binomialverteilung zur Modellierung der Ausbreitung von COVID-19-Infektionen**

Rendtel et al. (2021) berichten über das Problem der richtigen Beschreibung der Ausbreitung von Corona-Infektionen. Sie zeigen auf, dass es eine Herausforderung für die Datenanalyse darstellt, dass insbesondere durch nicht identifizerte oder gemeldete Fälle („Dunkelziffer“) die Datenlage systematisch verzerrt erfasst wird. Die Weltgesundheitsorganistation hat 2020 Standards ausgegeben, bei welchen (Neu-)Infektionsraten („Inzidenz“, „Prävalenz“; s. Abschnitt 13.1) bestimmte Corona-Schutzmaßnahmen (insbesondere Kontaktbeschränkungen, Lock-Down) umgesetzt werden sollten. Deswegen ist es von hoher Bedeutung, dass korrekte Zahlen zum Infektionsgeschehen vorliegen.

Dieser Forschungsartikel ist statistisch anspruchsvoll, aber der Grundgedanke des Beitrags entspricht genau den Überlegungen, die wir für die Binomialverteilung kennengelernt haben. Und die Binomialverteilung bildet auch die Grundlage der Modellierung im Artikel. Das Merkmal „Infektion“ ist dichotom: Entweder man infiziert sich oder nicht. Die Wahrscheinlichkeit p sich neu zu infizieren, kann über die relative Häufigkeit der Neuinfektionen geschätzt werden (z. B. 25 von 1000 Personen infizieren sich an einem bestimmten Tag neu. Die Infektionsrate liegt dann bei 25/1000 = ,025 (bzw. 2,5 %). Für eine beliebige Stichprobengröße kann nun der Erwartungswert (Anzahl * Infektionsrate) und die Varianz [Anzahl * Infektionsrate * (1 -Infektionsrate)] der Häufigkeit infizierter Fälle geschätzt werden, da es sich um das der Binomialverteilung zugrunde liegende Modell der Datenstruktur handelt. Durch den Vergleich der statistischen Binomialverteilung und der Verteilung empirisch erhobener Daten werden Informationen gewonnen, wodurch Verzerrungen in den Meldedaten zustande kommen könnten (Ursachen für Dunkelziffer) und wie diese bei der statistischen Modellierung systematisch korrigiert werden können. In der Gesundheitstatistik werden Wahrscheinlichkeitsverteilungen oft mit empirischen Verteilungen verglichen, um die Validität der Meldezahlen fundiert beurteilen zu können.

## Übungsaufgaben

1. In einem Betrieb mit 200 Mitarbeitenden kündigen Personen mit einer Wahrscheinlichkeit von p = ,02 innerhalb eines Jahres. Stellen Sie die Werte der entsprechenden Verteilung im Intervall k = 0 bis 10 grafisch dar!
2. Ein Merkmal sei mit $\mu = 50$ und $\sigma = 10$ normalverteilt.
   a.) Wie wahrscheinlich ist es, dass ein Messwert höchstens 48, 57 oder 64 beträgt?
   b.) Wie wahrscheinlich ist es, dass ein Messwert mindestens 48, 57 oder 64 beträgt?
   c.) Wie wahrscheinlich ist es, dass ein Messwert im Intervall [37–45] liegt?
   d.) In welchem Intervall liegen die mittleren 80 % der Werte?
   e.) Wie würden die Antworten auf Frage c) und d) lauten, wenn $\mu = 250$ und $\sigma = 50$ betragen würde?

# 6 Unsicherheit geschätzter Merkmalsausprägungen: Konfidenzintervalle für Mittelwerte

In Kapitel 4 haben wir uns damit beschäftigt, dass statistische Koeffizienten Eigenschaften von Merkmalsverteilungen in Stichproben abbilden. Möchte man erfahren, wie hoch im Allgemeinen die gesundheitsbezogene Lebensqualität bei an Diabetes erkrankten Patientinnen und Patienten ausgeprägt ist, so lässt sich diese durchschnittliche Ausprägung schätzen, indem man z. B. N = 100 an Diabetes erkrankte Patientinnen und Patienten einen Fragebogen zur individuellen gesundheitsbezogenen Lebensqualität ausfüllen lässt. Anschließend kann der arithmetische Mittelwert der Einzelmessungen zur Schätzung des Durchschnitts berechnet werden.

Dieser Mittelwert darf jedoch nicht als der genaue „wahre" Mittelwert aller an Diabetes Erkrankten interpretiert werden. Der Stichprobenmittelwert stellt lediglich eine *Schätzung* der durchschnittlichen Ausprägung aller an Diabetes Erkrankten (Population) dar. Dies wird durch die Überlegung nachvollziehbar, dass sich in anderen Stichproben ein zumindest leicht anderer Mittelwert ergeben hätte. Je nachdem, wer in unsere Stichprobe aufgenommen wird, wird sich das Durchschnittsniveau leicht verändern. Den Begriff Schätzung kann man so verstehen: Ein statistisches Ergebnis schwankt zufallsbedingt, je nach Stichprobenzusammensetzung. Jedoch kann davon ausgegangen werden, dass das Stichprobenergebnis „in der Nähe" des wahren Populationsdurchschnitts liegt. Je mehr Personen befragt werden, desto präziser kann die allgemeine bzw. Durchschnittsausprägung abgeschätzt werden.

In diesem Kapitel beschäftigen wir uns mit der Bestimmung von *Konfidenz-* oder *Vertrauensintervallen:* Dies sind Wertebereiche, in denen die „wahren" Populationswerte mit einer bestimmten Sicherheit liegen. Um diese bestimmen zu können, müssen repräsentative Stichproben untersucht werden. Weiterhin müssen ein statistisches Modell und statistische Annahmen zugrunde gelegt werden. Ausgehend von den deskriptiven Statistiken lassen sich dann Unsicherheitsbereiche bzw. Konfidenzintervalle präzise ableiten.

In diesem Kapitel stehen folgende Fragen im Mittelpunkt:

- Wie stark schwanken die Mittelwerte verschiedener Stichproben, die sich lediglich zufällig voneinander unterscheiden?
- Wie verteilen sich Mittelwerte von zufällig bestimmten Stichproben?
- Wie kann die durchschnittliche Ausprägung eines Merkmals in einer Population („wahrer Wert" oder Erwartungswert) aufgrund der deskriptiven Daten, die in einer Stichprobe gewonnen wurden, geschätzt werden?
- Wovon hängt es ab, ob statistische Schätzungen aussagekräftig und genau sind?

## 6.1 Untersuchung von Stichproben als Basis der Schätzung von Populationseigenschaften

Angenommen, wir verwenden eine Depressivitätsskala, bei der ein Skalenwert 0 anzeigt, dass gar keine Symptome für Depressivität vorliegen. Der höchstmögliche Skalenwert, der also die maximale Ausprägung der erfragten Depressivitätssymptome widerspiegelt, sei der

Wert 40. Unser Untersuchungsziel bestehe darin, abzuschätzen, wie hoch das durchschnittliche Depressivitätsniveau auf der von uns verwendeten Skala bei Erwachsenen im Alter zwischen 18 und 70 Jahren ist.

Damit alle Schritte im Folgenden direkt nachvollziehbar sind, soll nur eine kleine Stichprobe von N = 16 Personen betrachtet werden. Diese Stichprobengröße würde in einer ernstzunehmenden empirischen Studie nicht ausreichen, um das allgemeine Depressivitätsniveau hinreichend genau abzuschätzen. Das Grundprinzip des Schätzens kann aber auch bei einer solchen Stichprobengröße sehr gut nachvollzogen werden.

### 6.1.1 Repräsentative Stichprobenauswahl

Wesentlich für die folgende Argumentation ist, dass es sich um eine **repräsentative Stichprobe** handelt. Eine Stichprobe ist dann repräsentativ, wenn sich die Stichprobeneigenschaften nicht systematisch von den Populationseigenschaften unterscheiden. Sind in der Population ca. 50 % der Erwachsenen weiblich und ca. 50 % der Erwachsenen männlich, so sollte auch das Verhältnis der beiden Geschlechter in der Stichprobe ungefähr 50:50 betragen. Unsere Schätzung wäre selbstverständlich irreführend oder verzerrt, wenn lediglich Personen in die Stichprobe aufgenommen werden, die sich an eine psychologische Beratungsstelle wenden. Es wäre davon auszugehen, dass bei diesen systematisch höhere psychische Belastungswerte vorliegen, als in der Allgemeinheit (Döring, 2023).

Die Repräsentativität stellt in unserem Beispiel also sicher, dass keine Personengruppen untersucht werden, die im Vergleich zur Population grundlegend irgendwelche Besonderheiten hinsichtlich des untersuchten Merkmals Depressivität aufweisen. Würden in unsere Stichprobe überproportional viele Frauen aufgenommen werden und hätten Frauen im allgemeinen höhere Depressivitätswerte als Männer, so müssten wir davon ausgehen, dass in unserer Untersuchung das allgemeine Depressivitätsniveau überschätzt wird. Es würde sich dann eine systematisch verzerrte Schätzung ergeben.

**Box – Definition**

**Repräsentativität:** Eine Stichprobe ist *repräsentativ*, wenn diese keine systematisch anderen Merkmalsverteilungen aufweisen als die Population, aus der die Stichprobe gezogen wurde. Eine repräsentative Stichprobe bildet die Verhältnisse in der Population somit unverzerrt ab. Repräsentativität ist dann gewährleistet, wenn jedes Mitglied der Population die gleiche Wahrscheinlichkeit hat, in die Stichprobe aufgenommen zu werden. Handelt es sich also um eine Zufallsauswahl, so kann davon ausgegangen werden, dass die Eigenschaften in Stichproben genutzt werden können, um die allgemeinen Verhältnisse abzuschätzen.

**Box – Definition**

**Verzerrung, Bias, Zufallsfehler**

Eine **Verzerrung** bzw. ein **Bias** liegt vor, wenn das untersuchte Merkmal bei den Stichprobenmitgliedern im Durchschnitt systematisch höher oder aber systematisch niedriger ausgeprägt ist als in der Population. Verzerrungen resultieren in unserem Beispiel, wenn in verstärktem Maße hoch belastete oder aber niedrig belastete Personen in die Stichprobe aufgenommen werden.

Von einer **ungenauen Schätzung**, einem **reinen Zufallsfehler** oder **Zufallsrauschen** *(Noise)* sprechen wir hingegen, wenn der Mittelwert $\bar{x}$ in unserer Stichprobe nicht systematisch vom Mittelwert bzw. Erwartungswert $\mu$ der Population abweicht. „Nicht systematisch“ bedeutet, dass bei mehreren Stichproben, die nach demselben Auswahlprinzip gezogen werden, der Mittelwert $\bar{x}$ gleich wahrscheinlich unterhalb wie oberhalb des Erwartungswerts $\mu$ liegt.

### 6.1.2 Bestimmung deskriptiver Statistiken in einer Stichprobe

In der repräsentativen Untersuchungsstichprobe werden nun die Daten erhoben bzw. die Merkmalsverteilung wird ermittelt. Für die folgenden Betrachtungen benötigen wir den arithmetischen Mittelwert $\overline{x}$ und die Standardabweichung $\hat{\sigma}$ zur Charakterisierung der Merkmalsverteilungen in den Stichproben. In **Abbildung 6-1** sind die Werteverteilungen für j = 3 Stichproben des Umfangs N = 16 dargestellt. Hierbei muss berücksichtigt werden, dass in einer empirischen Untersuchung immer nur eine Stichprobe untersucht wird. In der Abbildung werden trotzdem die Verteilungen für drei mögliche Stichproben dargestellt, um das Grundproblem schwankender Stichprobeneigenschaften besser veranschaulichen zu können. Wir nehmen also an, dass dies drei mögliche Merkmalsverteilungen sind, die im Rahmen unserer Studie erhoben werden könnten.

Die Daten sind so simuliert worden, dass der wahre Mittelwert bzw. der Erwartungswert der Depressivität in der Population bei $\mu = 10$ liegt. Für die drei beispielhaften Datenverteilungen können wir nun die Kennwerte bestimmen:

- Stichprobe 1: $\overline{x}_1 = 11{,}88$; $\hat{\sigma}_1 = 5{,}97$
- Stichprobe 2: $\overline{x}_2 = 9{,}31$; $\hat{\sigma}_2 = 5{,}44$
- Stichprobe 3: $\overline{x}_3 = 10{,}31$; $\hat{\sigma}_3 = 6{,}89$

Obwohl alle drei Stichproben repräsentativ gezogen werden, unterscheiden sich die Stichprobenmittelwerte voneinander. Aufgrund der Zufallsauswahl entsprechen die Stichprobenmittelwerte nicht genau dem **Erwartungswert** $\mu = 10$, sondern sie weichen zufallsbedingt von diesem ab. Mit anderen Worten: Es wäre falsch zu behaupten, dass ein Stichprobenmittelwert $\overline{x}_j$ dem allgemeinen Depressivitätsniveau $\mu$ in der Population genau entspricht. Die Abweichung $\overline{x}$ von $\mu$ ist gemäß der obigen Definition als stichprobenbedingter reiner Zufallsfehler aufzufassen. Es handelt sich nicht um eine Verzerrung bzw. einen Bias, da sich die Mittelwerte $\overline{x}_j$ um dem Erwartungswert $\mu$ verteilen.

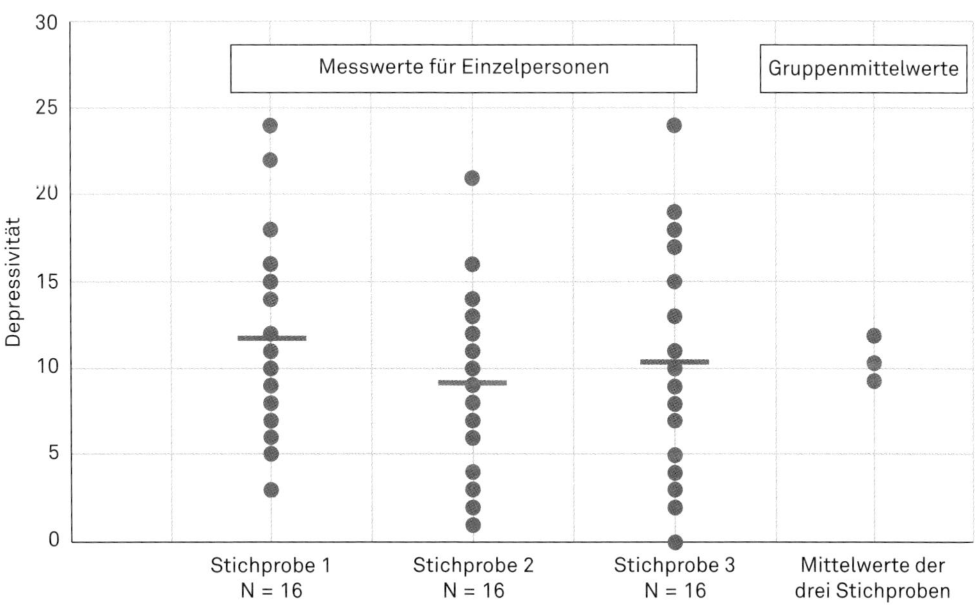


**Abbildung 6-1:** Die Verteilung der Depressivitätswerte von jeweils N = 16 Personen in drei Stichproben. Die vertikalen Striche und die drei Punkte rechts entsprechen den Gruppenmittelwerten.

## 6.2 Schätzung des Standardfehlers der Kennwerteverteilung der Mittelwerte

Genau wie die Messwerte einzelner Personen in den drei Verteilungen links um den Erwartungswert μ „schwanken", „schwanken" auch die Mittelwerte $\overline{x}_j$ aus Stichproben zufallsbedingt um den Erwartungswert μ. In der Grafik wird jedoch bereits deutlich, dass die Mittelwerte in sehr viel geringerem Maße „schwanken" als die Messwerte $x_i$ der Einzelpersonen. Die Abweichung der Mittelwerte voneinander bzw. vom Erwartungswert μ ist im Allgemeinen deutlich geringer als die Abweichung der Einzelwerte vom Erwartungswert μ. In den drei Stichproben liegen die Einzelwerte zwischen 3 und 24, 1 und 21 bzw. 0 und 24. Damit betragen die Spannweiten 24 – 3 = 21, 21 – 1 = 20 bzw. 24 – 0 = 24. Die Spannweite der Mittelwerte beträgt hingegen lediglich 11,83 – 9,31 = 2,52.

**Box – Definition**

**Kennwerteverteilung:** Die Verteilung eines statistischen Kennwertes bezeichnet man als *Kennwerteverteilung*. Die Kennwerteverteilung des Mittelwertes für eine bestimmte Stichprobengröße N entspricht der theoretischen Verteilung der Mittelwerte, die sich ergeben würde, wenn man unendlich viele Stichproben des entsprechenden Umfangs N ziehen würde. Die in Abbildung 6-1 rechts abgetragenen Mittelwerte können also als drei Elemente der Kennwerteverteilung für den Stichprobenumfang N = 16 betrachtet werden.

Die Standardabweichung dieser Kennwerteverteilung bezeichnet man als **Standardfehler**. Der Standardfehler wird als $\hat{\sigma}_{\overline{x}}$ dargestellt. Ohne auf die mathematischen Hintergründe einzugehen, soll an dieser Stelle nur auf das Ergebnis der statistischen Herleitung eingegangen werden. Der Standardfehler der Kennwerteverteilung des Mittelwerts lässt sich gemäß folgender Formel direkt aus der Standardabweichung der Einzelwerte $\hat{\sigma}$ und dem Stichprobenumfang N schätzen:

$$\hat{\sigma}_{\overline{x}} = \frac{\hat{\sigma}}{\sqrt{N}}$$

Für die **Varianz der Kennwerteverteilung** gilt entsprechend:

$$\sigma^2_{\overline{x}} = \frac{\hat{\sigma}^2}{N}$$

Es gilt also eine feste Beziehung, nach der der Standardfehler mit wachsender Größe N der jeweiligen Stichprobe monoton abnimmt. Der Standardfehler $\hat{\sigma}_{\overline{x}}$ als Maß der Breite der Kennwerteverteilung ist umso kleiner, je mehr Personen wir untersuchen. Dies bedeutet mit anderen Worten: Je größer unsere Stichprobe ist, desto näher liegt der Mittelwert im Allgemeinen am wahren Wert bzw. dem Erwartungswert μ.

Diesen grundsätzlichen Sachverhalt hätte man sicherlich allein aufgrund des gesunden Menschenverstandes erwarten können: Will man wissen, welche Ausprägung in einer Population am charakteristischsten ist, so ist es besser, viele Personen (N möglichst groß) als wenige zu untersuchen. Dass die Zunahme der Genauigkeit der Schätzung sich aber so genau beschreiben lassen kann, wie dies in der Formel zum Standardfehler der Fall ist, wäre ohne die statistischen Hintergründe nicht erwartbar. Dies ist ein gutes Beispiel dafür, wie durch die mittels statistischer Methoden formalisierte Beschreibung von Sachverhalten, Lösungen gefunden werden, die für die angemessene Behandlung empirischer Daten einen hohen Zusatznutzen in Bezug auf die Analyse der Daten und die Genauigkeit der Ergebnisse haben.

Wenden wir diese Formel auf unser Datenbeispiel an, so müssen wir die Standardabweichung durch die Wurzel aus 16 – also die 4 – dividieren, um den geschätzten Standardfehler zu halten. In unseren drei Stichproben ergeben sich damit folgende Schätzungen des Standardfehlers:

- Stichprobe 1: $\hat{\sigma}_1 = 5{,}97 \Rightarrow \hat{\sigma}_{\bar{x}1} = 5{,}97/4 = 1{,}49$
- Stichprobe 2: $\hat{\sigma}_2 = 5{,}44 \Rightarrow \hat{\sigma}_{\bar{x}2} = 5{,}44/4 = 1{,}36$
- Stichprobe 3: $\hat{\sigma}_3 = 6{,}89 \Rightarrow \hat{\sigma}_{\bar{x}3} = 6{,}89/4 = 1{,}72$

Für den Standardfehler können wir eine ähnliche Interpretation anwenden, wie wir sie bereits für die Standardabweichung kennengelernt haben (siehe Box). Die Interpretation bezieht sich hier jedoch nicht auf den Wert einzelner Personen, sondern auf den Mittelwert einer Stichprobe des Umfangs N.

**Tabelle 6-1** stellt dar, wie der Standardfehler mit wachsendem **Stichprobenumfang** sukzessive schrumpft. Der Wert in der Spalte $1/\sqrt{N}$ zeigt den Faktor, um den der Standardfehler $\hat{\sigma}_{\bar{x}}$ kleiner ist als die Standardabweichung der einzelnen Messwerte $\hat{\sigma}_x$. In den Spalten $\hat{\sigma}_x = 5$, 10, 25, 50 und 100 kann der Standardfehler abgelesen werden, der sich für die entsprechende Standardabweichung (Spalten) und den jeweiligen Stichprobenumfang (Zeilen) ergibt.

Man beachte hierbei, dass der Standardfehler bei Stichproben des Umfangs N = 100 bereits nur noch ein Zehntel der Standardabweichung beträgt. Bei N = 100 hat sich der Standardfehler gegenüber der Standardabweichung der Einzelwerte $x_i$ bereits um 90 % verringert. Diese 90 % können als Gewinn an Schätzgenauigkeit betrachtet werden. Erhöht man die Stichprobe von N = 100 auf N = gleich 1000, so gewinnt man nur noch ,100–,032 = ,068 bzw. 6,8 %. Bei kleinen Stichproben lohnt sich also eine Stichprobenvergrößerung in wesentlich höherem Maße, als wenn man bereits große Stichproben untersucht hat.

**Box – Definition**

**Standardfehler**

Der *Standardfehler* entspricht der geschätzten Streuung von Mittelwerten aus Stichproben eines bestimmten Umfangs N. Der Standardfehler ist ein Maß für die zu erwartende Abweichung eines Mittelwertes $\bar{x}_j$ einer zufällig gezogenen Stichprobe des Umfangs N vom wahren Wert bzw. Erwartungswert der Population μ. Bestimmen wir einen Stichprobenmittelwert, so müssen wir davon ausgehen, dass dieser im Allgemeinen ca. ein Standardfehler vom wahren Wert bzw. Erwartungswert μ abweicht.

**Tabelle 6-1:** Verringerung des Standardfehlers $\hat{\sigma}_{\bar{x}}$ gegenüber der Standardabweichung $\hat{\sigma}_x$ mit wachsendem Stichprobenumfang N.

| N | 1/√N | $\hat{\sigma} = 5$ | $\hat{\sigma} = 10$ | $\hat{\sigma} = 25$ | $\hat{\sigma} = 50$ | $\hat{\sigma} = 100$ |
|---|---|---|---|---|---|---|
| 4 | 0,500 | 2,5 | 5 | 12,5 | 25 | 50 |
| 9 | 0,333 | 1,667 | 3,333 | 8,333 | 16,667 | 33,333 |
| 16 | 0,250 | 1,250 | 2,5 | 6,25 | 12,5 | 25 |
| 25 | 0,200 | 1 | 2 | 5 | 10 | 20 |
| 36 | 0,167 | 0,833 | 1,667 | 4,167 | 8,333 | 16,667 |
| 49 | 0,143 | 0,714 | 1,429 | 3,571 | 7,143 | 14,286 |
| 64 | 0,125 | 0,625 | 1,25 | 3,125 | 6,25 | 12,5 |
| 81 | 0,111 | 0,556 | 1,111 | 2,778 | 5,556 | 11,111 |
| 100 | 0,100 | 0,5 | 1 | 2,5 | 5 | 10 |
| 250 | 0,063 | 0,316 | 0,632 | 1,582 | 3,165 | 6,329 |
| 500 | 0,045 | 0,224 | 0,447 | 1,118 | 2,236 | 4,472 |
| 1000 | 0,032 | 0,158 | 0,316 | 0,791 | 1,581 | 3,162 |

Diesem Effekt ist es zu verdanken, dass Meinungsumfragen oder Wahlprognosen funktionieren. Für die Genauigkeit ist es fast unerheblich, ob in einer Umfrage 5000 oder aber 1 Million Personen befragt werden: die Genauigkeit bei 5000 Befragten ist bereits so hoch, dass kaum noch eine relevante Genauigkeitssteigerung möglich ist. Hat man jedoch 50 Personen befragt, so stellt es einen erheblichen Gewinn dar, wenn 50 weitere Personen hinzugenommen werden.

## 6.3 Form der Kennwerteverteilung der Mittelwerte

Sind die Einzelwerte $x_i$, also die Messergebnisse der Stichprobenmitglieder normalverteilt, so sind die Mittelwerte $\overline{x}$, die sich aus solchen Stichproben ergeben, ebenfalls normalverteilt. Aber auch wenn die Einzelmesswerte einer anderen Verteilung folgen (z. B. schiefe Verteilung mit Decken- oder Bodeneffekten), so nähert sich die Verteilung der Mittelwerte mit wachsender Stichprobengröße einer Gauß'schen Normalverteilung an. Diese Gesetzmäßigkeit folgt aus dem sogenannten **zentralen Grenzwertsatz**. Allgemein gelten Stichproben mit $N \geq 30$ als hinreichend groß, damit die Annahme der Normalverteilung der Mittelwerte gemäß des zentralen Grenzwertsatz gültig ist.

Dieses durchaus bemerkenswerte Phänomen ist in **Abbildung 6-2** dargestellt. Oben sind Einzelwertverteilungen dargestellt: Eine Normalverteilung, eine Gleichverteilung sowie eine rechtsschiefe Verteilung mit Bodeneffekt (Log-Normalverteilung) und eine zweigipflige, symmetrische Verteilung. Zieht man nun zufällig

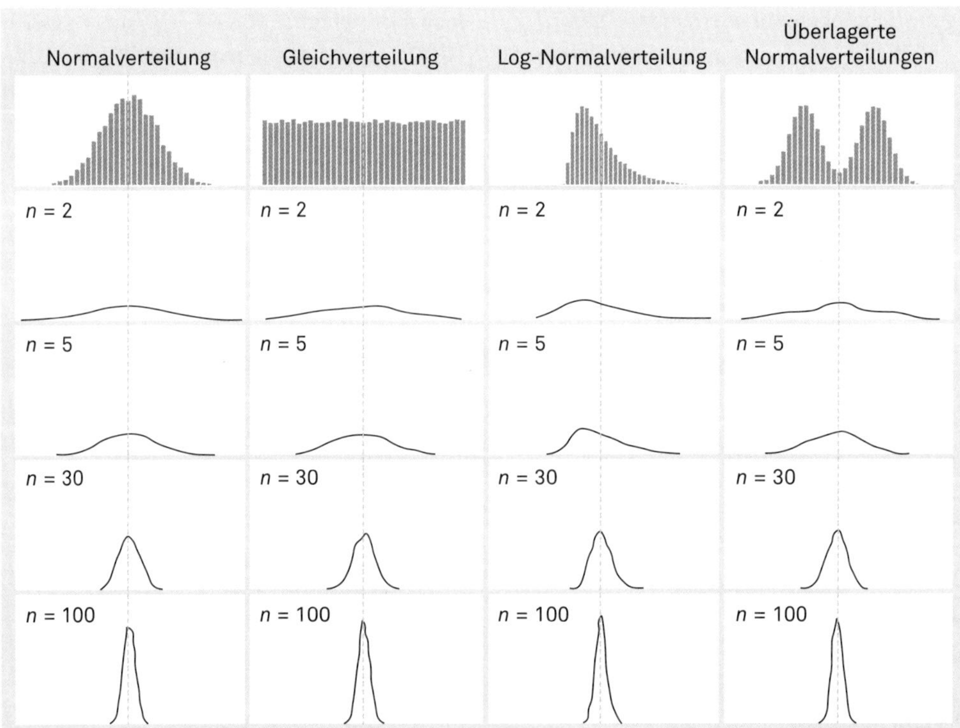


**Abbildung 6-2:** Annäherung der Kennwerteverteilung der Mittelwerte für eine eingipflige, symmetrische Verteilung, eine Gleichverteilung (zweite Spalte) sowie eine rechtsschiefe Verteilung mit Bodeneffekt und eine zweigipflige, symmetrische Verteilung mit wachsender Stichprobengröße an eine Gauß'sche Normalverteilung gemäß des zentralen Grenzwertsatzes (angelehnt an Eid et al., 2017, S. 210)

N = 2 Werte aus diesen Verteilungen und bildet deren Mittelwert, so ergeben sich bei theoretisch unendlich vielen Wiederholungen solcher Messwertpaare die Mittelwertverteilungen, die in der zweiten Zeile zu sehen sind. Bei der Mittelwertbildung über N = 5 zufällig gezogener Werte ist für die zweigipflig verteilten Einzelwerte und die Gleichverteilung bereits die Form der Normalverteilung sehr gut erkennbar. Generell gilt, dass sich bei symmetrischen Verteilungen, die nicht extrem bi- oder multimodal verteilt sind, die Kennwerteverteilung der Mittelwerte schon bei kleinen Stichprobengrößen (z. B. N = 5) in der Regel angemessen durch eine Normalverteilung beschreiben lässt. Insbesondere bei deutlich schiefen Verteilungen darf erst bei N = 30 (letzte Zeile) die Normalverteilungsform als angemessene Annäherung angenommen werden.

**Box – Definition**

**Zentraler Grenzwertsatz:** Zieht man unabhängige Stichproben des Umfangs N aus einer Population, so nähert sich die Kennwerteverteilung der Mittelwerte eines Merkmals mit wachsender Stichprobengröße einer Normalverteilung an, deren Varianz proportional zum Stichprobenumfang N abnimmt und deren der Standardfehler proportional zur Wurzel aus N abnimmt.
Mittelwerte aus Stichproben des Umfangs N > 30 sind angenähert (approximativ) normalverteilt.

## 6.4 Bestimmung des Konfidenzintervalls für den Stichprobenmittelwert

Nach dem wir nun ein Maß für die Breite (Standardfehler) sowie die Form der Kennwerteverteilung der Mittelwerte kennen, können wir die grundlegenden Eigenschaften der *Gauß'schen Normalverteilung*, die wir in Abschnitt 5.5 kennengelernt haben, nutzen, um Wertebereiche zu bestimmen, innerhalb derer Mittelwerte zufallsbedingt schwanken. In **Abbildung 6-3** sind die wichtigen Merkmale der Standardnormalverteilung dargestellt (vgl. Abbildung 5-5).

Grundsätzlich gilt, dass in einer Normalverteilung 95 % der Werte höchstens 1,96 Standardabweichungen vom Zentrum der Verteilung entfernt liegen. Da wir wissen, dass die Standardabweichung der Mittelwertverteilung dem Standardfehler entspricht, können wir folgende formale Definition für den 95 %-Bereich ableiten:

$$P(\mu - 1{,}96 \cdot \hat{\sigma}_{\bar{X}} \leq \bar{x} < \mu + 1{,}96 \cdot \hat{\sigma}_{\bar{X}}) = {,}95$$

Dies liest sich wie folgt:
Die Wahrscheinlichkeit, dass $\bar{x}$ höchstens $-1{,}96 \cdot \hat{\sigma}_{\bar{X}}$ nach unten von μ und höchstens $1{,}96 \cdot \hat{\sigma}_{\bar{X}}$ von μ nach oben abweicht, beträgt ,95 bzw. 95 %.

Zieht man zufällig einen Mittelwert aus der Kennwerteverteilung, so wird dieser in 95 % aller Fälle nicht mehr als 1,96 Standardfehler $\hat{\sigma}_{\bar{X}}$ von μ entfernt liegen.

Die untere Schranke $\mu - 1{,}96 \cdot \hat{\sigma}_{\bar{X}}$ und die obere Schranke $\mu + 1{,}96 \cdot \hat{\sigma}_{\bar{X}}$ grenzen den Wertebereich ein, innerhalb dessen die Mittelwerte mit einer Wahrscheinlichkeit von ,95 bzw. 95 % liegen.

Im Umkehrschluss gilt:
$P(\mu - 1{,}96 \cdot \hat{\sigma}_{\bar{X}} > \bar{x}) = {,}025$ und
$P(\mu + 1{,}96 \cdot \hat{\sigma}_{\bar{X}} < \bar{x}) = {,}025$

- Die Wahrscheinlichkeit, dass $\bar{x}$ mehr als $-1{,}96 \cdot \hat{\sigma}_{\bar{X}}$ nach unten von μ abweicht beträgt ,025 bzw. 2,5 %. Die Wahrscheinlichkeit, dass $\bar{x}$ mehr als $1{,}96 \cdot \hat{\sigma}_{\bar{X}}$ nach oben von μ abweicht, beträgt ,025 bzw. 2,5 %. Der Mittelwert weicht also mit einer Wahrscheinlichkeit von ,05 bzw. in 5 % aller Fälle mehr als 1.96 Standardfehler vom Zentrum der Verteilung μ ab.
- Zieht man zufällig einen Mittelwert aus der Kennwerteverteilung, so wird dieser in 5 % aller Fälle mehr als 1,96 Standardfehler $\hat{\sigma}_{\bar{X}}$ von μ entfernt liegen.

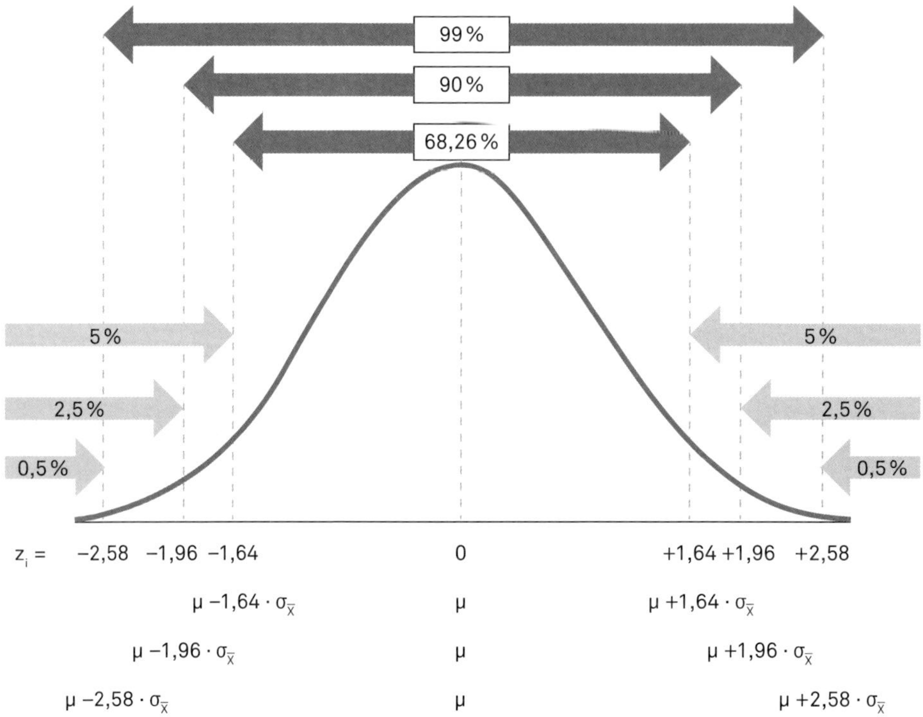


**Abbildung 6-3:** Standardnormalverteilung ($\mu = 0; \sigma = 1$) mit Intervallen, innerhalb derer die zentralen 90 %, 95 % und 99 % der Werte liegen

- Die **untere Schranke** $\mu - 1{,}96 \cdot \hat{\sigma}_{\overline{X}}$ „schneidet" die unteren 2,5 % der Werteverteilung ab und die **obere Schranke** $\mu + 1{,}96 \cdot \hat{\sigma}_{\overline{X}}$ „schneidet" die oberen 2,5 % der 2,5 % der Werteverteilung ab. Zusammen schneiden die untere und die obere Schranke die extremen 5 % der Verteilung ab.

Die Datenpunkte in Abbildung 6-1 wurden so simuliert, dass der wahre Wert $\mu = 10$ und die wahre Standardabweichung $\sigma = 6$ beträgt. Zudem entstammen die Einzelwerte $x_i$ selbst einer Normalverteilung, sodass trotz $N < 30$ die Normalverteilung auch für die Kennwerteverteilung der Mittelwerte gilt. Da bekannt ist, dass der Mittelwert für N = 16 Personen bestimmt wurde, können wir direkt den Standardfehler der Kennwerteverteilung bestimmen.

$$\sigma_{\overline{X}} = \frac{\sigma}{\sqrt{N}} = \frac{6}{\sqrt{16}} = 1{,}5$$

Hieraus ergeben sich dann folgende Konfidenzintervalle, innerhalb derer die Mittelwerte von Stichproben des Umfangs N = 16, erwartet werden:

p = ,90 bzw. 90 %:

$$P(\mu - 1{,}64 \cdot \sigma_{\overline{X}} \leq \overline{X} < \mu + 1{,}64 \cdot \sigma_{\overline{X}}) = {,}90$$
$$P(10 - 1{,}64 \cdot 1{,}5 \leq \overline{X} < 10 + 1{,}64 \cdot 1{,}5) = {,}90$$
$$P(7{,}54 \leq \overline{X} < 12{,}46) = {,}90$$

p = ,95 bzw. 95 %:

$$P(\mu - 1{,}96 \cdot \sigma_{\overline{X}} \leq \overline{X} < \mu + 1{,}96 \cdot \sigma_{\overline{X}}) = {,}95$$
$$P(10 - 1.96 \cdot 1{,}5 \leq \overline{X} < 10 + 1{,}96 \cdot 1{,}5) = {,}95$$
$$P(7{,}06 \leq \overline{X} < 12{,}96) = {,}95$$

p = ,99 bzw. 99 %:

$$P(\mu - 2{,}58 \cdot \sigma_{\overline{X}} \leq \overline{X} < \mu + 2{,}58 \cdot \sigma_{\overline{X}}) = {,}99$$
$$P(10 - 2{,}58 \cdot 1{,}5 \leq \overline{X} < 10 + 2{,}58 \cdot 1{,}5) = {,}99$$
$$P(6{,}13 \leq \overline{X} < 13{,}87) = {,}99$$

## 6.5 Bestimmung des Konfidenzintervalls für den Erwartungswert in der Population

Im vorangehenden Abschnitt sind wir davon ausgegangen, dass die wahren Werte einer Population (**Populationsparameter**) $\mu$ und $\sigma$ bekannt sind. Davon ausgehend haben wir abgeleitet, in welchem Bereich die in Stichproben ermittelten Mittelwerte mit einer bestimmten Wahrscheinlichkeit liegen werden. In der empirischen Forschung stellt sich aber zumeist die genau umgekehrte Frage, wie aus den Daten einer Stichprobe (z.B. N = 16) auf die Verhältnisse in der Allgemeinheit bzw. Population geschlossen werden kann (vgl. Abschnitt 1.2.4).

Nun soll der wahre Wert μ ausgehend von den Stichprobendaten geschätzt werden. Nehmen wir an, wir würden nur die Daten der N = 16 Personen der ersten Stichprobe in Abbildung 6-1 kennen: Stichprobe 1: $\bar{x}_1 = 11{,}88$; $\hat{\sigma}_1 = 5{,}97$. Dann können wir die oben eingeführte Formel für das **95%-Konfidenzintervall** umformen, sodass sich ein Intervall für den gesuchten Populationsparameter $\mu$ ergibt bzw. $\mu$ in der Mitte der Intervallgleichung steht:

$$P(\mu - 1{,}96 \cdot \hat{\sigma}_{\bar{x}} \leq \bar{x} < \mu + 1{,}96 \cdot \hat{\sigma}_{\bar{x}}) = {,}95 \mid -\mu$$

$$P(-1{,}96 \cdot \hat{\sigma}_{\bar{x}} \leq \bar{x} - \mu < +1{,}96 \cdot \hat{\sigma}_{\bar{x}}) = {,}95 \mid -\bar{x}$$

$$P(-\bar{x} - 1{,}96 \cdot \hat{\sigma}_{\bar{x}} \leq -\mu < -\bar{x} + 1{,}96 \cdot \hat{\sigma}_{\bar{x}}) = {,}95 \mid \cdot(-1)$$

$$P(\bar{x} - 1{,}96 \cdot \hat{\sigma}_{\bar{x}} \leq \mu < \bar{x} + 1{,}96 \cdot \hat{\sigma}_{\bar{x}}) = {,}95$$

Für das Datenbeispiel ergäbe sich nun also das Intervall:

$$P(11{,}88 - 1{,}96 \cdot \tfrac{5{,}97}{\sqrt{16}} \leq \mu < 11{,}88 + 1{,}96 \cdot \tfrac{5{,}97}{\sqrt{16}}) = {,}95$$

$$P(8{,}95 \leq \mu < 14{,}81) = {,}95$$

Die Formel besagt also, dass der gesuchte Populationsparameter mit 95%iger Wahrscheinlichkeit in dem Intervall von 8,95 bis 14,81 liegt.

Leider verkompliziert sich die Schätzung jedoch etwas dadurch, dass wir die Standardabweichung und davon ausgehend den Standardfehler der Werteverteilung nicht – wie im vorangehenden Abschnitt – genau kennen, sondern aus den Stichprobendaten schätzen. Auf die statistischen Hintergründe einzugehen, würde den Rahmen dieser Einführung sprengen. Wichtig ist aber das daraus resultierende Ergebnis: Je kleiner unsere Stichprobe ist, desto höher sind die stochastischen Zufallsanteile in den Dateninformationen. Dies führt dazu, dass die statistische Kennwerteverteilung umso breiter ist, je kleiner die untersuchte Stichprobe ist.

Die sogenannte **Student'sche t-Verteilung** beschreibt die Verteilung (**Abbildung 6-4**) dann angemessener als die Standardnormalverteilung.

**Box – Definition**

**Konfidenzintervall**: Wertebereich, innerhalb dessen der wahre Populationswert mit einer definierten Wahrscheinlichkeit liegt.
**95%-Konfidenzintervall**: Wertebereich, innerhalb dessen der wahre Populationswert mit einer Wahrscheinlichkeit von p = .95 (bzw. 95%) liegt.

**Box – Definition**

**Student'sche t-Verteilung:** Die *t-Verteilung* hat eine ähnliche Form wie die Standardnormalverteilung (Abbildung 6-3): Die Werte verteilen sich glockenförmig um den Wert $\mu = 0$. Jedoch ist die Standardabweichung $\sigma = \sqrt{N/(N-2)}$ der t-Verteilung etwas größer als diejenige der Standardnormalverteilung ($\sigma = 1$).
Für jede Stichprobengröße N ergibt sich eine andere – d.h. schmalere oder breitere – t-Verteilung. Deswegen müssen die exakten Wahrscheinlichkeitswerte für eine t-Verteilung in Abhängigkeit von der Stichprobengröße bestimmt werden. Jede t-Verteilung hat eine bestimmte Anzahl von Freiheitsgraden, die im Falle einer Untersuchungsstichprobe gleich N-1 ist.

Je größer die Stichprobe ist, desto höher ist die Anzahl der Freiheitsgrade und desto genauer nähert sich die Standardabweichung der t-Verteilung dem Wert 1 an.
Mit anderen Worten: Die t-Verteilung konvergiert mit wachsender Stichprobengröße und wachsenden Freiheitsgraden gegen die Standardnormalverteilung. Die Standardnormalverteilung entspricht quasi einer t-Verteilung bei theoretisch unendlich großer Stichprobe.

Wenn also die Summe oder der Mittelwert einer Wertereihe bekannt ist, können nur N-1 frei variieren. Im Datenbeispiel in Abbildung 6-1 (links) haben wir einen Mittelwert von $\bar{x}_1 = 11{,}88$ berechnet. Wenn die Werte von N-1 = 15 Personen bekannt sind, muss die 16. Person einen genau festgelegten Wert annehmen, damit sich genau dieser Mittelwert ergibt. Dadurch, dass wir den Mittelwert der 16 Personen bestimmen und diesen in weiteren Berechnungen verwenden, dürfen wir implizit nur von einer Anzahl frei variierender Informationen – bzw. Freiheitsgraden (df) – von 15 Personen ausgehen.

**Box – Definition**

**Freiheitsgrade – Degrees of Freedom (df):** Die Anzahl der für eine statistische Berechnung frei wählbaren Parameter wird als Freiheitsgrad bezeichnet. Angenommen, drei Personen spielen Poker mit Geldeinsatz. Nun wissen Sie, dass Person 1 20 EUR und Person 2 10 EUR verloren haben. Dann ist der dritte Wert implizit bekannt und genau festgelegt, da die Summe der Gewinne und Verlust genau 0 betragen muss: Person 3 muss genau 30 EUR gewonnen haben.

Angenommen, wir wählen aus einer Standardnormalverteilung zwei Werte zufällig aus und bilden deren Mittelwerte. Wenn wir dies theoretisch unendlich häufig wiederholen würden, würden sich die Mittelwerte der Zweierstichproben gemäß einer t-Verteilung mit $df = 2 - 1 = 1$ verteilen. Diese t-Verteilung ist in Abbildung 6-4 als durchgezogene Linie dargestellt.

Zögen wir unendlich häufig 6 bzw. 21 Einzelwerte zufällig aus einer Standardnormalverteilung, dann ergäben sich die Verteilungen mit $df = 5$ bzw. 20, die weniger breit verteilt sind und deren Maximum jeweils höher liegt. Die

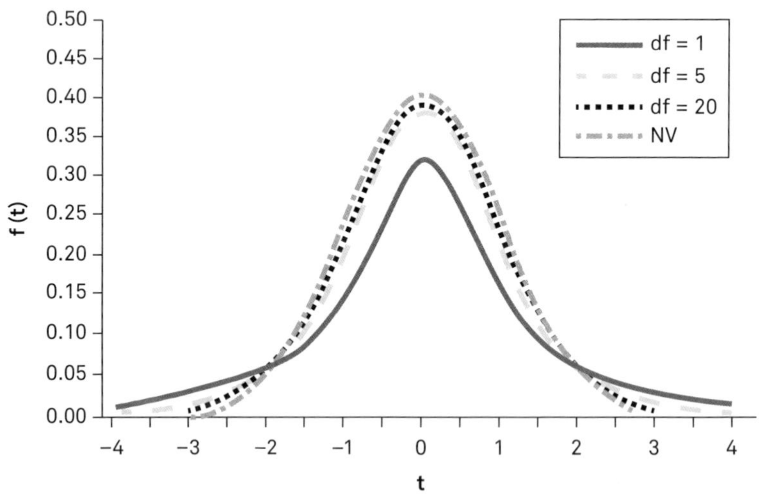


**Abbildung 6-4:** Student'sche t-Verteilung für df = 1, 5 und 20 sowie Standardnormalverteilung (Schuster & Bortz, 2016, S. 72)

Verteilung mit dem höchsten Maximum entspricht der Standardnormalverteilung. Je größer die Anzahl der Freiheitsgrade ist, desto näher liegt die Dichtefunktion der t-Verteilung an der Standardnormalverteilung. Die **Standardabweichung der t-Verteilung** beträgt

$$\hat{\sigma}_t = \sqrt{N/(N-1)} - \sqrt{N/df}$$

In Abbildung 6-4 gilt also

$$\hat{\sigma}_{t,df=1} = \sqrt{\tfrac{3}{2}} = 1{,}22 \text{ sowie}$$

$$\hat{\sigma}_{t,df=5} = \sqrt{\tfrac{6}{5}} = 1{,}1.$$

Die Standardabweichung konvergiert also mit wachsendem Stichprobenumfang gegen den Wert 1.

Die **kritischen t-Werte**, die am oberen und unteren Ende der Verteilung (also beidseitig) die extremen 10 %, 5 %, 1 %, bzw. 0,1 % der Verteilung in Abhängigkeit von den Freiheitsgraden „abschneiden", sind in **Tabelle 6-2** für einzelne Freiheitsgrade exemplarisch abgetragen.

Die Werte in der Tabelle zeigen, wie sich die kritischen t-Werte mit wachsender Stichprobengröße den Werten der Standardnormalverteilung (letzte Zeile) sukzessive annähern. In der Statistik wird am häufigsten das Wahrscheinlichkeitsniveau $p < ,05$ bzw. 5 % gewählt. Als **Orientierungswert** gilt dann $|t_{krit}| \approx 2$. Zur Berechnung des genauen t-Werts, der für die entsprechenden Freiheitsgrade gilt, stehen im Internet hilfreiche Tools zur Verfügung, wie wir sie für die Binomial- und Normalverteilung in Kapitel 5 bereits kennen gelernt haben, z. B. https://stattrek.com/online-calculator/t-distribution.aspx.

Im Tool können die Freiheitsgrade (Degrees of freedom) und die Wahrscheinlichkeit (Probability) eingetragen werden (**Abbildung 6-5**): Anschließend wird der t-Wert (t score) angegeben. Bis zum Wert –2,131 liegen bei einer t-Verteilung mit 15 Freiheitsgraden 2,5 % der Werte. Oberhalb des Wertes +2,131 müssen dann auch 2,5 % liegen. Die mittleren 95 % liegen damit im Bereich –2,131 bis +2,131. Bitte probieren Sie selbst aus, ob Sie einige der Werte in Tabelle 6-2 reproduzieren können.

**Tabelle 6-2:** Kritische t-Werte im Betrag, jenseits derer die extremen 10 %, 5 %, 1 %, bzw. 0,1 % der Verteilung beidseitig liegen. Werte der Standardnormalverteilung in der letzten Zeile.

| df = N–1 | p < ,1 | p < ,05 | p < ,01 | p < ,001 |
|---|---|---|---|---|
| 1 | 6,314 | 12,760 | 63,657 | 636,610 |
| 2 | 2,920 | 4,303 | 9,925 | 31,599 |
| 4 | 2,132 | 2,776 | 4,604 | 8,610 |
| 6 | 1,943 | 2,447 | 3,707 | 5,959 |
| 8 | 1,860 | 2,306 | 3,255 | 5,041 |
| 10 | 1,812 | 2,228 | 3,169 | 4,587 |
| 15 | 1,753 | 2,131 | 2,947 | 3,850 |
| 20 | 1,725 | 2,086 | 2,845 | 3,725 |
| 30 | 1,697 | 2,042 | 2,787 | 3,646 |
| 40 | 1,684 | 2,021 | 2,704 | 3,551 |
| 50 | 1,676 | 2,009 | 2,678 | 3,496 |
| 75 | 1,665 | 1,992 | 2,643 | 3,425 |
| 100 | 1,660 | 1,984 | 2,626 | 3,390 |
| 200 | 1,653 | 1,972 | 2,601 | 3,340 |
| ∞ | 1,645 | 1,960 | 2,578 | 3,291 |

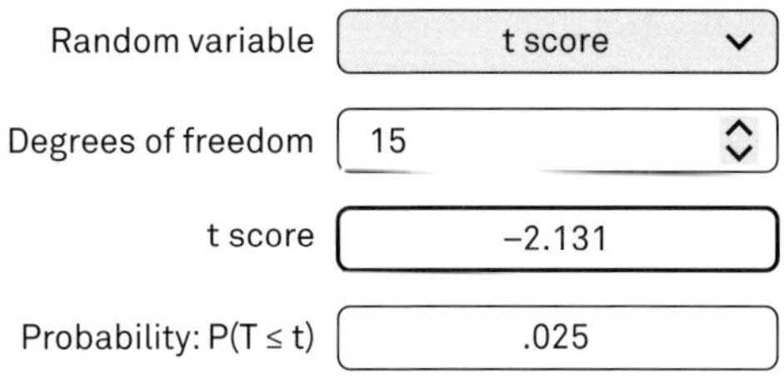


**Abbildung 6-5:** Berechnung des kritischen t-Werts mittels des Tools https://stattrek.com/online-calculator/t-distribution.aspx

Das oben berechnete Konfidenzintervall, das auf Basis der Standardnormalverteilung ($z_{krit,\,95\%}$ = +/– 1,96) bestimmt wurde,

$$P(11.88 + z_{krit,2,5\%} \cdot \frac{5,97}{\sqrt{16}} \leq \mu$$
$$< 11,88 + z_{krit,97,5\%} \cdot \frac{5,97}{\sqrt{16}}) = ,95,$$
$$P(11.88 - 1,96 \cdot \frac{5,97}{\sqrt{16}} \leq \mu < 11,88 + 1,96 \cdot \frac{5,97}{\sqrt{16}})$$
$$= ,95,$$

würde nach diesen Betrachtungen zu schmal sein, d.h. dieses würde eine zu hohe Genauigkeit bzw. Präzision der Schätzung vorgeben. Stattdessen müssen wir den $t_{krit,95\%}$-Wert einsetzen, der für df = 16 – 1 = 15 gilt. Dies ist der in der Tabelle aufgeführte bzw. mittels des Tools berechnete Wert $t_{krit,95\%} = \pm 2,131$:

$$P(11.88 + t_{krit,2,5\%,\,df=15} \cdot \frac{5,97}{\sqrt{16}} \leq \mu$$
$$< 11,88 + t_{krit,97,5\%,\,df=15} \cdot \frac{5,97}{\sqrt{16}}) = ,95,$$
$$P(11.88 - 2,13 \cdot \frac{5,97}{\sqrt{16}} \leq \mu$$
$$< 11,88 + 2,13 \cdot \frac{5,97}{\sqrt{16}}) = ,95,$$
$$P(11.88 - 3,18 \leq \mu < 11,88 + 3,18) = ,95$$
$$P(8,70 \leq \mu < 15,06) = ,95$$

Der gesuchte wahre Wert $\mu$ liegt also mit 95 %iger Wahrscheinlichkeit im Bereich 8,70 bis 15,06. Wie oben erwähnt, wurden die Daten simuliert unter der Vorgabe, dass $\mu$ genau 10 beträgt. Dass der Wert $\mu = 10$ innerhalb des Intervalls liegen sollte, war also zu erwarten – mit 95 %iger Sicherheit.

Dass 99 %-Sicherheitsintervall berechnet sich wie folgt:

$$P(11,88 + t_{krit,0,5\%,df=15} \cdot \frac{5,97}{\sqrt{16}} \leq \mu$$
$$< 11,88 + t_{krit,\,99,5\%,df=15} \cdot \frac{5,97}{\sqrt{16}}) = ,99$$
$$P(11,88 - 2,95 \cdot \frac{5,97}{\sqrt{16}} \leq \mu$$
$$< 11,88 + 2,95 \cdot \frac{5,97}{\sqrt{16}}) = ,99$$
$$P(7,48 \leq \mu < 16,27) = ,99$$

Der gesuchte wahre Wert $\mu$ und $\sigma$ liegt also mit 99 %iger Wahrscheinlichkeit im Bereich 7,48 bis 16,27.

**Box – Definition**

Allgemeine Definition des Konfidenzintervalls für $\mu$

$$P(\overline{x} + t_{krit,\,\frac{\alpha}{2},df} \cdot \hat{\sigma}_{\overline{x}} \leq \mu$$
$$< \overline{x} + t_{krit,\,1-(\frac{\alpha}{2}),df} \cdot \hat{\sigma}_{\overline{x}}) = 1-\alpha$$

| | |
|---|---|
| $\mu$: | wahrer Wert |
| $\overline{x}$: | Arithmetischer Mittelwert der Stichprobe |
| $\hat{\sigma}_{\overline{x}}$: | Standardfehler des Mittelwerts der Stichprobe |
| 1-α: | Schätzsicherheit (i.d.R. ,95 bzw. ,95 %) |
| α: | Irrtumswahrscheinlichkeit (i.d.R. ,05 bzw. 5 %) |
| $t_{krit,\,\frac{\alpha}{2},df}$: | t-Wert unterhalb dessen die Werte der t-Verteilung mit df Freiheitsgraden mit einer Wahrscheinlichkeit von α/2 (i.d.R. ,025) liegen. |
| $t_{krit,1-\,\frac{\alpha}{2},df}$: | Wert unterhalb dessen die Werte der t-Verteilung mit df Freiheitsgraden mit einer Wahrscheinlichkeit von 1-(α/2) (i.d.R. .975) liegen |

Je schmaler die Konfidenzintervalle sind, desto genauer können die „wahren" bzw. durchschnittlichen Ausprägungen in der Population geschätzt bzw. eingegrenzt werden. Die **Breite des Intervalls** ist umso geringer,

- je weniger die Merkmalsausprägungen in der Stichprobe variieren bzw. je kleiner $\hat{\sigma}_x$ ist,
- je mehr Personen untersucht wurden bzw. je größer N ist und
- je größer die zugelassene Fehlerwahrscheinlichkeit oder Schätzunsicherheit ist bzw. je größer α ist.

**Box – Merke**

**Grundlegende Struktur von Konfidenzintervallen:** Konfidenzintervalle können nicht nur für Mittelwerte, sondern für alle statistischen Kennwerte (z. B. Varianz, Prozentzahlen) berechnet werden. Die Definition der Konfidenzintervalle entspricht dabei grundlegend immer der derselben Struktur (**Abbildung 6-6**).

In diesem Kapitel haben wir damit die fundamentale **Logik des statistischen Schätzens** kennengelernt. Nun wissen wir, welche Überlegungen und statistischen Prinzipien genutzt werden können, um begründet abzuschätzen, in welchem Bereich Populationsparameter mit einer definierten Wahrscheinlichkeit liegen. Populationsparameter sind in der Regel diejenigen Informationen, die uns eigentlich interessieren, da diese stabil die Merkmalsausprägung charakterisieren, die man typischerweise erwarten kann. Z. B.:

- Wie hoch ist die Lebensqualität in der Bundesrepublik Deutschland im Allgemeinen?
- Wie ausgeprägt sind Depressionssymptome bei Menschen, die einen Herzinfarkt erlitten haben?
- Wie hoch ist die Burnout-Symptomatik bei Pflegekräften typischerweise ausgeprägt?
- Wie hoch ist die allgemeine Lebenserwartung?
- Wie hoch ist das COVID-19-Infektionsrisiko eines oder einer Erwachsenen, wenn dieser bzw. diese ungeimpft ist?
- Wie hoch ist das Risiko für die Mitarbeiterinnen und Mitarbeiter eines Betriebs, aufgrund gesundheitlicher Einschränkungen vorzeitig aus dem Beruf auszuscheiden?

Exemplarisch haben wir dies für die durchschnittliche Ausprägung eines Merkmals – also den Populationsparameter $\mu$ – kennengelernt: wenn eine repräsentative Stichprobe vorliegt, können wir auf Basis des Mittelwertes $\overline{x}$, der Standardabweichung $\hat{\sigma}$ sowie des Stichprobenumfangs N genau ableiten, wie stark Stichprobenmittelwerte im Allgemeinen schwanken. Diese Information wird durch den Standardfehler $\hat{\sigma}_{\overline{x}}$ des Mittelwertes abgebildet. Der zentrale Grenzwertsatz konnte dazu genutzt werden, eine Aussage über die Form der Mittelwertsverteilung zu treffen. Die Kennziffern der Stichprobe und die abgeleiteten statistischen Gesetzmäßigkeiten haben in Form des Konfidenzintervalls zu einer Lösung geführt, die die Ungenauigkeit aufgrund stichprobenspezifischer Schwankungen begründet in Rechnung stellt.

Dieses Prinzip durchzieht die gesamte Statistik und damit auch die folgenden Inhalte dieses Lehrbuchs wie ein roter Faden. Für jede Kennziffer, die mittels einer Stichprobe bestimmt wurde, kann dieses Schätzprinzip angewendet werden. Also nicht nur für Mittelwer-

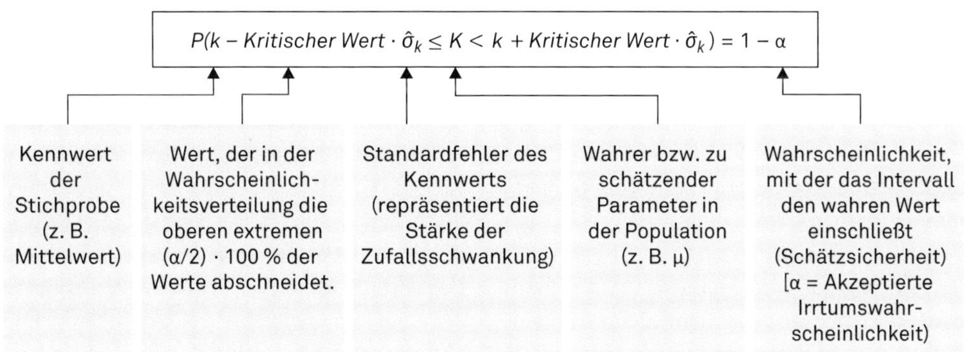


**Abbildung 6-6:** Struktur der Konfidenzintervalle

**Box – Merke**

**Statistisches Schätzen:** Statistisches Schätzen bedeutet auf Basis von Stichprobenmerkmalen, die durch Unsicherheiten und Zufallsschwankungen charakterisiert sind, unter Zuhilfenahme statistischer Gesetzmäßigkeiten auf die Verhältnisse in der Allgemeinheit (Population) zu schließen. Hierzu ist es notwendig, die Daten systematisch zu erheben (Repräsentativität), und die Zufallsschwankungen in der Stichprobe (z. B. Standardabweichung) zur Abschätzung der Unsicherheit (z. B. in Form des Standardfehlers) statistisch fundiert zu nutzen.

te, sondern insbesondere auch für Prozentzahlen, Häufigkeiten oder Varianzen. Für jedes dieser Maße sind zwar unterschiedliche statistische Verteilungseigenschaften charakteristisch. Wenn diese jedoch bekannt sind bzw. statistisch begründet werden können, erfolgt die Abschätzung der allgemeinen Verhältnisse genau wie das in diesem Abschnitt für den Mittelwert gezeigt wurde (Eid et al., 2017).

Zudem unterliegt das nun bekannte Prinzip auch der **Prüfung statistischer Hypothesen**. Im folgenden Kapitel 7 wird der statistische Signifikanztest eingeführt, bei dem das Prinzip der Bestimmung von Konfidenzintervallen auf Fragestellungen zu Unterschieden von Mittelwerten übertragen wird.

## 6.6 Zusammenfassung

**Statistische Schätzverfahren** und statistische **Signifikanztests** basieren auf Informationen, die empirisch in Untersuchungsstichproben gewonnen werden. In diesem Kapitel basierte die Betrachtung auf dem Mittelwert $\overline{x}$, der Standardabweichungen $\hat{\sigma}$ und dem Stichprobenumfang N. Obwohl diese deskriptiven Statistiken lediglich die Verhältnisse in den Stichproben repräsentieren, können diese genutzt werden, um Aussagen über die „wahren" Verhältnisse in der zugrunde liegenden Population abzuleiten.

Hierfür müssen aber zwei weitere Bedingungen erfüllt sein. Zum einen müssen die Stichproben für die Population **repräsentativ** sein, damit die allgemeinen Verhältnisse nicht systematisch verzerrt abgebildet werden. Diese Bedingung kann in empirischen Studien häufig nicht fehlerfrei gewährleistet werden, da hierfür eine Zufallsauswahl von Studienteilnehmerinnen und -teilnehmern erforderlich wäre. Deswegen erfordert seriöses wissenschaftliches Arbeiten, dass mögliche Probleme durch Verletzungen der Repräsentativität dokumentiert und kritisch diskutiert werden.

Zum anderen müssen statistische Gesetzmäßigkeiten genutzt werden, um begründet von den Informationen in Stichproben auf die Allgemeinheit (Population) schließen zu können. Hierbei erwiesen sich vor allem zwei Informationen als wesentlich:

1.) Der **Standardfehler** der Verteilung von Mittelwerten kann unmittelbar aus der Standardabweichung abgeleitet werden, in dem die Standardabweichung durch die Wurzel aus dem Stichprobenumfang geteilt wird. Diese Information ist wichtig, um die Unsicherheit, die auf Ebene von Stichprobenmittelwerten vorliegt, abschätzen zu können.
2.) Die Form der Verteilung von Mittelwerten einer bestimmten Stichprobengröße ergibt sich aus dem **zentralen Grenzwertsatz**. Mittelwerte sind bei hinreichender Stichprobengröße ($N \geq 30$) – symmetrisch und glockenförmig – normalverteilt.

Da für die **Normalverteilung** und die **t-Verteilung** genau angegeben werden kann, mit welcher Wahrscheinlichkeit Werte in welchen Bereichen liegen, lassen sich genaue **Konfidenz-** oder **Vertrauensintervalle** definieren. Das Vertrauensintervall des Mittelwertes gibt in der Regel an, zwischen welcher unteren und oberen Grenze der wahre Populationsparameter $\mu$ mit 95 %iger Sicherheit liegt.

## 6.7 Blitzlichter aus der Forschungspraxis

**Blitzlicht 6.1: Gesundheitsbezogene Lebensqualität Erwachsener**

Den Short-Form-36-Fragebogen haben wir bereits im Abschnitt 4.6 kennengelernt. Das Instrument misst intervallskaliert körperliche (PCS; physical) und psychische (MCS; mental) Aspekte der gesundheitsbezogenen Lebensqualität. Die Messwerte auf beiden Skalen werden als T-Werte angegeben ($\mu = 50$; $\sigma = 10$; vgl. Abbildung 4-7). Ellert und Kurth (2013) berichten die Ausprägungen der körperlichen und psychischen Summenwerte in der untersuchten Stichprobe mittels des arithmetischen Mittels und der entsprechenden Konfidenzintervalle. Die Angaben erfolgen in Abhängigkeit vom Geschlecht, dem Alter, dem Sozialstatus und dem Vorliegen chronischer Erkrankungen. Für die körperliche und die psychische Skala ergeben sich folgende 95%-Vertrauensintervalle in Abhängigkeit von der sozialen Schicht: „untere Schicht": [47,3–48,8] bzw. [46,5–48,3]; „mittlere Schicht": [51,2–51,8] bzw. [49,2–49,9]; „obere Schicht": [53,6–54,5] bzw. [50,0–51,0]. Da sich die Intervalle zwischen den sozialen Schichten nicht überlappen, kann abgeleitet werden, dass die „wahren Werte" der Schichten nicht identisch sind und somit die Lebensqualität bei höherem Sozialstatus höher ausgeprägt ist.

Männer (Körperlich: [51,6–52,4]; Psychisch: [50,1–50,9]) haben gemäß der Studien eine systematisch höhere Lebensqualität als Frauen (Körperlich: [50,4–51,1]; Psychisch: [47,7–48,5]). In dieser Studie werden sehr schmale Konfidenzintervalle berichtet: Die Schätzgenauigkeit ist sehr hoch. Dies ist dadurch bedingt, dass eine sehr große Gesamtstichprobe (N = 8152) untersucht wurde. Dies führt dazu, dass der Standardfehler der Schätzung sehr klein wird.

**Blitzlicht 6.2: Gesundheitszustand Geflüchteter in Deutschland**

Das Robert-Koch-Institut (2021) berichtet in der Ausgabe März 2021 des Journal of Health Monitoring über den Gesundheitszustand geflüchteter Menschen in Deutschland. Die Zielpopulation bestand aus erwachsenen geflüchteten Menschen, die in Erstaufnahmeeinrichtungen oder in Gemeinschaftsunterkünften in Baden-Württemberg untergebracht waren (Population: N = 70 634). Hierbei war keine reine Zufallsziehung von Teilnehmenden möglich, sodass die Repräsentativität der Stichprobe (N = 560) als eingeschränkt gelten muss. Jedoch wurde ein sog. bevölkerungsbezogenes Stichprobenverfahren verwendet. Durch dieses und die zusätzliche Berücksichtigung von soziodemgrafischen Daten konnten statistische Verfahren eingesetzt werden, durch die die Problematik der Nichtrepräsentativität verringert werden konnten (sog. Gewichtungsverfahren).

Im Beitrag werden Prozentzahlen und 95%-Konfidenzintervalle für verschiedene Gesundheitsmerkmale berichtet. Hier handelt es sich also nicht um Mittelwertschätzungen, wie wir sie in diesem Kapitel kennengelernt haben. Die Bestimmung der Konfidenzintervalle für Prozentzahlen beruht aber auf derselben Logik: Lediglich die Kennwerteverteilung und der Standardfehler müssen so bestimmt werden, dass diese für Prozentzahlen angemessen sind. Aus der ersten Abbildung im Beitrag geht z. B. hervor, dass 39,3% der N = 560 Befragten unter chronischen Erkrankungen und 43,0% unter Angststörungen leiden. Auf dieser Basis kann geschätzt werden, dass die entsprechenden Anteile chronisch Erkrankter bzw. an Angststörungen Leidender in der Population aller Geflüchteter mit 95%iger Sicherheit im Bereich 32,5%–46,5% bzw. 35,2%–51,2% erwartet werden kann. Aus Abbildung 3 in dem Artikel geht beispielsweise hervor, dass sich 85,3% der 560 Befragten respektvoll in den Unterkünften behandelt fühlen. Der Populationswert liegt somit mit 95%iger Sicherheit zwischen 78,6% und 90,2%.

**Blitzlicht 6.3: Psychische Merkmale in Abhängigkeit von der Stärke der Anorexiesymptomatik**

In einer Online-Studie haben Obbarius und Sarrer (2020) junge weibliche Erwachsene und Adoleszente zur Anorexiesymptomatik und zu psychischen Merkmalen befragt. 68 Frauen zeigten keine (K-AN), 68 geringe (G-AN) und 35 ausgeprägte (A-AN) Anorexiesymptome. In Tabelle 3 des Artikels sind insbesondere die Mittelwerte und 95 %-Konfidenzintervalle für die intervallskalierten Skalen (Selbst- bzw. Objektwahrnehmung, Selbstregulierung, Regulierung des Objektbezugs, emotionale Kommunikation nach innen bzw. außen, Bindungsfähigkeit an innere bzw. äußere Objekte) des Instruments Operationalisierte Psychiatrische Diagnostik (OPD) angegeben. Die 95 %-Konfidenzintervalle sind am deutlichsten separiert zwischen den drei Gruppen für „Bindungsfähigkeit an innere Objekte": K-AN: [1,69–2,05], G-AN: [2,34–2,66], A-AN: [2,94–3,31]. Hingegen überschneidet sich für „Regulierung des Objektsbezugs" das 95 %-Konfidenzintervall der Gruppe G-AN [2,10–2,42] sowohl mit demjenigen für K-AN [1,73–2,13] als auch mit der Gruppe A-AN [2,27–2,71]. Die Konfidenzintervalle geben somit einen indirekten Hinweis, bezüglich welcher psychischer Aspekte sich die drei Gruppen stärker bzw. schwächer unterscheiden: Je deutlicher die Konfidenzintervalle der drei Gruppen getrennt sind, desto stärker ist der Zusammenhang zwischen Anorexiesymptomatik und dem jeweiligen psychischen Merkmal.

## Übungsaufgaben

1. Berechnen Sie bitte das
   a) 90 %-Konfidenzintervall
   b) 95 %-Konfidenzintervall
   c) 99 %-Konfidenzintervall
   der Datenverteilungen in Stichprobe 2 und 3 in Abbildung 6-1 für die die Mittelwerte und die Standardabweichungen im Text angegeben sind.
   d) Wie lauteten die 95 %-Konfidenzintervalle, wenn statt 16 Personen 64 Personen untersucht worden wären, unter der Annahme, dass der Mittelwert und die Standardabweichung identisch mit denjenigen in der 16-er Stichprobe sind.
   e) Wie lauteten die 95 %-Konfidenzintervalle für die 16 Personen, wenn die Standardabweichungen doppelt so groß wären?
2. Stellen Sie die in der Tabelle 3-1 angegebenen Daten für die psychische Lebensqualität getrennt für Männer und Frauen (x-Achse) grafisch dar.
   a) Bestimmen Sie für Männer und Frauen separat das 95 %- und das 99 %-Konfidenzintervall für den Mittelwert.
   b) Zeichnen Sie die Mittelwerte sowie die obere und untere Grenze der beiden Konfidenzintervalle für beide Geschlechtsgruppen ein.

# 7 Prüfung des Merkmalsunterschieds zwischen zwei Gruppen: Prinzip des Signifikanztests

Nachdem wir das Schätzprinzip für Vertrauens- bzw. Konfidenzintervalle kennengelernt haben, können wir diese Logik so erweitern, dass wir *Hypothesen* mittels statistischer Testverfahren prüfen können. Der t-Test prüft, ob sich zwei Mittelwerte bedeutsam bzw. statistisch signifikant unterscheiden. So könnte die Hypothese geprüft werden, ob Frauen und Männer, die an Diabetes erkrankt sind, unterschiedliche Ausprägungen in der Lebensqualität aufweisen. Die Hypothese kann als bestätigt gelten, wenn der Mittelwertunterschied zwischen Männer und Frauen größer ist, als dies bei reinem Zufall erwartet werden würde.

Das Prinzip des *Signifikanztests* ist fundamental für die Anwendung statistischer Methoden. Deswegen werden wir uns ausführlich mit den Hintergründen und der Logik statistischer Signifikanztests sowie der validen Interpretation der Ergebnisse beschäftigen. Nur wenn man weiß, welche Schlüsse aus signifikanten Testergebnissen gezogen werden können und welche nicht, ist man in der Lage, empirische Studienergebnisse einzuordnen.

Nach Durcharbeiten dieses Kapitels

- wissen Sie, was unter einer statistischen Hypothese verstanden wird.
- wissen Sie, gemäß welcher Logik gesundheitswissenschaftliche Fragestellungen mittels Signifikanztests geprüft werden.
- wissen Sie, was „statistische Signifikanz“ bedeutet.
- wissen Sie, wie eine statistische Signifkanztestung in den Forschungsprozess eingebunden ist.
- können Sie die Signifikanz des Unterschiedes eines intervall- bzw. eines ordinalskalierten Merkmals zwischen zwei Gruppen prüfen.

## 7.1 Grundprinzip der Analyse von Gruppenunterschieden

In Kapitel 6 haben wir uns mit der Frage beschäftigt, welche Aussagen wir über typische oder charakteristische Werte der Population treffen können, wenn wir eine Stichprobe untersucht haben. Im Folgenden sollen die Ausprägungen zweier Stichproben verglichen werden. Typische Fragestellungen könnten dann sein:

- Unterscheidet sich der Mittelwert der psychischen Belastung am Arbeitsplatz bei Pflegekräften, die in Schicht arbeiten, von dem Mittelwert der psychischen Belastung am Arbeitsplatz bei Pflegekräften, die nicht in Schicht arbeiten?
  - Gruppe 1: Schichtarbeit; Gruppe 2: keine Schichtarbeit
  - Vergleichsmerkmal: Psychische Belastung am Arbeitsplatz
- Haben Menschen, die sich freiwillig gegen COVID-19 impfen lassen und Menschen die sich nicht freiwillig gegen COVID-19 impfen lassen würden, unterschiedliche Ausprägungen im Persönlichkeitsmerkmal Neurotizität?
  - Gruppe 1: Impfwillige; Gruppe 2: Nicht Impfwillige
  - Vergleichsmerkmal: Neurotizität

- Unterscheiden sich die Depressivitätswerte von psychisch beeinträchtigten Menschen, die an einer bestimmten Therapie teilgenommen haben, von den Depressivitätswerten von psychisch beeinträchtigten Menschen, die nicht an dieser Therapie teilgenommen haben?
  - Gruppe 1: Therapierte; Gruppe 2: Nicht Therapierte
  - Vergleichsmerkmal: Depressivität

Angenommen, $n_1 = 30$ psychisch beeinträchtigte Personen nehmen an einer Therapie teil. Im Anschluss weist diese Gruppe einen durchschnittlichen Depressivitätswert von $\overline{x}_1 = 7{,}5$ auf. Die Standardabweichung betrage $\hat{\sigma}_1 = 3$. Parallel werden die Daten an einer Stichprobe von $n_2 = 30$ psychisch beeinträchtigten Personen erhoben, denen aufgrund fehlender Therapieplätze kein Behandlungsplatz angeboten werden konnte. In dieser Gruppe liege der Durchschnittswert bei $\overline{x}_2 = 9{,}0$, die Standardabweichung betrage $\hat{\sigma}_1 = 4$.

Auf den ersten Blick scheint damit bestätigt zu sein, dass bei Therapieteilnahme von positiveren Werten ausgegangen werden kann, als wenn keine Therapieteilnahme möglich ist. Auf deskriptiver Ebene ist der Mittelwert in der therapierten Gruppe 1, um 1,5 Einheiten niedriger als in der nicht therapierten Gruppe 2. Dies spricht scheinbar für die Zulässigkeit dieser Schlussfolgerung.

Die Problematik dieser Schlussfolgerung im wissenschaftlichen Sinne wird durch folgende Überlegung deutlich. Wählen Sie 30 Studierende der Universität Bremen und 30 Studierende der Universität Hamburg aus und messen deren Depressivitätswerte, so werden sich unterschiedliche Mittelwerte ergeben. Es wird sich ein Mittelwertunterschied zeigen, unabhängig davon ob sich Studierende der Universität Bremen und der Universität Hamburg grundsätzlich bzw. im Allgemeinen bzw. systematisch unterscheiden.

Würden zwei Stichproben des Umfangs N = 30 zufällig an der Universität Bremen gezogen, so würde sich auch für diese ein Unterschied ergeben. Wenn dort aber beide Gruppen rein zufällig gezogen würden, so könnte überhaupt gar keine systematische Ursache, die über den Zufall hinausgeht, für den Mittelwertunterschied verantwortlich sein.

Es wäre also falsch sofort zu fragen, wieso sich die Depressivitätswerte von Studierenden der beiden Universitäten unterscheiden: Liegt es an den Studienbedingungen? Liegt es an den klimatischen Bedingungen der beiden Städte? Bei einer wissenschaftlichen Betrachtung muss zunächst sichergestellt werden, dass der Unterschied überhaupt belastbar bzw. statistisch bedeutsam ist und nicht einfach zufallsbedingt und damit völlig aussagelos ist. Ansonsten darf der Unterschied nicht inhaltlich interpretiert werden.

Eine Lösung könnte darin bestehen, die Studie mehrfach zu wiederholen: Wenn dann stets

**Box – Merke**

**Frage der statistischen Signifikanz:** Vergleichen wir zwei Stichproben hinsichtlich durchschnittlicher Merkmalsausprägungen, zeigen sich stets Mittelwertunterschiede. Diese Unterschiede können rein zufällig zustande gekommen sein oder es kann eine Systematik dahinterstecken. Um von einem statistisch belastbaren oder bedeutsamen Unterschied, dem eine Systematik unterliegt, ausgehen zu können, müssen wir ausschließen, dass der reine Zufall die Ursache des Unterschiedes ist.
Wenn eine Systematik unterliegt, so kann man davon ausgehen, dass sich ein Mittelwertunterschied bei Wiederholung der Untersuchung wieder in derselben Richtung zeigen wird, d.h. in der Bedingung mit dem höheren Mittelwert sollte sich erneut der höhere Mittelwert zeigen.
**Statistische Signifikanz** = Statistische Bedeutsamkeit, im Sinne von „nicht plausibel aufgrund von Zufallseffekten erklärbar“ bzw. „unwahrscheinlich, wenn lediglich Zufall zugrunde liegen würde“.

die Werte in Universität A höher sind als in Universität B, dann spricht das für die Stabilität und die Aussagekraft des Befundes. Aber auch bei einmaliger Durchführung einer Studie kann die Stabilität oder statistische Belastbarkeit eines Unterschieds mittels Signifikanztests geprüft werden. Der Begriff *Signifikanz* stammt aus dem Lateinischen und lässt sich am besten mit dem Begriff *Bedeutsamkeit* gleichsetzen.

## 7.2 Der t-Test für unabhängige Stichproben

Damit die Entscheidung darüber, ob Zufall oder Systematik beobachtbaren Datenstrukturen zugrunde liegt, werden in der empirischen Forschung Signifikanztests angewendet. Diese sind gekennzeichnet durch ein schrittweises systematisches Vorgehen, das im Folgenden am Beispiel des Mittelwertvergleichs mittels t-Test für unabhängige Stichproben eingeführt wird.

**Box – Definition**

Beim **t-Test für unabhängige Stichproben** wird geprüft,

- ob sich die Mittelwerte zweier Gruppen in einem abhängigen intervallskalierten Vergleichsmerkmal systematisch unterscheiden oder nicht bzw.
- ob sich die Differenz der Mittelwerte zweier Gruppen systematisch von 0 unterscheidet bzw.
- ob die Gruppenzugehörigkeit mit der Ausprägung des intervallskalierten Merkmals in Zusammenhang steht.

### 7.2.1 Formulierung der Hypothesen

Wird untersucht, ob ein Mittelwertunterschied als stabil, aussagekräftig oder systematisch gelten kann, so gibt es prinzipiell zwei Möglichkeiten:

- Ja, der Mittelwertunterschied kann als systematisch oder nicht zufallsbedingt akzeptiert werden.
- Nein, der Mittelwertunterschied muss als nicht systematisch oder als rein zufallsbedingt angenommen werden.

Zu Beginn einer statistischen Prüfung können wir entweder vermuten, dass die erste Aussage zutrifft. Diese Vermutung oder Hypothese bezeichnen wir als **Alternativhypothese bzw. H1**. Die Alternativhypothese besagt, dass sich die Mittelwerte zweier Gruppen systematisch unterscheiden. Bezeichnen wir den wahren Wert der Population aus der Gruppe 1 stammt mit $\mu_1$, und den wahren Wert der Population aus der Gruppe 2 stammt mit $\mu_2$, so lässt sich die Alternativhypothese wie folgt formulieren:

1: $\mu_1 \neq \mu_2$ bzw. $\mu_1 - \mu_2 \neq 0$

Unterscheidet sich der wahre Wert der Personen, die in Gruppe 1 sind, tatsächlich systematisch von demjenigen der Personen, die Gruppe 2 bilden, so ist die Differenz der wahren Werte ungleich 0. In unserem Datenbeispiel sind die Gruppenmittelwerte $\overline{x}_1 = 7{,}5$ und $\overline{x}_2 = 9{,}0$. Gemäß der Alternativhypothese ist die Differenz von:

$\overline{x}_1 - \overline{x}_2 = -1{,}5$

dadurch bedingt, dass in Gruppe 1 systematisch niedrigere Werte vorliegen als in Gruppe 2.

Die Vermutung oder Hypothese, dass kein systematischer Unterschied dieser Differenz zugrunde liegt, wird als **Nullhypothese bzw. H0** bezeichnet. Die Nullhypothese besagt, dass sich die Mittelwerte zweier Gruppen nicht systematisch bzw. rein aufgrund von Zufall unterscheiden:

1: $\mu_1 = \mu_2$ bzw. $\mu_1 - \mu_2 = 0$

Nun bedarf es einer Prüflogik, um entscheiden zu können, ob die Nullhypothese oder aber die Alternativhypothese durch die Daten gestützt wird.

**Box – Merke**

**Nullhypothese** bzw. **H0**: Es wird angenommen, dass kein Effekt oder Unterschied zugrunde liegt (Zufallshypothese: „Da steckt nichts dahinter, das ist doch reiner Zufall!").
**Alternativhypothese** bzw. **H1**: Es wird angenommen, dass ein tatsächlicher Effekt oder Unterschied zugrunde liegt (Unterschiedshypothese: „Der Studieneffekt beruht darauf, dass tatsächlich ein systematischer Unterschied existiert!").

**Einschub: Gerichtete vs. ungerichtete Hypothesen**

Beim Mittelwertvergleich sprechen wir von einer gerichteten Alternativhypothese, wenn wir annehmen, dass eine Gruppe systematisch höhere Werte aufweist als die Vergleichsgruppe, z.B.

$\mu_1 < \mu_2$

Um eine ungerichtete Hypothese handelt es sich, wenn wir annehmen, dass sich die beiden Gruppen unterscheiden, ohne festzulegen, welche der beiden Gruppen höher ausgeprägt ist:

$\mu_1 \neq \mu_2$

In der Wissenschaft formuliert man Hypothesen fast immer ungerichtet. Dies würde man auch dann tun, wenn es von dem oder der Untersuchenden gewünscht ist, dass zum Beispiel eine therapierte Gruppe bessere Werte aufweist, als eine nicht therapierte Gruppe. Auf den ersten Blick scheint dies eher nicht nachvollziehbar, da die Forschenden ja genau eine Überlegenheit der therapierten Gruppe anstreben und somit vermuten. Man testet trotzdem ungerichtet, weil man nicht ausschließen kann, dass eine Therapie auch zur Verschlechterung führen könnte. Es wäre falsch, schon auf theoretischer Ebene zu entscheiden, dass eine Maßnahme nur wünschenswerte Folgen hat – eine Therapie also nur zur Verbesserung führen kann. Deswegen ist die Formulierung einer gerichteten Hypothese nur dann statthaft, wenn prinzipiell eine Veränderung in die nicht gewünschte Richtung ausgeschlossen werden kann. Insbesondere in den Sozialwissenschaften ist dies in der Regel nicht der Fall.

### 7.2.2 Festlegung des Signifikanzniveaus

Wie bei der Bestimmung von Konfidenzintervallen, können auch beim Signifikanztest statistische Aussagen niemals mit 100 %iger Sicherheit getroffen werden. Deswegen müssen wir eine **Irrtumswahrscheinlichkeit** festlegen. Hier hat sich die Konvention etabliert, in 5 % aller Fälle falsche Entscheidungen zu tolerieren, wenn die Nullhypothese tatsächlich gelten würde. Untersucht man einen vermuteten Gruppenunterschied, der in Wahrheit nicht existiert (d.h. die Nullhypothese gilt), so muss erwartet werden, dass der Signifikanztest in 5 von 100 Fällen zu einer falschen Entscheidung führt. Die tolerierte Irrtumswahrscheinlichkeit zugunsten der Alternativhypothese, falls die Nullhypothese tatsächlich gelten sollte, wird als α-Fehlerwahrscheinlichkeit bzw. Signifikanzniveau bezeichnet.

**Box – Definition**

**α-Fehler bzw. Fehler erster Art:** Obwohl kein systematischer Unterschied zugrunde liegt (Nullhypothese gilt), wird ein Unterschied als systematisch angenommen (Alternativhypothese wird angenommen, obwohl sie falsch ist).
**Signifikanzniveau:** Tolerierte Wahrscheinlichkeit eines α-Fehlers bzw. Fehlers erster Art. In der Regel $p = ,05$ bzw. 5 %.

### 7.2.3 Voraussetzungen für die Anwendung des t-Tests

Der t-Test kann angewendet werden, wenn wir begründet davon ausgehen können, dass sich die Verteilung von Mittelwertdifferenzen durch die Student'sche t-Verteilung (s. Abbildung 6-4) beschreiben lässt. Diese Verteilungsform trifft zu, wenn folgende Annahmen erfüllt sind:

- Das Vergleichsmerkmal muss intervallskaliert gemessen worden sein (*Skalierungsannahme*).
- Bei kleinen Stichproben (N < 30 je Stichprobe) muss das Merkmal in beiden Populationen normal verteilt sein (*Normalverteilungsannahme*).
- Die Varianz des Merkmals muss in beiden Populationen identisch sein (*Varianzhomogenitätsannahme*).

Zur Überprüfung der **Normalverteilungsannahme** kann der so genannte **Kolmogoroff-Smirnov-Test** (Nachtigall & Wirtz, 2012) eingesetzt werden. Hierbei handelt sich es sich ebenfalls um einen Signifikanztest: Ein signifikantes Ergebnis zeigt an, dass eine bedeutsame Abweichung von der Normalverteilung vorliegt, die Werte also nicht als normalverteilt gelten können (Nullhypothese: Die Werte sind normalverteilt; Alternativhypothese: Die Werte sind nicht normalverteilt).

Die Prüfung der **Varianzhomogenitätsannahme** kann mittels des **Levene-Tests** erfolgen (Nachtigall & Wirtz, 2012):

- Nullhypothese: Die Varianzen sind gleich.
- Alternativhypothese: Die Varianzen sind nicht gleich.

Ein signifikantes Ergebnis des Levene-Tests bedeutet also, dass von einer Verletzung der Varianzhomogenitätsannahme ausgegangen werden muss.

**Was ist zu tun, wenn diese Voraussetzungen nicht erfüllt sind?** Die einfachste Lösung besteht darin, die Stichproben zu vergrößern, sodass jede der Vergleichsgruppen mindestens N = 30 Personen umfasst. Ist dies nicht möglich, so kann im Rahmen dieses Lehrbuchs diese Thematik leider nur ansatzweise beantwortet werden. In der Anwendungspraxis werden t-Tests häufig auch dann durchgeführt, wenn Voraussetzungsverletzungen vorliegen, die Verletzungen jedoch als moderat betrachtet werden können. Ist die Verteilung z. B. nicht deutlich schief, wenn bspw. keine ausgeprägten Boden- und Deckeneffekte vorliegen, so können mittels des Kolmogroff-Smirnov-Tests festgestellte Auffälligkeiten als moderat betrachtet werden. In statistischen Simulationsstudien hat sich gezeigt, dass die Ergebnisse des t-Tests dann hinreichend verlässlich sind. Man bezeichnet das Verfahren dann auch als *robust* gegenüber moderaten Verletzungen der Annahmen.

Bei der Verletzung der Varianzhomogenitätsannahme existieren Korrekturformeln, die von statistischen Auswertungsprogrammen berücksichtigt werden (Abschnitt 7.2.6) Kann die Anwendung des t-Tests vor dem Hintergrund der Verletzung der Verteilungsannahmen nicht gerechtfertigt werden, so steht mit dem Wilcoxon-Test ein alternatives Verfahren für ordinale Daten zur Verfügung, für das keine der drei genannten Annahmen (Intervallskalenniveau, Normalverteilung, Varianzhomogenität) erfüllt sein muss. Dieses Testverfahren wird in Abschnitt 7.3 behandelt.

**Box – Merke**

Jedes statistische Testverfahren beruht auf **statistischen Annahmen.** Sind die Annahmen verletzt, muss entweder die Robustheit der Verfahren gegenüber (moderaten) Voraussetzungsverletzungen nachgewiesen werden oder es können ggf. statistisch begründete Korrekturformeln eingesetzt werden. Alternativ können Verfahren eingesetzt werden, die an schwächere Voraussetzungen geknüpft sind (z. B. Ordinalskalenniveau statt Intervallskalenniveau).

### 7.2.4 Bestimmung der statistischen Prüfverteilung unter der Annahme, dass die Nullhypothese gilt

Gilt die statistische Nullhypothese, so sollte die beobachtete Mittelwertdifferenz im Bereich von 0 liegen. Der Erwartungswert der Mittelwertdifferenz ist gleich 0, da die wahren Mittelwerte $\mu_1$ und $\mu_2$ gemäß der Nullhypothese identisch sind.

$$\mu_1 - \mu_2 = 0 \rightarrow E(\bar{x}_1 - \bar{x}_2) = 0$$

Gelten die Voraussetzungen für die Anwendung des t-Tests, kann die Verteilung der Mittelwertdifferenzen durch eine t-Verteilung mit df = $n_1 + n_2 - 2$ Freiheitsgraden und einem Standardfehler von

$$\hat{\sigma}_{\bar{x}1-\bar{x}2} = \sqrt{\frac{(n_1-1)\cdot\hat{\sigma}_1^2 + (n_2-1)\cdot\hat{\sigma}_2^2}{n_1+n_2-2}\cdot\left(\frac{1}{n_1}+\frac{1}{n_2}\right)}$$

beschrieben werden.

In unserem Datenbeispiel [$N_1 = 30$, $\bar{x}_1 = 7{,}5$, $\hat{\sigma}_1 = 3$; $N_2 = 30$, $\bar{x}_2 = 9{,}0$, $\hat{\sigma}_2 = 4$] beträgt der geschätzte Standardfehler der Mittelwertdifferenzen also:

$$\hat{\sigma}_{\bar{x}1-\bar{x}2} = \sqrt{\frac{(30-1)\cdot 9+(30-1)\cdot 16}{60-2}\cdot\left(\frac{1}{30}+\frac{1}{30}\right)}$$

$$= \sqrt{12{,}5\cdot\frac{2}{30}} = 0{,}91$$

Gilt die Nullhypothese, so verteilen sich die Mittelwertdifferenzen um die erwartete Differenz 0 mit einem Standardfehler von 0,91. Es handelt sich dabei um eine t-Verteilung mit df = 30 + 30 − 2 = 58. Diese Verteilung ist in **Abbildung 7-1** dargestellt.

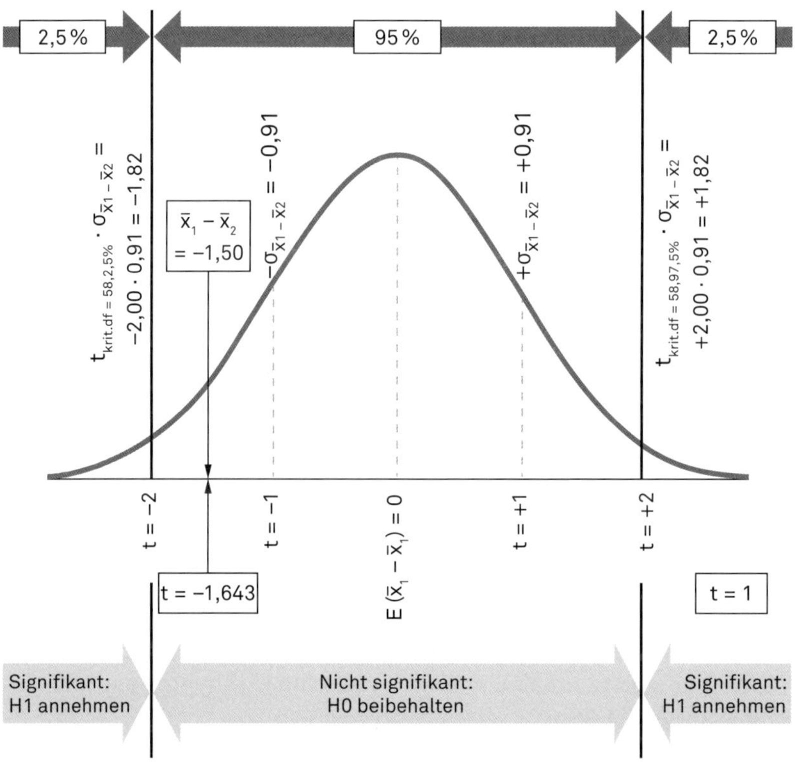


**Abbildung 7-1:** t-Verteilung der Differenz zweier Mittelwerte bei df = 58 Freiheitsgraden und den Werten für das Datenbeispiel im Text

### 7.2.5 Berechnung des t-Werts

Der t-Wert des Studienergebnisses errechnet sich, indem man die gemessene Mittelwertdifferenz durch den Standardfehler teilt.

$$t = \frac{\bar{x}_1 - \bar{x}_2}{\hat{\sigma}_{\bar{x}1-\bar{x}2}} = \frac{\bar{x}_1 - \bar{x}_2}{\sqrt{\frac{(n_1-1)\cdot\hat{\sigma}_1^2+(n_2-1)\cdot\hat{\sigma}_2^2}{n_1+n_2-2}\cdot\left(\frac{1}{n_1}+\frac{1}{n_2}\right)}}$$

$$= \frac{-1{,}5}{0{,}913} = -1{,}643$$

Nun muss bestimmt werden, ob der t-Wert der Differenz -1,643 zu den mittleren 95% der t-Verteilung um den Erwartungswert 0 liegt. Der Betrag der kritischen t-Werte, die die unteren bzw. oberen 2,5% der Werteverteilung bei df = 58 abschneiden, können mittels des unter https://stattrek.com/online-calculator/t-distribution.aspx verfügbaren online-Tools (**Abbildung 7-2**) berechnet werden.

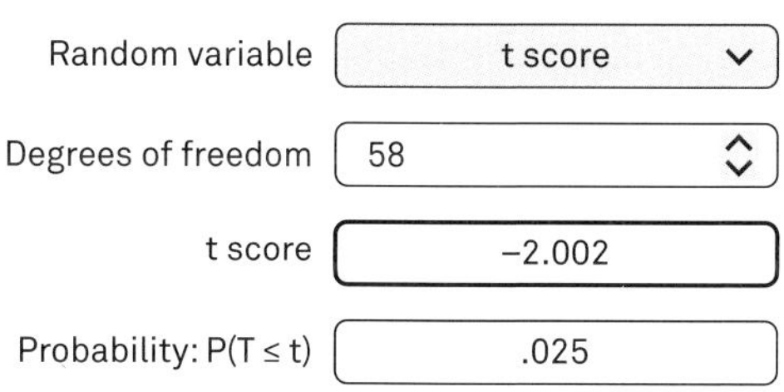


**Abbildung 7-2:** Bestimmung des kritischen t-Werts mittel des Intenettools https://stattrek.com/online-calculator/t-distribution.aspx

Bis zum Wert $t_{krit,\ 2{,}5\%,\ df=58} = -2{,}002$ liegen 2,5% der Werte der t-Verteilung. Wegen der Symmetrie um den Nullpunkt liegen die zentralen 95% der t-Verteilung somit im Bereich -2,002 bis +2,002. Der t-Wert der Mittelwertdifferenz im Datenbeispiel liegt mit -1,643 innerhalb dieses Bereiches. Damit ist das Studienergebnis so zu bewerten, dass die Mittelwertdifferenz innerhalb des Bereichs der zu erwartenden Zufallsschwankungen um den Erwartungswert der Nullhypothese liegt. Damit ist das Ergebnis als nicht statistisch auffällig oder nicht signifikant zu bewerten (**Tabelle 7-1**).

**Box – Merke**

Liegt der t-Wert einer empirischen Mittelwertdifferenz außerhalb des Bereiches, in dem t-Werte von Mittelwertdifferenzen auf Basis von Zufallsschwankungen in 95% aller Fälle erwartet werden, so handelt es sich um ein *statistisch signifikantes Ergebnis*. Die Nullhypothese wird abgelehnt und die Alternativhypothese wird angenommen.

Liegt der t-Wert einer empirischen Mittelwertdifferenz innerhalb des Bereiches, in dem Mittelwertdifferenzen auf Basis von Zufallsschwankungen in 95% aller Fälle erwartet werden, so handelt es sich um ein *statistisch nicht signifikantes Ergebnis*. Die Nullhypothese wird beibehalten und die Alternativhypothese wird abgelehnt.

**Statistische Signifikanz** = Messergebnisse liegen außerhalb des Bereichs der 95%-Zufallserwartung.

**Tabelle 7-1:** Entscheidungsmatrix beim t-Test

| | **Nicht statistisch signifikant**<br>$\lvert t\rvert \le \lvert t_{krit}\rvert \approx 2$<br>$p(\lvert t\rvert > \lvert t_{emp}\rvert) \ge ,05$ **bzw. 5%** | **Statistisch signifikant**<br>$\lvert t\rvert > \lvert t_{krit}\rvert \approx 2$<br>$p(\lvert t\rvert > \lvert t_{emp}\rvert) < ,05$ **bzw. 5%** |
|---|---|---|
| **Nullhypothese (H0)** | wird beibehalten | wird verworfen |
| **Alternativhypothese (H1)** | wird abgelehnt | wird angenommen |

Zu demselben Ergebnis kämen wir, wenn die Betrachtung auf Basis des eingeführten Konfidenzintervalls um die beobachtete Mittelwertdifferenz erfolgt wäre. In Abschnitt 6.5 haben wir das Konfidenzintervall für einen Mittelwert $\bar{x}$ bestimmt. Neben dem t-Wert mussten wir dort den Standardfehler des Mittelwerts $\hat{\sigma}_{\bar{x}}$ kennen. Das Konfidenzintervall für die Mittelwertdifferenz ist identisch definiert: Es muss lediglich der Standardfehler der Mittelwertdifferenz eingesetzt werden:

$$P\left(\left[\bar{x}_1 - \bar{x}_2\right] + t_{krit,\frac{\alpha}{2},df} \cdot \hat{\sigma}_{\bar{x}_1-\bar{x}_2} \leq \mu_1 - \mu_2 < \left[\bar{x}_1 - \bar{x}_2\right] + t_{krit,1-\frac{\alpha}{2},df} \cdot \hat{\sigma}_{\bar{x}_1-\bar{x}_2}\right) = 1-\alpha$$

$$P(-1{,}5 - 2{,}00 \cdot 0{,}91 \leq \mu_1 - \mu_2 < -1{,}5 + 2{,}00 \cdot 0{,}91) = {,}95$$

$$P(-3{,}32 \leq \mu_1 - \mu_2 < 0{,}32) = {,}95$$

Die Differenz der wahren Werte $\mu_1$ und $\mu_2$ liegt also mit 95 %iger Sicherheit im Bereich -3,32 bis 0,32. Dieses Ergebnis steht im Einklang mit der Annahme der Nullhypothese, dass die Differenz der wahren Werte 0 beträgt, denn der Wert 0 liegt innerhalb des 95 % Konfidenzintervall.

Somit hat die Prüfung des Mittelwertunterschieds mittels des t-Tests für unabhängige Stichproben ergeben, dass sich die Mittelwerte der beiden Stichproben $\bar{x}_1 = 7{,}5$ und $\bar{x}_2 = 9$ nicht statistisch bedeutsam unterscheiden. Der höhere Mittelwert der Gruppe 2 gegenüber Gruppe 1 (im Sinne einer höheren Belastung) ist mit der Annahme kompatibel, dass diese bei unserer Stichprobenbetrachtung auf reinem Zufall basieren könnte. Damit ist der Unterschied zugunsten von Gruppe 1 als nicht systematisch zu betrachten. Es ist zu erwarten, dass sich bei wiederholter Durchführung der Studie keine stabil niedrigeren Werte für Gruppen, die aus der Population 1 stammen, im Vergleich zu Gruppen, die aus Population 2 stammen, zeigen.

**Box – Merke**

**Signifikanz und Konfidenzintervalle – Zwei Seiten derselben Medaille**

Liegt der Erwartungswert der Nullhypothese $\mu_1 - \mu_2 = 0$ außerhalb des Konfidenzintervalls um die beobachtete Mittelwertdifferenz $\bar{x}_1 - \bar{x}_2$, so bedeutet dies, dass die beobachtete Mittelwertdifferenz signifikant von 0 abweicht.

Liegt der Erwartungswert der Nullhypothese $\mu_1 - \mu_2 = 0$ innerhalb des Konfidenzintervall der beobachteten Mittelwertdifferenz $\bar{x}_1 - \bar{x}_2$, so kann indirekt geschlossen werden, dass die beobachtete Mittelwertdifferenz nicht signifikant von 0 abweicht.

### 7.2.6 Ergebnisse bei Analyse mittels der Statistiksoftware SPSS

Nachdem wir die genauen Hintergründe der Signifikanztestung mittels t-Test für unabhängige Stichproben kennengelernt haben, soll nun kurz auf die Ergebnisdarstellung eingegangen werden, die von Statistikanalyseprogrammen wie z. B. das **Statistical Package for Social Sciences (SPSS)**, zur Verfügung gestellt werden. In der Praxis werden die Ergebnisse des t-Tests in der Regel ausschließlich mittels Softwareunterstützung ermittelt. Die wichtigen Informationen, die wir im Einzelnen in diesem Kapitel kennengelernt haben, werden in der Programmausgabe standardisiert zur Verfügung gestellt.

In SPSS werden die Daten jeder Person in einer Zeile und die Daten zu jedem Merkmal in einer Spalte im Matrixformat angeordnet. Die erste Person in **Abbildung 7-3** ist also in Gruppe 2 (Interventionsgruppe) und hat einen Belastungswert von 5. Die zweite Person ist in Gruppe 1 (Kontrollgruppe) und hat einen Belastungswert von 8. Die Berechnung des t-Tests für unabhängige Gruppen kann mittels der ebenfalls dargestellten Dialogbox angefordert werden. „Gruppe“ wird als Gruppierungsvariable mit den möglichen Ausprägungen 1 und 2 definiert, „Belastung“ ist die intervallskalierte Testvariable.

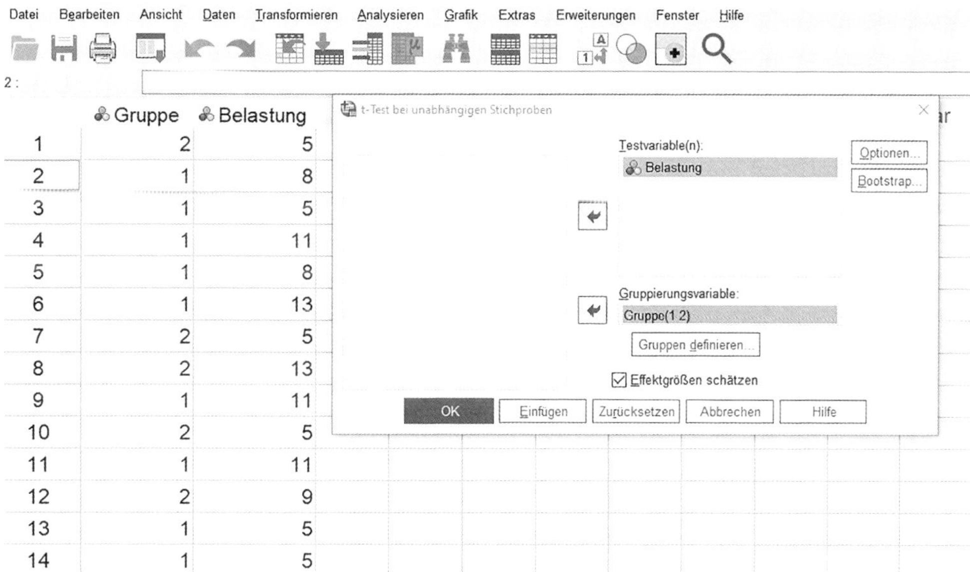


**Abbildung 7-3:** SPSS Datenfenster und Dialogbox zur Anforderung des t-Tests für unabhängige Stichproben

**Tabelle 7-2:** Darstellung der Gruppenstatistiken in der SPSS-Ergebnisausgabe

| Gruppe | N | Mittelwert | Standardabweichung | Standardfehler des Mitelwerts |
|---|---|---|---|---|
| Kontrolle | 30 | 9,00 | 4,000 | ,730 |
| Intervention | 30 | 7,50 | 3,000 | ,548 |

Nach Definition der Gruppierung- und der Testvariable ermittelt SPSS dann ohne weitere Zwischenschritte die folgenden Ergebnisse. Zunächst werden Gruppengrößen, die Mittelwerte und Standardabweichungen dargestellt. Zusätzlich wird der Standardfehler des Mittelwerts $\hat{\sigma}_{\bar{x}1}$ und $\hat{\sigma}_{\bar{x}2}$ für jede Gruppe angegeben (**Tabelle 7-2**). Wie in Abschnitt 6.2 eingeführt, sind diese gleich der Standardabweichung geteilt durch $\sqrt{N}$ (z. B. $\hat{\sigma}_{\bar{x}1} = 4/\sqrt{30} = 0{,}730$). Für den t-Test wird diese Angabe eigentlich nicht benötigt. Diesen würden wir z. B. nutzen können, wenn wir das Konfidenzintervall für $\mu_1$ oder $\mu_2$ bestimmen wollten (vgl. Kapitel 6).

Anschließend wird die Voraussetzung der gleichen Merkmalsvarianzen in den beiden Gruppen getestet (**Tabelle 7-3**). Die Voraussetzung der Varianzhomogenität wurde in Abschnitt 7.2.3 thematisiert. Ohne auf die besonderen Hintergründe des Levene-Tests für Varianzgleichheit einzugehen, sei nur erwähnt, dass die Nullhypothese annimmt, dass die beiden Varianzen gleich sind. Die Alternativhypothese nimmt an, dass die Varianzen verschieden sind. Wie beim t-Test entscheiden wir uns für die Beibehaltung der Nullhypothese, wenn der p-Wert $\geq$ ,05 ist. Gilt $p <$ ,05, so entscheiden wir uns für die Annahme der Alternativhypothese. In der SPSS-Ausgabe wird der p-Wert mit

**Tabelle 7-3:** Darstellung der Varianzhomogenitätsprüfung (Levene-Test der Varianzgleichheit) in der SPSS-Ergebnisausgabe

| F | Sig. |
|---|---|
| 1,933 | ,170 |

„Sig.“ bezeichnet. Im Beispiel ist der Wert mit p = ,170 größer als der durch das Signifikanzniveau $\alpha$ = ,05 festgelegte kritische p-Wert. Nach diesem Testergebnis können wir von der Gleichheit der Varianzen in beiden Gruppen ausgehen.

Die Informationen zum t-Test selbst sind in **Tabelle 7-4** zu finden. Die Differenz der Gruppenmittelwerte („Mittlere Differenz“) beträgt 7,5 – 9,0 = –1,5. Den Standardfehler des Mittelwerts haben wir in Abschnitt 7.2.4 berechnet: $\hat{\sigma}_{\bar{x}1-\bar{x}2}$ = 0,91. Der t-Wert 1,643 ergibt sich als Bruch der Werte „Mittlere Differenz“ und „Standardfehler Differenz“ (1,5/9,13). In einer t-Verteilung mit 58 Freiheitsgraden liegen 10,6 % („2-seit. p“ = ,106) der Daten weiter als 1,643 Einheiten von dem Erwartungswert der Nullhypothese 0 entfernt. Da p = ,106 größer ist als der durch das Signifikanzniveau $\alpha$ = ,05 festgelegte kritische p-Wert, behalten wir die Nullhypothese bei. Nach diesem Testergebnis müssen wir also davon ausgehen, dass sich die beiden Gruppen in der Belastung nicht unterscheiden.

SPSS verwendet automatisch Korrekturformeln, wenn die Annahme der Varianzhomogenität verletzt ist (Tabelle 7-4). Hierdurch kann der *t-Test für unabhängige Stichproben* also auch eingesetzt werden, obwohl diese Voraussetzung für die klassische Testdefinition verletzt ist. Zeigt der Levene-Test also eine Verletzung der Varianzhomogenität an (p < ,05), so kann dennoch eine Entscheidung aufgrund der Angaben in der zweiten Zeile erfolgen. Sind die Varianzen der beiden Gruppen signifikant verschieden, so ist der p-Wert in der zweiten Zeile in der Regel größer als in der ersten Zeile. In unserem Datenbeispiel sind die Werte (p = ,106) gleich: Unabhängig von der Gültigkeit der Varianzhomogenitätsannahme kommen wir zu derselben Entscheidung. Dies ist kongruent mit der Information, dass die Varianzhomogenität gemäß des Levene-Tests erfüllt ist, da somit effektiv keine Korrektur erforderlich ist.

In den letzten beiden Spalten ist das Konfidenzintervall der Mittelwertdifferenz angegeben, dessen Berechnung am Ende des Abschnitts 7.2.5 eingeführt wurde. Allein aufgrund dieser Information lässt sich die Signifikanzfrage beantworten: Da die 0 im Konfidenzintervall liegt, ist die 0 eine plausible zugrunde liegende wahre Mittelwertdifferenz. Entsprechend ist die Nullhypothese plausibel und muss beibehalten werden.

**Box – Definition**

Genau dann, wenn der p-Wert kleiner als das Signifikanzniveau $\alpha$ = ,05 ist, ist der |t|-Wert auch größer als der kritische $|t_{krit,\ \alpha=,05,\ df}|$-Wert. Da Statistikprogramme den p-Wert genau angeben, kann eine Entscheidung getroffen werden, ohne den kritischen $|t_{krit,\ \alpha=,05,\ df}|$-Wert zu bestimmen.

**Tabelle 7-4:** Darstellung der Signifikanzprüfung in der SPSS-Ergebnisausgabe. Bei Varianzgleichheit gelten die Werte in der oberen Zeile, bei Varianzungleichheit die Werte in der unteren Zeile.

| | t | df | 2-seit. p | Mittlere Differenz | Standardfehler Differenz | 95 % Konfidenzintervall der Differenz | |
|---|---|---|---|---|---|---|---|
| Varianzen | | | | | | Unterer Wert | Oberer Wert |
| gleich | 1,643 | 58 | ,106 | 1,500 | ,913 | –,327 | 3,327 |
| nicht gleich | 1,643 | 53,785 | ,106 | 1,500 | ,913 | –,331 | 3,330 |

## 7.3 Vergleich zweier Gruppen bei ordinalskalierten Daten: Der Wilcoxon-Rangsummen-Test bzw. Mann-Whitney-U-Test

Der **Wilcoxon-Test** (syn. **Mann-Whitney-U-Test**) wird in diesem Kapitel als zweites Testverfahren neben dem t-Test für unabhängige Stichproben aus zwei Gründen dargestellt. Zum einen wird deutlich, wie das Skalenniveau bei der Prüfung angemessen in Rechnung gestellt wird. Zum anderen wird deutlich, dass die Durchführung dieses Testverfahrens genau der Grundlogik entspricht, die wir für den t-Test kennengelernt haben. Das Lernziel, die allgemeinen Prinzipien der Prüfung der statistischen Signifikanz, unabhängig vom konkreten Testverfahren zu verstehen, soll hierdurch unterstützt werden. In **Tabelle 7-5** seien die Werte für den Gesundheitsstatus auf einer Skala von 1 bis 100 ermittelt worden. Diese seien lediglich ordinalskaliert gemessen worden. Die Studienteilnehmenden stammen aus zwei Berufsgruppen A und B.

**Schritt 1: Hypothesenformulierung**
Das zu prüfende Hypothesenpaar lautet wie folgt:

- *Nullhypothese (H0)*: Die beiden Berufsgruppen unterscheiden sich nicht hinsichtlich der zentralen Tendenz im Merkmal Gesundheitsstatus.

**Box – Definition**

**Der Wilcoxon-Test für ordinale Daten:** Der Wilcoxon-Test ist ein statistisches Prüfverfahren, das lediglich ordinalskalierte Daten voraussetzt. Es wird auch als Alternative zum t-Test für unabhängige Stichproben eingesetzt, wenn die Voraussetzungen des t-Tests (Normalverteilung, Varianzhomogenität; insbesondere bei Stichprobengrößen bis N = 30 pro Gruppe) nicht gegeben sind.
Die Prüfung erfolgt auf Basis der Rangplätze bzw. Rangordnung der gemessenen Werte.

- *Alternativhypothese (H1)*: Die beiden Berufsgruppen unterscheiden sich hinsichtlich der zentralen Tendenz im Merkmal Gesundheitsstatus.

Bei der Hypothesenformulierung wird bewusst auf den Begriff Mittelwert verzichtet, da der arithmetische Mittelwert für ordinalskalierte Daten nicht berechnet werden darf. Auch der Medianwert, der für ordinale Datenformate berechnet werden darf, wird im Rahmen der Signifikanztestung nicht verwendet.

**Schritt 2: Festlegung des Signifikanzniveaus**
Bei der Signifikanzprüfung wird die Irrtumswahrscheinlichkeit wie üblich auf den Wert $\alpha = ,05$ bzw. 5 % festgelegt.

**Schritt 3: Bestimmung der statistischen Prüfgröße und Prüfverteilung unter der Annahme, dass die Nullhypothese gilt**
Um die statistische Prüfgröße und deren Verteilung zu ermitteln, werden die Messwerte beider Gruppen in eine gemeinsame, gruppenübergreifende Rangreihe gebracht. Die entsprechenden Werte finden sich in den letzten beiden Spalten. Für jede Gruppe wird anschließend die Summe der Rangwerte bestimmt (s. letzte Zeile der Tabelle).

$$R_{Gruppe\,A} = \sum_{i=}^{nA} R_i = 1 + 2 + \ldots + 17 = 81$$

$$R_{Gruppe\,B} = \sum_{i=}^{nB} R_i = 3 + 7 + \ldots + 20 = 129$$

$n_A$ bzw. $n_B$: Anzahl der Personen in Gruppe A bzw. B.

Man beachte, dass durch die Bildung dieser Rangreihen die tatsächlichen Messdaten (Spalte 2 und 3 in der Tabelle) in der Folge überhaupt nicht mehr berücksichtigt werden, sondern nur noch deren relative Ordnung gemäß der Position in der Rangreihe. Die ursprüngliche Dateninformation wird folglich ausschließlich hinsichtlich ihrer ordinalen Information analysiert.

**Tabelle 7-5:** Werte auf einer ordinalskalierten Gesundheitsskala zweier Berufsgruppen A und B. In den letzten beiden Spalten: Rangplätze in der gemeinsamen Rangreihe.

| Person | Beruf A | Beruf B | R(A) | R(B) |
|---|---|---|---|---|
| 1 | 12 | | 1 | |
| 2 | 23 | | 2 | |
| 3 | | 34 | | 3 |
| 4 | 35 | | 4 | |
| 5 | 39 | | 5 | |
| 6 | 40 | | 6 | |
| 7 | | 44 | | 7 |
| 8 | | 51 | | 8 |
| 9 | 53 | | 9 | |
| 10 | 57 | | 10 | |
| 11 | | 60 | | 11 |
| 12 | | 63 | | 12 |
| 13 | 67 | | 13 | |
| 14 | 71 | | 14 | |
| 15 | | 82 | | 15 |
| 16 | | 83 | | 16 |
| 17 | 88 | | 17 | |
| 18 | | 90 | | 18 |
| 19 | | 96 | | 19 |
| 20 | | 97 | | 20 |
| Σ | | | **81** | **129** |

**Schritt 4: Beurteilung der statistischen Prüfgröße in Bezug auf die Prüfverteilung unter der Annahme, dass die Nullhypothese gilt**

Würde die gemäß der Nullhypothese zu erwartende exakte Gleichheit der zentralen Tendenz vorliegen, so würde sich für beide Gruppen der Wert

$$E(R) = \frac{n_A \cdot (n_A + n_B + 1)}{2} = \frac{10 \cdot 21}{2} = 105$$

ergeben. Dieser Wert entspricht im Übrigen auch dem Mittelwert von $R_{\text{Gruppe A}}$ und $R_{\text{Gruppe B}}$ ((81 + 129)/2= 105).

Je deutlicher die beiden Rangsummen $R_{Gruppe\ A}$ und $R_{Gruppe\ B}$ von dem Wert 105 abweichen, desto deutlicher weicht die Datenverteilung von der Erwartung gemäß der Nullhypothese ab.

Bei kleinen Stichproben ($n_i < 15$ je Gruppe) kann die Signifikanz nun durch die Prüfgröße $|R - E(R)|$ getestet werden. Überschreitet diese Betragsdifferenz den kritischen Wert gemäß **Tabelle 7-6**, so ist der Gruppenschied als signifikant zu beurteilen ($\alpha$ = ,05). In unserem Beispiel unterscheiden sich die Gruppen nicht signifikant: $|129 - 105| = 24$ bzw. $|81 - 105| = 24 < R_{\text{krit}, 20} = 52$.

Falls beide Gruppen mindestens $n_i = 15$ Fälle umfassen, ist die Abweichung der Rangsumme einer Gruppe von der gemäß H0 erwarteten

**Tabelle 7-6:** Kritische Werte, die die kleinere Rangsumme beim Wilcoxon-Test unterschreiten muss, damit der Gruppenunterschied auf dem Signifikanzniveau $\alpha$ = ,05 (beidseitig) signifikant ist.

| $n_1 + n_2$ | 6 | 7 | 8 | 9 | 10 | 11 | 12 | 13 | 14 | 15 | 16 | 17 | 18 |
|---|---|---|---|---|---|---|---|---|---|---|---|---|---|
| $R_{krit}$ | 0 | 2 | 3 | 5 | 8 | 10 | 13 | 17 | 21 | 25 | 29 | 34 | 40 |
| $n_1 + n_2$ | 19 | 20 | 21 | 22 | 23 | 24 | 25 | 26 | 27 | 28 | 29 | 30 | |
| $R_{krit}$ | 46 | 52 | 58 | 65 | 73 | 81 | 89 | 98 | 107 | 116 | 126 | 137 | |

Rangsumme hinreichend genau durch eine Normalverteilung mit der Standardabweichung

$$\sigma_R = \sqrt{\frac{n_A \cdot n_B \cdot (n_A + n_B + 1)}{12}}$$

beschreibbar. Überschreitet die standardnormalverteilte Prüfgröße

$$z_R = \frac{|R - E(R)|}{\sigma_R} = \frac{R - E(R)}{\sqrt{\frac{n_A \cdot n_B \cdot (n_A + n_B + 1)}{12}}}$$

den kritischen Wert z = 1,96, der die extremen oberen (bzw. unteren) 2,5 % der Standardnormverteilung abschneidet, ist der Gruppenunterschied signifikant.

**Box – Beispiel**

Es wurden 50 Personen in Gruppe A und 50 Personen in Gruppe B untersucht. $R_{\text{Gruppe A}}$ betrage 1750, $R_{\text{Gruppe B}}$ = 3300.
Dann gilt: E(R) = (50 ·101)/2 = 2525
Die Prüfgröße lautet dann:

$$z_{GruppeA} = \frac{1750 - 2525}{\sqrt{\frac{50 \cdot 50 \cdot 101}{2}}} = \frac{-775}{355} = -2{,}18$$

$$z_{GruppeB} = \frac{3300 - 2525}{\sqrt{\frac{50 \cdot 50 \cdot 101}{2}}} = \frac{+775}{355} = +2{,}18$$

Da die z-Werte den kritischen Wert $z_{\alpha=,05}$ = +/– 1,96 unter- bzw. überschreiten, ist der Gruppenunterschied statistisch signifikant.

Obwohl die Stichprobengrößen in der Tabelle 7-5 nicht hinreichend groß sind ($n_i$ < 14 pro Gruppe), damit die Prüfgröße als standardnormalverteilt angenommen werden kann, berechnet SPSS die Ergebnisse des Wilcoxon-Tests trotzdem. Diese dürfen jedoch nicht als valide Basis der Signifikanzprüfung verwendet werden. Unabhängig von der Zulässigkeit der Interpretation, wird die Teststatistik W (= der größere der beiden R-Werte), der Standardfehler und der z-Wert („Standardisierte Teststatistik") von SPSS berechnet. Um die Berechnung mittels SPSS exemplarisch darzustellen, ist der Datensatz und die Dialogbox, mittels der der Test angefordert wird, in **Abbildung 7-4** dargestellt.

Der Wert von Wilcoxons W entspricht dem oben ermittelten größeren R-Wert ($R_{\text{Gruppe B}}$ = 129). Der Standardfehler entspricht dem Wert, der sich gemäß der Formel $\sigma_R$ ergibt:

$$\sigma_R = \sqrt{\frac{n_A \cdot n_B \cdot (n_A + n_B + 1)}{12}} = \sqrt{\frac{10 \cdot 10 \cdot 21}{12}} = 13{,}23$$

Die „Standardisierte Teststatistik" entspricht dem Wert

$$z_R = \frac{|R - E(R)|}{\sigma_R} = \frac{24}{13{,}23} = 1{,}81$$

Da der p-Wert von $z_R$ mit ,070 oberhalb $\alpha$ = ,05 liegt, würde sich der Gruppenunterschied sich hier ebenfalls als nicht signifikant erweisen, wenn die Voraussetzungen für die Interpretation erfüllt wären (**Tabelle 7-7**).

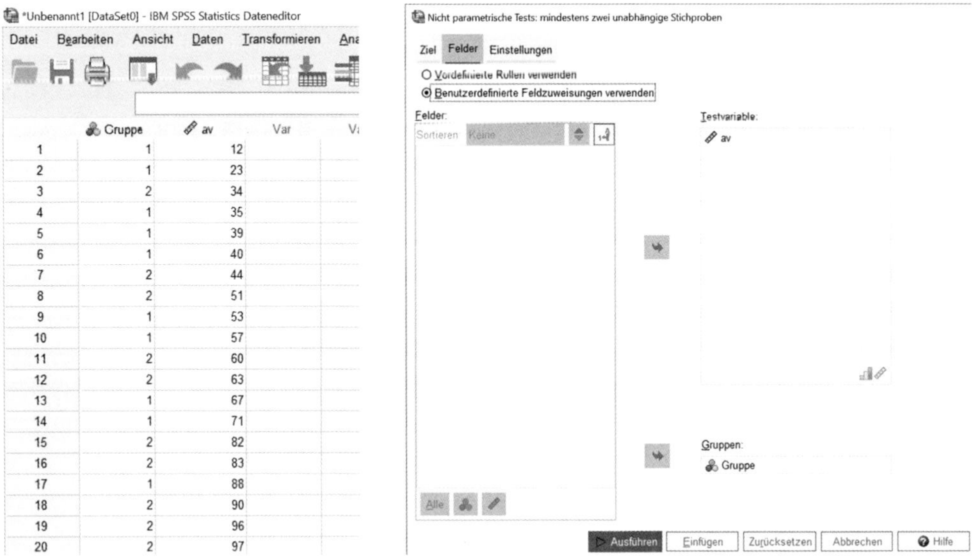


**Abbildung 7-4:** SPSS-Datenfenster und Dialogbox zur Anforderung des Wilcoxon-Tests.

**Tabelle 7-7:** Ergebnisdarstellung des Wilcoxon Tests in SPSS.

| | **Wert** |
|---|---|
| **Gesamtzahl** | 20 |
| **Wilcoxon-W** | 129,000 |
| **Standardfehler** | 13,229 |
| **Standardisierte Teststatistik** | 1,814 |
| **Asymptotische Sig. (2-seitiger Test)** | ,070 |
| **Exakte Sig. (2-seitiger Test)** | ,075 |

## 7.4 Ausblick: t-Test für abhängige Stichproben, Wilcoxon-Rangsummen-Test, Varianzanalyse

Beim t-Test für unabhängige Stichproben und dem Wilcoxon-Rangsummen-Test werden zwei Gruppen (z. B. Männer vs. Frauen, Geimpfte vs. nicht Geimpfte) hinsichtlich eines Unterschieds in einer intervall- oder ordinalskalierten Testvariable miteinander verglichen. Es handelt sich dabei um **unabhängige Stichproben**, weil Angehörige der einen Gruppe per Definition nicht der Vergleichsgruppe angehören.

Anders verhält es sich, wenn wir eine Gruppe mit sich selbst, z. B. zu zwei verschiedenen Zeitpunkten, vergleichen. So könnten wir die Mittelwerte der Depressivität einer Personengruppe vor und nach einer Behandlung miteinander vergleichen. Vor und nach der Behandlung werden dieselben Personen befragt. Die Hypothese würde dann die Veränderung der Merkmalsausprägung im Behandlungsverlauf betreffen. In diesem Fall liegt ein Untersuchungsdesign mit **abhängiger Stichprobe** vor:

Die Stichprobenmitglieder werden hier also mit sich sich selbst verglichen. Der **t-Test für abhängige Stichproben** und der **Wilcoxon-Vorzeichen-Rang-Test** berücksichtigen die Informationen der individuellen Stabilität von Merkmalsausprägungen. Liegt eine gewisse Merkmalsstabilität auf Personenebene vor, so wird eine Person, die vor der Behandlung eine geringe (bzw. hohe) Depressivität aufwies, auch tendenziell nach der Behandlung eine eher geringe (bzw. hohe) Depressivität aufweisen. Diese statistische Information erlaubt eine genauere Testung der Mittelwertunterschiede oder allgemein in der zentralen Tendenz der Testvariable (hier: Depressivität). In Kapitel 9 werden wir uns mit dem Zusammenhang bzw. der Korrelation von Merkmalen beschäftigen: Eine positive Korrelation eines Merkmals über die Zeit spiegelt wider, dass dieses Merkmal in gewissem Maße stabil bleibt. Beim *t-Test für abhängige Stichproben* wird die Korrelation als Maß der Stabilität der Merkmalsausprägung berücksichtigt. Hierdurch wird die statistische Berechnung etwas komplexer als für den t-Test für unabhängige Stichproben. Das grundlegende Prinzip bleibt aber unverändert: Bei beiden Formen des t-Tests bedeutet ein signifikantes Ergebnis, dass sich zwei Mittelwerte in höherem Maße unterscheiden, als dies gemäß der Zufallsanteile in den Daten zu erwarten wäre. Beim *Wilcoxon-Vorzeichen-Rang-Test*, der im Falle ordinalskalierter Daten angewendet werden kann, wird die individuelle Veränderung in Form der individuellen Differenzen der Rangplätze in Rechnung gestellt. Zu den genauen Hintergründen des t-Tests für abhängige Stichproben und dem Wilcoxon-Vorzeichen-Rang-Test sei auf die Darstellung in Eid et al. (2017) verwiesen.

**BOX – Merke**

- Untersuchung **unabhängiger Stichproben** = Analyse von Gruppenunterschieden; Kennwerte der zentralen Tendenz (z.B. Mittelwerte) werden in *verschiedenen Personengruppen* gebildet.
- Untersuchung **abhängiger Stichproben** = Analyse von Veränderungen bzw. Entwicklungen über die Zeit oder generell der Unterschiedlichkeit von Merkmalsausprägungen bei denselben Personen; Kennwerte der zentralen Tendenz (z.B. Mittelwerte) werden in *derselben Personengruppe* gebildet.
- Da bei abhängigen Stichproben das individuelle Niveau der Stichprobenmitglieder statistisch zusätzlich in Rechnung gestellt wird, können Zufallseffekte in den Daten besser kontrolliert werden: Mittelwertunterschiede erweisen sich demzufolge in abhängigen Stichproben – unter ansonsten gleichen Umständen – eher als statistisch signifikant.

**Varianzanalytische Verfahren** erweitern das Grundprinzips des t-Tests, wenn nicht zwei, sondern mehr als zwei Mittelwerte verglichen werden. Soll untersucht werden, ob sich die Mittelwerte der beruflichen Zufriedenheit (intervallskalierte anhängige Variable) zwischen den drei Berufsgruppen Ergotherapeutinnen und -therapeuten, Pflegekräfte sowie Sozialarbeiterinnen und -arbeiter unterscheiden, so käme eine Varianzanalyse zum Einsatz. Werden mehr als zwei unabhängige Stichproben untersucht, kommt die **Varianzanalyse ohne Messwiederholung** zum Einsatz. Im Falle von abhängigen Stichproben (z. B. Patientengruppe wird vor, unmittelbar nach und sechs Monate nach der Behandlung befragt; drei Messzeitpunkte) so wird die **Varianzanalyse mit Messwiederholung** angewendet. Der **Kruskal-Wallis-Test** und der **Friedman-Test** bilden die Pendants, wenn Unterschiede in einer ordinalskalierten Testvariable geprüft werden (**Tabelle 7-8**).

Hier eröffnet sich also ein breites Spektrum an unterschiedlichen statistischen Testverfahren. Auf diese sei aber nur kurz hingewiesen, da eine Beschäftigung mit den Verfahren dieses Einführungsbuch sprengen würde. Als Vertiefungsquelle sei das Buch von Eid et al. (2017) empfohlen. Im Sinne der Lernziele dieses Kapitels soll es genügen, darauf hinzuweisen,

**Tabelle 7-8:** Überblick über die behandelten und weiterführenden Verfahren

| | | Anzahl Vergleichsbedingungen | |
|---|---|---|---|
| **Testvariable** | **Stichprobe** | **2** | **>2** |
| **Intervall-skaliert** | **Unabhängig** | t-Test für unabhängige Stichproben | Varianzanalyse ohne Messiederholung |
| | **Abhängig** | t-Test für abhängige Stichproben | Varianzanalyse mit Messwiederholung |
| **Ordinal-skaliert** | **Unabhängig** | Wilcoxon-Rangsummen-Test | Kruskal-Wallis-Test (Rangvarianzanalyse ohne Messwiederholung) |
| | **Abhängig** | Wilcoxon-Vorzeichen-Rang-Test | Friedman-Test (Rangvarianzanalyse mit Messwiederholung) |

dass – trotz der immer differenzierter und komplexer werdenden statistischen Modellierungen – bei allen Verfahren dasselbe Schema zugrunde liegt, dessen Schritte im folgenden kurzen Abschnitt zusammengefasst dagestellt werden.

## 7.5 Allgemeines Ablaufschema für Signifikanztests

Für alle statistischen *Signifikanztests* werden folgende Schritte durchlaufen:

1. Es wird eine **Nullhypothese (H0)** und eine **Alternativhypothese (H1)** formuliert. Die H0 nimmt an, dass der Dateninformation (z. B. Mittelwertunterschied) keine Systematik unterliegt, diese also zufallsbedingt zustande gekommen ist. Die H1 nimmt an, dass die Dateninformationen nicht auf Zufall beruhen, sondern durch einen auf Populationsebene vorhandenen bzw. wahren Effekt zurückzuführen sind.
2. Es muss entschieden werden, ob **einseitige (gerichtete) oder zweiseitige (ungerichtete) Hypothesen** formuliert werden: i. d. R. sollte zweiseitig getestet werden, um z. B. sowohl Verschlechterungen als auch Verbesserungen nachweisen zu können bzw. valide zu prüfen.
3. Das **Signifikanzniveau** wird festgelegt: i. d. R. $\alpha = ,05$ bzw. 5 %.
4. Es wird eine statistische **Prüfgröße** berechnet, die den zu testenden Effekt standardisiert, d. h. statistisch vergleichbar abbildet.
5. Die **Zufallsverteilung der Prüfgröße** wird unter der Annahme bestimmt, dass die Nullypothese gilt (H0-Verteilung).
6. Es wird bestimmt, ob die Ausprägung der Prüfgröße so extrem vom Zentrum der H0-Verteilung abweicht, dass eine solch große oder noch größere Abweichung nur unwahrscheinlich auftreten sollte, wenn die H0 gilt.
7. Liegt die Prüfgröße jenseits der kritischen Werte, die die extremen 5 % der Teilung abschneiden, bzw. ist der *p-Wert kleiner als* das festgelegte Signifikanzniveau $\alpha = ,05$, so ist das Ergebnis **statistisch signifikant. ⇒ Die Alternativhypothese (H1) wird angenommen.**
   Ist der Betrag der Prüfgröße kleiner als der Betrag der kritischen Werte, die die extremen 5 % der Verteilung abschneiden, bzw. ist der *p-Wert größer als* das festgelegte Signifikanzniveau $\alpha = ,05$, so ist das Ergebnis **nicht statistisch signifikant. ⇒ Die Nullhypothese (H0) wird beibehalten.**

## 7.6 Zusammenfassung

Mit dem **t-Test für unabhängige Stichproben** haben wir ein Verfahren kennengelernt, mittels dessen geprüft werden kann, ob sich die Mittelwerte zweier Stichproben $\overline{x}_1$ und $\overline{x}_2$ systematisch bzw. signifikant unterscheiden. Dieser Test wird wie jeder andere Signifikanztest gemäß eines typischen Ablaufschemas durchgeführt.

Zunächst werden zwei konkurrierende Hypothesen formuliert. Die **Nullhypothese oder H0** besagt, dass sich die gemessenen Mittelwerte $\overline{x}_1$ und $\overline{x}_2$ nur zufallsbedingt unterscheiden. Dies entspricht der Annahme, dass die beiden Gruppen aus derselben Population bzw. Grundgesamtheit stammen. Dass sich die Mittelwerte zweier Stichproben unterscheiden, wenn sie derselben Grundgesamtheit entstammen, ist allein aufgrund unsystematischer Zufallseffekte bedingt (*H0 = Zufallshypothese*). Ist beispielsweise eine Therapie wirkungslos, so ist es egal, ob man an der Therapie teilgenommen hat oder nicht. In diesem Falle würden Unterschiede in einer therapierten vs. einer nicht therapierten Gruppe allein durch statistische Zufallseffekte bedingt sein.

Die **Alternativhypothese oder H1** besagt genau das Gegenteil, nämlich, dass sich die gemessenen Mittelwerte systematisch und nicht nur zufallsbedingt unterscheiden. Die beiden Untersuchungsgruppen würden bei Gültigkeit der H1 zwei verschiedenen Populationen entstammen. So sollte beispielsweise der Erwartungswert in der nicht therapierten Gruppe $\mu_1$ systematisch niedriger liegen als der Erwartungswert in der therapierten Gruppe $\mu_2$.

Es muss stets geprüft werden, ob die statistischen **Voraussetzungen des Testverfahrens** erfüllt sind. Für den t-Test muss insbesondere bei kleinen Stichproben die Normalverteilung der Werte innerhalb der Gruppen gewährleistet sein. Zudem müssen die Varianzen in den beiden Gruppen gleich sein. Sind diese Bedingungen verletzt und wurde nicht nachgewiesen, dass das statistische Verfahren robust gegenüber solchen Verletzungen ist, so sollte ein Verfahren eingesetzt werden, das an schwächere Voraussetzungen gebunden ist (z. B. *Wilcoxon-Rangsummen-Test* für ordinale Daten).

Die **Signifikanzprüfung** erfolgt, indem die Differenz der Mittelwerte $\overline{x}_1 - \overline{x}_2$ durch den Standardfehler der Mittelwertdifferenz geteilt wird. Für den resultierende t-Wert wird nun bestimmt, ob dieser zu den extremen 5 % der Nullhypothesenverteilung gehört (**Signifikanzniveau $\alpha$ = ,05 bzw. 5 %**), deren Erwartungswert $\mu_1 - \mu_2 = 0$ beträgt. Ist die Wahrscheinlichkeit p eines solch extremen oder noch extremeren Ergebnisses kleiner als $\alpha$ = ,05, so handelt es sich um einen statistisch signifikanten Unterschied. Statistisch signifikant bedeutet also, dass eine Mittelwertdifferenz vorliegt, die nur unwahrscheinlich auftreten sollte, wenn die Nullhypothese gilt. Würde lediglich Zufall zugrunde liegen, wäre – im Falle statistischer Signifikanz – eine solch großer Unterschied nur sehr unwahrscheinlich zu erwarten. Wenn sich die Nullhypothese aufgrund des signifikanten Ergebnisses als unplausibel erwiesen hat, wird die Alternativhypothese angenommen: Der Mittelwertunterschied wird als systematisch bzw. statistisch auffällig gewertet.

Ist die Wahrscheinlichkeit p einer solch extremen oder noch extremeren Mittelwertdifferenz größer als $\alpha$ = ,05, so handelt es sich um einen statistisch nicht signifikanten Unterschied. Würde lediglich Zufall zugrunde liegen, wäre ein solch großer Unterschied nicht hinreichend unwahrscheinlich ($p > \alpha$ = ,05). Die Nullhypothese muss dann also als durchaus plausible Erklärungsgrundlage gelten. Bei einem nicht signifikanten Ergebnis wird die Nullhypothese beibehalten: Der Mittelwertunterschied wird als nicht systematisch, als zufallsbedingt bzw. als statistisch unauffällig gewertet.

## 7.7 Blitzlichter aus der Forschungspraxis

Es gibt wohl kaum einen empirisch-statistischen Artikel, in dem keine Signifikanzprüfungen zu finden sind. Obwohl die valide Durchführung und Interpretation von Signifikanzprüfungsverfahren auf der expliziten Formulierung von Forschungshypothesen basiert, werden p-Werte und Signifikanzaussagen auch berichtet, wenn dokumentiert werden soll, ob Zufallsschwankungen als plausible Grundlage von beobachteten Unterschieden oder Zusammenhängen gelten können. Die folgenden drei Blitzlichter und die Blitzlichter am Ende des Kapitels 8 zeigen, wie Signifikanztestergebnisse typischerweise in der Literatur berichtet, aber auch kritisch diskutiert werden.

**Blitzlicht 7.1: Geschlechtsunterschiede im selbsteingeschätzten Wissen zu COVID-19-Symptomen**

Kamenidou et al. (2020) wenden den t- Test für unabhängige Stichproben an, um zu prüfen, ob sich männliche Studienteilnehmer (n = 315) und weibliche Studienteilnehmerinnen (n = 447) der Generation Z in dem selbsteingeschätzten generellen Wissen zu COVID-19-Symptomen und zu 13 Einzelsymptomen von COVID-19 unterscheiden. Das eigene Wissen wurde auf einer 7-stufigen Ratingskala eingeschätzt („1" = „Ich habe überhaupt kein Wissen" bis „7" – „Ich habe vollständiges Wissen"). In Tabelle 5 des Artikels sind die gruppenspezifischen Mittelwerte, Standardabweichungen und Standardfehler angegeben. In Tabelle 6 sind die Ergebnisse der Signifikanztestung mittels t-Test für unabhängige Gruppen angegeben. So ist bei der Frage zum generellen Wissen zu COVID-19-Symptomen der Mittelwert der Männer mit $\overline{x}_M = 5{,}285$ ($\hat{\sigma}_M = 1{,}622$) niedriger ausgeprägt als derjenige der Frauen ($\overline{x}_F = 5{,}556$ ($\hat{\sigma}_F = 1{,}371$). Dass dieser Unterschied statistisch signifikant ist, erkennt man daran, dass der t-Wert mit einem Betragwert von 2,575 deutlich jenseits des Wertes 2 liegt, der p-Wert mit ,010 kleiner als $\alpha$ = ,050 ist und das 95 %-Konfidenzintervall [–,494– –,067] den Erwartungswert der Nullhypothese 0 nicht miteinschließt. Auf Ebene der Einzelsymptome zeigen sich für Frauen signifikant höhere Werte hinsichtlich des Wissens zu Fieber, Müdigkeit und Muskelschmerzen. Bei Männern war das selbsteingeschätzte Wissen zu Halschmerzen, Übelkeit/Erbrechen, blutigem Husten und Unterleibsschmerzen signifikant höher ($|t|$ = 1,986–3,092, p = ,001–,047). Die Geschlechtsguppen unterscheiden sich nicht hinsichtlich des Wissens zu Husten, Dyspnoe, Abmagerung und produktiver Husten mit Auswurf (Schleim), Kopfschmerzen und Diarrhöe ($|t|$ = 0,014–1,856; p = ,064–,989).

**Blitzlicht 7.2: Untersuchung einer Achtsamkeitsintervention zur Förderung der Lehrergesundheit**

Kraft et al. (2022) untersuchen für N = 36 Lehrkräfte, die an einer Achtsamkeitsintervention teilgenommen haben, ob diese im Prä-Post-Vergleich Mittelwertunterschiede in den Merkmalen Stresserleben, Burnout-Gefährdung, Wohlbefinden und Achtsamkeit ergeben. Da die recht kleine Stichprobe von N = 36 Lehrkräften keine komplexeren Verfahren zum Vergleich der Mittelwertunterschiede erlauben, werden paarweise Vergleiche durchgeführt. Dies beschreiben die Autorinnen und Autoren im Methodenteil des Beitrags auf S. 301 wie folgt: „Weiterbildungsgruppen- bzw. Geschlechtsunterschiede der Parameter zu t0 wurden mittels ungepaarten t-Test (bzw. Mann-Whitney-U-Test mit exakter Signifikanz bei einzelnen nicht-normalverteilten Messgrößen und $n < 30$) überprüft. Zur Analyse der Prä-Post-Veränderung der Outcomevariablen wurden Mittelwertvergleiche von t0 und t1 mittels gepaartem t-Test (bzw. Wilcoxon-Test mit exakter Signifikanz) durchgeführt. Die Höhe der Veränderung von t0 zu t1 ($\Delta_{t1\text{-}t0}$) wurde wiederum über ungepaarte t-Tests (bzw. Mann-Whitney-U) auf Gruppen- und Geschlechtsunterschiede untersucht." Ungepaarte t-Tests entsprechen t-Tests für unabhängige Stichproben, gepaarte t-Tests entsprechen t-Tests für abhängige Stichproben. Die Autorinnen und Autoren betonen hierbei also die Notwendigkeit, zwischen abhängigen und unabhängigen Stichproben zu unterscheiden und bei kleinen Stichproben (n < 30), bei denen die Normalverteilungsvoraussetzung nicht erfüllt ist, mit dem Mann-Whitney-U-Test bzw. Wilcoxon-Test ein Verfahren für ordinalskalierte Daten zu verwenden. In Tabelle 2 des Artikels zeigt sich z. B. für alle 11 Merkmale im

Vorher-Nachher-Vergleich eine signifikante Verbesserung der Werte im Anschluss an die Intervention: $|t_{df=30}| = 2{,}21–5{,}73$, größter p-Wert: ,035. Diese Ergebnisse können jedoch nur als Hinweise auf die Wirksamkeit gewertet werden, da leider keine Vergleichswerte für eine Kontrollgruppe vorlagen.

**Blitzlicht 7.3: Zur korrekten Interpretation des Signifikanztests und Implikationen für die evidenzbasierten Gesundheitswissenschaften.**

Weihe (2004) klärt in einem amüsanten und lehrreichen Beitrag für das Deutsche Ärzteblatt die Problematik der korrekten Interpretation des p-Werts und von Signifikanztests. Er wählt dabei die Form eines „Gallileischen Dialogs", in dem sich drei Ärzte mit der Frage beschäftigen, wieso die Ergebnisse von statistischen Tests oft fehlinterpretiert werden, obwohl diese Fehler recht einfach zu erkennen sind. Eine wichtige Implikation ist hierbei, dass die mehrfache Durchführung von Studien und die Zusammenfassung von Befunden möglichst aller Studien, die zur Beantwortung derselben Fragestellung durchgeführt wurden, empfohlen werden (systematische Übersichtsarbeiten oder Metaanalysen; Khan et al., 2004). Beck-Bornholt und Dubben (2001) geben in einem sehr gut geschriebenen und lesenswerten Buch viele weitere Beispiele, die verdeutlichen, dass logisches Denken und ein fundiertes Verständnis von Wahrscheinlichkeiten wichtig sind, um empirische Phänomene und Daten richtig einordnen und interpretieren zu können.

## Übungsaufgaben

1. Prüfen Sie bitte, ob sich Männer und Frauen in den in **Tabelle 3-1** angegebenen Daten für die psychische Lebensqualität gemäß des t-Tests für unabhängige Stichproben signifikant unterscheiden. Hierbei können Sie die Ergebnisse des Aufgabenblocks am Ende des Kapitels 4 nutzen.
   a) Bestimmen Sie das 95%-Konfidenzintervall für die Mittelwertdifferenz.
   b) Wie würde das 95%-Konfidenzintervall lauten, wenn jede der beiden Gruppen 30 Personen bzw. 60 Personen umfassen würde?
2. Prüfen Sie bitte, ob sich Männer und Frauen in den in Tabelle 3-1 angegebenen Daten für die psychische Lebensqualität signifikant unterscheiden, wenn Sie den Wilcoxon-Test als Analyseverfahren verwenden?
3. Eine Behandlungs- und eine Kontrollgruppe werden hinsichtlich ihrer körperlichen Fitness getestet. Es ergeben sich folgende deskriptiven Kennwerte:
   - Behandlungsgruppe: $\bar{x}_B = 25, \hat{\sigma}_B^2 = 144.$
   - Kontrollgruppe: $\bar{x}_K = 22, \hat{\sigma}_K^2 = 100.$

Bestimmen Sie für folgende Stichprobengrößen die t-Werte und markieren Sie diese als vertikale Linie in der folgenden Abbildung.

- $n_B = n_K = 10$
- $n_B = n_K = 30$
- $n_B = n_K = 60$
- $n_B = n_K = 100$

Bestimmen Sie zudem die beidseitigen p-Werte für die vier Fälle (**Abbildung 7-5**).

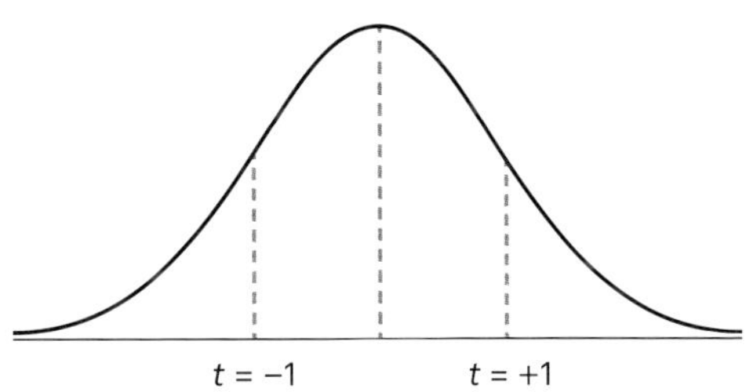


**Abbildung 7-5:** t-Verteilung

# 8 Anwendung und Interpretation des Signifikanztests und das Effektstärkemaß Cohens d

Statistische Signifikanztests werden in der Forschung eingesetzt, um die Gültigkeit von Hypothesen zu prüfen. Damit diese aber aussagekräftig interpretiert werden können, muss deren Einsatz nach bestimmten Grundprinzipien erfolgen. Die Resultate können nur richtig interpretiert werden, wenn berücksichtigt wird, dass die Entscheidungen mit einer gewissen Fehlerwahrscheinlichkeit behaftet sind und welche Annahme durch die Nullhypothese repräsentiert wird.

Nach Durcharbeiten dieses Kapitels

- kennen Sie den Unterschied zwischen fälschlicher Annahme der Alternativhypothese (*α-Fehler*) und fälschlicher Beibehaltung der Nullhypothese (*β-Fehler*).
- kennen Sie den Unterschied zwischen exploratorischem (suchendem) und konfirmatorischem (prüfenden) Einsatz von Signifikanztests.
- wissen Sie, weshalb für statistische Testbefunde Effektstärkemaße ergänzend berichtet werden sollten.
- können Sie *Cohens d* als standardisiertes Effektstärkemaß für Mittelwertunterschiede berechnen und interpretieren.

## 8.1 Zwei Arten möglicher Fehlentscheidungen: Der α- (alpha-) und der β-(beta-) Fehler

Besteht in Wahrheit kein Unterschied zwischen zwei Gruppen, gilt also die Nullhypothese, so kann in einer Untersuchung trotzdem ein signifikantes Ergebnis vorliegen. Die Wahrscheinlichkeit einer solchen falschen Entscheidung gegen die Nullhypothese wird durch das Signifikanzniveau α festgelegt. Gemäß der allgemeinen Vereinbarung, dass α = ,05 bzw. 5 % beträgt, werden bei 100 Tests 5 zu Unrecht signifikante Ergebnisse erwartet, wenn die Nullhypothese gilt. Werden in einer Studie 100 Merkmale zwischen Männern und Frauen verglichen, in denen sich Männer und Frauen tat-

**Box – Definition**

**α-Fehler, Fehler erster Art, falsch signifikantes/positives Ergebnis:** Zeigt der Signifikanztest für einen gemessenen Unterschied zwischen zwei Gruppen ein signifikantes Ergebnis an, obwohl kein wahrer Unterschied in den Populationen zugrunde liegt – also die Nullhypothese gilt –, so spricht man von einem α -Fehler oder einem Fehler erster Art. Bei einem solch *falsch signifikanten Ergebnis* entscheidet man sich fälschlicherweise für die Alternativhypothese.

- α-Fehler = Obwohl kein wahrer Effekt oder Unterschied zugrunde liegt, zeigt der Test einen Effekt oder Unterschied an.
- α-Fehler = Zu Unrecht signifikantes Ergebnis.

**α-Fehler-Inflation:** Je häufiger statistische Tests durchgeführt werden, desto größer wird die Wahrscheinlichkeit, dass ein auffälliges bzw. signifikantes Ergebnis rein zufallsbedingt auftreten kann.
Mit wachsender Anzahl statistischer Tests verlieren die Einzeltests an Aussagekraft, weil Fehlentscheidungen wahrscheinlicher werden.

sächlich überhaupt nicht systematisch unterscheiden (Nullhypothese ist gültig), so wird trotzdem erwartet, dass für fünf der Merkmale ein statistisch signifikantes Ergebnis resultiert.

Statistisches Testen funktioniert nur, weil wir die Irrtums- oder **Fehlerwahrscheinlichkeit** systematisch begrenzen. Wir müssen in Kauf nehmen, dass wir uns in seltenen Fällen irren können. Wollten wir 100-prozentige Sicherheit erreichen, würden wir nie zu einer Entscheidung zugunsten der Alternativhypothese gelangen können, da jedes Ergebnis prinzipiell auch rein zufallsbedingt aufgetreten sein könnte. Deshalb müssen wir ein Signifikanzniveau definieren. Dieses **Signifikanzniveau** bezieht sich jedoch lediglich auf eine einzelne Testdurchführung. Je öfter wir statistische Tests durchführen, desto höher ist die Wahrscheinlichkeit, dass bei mindestens einem der Tests ein α-Fehler begangen wird.

Die Zunahme der α-Fehlerwahrscheinlicheit bei **mehrfacher Testanwendung** kann wie folgt bestimmt werden.

- Die Wahrscheinlicheit, bei einem Test richtig zu entscheiden bzw. ein nicht signifikantes Ergebnis zu erhalten, wenn die Nullhypothese tatsächlich richtig ist, beträgt:
  - p(keine Signifikanz bei einem Test | Nullhypothese gilt) = ,95 ⇒ p(α -Fehler) = ,05.
- Bei zwei Tests gilt:
  - p(keine Signifikanz bei zwei Tests | Nullhypothese gilt) = ,95 · ,95 = 90 ⇒ p(α-Fehler bei mindestens einem der beiden Tests) = ,10.
- Bei drei Tests gilt:
  - p(keine Signifikanz bei drei Tests | Nullhypothese gilt) = ,95 ·,95 ·,95 = ,86 ⇒ p(α-Fehler bei mindestens einem der drei Tests) = ,14.
- Bei k Tests gilt:
  - p(keine Signifikanz bei k Tests | Nullhypothese gilt) = $,95^k$ ⇒ p(α-Fehler bei mindestens einem der k Tests) = 1–$,95^k$.

Mit wachsender Anzahl der Tests erhöht sich also die Fehleranfälligkeit der Tests insgesamt. Diese Kumulation der α-Fehler-Wahrscheinlichkeit kann vermieden werden, wenn ein korrigiertes Signifikanzniveau $\alpha_{korr} = \alpha/k$ (Bonferroni-Korrektur; Eid et al., 2017; z. B. k = 10 tests: $\alpha_{korr}$ = ,05/10 = ,005) für jeden Einzeltest verwendet wird. Hierbei erhöht sich jedoch die Gefahr, bedeutsame Effekte nicht als signifikant zu erkennen (β-Fehler; s. unten). Um sowohl die α- als auch die β-Fehlerwahrscheinlichkeit möglichst klein zu halten, sollten statistische Tests grundsätzlich möglichst sparsam eingesetzt werden. Im neuen Test müssen das griech. alpha und beta in normaler Größe geschrieben werden.

**Box – Vertiefung**

**Konfirmatorischer und exploratorischer Einsatz von Signifikanztests**

Die valide Interpretation der Ergebnisse von Signifikanztests setzt voraus, dass die zu prüfenden Hypothesen vor Kenntnis der Ergebnisse formuliert werden (Kapitel 1). Nur dann entspricht das definierte Signifikanzniveau der Irrtumswahrscheinlichkeit. Wird so vorgegangen, handelt es sich wirklich um prüfendes oder konfirmatorisches Testen.

Werden jedoch viele Tests durchgeführt, um einen Eindruck davon zu gewinnen, welche Strukturen auffällig sind, so ist das Vorgehen suchend, hypothesengenerierend oder exploratorisch. Obwohl ein solcher Einsatz von Signifikanztests eigentlich der Grundlogik statistischer Hypothesenprüfung widerspricht, ist es durchaus nicht selten, dass bei komplexeren Datensätzen so vorgegangen wird. Da in 5 % aller Fälle signifikante Ergebnisse zugelassen werden, obwohl die Nullhypothese gilt, ist es bei explorativem Vorgehen die Regel, dass informationslose und nicht reproduzierbare, d. h. bei erneuter Studiendurchführung nicht wieder auftretende Effekte, als signifikant ausgewiesen werden. Exploratives „Testen“ sollte entsprechend nicht als „Testen“ bezeichnet werden, sondern als Identifikation von auf den ersten Blick auffällig scheinender und möglicherweise informationshaltiger Datenstrukturen. **Abbildung 8-1** stellt diese Problematik als Cartoon dar: Haben sich Dinge ereignet, ist es unangemessen, dies als Beleg für eine vorher nicht festgelegte Absicht zu werten.

Exploratorische Informationssuche mittels Signifikanztest kann nur dann als seriös gelten, wenn diese als solche klar gekennzeichnet wird. Dies kann beispielsweise so erfolgen, dass die zentralen Studienhypothesen konfirmatorisch getestet werden und unabhängig davon über exploratorisch identifizierte Auffälligkeiten berichtet wird. Über letztere lässt sich aber aufgrund der Studienergebnisse selbst noch keine verlässliche Aussage treffen, diese müssten in einer Folgestudie mittels neuer Daten geprüft werden.

**Box – Merke**

Statistische Hypothesen müssen aus der Theorie oder Vorgängerstudien abgeleitet bzw. entwickelt werden.

**A-priori-Hypothesen:** Hypothesen, die vor Kenntnis der Studiendaten formuliert wurden (a priori = im Vorhinein).

Hypothesen können nicht auf Grundlage der Daten getestet werden, aufgrund derer die Hypothesen selbst gewonnen wurden.

**A-posteriori-Hypothesen:** Hypothesen, die erst aufgrund der Kenntnis der Studiendaten formuliert wurden (a posteriori = im Nachhinein).

Nur im Falle der Formulierung von A-priori-Hypothesen ist der statistische Signifikanztest angemessen – d.h. im Sinne der eigentlichen Hypothesenprüfung – interpretierbar.

**Abbildung 8-1:** Wenn eine Vermutung formuliert wird, nachdem das Ergebnis bereits bekannt ist, handelt es nicht um eine empirische Bestätigung oder Prüfung der Vermutung. (Huber, 2019, S. 58).

Wissenschaftliche Erkenntnisse müssen zuverlässig wiederholbar oder replizierbar sein (Abschnitt 1.1.3). Lautet eine wissenschaftliche Erkenntnis, dass Methode A besser ist als Methode B, so muss gesichert sein, dass sich dies bei Wiederholung der Studie stabil immer wieder zeigen wird. Formuliert man Hypothesen a priori, sagt man also zukünftige Effekte zuverlässig vorher, so kann man begründeter davon ausgehen, dass dieser Befund stabil und wiederholbar ist. Angenommen, Sie würfeln 5-mal und erhalten die Zahlenreihe: 5, 4, 4, 2, 1. Hätten Sie vorher – a priori – gesagt, meine Würfelergebnisse werden immer kleiner, müsste man sich verwundert fragen, weshalb Sie dies vorhersagen konnten. Hätten Sie erst gewürfelt und dann – **a posteriori** – die Behauptung geäußert: „Ich bin offensichtlich der Typ, der bei wiederholten Würfen immer niedrigere Zahlen würfelt", würde man das nur als Scherz verstehen können. Unwahrscheinliche Phänomene sind an sich in der Regel nicht bemerkenswert. Lediglich die Tatsache, ob Sie dies vorhersagen konnten, macht dies bemerkenswert. Gleiches gilt für die Hypothesentestung mittels Signifikanztest. Dinge, die sich ereignen, sind an sich zumeist unwahrscheinlich. Wenn es wissenschaftlich gelingt, unwahrscheinliche Dinge **a priori** vorherzusagen, spricht das für den Gehalt des wissenschaftlichen Erklärungsmodells (Sedlmeier & Renkewitz, 2018).

**Box – Definition**

**β-Fehler, Fehler zweiter Art, falsch nicht signifikantes/negatives Ergebnis:** Zeigt der Signifikanztest für einen gemessenen Unterschied zwischen zwei Gruppen ein nicht signifikantes Ergebnis an, obwohl ein wahrer Unterschied in den Populationen zugrunde liegt – also die Alternativhypothese gilt – so spricht man von einem β-Fehler oder einem Fehler zweiter Art. Bei einem solch falsch nicht signifikanten Ergebnis behält man fälschlicherweise die Nullhypothese bei.

- β-Fehler: Obwohl ein wahrer Effekt oder Unterschied zugrunde liegt, zeigt der Test keinen Effekt oder Unterschied an.
- β-Fehler: zu Unrecht nicht signifikantes Ergebnis.

Ein zweiter möglicher Fehler bei der Durchführung von Signifikanztests besteht darin, dass tatsächlich vorhandene Unterschiede (Alternativhypothese gilt) unerkannt bleiben. Liegt auf Populationsebene tatsächlich ein Effekt oder Unterschied vor, so ist nicht sichergestellt, dass der Effekt oder Unterschied im Signifikanztest auch als signifikant ausgewiesen wird. In diesem Falle spricht man von einem **β-Fehler** oder **Fehler zweiter Art**.

Während ein α-Fehler nur möglich ist, wenn die Nullhypothese gilt, ist ein β-Fehler nur möglich, wenn die Alternativhypothese gilt. Ein α-Fehler kann zudem nur vorliegen, wenn das Testergebnis signifikant ist ($p < ,05$). Ein β-Fehler ist nur möglich, wenn das Testergebnis nicht signifikant ist ($p \geq ,05$). **Tabelle 8-1** zeigt die möglichen Entscheidungen bei Durchführung eines Signifikanztests, wenn das Ergebnis (nicht) signifikant ist (Zeilen) und die Nullhypothese oder aber die Alternativhypothese tatsächlich gültig ist (Spalten).

**Beispiel:** Angenommen, eine Trainingsgruppe erreicht in einem Leistungstest im Durchschnitt $\bar{x}_T = 12$ Punkte. Die Kontrollgruppe erreicht lediglich durchschnittlich $\bar{x}_K = 10$ Punkte.

- *Szenario 1*: Der Unterschied von zwei Punkten erweise sich im t-Test als signifikant ($p = ,01 < \alpha = ,05$). Dann gibt es zwei Möglichkeiten: Das Training geht tatsächlich mit einem systematisch höheren Leistungswert einher (Alternativhypothese gilt). Dann ist das signifikante Ergebnis korrekt, weil dies die Annahme der Alternativhypothese impliziert. Geht das Training jedoch nicht mit einer systematisch höheren Leistung einher (Nullhypothese gilt), so würde es sich um eine Fehlentscheidung in Form des α-Fehlers handeln: Die Annahme der Alternativhypothese wäre falsch, da in Wahrheit die Nullhypothese gültig ist.

**Tabelle 8-1:** Mögliche korrekte und fehlerhafte Ergebnisse des Signifikanztests in Abhängigkeit vom Testergebnis (Zeilen) und den gültigen zugrunde liegenden Hypothesen (Spalten).

| | | „Wahrheit“ (Populationsebene) | |
|---|---|---|---|
| | | **H0 gilt** | **H1 gilt** |
| **Testergebnis (Stichprobenebene)** | **Nicht signifikant** $p \geq ,05$ | **Richtig nicht signifikantes Ergebnis** „Fehlender Effekt korrekt erkannt“ | **β-Fehler Falsch nicht signifikantes Ergebnis** „Übersehener Effekt“ |
| | **Signifikant** $p < ,05$ | **α-Fehler Falsch signifikantes Ergebnis** „Falscher Alarm“ | **Richtig signifikantes Ergebnis** „Effekt korrekt erkannt“ |

- *Szenario 2*: Der Unterschied von zwei Punkten erweise sich im t-Test als nicht signifikant ($p = ,21 > \alpha = ,05$). Dann gibt es zwei Möglichkeiten: Das Training geht nicht mit einem systematisch höheren Leistungswert einher (Nullhypothese gilt). Dann ist das nicht signifikante Ergebnis korrekt, weil dies die Beibehaltung der Nullhypothese impliziert. Geht das Training jedoch in Wahrheit mit einer systematisch höheren Leistung einher (Alternativhypothese gilt), so würde es sich um eine Fehlentscheidung in Form des β-Fehlers handeln: Die Beibehaltung der Nullhypothese wäre falsch, da in Wahrheit die Alternativhypothese zutrifft.

## 8.2 Cohens d als Maß der Effektstärke und der Einfluss der Stichprobengröße

Das Ergebnis des statistischen Signifikanztests ist zum einen von der Größe des Mittelwertunterschieds und zum anderen von der Größe der Untersuchungsstichproben abhängig. Dies wird durch die Betrachtung der Formel zur Berechnung der Prüfgröße im t-Test deutlich (vgl. Abschnitt 7.2.4):

$$t = \frac{\bar{x}_1 - \bar{x}_2}{\sqrt{\frac{(n_1-1)\cdot\hat{\sigma}_1^2+(n_2-1)\cdot\hat{\sigma}_2^2}{n_1+n_2-2}\cdot\left(\frac{1}{n_1}+\frac{1}{n_2}\right)}}$$

$$= \frac{\bar{x}_1 - \bar{x}_2}{\sqrt{\frac{(n_1-1)\cdot\hat{\sigma}_1^2+(n_2-1)\cdot\hat{\sigma}_2^2}{n_1+n_2-2}}}\cdot\frac{1}{\sqrt{\left(\frac{1}{n_1}+\frac{1}{n_2}\right)}}$$

Der Term $\sqrt{\frac{(n_1-1)\cdot\hat{\sigma}_1^2+(n_2-1)\cdot\hat{\sigma}_2^2}{n_1+n_2-2}}$ dient der Bestimmung der durchschnittlichen bzw. gemittelten Standardabweichung der beiden Untersuchungsgruppen und wird als $\hat{\sigma}_{pooled}$ (engl. pooled = zusammengefasst) bezeichnet.

Der erste Faktor in der Gleichung wird auch als **Effektstärkemaß Cohens d** bezeichnet:

$$Cohens\ d = \frac{\bar{x}_1 - \bar{x}_2}{\sqrt{\frac{(n_1-1)\cdot\hat{\sigma}_1^2+(n_2-1)\cdot\hat{\sigma}_2^2}{n_1+n_2-2}}} = \frac{\bar{x}_1 - \bar{x}_2}{\hat{\sigma}_{pooled}}$$

**BOX – Beispiel**

Angenommen, eine Trainingsgruppe erreicht in einem Leistungstest im Durchschnitt $\bar{x}_T = 12$ Punkte. Die Kontrollgruppe erreicht lediglich durchschnittlich $\bar{x}_K = 10$ Punkte.
In beiden Gruppen betrage die Standardabweichung $\hat{\sigma} = 4$, sodass auch $\hat{\sigma}_{pooled}$ gleich 4 ist.

Dann nimmt Cohens d den Wert $\frac{\bar{x}_1-\bar{x}_2}{\hat{\sigma}_{pooled}} = \frac{12-10}{4} = 0{,}5$ an.

Für $\bar{x}_T = 12$ Punkte und $\bar{x}_K = 8$ Punkte wäre $d = \frac{12-8}{4} = 1$.

**BOX – Definition**

Cohens d gibt an, um wie viele Standardabweichungen sich zwei Mittelwerte unterscheiden. Cohen (1988) schlägt folgende Orientierungswerte zur Beurteilung der Größe einer Mittelwertdifferenz vor:

- Cohens d ≈ 0,2 ⇒ kleine statistische Effektstärke
- Cohens d ≈ 0,5 ⇒ mittlere statistische Effektstärke
- Cohens d ≈ 0,8 ⇒ große statistische Effektstärke

Obwohl Cohens d zur Beurteilung der Größe des Mittelwertunterschieds genutzt wird, erlaubt dieser Wert noch keine Aussage über die Signifikanz des Mittelwertunterschieds. Hierfür wird der in Kapitel 7 eingeführte t-Wert benötigt, der sich von Cohens d nur durch einen Faktor unterscheidet, der ausschließlich von der Stichprobengröße abhängig ist.

$$t = Cohens\ d \cdot \frac{1}{\sqrt{\frac{1}{n_1}+\frac{1}{n_2}}}$$

**Box – Definition**

Bleibt die Effektstärke Cohens d identisch, so wächst der Betragswert der Prüfgröße des t-Tests mit zunehmender Stichprobengröße an: Je größer die Stichproben sind,

- desto größer ist der t-Wert.
- desto eher wird der kritische t-Wert überschritten.
- desto eher resultiert ein signifikantes Testergebnis.

Je größer die Untersuchungsstichprobe ist, desto eher wird die Grenze für ein signifikantes Ergebnis überschritten.

**Beispiel:** Es gelten die im vorherigen Beispiel angenommenen Werte: $\bar{x}_T = 12$, $\bar{x}_K = 10$, $\hat{\sigma} = 4$ ⇒ Cohens d = 0,5

- Fall 1: In der Trainings- und Kontrollgruppe befinden sich jeweils $n_i = 10$ Personen. Dann gilt:
  $t_{df=18} = 0{,}5 \cdot \frac{1}{\sqrt{\frac{2}{10}}} = 0{,}5 \cdot 2{,}236 = 1{,}118$
  ($p = {,}279 > \alpha = {,}05$)
- Fall 2: In der Trainings- und Kontrollgruppe befinden sich jeweils $n_i = 25$ Personen. Dann gilt:
  $t_{df=48} = 0{,}5 \cdot \frac{1}{\sqrt{\frac{2}{25}}} = 0{,}5 \cdot 3{,}536 = 1{,}768$
  ($p = {,}083 > \alpha = {,}05$)
- Fall 3: In der Trainings- und Kontrollgruppe befinden sich jeweils $n_i = 40$ Personen. Dann gilt:
  $t_{df=78} = 0{,}5 \cdot \frac{1}{\sqrt{\frac{2}{40}}} = 0{,}5 \cdot 4{,}472 = 2{,}336$
  ($p = {,}022 < \alpha = {,}05$)

Dieselbe standardisierte Mittelwertdifferenz d = 0,5 wird bei Gruppengrößen von $n_i = 10$ und $n_i = 25$ als nicht signifikant ausgewiesen, während sie bei Stichprobengrößen von $n_i = 40$ die Signifikanzgrenze überschreitet.

Die im Beispiel verdeutlichte Gesetzmäßigkeit wird in **Abbildung 8-2** grafisch dargestellt. Der mittlere Graph gilt für die Effektstärke im Beispiel (d = 0,5). Werden zwei Stichproben mit jeweils $n_1 = n_2 = 30$ Personen untersucht (x-Achse), so liegt der t-Wert (y-Achse) unterhalb des Orientierungswertes von t = 2, ab dem in der Regel ein signifikanter Unterschied vorliegt.

Bei einer kleinen Effektstärke d = 0,2 ist auch bei Vergleich zweier Stichproben der Größe $n_1 = n_2 = 100$ die Signifikanzgrenze nicht erreicht. Hingegen ist der t-Wert bei einem gemäß Cohens d mit 0,8 großen Effekt bereits bei einer Stichprobe von $n_1 = n_2 = 15$ signifikant.

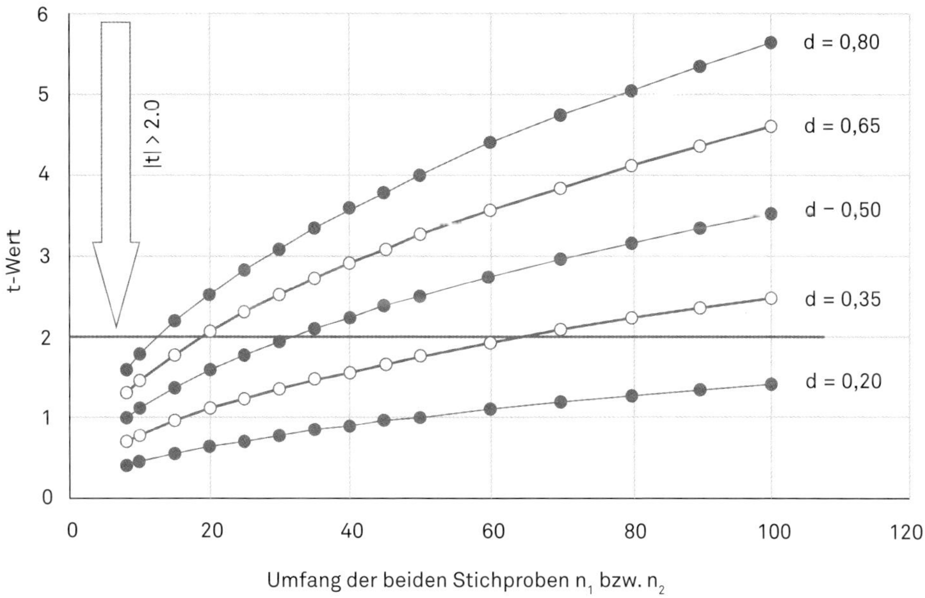


**Abbildung 8-2:** Ausprägung des t-Werts in Abhängigkeit von der Stichprobengröße und der Effektstärke Cohens d.

**Box – Merke**

**Signifikanzprüfung erlaubt keine Aussage über die absolute Größe eines Effekts bzw. Mittelwertunterschieds**

Ob ein Mittelwertunterschied signifikant ist oder nicht, hängt nicht nur von der Größe des Mittelwertunterschieds bzw. von der Effektstärke ab, sondern auch von der Größe der Vergleichsstichproben. Bei kleinen Stichproben werden auch große Mittelwertunterschiede signifikant. Kleine Mittelwertunterschiede werden jedoch nur in sehr großen Untersuchungsstichproben signifikant.

„Signifikanz" bedeutet nicht, dass ein Unterschied groß ist, sondern dass der Unterschied hinreichend unwahrscheinlich ($p < \alpha = ,05$) wäre, wenn diesem lediglich reiner Zufall (Nullhypothese gilt) zugrunde liegen würde. Untersucht man sehr große Stichproben, so kann Zufall schon für kleine Mittelwertunterschiede als Ursache ausgeschlossen werden.

In kleinen Untersuchungsstichproben müssen große Effekte oder Unterschiede vorliegen, damit ein signifikantes Ergebnis erwartet werden kann.

Die deutliche Abhängigkeit der Ergebnisse des Signifikanztests von der Größe der Untersuchungsstichproben, hat zu vielfältiger Kritik dieses Verfahrens in der empirischen Forschung geführt (Cohen, 1994). Beschränkt man den Bericht der Studienergebnisse beim Mittelwertvergleich nur auf die Angabe, ob der Unterschied signifikant ist oder nicht, so wird dies inzwischen nicht mehr als ausreichend akzeptiert. Hierdurch wird der Rezipient oder die Rezipientin des Ergebnisses dazu verleitet, Signifikanz im Sinne von „sehr groß" misszuverstehen.

Um dies zu vermeiden, sollte zusätzlich zum Ergebnis der Signifikanzprüfung das von der Stichprobengröße unabhängige Effektstärkemaß Cohens d berichtet werden. Wichtig ist hierbei, dass für nicht signifikante Ergebnisse die empirische Effektstärke immer gleich 0 angenommen werden muss. Nicht signifikant bedeutet, dass davon ausgegangen werden muss, dass kein wahrer Unterschied auf Populationsebene zugrunde liegt.

Im Falle eines signifikanten Ergebnisses empfiehlt es sich, die Ergebnisse z. B. wie folgt zu formulieren: „Es besteht ein signifikanter ($t_{df=88} = 2{,}336$; $p = {,}022 < \alpha = {,}05$) Mittelwertunterschied mittlerer Effektgröße $d = 0{,}5$."

Für nicht signifikante Ergebnisse empfiehlt es sich, die Ergebnisse z. B. wie folgt zu formulieren: „Es besteht kein Mittelwertunterschied da $t_{df=18} = 1{,}118$ ($p = {,}279 > \alpha = {,}05$) gilt. Die Erwartungswerte der beiden Gruppen müssen als identisch angesehen werden."

## 8.3 Zusammenfassung

Bei Entscheidungen auf Basis statistischer Signifikanztests kann nicht sicher ausgeschlossen werden, dass diese Entscheidungen falsch sind. Entscheiden wir uns aufgrund des signifikanten Ergebnisses für die Alternativhypothese, obwohl die Nullhypothese in Wahrheit gültig ist, so handelt es sich um einen **α-Fehler (Fehler erster Art; falsch signifikant; falscher Alarm)**. Wird bei einem nicht signifikanten Ergebnis die Nullhypothese beibehalten, obwohl in Wahrheit die Alternativhypothese zutrifft, wird dies als **β-Fehler** bezeichnet **(Fehler zweiter Art; falsch nicht signifikant; ausbleibender Alarm)**. Die Gefahr eines α-Fehlers ist besonders groß, wenn viele statistische Tests durchgeführt werden (Problem der α -Fehler-Inflation). Die Gefahr eines β-Fehlers ist besonders, wenn kleine Stichproben untersucht werden.

Ergänzend zu den Ergebnissen von statistischen Signifikanztests sollten **Effektstärkemaße** berichtet werden. Ob ein statistisches Ergebnis signifikant wird, wird systematisch durch die Stichprobengröße beeinflusst: Je größer die Stichprobe ist, desto eher resultiert ein signifikantes Ergebnis. Dies folgt aus der Logik des Signifikanztests, da Signifikanz lediglich bedeutet, dass der Zufall als Ursache für einen Befund ausgeschlossen werden kann. In großen Stichproben kann der Zufall viel besser kontrolliert werden als in kleinen Stichproben. Effektstärkemaße wie **Cohens d** sind hingegen nicht von der Stichprobengröße abhängig und bilden die absolute Größe des Mittelwertunterschiedes standardisiert ab. Die Effektstärke darf jedoch nur dann im Sinne der Größe eines Effekts interpretiert werden, wenn vorher die Signifikanz des Unterschiedes abgesichert wurde. Ansonsten muss davon ausgegangen werden, dass die Effektstärke d gemäß der beibehaltenen Nullhypothese gleich 0 ist.

## 8.4 Blitzlichter aus der Forschungspraxis

Cohens d wird als Effektstärkemaß inzwischen fast immer berichtet, wenn Mittelwertunterschiede zwischen zwei Gruppen oder zwischen zwei Messzeitpunkten untersucht werden. In den Beiträgen wird dann zusätzlich zur Angabe der Signifikanz von Unterschieden betont, in welchem Maße die Unterschiede auch als praktisch oder klinisch bedeutsam gelten können.

**Blitzlicht 8.1: Effektivität einer Bedeutungszentrierten Gruppentherapie bei Krebspatientinnen und -patienten.**
Holtmaat et al. (2017) haben untersucht, ob eine Bedeutungszentrierte Gruppenpsychotherapie (Interventionsgruppe) bei Patientinnen und Patienten nach erfolgreicher Krebstherapie das Wohlbefinden und die psychische Belastung im Vergleich zu einer unbehandelten Kontrollgruppe effektiv steigert. Obwohl hier nicht nur t-Tests für unabhängige Stichproben, sondern vor allem komplexere varianzanalytische Auswertungsverfahren für die Gruppenvergleiche zur Anwendung kommen, werden die Gruppenunterschiede mittels des Effektstärkemaßes Cohens d berichtet. Aus Tabelle 2 in die-

sem Artikel geht beispielsweise hervor, dass mit d = –1,50 deutlich höher ausgeprägt ist als für Frauen mit d = –0,31. Der Unterschied im psychischen Wohlbefinden zwischen Interventions- und Kontrollbedingung am Ende der Behandlung ist bei niedriger ausgeprägter Depressivität zu Beginn der Behandlung mit d = 0,44 deutlich geringer ausgeprägt als bei hoher Depressivität mit d = 1,50. Cohens d zeigt also an, dass vor allem Männer und Menschen mit hoher initialer Depressivität von der Bedeutungszentrierten Gruppenpsychotherapie profitieren.

**Blitzlicht 8.2: Evaluation eines naturalistischen verhaltenstherapeutischen Rehabilitations-Settings**
Senft et al. (2021) analysieren die Unterschiede in der Belastung von Rehabilitandinnen und Rehabilitanden vor, unmittelbar nach und ein Jahr nach der Beendigung einer verhaltenstherapeutischen Intervention. In Tabelle 3 im Artikel werden die Veränderungen in der Depressivität von vorher bis unmittelbar im Anschluss (Prä-Post-Vergleich) sowie vorher bis ein Jahr nach der Intervention (Prä-Follow-up-Vergleich) mittels Cohens d dokumentiert. Zudem werden für beide Vergleichsintervalle sechs Gruppen von Rehabilitandinnen und Rehabilitanden unterschieden, die zu Beginn der Behandlung in unterschiedlichem Maße Indikatoren der Depressivität aufwiesen (Gruppe 1 = „keine Depressivität" bis Gruppe 6 = „schwere Depressivität").

Im Prä-Post-Vergleich zeigen sich in den Gruppen 2 bis 6 hohe Effektstärken: Cohens d = 1,07 bis 1,18. Im Prä-Follow up-Vergleich liegen die Effektstärken etwas niedriger: Cohens d = 0,44 bis 0,73. Da in den Gruppen 2 bis 6 zudem die Konfidenzintervalle den Wert 0 für beide Vergleichintervalle nicht einschließen, wird die Signifikanz der Veränderungen dokumentiert. In der Gruppe 1 zeigt sich hingegen keine signifikante Veränderung: Prä-Post: d = 0,08 (95 %-Konfidenzintervall: [–0,23 bis 0,38]; Prä-Follow-up: d = –0,20 (95 %-Konfidenzintervall: [–0,51–0,10]).

In diesem Artikel wird eine leicht abgewandelte Berechnungsformel für Cohens d verwendet, da es sich um abhängige Stichproben handelt (vgl. Abschnitt 7.4). Alle zu Cohens d getroffenen Aussagen gelten jedoch auch für diese alternative Berechnung.

In der Studie wurde also gemäß Cohens d nachgewiesen, dass im Verlauf der Intervention (Prä-Post) starke und im Prä-Follow-up-Vergleich mittlere Veränderungen erzielt werden. Eine Ausnahme bilden Patienten und Patientinnen, die zu Beginn keine oder nur unwesentliche Depressivitätsindikatoren aufwiesen (Gruppe 1). Bei der Studie muss kritisch betrachtet werden, dass keine Kontrollgruppe im Vergleich untersucht wurde.

**Blitzlicht 8.3: Bedeutung der Signifikanz und der Effektstärke in der rehabilitationswissenschaftlichen Forschung**
In einem didaktisch motivierten Beitrag der generell empfehlenswerten Serie „Methoden in der Rehabilitationsforschung" verdeutlicht Faller (2004) die Bedeutung, zwischen statistischer Signifikanz und Effektstärke (auch: statistische Relevanz) zu unterscheiden. Ausgehend von praktischen Beispielen in der rehabilitationswissenschaftlichen Forschung zeigt er, welche Fehlschlüsse resultieren können, wenn statistische Signifikanzangaben nicht durch Effektstärken ergänzt werden. Es wird sehr schön deutlich, weshalb durch die Angabe von Cohens d und das entsprechende Konfidenzintervall eine fehlerfreiere Interpretation der Ergebnisse unterstützt wird, als wenn lediglich p-Werte als Entscheidungsgrößen zur Beurteilung der statistischen Signifikanz berichtet werden.

In derselben Methodenreihe schließen Kutschmann et al. (2006) an diese Thematik an. Sie erläutern auf Basis von Beispielen aus der Rehabilitationsforschung, wie $\alpha$- und $\beta$-Fehler, Signifikanz und Effektstärken in Zusammenhang stehen und wie diese von den Stichprobengrößen beeinflusst werden. Hierdurch wird nicht nur ein vertieftes anschauliches Verständnis der Thematik unterstützt. Zudem zeigen sie, wie diese Erkenntnisse genutzt werden können, um Studien so zu planen, dass vor dem Hintergrund optimaler Stichprobengrößen möglichst aussagekräftige Ergebnisse bei gleichzeitig ökonomischer Fallzahlplanung erwartet werden können.

## Übungsaufgaben

1. Für ein Trainingsangebot für Pflegekräfte hat sich kein signifikanter Unterschied in den fachlichen Kompetenzen im Vergleich zu Mitgliedern einer Kontrollgruppe gezeigt. Hingegen waren die sozialen Kompetenzen in der Trainingsgruppe signifikant höher. Erläutern Sie an diesem Beispiel die Bedeutung der Begriffe α- und β-Fehler.
2. Bestimmen Sie Cohens d für den Vergleich von Männern und Frauen in der in Tabelle 3-1 angegebenen Daten für die psychische Lebensqualität. Hierbei können Sie die Ergebnisse für die Aufgaben der Aufgabenblöcke in den vorherigen Kapiteln nutzen.
3. In einer Studie hat sich ein Gruppenunterschied mit Cohens $d = 0{,}35$ als signifikant erwiesen. Erläutern Sie mit Hilfe der Darstellung in Abbildung 8-2, wie groß die Stichproben zumindest gewesen sein müssen, wenn beide gleich groß gewesen sind. Welcher Wert ergäbe sich, wenn Cohens d gleich 0,5 betragen würde?

# 9 Der Zusammenhang zweier Merkmale: Die Korrelationsanalyse

Wissenschaftliche Aussagen beziehen sich zumeist auf den *Zusammenhang* zweier oder mehrerer Merkmale. Besteht ein Zusammenhang zweier Merkmale, so besitzt jedes der beiden Merkmale einen gewissen Informationswert bezüglich der Ausprägung des jeweils anderen Merkmals. Angenommen, eine Person hat einen sehr ungesunden Ernährungsstil, so kann erwartet werden, dass auch langfristig seine oder ihre körperliche Gesundheit nicht optimal ausgeprägt sein sollte. Es werden hier zwei Merkmale genannt: „gesundes Ernährungsverhaltens“ und „langfristige körperliche Gesundheit“. Besteht ein Zusammenhang, so kann dieser i.d.R. in Form einer *„Wenn-dann“-Aussage* formuliert werden: Wenn sich eine Person sehr gesund ernährt (hohe Ausprägung des ersten Merkmals), dann wird sie langfristig auch eine bessere körperliche Gesundheit aufweisen (tendenziell höhere Ausprägung des zweiten Merkmals). Oder der Zusammenhang kann als *„Je-desto“-Aussage* formuliert werden: Je gesünder ein Mensch sich ernährt, desto besser wird sein körperlicher Gesundheitszustand langfristig sein.

Eine besondere Herausforderung besteht bei der Analyse solcher Merkmalszusammenhänge darin, dass diese zwar eine allgemeine Tendenz widerspiegeln, jedoch auch Fälle auftreten können, die dieser Tendenz zu widersprechen scheinen. Nicht alle Menschen, die sich ungesund ernähren, weisen langfristig einen schlechten körperlichen Gesundheitszustand auf. Und bei manchen, die sich sehr gesund ernähren, entwickelt sich die körperliche Gesundheit dennoch nicht optimal. Deswegen werden solche Zusammenhänge auch als zufallsüberlagerte oder stochastische Zusammenhänge bezeichnet. In diesem Kapitel wird als Maßzahl der Stärke und Richtung des Zusammenhangs der *Pearson Produkt-Moment-Korrelationskoeffizient* eingeführt. Je seltener dem zugrunde liegenden Zusammenhang widersprechende Beobachtungen auftreten und je fehlerfreier die allgemeine Tendenz auch für alle Einzelfälle gilt, desto höher ist die durch den Korrelationskoeffizienten angezeigte Zusammenhangsstärke.

In diesem Kapitel stehen somit folgende Fragen im Mittelpunkt:

- Was versteht man unter einem linearen Merkmalszusammenhang?
- Wie lässt sich die Stärke und die Richtung eines linearen Merkmalszusammenhangs in einer Maßzahl abbilden?
- Wie lässt sich die Signifikanz eines Merkmalszusammenhangs prüfen?
- Was unterscheidet nicht-lineare von linearen Merkmalszusammenhängen?
- Wie können Maßzahlen des linearen Zusammenhangs valide interpretiert werden?

## 9.1 Korrelationskoeffizienten: Maßzahlen der Stärke und Richtung von Merkmalszusammenhängen

Gesundheitswissenschaftliche Forschungsfragestellungen beziehen sich typischerweise auf Merkmale, die mit dem Gesundheitszustand von Menschen in Zusammenhang stehen. Die empirische Untersuchung des Zusammenhangs von Merkmalen mit dem Gesundheitszustand ist wichtig, um erkennen zu können, wodurch sich z. B. die Lebenssituation oder das Verhalten von Menschen, die gesünder oder kränker sind, auszeichnet. Kennt man Merkmale, die mit einer besseren Gesundheit einhergehen, so liefert dieses gegebenenfalls systematische Anhaltspunkte dafür, wie die Gesundheit von Menschen unterstützt und gefördert werden kann (Kapitel 10).

In diesem Kapitel beschäftigen wir uns mit Zusammenhangsaussagen, die als **„Je ... desto"-Aussagen** formuliert werden können. Z. B. können folgende Aussagen als hinreichend empirisch gesicherte Erkenntnisse gelten:

- Je weniger eine Person auf eine ausgeglichene Ernährung achtet, desto tendenziell schlechter ist ihr Gesundheitszustand ausgeprägt.
- Je weniger sich eine Person im Alltag bewegt, desto tendenziell schlechter ist ihr Gesundheitszustand ausgeprägt.
- Je nachlässiger eine Person sich in Fragen der Gesundheitsvorsorge verhält, desto tendenziell schlechter ist ihr zukünftiger Gesundheitsstatus ausgeprägt.

Diese negativen Aussagen („Je weniger/nachlässiger ..., desto tendenziell schlechter") lassen sich mit identischem inhaltlichen Informationsgehalt positiv formulieren:

- Je mehr eine Person auf eine ausgeglichene Ernährung achtet, desto tendenziell besser ist ihr Gesundheitszustand ausgeprägt.
- Je mehr sich eine Person im Alltag aktiv bewegt, desto tendenziell besser ist ihr Gesundheitszustand ausgeprägt.
- Je verantwortungsbewusster sie sich in Fragen der Gesundheitsvorsorge verhält, desto tendenziell besser ist ihr zukünftiger Gesundheitsstatus ausgeprägt.

Diese Sachverhalte repräsentieren jeweils einen Zusammenhang von Merkmalen:

- Es besteht ein Zusammenhang zwischen ausgeglichener Ernährung und dem Gesundheitszustand.
- Es besteht ein Zusammenhang zwischen dem Ausmaß aktiver Bewegung im Alltag und dem Gesundheitszustand.
- Es besteht ein Zusammenhang zwischen Gesundheitsvorsorge und dem zukünftigen Gesundheitszustand.

Die Formulierung „*Je ... desto*" impliziert, dass sich die beiden Merkmale, die in Zusammenhang stehen, graduell gemeinsam verändern: So könnten sich zwei Personen sowohl hinsichtlich der Aktivität im Alltag als auch im Gesundheitszustand in mehr oder weniger starkem Maße unterscheiden. In diesem Kapitel werden wir Analysetechniken und Maßzahlen kennenlernen, die den Zusammenhang angemessen widerspiegeln, wenn die Analysemerkmale intervallskaliert oder ordinalskaliert gemessen wurden.

Damit diese Inhalte richtig eingeordnet werden können, sei auf zwei Aspekte hingewiesen, die berücksichtigt werden müssen.

In Kapitel 10 werden wir ausführlich darauf eingehen, dass Zusammenhangsmaße nicht als Indikatoren einer **Ursache-Wirkungsbeziehung** interpretiert werden dürfen. Da dieses Problem von elementarer Bedeutung ist, um Fehlinterpretationen zu vermeiden, soll aber an dieser Stelle schon darauf hingewiesen werden. Zusammenhangskoeffizienten sind nicht geeignet, den Einfluss (ursächliche Wirkbeziehung) eines Merkmals auf ein anderes nachzuweisen. Bei den oben genannten Beispielen ist zwar davon auszugehen, dass das jeweils erstgenannte Merkmal für das zweitgenannte Merkmal (Gesundheitszustand) ausschlagebend bzw. ursächlich verantwortlich sein sollte. „Ursächliche" oder Kausalbeziehungen sind durch die Verknüpfung „weil" gekennzeichnet. In Kapitel 10 werden wir sehen, welche Zusatzüberlegungen erforderlich sind, damit nicht nur die Aussage getroffen kann: „In welchem Maße stehen Bewegung und Gesundheitsstatus in Zusammenhang" **(Zusammenhangsaussage)**, sondern: „In welchem Maße ist Bewegung ursächlich für den Gesundheitsstatus verantwortlich?"

Angenommen, wir stellen fest, dass ein Zusammenhang zwischen psychischer und körperlicher Befindlichkeit besteht. Je besser die körperliche Befindlichkeit ausgeprägt ist, desto tendenziell besser ist auch die psychische Befindlichkeit. Diese Information ließe sich korrekt so interpretieren, dass gute psychische und körperliche Befindlichkeit tendenziell gemeinsam oder gekoppelt auftreten. Psychische und körperliche Befindlichkeit sind miteinander assoziiert. Falsch wäre es hingegen abzuleiten, dass oder in welcher Stärke z. B. die psychische Befindlichkeit die körperliche Befindlichkeit ursächlich beeinflusst.

**Box – Merke**

**Zusammenhang/Korrelation**: Die Ausprägung einer Variable X gibt einen gewissen Hinweis darauf, wie ausgeprägt die Werte einer anderen Variable Y sind – und umgekehrt. Die Ausprägung von X kann durch die Ausprägung in Y geschätzt werden und umgekehrt kann die Ausprägung in Y durch die Ausprägung in X geschätzt werden.
**Kausalität/Ursache-Wirkungs-Beziehung**: Die Ausprägung von Y ist erhöht oder verringert, _weil_ X eine erhöhte oder verringerte Ausprägung besitzt. X ist ursächlich für die Ausprägung von Y (mit-)verantwortlich.

Alternativ zu „Je-desto"-Aussagen implizieren **„Wenn-dann"-Aussagen** ebenfalls, dass ein Zusammenhang zwischen Merkmalen betrachtet wird: Wenn eine Person an einer Therapiemaßnahme teilnimmt, dann verfügt sie im Anschluss über einen tendenziell besseren Gesundheitszustand als eine Person, die nicht an der Therapiemaßnahme teilnimmt.

Merkmal 1: Teilnahme an der Therapie (nein vs. ja), Merkmal 2: Gesundheitszustand.

Es besteht also auch hier ein Zusammenhang zweier Merkmale, weil aufgrund des Vorliegens einer Bedingung (Wenn-Komponente) Aussagen über die Ausprägung eines anderen Merkmals (Dann-Komponente) getroffen werden können. Die Bedingungsvariable (Wenn-Komponente) ist eine kategoriale Variable (nominal- oder ordinalskaliert). Solche Wenn-Dann-Zusammenhänge stehen im vorliegenden Kapitel nicht im Mittelpunkt. Obwohl die statistischen Überlegungen in diesem Kapitel nicht unmittelbar auf die Analyse von solchen „Wenn-dann-Aussagen" übertragen werden können, wird am Ende kurz gezeigt, dass der Grundgedanke der Zusammenhangsanalyse prinzipiell auf beliebige Skalenniveaus übertragbar ist.

## 9.2 Deterministische und stochastische lineare Zusammenhänge

Angenommen, eine Person hat eine geringe körperliche Fitness. Auf einer Skala von „1" – „sehr geringe Fitness" bis „9" – „sehr hohe Fitness" erreicht sie den Wert „2". Nun entschließt sie sich, acht Wochen gezielt ihre Aktivität im Alltag zu steigern. In jeder Woche steigt der Wert der Fitness um 0,5 Einheiten. **Abbildung 9-1** zeigt links die Daten für die Wochen 0 bis 8. Für $x = 0$ ist der y-Wert gleich 2. Der Wert, den Y an der Stelle $x = 0$ annimmt, wird auch auch als y-Achsenschnittpunkt $b_0$ bezeichnet. Nach jeder folgenden Woche steigt der y-Wert von $b_1 = 0{,}5$-Einheiten an. $b_1$ wird deswegen als Geradensteigung bezeichnet.

Entsprechend kann die Beziehung von X und Y durch folgende **Geradengleichung** beschrieben werden:

$$y_i = b_o + b_1 \cdot x_i = 2 + 0{,}5 \cdot x_i$$

In der empirischen gesundheitswissenschaftlichen Forschung sind solche idealtypischen Verläufe jedoch nicht zu finden. Vielmehr muss davon ausgegangen werden, dass der Zustand der Person nach einer bestimmten Wochenanzahl niemals genau vorhergesagt werden kann. Zwar ist es sehr plausibel, dass es der Person von Woche zu Woche besser geht. Jedoch wird der wöchentlich diagnostizierte Fitnesszustand nicht nur von der Anzahl der Trainingswochen, son-

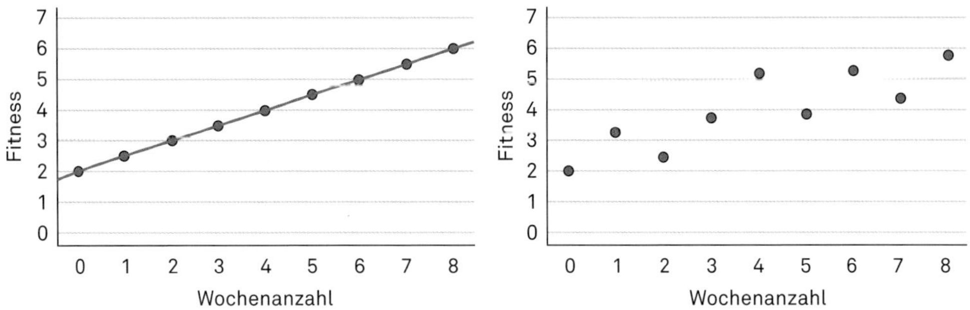


**Abbildung 9-1:** Linearer Zusammenhang von Wochenanzahl und Fitness. Links: deterministisch, rechts: stochastisch

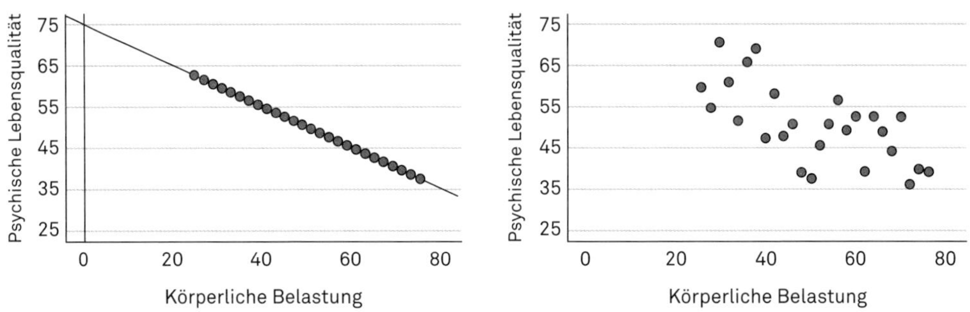


**Abbildung 9-2:** Linearer Zusammenhang. Links: deterministisch, rechts: stochastisch

dern von weiteren Merkmalen (z. B. Tagesform, situative köperliche Konstitution und situative Leistungsbereitschaft) sowie Ungenauigkeiten bei der Messung des Fitnesszustands abhängen. Alle Komponenten, die zu Abweichungen der idealen Vorhersage auf der Funktionsgeraden führen, werden als Zufalls- oder stochastische Komponenten durch einen Fehlerterm $e_i$ in der **stochastischen linearen Funktionsgleichung** modelliert. Je größer diese Fehlerterme $e_i$ im Allgemeinen sind, desto ungenauer können die Werte in Y durch X verhergesagt werden.

$$y_i = b_o + b_1 \cdot x_i = 2 + 0{,}5 \cdot x_i + e_i$$

In der Abbildung 9-1 (rechts) wird der Effekt des Fehlers dadurch erkennbar, dass die y-Werte nun um die „gedachte" Gerade „streuen" bzw. zufallsbedingt von dieser abweichen.

Angenommen, in einer Gruppe von 100 Patientinnen und Patienten wird die körperliche Belastung (X) und die psychische Lebensqualität (Y) bestimmt. **Abbildung 9-2** zeigt links den idealtypischen linearen Zusammenhang der beiden Merkmale, bei dem die Merkmale wechselseitig fehlerfrei auseinander vorhergesagt werden können.

$$y_i = b_o + b_1 \cdot x_i = 75 - 0{,}5 \cdot x_i$$

Tatsächlich wäre ein solch perfekter Zusammenhang aber in diesem Beispiel bei fehlerfreien Messungen der beiden Merkmale X und Y nicht zu erwarten: „Körperliche Belastung" und „Psychische Lebensqualität" sind theoretisch explizit verschiedene Merkmale. Insofern wäre es völlig unplausibel anzunehmen, dass das eine Merkmal aus dem anderen genau vorhersagbar sein sollte. Realistisch wäre es, hier einen stochastischen Zusammenhang ($y_i = b_o + b_1 \cdot x_i = 75 - 0{,}5 \cdot x_i + e$), wie in Abbildung 9-2 rechts dargestellt, zu erwarten.

Es stellt für die statistische Modellierung von Zusammenhängen eine grundlegende Herausforderung dar, Zusammenhänge zu beschreiben, die sich nur ungenau in den Daten abbilden. Es müssen Strukturen erkannt werden, die durch Ungenauigkeiten „verwaschen" bzw. durch Fehler überlagert werden. Dies lösen wir dadurch, dass das Konzept des **Zufallsfehlers $e_i$** systematisch in die Betrachtungen mit aufgenommen wird. Als Fehler $e_i$ werden alle Effekte aufgefasst, die der Vorhersagbarkeit von Y durch X widersprechen, weil sie dazu führen, dass die Vorhersage ungenau ist. Auf die Details dieser Problematik werden wir in Kapitel 11 genauer eingehen. Im vorliegenden Kapitel werden wir uns zunächst damit beschäftigen, wie eine begründete Schätzung der Stärke des linearen Zusammenhangs erfolgen kann.

**Box – Merke**

**Linearer Zusammenhang**
Liegen die y-Werte einer Funktion auf einer Geraden, so handelt es sich um einen linearen Zusammenhang.
Der y-Achsenschnittpunkt $b_0$ gibt an, welchen Wert y an der Stelle x = 0 annimmt.

$$y_i = b_0 + b_1 \cdot x_i$$

Mit jedem Schritt nach rechts (vs. links) auf der X-Achse liegt der Wert in in Y Richtung um $b_1$-Einheit höher oder niedriger. Eine bestimmte Distanz k auf der X-Achse geht immer einer Distanz $b_1 \cdot k$ auf der Y-Achse einher.

**Stochastischer linearer Zusammenhang**
Die Y-Werte weichen zufallsbedingt von einer Geraden ab. Grafisch zeigt sich im Streudiagramm statt einer Geraden eine Punktwolke. Die Punktwolke kann als zufallsbedingt „aufgedunsener" oder „verwaschener" Geradenverlauf interpretiert werden. Je größer die Ungenauigkeiten bzw. die Fehleranteile $e_i$ in den Daten werden, desto deutlicher nähert sich die Punktwolke einer kreisförmigen Verteilung. Somit kann der y-Wert nicht genau durch x bestimmt werden, sondern nur ungefähr abgeschätzt werden.

## 9.3 Der lineare Zusammenhang intervallskalierter Merkmale: Die Kovarianz und Pearsons Produkt-Moment-Korrelationskoeffizient r

Der **Pearson Produkt-Moment-Korrelationskoeffizient r** ist eine der am häufigsten berichteten statistischen Maßzahlen in der gesundheitswissenschaftlichen Literatur überhaupt. Für die Berechnung benötigen wir neben den bereits bekannten Maßzahlen arithmetischer Mittelwert $\bar{x}$, der Varianz $\hat{\sigma}^2$ bzw. der Standardabweichung $\hat{\sigma}$ noch eine neue Maßzahl, die die Werteausprägungen der beiden Merkmale X und Y gemeinsam abbildet. Diese Maßzahl wird als **Kovarianz** bezeichnet. Deren Berechnung soll an den drei Datenbeispielen in Tabelle 9-1, 9-2 und 9-3 eingeführt werden.

### 9.3.1 Die Kovarianz zweier intervallskalierter Merkmale

Angenommen, es liegen für 9 Personen Angaben zum Merkmal „Aktivität im Alltag" (Merkmal X) und „Körperliche Fitness" vor. Beide Merkmale seien mittels einer 9-stufigen Ratingskala („1" = „sehr gering" bis „9" = „sehr hoch") gemessen worden. Die Datenverteilung ist in **Tabelle 9-1** numerisch und in **Abbildung 9-3** grafisch dargestellt. Die Werte in den Spalten $x_i$ und $y_i$ in Tabelle 9-1 entsprechen also den Koordinaten im Streudiagramm in Abbildung 9-3. Person 1 habe eine sehr geringe körperliche Aktivität angegeben. Die Fitness ist mit dem Wert „2" ebenfalls schwach ausgeprägt. Mit einem Wert in der körperlichen Aktivität von „9" und einem Fitnesswert von „7" sind bei Person 9 beide Merkmale deutlich höher ausge-

**Tabelle 9-1:** Die beiden intervallskalierten Merkmale „Aktivität im Alltag" (Variable X) und „Körperliche Fitness" (Variable Y) seien bei N = 9 Personen gemessen worden.

| i | $x_i$ | $y_i$ | $(x_i - \bar{x})$ | $(y_i - \bar{y})$ | $(x_i - \bar{x})^2$ | $(y_i - \bar{y})^2$ | $(x_i - \bar{x}) \cdot (y_i - \bar{y})$ |
|---|---|---|---|---|---|---|---|
| 1 | 1 | 2 | −4 | −3 | 16 | 9 | 12 |
| 2 | 2 | 1 | −3 | −4 | 9 | 16 | 12 |
| 3 | 3 | 5 | −2 | 0 | 4 | 0 | 0 |
| 4 | 4 | 3 | −1 | −2 | 1 | 4 | 2 |
| 5 | 5 | 8 | 0 | 3 | 0 | 9 | 0 |
| 6 | 6 | 4 | 1 | −1 | 1 | 1 | −1 |
| 7 | 7 | 6 | 2 | 1 | 4 | 1 | 2 |
| 8 | 8 | 9 | 3 | 4 | 9 | 16 | 12 |
| 9 | 9 | 7 | 4 | 2 | 16 | 4 | 8 |
| Σ | **45** | **45** | **0** | **0** | **60** | **60** | **47** |
| | $\bar{x} = 5$ | $\bar{y} = 5$ | | **Σ/(n−1) =** | **7,50** | **7,50** | **5,88** |

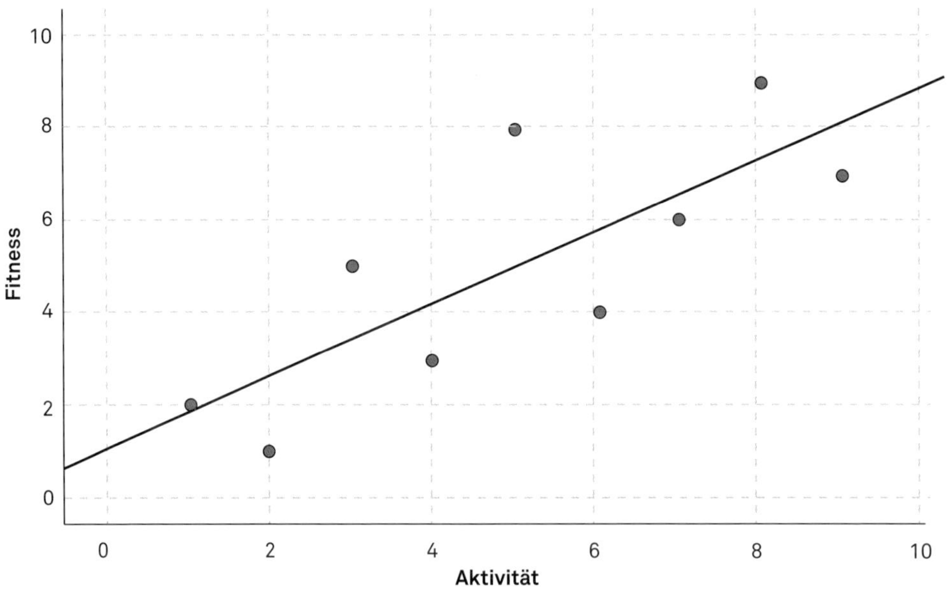


**Abbildung 9-3:** Streudiagramm der Daten aus Tabelle 9-1 zu „Aktivität" (Variable X) und „Fitness" (Variable Y).

prägt. In der Abbildung 9-3 ist zu erkennen, dass die Ausprägungen in Y tendenziell höher (bzw. niedriger) sind, je höher (bzw. niedriger) die Werte in X ausgeprägt sind.

Die Tabelle entspricht in ihrem Aufbau derjenigen, die wir in Kapitel 4 (z. B. Tabelle 4-2) zur Berechnung der univariaten Kennwerte kennen gelernt haben. Die Abweichungen vom Mittelwert ergeben genau 0 (vierte und fünfte Spalte). Teilt man die Summe der quadrierten Abweichungen vom Mittelwert (sechste und siebte Spalte) durch n-1 so erhält man die Varianz der $x_i$ bzw. $y_i$. In Tabelle 9-3 gilt also:

Arithmetische Mittelwerte: $\overline{x} = \overline{y} = 45/9 = 5$
Varianz: $\hat{\sigma}_x^2 = \hat{\sigma}_y^2 = 60/(9\text{-}1) = 7{,}5$
Standardabweichung: $\hat{\sigma}_x = \hat{\sigma}_y = \sqrt{7{,}5} = 2{,}74$

Während jeder dieser Kennwerte separat für X und Y berechnet wird, werden in Spalte 8 die Abweichungen der Werte in X und der Werte in Y vom jeweiligen arithmetischen Mittelwert 5 in jeder Zeile multipliziert (Spalte 8 = Spalte 4 mal Spalte 5). Der Wert von Person 1 liegt in X 4 Einheiten unter dem arithmetischen Mittelwert ($x_1 - \overline{x} = -4$). Da sie einen Y-Wert von 2 hat, ergibt sich für $y_1 - \overline{y} = -3$. Entsprechend ist das Produkt der Abweichungen in X und Y: $-4 \cdot -3 = 12$. Die Summe der Werte in der letzten Spalte beträgt:

$$\sum_{i=1}^{9} (x_i - \overline{x}) \cdot (y_i - \overline{y}) = 47$$

Die geschätzte **Kovarianz** von X und Y erhält man nun, wenn diese Summe durch die Anzahl der Personen minus 1 (N-1) geteilt wird.

$$\widehat{COV}_{x,y} = \frac{1}{9-1} \cdot \sum_{i=1}^{9} (x_i - \overline{x}) \cdot (y_i - \overline{y}) = \frac{47}{8} = 5{,}88$$

**Definition**

**Die Kovarianz – Zentrales Produktmoment**

$$\widehat{COV}_{x,y} = \hat{\sigma}_{x,y} = \frac{1}{N-1} \cdot \sum_{i=1}^{N} (x_i - \overline{x}) \cdot (y_i - \overline{y})$$

Die Kovarianz verrechnet für jedes Objekt i das Abweichungsprodukt in X und Y: $(x_i - \overline{x}) \cdot (y_i - \overline{y})$. Es ergibt sich ein positives Vorzeichen des Produkts, wenn eine Person in gleicher Richtung vom Mittelwert in X und Y abweicht (in beiden Merkmalen überdurchschnittliche Werte oder aber in beiden Merkmalen unterdurchschnittliche Werte).

In **Tabelle 9-1** ergeben sich in der letzten Spalte fast ausschließlich positive Summanden, da 8 der 9 Personen gleichgerichtete Abweichungen vom jeweiligen Mittelwert aufweisen: Ist der Wert in X größer 5, so ist auch der Wert in Y größer 5. Ist hingegen der Wert in X kleiner 5, so ist auch der Wert in Y kleiner 5. Die einzige Ausnahme bildet Person 6, bei der der Wert $x_6 = 6$ überdurchschnittlich und der Werte $y_6 = 4$ unterdurchschnittlich ausgeprägt ist.

**Definition**

**Positiver linearer Zusammenhang**

Gilt die Aussage „Je größer X, desto tendenziell größer Y" bzw. „Je kleiner X, desto tendenziell kleiner Y", so spricht man von einem gleichgerichteten oder positiven Zusammenhang. Hängen die Ausprägungen zweier Merkmale positiv zusammen, so hat die Kovarianz ein positives Vorzeichen. Im Streudiagramm zeigt sich eine Punktwolke mit positiver Steigung.

Die Bedeutung des Vorzeichens der Kovarianz wird durch die Darstellung in **Tabelle 9-2** bzw. **Abbildung 9-4** verdeutlicht. Hier sind die Ausprägungen zweier Merkmale angegeben, die in negativem Zusammenhang stehen: X entspreche der „Sitzdauer" und Y entspreche der „Fitness". Je mehr Zeit Menschen sitzend verbringen, desto geringer ist in den Beispieldaten ihr Fitnesszustand auspragt. In Abbildung 9-4 wird der negative Zusammenhang dadurch deutlich, dass die Punktwolke eine nach rechts geneigte oder abfallende Orientierung hat: Je größer die Werte in der Sitzdauer, desto niedriger liegen die Werte in Y-Richtung (Fitness).

In Tabelle 9-2 ergeben sich in der letzten Spalte vorwiegend negative Summanden. Ist der Wert einer Person in X größer 5, so ist der Wert in Y zumeist kleiner 5. Ist dies nicht der Fall (Person 4, 5 und 8), so weist das Produkt einen eher geringen Betragswert auf. Deswegen ergibt sich eine negative Kovarianz:

$$\widehat{COV}_{x,y} = \frac{1}{9-1} \cdot \sum_{i=1}^{9} (x_i - \overline{x}) \cdot (y_i - \overline{y})$$

$$= \frac{-34}{8} = -4{,}25$$

**Tabelle 9-2:** Die beiden intervallskalierten Merkmale „Sitzdauer“ (Variable X) und „Fitness“ (Variable Y) seien bei N = 9 Personen gemessen worden.

| i | $x_i$ | $y_i$ | $(x_i - x)$ | $(y_i - \bar{y})$ | $(x_i - \bar{x})^2$ | $(y_i - \bar{y})^2$ | $(x_i - \bar{x}) \cdot (y_i - \bar{y})$ |
|---|---|---|---|---|---|---|---|
| 1 | 1 | 8 | −4 | 3 | 16 | 9 | −12 |
| 2 | 2 | 6 | −3 | 1 | 9 | 1 | −3 |
| 3 | 3 | 9 | −2 | 4 | 4 | 16 | −8 |
| 4 | 4 | 4 | −1 | −1 | 1 | 1 | 1 |
| 5 | 5 | 5 | 0 | 0 | 0 | 0 | 0 |
| 6 | 6 | 2 | 1 | −3 | 1 | 9 | −3 |
| 7 | 7 | 1 | 2 | −4 | 4 | 16 | −8 |
| 8 | 8 | 7 | 3 | 2 | 9 | 4 | 6 |
| 9 | 9 | 3 | 4 | −2 | 16 | 4 | −8 |
| Σ | **45** | **45** | **0** | **0** | **60** | **60** | **−34** |
| | $\bar{x} = 5$ | $\bar{y} = 5$ | | $\Sigma/(n-1) =$ | **7,50** | **7,50** | **−4,25** |

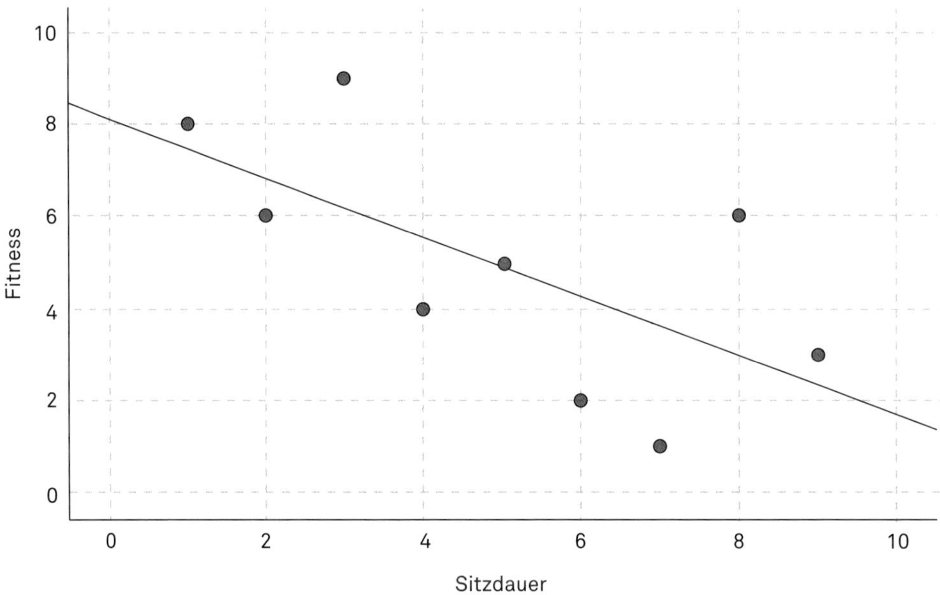


**Abbildung 9-4:** Streudiagramm der Daten aus Tabelle 9-2 zu „Sitzdauer“ (Variable X) und „Fitness“ (Variable Y)

**Definition**

**Negativer linearer Zusammenhang**
Gilt die Aussage „Je größer X, desto tendenziell kleiner Y“ bzw. „Je kleiner X, desto tendenziell größer Y“, so spricht man von einem entgegengesetzt gerichteten oder negativen Zusammenhang. Hängen die Ausprägungen zweier Merkmale negativ zusammen, so hat die Kovarianz ein negatives Vorzeichen. Im Streudiagramm zeigt sich eine Punktwolke mit negativer Steigung.

Eine Kovarianz nahe 0 zeigt an, dass zwei Merkmale nicht miteinander in Zusammenhang stehen. Betrachtet man die Daten in **Tabelle 9-3** und **Abbildung 9-5,** so lässt sich im Streudiagramm keine positive oder negative Orientierung erkennen. Kennt man den Wert der Variable X „Sozialkontakte", so lässt sich nicht ableiten, ob die Ausprägung der Variable Y „Fitness" eher hoch oder niedrig ausgeprägt ist: Eine Person mit vielen Sozialkontakten kann genauso gut eine geringe wie eine hohe körperliche Fitness aufweisen. In der letzten Spalte der Tabelle 9-3 ergeben sich in ähnlichem Maße positive wie negative Abweichungs-

**Tabelle 9-3:** Die beiden intervallskalierten Merkmale „Sozialkontakte" (Variable X) und „Fitness" (Variable Y) seien bei N = 9 Personen gemessen worden.

| i | $x_i$ | $y_i$ | $(x_i - \bar{x})$ | $(y_i - \bar{y})$ | $(x_i - \bar{x})^2$ | $(y_i - \bar{y})^2$ | $(x_i - \bar{x}) \cdot (y_i - \bar{y})$ |
|---|---|---|---|---|---|---|---|
| 1 | 1 | 2 | −4 | −3 | 16 | 9 | 12 |
| 2 | 2 | 4 | −3 | −1 | 9 | 1 | 3 |
| 3 | 3 | 9 | −2 | 4 | 4 | 16 | −8 |
| 4 | 4 | 5 | −1 | 0 | 1 | 0 | 0 |
| 5 | 5 | 7 | 0 | 2 | 0 | 4 | 0 |
| 6 | 6 | 6 | 1 | 1 | 1 | 1 | 1 |
| 7 | 7 | 1 | 2 | −4 | 4 | 16 | −8 |
| 8 | 8 | 8 | 3 | 3 | 9 | 9 | 9 |
| 9 | 9 | 3 | 4 | −2 | 16 | 4 | −8 |
| Σ | **45** | **45** | **0** | **0** | **60** | **60** | **1** |
| | **$\bar{x}$ = 9** | **$\bar{y}$ = 9** | | Σ /(n−1) = | **7,50** | **7,50** | **0,13** |

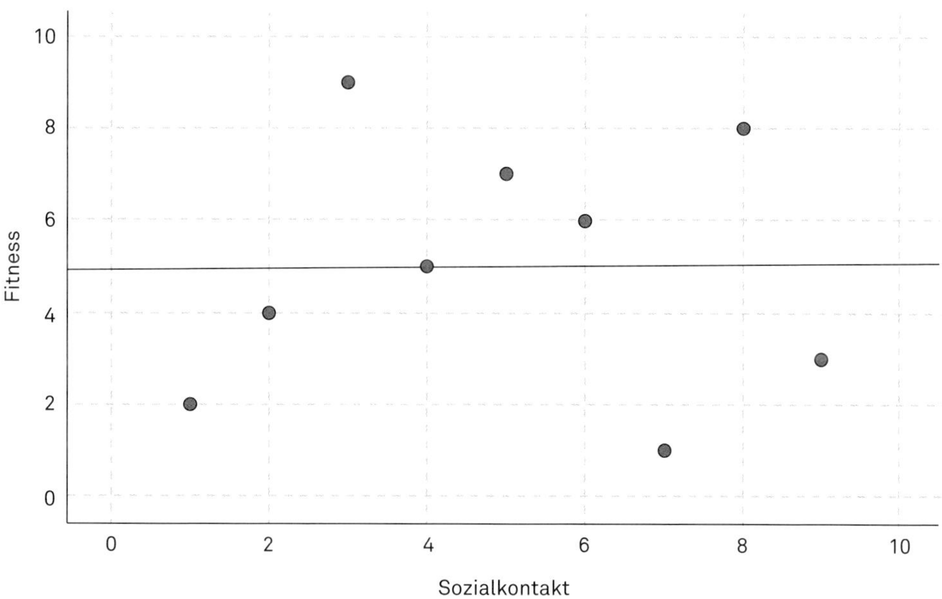


**Abbildung 9-5:** Streudiagramm der Daten aus Tabelle 9-3 zu „Sozialkontakte" (Variable X) und „Fitness" (Variable Y)

produkte. Diese heben sich bei Summenbildung nahezu komplett auf:

$\widehat{COV}_{x,y} = \frac{1}{9-1} \cdot \sum_{i-1}^{9} (x_i - \overline{x}) \cdot (y_i - \overline{y}) = \frac{1}{8} = 0{,}13$

**Definition**

**Wertebereich der Kovarianz**

$\widehat{COV}_{x,y} > 0$: Es besteht ein positiver linearer Zusammenhang zwischen X und Y.

$\widehat{COV}_{x,y} \approx 0$: Es besteht kein linearer Zusammenhang zwischen X und Y.

$\widehat{COV}_{x,y} < 0$: Es besteht ein negativer linearer Zusammenhang zwischen X und Y.

Das Vorzeichen der Kovarianz zeigt an, ob ein positiver oder negativer Zusammenhang vorliegt.

### 9.3.2 Die standardisierte Kovarianz: Pearsons Produkt-Moment-Korrelation

Das Vorzeichen der Kovarianz zeigt also an, ob ein Zusammenhang tendenziell positiv oder negativ ausgeprägt ist. Die absolute Größe des Zahlenwerts der Kovarianz lässt jedoch keinen Rückschluss auf die Stärke des Zusammenhangs zu. Dies wird durch die Daten in **Tabelle 9-4** und **Tabelle 9-5** beispielhaft verdeutlicht. X bezeichnet in beiden Tabellen das Körpergewicht in kg. Die Körpergröße (Y) ist in Tabelle 9-4 in cm und in Tabelle 9-5 in m angegeben. Für Y unterscheiden sich die Werte in der den beiden Tabellen also um den Faktor 100, da gilt:

$$cm = 100 \cdot m$$

Genau um diesen Faktor unterscheiden sich auch Standardabweichungen von Y. Die Varianzen unterscheiden sich um das Quadrat dieses Faktors:

$$\hat{\sigma}^2_{y,cm} = 150 = 10\,000 \cdot \hat{\sigma}^2_{y,m}$$
$$\hat{\sigma}_{y,cm} = 12{,}25 = 100 \cdot \hat{\sigma}_{y,m}$$

Und auch die Kovarianz verändert sich um diesen Faktor:

$$\widehat{COV}_{x,y(cm)} = 133{,}33 = 100 \cdot \widehat{COV}_{x,y(m)}$$

Misst man die Merkmale in anderen Maßeinheiten, so verändert sich die Stärke des Zusammenhangs nicht. In den Tabellen ist der Zusammenhang von Körpergewicht in kg und der Köpergröße in cm nicht 100-mal größer als der Zusammenhang von Körpergewicht in kg und der Köpergröße in m. Die Kovarianz ist also

**Tabelle 9-4:** Berechnung der Varianzen, Standardabweichungen und Kovarianz für das Merkmal Körpergewicht in kg (x) mit dem Merkmal Körpergröße Y in cm

| | Körpergewicht in kg | | | Körpergröße in cm | | | |
|---|---|---|---|---|---|---|---|
| i | $x_i$ | $x_i - \overline{x}$ | $(x_i - \overline{x})^2$ | $y_i$ | $y_i - \overline{y}$ | $(y_i - \overline{y})^2$ | $(x_i - \overline{x}) \cdot (y_i - \overline{y})$ |
| 1 | 55 | −20 | 400 | 170 | −5 | 25 | +100 |
| 2 | 100 | +25 | 625 | 185 | +10 | 100 | +250 |
| 3 | 70 | −5 | 25 | 180 | +5 | 25 | −25 |
| 4 | 65 | −10 | 100 | 170 | −5 | 25 | +50 |
| 5 | 90 | +15 | 225 | 195 | +20 | 400 | +300 |
| 6 | 60 | −15 | 225 | 160 | −15 | 225 | +225 |
| 7 | 85 | +10 | 100 | 165 | −10 | 100 | −100 |
| | $\overline{x} = 75$ | | $\Sigma = 1700$ | $\overline{y} = 175$ | | $\Sigma = 900$ | $\Sigma = 800$ |
| | | | $\hat{\sigma}^2_x = 283{,}33$ | | | $\hat{\sigma}^2_y = 150$ | |
| | | | $\hat{\sigma}_x = 16{,}83$ | | | $\hat{\sigma}_y = 12{,}25$ | $\widehat{COV} = 133{,}33$ |

**Tabelle 9-5:** Berechnung der Varianzen, Standardabweichungen und Kovarianz für das Merkmal Körpergewicht in kg (x) mit dem Merkmal Körpergröße Y in m

| Körpergewicht in kg | | | | Körpergröße in m | | | |
|---|---|---|---|---|---|---|---|
| i | $x_i$ | $x_i - \bar{x}$ | $(x_i - \bar{x})^2$ | $y_i$ | $y_i - \bar{y}$ | $(y_i - \bar{y})^2$ | $(x_i - \bar{x}) \cdot (y_i - \bar{y})$ |
| 1 | 55 | −20 | 400 | 1,70 | −0,05 | ,003 | +1,00 |
| 2 | 100 | +25 | 625 | 1,85 | +0,10 | ,010 | +2,50 |
| 3 | 70 | −5 | 25 | 1,80 | +0,05 | ,003 | −0,25 |
| 4 | 65 | −10 | 100 | 1,70 | −0,05 | ,003 | +0,50 |
| 5 | 90 | +15 | 225 | 1,95 | +0,20 | ,040 | +3,00 |
| 6 | 60 | −15 | 225 | 1,60 | −0,15 | ,023 | +2,25 |
| 7 | 85 | +10 | 100 | 1,65 | −0,10 | ,010 | −1,00 |
| | $\bar{x} = 75$ | | $\sum = 1700$ | $\bar{y} = 175$ | | $\sum = 0{,}092$ | $\sum = 8$ |
| | | | $\hat{\sigma}_x^2 = 283{,}33$ | | | $\hat{\sigma}_y^2 = 0{,}015$ | |
| | | | $\hat{\sigma}_x = 16{,}83$ | | | $\hat{\sigma}_y = 0{,}1225$ | $\widehat{COV} = 1{,}3333$ |

nicht unabhängig oder **invariant** gegenüber Veränderungen der Maßeinheiten.

Allgemein gilt: Transformiert man die beiden Merkmale X und Y linear

$$x' = a \cdot x + b$$
$$y' = c \cdot x + d$$

so verändert sich die Kovarianz um den Faktor a · c:

$$\widehat{COV}(x', y') = a \cdot c \cdot \widehat{COV}(x, y)$$

**Merke**

Die **Kovarianz** verändert sich systematisch, wenn sich die Maßeinheiten oder die Varianzen der Analysevariablen verändern. Obwohl sich die tatsächliche Zusammenhangsstärke nach linearer Transformation der Einzelvariablen nicht verändert, ergibt sich für die Kovarianz ein anderer Wert. Der Zahlenwert der Kovarianz ist somit kein eindeutiges und aussagekräftiges Maß der Zusammenhangsstärke, da der Zahlenwert der Kovarianz insbesondere durch die Maßeinheiten und Varianzen der Merkmale beeinflusst wird.

Um ein **Maß der Stärke von Merkmalszusammenhängen** zu erhalten, das sich nicht verändert, wenn die Maßeinheiten der Merkmale verändert werden, muss man die Kovarianz $\widehat{COV}$ durch das Produkt der Standardabweichungen teilen. Dieser Quotient wird als Produkt-Moment-Korrelationskoeffizient bezeichnet und mit dem Buchstaben r abgekürzt.

**Definition**

**Pearsons Produkt-Moment-Korrelationskoeffizient r**

r entspricht dem Quotienten der Kovarianz von X und Y (Zähler) und dem Produkt der Standardabweichung von X und der Standardabweichung von Y (Nenner).

$$r_{x,y} = \frac{\widehat{COV}(x,y)}{\hat{\sigma}_x \cdot \hat{\sigma}_y}$$

Der Wert von r liegt immer im Bereich [−1; +1], denn die Kovarianz kann immer nur maximal so groß werden wie das Produkt der Standardabweichungen.
Je näher der Wert von r im Betrag bei 1 liegt, desto stärker ist der lineare Zusammenhang der beiden Merkmale X und Y.

**Tabelle 9-6** zeigt die Korrelationskoeffizienten für die Daten in Tabelle 9-1 bis 9-5 in der letzten Spalte. In den Daten der Tabellen 9-1, 9-4 und 9-5 handelt es sich um einen positiven Zusammenhang (r = +,78, +,65). Die Korrelation in Tabelle 9-3 liegt mit r = ,02 nahe am neutralen Wert 0, sodass die beiden Merkmale hier nicht korrelieren. In Tabelle 9-2 ist der Zusammenhang mit r = –,57 negativ ausgeprägt.

**Abbildung 9-6** zeigt Streudiagramme mit den entsprechenden Werten der Produkt-Moment-Korrelation: Je stärker die Korrelation von 0 abweicht, desto näher liegen die Werte an einer gedachten Gerade (ellipsenförmige Ge-

**Tabelle 9-6:** Komponenten der Berechnung der Korrelation r in den Datenbeispielen in diesem Kapitel.

| | $\widehat{COV}(x,y)$ | $\hat{\sigma}_x$ | $\hat{\sigma}_y$ | r |
|---|---|---|---|---|
| **Tabelle 9-1** | 5,88 | 2,74 | 2,74 | +,78 |
| **Tabelle 9-2** | –4,25 | 2,74 | 2,74 | –,57 |
| **Tabelle 9-3** | 0,13 | 2,74 | 2,74 | +,02 |
| **Tabelle 9-4** | 133,33 | 16,83 | 12,25 | +,65 |
| **Tabelle 9-5** | 1,3333 | 16,83 | 0,1225 | +,65 |

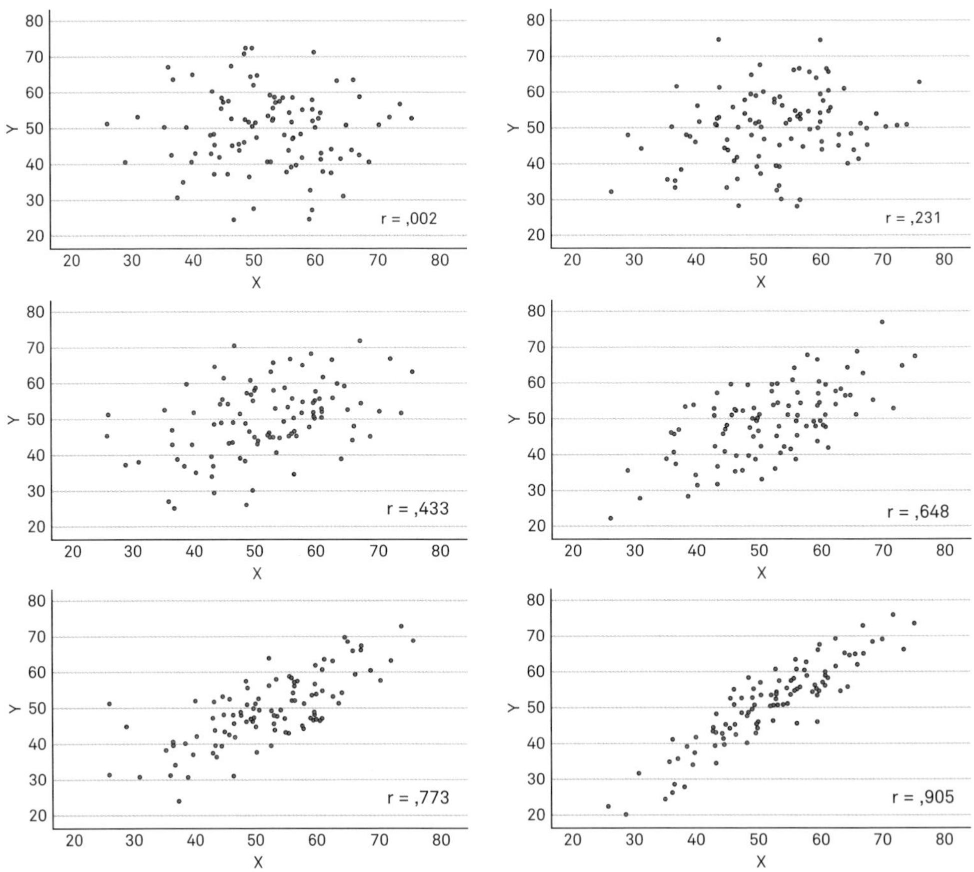


**Abbildung 9-6:** Streudiagramme mit verschiedenen Zusammenhangstärken r.

stalt). Alle Zusammenhänge sind hier positiv: Würden entweder die Werte auf der X-Achse oder aber der Y-Achse in der Mitte gespiegelt, so ergäben sich exakt dieselben Korrelationswerte, lediglich das Vorzeichen der Korrelationswerte wäre dann negativ.

*Hinweis*: Die Angabe des Korrelationswertes erfolgt i.d.R. ohne die führende „0" vor dem Komma: Also ,78 statt 0,78. Bei statistischen Angaben wird die führende „0" weggelassen, wenn es sich um eine standardisierte Maßzahl handelt, deren Wertebereich zwischen –1 und +1 liegt. Sind also prinzipiell nur Werteausprägungen zwischen –1 und +1 möglich, so entfällt die Angabe der führenden „0".

In Kapitel 11 werden wir uns ausführlich der Regressionsanalyse widmen. Bei dieser wird diejenige Gerade bestimmt, die den Zusammenhang von X und Y am besten beschreibt. Vorher soll aber noch die Frage beantwortet werden, wie die statistische Bedeutsamkeit der Zusammenhangsstärke r geprüft werden kann.

## 9.4 Prüfung der Signifikanz von Korrelationen

Genau wie für Mittelwertunterschiede (t-Test; Kapitel 7) kann auch für Korrelationen mittels Signifikanztest geprüft werden, ob es sich um einen systematischen Zusammenhang handelt, oder ob davon ausgegangen werden muss, dass dieser auf reinem Zufall beruht. Die Korrelation r = +,02 der Daten in Tabelle 9-3 liegt so nahe an 0, dass man hier unmittelbar schließen könnte, dass dies gegen einen systematischen Zusammenhang spricht (Nullhypothese scheint plausibel). Die Korrelation r = +,78 in Tabelle 9-1 ist hingegen deutlich von 0 verschieden (Alternativhypothese scheint plausibel). Wie wir unten sehen werden, ist es aber zu berücksichtigen, dass hier lediglich eine kleine Stichprobe mit N = 9 untersucht wurde und somit lediglich eine schwache empirische Datenbasis zugrunde liegt. Ob dieser Zusammenhang als systematisch betrachtet werden kann, muss erst geprüft werden.

Für die weiteren Betrachtungen bezeichnet der griechische Buchstabe ρ (rho) die wahre Korrelation oder die Korrelation in der Population. Zudem wird angenommen, dass die Analysestichprobe (z.B. N = 40 Studierende) zufällig aus der Population (z.B. alle Studierenden) gezogen wurde, sodass davon ausgegangen werden kann, dass die Stichprobe die Populationsverhältnisse repräsentativ widerspiegelt:

**ρ (rho):** Wahre Korrelation bzw. Korrelation in der Population

**r:** Korrelation in einer Untersuchungsstichprobe

**Vertiefende Anmerkung**

In den Sozial- und Gesundheitswissenschaften gelingt es zumeist nicht, wirklich repräsentative Stichproben zu untersuchen. Grundsätzlich können z.B. nur Personen untersucht werden, die freiwillig an einer Studie teilnehmen. Dies führt dazu, dass die Stichprobe i.d.R. nicht mehr repräsentativ sein kann. Oft stellt die reine Verfügbarkeit (z.B. Patientinnen und Patienten, die gerade in einer Klinik behandelt werden; Studierende, die zu einem bestimmten Zeitpunkt einen bestimmten Studiengang an einer bestimmten Hochschule studieren) bereits ein möglicherweise verzerrendes Auswahlkriterium dar. Man spricht hier auch von „Gelegenheitsstichproben". Obwohl also die Repräsentativität, die eine der Voraussetzungen für die statistisch valide Anwendung des Signifikanztests darstellt, i.d.R. verletzt ist, werden Signifikanztests trotzdem angewendet. Es ist dann aber wichtig darauf hinzuweisen, dass aufgrund der möglichen Verletzungen der Repräsentativität die Ergebnisse verzerrt sein können und diese möglichen Verzerrungen bei der Interpretation berücksichtigt werden müssen.

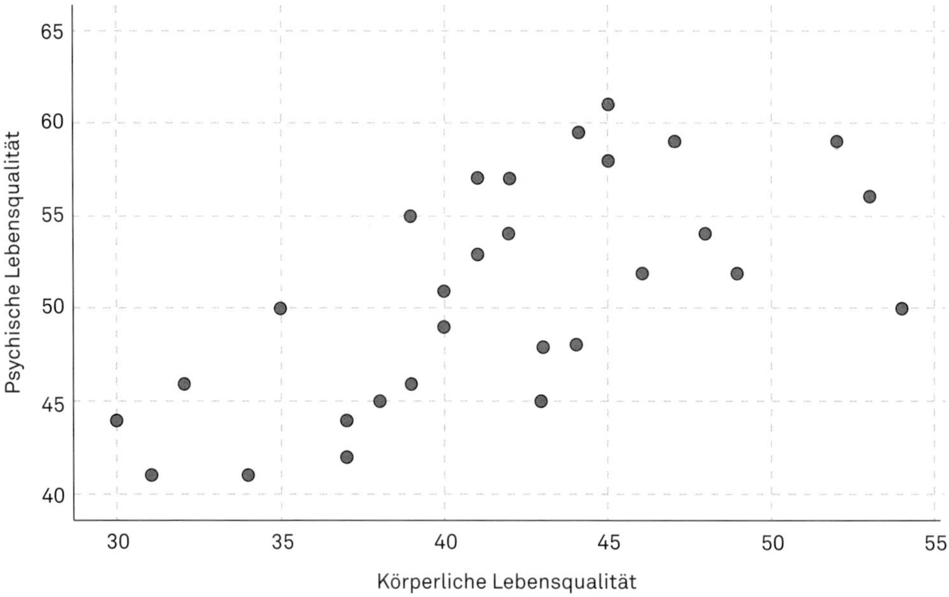


**Abbildung 9-7:** Streudiagramm der Daten zur körperlichen und psychischen Lebensqualität aus Tabelle 3-1.

Das **Prinzip der Signifikanztestung** soll an den Daten zur Lebensqualität aus Tabelle 3-1 eingeführt werden, da hier mit N = 30 eine Stichprobengröße vorliegt, bei der die Ergebnisse zuverlässiger sind als für kleine Stichproben wie in den Tabellen 9-1 bis 9-6. **Abbildung 9-7** zeigt die bivariate Datenverteilung grafisch.

Für die körperliche Lebensqualität gilt:
$\overline{x} = 42{,}07;\ \hat{\sigma}_x = 6{,}30.$

Für die psychische Lebensqualität gilt:
$\overline{y} = 50{,}70;\ \hat{\sigma}_y = 5{,}69.$

Die Kovarianz der beiden Merkmale beträgt:
$\widehat{COV} = 23{,}23.$

Somit berechnet sich ein Wert für die Produkt-Moment-Korrelation wie folgt:

$$r = \frac{\widehat{COV}}{\hat{\sigma}_x \cdot \hat{\sigma}_y} = \frac{23{,}23}{6{,}30 \cdot 5{,}69} = {,}65$$

Wie bei jedem Signifikanztest werden eine Nullhypothese (H0) und eine Alternativhypothese (H0) formuliert:

**Nullhypothese (H0)**: Der wahre Wert der Merkmalskorrelation ρ ist 0. Die in der Stichprobe gemessene Korrelation weicht lediglich zufallsbedingt vom Wert ρ = 0 ab. X und Y sind unkorreliert bzw. korrelieren nicht systematisch: $r = {,}65 \approx 0 = \rho$.

**Alternativhypothese (H1)**: Der wahre Wert der Merkmalskorrelation ρ ist ungleich 0. Die in der Stichprobe gemessene Korrelation weicht systematisch vom Wert ρ = 0 ab. X und Y sind korreliert bzw. korrelieren systematisch: $r = {,}65 \neq 0$ bzw. $\rho \neq 0$.

Um zu einer Entscheidung gelangen zu können, ob die Nullhypothese beibehalten wird oder aber die Alternativhypothese angenommen wird, muss eine tolerierte Irrtumswahrscheinlichkeit (Signifikanzniveau) festgelegt und die statistische Zufallsverteilung der Korrelationskoeffizienten um den Erwartungswert der Nullhypothese (Prüfverteilung) bestimmt

**Merke**

**Nullhypothese (H0):** Die beiden Merkmale stehen nicht in linearem Zusammenhang.
**Alternativhypothese (H1):** Die beiden Merkmale stehen in linearem Zusammenhang.
**Signifikanzniveau $\alpha$ = ,05 bzw. 5 %:** Weicht eine Korrelation so weit von $\rho = 0$ ab, dass eine solch extreme Abweichung in weniger als 5 % auftreten würde, wenn die Nullhypothese gelten würde, so wird die Korrelation als statistisch signifikant bezeichnet. Tolerierte Wahrscheinlichkeit eines $\alpha$-Fehlers bzw. Fehlers erster Art.

werden. Wie beim t-Test wird üblicherweise ein Signifikanzniveau von $\alpha$ = ,05 bzw. 5 % festgelegt.

Es kann hergeleitet werden, dass die Verteilung von Korrelationen um den Wert $\rho = 0$, wenn die Nullhypothese gilt, durch eine **Student'sche t-Verteilung** beschrieben werden kann. Es handelt sich also um dieselbe Verteilung, die wir bei der Signifikanzprüfung beim t-Test kennen gelernt haben (Abschnitt 7.2, Abbildung 7-1). Würde man theoretisch unendlich viele Stichproben eines festen Stichprobenumfangs N aus einer Population zufällig ziehen, so würden sich die berechneten Korrelationswerte zweier in Wahrheit unkorrelierter Merkmale symmetrisch und glockenförmig um den Erwartungswert $\rho = 0$ verteilen.

Der Wert der mit N-2 Freiheitsgraden verteilten Prüfgröße berechnet sich wie folgt:

$$t_{df=N-2} = \frac{r \cdot \sqrt{N-2}}{\sqrt{1-r^2}}$$

In unserem Beispiel ergibt sich ein Wert der Prüfgröße von: $t_{df=28} = \frac{,65 \cdot \sqrt{28}}{\sqrt{1-r^2}} = \frac{3,44}{,76} = 4,53$

Da der Wert von t im Betrag deutlich größer 2 ist und es sich nicht um eine sehr kleine Stichprobe handelt, lässt sich unmittelbar erkennen, dass es sich um eine signifikante Korrelation handelt. Der genaue kritische $t_{krit,\, df=28,\, \alpha=,05}$-Wert, der überschritten werden muss, damit die Korrelation statistisch signifikant ist, lässt sich mit dem bereits in Kapitel 7 eingeführten Online-Rechner (stattrek.com/online-calculator/t-distribution.aspx) bestimmen. **Abbildung 9-8** zeigt, dass sich bei df = 28 Freiheitsgraden ein kritischer t-Wert von 2,048 ergibt.

In Abbildung 9-9 ist die entsprechende t-Verteilung dargestellt. Diese entspricht der Abbildung 7-1. Lediglich die Freiheitsgrade für die Angabe der kritischen t-Werte betragen dort df = 58, während im Beispiel df = 28 gilt. Liegt der t-Wert im Betrag jenseits des Wertes $t_{krit,\, df=28} = 2,048$, so wird die Alternativhypothese angenommen: Die Merkmale

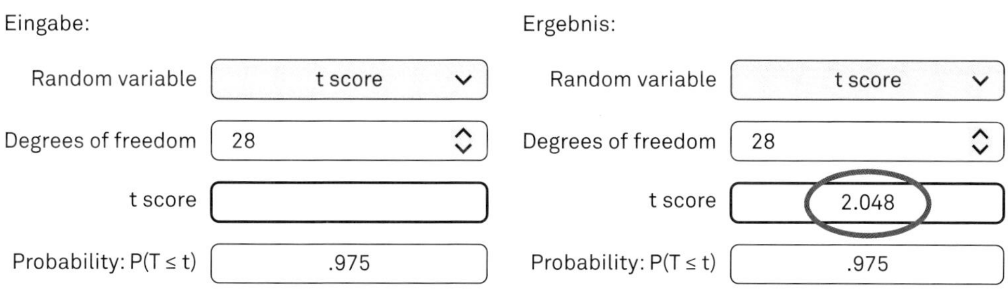


**Abbildung 9-8:** Berechnung von kritischen t-Werten mittels des Online-tools „stattrek.com/online-calculator/t-distribution.aspx"

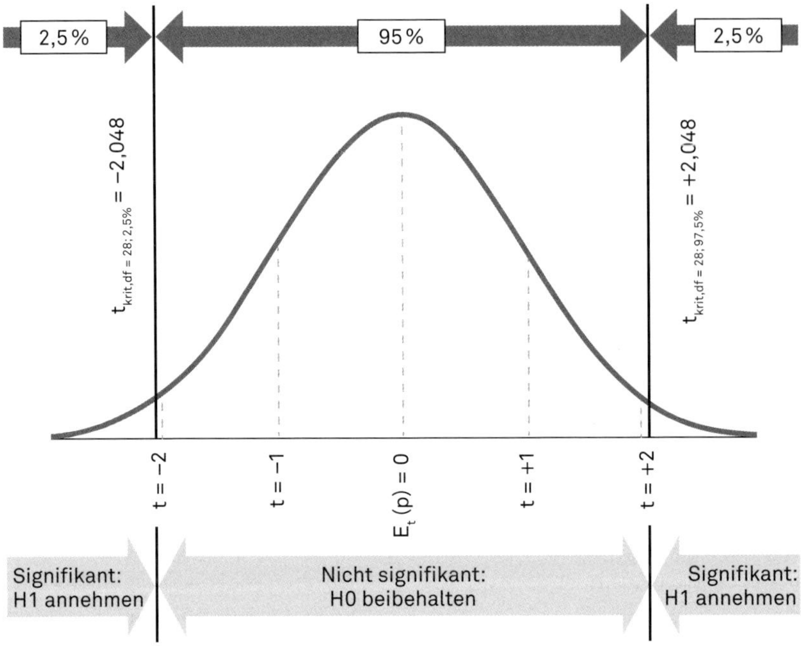


**Abbildung 9-9:** t-Werteverteilung mit kritischen t-Werten +/− 2,048 bei df = 28

stehen in einem signifikanten Zusammenhang. Liegt der t-Wert im Betrag weniger als 2,048 Einheiten von 0 entfernt, so wird die Nullhypothese beibehalten: Die Merkmale müssen als unkorreliert gelten. Im Beispiel handelt es sich also um einen signifikanten Zusammenhang da, t(r = ,84; df = 28) = 4,53 jenseits der kritischen Grenze liegt (**Abbildung 9-9**).

> **Merke**
>
> Obwohl beim t-Test (Abschnitt 7.2) zwei Mittelwerte verglichen werden und hier die Signifikanz des Zusammenhangs zweier Merkmale geprüft wird, entstammt die Prüfgröße derselben Verteilung – der t-Verteilung. Beim t-test wird geprüft, ob die Differenz der Mittelwerte signifikant von 0 verschieden ist, bei der Testung von Korrelationen wird geprüft, ob der Korrelationswert signifikant von 0 verschieden ist.

Das Ergebnis der Prüfung lässt sich wie folgt formulieren: Die körperliche und psychische Lebensqualität korrelieren in der Untersuchungsstichprobe mit r = +,65. Diese Korrelation erweist sich auf dem Signifikanzniveau $\alpha$ = ,05 bzw. 5 % als statistisch signifikant, da der Wert der Korrelation r =,65 entsprechende t-Wert $t_{df=28}$ = 4,53 den kritischen t-Wert $t_{df=28,\ \alpha=,05}$ = 2,048 überschreitet. Unter der Annahme, dass die Stichprobenverhältnisse die zugrunde liegende Population (z. B. Population, der in Kliniken behandelten Erwachsenen) repräsentativ abbildet, kann die Alternativhypothese angenommen werden, gemäß der ein systematischer Zusammenhang auf Populationsebene vorliegt.

### 9.4.1 Signifikanz und Effektstärke

In Kapitel 8 wurde bereits betont, dass das Ergebnis der Signifikanzprüfung nicht nur von der Stärke des statistischen Effekts, sondern zudem

**Tabelle 9-7:** t-Werte in Abhängigkeit von der Stichprobengröße N (Zeilen) und der Korrelationsstärke (Spalten). Signifikante Werte sind fett gedruckt.

| N | r = ,1 | r = ,3 | r = ,5 |
|---|---|---|---|
| 10 | 0,28 | 0,89 | 1,63 |
| 20 | 0,43 | 1,33 | **2,45** |
| 30 | 0,53 | 1,66 | **3,06** |
| 40 | 0,62 | 1,94 | **3,56** |
| 50 | 0,70 | **2,18** | **4,00** |
| 100 | 0,99 | **3,11** | **5,72** |
| 200 | 1,41 | **4,43** | **8,12** |
| 300 | 1,74 | **5,43** | **9,96** |
| 400 | **2,01** | **6,27** | **11,51** |
| 500 | **2,24** | **7,02** | **12,88** |

von der Größe der untersuchten Stichproben abhängig ist. Für Unterschiede zweier Mittelwerte hatten wir dort das Effektstärkemaß Cohens d kennengelernt. Bei der Betrachtung von Merkmalszusammenhängen ist der Betrag der Korrelation r selbst als Effektstärkemaß definiert.

In unserem Datenbeispiel handelt es sich also bei der signifikanten Korrelation von r = ,65 um einen starken statistischen Effekt. Für die Daten in Tabelle 9-4 erwies sich die Korrelation r = ,65 jedoch nicht als signifikant. Die Ursache für die unterschiedlichen Ergebnisse des Signifikanztests liegt ausschließlich darin, dass in Tabelle 9-4 mit N = 7 eine deutlich kleinere Stichprobe untersucht wurde als für das Lebensqualitätsbeispiel (N = 30).

Um den **Einfluss der Stichprobengröße** zu verdeutlichen, sind in **Tabelle 9-7** für die drei Orientierungswerte nach Cohen (1988) in Abhängigkeit von der Stichprobengröße die entsprechenden t-Werte angegeben.

Ein starker Zusammenhang von |r| = ,5 erweist sich bereits bei einer recht kleinen Stichprobe von N = 20 als statistisch signifikant. Für |r| =,3 ist der t-Wert hingegen noch bei N = 40 Personen kleiner 2. Erst für Stichprobengrößen ab N = 50 ist |r| =,3 statistisch signifikant. Liegt eine kleine Effektstärke |r| = ,1 vor, bedeutet dies nicht, dass diese nicht signifikant ist: Vielmehr gilt, dass eine sehr große Stichprobe erforderlich ist, damit Zufall als Ursache der Korrelation ausgeschlossen werden kann. In Tabelle 9-6 wird die Signifikanzgrenze für die kleine Korrelation erst für N = 400 überschritten.

Hierdurch wird deutlich, dass das Ergebnis des Signifikanztests nicht im Sinne der empirischen Effektstärke der Korrelation interpretiert werden darf. Große Effekte werden nicht signifikant, wenn die Stichprobe sehr klein ist. Kleine Effekte werden signifikant, wenn die Stichprobe sehr groß ist. Bei der statistischen Analyse von Korrelationen muss zunächst immer die Signifikanz geprüft werden. Eine nicht signifikante Korrelation muss immer als fehlende Korrelation oder Nullkorrelation interpretiert werden. Für eine nicht signifikante Korrelation stellt sich die Frage nicht mehr, ob es sich um einen schwa-

**Definition**

**Die Produkt-Moment-Korrelation als Effektstärkemaß**

Nach Cohen (1988) gelten folgende Orientierungswerte:

|r| ≈ ,1: Schwacher Zusammenhang

|r| ≈ ,3: Mittlerer Zusammenhang

|r| ≈ ,5: Starker Zusammenhang

chen, mittleren oder starken Effekt handelt. Signifikanz stellt also die Voraussetzung dafür dar, dass die Stärke des empirisch ermittelten Effekts interpretiert werden darf. Erweist sich eine Korrelation als signifikant, sollte stets zusätzlich der Betrag der Korrelation als Effektstärkemaß angegeben werden.

**Merke**

Eine Korrelation r erweist sich umso eher als statistisch signifikant,

- je stärker eine Korrelation von 0 abweicht (bzw. je größer die Effektstärke ist) und
- je größer der Stichprobenumfang N ist.

### 9.4.2 Voraussetzungen des Signifikanztests

Wie beim t-Test für den Vergleich zweier Mittelwerte müssen auch die intervallskalierten Messwerte der beiden Variablen, deren Korrelation bestimmt und geprüft wird, normalverteilt sein. Dies gilt insbesondere bei Stichproben eines Umfangs von $N < 30$. Bei größeren Stichprobenumfängen gilt das Testverfahren als robust, d.h. es wurden nur unwesentliche Einflüsse moderater Verteilungsverletzungen auf die Gültigkeit der Signifikanzprüfung nachgewiesen.

Zusätzlich muss gewährleistet sein, dass die gemeinsame Verteilung der beiden Merkmale in einem Streudiagramm eine kreis- oder ellipsenförmige Gestalt hat. Es sollte sich also um eine Punktwolke handeln, deren Grundtendenz durch eine Gerade (lineare Funktion) beschrieben werden kann. Lediglich im Falle einer Korrelation von $r = 0$ sollte sich eine unorientierte tendenziell kreisförmige Datenverteilung zeigen (erstes Streudiagramm in Abbildung 9-6). Dies ist in allen Streudiagrammen in Abbildung 9-6 der Fall. Hier kann die Annahme einer **bivariaten Normalverteilung** als plausibel gelten. Um Verletzungen der Annahme der bivariaten Normalverteilung erkennen zu können, sollte das Streudiagramm auf Abweichungen von kreis- oder ellipsenförmiger Gestalt inspiziert werden. Eine Verletzung würde beispielsweise in der linken Darstellung in **Abbildung 9-10** vorlegen, da eine klar nicht-lineare Gestalt (hier: u-förmig) erkennbar ist. Trotz eines fehlerfreien parabolischen Zusammenhangs beträgt der Korrelationswert $r = 0$, da keine generell aufsteigende oder abfallende Tendenz über den gesamten Wertebereich von X vorliegt. Zudem können einzelne **Ausreißerwerte** (vgl. Abschnitt 4.3.1) die Aussagekraft des Koeffizienten r und auch die Signifikanzprüfung beeinträchtigen. Dies wird im rechten Streudiagramm in Abbildung 9-10 deutlich. Allein durch einen einzelnen Ausreißerwert wird die Korrelation erheblich beeinflusst. Ohne diesen Ausreißerwert läge die Korrelation bei $r = +{,}933$. Wird der Ausreißerwert jedoch mitberücksichtigt, sinkt die Korrationsstärke auf $r = +{,}243$. Grundsätzlich ist die Aussagekraft von statistischen Anga-

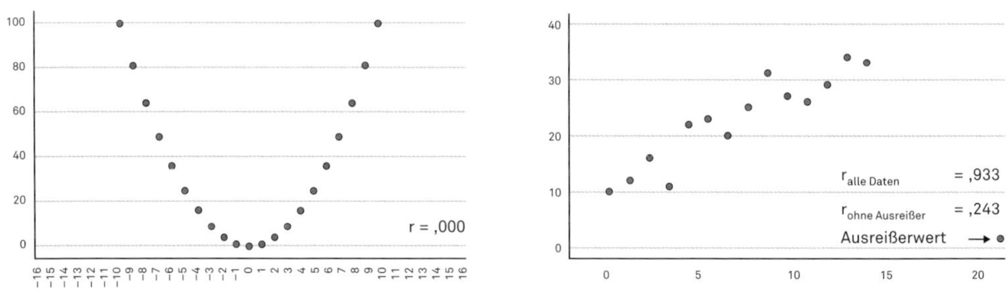


**Abbildung 9-10:** Streudiagramm zweier Merkmale mit Verletzung der Linearitätsannahme (links) und der Verletzung der bivarialen Normalverteilung aufgrund eines Ausreißerwerts

ben deutlich eingeschränkt, wenn sich die Analyseergebnisse durch einzelne Datenpunkte in besonderem Maße verändern. Die Koeffizienten und Tests sollten allgemeine systematische Strukturen widerspiegeln. Ob eine bestimmte Person in der Stichprobe enthalten ist oder nicht, sollte das Gesamtbild nicht wesentlich verändern. Diesem wird vorgebeugt, in dem möglichst große Stichproben untersucht werden und Verteilungsannahmen geprüft werden.

Lässt sich nachweisen, dass ein Ausreißerwert eine nicht valide Dateninformation widerspiegelt (z. B. die entsprechende Person war in der Untersuchungssituation völlig unmotiviert oder verfügte über eingeschränkte Teilnahmevoraussetzungen; z. B. mangelnde Lesekompetenz), so könnte es begründbar sein, diese „ausreißende" Person u. U. aus der Analyse auszuschließen. Hierbei ist aber besondere Vorsicht geboten, da dies letztendlich eine Datenmanipulation darstellt und die Gestalt einer Punktwolke durch gezielte Auswahl „unliebsamer" Daten erheblich verändert werden kann. Nur wenn die gesonderte Behandlung eines Ausreißerwerts seriös begründet werden kann, ist ein solches Vorgehen ggf. zulässig. Wenn dies und die Begründung den Leserinnen und Lesern nicht transparent mitgeteilt wird, handelt es sich um eine unseriöse Datenfälschung.

**Merke**

**Bivariate Normalverteilung**: In einem Streudiagramm verteilen sich die Punkte kreis- oder ellipsenförmig.

**Bivariater Ausreißerwert**: Untypischer Wert bzw. Wert, der nicht deutlich außerhalb der kreis- oder ellipsenförmigen Verteilung der übrigen Messwerte positioniert ist.

## 9.5 Maße des Zusammenhangs zweier ordinalskalierter Merkmale: Die Rangkorrelationskoeffizienten Spearmans ρ (rho) und Kendalls τ (tau)

Sind die Annahmen zur Berechnung der Produkt-Moment-Korrelation r nicht erfüllt, so kann die Stärke des Zusammenhangs mittels Maßen für ordinale Daten, sogenannten Rangkorrelationskoeffizienten, bestimmt werden. Sind also die Abstände zwischen benachbarten Punkten auf einer Messskala nicht identisch (ordinalskalierte Werte; s. Abschnitt 2.2) oder muss davon ausgegangen werden, dass die Ausprägung der Korrelation r unverhältnismäßig durch einzelne Ausreißerwerte beeinflusst wird, so stellen Maße des ordinalen Zusammenhangs aussagekräftigere Alternativen dar.

Maße des Zusammenhangs zweier ordinalskalierter Merkmale verrechnen nicht die Abstände bzw. Distanzen zwischen Messwerten. Die Ausprägung der Koeffizienten wird ausschließlich aufgrund der **Rangordnung der Messwerte** bestimmt. Der Unterschied zwischen den Messwerten „1" und „2" sowie „1" und „10" wird als gleich betrachtet, wenn kein dazwischen liegender Wert gemessen wurde. Dies führt insbesondere dazu, dass extreme Merkmalsausprägungen (Ausreißerwerte, untypische Werte) bei der Berechnung der Ausprägung der Koeffizienten in deutlich geringerem Maße ins Gewicht fallen.

Deshalb empfiehlt es sich i. d. R., wenn Unsicherheiten bezüglich der Gültigkeit der Annahmen zur Berechnung der Produkt-Moment-Korrelation r bestehen, zusätzlich zu r **Spearmans ρ** oder **Kendalls τ** zu berichten. Leserinnen und Leser einer Studie gewinnen dann einen Eindruck, in welchem Maße die Wahl des Koeffizienten und damit die Entscheidung für ein bestimmtes Skalenniveau die Ergebnislage beeinflusst. Gelangt man aufgrund der Betrachtungen der Produkt-Moment-Korrelation und der Korrelationsmaße für ordinalskalierte Da-

**Tabelle 9-8:** Messwerte zweier Merkmale X und Y für 10 Kliniken, merkmalsspezifische Rangwerte (Spalte 4 und 5) und quadrierte Rangdifferenzen (Spalte 6).

| Klinik | Patienten-orientierung (X) | Qualität des Behandungs-angebots (Y) | Rang(X) | Rang(Y) | $d_i^2 = (r_{xi} - r_{y1})^2$ |
|---|---|---|---|---|---|
| 1 | 7 | 13 | 4 | 7 | $-3^2 = 9$ |
| 2 | 18 | 16 | 9 | 8 | $1^2 = 1$ |
| 3 | 17 | 19 | 8 | 10 | $-2^2 = 4$ |
| 4 | 13 | 8 | 7 | 4 | $3^2 = 9$ |
| 5 | 6 | 9 | 3 | 5 | $-2^2 = 4$ |
| 6 | 2 | 5 | 1 | 2 | $-1^2 = 1$ |
| 7 | 11 | 11 | 6 | 6 | $0^2 = 0$ |
| 8 | 20 | 18 | 10 | 9 | $1^2 = 1$ |
| 9 | 4 | 3 | 2 | 1 | $1^2 = 1$ |
| 10 | 10 | 7 | 5 | 3 | $2^2 = 4$ |
| | | | | $\sum d_i^2 =$ | 34 |

ten zu identischen Schlussfolgerungen, so ist man hinsichtlich möglicher Unsicherheiten bezüglich des **Skalenniveaus** abgesichert. Resultieren jedoch unterschiedliche Schlussfolgerungen (z. B. r ist signifikant, während sich ρ und τ nicht als signifikant von 0 verschieden erweisen), so muss die Thematik der Annahmen bezüglich des Skalenniveaus umso kritischer betrachtet werden.

**Merke**

Die Ausprägung von Maßen des ordinalen Zusammenhangs zweier Merkmale setzt lediglich voraus, dass die Rangordnung bzw. Abfolge der Messwerte aussagekräftig ist. Anders als bei der Produkt-Moment-Korrelation r wird die Koeffizientenausprägung von $\rho$ und $\tau$ nicht durch die Abstände zwischen Messwerten oder durch ungewöhnliche Merkmalsausprägungen (Ausreißerwerte) beeinflusst.

Die beiden Maßzahlen Spearmans ρ und Kendalls τ basieren entsprechend auf den Rangwerten der beiden Analysevariablen X und Y (Bortz & Lienert, 2008). Angenommen, im Rahmen der Qualitätssicherung von Kliniken wurden 10 Kliniken von Begutachtenden jeweils ordinalskalierte Punkte für (1) die Patientenorientierung (X) und (2) die Qualität des Behandlungsangebots (Y) zugeordnet (**Tabelle 9-8**). Die Werte von X werden nun in eine einfache Rangreihe gebracht, sodass die kleinste Merkmalsausprägung den Rangwert 1 und die höchste Merkmalsausprägung den Rangwert 10 (= Anzahl der Kliniken) erhält. Die ranggeordneten Werte sind in Spalte 4 (Rang (X)) und Spalte 5 (Rang (Y)) angegeben.

Das Rational von **Spearmans ρ** beruht nun darauf, dass die Rangplätze in X und Y für jede Klinik möglichst ähnlich sein sollten, wenn ein positiver Zusammenhang der Merkmale X und Y besteht. Die Kliniken mit hohen Werten in Rang (X) sollten auch hohe Werte in Rang (Y) aufweisen – und umgekehrt.

Bei der Koeffizientenberechnung wird deswegen die **quadrierte Differenz $d_i^2$ der Rangplätze in X und Y** berechnet. Sind die Rangplätze ähnlich, so ist die quadrierte Differenz $d_i^2$

**Tabelle 9-9:** Messwerte zweier Merkmale X und Y für 10 Kliniken, merkmalsspezifische Rangwerte (Spalte 4 und 5) und quadreite Rangdifferenzen (Spalte 6).

| Klinik | X | X | Rang(X) | Rang(Y) | Proversionen | Inversionen |
|---|---|---|---|---|---|---|
| 6 | 2 | 5 | 1 | 2 | 2 < 5, 7, 3, 6, 4, 10, 8, 9 | 2 > 1 |
| 9 | 4 | 3 | 2 | 1 | 1 < 5, 7, 3, 6, 4, 10, 8, 9 | |
| 5 | 6 | 9 | 3 | 5 | 5 < 7, 6, 10, 8, 9 | 5 > 3, 4 |
| 1 | 7 | 13 | 4 | 7 | 7 < 10, 8, 9 | 7 > 3, 6, 4 |
| 10 | 10 | 7 | 5 | 3 | 3 < 6, 4, 10, 8, 9 | |
| 7 | 11 | 11 | 6 | 6 | 6 < 10, 8, 9 | 6 > 4 |
| 4 | 13 | 8 | 7 | 4 | 4 < 10, 8, 9 | |
| 3 | 17 | 19 | 8 | 10 | | 10 > 8, 9 |
| 2 | 18 | 16 | 9 | 8 | 8 < 9 | |
| 8 | 20 | 18 | 10 | 9 | | |
| | | **Anzahl** | | | **36** | **9** |

eher klein. Wären die Rangplätze in X und Y exakt gleich, so wären alle $d_i^2$ gleich 0. Der Wert der Differenz $d_i$ wird quadriert, damit sich negative und positive Differenzen $d_i$ nicht wechselseitig aufheben. Dieses Prinzip hatten wir uns in gleicher Weise bei der Definition der Varianz in Abschnitt 4.2 zunutze gemacht: Wenn lediglich die Größe und nicht die Richtung von Abweichungen betrachtet werden soll, stellt die Quadrierung von Differenzen einen statistisch sehr günstigen Ansatz dar.

**Definition**

**Spearmans ρ (rho)**

Der Wert von Spearmans r ergibt sich durch Einsetzen der Summe der quadrierten Rangsummendifferenzen $\sum d_i^2$ in die Berechnungsformel

$$\rho = 1 - \frac{6 \cdot \sum_{i=1}^{n} d_i^2}{n(n^2 - 1)}$$

$d_i^2$: Quadrierte Differenzen der Rangplätze für Merkmal X und Y.
n: Anzahl der Objekte.

Die Summe der quadrierten Rangdifferenzen beträgt im Datenbeispiel: $\sum d_i^2 = 34$
In unserem Beispiel gilt also:

$$\rho = 1 - \frac{6 \cdot \sum_{i=1}^{n} d_i^2}{n(n^2-1)} = 1 - \frac{6 \cdot 34}{10 \cdot (100-1)} = 1 - ,21 = ,79.$$

Vorbehaltlich der Frage der statistischen Signifikanz ergibt sich also ein hoher ordinaler Zusammenhang der beiden Merkmale Patientenorientierung (X) und Qualität des Behandlungsangebots (Y) gemäß Spearmans ρ.

Zur Berechnung von **Kendalls τ** werden die Kliniken gemäß der Ränge in X wie in **Tabelle 9-9** aufsteigend angeordnet. Klinik 6 hat den niedrigsten Wert in der Patientenorientierung, Klinik 9 den zweitniedrigsten Wert usw. Das Rational von Kendalls τ beruht nun darauf, dass bei positivem Zusammenhang von X und Y nun auch niedrige Rangwerte in Y eher in den ersten Zeilen der Tabelle stehen sollten, und höhere Rangwerte in Y eher in den unteren Zeilen positioniert sein sollten.

Für jeden Rangplatz in der Spalte „Rang (Y)" wird nun ausgezählt, wie viele Rangplätze in Y in den nachfolgenden Zeilen höher sind (**Proversionen = gleichgerichtet höhere Rangwerte**).

- Klinik 6 hat in Y den Rangplatz 2: Es liegen 8 Proversionen vor, denn 8 Rangplätze sind unterhalb der ersten Zeile höher ausgeprägt (5, 7, 3, 6, 4, 10, 8, 9).
- Klinik 9 hat in Y den Rangplatz 1: Es liegen 8 Proversionen vor, denn 8 Rangplätze sind unterhalb der ersten Zeile höher ausgeprägt (5, 7, 3, 6, 4, 10, 8, 9).
- Klinik 5 hat in Y den Rangplatz 5: Es liegen 5 Proversionen vor, denn 5 Rangplätze sind unterhalb der ersten Zeile höher ausgeprägt (7, 6, 10, 8, 9). Usw.

Für jede Zeile wird auf diese Weise die Anzahl der Proversionen bestimmt. In der Spalte „Proversionen" sind alle für unser Datenbeispiel vorliegenden 36 Proversionen aufgelistet.

Anschließend wird die Anzahl der **Inversionen (entgegengerichtet niedrigere Rangwerte)** bestimmt. Für jeden Rangplatz in der Spalte „Rang (Y)" wird nun ausgezählt, wie viele Rangplätze in Y in den folgenden Zeilen niedriger niedriger sind.

- Klinik 6 hat in Y den Rangplatz 2: Es liegt eine Inversion vor, da Klinik 9 in Zeile 2 in Y den niedrigeren Rangplatz 1 innehat.
- Klinik 9 hat in Y den Rangplatz 1: Es liegt keine Inversion vor, da keine der folgenden Kliniken einen niedrigeren Rangplatz in Y hat.
- Klinik 5 hat in Y den Rangplatz 5: Dies entspricht 2 Inversionen, da die kleineren Rangplätze 3 und 4 unterhalb positioniert sind usw.

In Tabelle 9-9 sind für das Datenbeispiel alle 9 Inversionen aufgelistet.

Übersteigt die Anzahl an Proversionen diejengen der Inversionen, so spricht dies für einen positiven Zusammenhang der Merkmale, da höhere Rangplätze in X mit tendenziell höheren Rangplätzen in Y einhergehen – und umgekehrt.

Die Differenz

**S = Proversionen – Inversionen**

bildet die Basis zur Bestimmung des Wertes von Kendalls $\tau$. S ist in Tabelle 9-9 gleich $36 - 9 = 27$.

Dieser Wert kann nun direkt in die Bestimmungsgleichung für Kendalls $\tau$ eingesetzt werden.

**Definition**

Der Wert von ***Kendalls $\tau$*** ergibt sich durch Einsetzen der Differenz von Pro- und Inversionen in die Berechnungsformel

$$\tau = \frac{S}{(n(n-1))/2}$$

n: Anzahl der Objekte.

Für die Daten in Tabelle 9-8 ist Kendalls $\tau$ als gleich:

$$\tau = \frac{27}{(10 \cdot 9)/2} = {,}60$$

Besitzen mehrere Objekte den gleichen Wert in einer der beiden Variablen und teilen sich somit mehrere Objekte den gleichen Rangplatz (Rangbindungen), so existieren korrigierte Formeln zur Berechnung von $\rho$ und $\tau$ (Wirtz & Caspar, 2002).

Beim Vergleich der Koeffizientenausprägungen muss berücksichtigt werden, dass die Betragswerte von Spearmans $\rho$ systematisch höher ausgeprägt sind als diejenigen von Kendalls $\tau$ ($|\tau| < |\rho|$). Der Betragswert von Kendalls $\tau$ ist in der Regel um ca. den Faktor 2/3 niedriger ausgeprägt als der Betragswert von Spearmans r ($|\tau| \approx 2/3 \cdot |\rho|$). Im Datenbeispiel ist $\tau$ mit ,60 ebenfalls deutlich niedriger ausgeprägt als Spearmans $\rho$ mit ,79.

Für die Berechnung von Spearmans $\rho$ als Maßzahl des ordinalen Zusammenhangs spricht vor allem, dass dessen Ausprägung besser vergleichbar mit derjenigen des Produkt-Moment-Korrelationskoeffizienten r für intervallskalierte Daten ist. Es lässt sich zeigen, dass der Wert von Spearmans ρ der Produkt-Moment-Korrelation der Rangplätze genau entspricht. Bei der Berechnung von Spearmans ρ werden die Rangplätze also implizit als intervallskaliert angesehen. Kendalls τ ist an schwächere Annahmen geknüpft als Spearmans ρ und sollte bevorzugt werden, wenn die Distanzen zwischen benachbarten Rangwerten als deutlich unterschiedlich gelten müssen.

Wie für alle statistischen Koeffizienten kann auch für Spearmans ρ und Kendalls τ die statistische Signifikanz bestimmt werden. Auf die detaillierte Darstellung der Signifikanztestung, wie sie oben in Abschnitt 9.4 für die Produkt-Moment-Korrelation erfolgte, soll an dieser Stelle verzichtet werden. Im folgenden Abschnitt wird das Ergebnis der Signifikanztestung mittels der Statistik Software SPSS dargestellt.

## 9.6 Berechnung der Produkt-Moment-Korrelation r, Spearmans ρ und Kendalls τ mittels SPSS

**Abbildung 9-11** zeigt das SPSS-Datenfenster mit den Stichprobendaten aus Tabelle 3-1. Wählt man nun über das Drop-Down-Menü unter dem Punkt „Analysieren" die Option „Korrelation" aus, so können unter dem Unterpunkt „Bivariat" die in diesem Kapitel behandelten Korrelationskoeffizienten angefordert werden.

In der dann erscheinenden Dialogbox (**Abbildung 9-12**) müssen nun mindestens zwei Analysevariablen ausgewählt werden. Unter den Variablenbezeichnungen „koerperlich" und „psychisch" finden sich im Datensatz die Angaben zu den beiden Variablen „Körperliche Lebensqualität" und „Psychische Lebensqualität", anhand derer die Produkt-Moment-Korrelation in Kapitel 2.3 eingeführt wurde. Unter der Option „Pearson" wird der Produkt-Moment-Korrelationskoeffizient r angefordert. Dieser Koeffizient wird standardmäßig mit einem Haken versehen und wird somit stets berechnet. Um

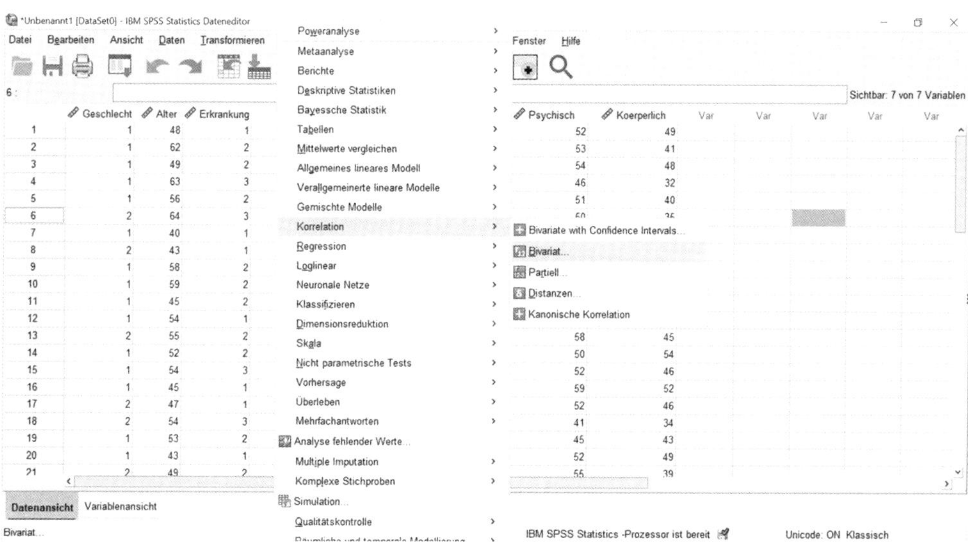


**Abbildung 9-11:** Auswahl der Analysevariablen und Koeffizienten in der SPSS-Dialogbox

auch die Rangkorrelationskoeffizienten Kendalls τ und Spearmans ρ zu erhalten, muss bei diesen ebenfalls ein Haken gesetzt werden.

Klickt man anschließend auf „OK“ erscheint die Ergebnisdarstellung in **Abbildung 9-13.** Zusätzlich zur Angabe des Wertes des jeweiligen Korrelationskoeffizienten wird der p-Wert („Sig.“) und Stichprobengröße („N“) aufgeführt. Wenn der p-Wert (Wahrscheinlichkeit einer solch extremen oder noch extremeren Abweichung von r = 0, wenn die Nullhypothese gilt), den Wert ,001 unterschreitet, erscheint die Angabe „<,001“. Ansonsten werden die ersten drei Nachkommastellen des p-Wertes angezeigt. Wenn der p-Wert kleiner als α = ,05 ist, so wird der Korrelationswert mit einem Stern („*“) versehen. Ist der p-Wert kleiner als ,01, so wird die Korrelation mit zwei Sternen („**“) mar-

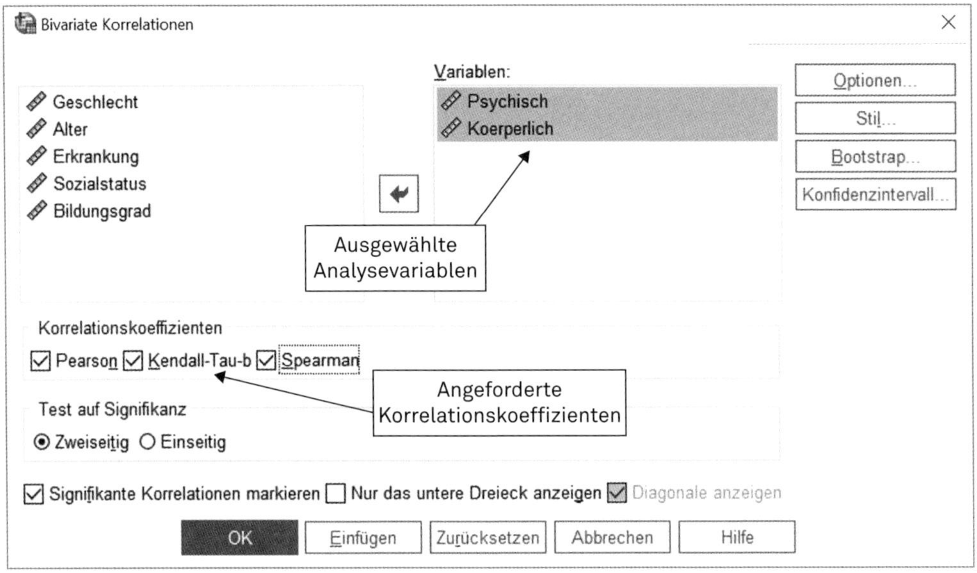


**Abbildung 9-12:** Angabe der Korrelationsmaße und der entsprechenden p-Werte in der SPSS-Ausgabe

| | | Koerperlich |
|---|---|---|
| Psychisch | Pearson-Korrelation | ,648** |
| | Sig. (2-seitig) | <,001 |
| | N | 30 |

| | | | Koerperlich |
|---|---|---|---|
| Kendall-Tau-b | Psychisch | | ,480** |
| | | Sig. (2-seitig) | <,001 |
| | | N | 30 |
| Spearman-Rho | Psychisch | | ,649** |
| | | Sig. (2-seitig) | <,001 |
| | | N | 30 |

** Die Korrelation ist auf dem 0,01 Niveau signifikant (zweiseitig).

**Abbildung 9-13:** Angabe der Koordinationsmaße und der entsprechenden p-Werte in der SPSS-Ausgabe kiert. In größeren Tabellen wird so schnell erkenntlich, welche der berechneten Werte als statistisch signifikant gelten.

## 9.7 Überblick über wichtige Korrelationskoeffizienten

In der statistischen Literatur werden noch weitere Korrelationskoeffizienten verwendet, um die Zusammenhangsstärke zwischen zwei Merkmalen standardisiert zu quantifizieren. Entscheidend für die Auswahl des angemessenen Koeffizienten ist das **Skalenniveau** und die damit verbundenen Annahmen zur **statistischen Verteilung**. **Tabelle 9-10** zeigt, für welche Kombination von Skalenniveaus welche Koeffizienten berechnet werden dürfen. Neben den in diesem Kapitel behandelten Maße für intervallskalierte und ordinalskalierte Variablen, sind auch Koeffizienten für nominalskalierte und dichotome (als Spezialfall nominalskalierter) Variablen definiert. Hierauf werden wir in Kapitel 12 eingehen. Alle Maße, die in diesem Lehrbuch explizit eingeführt werden, erscheinen in der Tabelle fett gedruckt.

## 9.8 Zusammenfassung

In der empirischen Forschung werden korrelationsanalytische Verfahren eingesetzt, um den Zusammenhang zwischen Merkmalen zu bestimmen. Möchte man z. B. wissen, in welchem Maße die Behandlungsmotivation zu Beginn einer Therapie und der Therapieerfolg miteinander in Zusammenhang stehen, so bildet der Korrelationskoeffizient die Zusammenhangsstärke standardisiert ab.

Die Auswahl des angemessenen **Korrelationskoeffizienten** hängt vor allem vom Skalenniveau der gemessenen Merkmale ab. In diesem Kapitel lag der Schwerpunkt auf der Analyse intervallskalierter Merkmale. Zunächst haben wir uns mit den Eigenschaften und der Berechnung der **Kovarianz** beschäftigt. Die Kovarianz ist ein Maß der gleichgerichteten Abweichung zweier Merkmale X und Y von ihrem jeweiligen Mittelwert. Gilt im Allgemeinen, dass überdurchschnittliche Werte in X (z. B. eine Person ist überdurchschnittlich motiviert) tendenziell mit überdurchschnittlichen Werten in Y (z. B. bei dieser Person wird ein überdurchschnittlicher Therapieerfolg ver-

**Tabelle 9-10:** Korrelationsmaße für die Kombination verschiedener Skalenniveaus (Wirtz & Ulrich, 2010).

| | Variable 1 | | | |
|---|---|---|---|---|
| ↓ Variable 2 | intervallskaliert | dichotom | ordinalskaliert | nominalskaliert |
| **intervallskaliert** | **Produkt-Moment-Korrelation r** | (punkt-) biseriale Korrelation | **Kendalls τ Spearmans ρ** | η (eta) |
| **dichotom** | | **φ (phi)** (Kapitel 12) | **Kendalls τ Spearmans ρ** | **Konkordanzkoeffizient** (Kapitel 12) |
| **ordinalskaliert** | | | **Kendalls τ Spearmans ρ** | **Konkordanzkoeffizient** (Kapitel 12) |
| **nominalskaliert** | | | | **Konkordanzkoeffizient** (Kapitel 12) |

zeichnet) und unterdurchschnittliche Werte in X mit tendenziell unterdurchschnittlichen Werten in Y einhergehen, so ist der Wert der Kovarianz positiv ausgeprägt. Gilt hingegen, dass überdurchschnittliche Werte in X (z. B. eine Person ist in erhöhtem Maße Belastungen ausgesetzt) tendenziell mit unterdurchschnittlichen Werten in Y (z. B. die Lebenszufriedenheit dieser Person ist eher gering) korrespondieren, so nimmt die Kovarianz einen negativen Wert an. Eine Kovarianz mit positivem Vorzeichen repräsentiert eine Zusammenhangsaussage der Art „Je größer X, desto tendenziell größer Y". Aussagen der Form „Je größer X, desto tendenziell kleiner Y" korrespondieren mit einem negativen Vorzeichen der Kovarianz.

Grafisch kann der Zusammenhang mittels eines **Streudiagramms** veranschaulicht werden, in dem die Ausprägungen jeder Person in einem zweidimensionalen Koordinatensystem als Punkte abgetragen werden. Die kombinierte Merkmalsverteilung aller Stichprobenmitglieder resultiert in einer kreis- oder ellipsenförmigen Punktwolke. Bei positiver Kovarianz weist die Punktwolke eine ansteigende Tendenz der Einzelpunkte auf (Ellipse mit positiver Steigung). Eine Ellipse mit abfallender Steigung kennzeichnet einen negativen Zusammenhang. Eine Punktwolke ohne Steigung repräsentiert die Verteilung zweier Merkmale, die nicht in Zusammenhang stehen.

**Pearson's Produkt-Moment-Korrelation r** entspricht der standardisierten **Kovarianz**. Den Korrelationskoeffizienten r erhält man, indem die Kovarianz durch das Produkt der Standardabweichungen von X und Y geteilt wird. Durch die Standardisierung auf den Wertebereich −1 bis +1 können verschiedene Merkmalszusammenhänge nicht nur hinsichtlich des Vorzeichens, sondern auch bezüglich der absoluten Größe der Koeffizientenausprägung verglichen werden. Werte nahe dem Wert 0 zeigen einen fehlenden Zusammenhang an: Die beiden Merkmale stehen in keiner linearen Beziehung zueinander. Je näher der Wert von r am Maximum +1 liegt, desto eindeutiger gilt die Aussage „Je größer X, desto tendenziell größer Y". Weicht der Wert r nicht signifikant positiv oder negativ von 0 ab ($p \geq .05$), so lautet das Ergebnis der empirischen **Hypothesenprüfung**, dass kein Merkmalszusammenhang besteht. Die Nullhypothese wird beibehalten. Von einem Merkmalszusammenhang darf nur gesprochen werden, wenn sich dieser als signifikant erweist ($p < .05$). Je deutlicher die Abweichung des empirisch bestimmten Korrelationswertes r vom Erwartungswert der Nullhypothese ($\rho = 0$), und je größer die Untersuchungsstichprobe ist, desto eher erweist sich eine Korrelation als signifikant. Ob beispielsweise eine Korrelation von r = −,25 oder r = +,25 signifikant von 0 abweicht, kann nur beantwortet werden, wenn die entsprechende Stichprobengröße bekannt ist. Wie bei allen Signifikanzprüfungen gilt auch hier: Ob ein Merkmalszusammenhang signifikant ist oder nicht, darf nicht im Sinne einer empirischen **Effektstärke** oder Effektgröße interpretiert werden. Auch kleine oder schwache Zusammenhänge können statistisch signifikant sein, wenn nur die Stichprobe genügend groß gewählt wurde. Bei der Interpretation muss beachtet werden, dass „statistisch signifikant" lediglich aussagt, dass der beobachtete Zusammenhang mit hinreichender Sicherheit nicht auf reinem Zufall beruht. Um die absolute Stärke des Zusammenhangs beurteilen zu können, können die von Cohen (1988) vorgeschlagenen Referenzwerte herangezogen werden: $|r| \approx .1$ = schwache Korrelation; $|r| \approx .3$ = mittlere Korrelation; $|r| \approx .5$ = starke Korrelation.

Sind die Analysemerkmale lediglich ordinalskaliert, so bildet **Spearmans ρ (rho)** und **Kendalls τ (tau)** die Zusammenhangsstärke angemessen ab. Zusammenhangsmaße für nominalskalierte Merkmale werden in Kapitel 12 und 13 behandelt.

## 9.9 Blitzlichter aus der Forschungspraxis

Korrelationskoeffizienten finden sich in nahezu allen gesundheitswissenschaftlichen Texten und Studienberichten, die statistische Analyseverfahren anwenden. Korrelationskoeffizienten werden beispielsweise genutzt, um zu berichten, welche Stukturen die Untersuchungsstichprobe charakterisieren (z. B. „Das Alter der Untersuchungsteilnehmer war negativ mit dem körperlichen Gesundheitsstatus korreliert; $r = -,24$; $p = ,019 < \alpha = ,050$") oder aber um Transparenz über Veränderungen herzustellen (z. B. „Die Lebensqualität hat sich umso mehr gebessert, je motivierter die Personen an der Maßnahme teilgenommen haben; $r = ,31$; $p = ,003 < \alpha = ,050$)".

**Blitzlicht 9.1: Zusammenhang des mittels der MacArthurScale erhobenen subjektiven sozioökonomischen Status mit anderen Merkmalen der sozialen Situation und dem Gesundheitsstatus**

Hoebel et al. (2015) setzen die sog. MacArthur Scale (MAS) zur Erfassung des subjektiv eingeschätzen sozioökonomischen Status ein. Die Befragten kreuzen hierbei einen Wert auf einer 10-stufigen Ratingskala an: Der maximale Skalenwert „10" repräsentiert auf der MAS Menschen mit höchstem sozioökonomischen Status. „1" repräsentiert den niedrigsten sozioökonomischen Status. Die Skalenwerte werden, wie in der Originalpublikation zur MAS empfohlen, als intervallskaliert betrachtet. Da auch die übrigen Analysevariablen als intervallskaliert angenommen werden, wird die Pearson Produkt-Moment-Korrelation als Maßzahl des Zusammenhangs bestimmt. Im Artikel werden die wichtigsten Korrelationen in Tabelle 3 zusammengefasst dargestellt. Die Gültigkeit (Validität) der mittels der MAS erfassten subjektiven Einschätzungen, wird dadurch untermauert, dass diese mit objektiven Maßen des soziokönomischen Status in positivem, mittleren bis hohen Zusammenhang stehen: $r_{\text{MAS, Bildung}} = ,35$ (95 %-Konfidenzintervall: ,31 – ,40); $r_{\text{MAS, Berufliche Stellung}} = ,42$ (95 %-Konfidenzintervall: ,38 – ,47), $r_{\text{MAS, Einkommen}} = ,51$ (95 %-Konfidenzintervall: ,47 – ,55). Weiterhin besteht eine hohe positive Korrelation mit dem subjektiv eingeschätzten Lebensstandard: $r_{\text{MAS, Lebensstandard}} = ,47$ (95 %-Konfidenzintervall: ,43 – ,52). Mit Gesundheitsmerkmalen korrelieren die Werte der MAS erwartungsgemäß schwächer, aber trotzdem signifikant: z. B. $r_{\text{MAS, Seelisches Wohlbefinden}} = ,27$ (95 %-Konfidenzintervall: ,22 – ,32); $r_{\text{MAS, Depressivität}} = -,29$ (95 %-Konfidenzintervall: –,33 – –,22). Die Korrelationsangaben werden also zum einen genutzt, um die Aussagekraft der subjektiven Einschätzungen auf der MAS zu belegen (Korrelation mit objektiven Maßen des sozioökonomischen Status), und zum anderen, um deren Assoziation mit Gesundheitsmerkmalen empirisch zu bestimmen.

**Blitzlicht 9.2: Zusammenhänge der Gesundheitskompetenz mit soziodemografischen Merkmalen**

Schaeffer et al. (2021) untersuchen die Gesundheitskompetenz (Health Literacy) in einer für Deutschland repräsentativen Erwachsenenstichprobe. Zur Messung der Gesundheitskompetenz wird der European Health Literacy Survey Germany 2 (HLS-GER 2), der die Fähigkeit auf gesundheitsbezogene Informationen zugreifen zu können, diese zu verstehen, kritisch bewerten und anwenden zu können, als zentrale Facetten der Gesundheitskompetenz erfasst. Obwohl die Messwerte des HLS-GER 2 als intervallskaliert gelten können, werden die Zusammenhänge mit soziodemografischen Merkmalen mittels der Rangkorrelation Spearmans $\rho$ ermittelt, da die soziodemografischen Angaben lediglich ordinalskaliert erfasst wurden. Tabelle 3 im Artikel zeigt die entsprechenden ordinalen Zusammenhänge. Der für jede befragte Person emittelte Gesamtwert „Gesundheitskompetenz" steht u. a. in signifikant positivem Zusammenhang mit dem sozialen Status ($\rho = ,239$), der Lesefähigkeit ($\rho = ,201$) und dem Bildungsgrad ($\rho = ,231$). Mit finanzellen Schwierigkeiten ist die Gesundheitskompetenz erwartungsgemäß signifikant negativ korreliert ($\rho$ = –,213): Je geringer die finanziellen Probleme ausgeprägt sind, desto höher ist die Gesundheitskompetenz. Auch wenn die ermittelten Korrelationen die erwarteten Zusammenhänge mit der Gesundheitskompetenz bestätigen, so muss doch berücksichtigt werden, dass die Zusammenhänge lediglich schwach bis mittel ausgeprägt sind.

**Blitzlicht 9.3: Zusammenhänge der Typ-D Persönlichkeit („distressed personality") mit Ärger, Aggressivität und Feindseligkeit**
Unter dem psychologischen Konzept der Typ-D Persönlichkeit („distressed personality"; distressed = verunsichert, verzweifelt) wird eine stabile und persönlich charakteristische Tendenz von Menschen verstanden, häufig negative Emotionen zum Ausdruck zu bringen („Negative Affektivität") und Emotionen in sozialen Situationen zu unterdrücken („Soziale Inhibition"). Perbandt et al. (2006) verwenden das Fragebogeninstrument Typ-D-Skala (DS 14) an einer Stichprobe von N = 176 Personen, von denen N = 90 an einer koronaren Herzkrankheit litten.

Die Pearson Produkt-Moment-Korrelationen (s. Tabelle 3 und 5 im Artikel) der TYP-D Skala *Negative Affektivität (NA)* ist u. a. mit den Merkmalen Ärger (r = ,65), Feindseligkeit (r = ,60), Zynismus (r = ,40), Aggressivität (r = ,64), Depressivität (r = ,67), Unsicherheit im Sozialkontakt (r = ,63) und Paranoides Denken (r = ,57) signifikant und hoch ausgeprägt. Für *Soziale Inhibition* (SI) zeigen sich hier deutlich niedrigere Korrelationen (signifikant: $r_{\text{SI, Ärger}}$ = ,19, $r_{\text{SI, Feindeligkeit}}$ = ,38, $r_{\text{SI, Zynismus}}$ = ,17, $r_{\text{SI, Depressivität}}$ = ,29, $r_{\text{SI, Unsicherheit im Sozialkontakt}}$ = ,37, $r_{\text{SI, Depressivität}}$ = ,37; nicht signifikant: $r_{\text{SI, Aggressivität}}$ = ,13, $r_{\text{SI, Paranoides Denken}}$ = ,14).

Obwohl NA und SI die zentralen Teilaspekte derselben Typ-D Persönlichkeitsstruktur sind, zeigen sich deutlich unterschiedliche Zusammenhangsstärken mit den emotionalen und gesundheitsbezogenen Bezugsvariablen. NA ist wesentlich enger insbesondere mit Ärger, Aggressivität und Feindseligkeit assoziiert als SI und scheint somit bedeutsamer für die emotionale Reaktion der Betroffenen. Dies wird im Beitrag insbesondere hinsichtlich psychologischer Behandlungsbedarfe von Patientinnen und Patienten mit koronaren Herzerkrankungen diskutiert.

## Übungsaufgaben

1. Berechnen Sie die kritischen t-Werte für die Datenbeispiele in Tabelle 9-1 bis Tabelle 9-5. Welche der Korrelationen erweisen sich als statistisch signifikant?
2. Erstellen Sie ein Diagramm, in dem auf der X-Achse der Stichprobenumfang abgetragen wird, und auf der Y-Achse diejenigen Korrelationswerte, unter- bzw. oberhalb derer eine signifikant negative bzw. signifikant positiver Korrelation ausgegangen werden kann. Erstellen Sie das Diagramm Grafik für die Stichprobenumfänge N = 5, 10, 20, 30, 50, 75 und 100.
3. Berechnen Sie für die beiden Messwertreihen in der **Tabelle 9-11** den Wert von r, $\rho$ und $\tau$.
   – Überprüfen Sie Ihre Berechnungsergebnisse mit SPSS. Gemäß welches/r Koeffi-

**Tabelle 9-11:** Beispieldaten zu Aufgabe 9.3

| Messobjekt | X | Y |
|---|---|---|
| 1 | 15 | 11 |
| 2 | 19 | 23 |
| 3 | 46 | 15 |
| 4 | 2 | 9 |
| 5 | 5 | 10 |
| 6 | 22 | 18 |
| 7 | 7 | 5 |
| 8 | 13 | 11 |
| 9 | 17 | 16 |
| 10 | 14 | 12 |

zienten ist der Zusammenhang als signifikant zu betrachten?
- Erstellen Sie ein Streudiagramm der bivariaten Merkmalsverteilung!

4. Ordnen Sie den folgenden Aussagen die unten aufgeführten statistischen Angaben zu:
   a) Dass der Alkoholkonsum als Warnsignal gelten kann, konnte in der Untersuchung nicht bestätigt werden, obwohl deskriptiv eine deutliche Zusammenhangstendenz in Bezug auf das Merkmal Lebensqualität vorliegt. Hierbei ist jedoch zu beachten, dass lediglich eine kleine Stichprobe untersucht wurde.
   b) Dass Arbeitszufriedenheit und Lebensqualität erwartungsgemäß assoziiert sind, konnte lediglich als Tendenz nachgewiesen werden. Hierbei ist jedoch zu beachten, dass lediglich eine kleine Stichprobe untersucht wurde.
   c) Obwohl in einer großen bevölkerungsrepräsentativen Studie ein Zusammenhang von allgemeiner Problemlösefähigkeit und Gesundheitskompetenz nachgewiesen werden konnte, ist der Zusammenhang als praktisch wenig bedeutsam zu werten.
   d) Arbeitsdauer und Arbeitsergebnis erwiesen sich in der Untersuchungsstichprobe überraschenderweise – wenn auch nur gering – aber systematisch entgegen der erwarteten Richtung assoziiert. Grund hierfür könnte sein, dass Aufgaben, bei denen Probleme auftauchen, grundsätzlich eine längere Beschäftigung mit diesen erfordern.
   e) Die hohe Vorhersagekraft des Ergebnisses des Einstellungstests für die Arbeitseignung konnte bestätigt werden.
   f) In einer Stichprobe der Größe von N = 100 konnte kein Zusammenhang der Merkmale nachgewiesen werden.
   g) In einer Stichprobengröße von N = 200 konnte kein Zusammenhang der Merkmale nachgewiesen werden.
   h) Bei den 100 Patientinnen und Patienten stand der Leidensdruck in Zusammenhang mit der Behandlungsbereitschaft.
   i) Bei den 200 Patientinnen und Patienten ging eine höhere Therapiemotivation mit einer kürzeren Behandlungsdauer einher.

Zuzuordnende Korrelationsangaben:
$r = -{,}34$ $(p = {,}082)$
$r = -{,}18$ $(p = {,}073)$
$r = -{,}18$ $(p = {,}011)$
$r = -{,}15$ $(p = {,}036)$
$r = {,}06$ $(p < {,}001)$
$r = {,}11$ $(p = {,}121)$
$r = {,}23$ $(p = {,}021)$
$r = {,}28$ $(p = {,}143)$
$r = {,}54$ $(p < {,}001)$

# 10 Fallstricke bei der Interpretation von Merkmalszusammenhängen: Korrelation und Kausalität

Wurde ein Zusammenhang zwischen zwei Merkmalen nachgewiesen, so muss man in der Regel vorsichtig sein, um diesen angemessen zu interpretieren. Merkmale können zusammen auftreten oder zusammenhängen, weil das eine Merkmal ursächlich die Ausprägung des anderen Merkmals bestimmt. In diesem Fall sprechen wir von einer *kausalen Wirkbeziehung*. Der Kontakt mit einem Virus verursacht kausal die virusbedingte Erkrankung. Die Einnahme eines Kopfschmerzmedikaments bewirkt kausal eine Verringerung von Kopfschmerzen. Viel häufiger begegnen wir aber nicht kausalen Zusammenhängen. So ist über die vergangenen 150 Jahren sowohl der Anteil künstlicher Zusatzsstoffe in Lebensmitteln als auch die Lebenserwartung der Menschen angewachsen (Deutschland: von ca. 42 Jahren auf ca. 83 Jahre): Je höher der Anteil der Zusatzstoffe in der Nahrung, desto höher ist die Lebenserwartung. Dies darf aber nicht kausal interpretiert werden, in dem Sinne, dass der Konsum künstlicher Zusatzstoffe die Lebenserwartung erhöht. Auch wenn dieses Beispiel eher amüsant klingt, muss aber genau diese Problematik – Kausalität vs. Nicht-Kausalität – bei der Interpretation von empirischen Zusammenhängen immer kritisch mit bedacht werden, um belastbares gesundheitswissenschaftliches Wissen identifizieren zu können. Gesundheitsförderliche Maßnahmen sollen ursächlich dazu beitragen, dass sich der Gesundheitszustand bessert. Aufgabe der empirischen Forschung ist es somit zu klären, ob und in welchem Maße Maßnahmen ursächlich wirksam sind. Es wird in diesem Kapitel verdeutlicht, weshalb die Frage der Kausalität von Wirkbeziehungen als Kernfrage dafür gilt, ob Wissen oder Empfehlungen als evidenzbasiert gelten können.

In diesem Kapitel beschäftigen wir uns mit folgenden Fragen:

- Wann sind Merkmalszusammenhänge als kausal anzusehen?
- Was versteht man unter einer *konfundierenden Variable*?
- Wie kann der mögliche Einfluss einer konfundierenden Variable auf die Stärke des Zusammenhangs zweier anderer Variablen geprüft werden?
- Welche möglichen unterliegenden Ursachenmodelle sollten berücksichtigt werden, die die Zusammenhangsstärke erzeugen oder beeinflussen können?
- Wieso ist der Begriff der Kausalität wichtig, wenn die Wirksamkeit von Gesundheitsmaßnahmen untersucht wird?

## 10.1 Die Frage nach Ursache und Wirkung: Merkmalszusammenhänge vs. Kausalität bzw. kausale Wirkmodelle

Es lässt sich statistisch belegen, dass die Körpergröße von Menschen negativ mit der Lebenserwartung in Zusammenhang steht: Je größer Menschen sind, desto geringer ist ihre Lebenserwartung bzw. desto früher sterben sie im Durchschnitt. Liest man eine solche Nachricht, tendiert man dazu, eine ursächliche Koppelung der beiden Merkmale „mitzudenken" und sich zu fragen: „Wieso führt eine geringere Körpergröße dazu, dass man länger lebt?" Tatsächlich ist aber nicht die Körpergröße ursächlich für eine geringere Lebenserwartung verantwortlich. Bei der inhaltlichen Interpretation müssen immer auch andere Merkmale mitbedacht werden, die mit den beiden betrachteten Merkmalen - hier: „Körpergröße" und „Lebenserwartung" - in Zusammenhang stehen. In diesem Beipiel ist das Merkmal „Geschlecht" mit beiden Merkmalen assoziiert. Frauen sind durchschnittlich ca. 14 cm kleiner als Männer und Frauen haben eine höhere Lebenserwartung als Männer (z. B. Lebenserwartung bei Geburt 2014: Frauen: 83,6 Jahre; Männer: 78,7 Jahre; Busse et al., 2017). Das Geschlecht ist sowohl mit dafür ausschlaggebend, ob Menschen eher groß oder klein sind, als auch dafür, ob die Lebenserwartung höher oder niedriger ist. Um den Merkmalszusammenhang richtig interpretieren und einordnen zu können, sollte der Sachverhalt wie folgt formuliert werden: Weil Männer größer als Frauen sind und Männer eine geringere Lebenserwartung haben, resultiert indirekt auch ein Zusammenhang der Merkmale „Körpergröße" und „Lebenserwartung" - ohne dass diese beiden Merkmale sich in irgendeiner Weise direkt wechselseitig beeinflussen. Drei weitere Beispiel:

- „Je mehr Eiscreme Menschen essen, desto höher ist ihr Vitamin-D-Spiegel."
- „Je höher der Konsum von Eiscreme ist, desto eher zeigt die Haut Verbrennungssymptome."
- „Je mehr Eiscreme Menschen essen, desto mehr Menschen versterben aufgrund Ertrinkens."

Auch hier wird jeweils der Zusammenhang zweier Merkmale genannt, deren tendenziell gekoppeltes Auftreten durch ein anderes, nicht genanntes bzw. explizit berücksichtigtes Merkmal verursacht wird. Der Konsum von Eiscreme ist nicht ursächlich für die Erhöhung des Vitamin-D-Spiegels, für häufigere Sonnenbrände oder die Zunahme von Ertrinkungsunfällen verantwortlich. Vielmehr ist die variierende Sonnenscheinintensität als Merkmal anzusehen, aufgrund dessen diese Merkmale korrelieren - ohne dass eines der Merkmale die Ausprägung des anderen kausal bedingt (**Abbildung 10-1**):

Diese Beispiele verdeutlichen ein zentrales Problem bei der Interpretation von korrelativen Merkmalszusammenhängen: Menschen neigen dazu, aus der Tatsache, dass zwei Merkmale korreliert sind bzw. in Zusammenhang stehen, zu schließen, dass Veränderungen der Ausprägung eines Merkmals ursächlich für Veränderungen in der anderen Variablen verantwortlich sind. Eine bestehende Korrelation zwischen zwei Variablen X und Y kann jedoch immer nur ein Hinweis darauf sein, dass Veränderungen in einer der beiden Variablen kausal durch Veränderungen in der anderen Variablen bedingt sein

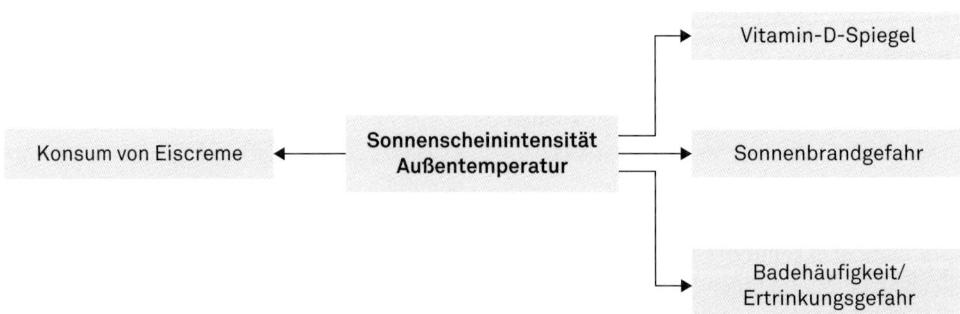


**Abbildung 10-1:** Zusammenhang zweier Merkmale

könnten. Ein Beweis einer bestimmten Wirkrichtung kann durch den Nachweis eines Zusammenhangs nicht erbracht werden. Dies ist nicht nur ein Problem des alltäglichen Denkens von Menschen, sondern dies ist auch in der wissenschaftlichen Forschung von fundamentaler Bedeutung.

In der Forschung spricht man von einem **Merkmalszusammenhang,** wenn die Ausprägung eines Merkmals einen Hinweis auf die Ausprägung eines anderen Merkmals gibt: Frauen haben eine höhere Lebenserwartung als Männer, also hängen Geschlecht und Lebenserwartung zusammen. Menschen, *die über ein höheres Einkommen* oder einen höheren sozialen Status verfügen, haben tendenziell einen besseren Gesundheitsstatus: Also hängen Einkommen bzw. Sozialstatus mit dem Gesundheitszustand zusammen. Wie in Kapitel 9 eingeführt wurde, werden Merkmalszusammenhänge in der Forschung als **Korrelationen** bezeichnet.

**Kausalität** impliziert hingegen, dass sich die Merkmalsausprägungen in Y verändern, *weil* die Ausprägung dieses Merkmals von X ursächlich beeinflusst wird. X führt im Falle einer kausalen Wirkbeziehung also ursächlich dazu, dass Y sich verändert.

Weshalb die Ableitung einer kausalen Wirkbeziehung in gesundheitswissenschaftlichen Studien irreführend sein kann, wenn lediglich eine Korrelation untersucht wurde, soll an einigen Beispielen verdeutlicht werden. Der folgende Bericht formuliert bereits in der Überschrift eine eindeutige Ursache-Wirkungsbeziehung.

**Beispiel 1: „Hunderte Patienten starben – weil Krankenschwestern fehlten"**
Diese Studie ist eine Warnung für alle Gesundheitspolitiker, bei Reformen an den falschen Stellen zu sparen: Nach Erkenntnissen britischer Wissenschaftler lag die Todesrate in Krankenhäusern mit zu wenig Pflegekräften um 26 Prozent höher als in gut ausgestatteten Kliniken. [...]". (aus: „SPIEGEL ONLINE unter https://www.spiegel.de, 24.10.2006)

Die zentrale Aussage lässt sich wie folgt darstellen (**Abbildung 10-2**):

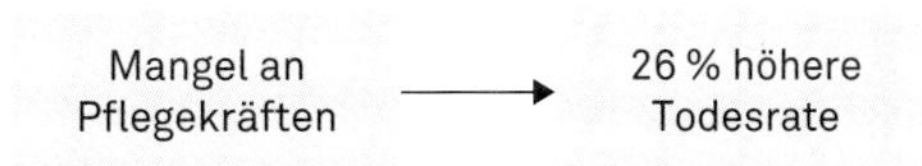


**Abbildung 10-2:** Mögliches Kausalmodell zum Zusammenhang von Pflegekräftemangel und Todesrate in Krankenhäusern

Diese Aussage kann deswegen kritisiert werden, weil die Forschenden nur nachweisen konnten, dass in Kliniken mit Pflegemangel eine 26 % höhere Todesrate nachgewiesen werden kann. Es besteht damit ein *Zusammenhang der beiden Merkmale*. Die Aussage, dass die erhöhte Todesrate von 26 % auftritt, *weil* Pflegekräfte fehlen, ist aber unzulässig. Eine bestimmte *Ursache-Wirkungsbeziehung* kann nicht abgeleitet werden, weil auch andere Ursache-Wirkungsbeziehungen den beobachteten Zusammenhang zur Folge haben könnten.

Mögliche alternative Ursache-Wirkungsbeziehungen, die dem Merkmalszusammenhang von „Mangel an Pflegekräften" und „höhere Todesrate" zugrunde liegen könnten: Kliniken, die eher jüngere und sozial gut gestellte Menschen (z. B. Privatversicherte) betreuen, sind finanziell besser ausgestattet und können sich eine gute Ausstattung leisten. Die bessere finanzielle Situation erlaubt zudem die Beschäftigung

**Merke**

**Korrelation**: Merkmalszusammenhang. Ausmaß, in dem zwei Merkmale gemeinsam auftreten, bzw. Ausmaß, in dem die Ausprägung eines Merkmals einen Hinweis auf die Ausprägung eines anderen Merkmals gibt: „**Wenn** X hoch ausgeprägt ist, **dann** ist Y auch eher hoch (bei negativem Zusammenhang: eher niedrig) ausgeprägt."
**Kausalität**: Ursache-Wirkungsbeziehung. Ausmaß, in dem die Ausprägung eines Merkmals ursächlich die Veränderung eines anderen Merkmals bedingt bzw. zur Folge hat: „Y verändert sich, **weil** X sich verändert".

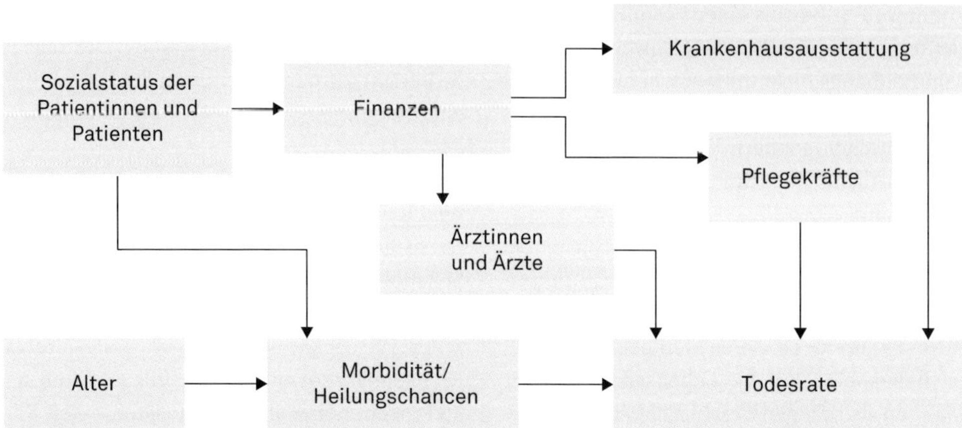


**Abbildung 10-3:** Schema der Vermutungen zu den Ursache-Wirkungsbeziehungen (Beispiel 1)

von mehr Pflegekräften. Dadurch, dass diese Kliniken folglich eher Patientinnen und Patienten mit besseren Heilungschancen betreuen, erscheint der Zusammenhang von Pflegekräften und Todesrate so stark ausgeprägt. Das Schema in **Abbildung 10-3** veranschaulicht die hier formulierten Vermutungen zu den Ursache-Wirkungsbeziehungen.

Nach diesem Modell würde die höhere Todesrate von 26 % in Kliniken mit Pflegekräftemangel vor allem durch die schwerer zu behandelnden Patientinnen und Patienten und durch die allgemein schlechtere Ausstattung bedingt sein. Wie stark Pflegekräftemangel auf die Todesrate wirkt und ob dieser Einfluss überhaupt existiert, lässt sich aus der Studie also überhaupt nicht ableiten. Das Wort „weil“ in der Nachrichtenüberschrift ist deswegen irreführend und unzulässig.

Der folgende Beitrag geht sehr viel angemessener mit der Schwierigkeit um, aus dem gemeinsamen Auftreten von Merkmalen auf die zugrunde liegende Ursache zu schließen.

**Merke**

Wirkmodelle beschreiben empirischen Phänomenen zugrunde liegende Merkmale, Strukturen und Prozesse, die die Phänomene beeinflussen, bedingen bzw. erzeugen. Interpretationen zu ursächlichen Wirkbeziehungen zwischen Merkmalen aufgrund einer nachgewiesenen Korrelation müssen immer in gewissem Maße spekulativ bleiben. Korrelationen können ein bestimmtes Kausalmodell oder -prinzip niemals beweisen. Korrelationen liefern lediglich Hinweise auf *mögliche* Kausaleffekte bzw. Wirkprinzipien.

### Beispiel 2: „Vegetarier haben den besseren Lebensstil“

Eine Studie aus dem Jahr 2013, an der über 95.000 Probanden beteiligt waren, schrieb Vegetariern ein [im Studienzeitraum] um 12 % niedrigeres Sterberisiko als Nicht-Vegetariern zu. Dieses angeblich geringere Sterberisiko wollten die australischen Forscher noch mal genauer überprüfen. [...] Die Forscher nahmen sich die Vegetarier daraufhin genauer vor und untersuchten andere Gesundheitsfaktoren und ihren Lebensstil. Sie konnten feststellen: Die meisten Vegetarier sind von Grund auf eher gesundheitsbewusstere Menschen mit dem insge-

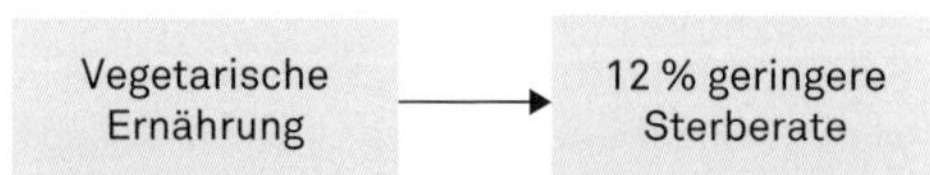


**Abbildung 10-4:** Mögliches Kausalmodell zum Zusammenhang von vegetarischer Ernährung und Sterberate

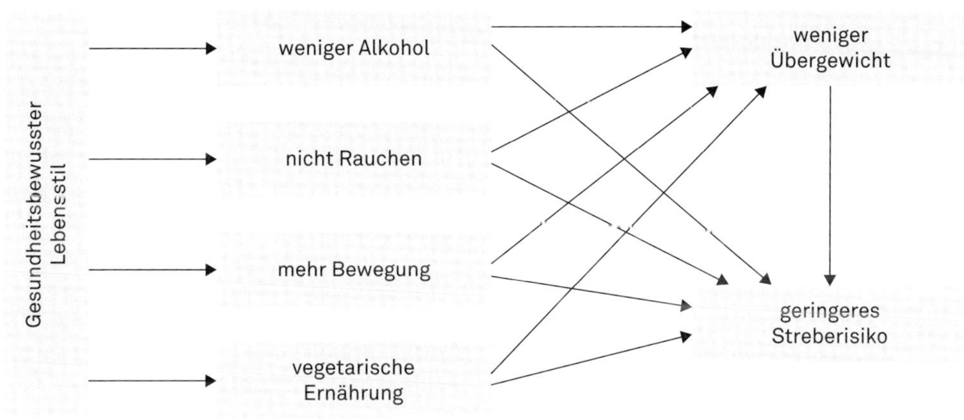


**Abbildung 10-5:** Schema der Vermutungen zu den Ursache-Wirkungsbeziehungen (Beispiel 2)

samt besseren Lebensstil. Laut der Daten [...] rauchten und tranken sie deutlich weniger, bewegten sich mehr und neigten insgesamt weniger zu Übergewicht als die Fleischesser. Sie litten infolgedessen weniger an Herz- und Stoffwechselerkrankungen sowie Krebs.“ (aus: DIE WELT unter https://www.welt.de, 08.02.2017) Auf den ersten Blick scheint es, dass die vegetarische Ernährung für das geringere Sterberisiko allein verantwortlich sei (**Abbildung 10-4**).

Der beobachtete Zusammenhang darf jedoch nicht als Beleg für den Ursache-Wirkungseffekt interpretiert werden, weil ein alternatives Wirkmodell als plausibel erachtet werden kann: Vegetarische Ernährung ist nur eine Komponente eines allgemein gesünderen Lebensstils. Entsprechend müssen noch andere Aspekte als mögliche Ursachen für die geringere Sterberate in Betracht gezogen werden (**Abbildung 10-5**).

Zum einen kann der ursächliche Effekt der vegetarischen Ernährung grundsätzlich nicht durch den Nachweis eines Zusammenhangs bzw. einer Korrelation von vegetarischer Ernährung und Sterberisiko belegt werden. Zum anderen wäre aber auch im Falle einer tatsächlichen Kausalwirkung die Verringerung um 12% nach diesem theoretischen Alternativmodell auf mehrere Faktoren zurückzuführen. Es wäre unzulässig und auch unplausibel, diese 12% komplett auf die Effekte der vegetarischen Ernährung zurückzuführen.

Wenn in der Forschung also Zusammenhänge nachgewiesen werden, muss man diese vor-

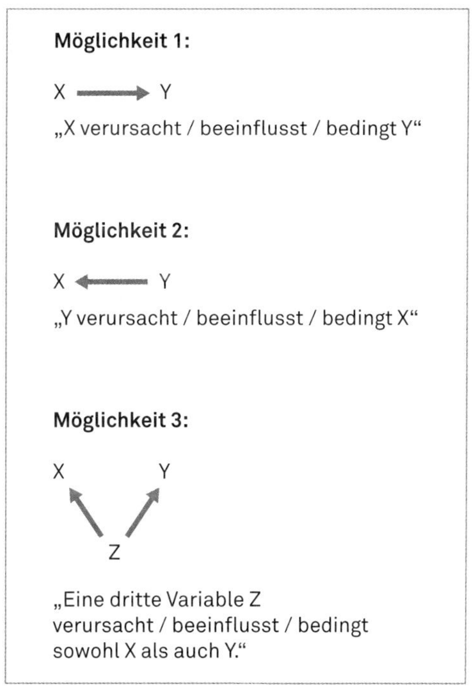


**Abbildung 10-6:** Grundlegende Kausalstrukturen, die den Zusammenhang bzw. die Korrelation zweier Merkmale X und Y erzeugen können. Z = konfundierende Variable.

sichtig und kritisch interpretieren. In der Wissenschaft ist es besonders wichtig, immer alle prinzipiell möglichen Ursachenmodelle mit im Blick zu behalten. Es darf nicht einfach nur das Modell, das auf den ersten Blick nahcliegend erscheint, berücksichtigt werden. Wurde ein Zusammenhang zweier Merkmale X und Y nachgewiesen, so sollten immer alle möglichen Wirkmodelle in Erwägung gezogen werden. Zumindest sollten immer die drei Kausalstrukturen in **Abbildung 10-6** mit bedacht werden.

Angenommen, Jugendliche, die gewaltverherrlichende Filme sehen (X), sind eher selbst aggressiv und gewalttätig (Y). Hieraus kann nicht als bewiesen abgeleitet werden, dass bzw. in welchem Ausmaß der Konsum von Gewaltfilmen notwendigerweise gewalttätiges Verhalten bedingt (X verursacht Y). Es könnte alternativ sein, dass Jugendliche, die zu Gewalt neigen, auch eher Filme mit entsprechenden Inhalten auswählen (Y verursacht X). Bei Jugendlichen, die gerne Tierfilme sehen, würde man auch nicht automatisch schlussfolgern, dass eine zu beobachtende Liebe zu Tieren im Alltag durch den Fernsehkonsum verursacht wird. Der Konsum von Gewaltfilmen und die Tendenz, selbst gewalttätig zu sein, könnte auch durch das familiäre und soziale Umfeld, das Erziehungsverhalten der Eltern oder das Geschlecht bedingt sein. Eine vernachlässigende Erziehung (Z) könnte dazu führen, dass Jugendliche einen unkritischen Umgang mit Medieninhalten (X) und Defizite in sozialen Interaktionsweisen (Y) entwickeln. Sehen Jungen eher gewaltverherrlichende Filme (X) und neigen zudem eher zu Gewalt (Y) als Mädchen, so würde der Zusammenhang zumindest teilweise durch das Geschlecht (Z) bedingt sein (**Abbildung 10-7**).

Bitte verstehen Sie die Ausführungen nicht so, dass es unplausibel ist, dass der Konsum von Gewalt verherrlichenden Filmen zu Gewalt führt. Ganz im Gegenteil ist der Autor des Textes nicht nur fest davon überzeugt, dass gewalt-

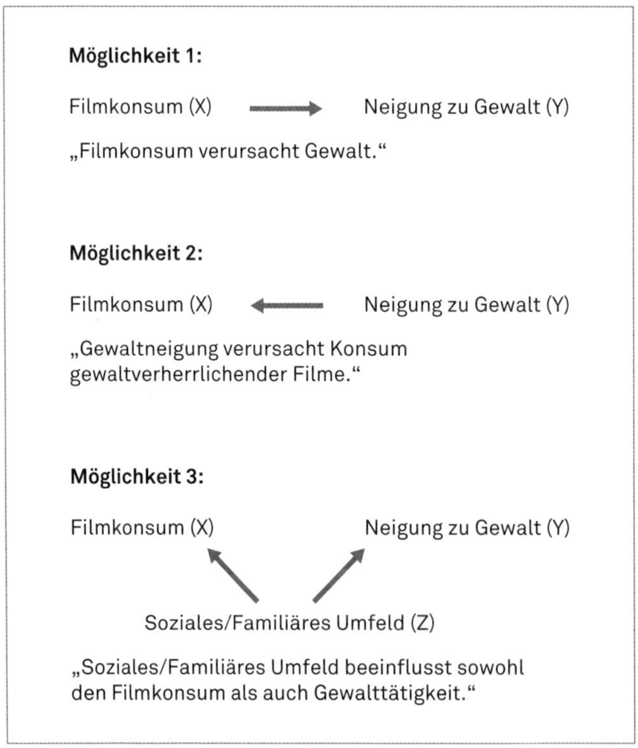


**Abbildung 10-7:** Darstellung des Zusammenhangs im Beispiel Gewaltkonsum

verherrlichende Videos negative Effekte zur Folge haben. Wir wissen zudem, dass es gute wissenschaftliche Studien gibt, die den ursächlichen negativen Effekt gewaltverherrlichender Filme auch überzeugend nachgewiesen haben. Es ist aber wichtig zu betonen, dass eine Studie, die lediglich den Zusammenhang in Form einer Korrelation bestimmt, nicht in der Lage ist, dies zu beweisen. Zumindest muss bei einer korrelativen Studie immer erwartet werden, dass die Stärke eines ursächlichen Effekts (also: In welcher Stärke bewirkt der Konsum gewaltverherrlichender Filme Veränderungen der Neigung, Gewalt auszuüben?) deutlich verzerrt abgebildet wurden, da erwartet werden muss, dass viele weitere Merkmale mit den Analysevariablen assoziert sind, deren Überlagerung die Höhe der Korrelation bestimmt.

In allen bisher genannten Beispielen wurde eine dritte Variablen Z mit betrachtet, die den Zusammenhang von X und Y komplett bedingen oder mit beeinflussen könnte. Eine solche Variable Z wird als **konfundierende Variable** bezeichnet (Wirtz, 2018b).

**Definition**

Eine Variable Z, die sowohl die Ausprägung von X als auch die Ausprägung von Y beeinflusst, wird als **konfundierende Variable** bezeichnet. Dadurch dass die konfundierende Variable Z die Ausprägung sowohl von X als auch auch von Y beeinflusst, wird indirekt auch die Höhe der Korrelation $r_{xy}$ durch Z beeinflusst.
Konfundierende Variablen beeinflussen den Zusammenhang zwischen X und Y, sodass die Korrelation $r_{xy}$ nicht die direkte Beziehung bzw. wechselseitige Bedingtheit der Merkmale X und Y valide widerspiegelt.
Eine konfundierende Variable Z ist eine Drittvariable, deren Einfluss bei der Interpretation der Korrelation von X und Y berücksichtigt werden muss, damit deren Bedeutung angemessen verstanden werden kann.

**Weitere Beispiele:**
Je länger Krebspatientinnen und -patienten mittels Chemotherapie (X) behandelt werden, desto eher versterben (Y) diese. Der Eindruck, dass die Dauer der Chemotherapie das erhöhte Sterberisiko verursacht (X verursacht Y) ist unzulässig. Hier entsteht der Zusammenhang dadurch, dass der Zustand zu Beginn der Behandlung (Z) zum einen entscheidend für die Dauer der Behandlung ist (Z verursacht X) und zum anderen wesentlich für die Heilungschancen ist (Z verursacht Y). Wird Krebs im Frühstadium erkannt, so ist eine kürzere Dauer der Chemotherapie erforderlich und die Heilungschancen sind größer. Eine hohe Behandlungsdauer (X) und ein erhöhtes Todesrisiko (Y) sind damit Folgen des Zustands zu Behandlungsbeginn (Z) (**Abbildung 10-8**). Z ist auch hier als konfundierende Variable zu verstehen. Berücksichtigt man alle diese Merkmale explizit, so kehrt sich der „bereinigte" Zusammenhang von X und Y um: Bei schwer erkrankten Menschen wäre eine kurze Chemotherapie mit einer höheren Sterbewahrscheinlichkeit verbunden als eine längere Chemotherapie.

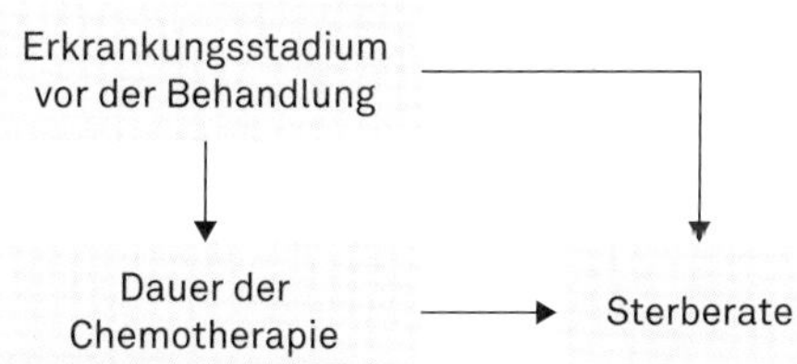


**Abbildung 10-8:** Darstellung des Wirkmodells im Beispiel Chemotherapie

Menschen, die im Falle einer Erkältung homöopathische Mitteln einnehmen, werden schneller gesund als solche, die Paracetamol, Aspirin oder Antibiotika zu sich nehmen: Wird ein solcher Zusammenhang zugunsten der homöpathischen Mittel beobachtet, so belegt dieser nicht deren Überlegenheit im Hinblick der schnelleren Gesundung. Menschen, die eine schwere Erkältung habe, greifen eher zu einer klassischen, schulmedizinischen Medikamentierung. Bei leichteren Erkältungen nutzt man sanftere Methoden (**Abbildung 10-9**). Somit fungiert hier die Erkältungsschwere als konfundierende Variable (Z), die sowohl mit der Art der Behandlung (X) als auch der unabhängig davon zu erwartenden Gesundungsdauer (Y) in Zusammenhang steht.

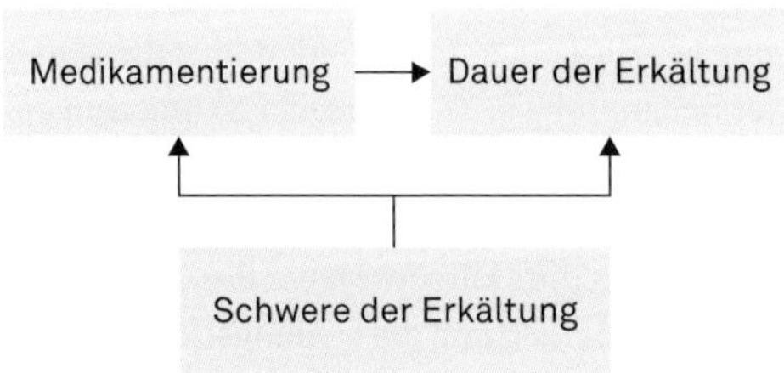


**Abbildung 10-9:** Darstellung des Zusammenhangs im Beispiel Erkältung

Im Alter zwischen 18 und 65 Jahren besteht ein positiver Zusammenhang zwischen Körpergewicht (X) und Einkommen (Y). Je älter Menschen sind, desto tendenziell schwerer sind sie und desto mehr verdienen sie tendenziell. Zudem sind Männer durchschnittlich schwerer als Frauen - zudem verdienen sie tendenziell mehr als Frauen. Das Geschlecht ($Z_1$) und das Alter ($Z_2$) sind zwei konfundierende Variablen, die so den Zusammenhang von Gewicht und Einkommen indirekt erzeugen. Eine völlig falsche kausale Interpretation würde lauten: Legen Sie an Gewicht zu, dann wird auch Ihr Gehalt steigen!

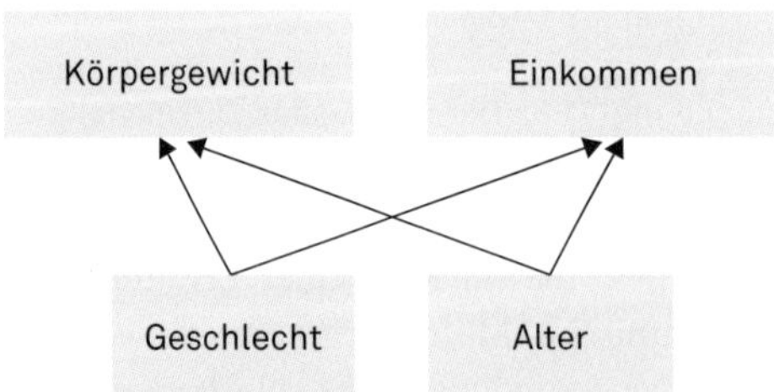


**Abbildung 10-10:** Darstellung des Zusammenhangs im Beispiel Körpergewicht und Einkommen

Je mehr Rettungskräfte (X) zu einem Unfallort gesendet werden, desto tendenziell mehr Menschen versterben am Unfallort (Y), je mehr Feuerwehrleute am Einsatzort (X) sind, desto höher ist der Brandschaden (Y). Auch hier führt eine kausale Lesart völlig in die Irre: Die Anwesenheit von Rettungskräften und Feuerwehrleuten verursacht nicht einen höheren Schaden. Die konfundierende Variable Z „Unfalls- bzw. Brandschwere" ist ursächlich dafür verantwortlich, dass zum einen mehr Rettungskräfte bzw. Feuerwehrleute an den Schadensort gesendet werden und zum anderen völlig unabhängig davon mehr Tote und Brandfolgen resultieren.

In Regionen, in denen gehäuft Störche nisten, ist die Anzahl der Geburten pro Frau höher als in Regionen, in denen weniger Störche nisten. Die positive Korrelation von „Storchendichte" (Merkmal X) und „Anzahl Geburten pro Frau" (Merkmal Y) ist jedoch keineswegs der Beleg, dass Störche ursächlich für die Geburt von Babys zuständig sind, in dem Sinne, dass Störche die Babys bringen. Der Zusammenhang ist durch die konfundierende Variable Z „Ländlichkeit" bedingt. In ländlichen Regionen nisten Störche bevorzugt und dort ist zudem die Geburtenrate pro Frau höher.

In der Literatur werden Korrelationen zwischen Merkmalen, die ausschließlich durch den Effekt konfundierender Merkmale indirekt bedingt sind (z. B. Storchendichte und Geburtenrate) manchmal als „Scheinkorrelationen" bezeichnet. Dieser Begriff ist aber eher kritisch zu sehen: Denn er impliziert, dass Korrelationen „normalerweise" im Sinne der direkten Beziehung zweier Analysevariablen bzw. eines Wirkeffekts aufgefasst werden können - es sei denn, es handelte sich um eine „Scheinkorrelation". Es muss jedoch stets davon ausgegangen werden, dass Korrelationen zumindest zum Teil durch konfundierende Merkmale mitbestimmt werden: Korrelationen dürfen niemals als Maß der unmittelbaren Koppelung zweier Variablen interpretiert werden. Korrelationen sind lediglich Maße des Zusammenhangs von Merkmalen. Sog. „Scheinkorrelationen" haben somit denselben Status und dürfen nur in derselben Weise interpretiert werden wie andere Korrelationen auch: „In welchem Maße lässt X eine Aussage über die Ausprägung von Y zu."

**Merke**

Es muss stets berücksichtigt werden, dass die Richtung (bzw. das Vorzeichen) und die Höhe einer Korrelation möglicherweise durch den Einfluss konfundierender Merkmale mitbestimmt werden. Eine Korrelation darf nicht als Schätzung der Beeinflussungsstärke oder -richtung interpretiert werden.

## 10.2 Das Simpson-Paradox: Konfundierungen als Ursache sich widersprechender Studienbefunde

Die Probleme, die mit der Interpretation von Merkmalszusammenhängen in Bezug auf unterliegende Wirkmechanismen einhergehen, werden besonders eindrücklich durch das sog. Simpson-Paradox beschrieben. Um diese zu veranschaulichen, zeigen **Tabelle 10-1** und **Tabelle 10-2** von Pearl, Glymour und Jewell (2019) berichtete Daten. 350 erkrankte Personen seien mit einem Medikament behandelt worden, von diesen sind 273 Personen gesundet (Tabelle 10-1). Dies entspricht einem Anteil von 78 %. Von 350 erkrankten Personen, die das Medikament nicht erhalten haben, sind 16 Personen mehr, also 289 Personen bzw. 83 %, gesundet. Die Rate der gesundeten Personen ist in der nicht medikamentierten Gruppe somit um 5 % höher. Dies scheint die Schlussfolgerung nahezulegen, dass von der Medikamenteneinnahme abgeraten werden sollte, da diese mit einer geringeren Gesundungsrate einhergeht.

Die umgekehrte Schlussfolgerung wird durch die Daten in Tabelle 10-2 suggeriert. 93 % (bzw. 81 von 87) der Männer, die das Medikament einnehmen, gesunden. Dies sind 6 % mehr als in der Gruppe der 270 Männer, die das Medikament nicht einnehmen. Bei den Männern ist also die Chance, gesund zu werden, höher, wenn sie das Medikament einnehmen.

Dies gilt ebenfalls für die Frauen: Bei Medikamenteneinnahme ist der Prozentsatz der Gesundeten mit 73 % höher, als wenn das Medikament nicht eingenommen wird (69 %).

**Tabelle 10-1:** Daten zur Gesundung nach Medikamenteneinnahme vs. keine Medimenteneinnahme (N = 700; Pearl et al., 2019, S. 2)

| | krank | gesund | Σ |
|---|---|---|---|
| **Medikament** | 77 | 273<br>(78 % sind gesund) | 350 |
| **Kein Medikament** | 61 | 289<br>(83 % sind gesund) | 350 |

**Tabelle 10-2:** Daten zur Gesundung nach Medikamenteneinnahme vs. keine Medimenteneinnahme getrennt für Männer (N = 357) und Frauen (N = 333).

| | Männer | | | Frauen | | |
|---|---|---|---|---|---|---|
| | **krank** | **gesund** | **Σ** | **krank** | **gesund** | **Σ** |
| **Medikament** | 6 | 81<br>(93 % sind gesund) | 87 | 71 | 192<br>(73 % der Frauen sind gesund) | 263 |
| **Kein Medikament** | 36 | 234<br>(87 % sind gesund) | 270 | 25 | 55<br>(69 % der Frauen sind gesund) | 80 |

Diese Datenlage ist deswegen bemerkenswert, weil die Daten in Tabelle 10-1 in der Summe genau denjenigen entsprechen, die in Tabelle 10-2 dargestellt sind: 6 + 71 = 77, 81 + 192 = 273, 36 + 25 = 61 und 234 + 55 = 289. Obwohl es sich um dieselben Daten handelt, sprechen die Prozentzahlen einmal dafür, dass die Einnahme des Medikaments eine negative Wirkung zu haben scheint (Tabelle 10-1) und einmal eine positive, wenn man die Substichproben Männer vs. Frauen getrennt betrachtet (Tabelle 10-2). Das Phänomen wird als Paradoxon bezeichnet, weil es unplausibel scheint, dass dieselben Daten gegensätzliche Schlussfolgerungen zu implizieren scheinen.

Um zu verstehen, wie es hierzu kommen kann, muss man „die Geschichte" hinter den Daten verstehen. Frauen gesunden grundsätzlich seltener als Männer (z.B. 69 % vs. 87 % ohne Medikamentierung). Für Frauen ist es entsprechend wichtiger, dass die Gesundung gezielt unterstützt wird. Dies hat zur Folge, dass Frauen eher die Medikamenteneinnahme empfohlen wird als Männern. Trotzdem sind Frauen im Anschluss unwahrscheinlicher gesund als Männer. Der häufiger medikamentierten Gruppe – also den Frauen – geht es trotzdem schlechter als der seltener medikamentierten Gruppe.

Das Geschlecht (Z1) bzw. die damit assoziierte medikamentenunabhängige Gesundungschance (Z2) ist hier als konfundierte Variable aufzufassen. Diese konfundierenden Variablen determinieren zum einen, ob das Medikament wahrscheinlicher oder unwahrscheinlicher genommen wird (Merkmal X; Frauen nehmen das Medikament häufiger) und wie hoch Gesundungschance unabhängig von der Medikamenteneinnahme (Merkmal Y; Frauen gesunden grundsätzlich unwahrscheinlicher als Männer). Das Schaubild in **Abbildung 10-11** zeigt das postulierte unterliegende Wirkmodell.

Das **Simpson-Paradox** lässt sich für dieses Beispiel also wie folgt charakterisieren: Die Behandlung erhalten eher diejenigen, bei denen die Behandlung aufgrund einer schlechteren Prognose des natürlichen Verlaufs notwendiger erscheint. Deswegen zeigt sich in den Gesamtgruppen aller Personen, dass es Behandelten im Anschluss – trotz des positiven Effekts der Behandlung – schlechter geht als nicht Behandelten. Dies liegt aber ausschließlich daran, dass diese ohnehin eine schlechtere Prognose hatte.

Dies soll durch ein weiteres Beispiel verdeutlicht werden. Angenommen, es exisitiert eine Impfung, die vor schweren und komplikationsreichen Verläufen einer Viruserkrankung

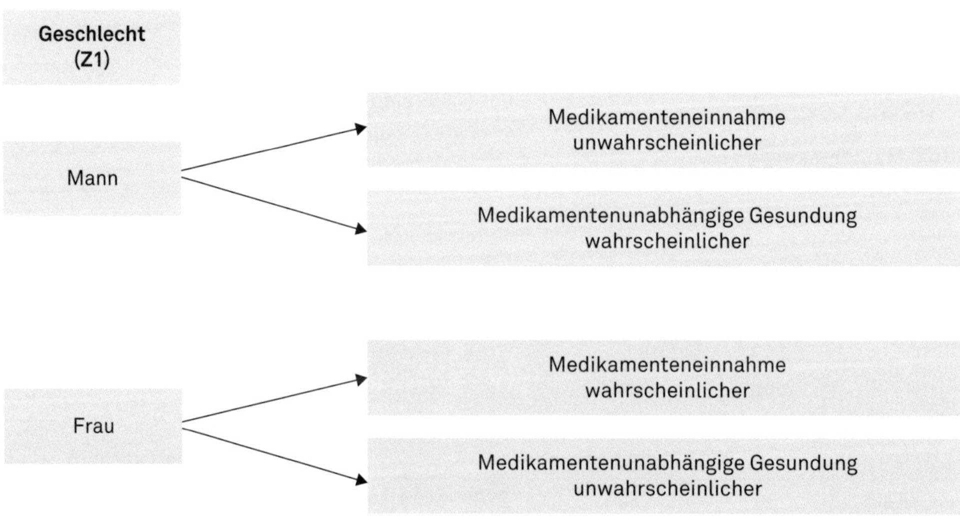


**Abbildung 10-11:** Unterliegendes Wirkmodell (Medikamenteneinnahme)

schützt. Es werden vor allem ältere und morbide Menschen (Risikogruppe) geimpft, da bei diesen deutlich gehäuft besonders schwere Erkrankungsfolgen auftreten. Bei nicht geimpften Angehörigen der Risikogruppe treten schwere Verläufe in 25 % (25 von 100) der Fälle auf. Bei Nicht-Risikopersonen treten schwere Verläufe in 4,4 % (40 von 90) der Fälle auf (**Tabelle 10-3**). Nach Impfung verringert sich die Rate schwerer Verläufe in beiden Gruppen: Bei Risikopersonen um 16,11 % auf 8,89 %, bei Nicht-Risikopersonen um 3,4 % auf 1,0 %. Die Daten sprechen also dafür, dass sich das Risiko für schwere Verläufe sowohl für Risiko- als auch Nicht-Risikopersonen durch die Impfung deutlich verringert.

Werden Risiko- und Nicht-Risikopersonen jedoch nicht unterschieden, so zeigt sich auch hier das entgegengesetzte Bild. Die Daten in **Tabelle 10-4** weisen die Verläufe in der geimpften Gruppe (8,1 % schwere Verläufe) als schlechter aus als in der Gruppe der nicht Geimpften (6,5 %).

Die Erklärung hierfür entspricht in der Logik derjenigen, die auch für die Daten in Tabelle 10-1 und Tabelle 10-2 gültig ist: Wenn die Fälle mit einer schlechteren Prognose die Maßnahme (hier Impfung) eher erhalten, wird der Impfeffekt deutlich unterschätzt. In dem Datenbeispiel sogar so stark, dass sich der Schutzeffekt der Impfung (Tabelle 10-3) im Sinne des Simpson-Paradox in einen schädlichen Effekt (Tabelle 10-4) umzukehren scheint.

Der scheinbar schädliche Effekt in Tabelle 10-4 resultiert also daraus, dass der Schutzeffekt in der Risiko- und Nicht-Risikogruppe nicht ausreicht, die Tatsache auszugleichen, dass den Daten ein völlig unfairer Vergleich zugrunde liegt:

- Menschen mit einer positiveren Prognose (Nicht-Risiokogruppe) erhalten eher keine Impfung: Diese eher nicht geimpften Perso-

**Tabelle 10-3:** Daten zu schweren Erkrankungsverläufen für geimpfte und nicht geimpfte Personen mit Risiko und ohne Risiko

| | Risikopersonen | | | Nicht-Risikopersonen | | |
|---|---|---|---|---|---|---|
| | Normaler Verlauf | Schwerer Verlauf | Σ | Normaler Verlauf | Schwerer Verlauf | Σ |
| **Geimpft** | 820 | 80 (8,89 % schwere Verläufe) | 900 | 99 | 1 (1 % schwere Verläufe) | 100 |
| **Nicht geimpft** | 75 | 25 (25 % schwere Verläufe) | 100 | 860 | 40 (4,4 % der Frauen sind gesund) | 900 |

**Tabelle 10-4:** Daten zu schweren Erkrankungsverläufen für geimpfte und nicht geimpfte Personen unabhängig vom Risikostatus

| | Normaler Verlauf | Schwerer Verlauf | Σ |
|---|---|---|---|
| **Geimpft** | 919 | 81 (8,1 % schwere Verläufe) | 1000 |
| **Nicht geimpft** | 935 | 65 (6,5 % schwere Verläufe) | 100 |

nen haben also trotz der fehlenden Impfung grundsätzlich einen positiveren Erkrankungsverlauf. Oder umgekehrt: Aufgrund des erwarteten positiveren Verlaufs erfolgt keine Impfung.

- Menschen mit einer negativeren Prognose (Risikogruppe) erhalten eher die Impfung: Diese eher geimpften Personen haben also trotz der Impfung grundsätzlich einen negativeren Erkrankungsverlauf. Oder umgekehrt: Aufgrund des erwarteten negativeren Verlaufs erfolgt eine Impfung.

Der Risikostatus ist also auch hier als konfundierende Variable aufzufassen, weil dieser sowohl mit der Tatsache, dass eine Person geimpft ist, als auch mit der unabhängig von der Impfung erwarteten Wahrscheinlichkeit schwerer Verläufe assoziiert ist (**Abbildung 10-12**).

> **Merke**
>
> Vergleicht man Daten aus Gruppen, muss darauf geachtet werden, dass es sich um einen fairen Vergleich handelt. „Fair" in dem Sinne, dass für die Vergleichsgruppen nicht grundsätzlich unterschiedliche Eigenschaften oder Ausgangsbedingungen gelten, die im Zusammenhang mit dem betrachteten Zielkriterium (z.B. Gesundung, schwerer Krankheitsverlauf) stehen. Ansonsten muss erwartet werden, dass der Zusammenhang der Gruppenzugehörigkeit (z.B. medikamentiert vs. nicht medikamentiert bzw. geimpft vs. nicht geimpft) mit dem Zielkriterium inhaltlich irreführend erscheint und nicht angemessen interpretierbar ist.

Das Simpson-Paradox wurde hier auf Basis von Prozentzahlen und Vierfeldertafeln eingeführt, obwohl diese erst in Kapitel 12 und 13 als Basis für die Analyse des Zusammenhangs kategorialer Merkmale eingeführt wurden. Mittels Prozentzahlen lässt sich dieses Phänomen am einfachsten nachvollziehen und die vertiefenden Darstellungen zu Prozentzahlen und Vierfeldertafeln sind zum Verständnis hier nicht erforderlich. In **Abbildung 10-13** wird verdeutlicht, dass das Simpson-Paradox aber auch für intervallskalierte, kontinuierlich verteilte Merkmale, die wir in Kapitel 9 behandelt haben, auftreten kann. In der Gruppe der 60-Jährigen zeigt sich, dass die Vergessensproblematik tendenziell mit Zunahme der Gedächtnisübungen abnimmt. Selbiges gilt für die 70-Jährigen und die 80-Jährigen. Innerhalb der Altersgruppen liegt die Produkt-Moment-Kor-

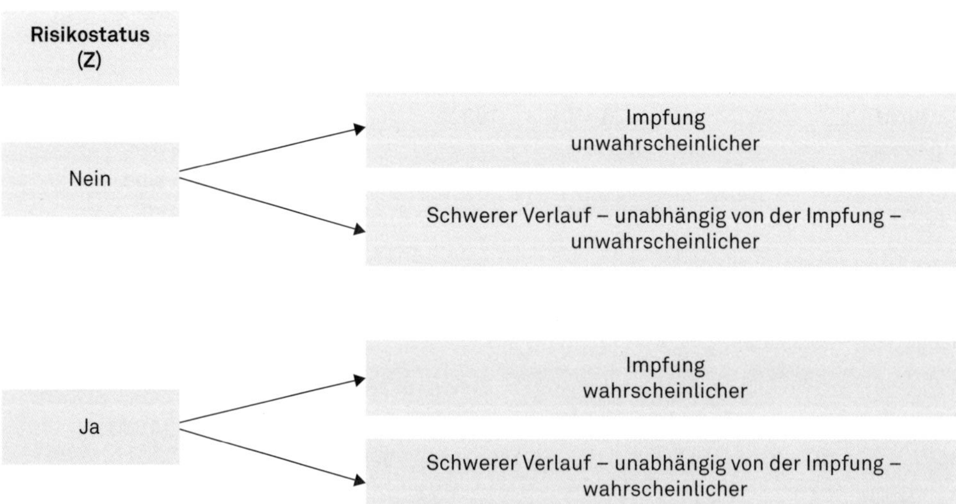


**Abbildung 10-12:** Kausalmodell zum Risikostatus und Impferfolg

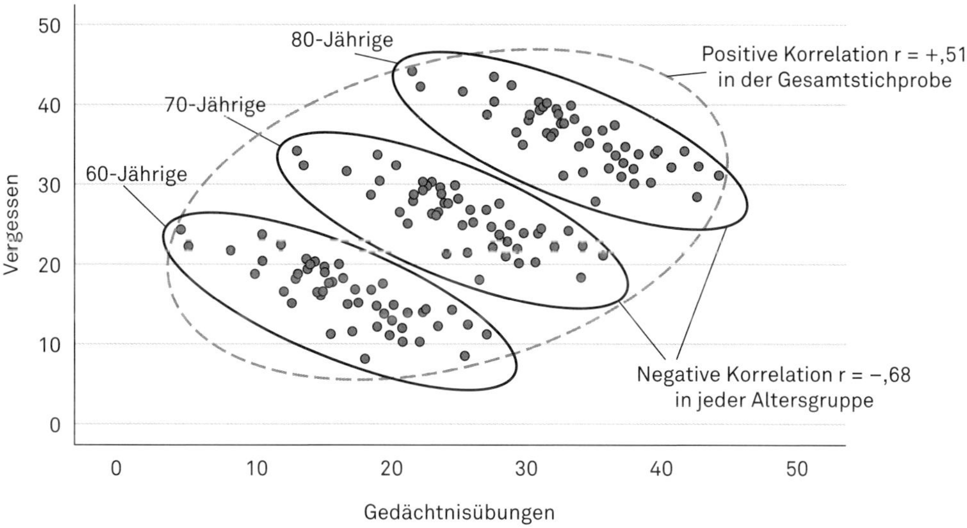


**Abbildung 10-13:** Streudiagramm der Merkmale Gedächtnisübungen (X) und Vergessen (Y). In der Gesamtgruppe zeigt sich eine positive Orientierung der Punktwolke. In den Altersgruppen der 60-, 70- und 80-Jährigen ist die Punktwolke negativ orientiert.

relation der Daten bei r = –,68: Je mehr das Gedächtnis trainiert wird, desto geringer ist die Vergessensproblematik.

Berechnet man die Produkt-Moment-Korrelation über alle Altersgruppen hinweg, ist die Korrelation mit r = +,51 hingegen deutlich positiv: Je mehr die Personen üben, desto vergesslicher sind sie.

Das Simpson-Paradox tritt auch hier wieder auf, weil eine weitere Systematik für die Datenlage mit entscheidend ist: Je älter die Menschen sind, desto schlechter ist es um ihre Vergesslichkeit bestellt. Je deutlicher das Problem des Vergessens ausgeprägt ist, desto mehr trainieren die Personen ihr Gedächtnis: 60-Jährige leiden auch dann unter einer geringeren Vergesslichkeit, wenn sie nicht trainieren, als 80-Jährige. 60-Jährige traininieren ihr Gedächtnis weniger, da für sie die Vergesslichkeitsthematik weniger relevant ist. Je höher das Alter, desto bedeutsamer das Problem und desto mehr wird zu unterstützenden Trainingsmaßnahmen gegriffen.

Beachten Sie, dass dies exakt dasselbe Prinzip ist, das wir bei den Daten in Tabelle 10-1 bis Tabelle 10-4 kennengelernt haben: Ob eine hilfreiche Maßnahme eingesetzt wird, ist von der Bedeutsamkeit oder Ausprägung des Problems abhängig. Die Personen, die ein ausgeprägteres Problem haben (Tabelle 10-1 und Tabelle 10-2: Frauen; Tabelle 10-3 und Tabelle 10-4: Risikopersonen; Abbildung 10-2: Ältere Menschen), nutzen die Hilfs- und Unterstützungsmaßnahme eher. Aufgrund dieser Konfundierung von Problemintensität und Inanspruchnahme/Nutzung der Maßnahme, wird der positive Effekt der Maßnahme unkenntlich bzw. invertiert, wenn man die Bedeutsamkeit der unterliegenden Teilgruppen (Männer vs. Frauen, Risiko- vs. Nicht-Risikopersonen, Altersgruppen) ignoriert.

Als im Sommer 2021 die Impfungen gegen das Corona-Virus begonnen hatten, zeigte sich vereinzelt, dass in den Krankenhäusern häufiger geimpfte als nicht geimpfte Personen intensivmedizinisch betreut werden mussten oder gar verstarben. Die Infomation, dass unter denjenigen, die schwere Krankheitsverläufe aufwiesen, mehr geimpft waren, wurde von manchen Impfskeptikerinnen und -skeptikern als Beleg für die mangelnde Wirksamkeit angesehen. Um diese Information richtig einordnen zu können,

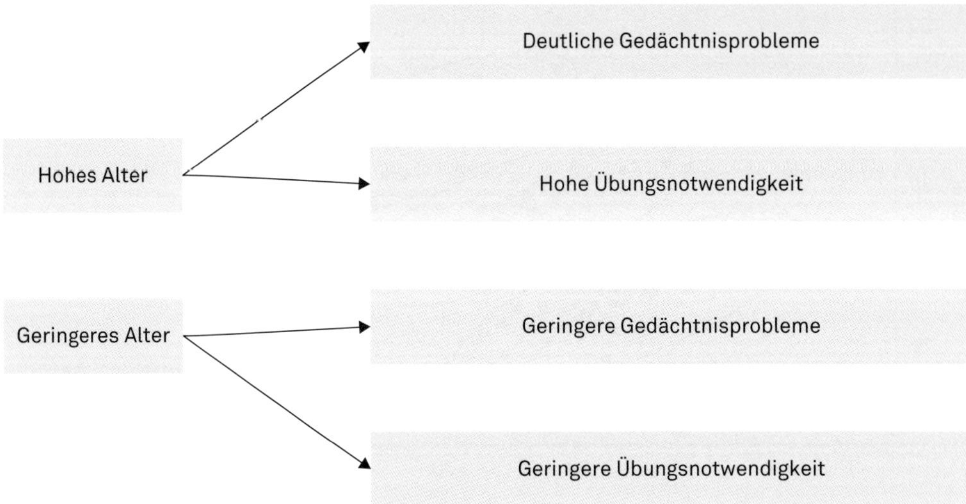


**Abbildung 10-14:** Wirkmodell zu altersabhängigen Gedächtnisproblemen und Übungshäufigkeit (vgl. Abbildung 10-13)

muss folgendes berücksichtigt werden: zunächst wurden nur besonders gefährdete Personengruppen (insbesondere hochaltrige und multimorbide Personen) geimpft. Bei diesen hat die Impfung zu einer erheblichen Reduktion schwerer Erkrankungsverläufe geführt. Trotz der Impfung war das Risiko für schwere Verläufe immer noch höher als bei ungeimpften Nicht-Risikopatienten und -patientinnen. Hier handelt es sich also um ein Beispiel für das Simpson-Paradox: Werden nur die besonders gefährdeten Personen geimpft, sind Geimpfte trotz einer positiven Wirkung der Impfung immer noch stärker gefährdet als Ungeimpfte – weil Letztere ohnehin ein sehr viel geringeres Risiko aufweisen, worin ja auch die Ursache dafür liegt, dass sie zunächst nicht impfberechtigt waren.

In den bisherigen Beispielen dieses Kapitel wurde jeweils erläutert, welche konfundierenden Variablen mitberücksichtigt werden müssen, damit deutlich wird, wodurch die Existenz, die Höhe oder das Vorzeichen der Korrelation von Merkmalen beeinflusst wird. Durch logische Plausibilitätsüberlegungen wurde jeweils skizziert, welche Sachverhalte und Wirkbeziehungen „tatsächlich" empirisch gültig sind. In der empirischen Forschung sind die möglicherweise relevanten Konfundierungen aber oft überhaupt nicht bekannt oder theoretisch angemessen eingrenzbar. In der Empirie sind Zusamenhangs- und Wirkgefüge in der Regel komplex. Werden in der Literatur Korrelationen berichtet, so können die Forschenden oft nur spekulieren, woran gedacht werden muss, damit Korrelationen mit der angemessenen Vorsicht und nicht falsch interpretiert werden. Dabei gilt die ernüchternde Maxime: Liegt eine Korrelation vor, so kann in der Regel nicht beantwortet werden, welche Wirk- oder Kausalprinzipien für das Auftreten der Korrelation verantwortlich sind.

## 10.3 Bedeutung des Unterschieds zwischen Korrelation und Kausalität für die Evidenzbasierung in den Gesundheitswissenschaften

Stellen Sie sich vor, Sie befragen eine große Stichprobe von Personen mittels eines Fragebogens in einer Querschnittsstudie (zu einem Messzeitpunkt). Den Befragten werden Aussagen und Fragen zu ihrem Gesundheitszustand

(z. B. körperliche, psychische und soziale Gesundheitsmerkmale) und zu ihrem Gesundheitsverhalten (z. B. in Bezug auf Bewegung und Ernährung) im Alltag gestellt. Eine solche Befragung zielt in der Regel unter anderem darauf ab, festzustellen, ob und in welchem Maße die erfragten Merkmale miteinander in Zusammenhang stehen bzw. korrelieren. So könnte zum Beispiel die Korrelation von Indikatoren des Ernährungsverhaltens mit der körperlichen Gesundheit bestimmt werden.

Die bisherigen Inhalte des Kapitels sind für die angemessene Interpretation der Ergebnisse von großer Bedeutung. In der Regel möchten Gesundheitswissenschaftlerinnen und Gesundheitswissenschaftler wissen, wodurch die Merkmale des Gesundheitszustands von Menschen bedingt sind. Zum einen, weil es interessant ist zu wissen, wodurch Gesundheitsprobleme oder aber eine positiv ausgeprägte Gesundheit entstanden sind: Was ist die Ursache dafür, ob Menschen gesund sind oder unter Gesundheitseinschränkungen leiden? Zum anderen, weil den Betroffenen fundierte Empfehlungen gegeben werden sollen, durch welche Verhaltensweisen oder Hilfsmaßnahmen der Gesundheitszustand gezielt positiv verbessert werden kann. Mit anderen Worten: Es stellt sich die Frage nach Ursache und Wirkung. Die erhobenen Fragebogendaten erlauben jedoch prinzipiell keine schlüssige Beantwortung von Fragen zur Kausalität: In welchem Maße Aspekte des Ernährungsverhaltens die Gesundheit positiv oder negativ kausal beeinflussen, lässt sich auf Basis von Merkmalszusammenhängen oder Korrelationen nicht beantworten. Die Beispiele in diesem Kapitel haben gezeigt, dass der messbare Zusammenhang zwischen Merkmalen in erheblichem Maße durch konfundierende Merkmale beeinflusst und verzerrt werden kann. Zudem liefern Korrelationsanalysen grundsätzlich keinen verlässlichen Hinweis darauf, in welche Richtung eine mögliche Beeinflussung erfolgt. In Gesundheitsstudien ist dieses Problem von besonderer Bedeutung, weil gesundheitsförderliche Maßnahmen oder Verhaltensweisen oft als Reaktion auf ein Gesundheitsproblem gewählt werden. Haben Menschen, die sich für eine diätetische Ernährungsweise entschieden haben, ein erhöhtes Körpergewicht, so ist die Maßnahme „diätetische Ernährungsweise" eher nicht die Ursache für das erhöhte Körpergewicht.

**Merke**

***Evidenzbasierung***

Empfehlungen zur Inanspruchnahme oder Anwendung von Gesundheitsmaßnahmen sind dann evidenzbasiert, wenn in empirischen Studien nachgewiesen wurde, dass die empfohlene Maßnahme ursächlich zur Erreichung des angestrebten Gesundheitsziels beiträgt. Evidenzbasierte Maßnahmen wirken sich systematisch positiv auf den Gesundheitszustand aus und sind nachgewiesen wirksam.

***Interventionsstudie***

Studienteilnehmende nehmen unter von den Untersuchungsleitenden definierten Bedingungen an einer Gesundheitsmaßnahme (Intervention) teil. Hierbei sollte der Gesundheitszustand möglichst sowohl vor als auch nach der Behandlung erfasst werden (Prä-Post-Design), um die Veränderung des Gesundheitszustands dokumentieren zu können.

***Randomisiert kontrollierte Interventionsstudie***

Die Prä-Post-Veränderung in der Interventionsgruppe wird mit der Prä-Post-Veränderung in einer Kontrollgruppe, die die Maßnahme nicht erhält, verglichen. Die Zuteilung zu den Gruppen erfolgt zufallsgesteuert (randomisiert).

***Quasi-experimentell kontrollierte Interventionsstudie***

Die Prä-Post-Veränderung in der Interventionsgruppe wird mit der Prä-Post-Veränderung in einer Kontrollgruppe, die die Maßnahme nicht erhält, verglichen. Die Zuteilung zu den Gruppen erfolgt nicht zufallsgesteuert.

Wahrscheinlicher ist es, dass das erhöhte Körpergewicht die Wahl der Maßnahme zur Folge hatte. Die Ausführungen zum Simpson-Paradox haben gezeigt, dass in solchen Fällen Korrelationen tatsächliche Wirkzusammenhänge nicht nur verzerrt, sondern komplett irreführend abbilden können.

Um Klarheit darüber zu gewinnen, wann es zulässig ist, aus empirischen Daten kausale Ableitungen zu treffen und wann nicht, wurden in der medizinischen und gesundheitswissenschaftlichen Forschung eindeutige Entscheidungskriterien festgelegt (vgl. Abschnitt 1.2). Werden diese Kriterien erfüllt, gilt das Wissen zur Wirksamkeit von Maßnahmen als **evidenzbasiert**.

Da Korrelationen keine eindeutige Aussage über die Kausalität und Wirksamkeit erlauben, sind diese nicht geeignet, evidenzbasierte Empfehlungen abzuleiten. Wie bereits in Abschnitt 1.2 angedeutet, liefern nur kontrollierte Interventionsstudien belastbare Erkenntnisse zur Wirksamkeit von Gesundheitsmaßnahmen.

Bei einer Interventionsstudie wird der Gesundheitszustand vor dem Erhalt der Maßnahme erhoben (Prä-Messung). Im Anschluss an die Maßnahme wird der Gesundheitszustand erneut erhoben, so dass bestimmt werden kann, ob sich der Gesundheitszustand verändert hat. Ein wichtiger Vorteil gegenüber einer Querschnittsdatenerhebung besteht darin, dass der Gesundheitszustand im Zeitverlauf beobachtet wird. Somit lässt sich die Entwicklung des Gesundheitzustands über die Zeit dokumentieren. Der Ablauf ist in **Abbildung 10-15** jeweils im oberen Arm von a) und b) dargestellt. Würde sich die Studiendurchführung hierauf beschränken, so läge ein sogenanntes **Ein-Gruppen-Prä-Post-Design** vor.

Ein solches Ein-Gruppen-Prä-Post-Design würde jedoch ebenfalls keine hinreichende Evidenz für die Wirksamkeit der Maßnahme lie-

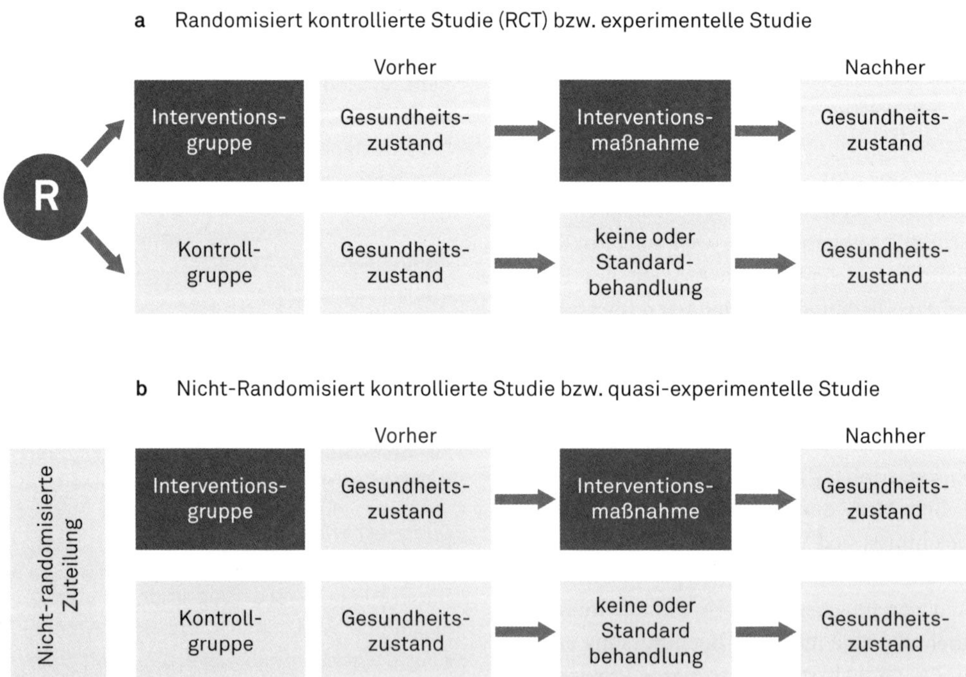


**Abbildung 10-15:** Struktur einer randomisiert kontrollierten Studie (oben) und einer nicht randomisierten bzw. quasi-experimentellen Studie (unten)

fern können, da Veränderungen über die Zeit vielfältige Ursachen haben können. Wird der Gesundheitszustand von Menschen über einen gewissen Zeitraum dokumentiert, so zeigen sich stets Schwankungen oder gerichtete Veränderungen. Um in der Terminologie dieses Kapitels zu bleiben, kann eine Korrelation bzw. die Veränderung des Gesundheitszustands mit der Variable „Zeit" durch viel konfundierende Einflüsse überlagert sein. Rossi, Freeman und Lipsey (1999) haben solche mit der Zeit und der kontrollierten Durchführung von wissenschaftlichen Studien assoziierten Veränderungsaspekte systematisiert. Demnach können sich folgende Veränderungen im Zeitverlauf ergeben, die unabhängig von der Wirksamkeit der untersuchten Maßnahme sind:

- Der Gesundheitszustand verändert sich aufgrund natürlicher, körpereigener Prozesse (z. B. natürliche Regeneration; Immunreaktion). [*Endogener Wandel* (endogen = von innen kommend]
- Körperliche und geistige Merkmale und Fähigkeiten unterliegen altersabhängigen Entwicklungsprozessen (z. B. Veränderungen des Immunsystems in der Kindheit und Jugend, hormonelle Veränderungen, Verschlechterung kognitiver Funktionen im höheren und hohen Alter). [*Reife- und Degenerationsprozesse*]
- Umgebungs- und Rahmenbedingungen unterliegen einem Wandel und beeinflussen den Gesundheitszustand (z. B. jahreszeitliche Veränderung von Depressionssymptomen; kontinuierliche Veränderungen des sozialen Umfelds). [*Exogener Wandel*; exogen = von außen kommend]
- Ereignisse wie z. B. Unfall, Tod eines Angehörigen, Berufswechsel oder Berentung beeinflussen den Gesundheitszustand. [*Akute Ereignisse*]
- Personen, die besonders änderungswillig sind oder der Maßnahme positiv gegenüber eingestellt sind, nehmen eher an der Studie teil. Personen, die der Maßnahme skeptisch gegenüberstehen, verweigern die Teilnahme oder scheiden vorzeitig aus. [*Unkontrollierte Auswahl*; *Selbstselektion*]
- Der Gesundheitszustand von Personen mit ursprünglich extremer Merkmalsausprägung (z. B. besonders stark belastete) verbessert sich systematisch aufgrund zufälliger Schwankungen. [*Regression zur Mitte*]
- Aufgrund des Bewusstseins an einer Studie teilzunehmen, verändern Menschen ihr Verhalten. [*Hawthorne-Effekt*]
- Teilnehmende entwickeln aufgrund vermuteter Studienziele Erwartungen und passen ihr Verhalten entsprechend an. [*Pygmalion-Effekt*, *selbsterfüllende Prophezeihung*]
- Teilnehmende verändern ihr Auskunftsverhalten, weil wiederholt dieselben oder ähnliche Messverfahren angewendet werden. [*Testeffekte*]

Diese Effekte, die im Studienverlauf Veränderungen des Gesundheitszustands oder des Verhaltens der Teilnehmerinnen und Teilnehmer verursachen können, müssen kontrolliert bzw. abgeschätzt werden, um die Intervention als alleinige Ursache messbarer Veränderungen nachweisen zu können. Dies gelingt durch eine **Kontrollgruppe**, die im Untersuchungsverlauf parallel zur Interventionsgruppe untersucht wird. Zeigt es sich, dass sich Interventions- und Kontrollgruppe ausschließlich darin unterscheiden, dass sie die zu prüfende Gesundheitmaßnahme erhalten bzw. nicht erhalten, sind Gruppen-Unterschiede im Prä-Post-Vergleich als eindeutiger Wirkeffekt der Maßnahme interpretierbar.

Wichtig ist hierbei zusätzlich, dass Interventions- und Kontrollgruppe mit den gleichen Voraussetzungen starten. Der Gruppenvergleich wäre nicht oder nur eingeschränkt aussagekräftig, wenn sich z. B. in der Interventiongruppe ältere, motiviertere oder weniger belastete Personen befinden würden. Um maximal ähnliche Ausgangsbedingungen gewährleisten zu können, sollte ausschließlich der Zufall (wie bei einem Münzwurf) entscheiden, ob eine Teilnehmerin oder Teilnehmer in der Interven-

**Merke**

***Randomisiert kontrollierte Studien*** sind geeignet, den ursächlichen Effekt bzw. die Wirksamkeit einer Maßnahme zu dokumentieren, da durch folgende Elemente des Studiendesigns jede Art von Konfundierung mit Merkmalen der untersuchten Personen und der zeitlichen Entwicklung ausgeschlossen werden:

- Die Randomisierung stellt sicher, dass zu Beginn maximale Ähnlichkeit der beiden Vergleichsgruppen gewährleistet ist (keine Konfundierung von Personenmerkmalen und Gruppenzugehörigkeit).
- Die parallele Dokumentation der zeitlichen Entwicklung der Zielkriterien (Gesundheitszustand) in Interventions- und Kontrollgruppe ermöglicht es, mit der Zeit und der Studiendurchführung assoziierte Effekte vergleichend abzuschätzen und somit zu kontrollieren (keine Konfundierung von Gruppenzugehörigkeit und mit der Zeit assoziierter Merkmale bzw. Veränderungen).

tions- oder aber in der Kontrollgruppe untersucht wird. Die zufällige Zuteilung wird als **Randomisierung** bezeichnet.

Somit kann festgehalten werden: *Querschnittliche Beobachtungsstudien* bzw. *Korrelationsstudien* liefern aufgrund möglicher Konfundierungen unzureichende Evidenz für die Wirksamkeit einer Gesundheitsmaßnahme. Die Evidenzaussage von *Interventionsstudien* ist grundsätzlich besser. Voraussetzung ist jedoch, dass eine geeignete Kontrollgruppe parallel zur Interventionsgruppe untersucht wird. Erfolgt die Inanspruchsnahme der zu prüfenden Maßnahme nicht randomisiert, so liegt ein *quasi-experimentelles Design* vor. Die gewonnene Evidenz ist zwar höher als diejenige von korrelativen Beobachtungsstudien, jedoch können die Interventionseffekte dadurch verzerrt erfasst werden, dass sich die Vergleichsgruppen schon zu Beginn der Studie systematisch unterscheiden und die Veränderungen des Gesundheitszustands im Untersuchungszeitraum mit diesen ungleichen Startbedingungen in Zusammenhang steht. Die Entwicklung in der Kontrollgruppe bildet damit ggf. nur einen eingeschränkt aussagekräftigen und fairen Vergleichsmaßstab für die Entwicklung in der Interventionsgruppe. Bei *randomisiert kontrollierten Studien* wird dieses Problem dadurch ausgeräumt, dass sich die Interventions- und Kontrollgruppe zu Beginn per Definition nur zufallsbedingt und somit nicht systematisch unterscheiden. Bei adäquater Durchführung randomisiert kontrollierter Studien kann jegliche Art von Konfundierung per Design ausgeschlossen werden.

## 10.4 Zusammenfassung

Die Begriffe **Zusammenhang** bzw. **Korrelation** und **Kausalität** müssen bei der Interpretation von Merkmalszusammenhängen strikt unterschieden werden. Dass zwei Merkmale korrelieren, lässt keine Aussage darüber zu, ob die Ausprägung des einen Merkmals ursächlich oder kausal durch die Ausprägung des jeweils anderen Merkmals bedingt oder beeinflusst ist. Wenn zwei Untersuchungsmerkmale X und Y miteinander korrelieren, muss stets mit in Betracht gezogen werden, dass der Zusammenhang zum Teil oder vollständig durch andere Merkmale (Z) indirekt bedingt sein könnte. Solche Merkmale werden als **konfundierende Merkmale** oder **Variablen** bezeichnet. Ein konfundierendes Merkmal Z steht sowohl mit X als auch in Y in Zusammenhang.

Das **Simpson-Paradox** kann im Falle starker Konfundierungen auftreten: Ein positiver Zusammenhang zweier Merkmale kann in der Gesamtstichprobe vorliegen, obwohl die Merkmale in allen Teilgruppen negativ korrelieren (und umgekehrt). So können hilfreiche Maßnahmen mit einem negativeren Gesundheitszustand in der Gesamtbevölkerung einhergehen, weil diese Maßnahmen nur von besonders gefährdeten oder belasteten Personen in Anspruch genommen werden (konfundierende Variable: Bedürftigkeit zu Inanspruchnahme der Maßnahme).

Die Bereitschaft von Rezipientinnen und Rezipienten von Forschungsergebnissen, eine Korrelation als Beweis für eine bestimmte kausale Abhängigkeit anzusehen und nicht kritisch zu hinterfragen, hängt in der Regel von dem impliziten Wissen oder den Theorien ab, die diese über einen Sachverhalt haben. Es ist im Allgemeinen so, dass man eine kausale Interpretation von Zusammenhängen eher akzeptiert, wenn sie die eigenen Überzeugungen zu stützen scheinen. Somit ist ein Teil der Erkenntnis, die man „gewinnt", nur eine Spiegelung dessen, wovon man implizit überzeugt ist (Wirtz & Nachtigall, 2012). Widerspricht eine Korrelation hingegen dem, was man glaubt, beginnt man den Zusammenhang zu hinterfragen: Eine Skeptikerin oder ein Skeptiker wird sich durch die Tatsache, dass kurz nach Einführung der Corona-Impfungen die Sterbequote in der Gruppe der Geimpften nicht deutlich niedriger war als in der Gruppe der nicht Geimpften, in ihrer oder seiner Überzeugung als bestätigt ansehen: „Ich habe es doch gewusst, die Impfung ist nicht wirksam. Die wissenschaftlichen Daten belegen, dass ich recht habe". Eine Befürworterin oder Befürworter der Impfmaßnahmen wird sich völlig zurecht kritischer mit der Korrelationsstatistik auseinandersetzen. Wissenschaftlerinnen und Wissenschaftler sollten empirischen Ergebnissen unabhängig von den eigenen Überzeugungen stets kritisch gegenüberstehen und kausale Schlussfolgerungen aus Korrelationsstatistiken vermeiden oder zumindest sehr deutlich als spekulativ kennzeichnen.

Je eindeutiger aus einer Studie die Wirksamkeit einer Maßnahme abgeleitet werden kann, desto höher ist die **Evidenz** für einen kausalen Effekt der Maßnahme. Je höher die Evidenz der Maßnahmenwirksamkeit ist, desto eher können verlässliche Verhaltens- oder Behandlungsempfehlungen abgeleitet werden. In der gesundheitswissenschaftlichen Forschung sind nur gut kontrollierte Interventionsstudien geeignet, ursächliche Effekte von Merkmalen oder Bedingungen (z. B. verschiedene Therapieformen) nachzuweisen. Hierbei handelt es sich aber um eine Frage des *forschungsmethodischen Untersuchungsdesigns* und nicht um eine Frage der statistischen Auswertung.

**Randomisiert kontrollierte Interventionsstudien** garantieren eine hohe Evidenz, da sich die Vergleichsgruppen per Definition nur in einem Merkmal unterscheiden, nämlich der Teilnahme an der Intervention (z. B. eine Patientenschulung). Unterschiede in der Zielvariable (z. B. Gesundheitszustand) nach der Intervention können damit bei adäquater Studiendurchführung nur durch die Interventionsteilnahme bedingt sein. Wird in einer **querschnittlichen Beobachtungsstudie** lediglich die Korrelation der Teilnahme an einer Behandlungsmaßnahme und dem Gesundheitszustand bestimmt, so ist eine Interpretation im Sinne der Wirksamkeit der Maßnahme mit (i. d. R. erheblichen) Unsicherheiten behaftet, da sich die Behandelten und Nicht-Behandelten in wichtigen konfundierenden Drittmerkmalen (z. B. Ausgangsbelastung, Behandlungsmotivation) unterscheiden können. Deswegen liefert eine solche Studie keine verlässliche Evidenz für die Maßnahmenwirksamkeit.

## 10.5 Blitzlichter aus der Forschungspraxis

Die Frage nach Kausalität und Korrelation stellt in der evidenzorientierten Forschung einen besonderen Schwerpunkt dar, der insbesondere mit der Wahl des Untersuchungsdesigns und der angemessenen Interpretation von Befunden in Zusammenhang steht. Obwohl insbesondere in der Interventionsforschung stets die kausalen Effekte von Maßnahmen auf die Studienoutcomes interessieren, können nicht immer Studiendesigns (randomisiert kontrollierte Studien, experimentelle Studien) angewendet werden, mittels derer sich solche Effekte eindeutig nachweisen lassen. Werden lediglich nicht randomisierte Interventionsstudien (quasi-experimentelle Designs) oder Beobachtungsstudien gewählt, muss die schwächere Evidenz aufgrund nicht auszuschließender potenzieller Konfundierungen systematisch im Sinne einer geringeren Studienqualität bzw. Einschränkungen der inhaltlichen Aussagekraft in Rechnung gestellt werden.

**Blitzlicht 10.1: Gefahr falscher Schlussfolgerungen aus empirischen Befunden, wenn Konfundierungen nicht kontrolliert werden.**

Metaanalysen fassen die Ergebnisse empirischer Studien zu derselben Forschungsfragestellung zusammen. Egger et al. (1998) zeigen in einem didaktisch motivierten Artikel, dass Korrelations- bzw. Beobachtungsstudien aufgrund von unkontrollierten Konfundierungseffekten zu irreführenden Schlussfolgerungen führen können, wenn die Ergebnisse metaanalytisch integriert betrachtet werden. So zeigte sich in Beobachtungsstudien, dass beispielsweise die Einnahme von β-Karotinen mit einem verringerten Risiko von Herz-Kreislauferkrankungen einherging. In randomisiert kontrollierten Studien, die geeignet sind, die Wirksamkeit valide nachzuweisen, ergab sich jedoch das genau umgekehrte Ergebnis: Die Einnahme von β-Karotin ging mit einem erhöhten Erkrankungsrisiko einher. Konfundierungen können in den Beobachtungsstudien zur Einnahme von β-Karotin und Herz-Kreislauferkrankungen daraus entstehen, dass grundsätzlich gesündere Menschen bzw. Menschen mit einem geringeren Erkrankungsrisiko zur erhöhten Einnahme von β-Karotinen tendieren. Deren insgesamt gesündere Konstitution überlagert den eigentlichen Effekt der β-Karotin-Einnahme. Letzterer wird dadurch kaschiert. Die Autorengruppe zeigt auf Basis solcher Beispiele, welch hohe Relevanz die bewusste Auswahl von Untersuchungsdesigns in der empirischen Forschung im Hinblick auf die Validität von Schlussfolgerungen, die aus Daten resultieren bzw. zu resultieren scheinen, haben können.

**Blitzlicht 10.2: Systematische Beurteilung der Gefahr verzerrender Effekte in nicht randomisierten Interventionsstudien**

In Abschnitt 10.3 wurde betont, dass die zufällige, randomisierte Zuweisung von Personen zu der Interventions- und Kontrollgruppe wichtig ist, um in Interventionsstudien faire Vergleichsbedingungen gewährleisten zu können. Nur wenn sich die Interventions- und die Kontrollgruppe zu Beginn einer Studie nicht systematisch unterscheiden, liefert die Prä-Post-Entwicklung in der Kontrollgruppe eine faire Vergleichsbasis, um die Entwicklung in der Interventionsgruppe auf die Intervention selbst zurückführen zu können. In der Praxis werden aber auch häufig Interventionsstudien durchgeführt, in der die Gruppenzuweisung zumeist aus Gründen der praktischen Umsetzbarkeit nicht zufallsgesteuert erfolgen kann.

Sterne et al. (2016) haben in der ROBINS-I-Checkliste sieben Kriterien festgelegt, mittels derer standardisiert beurteilt werden kann, wie hoch das Risko von Verzerrungen der Studienergebnisse bei nicht randomisierten Interventionsstudien ist:
Kriterium 1: Verzerrung durch Konfundierung
Kriterium 2: Verzerrung durch selektive Aufnahme von Studienteilnehmerinnen und -teilnehmern
Kriterium 3: Verzerrung durch Zuordnung zu der Intervention
Kriterium 4: Verzerrung durch Abweichung von der geplanten Durchführung der Intervention
Kriterium 5: Verzerrung durch fehlende Daten
Kriterium 6: Verzerrung durch die Art der Messung der Zielkriterien (Outcomes)
Kriterium 7: Verzerrung durch selektiven Bericht der Studienergebnisse.

Zur Verzerrung durch Konfundierung wird insbesondere folgende Empfehlung ausgesprochen: „It is important to consider in advance the confounding factors and co-interventions that have the potential to lead to bias. Relevant confounding domains are the prognostic factors that predict whether an individual receives one or the other intervention of interest. Relevant co-interventions are those that individuals might receive with or after starting the intervention of interest and that are both related to the intervention received and prognostic for the outcome of interest. Both confounding domains and co-interventions are likely to be identified through the expert knowledge of members of the review group and through initial (scoping) reviews of the literature."

Je geringer das ermittelte Risiko einer Verzerrung (risk of bias) ist, desto höher ist die Evidenzgüte der Studien. Besteht kein Risiko einer Verzerrung, so ist die Studienqualität prinzipiell identisch mit derjenigen einer randomisiert kontrollierten Studie. In dem Beitrag wird ausführlich darauf eingegangen, weshalb welche Effekte kritisch für die Aussagekraft und Gültigkeit der Studienbefunde sind, die sich auf die Wirksamkeit der untersuchten Interventionen beziehen.

**Blitzlicht 10.3: Evidenzbasierung in den Rehabilitationswissenschaften**

Im vorliegenden Kapitel wird besonders die Bedeutung der Prüfung der Wirksamkeit von Maßnahmen mittels randomisiert kontrollierter Studien für die evidenzbasierte Gesundheitsversorgung betont. Evidenzbasierte Entscheidungen sollten aber zusätzlich die Bedürfnisse der Patientinnen und Patienten sowie die Erfahrung der Behandelnden berücksichtigen. Zudem ist zu beachten, dass Interventionen in der Gesundheitsversorgung in der Regel als komplex gelten müssen, da diese aus mehreren ineinandergreifenden Teilelementen bestehen, die durch multiprofessionelle Teams in der Praxis abgestimmt umgesetzt werden müssen. Um besser zu verstehen, wie nachgewiesen wirksame Maßnahmen bei der Versorgung chronisch kranker Menschen umgesetzt werden, bedarf es weitreichender Überlegungen. Meyer (2022) und Möhler und Farin-Glattacker (2022) zeigen, wie dies begründet und strukturiert realisiert werden kann, sodass die kausalen Wirkprinzipien der Maßnahmen auch in der Versorgungspraxis erwartet werden können.

## Übungsaufgaben

1. Überlegen Sie sich für folgende Aussagen mögliche Erklärungsmodelle, die den Zusammenhang von X und Y zur Folge haben könnten
   a) Je mehr medizinisches Personal an einem Unfallort tätig ist (X), desto mehr Menschen sterben dort (Y)!
   b) Je mehr Geld Menschen für ihre Gesundheit ausgeben (X), desto schlechter ist ihr Gesundheitszustand (Y).
   c) Menschen, die häufig mit dem Flugzeug fliegen (X), haben eine höhere Lebenserwartung (Y).
   d) Je größer der medizinische Fortschritt ist (X), desto häufiger sterben Menschen an Krebserkrankungen (Y).
   e) In Gesellschaften, in denen weniger Menschen spirituelles und religiöses Verhalten zeigen (X), ist der Wohlstand höher (Y).

# 11 Schätzung der Ausprägung eines Merkmals aufgrund der Ausprägung anderer Merkmale: Regressionsanalyse

In den Gesundheitswissenschaften besteht häufig ein Ziel empirischer Studien darin, die Ausprägung bestimmter Merkmale von Personen (z.B. Lebensqualität, Arbeitsfähigkeit, Stressbelastung) aufgrund der Ausprägung anderer Merkmale (z.B. körperliche, psychische und soziale Aspekte der Gesundheitssituation; Merkmale des Arbeitsplatzes oder des sozialen Umfelds, Inanspruchnahme von Behandlungs- und Hilfsangeboten) abzuschätzen. Die lineare Regressionsanalyse beschäftigt sich mit der Frage, wie die Ausprägung eines Merkmals (*Kriteriumsvariable*) optimal aus der Ausprägung eines *(einfache lineare Regressionsanalyse)* oder mehrerer (*multiple lineare Regressionsanalyse*) Merkmale (*Prädiktorvariablen*) geschätzt werden kann. Immer, wenn ein Merkmalszusammenhang besteht, kann auch eine wechselseitige Schätzung von Merkmalsausprägungen erfolgen.

In diesem Kapitel werden wir uns damit beschäftigen,

- wie der Zusammenhang von Merkmalen durch eine Schätzgerade beschrieben werden kann.
- welches Schätzprinzip bei Bestimmung der optimalen Regressionsgerade unterliegt.
- wie sich geschätzte und tatsächlich gemessene Werte unterscheiden.
- welche Maßzahlen zur Charakterisierung der Schätzgüte und -genauigkeit verwendet werden können.
- welche Besonderheiten bei der Verwendung mehrerer Vorhersagemerkmale berücksichtigt werden müssen.
- wann sich durch Hinzunahme weiterer Vorhersagevariablen eine Verbesserung der Schätzung ergibt.

## 11.1 Einfache lineare Regressionsanalyse

Sind zwei Analysemerkmale intervallskaliert, so bildet die Produkt-Moment-Korrelation die Richtung und Stärke des linearen Zusammenhangs ab (Kapitel 9). Stehen die beiden Merkmale in linearem Zusammenhang, so kann die lineare Regressionsanalyse genutzt werden, um auf Basis der Ausprägung des einen Merkmals (Prädiktorvariable X) die Ausprägung des anderen Merkmals (Kriteriumsvariable Y) zu schätzen.

**Definition**

**Regressionsanalyse**

Regressionsanalysen dienen der Schätzung einer Merkmalsausprägung (Kriteriumsvariable Y) aufgrund der Ausprägungen anderer Merkmale (Prädiktorvariablen $X_1 \dots X_k$).

Bei der einfachen linearen Regressionsanalyse wird nur eine Prädiktorvariable (X) zur Schätzung der Ausprägung von Y genutzt.

Hierzu wird eine Vorhersagegleichung bestimmt, in der die $x_i$-Werte so verrechnet werden, dass sich eine möglichst fehlerfreie und präzise Schätzung der $y_i$ Werte ergibt.

### 11.1.1 Bestimmung der linearen Regressionsgleichung

Bei der einfachen linearen Regression soll eine lineare Funktion gefunden werden, die den Zusammenhang der beiden Analysemerkmale optimal beschreibt. Die zu ermittelnde **lineare Schätzfunktion** ist gemäß der allgemeinen Geradengleichung definiert:

$$\hat{y}_i = b_0 + b_1 \cdot x$$

$b_0$ = Y-Achsenabschnitt
$b_1$ = Geradensteigung

**Abbildung 11-1** zeigt beispielhaft die gemeinsame Verteilung der Messwerte zur körperlichen und psychischen Lebensqualität aus Tabelle 3-1 in einem Streudiagramm. Aufgrund der Datenwerte in der Variablen „Körperliche Lebensqualität" sollen die Ausprägungen der „Psychischen Lebensqualität" geschätzt werden. Die eingetragene Linie entspricht der linearen Regressionsgerade: $b_0$ ist hier gleich 26,1 und die Geradensteigung beträgt $b_1 = 5{,}85$.

In der Abbildung ist die optimale Schätzgerade bereits eingetragen. Um die Vorgehensweise zu deren Bestimmung verstehen zu können, müssen wir zunächst klären, weshalb diese Gerade als optimal gelten kann. Grundlegend sollte diejenige Gerade als optimal gelten, für die die gemessenen y-Werte insgesamt möglichst nahe an der Schätzgerade liegen. Um dies systematisch betrachten zu können, erweitern wir die Geradengleichung um einen Schätzfehler $e_i$. Wir nehmen an, dass die gemessenen $y_i$-Werte linear von den $x_i$-Werten und einer zufälligen Fehlerkomponente $e_i$ bestimmt werden.

$$y_i = b_0 + b_1 \cdot x + e_i$$

Gemessener Y-Wert = Konstante + durch X aufklärbarer Effekt + Zufallsfehler.

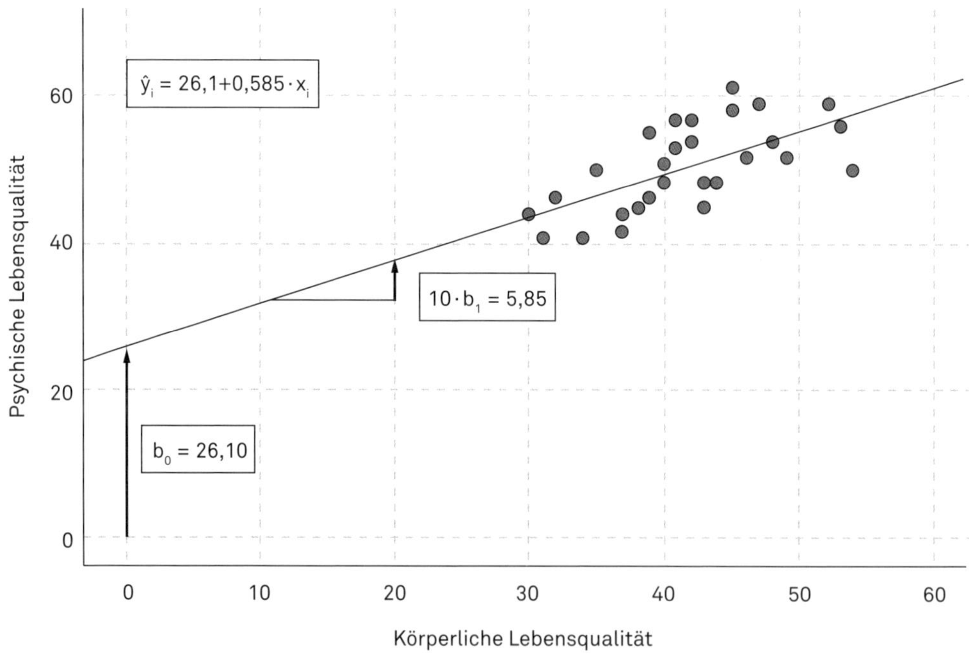


**Abbildung 11-1:** Streudiagramm der Daten zur körperlichen und psychischen Lebensqualität in Tabelle 3-1 sowie die entsprechende lineare Gleichung

Die **geschätzten Werte** liegen genau auf einer Geraden. Die gemessenen Werte weichen jedoch von der Geraden unsystematisch ab. Die Abweichung der gemessenen und geschätzten y-Werte entspricht dem Schätzfehler (vgl. **Abbildung 11-2** und **Tabelle 11-1**):

$$e_i = y_i - \ddot{y}_i = (b_0 + b_1 \cdot x_i + e_1) - (b_0 + b_1 \cdot x_i)$$

Diese Abweichungen bzw. indviduellen Schätzfehler sind in Abbildung 11-1 grafisch dargestellt und in **Tabelle 11-1** numerisch abgetragen.

Zur Identifikation der optimal passenden Regressionsgleichung, die die präziseste bzw. fehlerfreieste Schätzung erlaubt, muss ein mathematisches Kriterium definiert werden. Es ergibt sich eine eindeutige und mathematisch vielseitige Lösung, wenn als Kriterium für die Passung der Geraden gefordert wird, dass die Summe über die quadrierten Abweichungen der vorhergesagten von den beobachteten Werten minimal sein soll.

**Definition**

**Kriterium der kleinsten Quadratabweichungen**

Eine Schätzung ist dann optimal, wenn die Summe der quadrierten Abweichungen von beobachteten und geschätzten Werten minimal ist.

Diejenigen geschätzten Werte, deren quadratische Abweichung von den tatsächlich gemessenen Werten minimal ist, gelten als optimal.

Es lässt sich nachweisen, dass nur eine der unendlich vielen möglichen Geraden, die durch die Punktwolke gelegt werden können, das Kriterium der kleinsten Quadratabweichungen erfüllt. Die Konstante $b_0$ und die Geradensteigung $b_1$ dieser nach dem Kriterium der kleinsten Quadrate Abweichungen optimalen Regressionsgerade, können unmittelbar auf Basis der

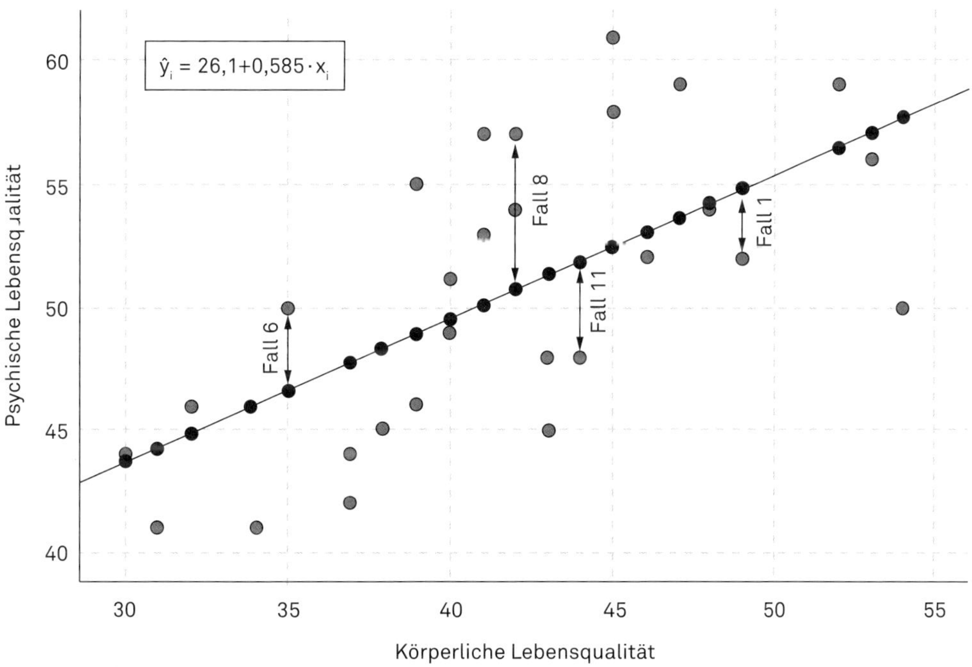


**Abbildung 11-2:** Gemessene $y_i$ und geschätzte $\widehat{y}_i$-Werte (Punkte auf der Regressionsgeraden). Abweichungen in Y-Richtung entsprechen den individuellen Vorhersagefehlern $e_i$ (exemplarisch dargestellt für einzelne Fälle aus Tabelle 11-1)

**Tabelle 11-1:** Gemessene $y_i$, geschätzte $\hat{y}_i$ Werte und deren Differenz für 12 der 30 Fälle in der Stichprobe. In der letzten Zeile sind die Varianzen der Messwerte in den Spalten angegeben.

| Fall | $x_i$ | $y_i$ | $\hat{y}_i$ | $e_i = y_i - \hat{y}_i$ |
|---|---|---|---|---|
| 1 | 49 | 52 | 54,75 | −2,75 |
| 2 | 41 | 53 | 50,08 | 2,92 |
| 3 | 48 | 54 | 54,17 | −,17 |
| 4 | 32 | 46 | 44,81 | 1,19 |
| 5 | 40 | 51 | 49,49 | 1,51 |
| 6 | 35 | 50 | 46,57 | 3,43 |
| 7 | 53 | 56 | 57,09 | −1,09 |
| 8 | 42 | 57 | 50,66 | 6,34 |
| 9 | 40 | 49 | 49,49 | −,49 |
| 10 | 37 | 44 | 47,74 | −3,74 |
| 11 | 44 | 48 | 51,83 | −3,83 |
| ... | ... | ... | ... | ... |
| 30 | 42 | 54 | 50,66 | 3,34 |
| | | $\hat{\sigma}_y^2$ = **32,36** | $\hat{\sigma}_{\hat{y}}^2$ = **13,58** | $\hat{\sigma}_e^2$ = **18,77** |

Varianz von X, der Kovarianz von X und Y sowie der Mittelwerte in X und Y bestimmt werden.

**Definition**

**Lineare Regressiongleichung**

Geradensteigung: $b_1 = \frac{\widehat{COV}(X,Y)}{\hat{\sigma}_x^2}$

Konstante: $b_0 = \overline{y} - \frac{\widehat{COV}(X,Y)}{\hat{\sigma}_x^2} \cdot \overline{x}$

$\hat{y}_i = \overline{y} - \frac{\widehat{COV}(X,Y)}{\hat{\sigma}_x^2} \cdot \overline{x} + \frac{\widehat{COV}(X,Y)}{\hat{\sigma}_x^2} \cdot x_i =$

$\overline{y} - b_1 \cdot \overline{x} + b_1 \cdot x_i$

Für unser Datenbeispiel haben wir die benötigten Kennwerte bereits in Abschnitt 9.4 berechnet.

- Für die körperliche Lebensqualität gilt: $\overline{x} = 42{,}07$; $\hat{\sigma}_x = 6{,}30$
- Für die psychische Lebensqualität gilt: $\overline{y} = 50{,}70$; $\hat{\sigma}_y = 5{,}69$

Die Kovarianz der beiden Merkmale beträgt:

$\widehat{COV} = 23{,}23$

Daraus ergibt sich die Geradensteigung

$b_1 = \frac{\widehat{COV}(X,Y)}{\hat{\sigma}_x^2} = \frac{23{,}23}{6{,}30^2} = 0{,}585.$

Der Wert von $b_1$ kann wie folgt interpretiert werden: Hat Person A einen Wert in der körperlichen Lebensqualität, der um eine Einheit höher ist als derjenige von Person B, so kann erwartet werden, dass Person A eine um 0,585 Einheiten höhere psychische Lebensqualität aufweist, als Person B. Ist der Wert von Person A in der körperlichen Lebensqualität um zehn Einheiten höher als derjenige von Person B, so kann erwartet werden, dass der Wert in der psychischen Lebensqualität von Person A 5,85 Einheiten höher liegt als derjenige von Person B.

Die Geradenkonstante lautet:

$b_0 = \overline{y} - b_1 \cdot \overline{x} = 50{,}70 - 0{,}585 \cdot 42{,}07 = 26{,}09$

(bzw. 26,1 nach Rundung)

Die Konstante (y-Achsenabschnitt) entspricht demjenigen Wert, den Y annimmt, wenn x = 0 gilt.

Die Gleichung lautet also – wie in Abbildung 11-1 angegeben:

$\hat{y}_i = 26{,}1 + 0{,}585 \cdot x_i$

Abbildung 11-2 zeigt die gemessenen $y_i$- und die geschätzten $\hat{y}_i$-Werte grafisch. Alle geschätzten Werte liegen genau auf der Gerade. Je geringer die Abweichung eines $y_i$-Wertes von der Geraden bzw. vom entsprechend vorhergesagten $\hat{y}_i$-Wert in Y-Richtung ist, desto fehlerfreier ist die Regressionsschätzung.

In der Tabelle 11-1 sind die genauen numerischen Werte aufgelistet. Für Fall 1 ergibt sich beispielsweise bei Einsetzen des $x_i$-Wertes in die Regressionsgleichung:

$\hat{y}_1 = 26{,}1 + 0{,}585 \cdot x1 = 26{,}1 + 0{,}585 \cdot 49 = 54{,}75.$

Da Fall 1 tatsächlich einen $y_1$-Wert von 52 hat, beträgt der Schätzfehler für Fall 1:

$e_1 = y_1 - \hat{y}_1 = 52 - 54{,}75 = -2{,}75$

Für die Regressionsgerade gilt, dass:

- sich die Abweichungen von der Geraden in y-Richtung gegenseitig aufheben, d.h. die Summe der Abweichungen der $y_i$ von der Gerade ist stets gleich 0: $\sum_{i=1}^{N} e_i = 0$.
- diese immer den Schwerpunkt der Verteilung enthält, d.h., der durch die Mittelwerte der beiden Merkmale $(\overline{x}; \overline{y})$ definierte Punkt liegt genau auf der Geraden.

Besitzen die beiden Merkmale dieselbe Varianz bzw. Standardabweichung, so ist die Geradensteigung $b_1$ gleich der Korrelation r:

Wenn $\hat{\sigma}_x = \hat{\sigma}_y \Rightarrow b_1 = \frac{\widehat{COV}(X,Y)}{\hat{\sigma}_x^2} = \frac{\widehat{COV}(X,Y)}{\hat{\sigma}_x \cdot \hat{\sigma}_x} = r$

Analysiert man statt der Rohwerte $x_i$ und $y_i$ die z-standardisierten Werte (Abschnitt 4.4), so vereinfacht sich die Regressionsgleichung weiter. Die Mittelwerte $z(x_i)$ und $z(y_i)$ sind dann stets gleich Null. Da Y den Wert 0 für $z(x_i) = 0$ annimmt, ist der y-Achsenabschnitt bo stets gleich 0:

$$\hat{y}_i = \overline{y} - \frac{\widehat{COV}(X,Y)}{\hat{\sigma}_x^2} \cdot \overline{x} + \frac{\widehat{COV}(X,Y)}{\hat{\sigma}_x^2} \cdot x_i$$

$$\Rightarrow \hat{z}\,(y_i) = 0 - \frac{\widehat{COV}(Z(X),(z(Y))}{1 \cdot 1} \cdot 0 + r \cdot x_i$$

$\Rightarrow \mathbf{\hat{z}(y_i) = r \cdot x_i}$ **[standardisierte Regressionsgleichung]**

> **Definition**
>
> **β-(beta)Gewicht**
> Die Regressionssteigung der z-standardisierten Merkmale wird als β-(beta)Gewicht bezeichnet. Bei der einfachen linearen Regression ist β gleich der Korrelation r.

Die **unstandardisierten b-Gewichte** der unstandardisierten Regressionsgleichung geben an, wie die tatsächlich gemessenen Werte in X verrechnet werden müssen, damit die tatsächlich gemessenen Werte in Y optimal geschätzt werden. Die b-Gewichte verändern sich, wenn die Maßeinheiten der Analysevariablen verändert werden. Verwenden wir beispielsweise Zentimeter anstatt Meter als Maßeinheit für eine Längenangabe, so ist das b-Gewicht für Zentimeter 100-mal größer als für Meter.

Die **standardisierten β-Gewichte** der standardisierten Regressionsgleichung geben an, wie die z-transformierten X-Werte verrechnet werden müssen, damit die z-transformierten Y-Werte optimal vorhergesagt werden. Die β-Gewichte können somit für verschiedene Regressionsanalysen verglichen werden, auch wenn Variablen mit unterschiedlichen Messinstrumenten oder Maßeinheiten erhoben wurden.

β-Gewichte können als **korrigierte Korrelationskoeffizienten** interpretiert werden. Entsprechend gelten dieselben Kriterien für die Beurteilung der Effektstärke:

- $|\beta| = {,}1$: Schwacher Schätzeffekt
- $|\beta| = {,}3$: Mittlerer Schätzeffekt
- $|\beta| = {,}5$: Hoher Schätzeffekt

b-Gewichte und β-Gewichte unterscheiden sich in gleicher Weise wie Kovarianz (unstandardisiertes Zusammenhangsmaß) und Korrelation (standardisiertes Zusammenhangsmaß; vgl. Kapitel 9).

**Beispiel**

**b-Gewicht und β-Gewicht – unstandardisierte und standardisierte Regressionkoeffizienten**

Angenommen, das Körpergewicht in kg soll durch die Körpergröße geschätzt werden. Für die Vorhersagegüte und -genauigkeit sollte es völlig unerheblich sein, in welcher Maßeinheit die Körpergröße gemessen wird: Dadurch, dass die Körpergröße in m, cm oder mm gemessen wird, bleibt die Information ja unverändert erhalten: Eine Person der Größe 1,70 m ist 170 cm bzw. 1700 mm groß. In den unstandardisierten Regressionsgleichungen verändert sich der *unstandardisierte Regressionskoeffizient* $b_1$ invers gemäß des Faktors des Unterschieds in den Maßeinheiten: 100 cm sind gleich 1 m, also muss die Meterangabe mit 100 multipliziert werden, damit sich die Information in Zentimeter ergibt. In den unstandardisierten Regressionsgleichungen müssen sich die Regressionsgewichte $b_1$ deswegen ebenfalls um den Faktor 100 unterscheiden. Je nach Maßeinheit könnten die unstandardisierten Regressionsgleichungen bspw. wie folgt lauten:

- Körpergewicht in kg = -130 + 110 · Körpergröße in m
- Körpergewicht in kg = -130 + 1,1 · Körpergröße in cm
- Körpergewicht in kg = -130 + 0,11 · Körpergröße in mm

Für eine Person der Größe 1,7 m, 170 cm bzw. 1700 mm würde in jeder der drei Gleichungen ein Gewicht von 57 kg geschätzt. Für eine Person der Größe 1,9 m, 190 cm bzw. 1900 mm würde ein Gewicht von 79 kg geschätzt.

*Anmerkung*: Bitte beachten Sie, dass diese Gleichungen nur den Zusammenhang für Erwachsene beschreiben sollen, da nur hier der Zusammenhang angenähert linear ist. Dass für eine Körpergröße 0 cm ein Gewicht von -50 kg geschätzt würde, zeigt, dass eine Extrapolation des Zusammenhangs aufgrund des nichtlinearen für Kinder und Jugendliche zu unzulässigen Schätzungen führt.

In Tabelle 9-4 und Tabelle 9-5 hatten wir gesehen, dass die Veränderung der Maßeinheiten den Wert der Korrelation nicht beeinflusst. *Standardisierte Zusammenhangsmaße* wie die Produkt-Moment-Korrelation sind reine Maße des linearen Zusammenhangs, da die Maßeinheiten der Einzelvariablen unerheblich für die Koeffizientenausprägung sind. Ebenso sind die *standardisierten Regressionsgewichte* β unabhängig von der Maßeinheit. Dies folgt natürlich bereits daraus, dass in der einfachen linearen Regression β gleich der Produkt-Moment-Korrelation r ist. Beträgt die Korrelation von Körpergröße und Gewicht r = ,6. So lautet die standardisierte Regressionsgleichung unabhängig von den Maßeinheiten der beiden Merkmale stets:

z(Körpergewicht) = ,6 · z(Körpergröße)

### 11.1.2 Varianzaufklärung, Determinationskoeffizient, Standardschätzfehler

Als Maß für die Güte der Merkmalsschätzung bei der Regressionsanalyse wird insbesondere die **Varianzaufklärung** verwendet. Die Varianzaufklärung stellt für alle komplexeren statistischen Analyseverfahren eine wichtige Information dar. Statistische Modelle sollen dazu dienen, Merkmalsunterschiede systematisch modellieren und beschreiben zu können: Analysiert man Prädiktoren des Gesundheitszustandes, so sollen diese Prädiktoren (z.B. Ernährungsverhalten, Bewegungsverhalten, Stressbelastung) geeignet sein, vorherzusagen, ob Personen über eine niedrig oder aber hoch ausgeprägte Gesundheit verfügen. Personen unterscheiden sich also im Gesundheitszustand (gemessene Merkmalsausprägung): Der geschätzte Gesundheitszustand (geschätzte Merkmalsausprägung) soll diese Unterschiede zwischen Personen möglichst angemessen widerspiegeln.

**Merke**

**Varianz und Varianzaufklärung**

Die *Varianz* des vorherzusagenden Kriteriums Y spiegelt die Variabilität, Unterschiedlichkeit oder den Informationsgehalt wider, die bzw. der durch die Regressionsgleichung vorhergesagt oder aufgeklärt werden soll. Die Varianz des Kriteriums repräsentiert die *aufzuklärende Information*.

Je größer der prozentuale Anteil an Varianz durch ein Modell systematisch vorhergesagt oder aufgeklärt werden kann (*Varianzaufklärung; aufgeklärte Information*), desto besser ist die Vorhersage- oder Schätzleistung des Regressionsmodells. Je ähnlicher die Varianz der geschätzten Werte $\hat{y}_i$ der Varianz der gemessenen $y_i$-Werte, desto besser können die $y_i$-Werte durch die $x_i$-Werte geschätzt werden.

Um das Prinzip der Bestimmung eines Maßes der Varianzaufklärung verdeutlichen zu können, sind in Tabelle 11-1 in der letzten Zeile die Varianzen der Werte in den letzten drei Spalten angegeben (Wirtz & Nachtigall, 2012):

- $\hat{\sigma}_y^2$ entspricht der *Gesamtvarianz* oder der aufzuklärenden Varianz: Hierdurch wird die Gesamtinformation in der Kriteriumsvariable abgebildet.
- $\hat{\sigma}_{\hat{y}}^2$ entspricht der Varianz der geschätzten Werte oder der *aufgeklärten Varianz*: Je größer die Steigung der Regressionsgerade ist, desto mehr variieren die auf der Gerade liegenden Punkte in y-Richtung.
- $\hat{\sigma}_e^2$ entspricht der *Fehlervarianz* oder der *nicht aufgeklärten Varianz*: Je weniger die Messwerte von der Regressionsgerade abweichen, desto geringer ist der Fehler der Regressionsschätzung.

Es kann mathematisch bewiesen werden, dass stets folgende Gleichung gilt:

Gesamtvarianz = Aufgeklärte Varianz + Fehlervarianz

$$\hat{\sigma}_y^2 = \hat{\sigma}_{\hat{y}}^2 + \hat{\sigma}_e^2$$

In Tabelle 11-1 gilt: 32,36 = 13,58 + 18,78

Teilt man die Werte in der Gleichung durch die Kriteriumsvarianz $\hat{\sigma}_y^2$, so ergibt sich:

$$\frac{\hat{\sigma}_y^2}{\hat{\sigma}_y^2} = 1 = \frac{\hat{\sigma}_{\hat{y}}^2}{\hat{\sigma}_y^2} + \frac{\hat{\sigma}_e^2}{\hat{\sigma}_y^2}$$

$$\frac{32{,}36}{32{,}36} = 1 = \frac{13{,}58}{32{,}36} + \frac{18{,}77}{32{,}36} = {,}42 + {,}58$$

Im Datenbeispiel kann ein Anteil von ,42 (bzw. 42 %) der Varianz der „Psychischen Lebensqualität" durch den Prädiktor „Körperliche Lebensqualität" aufgeklärt werden. Ein Anteil von ,58 (bzw. 58 %) der Kriteriumsvarianz bleibt unaufgeklärt.

Man beachte, dass diese additive Zerlegung der Dateninformation nur für die Varianzen und nicht die Standardabweichungen gilt. Die Summe der Standardabweichungen der $\hat{y}_i$- und der $e_i$ ist größer als die Standardabweichung der $y_i$-Werte, wenn r nicht genau gleich 0 oder –1 bzw. +1 ist.

$$\hat{\sigma}_y \geq \hat{\sigma}_{\hat{y}} + \hat{\sigma}_e, \text{ wenn } |r| \neq 0 \text{ bzw. } 1$$

**Merke**

Die Varianz des Kriteriums Y entspricht der Summe der durch X aufgeklärten und der nicht aufgeklärten Varianz. Für die Standardabweichungen gilt diese summative Zerlegbarkeit nicht.

Die folgende Umformung zeigt, dass der Anteil aufgeklärter Varianz für die einfache Regression einfacher bestimmt werden kann, da der aufgeklärte Varianzanteil direkt aus der Korrelation $r_{xy}$ abgeleitet werden kann:

$$\frac{\textit{Aufgeklärte Varianz in Y}}{\textit{Gesamtvarianz Y}} = \frac{\hat{\sigma}_{\hat{y}}^2}{\hat{\sigma}_y^2}$$

$$= \frac{\frac{1}{N-1}\sum_{i=1}^{N}(\hat{y}_i - \overline{y})^2}{\hat{\sigma}_y^2}$$

$$= \frac{\frac{1}{N-1}\sum_{i=1}^{N}(b_o + b_1 \cdot x_i - b_o - b_1 \cdot \overline{x})^2}{\hat{\sigma}_y^2}$$

$$= \frac{b_1^2 \cdot \frac{1}{N-1}\sum_{i=1}^{N}(x_i - \overline{x})^2}{\hat{\sigma}_y^2}$$

$$= \frac{(\widehat{COV}(X,Y)^2/\hat{\sigma}_x^4) \cdot \hat{\sigma}_x^2}{\hat{\sigma}_y^2} = \frac{\widehat{COV}(X,Y)^2/\hat{\sigma}_x^2}{\hat{\sigma}_y^2}$$

$$= \frac{\widehat{COV}(X,Y)^2}{\hat{\sigma}_x^2 \cdot \hat{\sigma}_y^2} = r^2$$

Zur Bestimmung der aufgeklärten Varianz müssen die $\hat{y}_i$-Werte somit nicht berechnet werden. Kennt man die Korrelation r, so erhalten wir durch die Quadrierung dieses Werts den Anteil des durch die Regressionsgerade aufgeklärten Varianzanteils in Y.

**Definition**

**Determinationskoeffizient $r^2$**

Das Quadrat der Produkt-Moment-Korrelation r von X und Y gibt den Anteil an Varianz (Information) im Kriterium Y an, der durch X aufgeklärt werden kann. $r^2$ wird als Determinationskoeffizient (Bestimmtheitsmaß) bezeichnet. Der Wert von $r^2$ liegt immer im Bereich [0 – + 1].

$r^2 \cdot 100\,\%$ gibt an, welcher Prozentanteil der Varianz in Y durch den Prädiktor X aufgeklärt werden kann.

- $r^2 = {,}00$ (bzw. $r^2 \cdot 100\,\% = 0\,\%$): Die Information in Y kann durch X überhaupt nicht aufklärt werden. Die beste Schätzung für die Ausprägung in Y ist – unabhängig von der Ausprägung von X – der Mittelwert $\overline{y}$.
- $r^2 = {,}33$ (bzw. $r^2 \cdot 100\,\% = 33\,\%$): Ein Drittel der Information in Y kann durch X aufklärt werden.
- $r^2 = {,}50$ (bzw. $r^2 \cdot 100\,\% = 50\,\%$): Die Hälfte der Information in Y kann durch X aufklärt werden.
- $r^2 = 1{,}00$ (bzw. $r^2 \cdot 100\,\% = 100\,\%$): Die Information in Y kann durch X fehlerfrei aufklärt werden. Alle Messwerte liegen genau auf einer Geraden mit positiver oder negativer Steigung.

$(1 - r^2)$ entspricht der Fehlervarianz bzw. der unaufgeklärten Varianz in Y. Dies ist der Varianz- bzw. Informationsanteil in Y, der nicht mit X in Zusammenhang steht.

In der Abbildung 9-6 betragen die Determinationskoeffizienten $r^2 = {,}002^2 = {,}000$ (bzw. 0 %), $r^2 = {,}231^2 = {,}053$ (bzw. 5,3 %), $r^2 = {,}433^2 = {,}187$ (bzw. 18,7 %), $r^2 = {,}648^2 = {,}420$ (bzw. 42,0 %), $r^2 = {,}773^2 = {,}598$ (bzw. 59,8 %) sowie $r^2 = {,}905^2 = {,}819$ (bzw. 81,9 %). Entsprechend bleiben 100 %, 94,7 %, 81,3 %, 58,0 %, 40,2 % bzw. 18,1 % durch die Regressionsgleichung unaufgeklärt (Fehlervarianz).

**Abbildung 11-3** zeigt exemplarisch sechs weitere Streudiagramme mit eingezeichneten Regressionsgeraden. Hier wird nochmals deutlich, dass das Vorzeichen des Zusammenhangs unerheblich für die Höhe der Varianzaufklärung ist: Der jeweils mit angegebene Determinationskoeffizient repräsentiert nur die lineare Vorhersagestärke und nicht die Tatsache, ob es sich um einen negativen oder positiven Zusammenhang handelt.

Als weiteres Maß zu Charakterisierung der *Schätzungenauigkeit* kann der *Standardschätzfehler* berechnet werden. Dieser entspricht der Wurzel aus der Fehlervarianz $\hat{\sigma}_e^2$:

$$\hat{\sigma}_e = \hat{\sigma}_y \cdot \sqrt{1 - r^2}$$

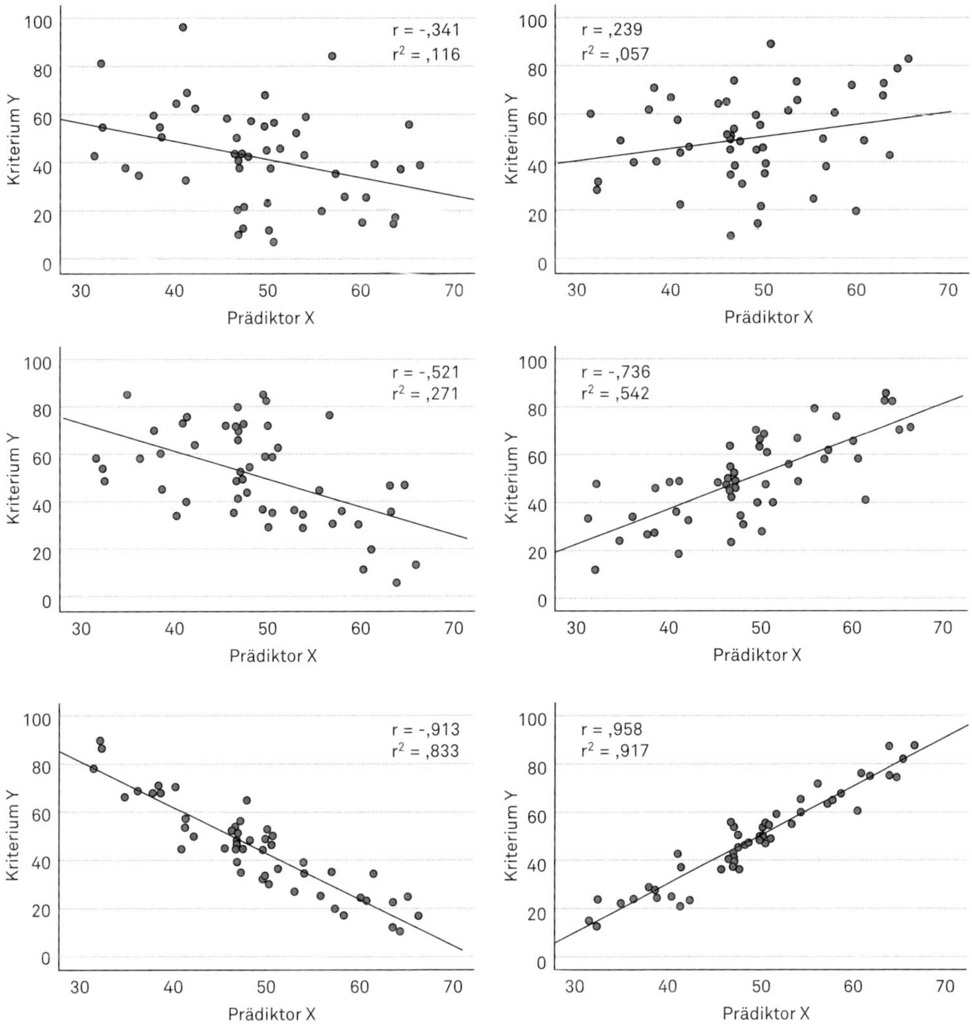


**Abbildung 11-3:** Streudiagramme mit der linearen Regressiongeraden sowie der Korrelation und dem Determinationskoeffizienten $r^2$

Korreliert die Prädiktorvariable X nicht mit der Kriteriumsvariable Y, so ist der Mittelwert in Y immer der beste Schätzwert für Y. Der Standardschätzfehler ist dann genauso groß wie die Standardabweichung von Y, da aus X kein Informationsgewinn bzgl. der Ausprägung von Y resultiert:

$$r^2 = 0 \Rightarrow \hat{\sigma}_e = \hat{\sigma}_y \cdot \sqrt{1-0} = \hat{\sigma}_y$$

Korreliert die Prädiktorvariable X perfekt mit der Kriteriumsvariable Y, so stimmen die $y_i$-Werte perfekt mit den $\hat{y}_i$-Werten überein. Der Standardschätzfehler ist dann gleich 0, da X eine fehlerfreie Schätzung der Werte in Y erlaubt:

$$r^2 = 1 \Rightarrow \hat{\sigma}_e = \hat{\sigma}_y \cdot \sqrt{1-1} = 0$$

Im Datenbeispiel zur körperlichen und psychischen Lebensqualität beträgt der Standardschätzfehler bei Schätzung der psychischen Lebensqualität:

$$\hat{\sigma}_e = 32{,}36 \cdot \sqrt{1 \quad ,42} = 24{,}64.$$

Die Standardabweichung der Fehler der Schätzung aufgrund der X-Werte ist mit 24,64 deutlich niedriger, als die Standardabweichung (Standardschätzfehler) der Fehler, die bei Verwendung des Mittelwerts in Y als Schätzung resultierten ($\hat{\sigma}_y = 32{,}36$).

Es gilt also: Je genauer der Prädiktor X die Kriteriumswerte in Y vorhersagt, desto kleiner ist der Standardschätzfehler im Vergleich zur Standardabweichung von Y. Ein hoher Standardschätzfehler korrespondiert mit einer geringen Varianzaufklärung bzw. mit einer hohen Fehlervarianz. Ein geringer Standardschätzfehler korrespondiert mit einer hohen Varianzaufklärung bzw. mit einer geringen Fehlervarianz.

**Merke**

Je stärker der lineare Zusammenhang zwischen zwei Variablen X und Y ist,

⇒ desto präzisere Schätzungen sind möglich.
⇒ desto ähnlicher ist die Beziehung einem deterministischen Zusammenhang.
⇒ desto stärker weicht die Steigung der Regressionsgerade von 0 ab.
⇒ desto näher liegen die Werte in Y-Richtung an der Regressionsgerade.
⇒ desto ellipsenförmiger und schmaler wird die Punktwolke im Streudiagramm. Diese Form entsteht, weil sich die Punktwolke immer mehr einer Geraden annähert.
⇒ desto kleiner ist der Fehlerterm $e_i$ im Allgemeinen.
⇒ desto mehr nähert sich der aufgeklärte Varianzanteil $r^2$ dem Wert 1 an.
⇒ desto näher liegt der unaufgeklärte Varianzanteil ($1-r^2$) bei 0.
⇒ desto kleiner ist der Standardschätzfehler im Vergleich zur Standardabweichung der Kriteriumsvariable.

### 11.1.3 Lineare Regressionsanalyse mit SPSS

Wurden die Daten in das SPSS-Datenfenster eingegeben, so kann die lineare Regressionsanalyse unter dem Menü-Punkt *„Analysieren → Regression → Linear"* ausgewählt werden (**Abbildung 11-4**). In der dann erscheinenden Dialogbox muss die Prädiktorvariable „Körperlich" in das Feld *„Unabhängige Variable"* und die Kriteriumsvariable „Psychisch" in das Feld *„Abhängige Variable"* eingetragen werden (links). Um die regressionsanalytisch geschätz-

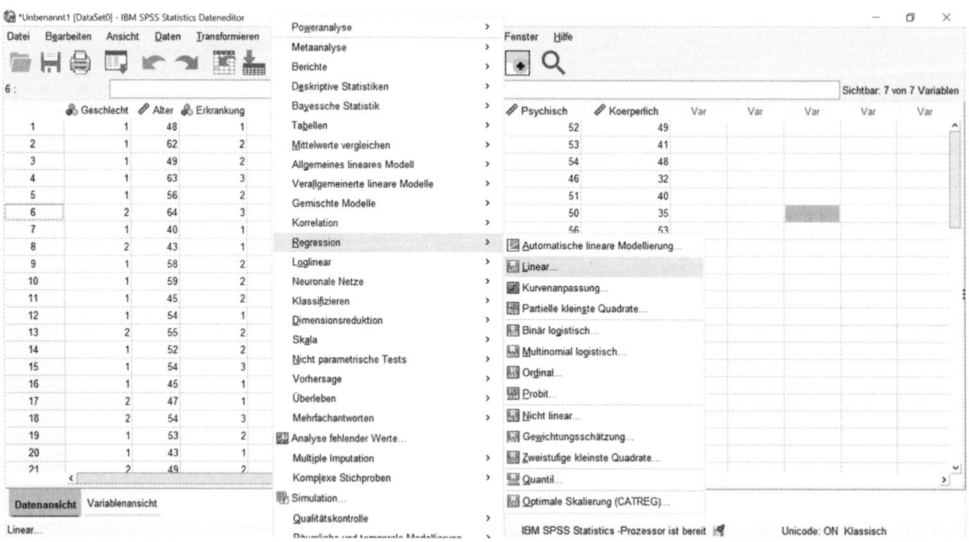


**Abbildung 11-4:** Datenfenster unter dem Menüpunkt „Analysieren"

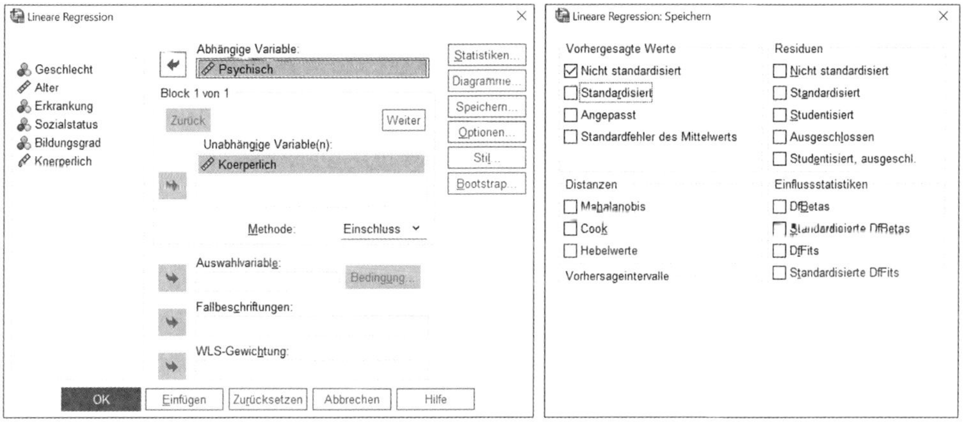


**Abbildung 11-5:** Drop-down-Menü unter dem Menüpunkt „Analysieren"

**Modellzusammenfassung**[b]

| Modell | R | R-Quadrat | Korrigiertes R-Quadrat | Standardfehler des Schätzers |
|---|---|---|---|---|
| 1 | ,648[a] | ,420 | ,399 | 4,409 |

a. Einflußvariablen: (Konstante), Koerperlich
b. Abhängige Variable: Psychisch

Korrelation von x und y: $r = ,648$
In Y aufgeklärter Varianzanteil: $r^2 = ,420$

**Koeffizienten**[a]

| Modell | | Nicht standardisierte Koeffizienten: RegressionskoeffizientB | Nicht standardisierte Koeffizienten: Std.-Fehler | standardisierte Koeffizienten: Beta | T | Sig. |
|---|---|---|---|---|---|---|
| 1 | (Konstante) | 26,100 | 5,524 | | 4,725 | <,001 |
| | Koerperlich | ,585 | ,130 | ,648 | 4,501 | <,001 |

a. Abhängige Variable: Psychisch

Unstandardisierte Regressionsgewichte: $b_0 = 26{,}10$; $b_1 = 0{,}585$

Standardisiertes Regressionsgewicht: $\beta_1 = ,648$

$b_0$ und $b_1$ (bzw. $\beta_1$) weichen signifikant von 0 ab: $p < ,001 < \alpha = ,05$

**Abbildung 11-6:** Definition der Prädiktor- („Unabhängige Variable") und Kriteriumsvariable Y („Abhängige Variable") (links). Optional können neue Variablen mit Schätzinformationen als Ergebnis der Analyse abgespeichert werden.

ten Werte der Kriteriumsvariable für jede Person abspeichern zu lassen, muss unter dem Button *„Speichern"* *„Vorhergesagte Werte: Nicht standardisiert"* markiert werden (rechts) (**Abbildung 11-5**).

Im Ausgabefenster (**Abbildung 11-6**) wird zunächst der Wert der Korrelation r von Prädiktor und Kriterium und der Determinationskoeffizient $r^2$ ausgegeben. In der folgenden Tabelle erscheinen zusätzlich zu den Werten der unstandardisierten und der standardisierten Regressionskoeffizienten die Angaben zur Signifikanzprüfung von $b_0$ und $b_1$. Beide Werte sind t-verteilt. Die Prüfgröße t liegt deutlich über dem Orientierungswert $|t_{krit}| \approx 2$ für signifikante Abweichungen von 0. Entsprechend sind $b_0$ =

| Psychisch | Koerperlich | PRE_1 |
|---|---|---|
| 52 | 49 | 54,75454 |
| 53 | 41 | 50,07622 |
| 54 | 48 | 54,16975 |
| 46 | 32 | 44,81311 |
| 51 | 40 | 49,49143 |
| 50 | 35 | 46,56748 |
| 56 | 53 | 57,09370 |
| 57 | 42 | 50,66101 |
| 49 | 40 | 49,49143 |

**Abbildung 11-7:** Datenfenster mit den geschätzten $\hat{y}_i$-Werten (PRE_1)

26,10 und $b_1 = 0{,}585$ mit $p < {,}001$ kleiner als das Signifikanzniveau $\alpha = {,}05$ und somit statistisch signifikant von 0 verschieden.

Zusätzlich wurden die angeforderten $\hat{y}_i$-Werte für jede Person bestimmt. Die im Datenfenster unter der Variable PRE_1 neu erzeugten Werte (Abbildung 11-7) entsprechend genau denjenigen in Tabelle 11-1.

## 11.2 Multiple lineare Regression: Schätzung der Ausprägung einer Kriteriumsvariablen auf Basis mehrerer Prädiktoren

Bei der multiplen linearen Regression wird die Kriteriumsvariable Y nicht nur durch einen, sondern durch mehrere Prädiktoren geschätzt. So könnte beispielsweise das Merkmal *Arbeitszufriedenheit* (Y) durch die *sozialen* ($X_1$) und *kognitiven* ($X_2$) *Fähigkeiten* geschätzt werden. Bei der Verwendung mehrerer Prädiktoren muss darauf geachtet werden, dass die Prädiktorvariablen möglicherweise untereinander in Zusammenhang stehen. In diesem Falle muss kontrolliert werden, dass Informationen, die durch mehrere Prädiktoren ähnlich repräsentiert werden, nicht doppelt bzw. redundant verrechnet werden. Bei der Bestimmung der Regressionsgewichte wird darauf geachtet, dass die überlappenden Informationsanteile in mehreren Prädiktoren nicht mehrfach in die Schätzung eingehen.

Das Prinzip der Bestimmung der Regressionsgewichte und der Varianzaufklärung soll auf Basis der standardisierten Regressionsgleichung für drei Fälle verdeutlicht werden:

**Fall 1:** Die sozialen ($X_1$) und kognitiven ($X_2$) Fähigkeiten werden als Prädiktoren für die Arbeitszufriedenheit (Y) verwendet. Beide Merkmale seien einzeln mit der Arbeitszufriedenheit zu $r = {,}50$ korreliert. Damit klärt jeder der beiden Prädiktoren einzeln 25 % der Information in der Arbeitszufriedenheit auf ($r^2 = .25$). Soziale und kognitive Fähigkeiten seien komplett unabhängig voneinander ($r = {,}00$).

**Fall 2:** Zwei Maße der kognitiven ($X_1$, $X_2$) Fähigkeiten werden als Prädiktoren für die Arbeitszufriedenheit (Y) verwendet. Auch hier klärte jeder der beiden Prädiktoren einzeln 25 % der Information in der Arbeitszufriedenheit auf ($r^2 = {,}25$). Die beiden Maße der kognitiven Fähigkeiten seien hoch informationsredundant ($r = {,}90$). Allgemein gilt: Je höher die Prädiktorvariablen korreliert sind, desto ähnlicher bzw. redundanter ist die Information, die durch die Prädiktorvariablen repräsentiert wird.

**Fall 3:** Die kognitiven Fähigkeiten ($X_1$) und die Anstrengungsbereitschaft ($X_2$) werden als Prädiktoren für die Arbeitszufriedenheit (Y) verwendet. Auch hier klärt jeder der beiden Prädiktoren einzeln 25 % der Information in der Arbeitszufriedenheit auf ($r^2 = {,}25$). Die beiden Variablen $X_1$ und $X_2$ seien zu $r = {,}50$ korreliert.

**Tabelle 11-2** zeigt die den drei Fällen entsprechenden Korrelationsinformationen. Die drei Fälle unterscheiden sich lediglich hinsichtlich der Korrelation der beiden Prädiktoren.

Die **standardisierte multiple Regressionsgleichung** lautet im Falle zweier Prädiktoren:

$$\hat{z}(y_i) = \beta_1 \cdot z(x_{1i}) + \beta_2 \cdot z(x_{2i})$$

**Tabelle 11-2:** Korrelations-, und standardisierte Regressionskoeffizienten sowie multiple Korrelations- und Determininationskoeffizienten für die drei Beispielfälle

| Fall | $X_1$ | $X_2$ | $r_{x1,x2}$ | $r_{x1,y}$ | $r_{x2,y}$ | $b_1$ | $b_2$ | $R^2_{y.12}$ | $R_{y.12}$ |
|---|---|---|---|---|---|---|---|---|---|
| 1 | Sozial | Kognitiv | ,00 | ,50 | ,50 | ,50 | ,50 | ,50 | ,71 |
| 2 | Kognitiv 1 | Kognitiv 2 | ,90 | ,50 | ,50 | ,26 | ,26 | ,26 | ,51 |
| 3 | Kognitiv | Anstr.-ber. | ,50 | ,50 | ,50 | ,33 | ,33 | ,33 | ,57 |

Zur Berechnung der β-Gewichte werden ausschließlich die Korrelationskoeffizienten benötigt:

$$\beta_1 = \frac{r_{x1,y} - r_{x2,y} \cdot r_{x1,x2}}{1 - r^2_{x1,x2}}$$

$$\beta_2 = \frac{r_{x2,y} - r_{x1,y} \cdot r_{x1,x2}}{1 - r^2_{x1,x2}}$$

Und die Varianzaufklärung in Y wird aufgrund der Korrelationen und β-Gewichte wie folgt bestimmt:

$$R^2 = \beta_1 \cdot r_{x1,y} + \beta_2 \cdot r_{x2,y}$$

**Definition**

**Multiple Korrelation R und multipler Determinationskoeffizient $R^2$**

Der *Multiple Korrelationskoeffizient R* bildet den Zusammenhang des Merkmals Y mit den Informationen, die durch mehrere Variablen $X_i$... $X_k$ repräsentiert werden, in einem einzigen Kennwert ab. Je näher der Wert der multiplen Korrelation R bei + 1 liegt, desto ähnlicher ist die Information in Y zu denjenigen Informationsaspekten, die durch die Variablengruppe $X_i$... $X_k$ insgesamt abgebildet werden.

Der *multiple Determinationskoeffizient $R^2$* gibt den Anteil der Varianz im Kriterium Y an, der durch die Gruppe der Prädiktorvariablen $X_i$... $X_k$ gemeinsam aufgeklärt werden kann.

Die Werte von R und $R^2$ liegen im Bereich [0; 1].

Für die drei Beispielfälle ergeben sich folgende Koeffizientenausprägungen:

Fall 1: $\beta_1 = \frac{,50 - ,50 \cdot ,00}{1 - ,00} = ,50$ ; $\beta_2 = \frac{,50 - ,50 \cdot ,00}{1 - ,00} = ,50$

$R^2 = ,50 \cdot ,50 + ,50 \cdot ,50 = ,50$

Da die beiden Prädiktoren *soziale und kognitive Fähigkeiten* komplett unterschiedliche Aspekte widerspiegeln ($r_{12} = 0$), entspricht die Gesamtvarianzaufklärung 50 % der Summe der Einzelvarianzaufklärungen (25 % + 25 %).

Fall 2: $\beta_{1i} = \frac{,50 - ,50 \cdot ,90}{1 - ,81} = ,26$; $\beta_{2i} = \frac{,50 - ,50 \cdot ,90}{1 - ,81} = ,26$

$R^2 = ,50 \cdot ,26 + ,50 \cdot ,26 = ,26$

Da die beiden *kognitiven Prädiktoren* quasi identische Informationen widerspiegeln ($r_{12} = ,90$), klären beide Prädiktoren zusammen (26 %) ähnlich viel Kriteriumsvarianz auf wie jeder der einzelnen Prädiktoren alleine (jeweils 25 %).

Fall 3. $\beta_1 = \frac{,50 - ,50 \cdot ,50}{1 - ,25} = ,33$; $\beta_2 = \frac{,50 - ,50 \cdot ,50}{1 - ,25} = ,33$

$R^2 = ,50 \cdot ,33 + ,50 \cdot ,33 = ,33$

Da die beiden Prädiktoren *kognitive Fähigkeiten* ($X_1$) und *Anstrengungsbereitschaft* ($X_2$) nur moderat ähnliche Informationen repräsentieren ($r_{12} = ,50$), klären beide Prädiktoren zusammen (33 %) deutlich mehr Varianz auf als jeder der Einzelprädiktoren ($r^2$ jeweils 25 %).

Der in diesen Fällen dargestellte Zusammenhang zwischen der Korrelation der Prädiktoren und der multiplen Varianzaufklärung gilt generell:

1. Bei unkorrelierten Prädiktoren entsprechen die β-Gewichte den Korrelationen des jeweiligen Prädiktors mit dem Kriterium. Die gemeinsame Varianzaufklärung $R^2$ ergibt sich

dann als Summe der Varianzaufklärungen der einzelnen Prädiktoren.

$r_{12} = ,00 \Rightarrow \beta_1 = r_{x1,y}; \beta_2 = r_{x2,y}$

$\Rightarrow R^2_{y.12} = r^2_{x1,y} + r^2_{x2,y}$

2. Bei hochkorrelierten Prädiktoren ist zumindest für einen der Prädiktoren der Betrag des β-Gewichts deutlich niedriger ausgeprägt als der Betrag der entsprechenden Kriteriumskorrelation $r_{yi}$. In diesem Falle spricht man auch von **kollinearen Prädiktoren.** Die gemeinsame Varianzaufklärung entspricht ungefähr der höchsten Varianzaufklärung durch die einzelnen Prädiktoren. Eine Ausnahme bilden sogenannte Supressorvariablen, auf die hier nicht näher eingegangen werden soll.

   $r_{12} \rightarrow 1,00 \Rightarrow$ mindestens ein $|\beta_i|$ deutlich kleiner als $|r_{xi,y}|$

   $\Rightarrow R^2_{y.12} \approx \max(r^2_{xi,y})$

3. Bei moderat korrelierten Prädiktoren ist zumindest das β-Gewicht einer der Prädiktoren niedriger ausgeprägt als die entsprechende Kriteriumskorrelation $r_{yi}$. Die Varianzaufklärung liegt höher als die höchste Varianzaufklärung der einzelnen Prädiktoren, aber niedriger als die Summe der Varianzaufklärung durch die einzelnen Prädiktoren.

   $r_{12}$ moderat $\Rightarrow$ mindestens ein $|\beta_i|$ kleiner als $|r_{xi,y}|$;

   $\max(r^2_{xi,y}) < R^2_{y.12} < r^2_{x1,y} + r^2_{x2,y}$

**Merke**

Je stärker ein Prädiktor $X_j$ mit den übrigen Prädiktoren $X_i$ korreliert ist, desto weniger trägt dieser Prädiktor in der Regel zur zusätzlichen Steigerung der Varianzaufklärung bei. *Kollinearität*: Miteinander korrelierte Variablen werden als kollinear bezeichnet. Sie repräsentieren zum Teil ähnliche Informationen.

**Abbildung 11-8** zeigt ein sogenanntes *Venn-Diagramm*, mittels dessen diese Systematik grafisch veranschaulicht werden kann. Jeder Kreis

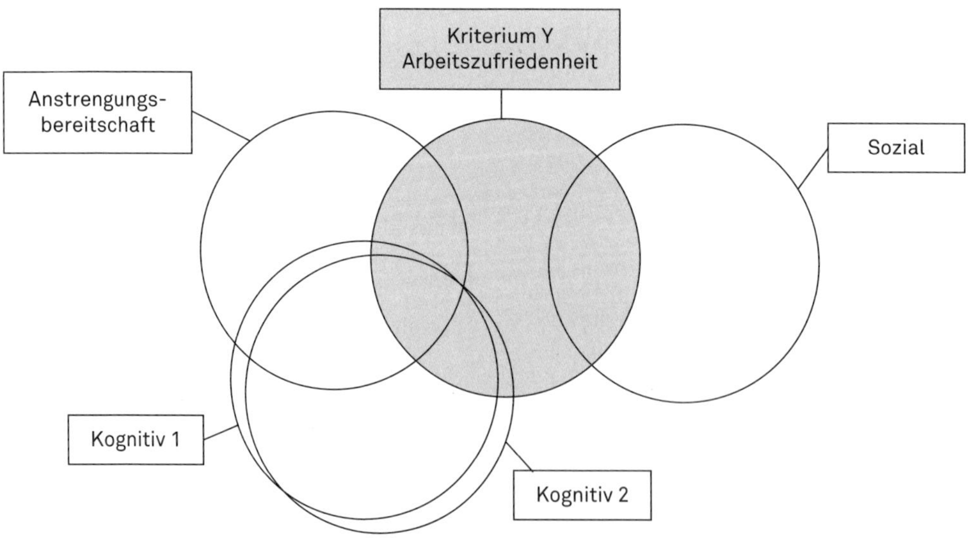


**Abbildung 11-8:** Venn-Diagramm zu den im Text betrachteten Fällen. Jeder Kreis stellt die durch eine Variable repräsentierte Information dar.

repräsentiert die Gesamtinformation, die eine Variable enthält. Überlappen sich zwei Kreise nicht, so haben diese keine gemeinsamen Informationsanteile: Die Korrelation ist gleich 0. Je stärker sich zwei Kreise überlappen, desto mehr Information teilen sie, desto höher ist die Informationsredundanz.

Betrachtet man das Kriterium Y in Bezug auf die beiden Prädiktormerkmale „Kognitiv 1" und „Sozial", so korrespondiert dies mit Fall 1 im Text: Die beiden Prädiktoren korrelieren nicht, sodass jeder Prädiktor mit der Kriteriumsvariable Y ausschließlich Informationen teilt, die der jeweils andere Prädiktor nicht mit Y teilt. Folglich ergibt sich die von Y mit $X_1$ = „Kognitiv 1" und $X_2$ = „Sozial" gemeinsam geteilte Information als Summe der Information, die Y mit $X_1$ = „Kognitiv 1" und Y mit $X_2$ = „Sozial" teilt. Sind die Prädiktoren unkorreliert, so liefert das zweite Merkmal „Sozial" eine maximal mögliche zusätzliche oder **inkrementelle Varianzaufklärung** in der Kriteriumsvariablen: Die Information, die „Sozial" alleine aufklären würde, wird vollständig zusätzlich aufgeklärt.

Werden „Kognitiv 1" und „Kognitiv 2" als Prädiktorpaar betrachtet, so entspricht die Darstellung derjenigen für Fall 2: Die Information von $X_1$ = „Kognitiv 1" und $X_2$ = „Kognitiv 2" überlagert sich nahezu komplett. Entsprechend ist die Information, die Y mit $X_1$ = „Kognitiv 1" teilt, nahezu identisch mit der Information, die Y mit $X_2$ = „Kognitiv 2" teilt. Es würde also genügen, nur $X_1$ = „Kognitiv 1" oder aber nur $X_2$ = „Kognitiv 2" als Prädiktor zu verwenden, da die Hinzunahme des jeweils anderen keine weitere Information beisteuert. $X_2$ = „Kognitiv 2" hat also keinen inkrementellen Aufklärungswert für die Varianz der Kriteriumsvariable.

Fall 3 im Text stellt eher den Regelfall bei der Anwendung der multiplen linearen Regression dar und wird in der Abbildung 11-8 durch die Prädiktorkombination $X_1$ = „Kognitiv 1" und $X_2$ = „Anstrengungsbereitschaft" kenntlich. Die beiden Prädiktoren sind mäßig informationsredundant bzw. korreliert: Insofern steuert jeder der Prädiktoren zum Teil spezifische, aber auch zum Teil redundante Informationen bei. Beide Prädiktoren tragen zur Varianzaufklärung bei, jedoch muss bei der Bestimmung des Vorhersagebetrags jedes einzelnen Prädiktors beachtet werden, dass die geteilte Information nicht doppelt verrechnet wird. $X_2$ = „Anstrengungsbereitschaft" erhöht die Varianzaufklärung also deutlich (bzw. $X_2$ klärt inkrementell Varianz auf), jedoch nicht in dem Maße, dass man aufgrund der Informationsredundanz von $X_2$ und Y erwarten würde: Die Informationsanteile, die bereits durch $X_1$ = „Kognitiv 1" in Y abgebildet werden, müssen „abgezogen werden".

Auch bei der multiplen linearen Regression kann der **Standardschätzfehler** als Maß zur Charakterisierung der Schätzungenauigkeit berechnet werden. In der Formel muss lediglich der Determinationskoeffizient $r^2$ durch den multiplen Determinationskoeffizient $R^2$ ersetzt werden.

$$\hat{\sigma}_e = \hat{\sigma}_y \cdot \sqrt{1 - R^2}$$

**Merke**

**Einfache vs. multiple lineare Regression**
Das Prinzip der multiplen linearen Regression unterscheidet sich von demjenigen der einfachen linearen Regression nur darin, dass redundante Informationsanteile – also Informationen, die durch mehrere Prädiktoren in gleicher Weise repräsentiert werden, kontrolliert bzw. „herausgerechnet" werden. Allgemein kann als Orientierung gelten: Je geringer die Prädiktoren $X_1 \ldots X_k$ wechselseitig korreliert sind, desto höher ist der *inkrementelle Vorhersagebeitrag* jedes einzelnen Prädiktors (unter ansonsten gleichen Umständen). Jeder Prädiktor sollte also einen möglichst eigenständigen Informationsanteil beisteuern, damit eine möglichst hohe inkrementelle Vorhersageleistung durch den entsprechenden Prädiktor resultiert.

Die hier eingeführten Grundprinzipien der Modellierung des Zusammenhangs mehrerer Variablen finden sich in allen weiterführenden multivariaten statistischen Analyseverfahren für intervallskalierte Merkmale (z.B. Multivariate Varianzanalyse, Faktorenanalyse, Clusteranalyse, lineare Strukturgleichungsmodelle; Hair et al., 2016). Die Analyse mehrerer Variablen erfordert immer, dass die Zusammenhänge aller Analysevariablen im Blick behalten werden bzw. bei der Bestimmung statistischer Koeffizienten angemessen berücksichtigt werden. Dies ist wichtig, damit die statistischen Schätzungen angemessen und optimal erfolgen können.

Obwohl bei der Regressionsanalyse Prädiktoren und Kriterien unterschieden werden, werden hierbei keine kausalen Effekte untersucht: Wenn Prädiktoren geeignet sind, die Information in der Kriteriumsvariablen aufzuklären oder vorherzusagen, sagt dies nichts darüber aus, ob die Prädiktormerkmale ursächlich die Ausprägungen des Kriteriumsmerkmals bedingen. Kann in einer Regressionsanalyse die Varianz der Kriteriumsvariablen „Psychische Gesundheit" durch Aspekte der der „Körperlichen Konstitution" (Prädiktormerkmale) zu einem gewissen Prozentsatz aufgeklärt werden, bedeute dies nicht, dass körperliche Merkmale für den psychischen Gesundheitszustand verantwortlich oder ausschlaggebend sind bzw. sein müssen. Genau wie in Kapitel 10 für die Korrelationsanalyse erläutert, sind auch für die Regressionsanalyse Kausalaussagen nicht zulässig. Die Regressionsanalyse stellt einfach eine Erweiterung korrelationsanalytischer Betrachtungen dar, bei der im Falle der multiplen Regression die Assoziationsstärke und damit die wechselseitige Vorhersagbarkeit von mehr als zwei Variablen untersucht wird. „Varianz*aufklärung*" darf also nicht als „Varianz*erklärung*" im kausalen Sinne verstanden werden.

## 11.3 Zusammenfassung

Korrelieren zwei Merkmale miteinander, so lässt sich die Ausprägung eines Merkmals Y (Kriteriumsvariable: z.B. Therapieerfolg) aufgrund der Ausprägung des anderen Merkmals X (Prädiktorvariable: z.B. Behandlungsmotivation) abschätzen. Die **lineare Regressionsanalyse** bestimmt die Vorhersagegleichung (*Regressionsgleichung*), die nach dem **Kriterium der kleinsten Quadratabweichungen** die genaueste bzw. fehlerfreieste Schätzung der Ausprägungen der Kriteriumsvariablen erlaubt. Bei der einfachen linearen Regressionsanalyse wird vorausgesetzt, dass sich der Merkmalszusammenhang im Streudiagramm durch eine Gerade angemessen beschreiben lässt. Für die tatsächlich gemessenen $y_i$-Werte wird angenommen, dass diese von den geschätzten Werten auf der Regressionsgeraden $\hat{y}_i$ zufallsbedingt abweichen. Der **Determinationskoeffizient $r^2$** gibt den Anteil an Merkmalsvarianz in Y an, der durch X bzw. die Regressionsgerade systematisch vorhergesagt oder aufgeklärt werden kann. Je näher der Wert von $r^2$ am maximalen Wert 1 liegt, (i) desto größer ist der Informationsanteil in Y, der mit X in Zusammenhang steht und damit aufgeklärt werden kann (**aufgeklärte Varianz**), und (ii) desto kleiner der Informationsanteil, der unaufgeklärt bleibt (**Fehlervarianz**). Neben $r^2$ gibt der **Standardschätzfehler** Auskunft über die Genauigkeit der Merkmalschätzung.

Soll die Ausprägung der Kriteriumsvariable Y (z.B. Therapieerfolg) nicht nur durch einen, sondern durch mehrere Prädiktoren ($X_1$, $X_2$,... ,$X_k$; z.B. Behandlungsmotivation, Therapiedauer, Empathiefähigkeit) geschätzt werden, kommt die **multiple lineare Regressionsanalyse** zum Einsatz. Das Schätzprinzip ist im Wesentlichen identisch mit demjenigen der einfachen linearen Regression. Als Besonderheit muss jedoch beachtet werden, dass das Verfahren berücksichtigt, dass durch verschiedene Prädiktoren ähnliche Informationen abgebildet werden können (Problem der *Informationsredundanz* oder **Kollinearität**). Die Schätzgleichung berücksichtigt also, dass Informationen nicht doppelt oder dreifach verrechnet werden, sondern, dass jeder für die Vorhersage relevante Informationsanteil angemessen zwischen den Prädiktoren aufgeteilt wird.

Die Regressionsanalyse stellt einfach eine Erweiterung korrelationsanalytischer Betrachtungen dar, bei der im Falle der multiplen Regression die Assoziationsstärke und damit die wechselseitige Vorhersagbarkeit von mehr als zwei Variablen untersucht wird. Wenn Prädiktoren geeignet sind, die Information in der Kriteriumsvariablen aufzuklären oder vorherzusagen, sagt dies nichts darüber aus, ob die Prädiktormerkmale *ursächlich* die Ausprägungen des Kriteriumsmerkmals bedingen. „Varianz*aufklärung*" darf also nicht im Sinne von „Varianz*erklärung*" im kausalen Sinne verstanden werden.

Die regressionsanalytische Logik bildet eine wichtige Grundlage für fast alle weiterführenden komplexen statistischen Analyseverfahren, die den Rahmen dieses Einführungstexts sprengen würden (z.B. Varianzanalyse, Faktorenanalysen, Allgemeines lineares Modell). Die Grundprinzipien der Modellierung linearer Zusammenhänge, die Sie nun kennengelernt haben, finden sich wie ein roter Faden in der gesamten klassischen Statistik wieder.

## 11.4 Blitzlichter aus der Forschungspraxis

**Blitzlicht 11.1: Regressionsanalytische Schätzung von Arbeitszufriedenheit und Gesundheit aufgrund von psychosozialen Charakteristika der Arbeitssituation und Merkmalen von Mitarbeiterinnen und -mitarbeitern**

Lincke et al. (2021) analysieren die Struktur des COPSOQ (Copenhagen Psychosocial Questionnaire), mittels dessen die arbeitsbezogene psychosoziale Belastung erhoben wird. Tabelle 5 des Beitrags zeigt die wichtigsten regressionsanalytischen Prädiktoren sowie deren β-Gewichte für verschiedene Kriteriumsvariablen. Die Varianz der Kriteriumsvariable *Job Satisfaction* (Arbeitszufriedenheit) kann zu 60 % ($R^2$ = .60) durch *Quality of Leadership* (Qualität der Führung; β = ,31, p < ,05), *Commitment to Workplace* (Verbundenheit mit dem Arbeitsplatz; β = ,24, p < ,05), *Trust and Justice* (Vertrauen und Gerechtigkeit; β = ,19, p < ,05), *Sense of Community* (Gemeinschaftssinn; β = ,17, p < ,05) und *Work Privacy Conflicts* (Konflikte Arbeit und Privatleben; β = –,17, p < ,05) aufgeklärt werden. *Work Privacy Conflicts* (Konflikte Arbeit und Privatleben; β = –,21, p < ,05), *Support at Work* (Unterstützung bei der Arbeit; β = ,08, p < ,05), *Age Groups* (Altersgruppen; β = –,12, p < ,05), *Insecurity about Working Condition* (Unsicherheit bzgl. Arbeitsbedingungen; β = –,13, p < ,05), *Commitment to Workplace* (Verbundenheit mit dem Arbeitsplatz; β = ,12, p < ,05) und *Unfair Treatment* (Unfaire Behandlung; β = –,10, p < ,05) klären die Varianz der Allgemeinen Gesundheit (*General Health*) zu 22 % ($R^2$ = .22) auf. 37 % ($R^2$ = .37) der Varianz der *Burnout Symptome* kann systematisch durch *Work Privacy Conflicts* (Konflikte Arbeit und Privatleben; β = ,40, p < ,05), *Trust and Justice* (Vertrauen und Gerechtigkeit; β = –,12, p < ,05), *Hiding Emotions* (Emotionen verbergen; β = ,13, p < ,05), *Geschlecht* (β = ,12, p < ,05), *Unfair Treatment* (Unfaire Behandlung; β = ,11, p < ,05) und *Job Insecurity* (Unsicherheit des Arbeitsplatzes; β = ,10, p < ,05) aufgeklärt werden. Insgesamt können die Ausprägungen der Zielkriterien systematisch aus den jeweiligen Prädiktorgruppen geschätzt werden. Hier muss jedoch unbedingt berücksichtigt werden, dass noch nicht klar ist, ob sich die Prädiktoren ursächlich auf die Kriteriumsvariablen auswirken oder ob ein anderes Kausalprinzip zugrunde liegt. Dass beispielsweise Konflikte von Privat- und Arbeitsleben einen hohen Vorhersagewert für Burnout-Symptome haben, könnte auch dadurch bedingt sein, dass eine Burnout-Symptomatik sich negativ auf die Vereinbarkeit von Privat- und Arbeitsleben auswirken könnte. Die Regressionsanalyse ist nicht geeignet, die Frage nach der Wirkrichtung (Kausalität) zu klären.

**Blitzlicht 11.2: Regressionsanalytische Schätzung soziodemografischer Merkmale aufgrund von Persönlichkeitsmerkmalen**

In der Persönlichkeitspsychologie werden die sog. Big Five als zentrale Dimensionen der Persönlichkeitsstruktur von Menschen angenommen. Die Persönlichkeit eines Menschen ist demnach von den Ausprägungen auf den fünf Dimensionen *Extraversion*, *Verträglichkeit*, *Gewissenhaftigkeit*, *Negative Emotionalität* (*Neurotizismus*) und *Offenheit* charakterisiert. Danner et al. (2019) berichten über die regressionsanalytische Schätzung der Merkmale *Bildung*, *Einkommen*, *Gesundheit* und *Lebenszufriedenheit* (Kriteriumsvariablen) durch die fünf mittels des *Big Five Inventars 2 (BFI-2)* erfassten Big Five-Dimensionen (Tabelle 5 im Artikel). Für die Lebenszufriedenheit kann der höchste Varianzanteil aufgeklärt werden: Multiples $R^2 = ,23$ (bzw. 23 %). Die β-Gewichte der Dimensionen *Extraversion* ($\beta = ,14$; $p < ,05$) und *Negative Emotionalität* ($\beta = -,41$; $p < ,05$) tragen systematisch bzw. signifikant zur Varianzaufklärung bei. Für *Verträglichkeit* ($\beta = ,00$; $p > ,05$), *Gewissenhaftigkeit* ($\beta = ,04$; $p > ,05$) und *Offenheit* ($\beta = -,05$; $p > ,05$) erweist sich das jeweilige Regressionsgewicht als nicht signifikant. Die Varianzaufklärung liegt für *Gesundheit* bei $R^2 = ,20$ (bzw. 20 %; signifikante Prädiktoren: *Extraversion* ($\beta = ,15$, $p < ,05$), *Verträglichkeit* ($\beta = -,13$, $p < ,05$), *Negative Emotionalität* ($\beta = -,42$, $p < ,05$) und *Offenheit* ($\beta = -,10$, $p < ,05$)). *Bildung* wird zu $R^2 = ,09$ (bzw. 9 %; signifikante Prädiktoren: *Gewissenhaftigkeit* ($\beta = -10$, $p < ,05$), *Negative Emotionalität* ($\beta = -,12$, $p < ,05$) und *Offenheit* ($\beta = ,27$, $p < ,05$)) und *Einkommen* zu $R^2 = ,06$ (bzw. 6 %%; signifikante Prädiktoren: *Verträglichkeit* ($\beta = -13$, $p < ,05$), *Gewissenhaftigkeit* ($\beta = ,08$, $p < ,05$) und *Negative Emotionalität* ($\beta = -,19$, $p < ,05$)) aufgeklärt. Die Befunde zeigen, welche Persönlichkeitsmerkmale in welchem Maße Hinweise auf die Ausprägungen der Kriteriumsvarablen geben können. Dies darf jedoch nicht so verstanden werden, dass hiermit nachgewiesen wurde, dass Persönlichkeitsmerkmale ursächlich *Bildung*, *Einkommen*, *Gesundheit* und *Lebenszufriedenheit* determinieren. Die Vermutung, dass umgekehrt z. B. eine hohe Bildung, ein hohes Einkommen, gute Gesundheit und hohe Lebenszufriedenheit die gemessenen Ausprägungen auf den fünf Big Five-Dimensionen maßgeblich beeinflussen, könnte die nachgewiesenen Zusammenhänge alternativ erklären.

**Blitzlicht 11.3: Regressionanalysen zur Assoziation von Stress, Copingstrategien und gesundheitsbezogener Lebensqualität während der COVID-19-Pandemie**

Peters et al. (2021) untersuchen die Zusammenhänge von Stress, Copingstrategien und Lebensqualität im Jahr 2020, als die Lebenssituation durch die COVID-19-Pandemie maßgeblich bestimmt wurden. In Tabelle 3 (Modell 1.2) des Artikels werden die Befunde zur Frage, wie die Kriteriumsvariable *Wahrgenommene Stressbelastung* durch *Soziale Unterstützung* und *Copingstrategien* (Prädiktorvariablen) geschätzt werden können. *Soziale Unterstützung* ($\beta = -,21$, $p < ,05$), *Positives Denken* ($\beta = -,22$, $p < ,05$) und *Aktive Bewältigung* ($\beta = -,13$, $p < ,05$) sind negative Prädiktoren der *Wahrgenommenen Stressbelastung* (negatives Vorzeichen der β-Gewichte): Hohe Prädiktorausprägungen gehen mit einer niedrigeren Stressbelastung einher. Hingegen sind höhere Werte in *Halt im Glauben* ($\beta = ,08$, $p < ,05$) und *Erhöhter Alkohol- und Zigarettenkonsum* ($\beta = ,10$, $p < ,05$) mit höherem Stress assoziiert: Hier scheint es plausibel, dass der erhöhte Stress dazu führt, dass Menschen eher Halt im Glauben suchen. Über die tatsächliche Kausalrichtung kann wie üblich bei Anwendung der Regressionsanalyse nur spekuliert werden. Ob die Prädiktoren ausschlaggebend sind für die Ausprägung Kriteriumsvariable oder umgekehrt, kann nicht beantwortet werden.

## Übungsaufgaben

1. In Kapitel 4 haben Sie bei Übungsaufgabe 4.2 die z-standardisierten Werte für die körperliche und die psychische Lebensqualität

für die Daten in Tabelle 3-1 berechnet. Bestimmen Sie für die z-standardisierten Werte die Regressionsgleichung. Überprüfen Sie, ob auch hier die allgemeine Aussage, dass die Regressionsgerade lediglich die Korrelation r als Regressionsparameter β enthält, zutrifft.

2. In einer Klinik für Suchtrehabilitation seien folgende intervallskalierten Werte für die Motivation zu Beginn der Behandlung (X1), die Dauer der Suchterkrankung (X2) und den Erfolg zu Behandlungsende (Y) erhoben worden (**Tabelle 11-3**). Berechnen Sie die Produkt-Moment-Korrelationen $r_{X1,Y}$ und $r_{X2,Y}$ sowie die standardisierte multiple Regressionsgleichung. Vergleichen Sie die multiplen Determinationskoeffizienten mit der Summe der einzelnen Determinationskoeffizienten.

**Tabelle 11-3:** Beispieldaten zu Motivation (X1), Behandlungsdauer (X2) und Behandlungserfolg (Y) in Aufgabe 11.2

| X1 | X2 | Y |
|---|---|---|
| 1 | 9 | 7 |
| 8 | 5 | 11 |
| 15 | 13 | 14 |
| 2 | 15 | 4 |
| 4 | 12 | 9 |
| 6 | 10 | 6 |
| 9 | 17 | 12 |
| 5 | 6 | 13 |
| 14 | 11 | 8 |
| 11 | 7 | 15 |

# 12 Analyse des Zusammenhangs zweier kategorialer Merkmale mittels des $\chi^2$-Werts und daraus abgeleiteter Maßzahlen

In den vorherigen Kapiteln haben wir uns vor allem mit der Analyse intervallskalierter Merkmale beschäftigt. Intervallskalierte Merkmale stellen Messgrößen dar, die eine Aussage über Größe, Höhe oder Stärke einer Merkmalsausprägung zulassen. Zudem können die Differenzen zwischen Messwerten interpretiert werden. Hierbei ist es günstig, wenn die Merkmale möglichst symmetrisch und glockenförmig verteilt sind. Je angemessener die Datenverteilung durch eine Gauß'sche Normalverteilung beschrieben werden kann, desto gültiger ist dies für die Anwendbarkeit und die Interpretation der Ergebnisse der statistischen Analysen.

In Kapitel 12 und 13 werden statistische Methoden zur Analyse des Zusammenhangs kategorialer Merkmale eingeführt. Bei kategorialen Merkmalen muss jede Person in eine der vorgegebenen Kategorien eingeordnet werden können. *Nominalskalierte kategoriale Merkmale* liegen vor, wenn die Merkmalsausprägung von Personen lediglich als gleich oder ungleich unterschieden werden. Aussagen über größere oder kleinere Merkmalsausprägungen sind nicht zulässig. Ein Beispiel hierfür wäre die Erhebung der Berufsgruppenzugehörigkeit von Beschäftigten. In einer Klinik könnten beispielsweise für Ergotherapeutinnen und Ergotherapeuten (Kategorie 1), Psychologinnen und Psychologen (Kategorie 2), Pflegekräfte (Kategorie 3) sowie Sozialarbeiterinnen und Sozialarbeiter (Kategorie 4) Daten erhoben werden. Angenommen, die Befragten sollten angeben, welches der drei verschiedenen Behandlungsprogramme (1 = psychotherapeutisch begleitete Gruppentrainings, 2 = lebensweltorientierte Intervention; 3 = Intervention zur Emotions- und Verhaltenskontrolle) sie für die Behandlung von Jugendlichen mit auffälligem Sozialverhalten präferieren würden. Es würde also die Fragestellung untersucht, ob die Berufsgruppenzugehörigkeit (Merkmal X) mit dem präferierten Behandlungsansatz (Merkmal Y) in Zusammenhang steht. Würden Psychologinnen und Psychologen systematisch häufiger als Sozialarbeiterinnen und Sozialarbeiter das Behandlungsprogramm A als am geeignetsten ansehen, bestünde ein *Zusammenhang der kategorialen Merkmale*. Wenn eine befragte Person einer bestimmten Kategorie in X angehört, so lässt sich daraus ableiten, dass sich die Tendenz oder Wahrscheinlichkeit der Kategorien in Y systematisch erhöht oder verringert.

Die Häufigkeiten, mit denen die Merkmalskombination beobachtet werden, werden in einer *Kontingenztabelle* abgetragen (im Beispiel: 4 Zeilen für die Berufsgruppen; 3 Spalten für das präferierte Behandlungsverfahren). Genau wie für ordinal- und intervallskalierte Merkmale, kann die Signifikanz des Zusammenhangs der Merkmale geprüft werden. Die Signifikanzprüfung erfolgt mittels des sogenannten $\chi^2$-Tests. Je nach Anzahl der Zellen der Kontingenztabellen sind unterschiedliche Korrelationsmaße geeignet.

Folgende Fragen stehen hinsichtlich der Analyse des Zusammenhangs kategorialer Merkmale im Mittelpunkt des Kapitels:

- Wodurch ist der Zusammenhang kategorialer Merkmale gekennzeichnet?

- Wie wird die kombinierte Verteilung zweier kategorialer Merkmale in einer Kontingenztabelle dargestellt?
- Wie bildet sich der Zusammenhang kategorialer Merkmale in bedingten relativen Häufigkeiten ab?
- Wie unterscheiden sich beobachtete und bei Unabhängigkeit der Merkmale erwartete absolute Häufigkeiten?
- Wie kann der Chi-Quadrat-Test eingesetzt werden, um den Zusammenhang zweier kategorialer Merkmale auf Signifikanz zu prüfen?
- Wie kann die Stärke und Richtung des Zusammenhangs zweier kategorialer Merkmale in einem Korrelationskoeffizienten abgebildet werden?

## 12.1 Darstellung von Häufigkeitsverteilungen in Kontingenztabellen

Gibt eine Merkmalserfassung Auskunft darüber, welche von mehreren, sich wechselseitig ausschließenden Kategorien zutrifft (kategoriale Merkmale), so unterscheiden sich die statistischen Analysemethoden grundlegend von denjenigen, die in den vorangehenden Kapiteln vor allem für intervallskalierte Merkmale eingeführt wurden.

**Kategoriale Merkmale** können nominalskaliert oder ordinalskaliert sein (Kapitel 2). Für nominalskalierte kategoriale Merkmale ist nur die Information „gleiche vs. ungleiche Merkmalsausprägung" interpretierbar: z.B. Berufsgruppe. Für ordinalskalierte kategoriale Merkmale (Sozialstatus: niedrig, mittel, hoch) sind Größer-kleiner-Aussagen zulässig. Im Folgenden werden Analyseverfahren behandelt, bei denen die Rangordnung der Kategorien nicht berücksichtigt wird. Insofern werden ordinale kategoriale Merkmale implizit als nominalskaliert behandelt, wenn diese Verfahren angewendet werden. Hiermit ist also ein Informationsverlust verbunden. Trotzdem werden diese Methoden auch für kategoriale Merkmale eingesetzt, wenn eines der beiden kategorialen Merkmale nominal- und eines ordinalskaliert erfasst wurde. Sind beide Merkmale ordinalskaliert kategorial erhoben worden, so sind Korrelationsmaße für ordinale Daten (Kapitel 9.5) zu bevorzugen.

In Kapitel 3 wurde bereits darauf eingegangen, dass die Analyse nominalskalierter Merkmale auf den Häufigkeiten, mit der die Kategorien besetzt sind, beruhen. Die Häufigkeit, mit der eine Kategorie i besetzt ist, haben wir als absolute Häufigkeit $n_i$ bezeichnet (Kapitel 3.2.1). Der Anteil von Beobachtungen, die in Kategorie i fallen – also $n_i$ geteilt durch die Gesamtanzahl aller untersuchten Fälle N – wird als relative Häufigkeit $h_i$ bezeichnet.

Die Analyse des Zusammenhangs zweier kategorialer Merkmale basiert auf der Häufigkeit der kombinierten Kategorienbesetzungen $n_{ij}$ bzw. $h_{ij}$: **Tabelle 12-1** zeigt links die k x l-Kon-

**Definition**

**Absolute und relative Häufigkeiten in Kontingenztabellen**

$n_i$: Anzahl von Fällen in Kategorie i (absolute Häufigkeit)

$h_i = n_i/N$: Anteil von Fällen in Kategorie i (relative Häufigkeit)

$100\,\% \cdot h_i$: Prozentuale Häufigkeit der Kategorie i

Um den Zusammenhang zweier kategorialer Merkmale zu analysieren, betrachten wir die Häufigkeiten, mit der eine bestimmte Ausprägung i in Merkmal 1 mit einer bestimmten Ausprägung j in Merkmal 2 einhergeht.

$n_{ij}$ oder $o_{ij}$: Häufigkeit, mit der sich Objekte in einer Stichprobe des Gesamtumfangs N befinden, die in Merkmal 1 die Ausprägung i und in Merkmal 2 die Ausprägung j aufweisen.

$h_{ij} = n_{ij}/N$: Anteil von Objekten, die in Merkmal 1 die Ausprägung i und in Merkmal 2 die Ausprägung j aufweisen.

**Tabelle 12-1:** k x l-Kontingenztabelle: Kombinierte Darstellung der Auftretenshäufigkeit eines k-(Zeilen) und eines l-stufigen (Spalten) kategorialen Merkmals

| absolute Häufigkeiten | | | | | |
|---|---|---|---|---|---|
| | $y_1$ | $y_2$ | ... | $y_l$ | $\Sigma$ |
| $x_1$ | $n_{11}$ | $n_{12}$ | | $n_{1l}$ | $n_{1\cdot}$ |
| $x_2$ | $n_{21}$ | $n_{22}$ | | $n_{2l}$ | $n_{2\cdot}$ |
| ... | ... | ... | ... | ... | ... |
| $x_k$ | $n_{k1}$ | $n_{k2}$ | | $n_{kl}$ | $n_{k\cdot}$ |
| $\Sigma$ | $n_{\cdot 1}$ | $n_{\cdot 2}$ | | $n_{\cdot l}$ | N |

| relative Häufigkeiten | | | | | |
|---|---|---|---|---|---|
| | $y_1$ | $y_2$ | ... | $y_l$ | $\Sigma$ |
| $x_1$ | $h_{11}$ | $h_{12}$ | | $h_{1l}$ | $h_{1\cdot}$ |
| $x_2$ | $h_{21}$ | $h_{22}$ | | $h_{2l}$ | $h_{2\cdot}$ |
| ... | ... | ... | ... | ... | ... |
| $x_k$ | $h_{k1}$ | $h_{k2}$ | | $h_{kl}$ | $h_{k\cdot}$ |
| $\Sigma$ | $h_{\cdot 1}$ | $h_{\cdot 2}$ | | $h_{\cdot l}$ | 1 |

tingenztabelle der absoluten Häufigkeiten und rechts die Kontingenztabelle der relativen Häufigkeiten, wenn die Kombination eines k-stufigen und eines l-stufigen kategorialen Merkmals analysiert wird. Würden k = 6 Berufsgruppen und l = 2 Geschlechtsgruppen (weiblich, männlich) unterschieden, resultiert eine 6 x 2-Kontingenztabelle. Würden 3 Geschlechtsgruppen unterscheiden (männlich, weiblich, divers), so ergäbe sich eine 6 x 3-Tabelle.

**Definition**

**Kontingenztabellen**

Tabelle im Matrixformat, bei der die Merkmalsausprägungen eines kategorialen Merkmals die Spalten und die Merkmalsausprägung des anderen kategorialen Merkmals die Zeilen definieren. In jeder Zelle wird die absolute ($n_{ij}$) oder relative ($h_{ij}$) Häufigkeit eingetragen, mit der Objekte in der Stichprobe vorhanden sind, die die Merkmalskombination ij aufweisen.

Die Randsummen in den Zeilen $n_{i\cdot}$ (bzw. $h_{i\cdot}$) bzw. in den Spalten $n_{\cdot j}$ (bzw. $h_{\cdot j}$) entsprechen den Häufigkeiten, mit denen die Ausprägungen jedes Merkmals unabhängig von der Ausprägung des jeweils anderen Merkmals gemessen wurden.

| Zeilensummen: | Spaltensummen: | Gesamtsumme: |
|---|---|---|
| $n_{i\cdot} = \sum_{j=1}^{l} n_{ij}$ | $n_{\cdot j} = \sum_{i=1}^{k} n_{ij}$ | $N = \sum_{j=1}^{l} \sum_{i=1}^{k} n_{ij}$ |
| $h_{i\cdot} = \sum_{j=1}^{l} h_{ij}$ | $h_{\cdot j} = \sum_{i=1}^{k} h_{ij}$ | $1 = \sum_{j=1}^{l} \sum_{i=1}^{k} h_{ij}$ |

## 12.2 Analyse des Zusammenhangs zweier dichotomer Merkmale

Die einfachste Form einer Kontingenztabelle ergibt sich, wenn zwei dichotome Merkmale untersucht werden. Die entsprechende 2 x 2-Kontingenztabelle wird auch als **Vierfeldertafel** bezeichnet (**Tabelle 12-2**). Angenommen, wir untersuchen drei verschiedene Erkrankungen. Es werden jeweils Daten an 100 jüngeren und 100 älteren erkrankten Menschen erhoben. Symptom A (z. B. Husten) treten i. d. R. in 50 % aller Fälle auf, Symptom B (z. B. hohes Fieber) trete deutlich seltener, nur bei jeder 10.-ten erkrankten Person auf, also in 10 % der Fälle.

### 12.2.1 Grundbegriffe aus der Mengenlehre

Bei der Beschäftigung mit der Häufigkeit von Merkmalskombinationen werden Notationen und Begriffe aus der Mengenlehre verwendet. Diese sollen mithilfe der Angaben in Tabelle 12-2 (oben rechts) verdeutlicht werden. Angenommen, A sei das Ereignis „jung“, B sei das Ereignis „Symptom ja“.

**Tabelle 12-2:** 2 x 2-Kontingenztabellen bzw. Vierfeldertafeln für drei Erkrankungsformen und ein Symptom, das in 50 % der Fälle auftritt (links), und eines, das in 10 % der Fälle auftritt (rechts)

| | Symptom Husten (Häufig: 50 %) | | | Symptom Fieber (Selten: 10 %) | | |
|---|---|---|---|---|---|---|
| | Nein | Ja | Σ | Nein | Ja | Σ |
| **Erkrankung 1** | | | | | | |
| **Jung** | 40 | 60 | **100** | 88 | 12 | **100** |
| **Alt** | 60 | 40 | **100** | 92 | 8 | **100** |
| **Σ** | **100** | **100** | **200** | **180** | **20** | **200** |
| **Erkrankung 2** | | | | | | |
| **Jung** | 50 | 50 | **100** | 90 | 10 | **100** |
| **Alt** | 50 | 50 | **100** | 90 | 10 | **100** |
| **Σ** | **100** | **100** | **200** | **180** | **20** | **200** |
| **Erkrankung 3** | | | | | | |
| **Jung** | 70 | 30 | **100** | 94 | 6 | **100** |
| **Alt** | 30 | 70 | **100** | 86 | 14 | **100** |
| **Σ** | **100** | **100** | **200** | **180** | **20** | **200** |

**Ereignis und Gegenereignis**: Wenn A das Ereignis „jung" ist, so bezeichnet $\overline{A}$ (lies „Nicht-A") das Ereignis, bei dem A nicht gegeben ist – also Gegenereignis „nicht jung"). In der Vierfeldertafel gilt entsprechend:

- $n(A) = 100$ (100 Personen sind jung); $n(\overline{A}) = 100$ (100 Personen sind nicht jung).
- Für die relativen Häufigkeiten gilt: $h(\overline{A}) = 1 - h(A)$. Der Anteil junger Menschen beträgt ,5. Daraus folgt, dass der Anteil nicht-junger Menschen $1 - {,}5 = {,}5$ ist.
- $h(B) = 0{,}1 = 1 - 0{,}9 = 1 - h(\overline{B})$: Der Anteil der Personen mit Symptom Fieber beträgt ,1. Der Anteil von Personen ohne Fieber beträgt ,9.

**Vereinigungsmenge**: Mindestens eine der beiden Bedingungen muss zutreffen: $A \cup B$ (lies: „A vereinigt B"). Dies sind also alle Personen, die entweder jung sind, oder das Symptom aufweisen (inkl. derjenigen, die jung sind und das Symptom aufweisen).

- $n(A \cup B) = 88 + 12 + 8 = 108$;
- $h(A \cup B) = 108 / 200 = {,}54$

Für die Vereinigungsmenge werden also in einer Vierfeldertafel die Werte von drei Zellen aufsummiert. Lediglich die Zelle, die die Schnittmenge der Gegenereignisse repräsentiert, gehört nicht zur Vereinigungsmenge:

- $h(A \cup B) = 1 - h(\overline{A} \cap \overline{B}) = 1 - {,}46 = {,}54$

**Schnittmenge**: Jede der beiden Bedingungen muss zutreffen: $A \cap B$ (lies: „A geschnitten B"). Dies sind also alle Personen, die sowohl jung sind als auch das Symptom aufweisen.

- $n(A \cap B) = 12$; $h(A \cap B) = 12/200 = {,}06$
- Schnittmenge der Gegenereignisse („nicht jung" und „symptomfrei")
- $n(\overline{A} \cap \overline{B}) = 92$; $h(\overline{A} \cap \overline{B}) = 92/200 = {,}46$

**Bedingte relative Häufigkeiten**: Es werden nur diejenigen Fälle betrachtet, die eine definierte Bedingung erfüllen: $(A \mid B)$ (lies: „A unter der Bedingung B" oder „A, wenn B gegeben"). Die Anzahl der Fälle, die die Bedingung erfüllt, steht im Nenner des Bruches. Im Zähler steht die Anzahl der Fälle, die die Schnittmenge der Bedingung und des anderen Merkmals bilden.

$h(A \mid B) = (n(A \cap B)) / (n(B)) = 12 / 20 = ,6$: 60 % derjenigen, die das Symptom haben (Bedingung), sind jung (bzw. Anteil der jungen Menschen unter den Personen mit Symptom bzw. relative Häufigkeit derjenigen, die jung sind, in der Subgruppe von Personen, die das Symptom aufweisen).

**Merke**

**Gegenereignis:** Das Zielereignis tritt nicht ein.
**Schnittmenge:** Beide Bedingungen müssen zutreffen.
**Vereinigungsmenge:** Mindestens eine der Bedingungen muss zutreffen.
**Bedingte Häufigkeit:** Häufigkeit, mit der ein Ereignis eintritt, wenn eine Bedingung gegeben ist.

Die erste Vierfeldertafel in **Tabelle 12-2** enthält entsprechend folgende Angaben:

- $n_{11} = n(\text{jung} \cap \bar{S}) = 40$: 40 Personen sind jung und leiden nicht unter Husten.
- $n_{12} = n(\text{jung} \cap S) = 60$: 60 Personen sind jung und leiden unter Husten.
- $n_{21} = n(\text{alt} \cap \bar{S}) = 60$: 60 Personen sind alt und leiden nicht unter Husten.
- $n_{22} = n(\text{alt} \cap S) = 40$ : 40 Personen sind jung und leiden unter Husten.
- $n_{1.} = n(\text{jung}) = 100$ : 100 Personen sind jung.
- $n_{2.} = n(\text{alt}) = 100$ : 100 Personen sind alt.
- $n_{.1} = n(\bar{S}) = 100$ : 100 Personen leiden nicht unter Husten.
- $n_{.2} = n(S) = 100$ : 100 Personen leiden unter Husten.
- $n_{..} = n(\text{jung} \cup \text{alt}) = n(S \cup \bar{S}) = 200$ : 200 Personen wurden insgesamt untersucht.

Bei *Erkrankung 1* treten die Symptome gehäuft bei jüngeren Menschen auf; Symptom A wird bei jüngeren Menschen in 60 % der Fälle beobachtet, Symptom B in 12 % der Fälle. Bei den älteren Menschen liegen die Raten mit 40 % bzw. 8 % niedriger. Das Auftreten von Symptomen steht also gemäß der Häufigkeitsverteilung tendenziell in Zusammenhang mit dem Alter, da sich die Symptomraten für jüngere und ältere Menschen unterscheiden.

- $h(\text{Symptom A}|\text{jung}) = ,60 > h(\text{Symptom A}|\text{alt}) = ,40$
- $h(\text{Symptom B}|\text{jung}) = ,12 > h(\text{Symptom B}|\text{alt}) = ,08$

Für *Erkrankung 3* zeigen sich die Symptome hingegen häufiger bei älteren Menschen. Symptom A wird bei jüngeren Menschen in 30 % der Fälle beobachtet, Symptom B in 6 % der Fälle. Bei den älteren Menschen liegen die Raten mit 70 % bzw. 14 % höher. Die Häufigkeitsverteilungen legen also auch hier nahe, dass die Symptome in Zusammenhang mit dem Alter stehen, jedoch in umgekehrter Richtung, weil ältere Menschen stärker betroffen sind.

- $h(\text{Symptom A}|\text{jung}) = ,30 < h(\text{Symptom A}|\text{alt}) = ,70$
- $h(\text{Symptom B}|\text{jung}) = ,06 < h(\text{Symptom B}|\text{alt}) = ,14$

Für *Erkrankung 2* ist hingegen kein Zusammenhang festzustellen: Bei jüngeren und älteren Menschen ist die Symptomrate mit 50 % bzw. 10 % identisch.

- $h(\text{Symptom A}|\text{jung}) = ,50 = h(\text{Symptom A}|\text{alt}) = ,50$
- $h(\text{Symptom B}|\text{jung}) = ,10 = h(\text{Symptom B}|\text{alt}) = ,10$

**Definition**

**Zusammenhang zweier dichotomer Merkmale**

Je deutlicher sich die bedingten relativen Häufigkeiten in den Zeilen (Zellhäufigkeit geteilt durch Randsumme in den Zeilen) unterscheiden, desto ausgeprägter ist der Zusammenhang des Zeilen- und Spaltenmerkmals. Unterscheidet sich der Anteil von Merkmalsträgern zwischen den beiden Zeilen, so gilt dies auch, wenn man die Daten in den Spalten betrachtet: Der Anteil von Merkmalsträgern unterscheidet sich dann auch zwischen den beiden Spalten.

### 12.2.2 Beobachtete und erwartete Häufigkeiten

Wenn die beiden Analysemerkmale nicht in Zusammenhang stehen, gilt generell, dass die absoluten beobachteten Häufigkeiten $n_{ij} = o_{ij}$ (o = observed frequencies) in den vier Zellen denjenigen entsprechen, die man aufgrund der Randsummen der Vierfeldertafel erwarten würde ($e_{ij}$; e = expected frequencies): So müsste der Anteil der Symptomträgerinnen und Symptomträger in unserem Beispiel für junge und alte Menschen genau gleich sein (**Tabelle 12-3**).

**Definition**

Bei Unabhängigkeit der Analysemerkmale gilt: $n(A \cap B) = \frac{n(A) \cdot n(B)}{N}$ bzw. $h(A \cap B) = h(A) \cdot h(B)$

Erwartete Zellhäufigkeit = (Zeilenrandsumme i · Spaltenrandsumme j) / N

$$e_{ij} = \frac{o_{i.} \cdot o_{.j}}{N}$$

Bei Unabhängigkeit der Merkmale wird die erwartete kombinierte Auftretenshäufigkeit ausschließlich durch die Auftretenshäufigkeit der Einzelmerkmale bestimmt.

*Beispiel 1*: Angenommen, es wird eine faire Münze geworfen, sodass erwartet werden kann, dass in 50 % der Fälle „Zahl" bzw. „Wappen" erscheint. Gleichzeitig wird ein Glücksrad gedreht, bei dem die Zahlen 1 bis 10 gleich wahrscheinlich – also jeweils in 10 % der Fälle – erwartet werden können. Das Ergebnis des Münzwurfs und des Drehens des Glücksrads sind unabhängig voneinander (unabhängige Zufallsereignisse). Wird diese Beobachtung 200-mal wiederholt, so werden die Werte in den Tabellen für Erkrankung 2 in Tabelle 12-2 erwartet.

Werden in den Zeilen die möglichen Ereignisse des Münzwurfs abgetragen (Wappen vs. Zahl) eingetragen, so würde die linke Tabelle gültig sein, wenn in den Spalten die Glücksrad-Ereignisse „gerade" vs. „ungerade" Zahl unterschieden würden (häufiges Ereignis; Ereignisrate = 50 %). Die rechte Tabelle wäre gültig, wenn wir das Auftreten eines Einzel- bzw. Elementarereignisses (z. B. „1" (seltenes Ereignis) vs. „keine 1"; Ereignisrate = 10 %) notieren.

*Beispiel 2*: Angenommen, das Tragen einer Brille sei unabhängig vom Geschlecht. Benötigen in einer Untersuchungsstichprobe von 1000 Personen (500 weiblich; 500 männlich) 30 % eine Brille (B) und 70 % keine Brille (KB), so lässt sich die Kombination der Ausprägungen unmittelbar bestimmen (linke Spalte). Wären 20 % der untersuchten Personen Brillenträgerinnen und Brillenträger und nähmen 700 Frauen und 300 Männer teil, so ergäben sich die Werte in der rechten Spalte in **Tabelle 12-4**.

### 12.2.3 Prüfung der Signifikanz des Zusammenhangs zweier Merkmale: Der $\chi^2$-Test (Chi-Quadrat-Test)

Für die Analyse des Zusammenhangs der Merkmale ist nun folgende Überlegung zentral:

- Stehen die beiden Merkmale nicht miteinander im Zusammenhang, so kann erwartet

**Tabelle 12-3:** Nomenklatur für beobachtete und erwartete absolute Häufigkeiten in Vierfeldertafeln.

| Beobachtete Häufigkeiten | | | |
|---|---|---|---|
| | 0 | 1 | Σ |
| 0 | $o_{00} = n_{00}$ | $o_{01} = n_{01}$ | $\boldsymbol{o_{0.} = n_{0.}}$ |
| 1 | $o_{10} = n_{10}$ | $o_{11} = n_{11}$ | $\boldsymbol{o_{1.} = n_{1.}}$ |
| Σ | $\boldsymbol{o_{.0} = n_{.0}}$ | $\boldsymbol{o_{.1} = n_{.1}}$ | $\boldsymbol{o_{..} = n_{..}}$ |

| Erwartete Häufigkeiten | |
|---|---|
| 0 | 1 |
| $e_{00} = \frac{o_{.0} \cdot o_{.0}}{N}$ | $e_{01} = \frac{o_{0.} \cdot o_{.1}}{N}$ |
| $e_{10} = \frac{o_{.0} \cdot o_{1.}}{N}$ | $e_{01} = \frac{o_{1.} \cdot o_{.1}}{N}$ |

**Tabelle 12-4:** Tragen einer Brille im Vergleich zwischen Männern und Frauen bei Unabhängigkeit der Merkmale

| 50 % Frauen; 30 % Brillentragende | 70 % Frauen; 20 % Brillentragende |
|---|---|
| $e_{w,B} = (500 \cdot 300) / 1000 = 150$ | $e_{w,B} = (700 \cdot 200) / 1000 = 140$ |
| $e_{w,KB} = (500 \cdot 700) / 1000 = 350$ | $e_{w,KB} = (700 \cdot 800) / 1000 = 540$ |
| $e_{m,B} = (500 \cdot 300) / 1000 = 150$ | $e_{m,B} = (300 \cdot 200) / 1000 = 60$ |
| $e_{m,KB} = (500 \cdot 700) / 1000 = 350$ | $e_{m,KB} = (300 \cdot 800) / 1000 = 2400$ |

werden, dass die Merkmalskombination ij ähnlich häufig beobachtet ($o_{ij}$) wird, wie dies durch die bei Unabhängigkeit der Merkmale erwartete Häufigkeit $e_{ij}$ vorhergesagt wird. Die Differenzen $o_{ij} - e_{ij}$ sollten klein sein, wenn kein systematischer Zusammenhang der Merkmale besteht.

- Besteht ein systematischer Zusammenhang der Merkmale, so sollten die beobachteten Zellhäufigkeiten $o_{ij}$ von den erwarteten Häufigkeiten $e_{ij}$ abweichen. Je deutlicher die Differenzen $o_{ij} - e_{ij}$ von 0 abweichen, desto eher spricht dies für einen systematischen Merkmalszusammenhang.

**Merke**

Ein Zusammenhang korrespondiert mit der systematischen Abweichung der beobachteten Zellhäufigkeiten $o_{ij}$ von den bei Zufall erwarteten Zellhäufigkeiten $e_{ij}$.

Die Prüfung der Hypothesen bzw. Signifikanz erfolgt gemäß desselben Schemas, das wir für den t-Test und die Produkt-Moment-Korrelation in Kapitel 7 und 9 kennen gelernt haben. Mit dem **$\chi^2$-Wert** und der **$\chi^2$-Verteilung** müssen wir lediglich eine neue Prüfgröße und eine neue Prüfgrößenverteilung einführen.

### 1. Formulierung der Null- und der Alternativhypothese:

*Nullhypothese*: Es besteht kein Zusammenhang der Merkmale: Die $o_{ij}$ und die $e_{ij}$ weichen nicht systematisch voneinander ab, bzw. die Differenz ($o_{ij} - e_{ij}$) ist für alle Zellen ij gleich 0 bzw. weicht in allen Zellen nur zufällig von 0 ab.

*Alternativhypothese*: Es besteht ein Zusammenhang der Merkmale: Die $o_{ij}$ und die $e_{ij}$ weichen systematisch voneinander ab, bzw. die Differenzen ($o_{ij} - e_{ij}$) sind systematisch von 0 verschieden.

### 2. Festlegung des Signifikanzniveaus

Die Irrtumswahrscheinlichkeit im Falle der Gültigkeit der Nullhypothese wird wie bei den bereits eingeführten Signifikanztestverfahren auf $\alpha$ = ,05 bzw. 5 % festgelegt.

### 3. Definition der Prüfgröße

Zur Bestimmung der statistischen Prüfgröße wird die Differenz der $o_{ij}$ und der $e_{ij}$ für jede Zelle zunächst quadriert: Sowohl für die negativen als auch die positiven Differenzen der $o_{ij}$ und der $e_{ij}$ resultiert durch die Quadrierung ein po-

**Definition**

**Der $\chi^2$-Wert (Chi-Quadrat-Wert)**

Die quadrierte Differenz $o_{ij}$ und der $e_{ij}$ wird durch die erwartete Zellhäufigkeit geteilt. Summiert man diese Werte über alle Zellen auf, so ergibt sich der sogenannte Chi-Quadrat-Wert.

$$\chi^2 = \sum_{i=1}^{k} \sum_{j=1}^{l} \frac{(o_{ij} - e_{ij})^2}{e_{ij}}$$

$k$ = Zeilenanzahl, $l$ = Spaltenanzahl

Der $\chi^2$-Wert verrechnet die Abweichungen der $o_{ij}$ und $e_{ij}$ aller Zellen zu einem integrierten Gesamtwert: Je größer der $\chi^2$-Wert, desto größer sind die Abweichungen, desto stärker ist der Zusammenhang **(Tabelle 12-5)**.

**Tabelle 12-5:** Datenbeispiele

| | |
|---|---|
| Erkrankung 1, häufiges Symptom (50 %): $\chi^2 = \frac{(40-50)^2}{50} + \frac{(60-50)^2}{50} + \frac{(60-50)^2}{50} + \frac{(40-50)^2}{50}$ $= 4 \cdot \frac{100}{50} = 8$ | Erkrankung 1, seltenes Symptom (10 %): $\chi^2 = \frac{(88-90)^2}{90} + \frac{(12-10)^2}{10} + \frac{(92-90)^2}{90} + \frac{(8-10)^2}{100}$ $= \frac{4}{90} + \frac{4}{10} + \frac{4}{90} + \frac{4}{10} = 0{,}89$ |
| Erkrankung 2, häufiges Symptom (50 %): $\chi^2 = \frac{(50-50)^2}{50} + \frac{(50-50)^2}{50} + \frac{(50-50)^2}{50} + \frac{(50-50)^2}{50} = 0$ | Erkrankung 2, seltenes Symptom (10 %): $\chi^2 = \frac{(90-90)^2}{90} + \frac{(10-10)^2}{10} + \frac{(90-90)^2}{90} + \frac{(10-10)^2}{10} = 0$ |
| Erkrankung 3, häufiges Symptom (50 %): $\chi^2 = \frac{(70-50)^2}{50} + \frac{(30-50)^2}{50} + \frac{(30-50)^2}{50} + \frac{(70-50)^2}{50}$ $= 4 \cdot \frac{400}{50} = 32$ | Erkrankung 3, seltenes Symptom (10 %): $\chi^2 = \frac{(94-90)^2}{90} + \frac{(6-10)^2}{10} + \frac{(86-90)^2}{90} + \frac{(14-10)^2}{10}$ $= \frac{16}{90} + \frac{16}{10} + \frac{16}{90} + \frac{16}{10} = 3{,}56$ |

sitiver Wert für jede Zelle. Durch das Quadrat fallen Abweichungen umso deutlicher ins Gewicht, je größer die Abweichung ist (Quadrierung entspricht einer Gewichtung der Abweichung mit sich selbst).

Für die sechs Datenbeispiele in Tabelle 12-2 ergeben sich $\chi^2$-Werte in Tabelle 12-5. Beachten Sie hierbei, dass die Häufigkeiten für Erkrankung 2 den Zufallserwartungen $e_{ij}$ für Symptom A bzw. B entsprechen.

**4. Bestimmung der Prüfgrößenverteilung**

Der so bestimmte $\chi^2$-Wert entstammt einer $\chi^2$-Quadratverteilung mit $df = (k-1) \cdot (l-1)$ Freiheitsgraden (k = Anzahl der Spalten; l = Anzahl der Zeilen). In Vierfeldertafeln ist die Anzahl der Freiheitgrade immer gleich $df = (2-1) \cdot (2-1) = 1$.

Die $\chi^2$-Verteilung beschreibt die statistische Verteilung von Werten, die sich als Summe aus quadrierten Werten ergibt, die aus einer Standardnormalverteilung gezogen werden. Zieht man zufällig r Werte aus einer Standardnormalverteilung, quadriert jeden einzelnen dieser Werte und summiert diese quadrierten Werte auf, so resultiert ein Wert, der einer $\chi^2$-Verteilung mit r Freiheitsgraden entstammt.

Würde man theoretisch unendlich oft die Summe von quadrierten zufällig bestimmten r standardnormalverteilten Werten bilden, so würde sich eine $\chi^2$-Verteilung mit r Freiheitgraden ergeben.

**Definition**

**$\chi^2$-Verteilung (Chi-Quadrat-Verteilung)**

Die Summe r quadrierter standardnormalverteilter Werte ist mit df = r Freiheitsgraden $\chi^2$-verteilt.

Die $\chi^2$-Verteilung ist asymmetrisch – linkssteil bzw. rechtsschief. Die Verteilung nähert sich mit wachsenden Freiheitsgraden einer symmetrischen Verteilung an (**Abbildung 12-1**).

*Vertiefende Anmerkung*: Dies bedeutet also indirekt, dass der Term $\frac{(o_{ij}-e_{ij})^2}{e_{ij}}$ wie ein quadrierter standardnormalverteilter Wert $z_i^2 = \frac{(x_i-\bar{x})^2}{\hat{\sigma}^2}$ betrachtet werden kann. Dies sei hier nur erwähnt. Eine Herleitung der Äquivalenz würde diese Einführung sprengen.

**Abbildung 12-1** zeigt $\chi^2$-Verteilungen mit verschiedenen Freiheitsgraden. Mittels des Internetools stattrek (stattrek.com/online-calculator/chi-square) können die Wahrscheinlichkeiten ermittelt werden, mit der z. B. ein bestimmter Prozentsatz der Verteilung unterhalb oder oberhalb eines bestimmten Wertes

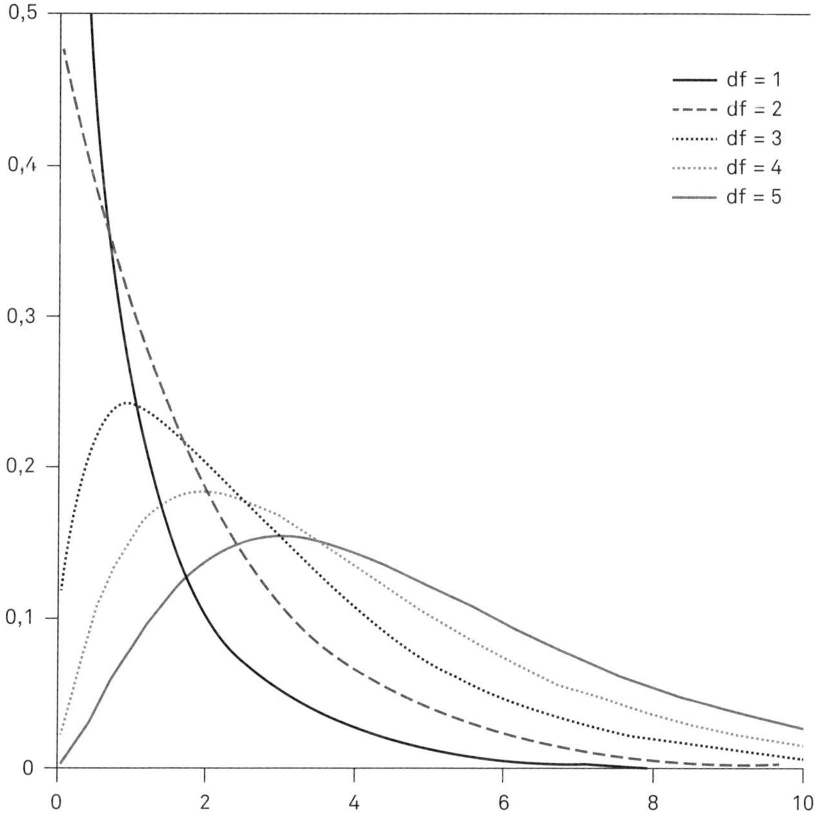


**Abbildung 12-1:** $\chi^2$-Verteilung mit unterschiedlichen Freiheitsgraden (angelehnt an Schuster & Bortz, 2016, S. 177)

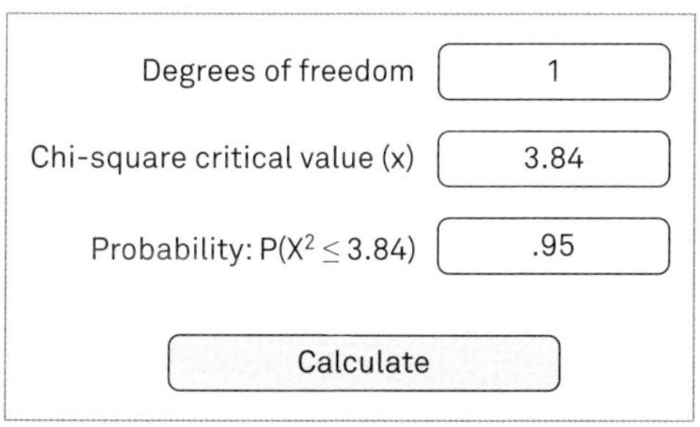


**Abbildung 12-2:** Bestimmung des kritischen Wertes einer $\chi^2$-Verteilung für df = 1 mittels des Internettools stattrek (stattrek.com/online-calculator/chi-square)

**Tabelle 12-6:** Kritische Werte, die entsprechend der Freiheitsgrade (df) die oberen 5 % der Verteilung abschneiden

| df | 1 | 2 | 3 | 4 | 5 | 10 | 15 | 20 | 25 | 30 |
|---|---|---|---|---|---|---|---|---|---|---|
| $\chi^2_{krit}$ | 3,84 | 5,99 | 7,82 | 9,49 | 11,07 | 18,31 | 25,00 | 31,14 | 37,65 | 43,77 |

gemessen wird. In **Abbildung 12-2** ist abzulesen, dass 95 % aller Werte einer $\chi^2$-Verteilung mit df = 1 kleiner-gleich dem kritischen Wert $\chi^2_{krit,\, df\text{–}1{,}95\%} = 3{,}84$ sind. Entsprechend sind 5 % größer als dieser kritische Wert. **Tabelle 12-6** zeigt für einige Freiheitsgrade die kritischen $\chi^2_{krit,\, df=1;95\%}$ Werte, die die oberen 5 % der jeweiligen $\chi^2_{df}$-Verteilung abschneiden.

**5. Ergebnis der Signifikanzprüfung**

Ist der $\chi^2$-Wert größer als der kritische $\chi^2$-Wert, der die oberen 5 % der Verteilung abschneidet, so wird die Alternativhypothese angenommen: Der Zusammenhang der beiden Merkmale ist dann statistisch signifikant.

Ist der $\chi^2$-Wert kleiner-gleich dem kritischen $\chi^2$-Wert, der die oberen 5 % der Verteilung abschneidet, so wird die Nullhypothese beibehalten. Der Zusammenhang der beiden Merkmale ist dann statistisch nicht signifikant, die Merkmale gelten als unabhängig voneinander.

**Merke**

**Entscheidungsregel bei der Signifikanzprüfung mittels $\chi^2$-Verteilung**

$\chi^2_{df,\,emp} > \chi^2_{df,\,krit,\,95\%}$: $\chi 2_{df,\,emp} > \chi 2_{df,\,krit,\,,95\%}$: Merkmale sind signifikant korreliert. Alternativhypothese wird angenommen.

$\chi^2_{df,\,emp} \leq \chi^2_{df,\,krit,\,95\%}$: $\chi 2_{df,\,emp} \leq \chi 2_{df,\,krit,\,,95\%}$: Die Merkmale sind nicht signifikant korreliert. Nullhypothese wird beibehalten.

Für die Daten in Tabelle 12-2 ergeben sich für die linke obere und linke untere Vierfeldertafel somit signifikante Werte ($\chi^2$-Wert = 8 bzw. 32): Der $\chi^2$-Wert ist bei einem Freiheitsgrad mit 8 bzw. 32 größer als der kritische $\chi^2$-Wert von 3,84, der die oberen 5% der Verteilung abschneidet

Die Merkmalsverteilung in der rechten oberen und rechten unteren Vierfeldertafel sind hingegen nicht als systematisch assoziiert zu betrachten, sondern als zufallsbedingt zu werten, da die $\chi^2$-Werte mit 0,89 und 3,56 unterhalb des bei df =1 kritischen Wertes 3,84 liegen.

Bei der Anwendung des $\chi^2$-Tests ist zu beachten, dass das Ergebnis dieses Signifikanztests nur zuverlässig ist, wenn eine hinreichende Stichprobengröße N untersucht wurde. Dies ist dann der Fall, wenn die erwartete Häufigkeit $e_{ij}$ in jeder Zelle mindestens gleich 5 ist. Für die Daten in Tabelle 12-2 ist dies der Fall, da die kleinste erwartete Häufigkeit gleich 10 ist.

### 12.2.4 Der φ-Koeffizient als Korrelationskoeffizient für zwei dichotome Variablen

Der **φ-Koeffizient** ist eine standardisierte Maßzahl, die – genau wie die Produkt-Moment-Korrelation, Spearmans ρ oder Kendalls τ (Kapitel 9) – die Stärke des Zusammenhangs zweier Merkmale durch einen Zahlenwert zwischen –1 und +1 repräsentiert.

Der Betragswert von φ kann unmittelbar aus dem $\chi^2$-Wert und der Stichprobengröße berechnet werden

$$|\varphi| = \sqrt{\frac{\chi^2}{N}}$$

Die Korrelation φ ist genau dann signifikant von 0 verschieden, wenn der $\chi^2$-Wert signifikant ist.

Für die sechs Datenbeispiele in Tabelle 12-2 ergeben sich die folgenden Betragswerte für den φ-Koeffizienten.

$$|\varphi| = \sqrt{\tfrac{8}{200}} = ,20 \text{ (signifikant)}$$

$$|\varphi| = \sqrt{\tfrac{0}{200}} = ,00 \text{ (nicht signifikant)}$$

$$|\varphi| = \sqrt{\tfrac{32}{200}} = ,40 \text{ (signifikant)}$$

$$|\varphi| = \sqrt{\tfrac{0{,}89}{200}} = ,07 \text{ (nicht signifikant)}$$

$$|\varphi| = \sqrt{\tfrac{0}{200}} = ,00 \text{ (nicht signifikant)}$$

$$|\varphi| = \sqrt{\tfrac{3{,}56}{200}} = ,13 \text{ (nicht signifikant)}$$

Der Wert des $\varphi$-Koeffizienten kann auch aufgrund der beobachteten Häufigkeiten direkt berechnet werden. Hierbei können sich positive und negative Werte im Bereich –1 bis +1 ergeben. Die Formel zur Berechnung von φ auf Basis der Werte in der Vierfeldertafel lautet:

$$\varphi = \frac{o_{00} \cdot o_{11} - o_{01}o_{10}}{\sqrt{o_{0\cdot} \cdot o_{1\cdot} \cdot o_{\cdot 0} \cdot o_{\cdot 1}}}$$

Für die sechs Datenbeispiele wird der Wert des φ-Koeffizienten dann wie folgt berechnet.

$$\varphi = \frac{40 \cdot 40 - 60 \cdot 60}{\sqrt{100 \cdot 100 \cdot 100 \cdot 100}} = \frac{1600 - 3600}{100 \cdot 100} = -{,}20$$

$$\varphi = \frac{50 \cdot 50 - 50 \cdot 50}{\sqrt{100 \cdot 100 \cdot 100 \cdot 100}} = \frac{2500 - 2500}{100 \cdot 100} = {,}00$$

$$\varphi = \frac{70 \cdot 70 - 30 \cdot 30}{\sqrt{100 \cdot 100 \cdot 100 \cdot 100}} = \frac{4900 - 900}{100 \cdot 100} = 0{,}40$$

$$\varphi = \frac{88 \cdot 8 - 92 \cdot 12}{\sqrt{100 \cdot 100 \cdot 180 \cdot 20}} = \frac{704 - 1014}{6000} = -{,}07$$

$$\varphi = \frac{90 \cdot 10 - 10 \cdot 90}{\sqrt{100 \cdot 100 \cdot 180 \cdot 20}} = \frac{900 - 900}{6000} = {,}00$$

$$\varphi = \frac{94 \cdot 14 - 6 \cdot 86}{\sqrt{\sqrt{100 \cdot 100 \cdot 180 \cdot 20}}} = \frac{1316 - 516}{6000} = {,}13$$

Ist das Produkt $o_{00} \cdot o_{11}$ größer als das Produkt $o_{01} \cdot o_{10}$ (also Zähler: $o_{00} \cdot o_{11} - o_{01} \cdot o_{10} > 0$), so nimmt der φ-Koeffizient einen positiven Wert an: In Tabelle 12-2 sind für Erkrankung 3 die Werte in der Diagonalen „jung & Symptom nein" und „alt & Symptom ja" höher ausgeprägt als auf der Diagonalen „jung & Symptom ja" und „alt & Symptom nein". Die bedeutet also, dass ältere Menschen das Symptom eher entwickeln als junge Menschen.

Ist das Produkt $o_{01} \cdot o_{10}$ größer als das Produkt $o_{00} \cdot o_{11}$ (also Zähler: $o_{00} \cdot o_{11} - o_{01} \cdot o_{10} < 0$), so nimmt der φ -Koeffizient einen negativen Wert an: In Tabelle 12-2 sind für Erkrankung 1 die Werte in der Diagonale „jung & Symptom ja" und „alt & Symptom nein" höher ausgeprägt als auf der Diagonalen „jung & Symptom nein" und „alt & Symptom ja". Die bedeutet also, dass jüngere Menschen das Symptom eher entwickeln als alte Menschen.

*Aufgabe*: Bitte berechnen Sie für die obere linke und untere linke Vierfeldertafel in Tabelle 12-2 den Wert des φ-Koeffizienten, wenn sie die Zeilen „jung" und „alt" vertauschen. Lediglich das Vorzeichen des φ-Koeffizienten sollte sich verändern.

Wenn es sich um nominalskalierte Werte handelt, ist es in Vierfeldertafeln beliebig, für welche Merkmalsausprägung die linke oder rechte Spalte oder aber die obere oder untere Zeile gewählt werden. In diesem Falle ist es für die inhaltliche Interpretation inhaltlich unerheblich, welches Vorzeichen der φ-Koeffizient annimmt. Denn die Anordnung der beiden Zeilen bzw. der Spalten spiegelt dann keine inhaltliche Ordnung wider: Es ist egal, ob „0" = „weiblich" und „1" = „männlich" (oder: „0" = „in

**Definition**

**Ausprägung des φ-Koeffizienten**

**Positiver φ-Wert:** Werte in der linken Spalte treten gehäuft mit Werten in der ersten Zeile auf (Zelle $o_{00}$). Werte in der rechten Spalte treten gehäuft mit Werten in der zweiten Zeile auf (Zelle $o_{11}$).

**Negativer φ-Wert:** Werte in der linken Spalte treten gehäuft mit Werten in der zweiten Zeile auf (Zelle $o_{10}$). Werte in der rechten Spalte treten gehäuft mit Werten in der ersten Zeile auf (Zelle $o_{10}$).

Sind Zeilen und Spalten beide numerisch aufsteigend kodiert (z. B. 0, 1), so gilt:

**φ > 0:** Der rechte Spaltenwert geht tendenziell mit dem unteren Zeilenwert einher bzw. wenn Merkmal 1 den Wert 1 annimmt, so nimmt auch Merkmal 2 eher den Wert 1 an.

**φ < 0:** Der rechte Spaltenwert geht tendenziell mit dem ersten Zeilenwert einher bzw. wenn Merkmal 1 den Wert 1 annimmt, so nimmt auch Merkmal 2 eher den Wert 0 an. Wird entweder die Spalten- oder aber die Zeilen-Anordnung vertauscht, so verändert sich das Vorzeichen des φ-Koeffizienten.

Freiburg lebend" vs. „1" = „in Hamburg lebend") gewählt wird oder aber „0" = „männlich" und „1" = „weiblich" (oder: „0" = „in Hamburg lebend" vs. „1" = „in Freiburg lebend") zugeordnet wird.

Oft repräsentieren die Merkmalsausprägungen eines dichotomen Merkmals jedoch eine „nein" vs. „ja"-Unterscheidung: Z. B. Erkrankung A liegt vor „nein" vs. „ja", Symptom B liegt vor „nein" vs. „ja". In solchen Fällen sollte „nein" stets mit „0" und „ja" mit „1" kodiert werden. „1" bedeutet dann, dass das erfragte Merkmal vorliegt. Wird nun der φ-Koeffizient für zwei solche Merkmale berechnet, so gilt:

- $\varphi > 0$: Wenn das erste Merkmal vorliegt, liegt tendenziell auch eher das zweite Merkmal vor (gehäufte Messung der Merkmalskombinationen „Nein-Nein" und „Ja-Ja").
- $\varphi < 0$: Wenn das erste Merkmal vorliegt, liegt tendenziell das zweite Merkmal nicht vor (gehäufte Messung der Merkmalskombinationen „Nein-Ja" und „Ja-Nein").

Im Falle eines ordinalskalierten dichotomen Merkmals (z. B. „niedriger" vs. „hoher sozialer Status"), sollte sich die Rangordnung auch in der Zuordnung der Zahlen widerspiegeln: „0" = „niedrigerer Wert"; „1" = „höherer Wert".

**Merke**

Für Nein-Ja-Antworten und für ordinalskalierte dichotome Merkmale ist das Vorzeichen des φ-Koeffizienten inhaltlich bedeutsam. Bei rein nominalskalierten dichotomen Merkmalen ist dies nicht der Fall.

*Vertiefende Anmerkung*: Überraschenderweise kann man zeigen, dass der Wert des φ -Koeffizienten identisch mit dem Wert der Produkt-Moment-Korrelation r ist. Dass die Produkt-Moment-Korrelation als Maßzahl für intervallskalierte Werte für ggf. nominalskalierte dichotome Merkmale eine valide Information liefert, ist eigentlich nicht plausibel. Betrachtet man jedoch die Definition einer Intervallskala genauer, so erfüllen dichotome Merkmale die Bedingung der Gleichabständigkeit (Äquidistanz) der Skalenpunkte, die Intervallskalen definiert. Wenn nur 2 Merkmalsausprägungen „0" und "1" definiert sind, dann ist auch nur eine Distanz definiert. Und wenn nur eine Distanz zwischen benachbarten Werten vorliegt, so ist die Äquidistanzannahme nicht verletzt. Das sogenannte Allgemeine Lineare Modell (ALM) ermöglicht auf dieser Basis die gemeinsame Analyse dichotomer und intervallskalierter Daten (Hair et al., 2016). Im Rahmen des ALM kann z. B. gezeigt werden, dass die Analyse von Mittelwertunterschieden und die Korrelationsanalyse zu identischen Ergebnissen führen. Dass dichotome Merkmale trotz der Äquidistanz der Skalenpunkte jedoch nicht ohne weiteres wie andere intervallskalierte Merkmale analysiert werden dürfen, ist dadurch bedingt, dass die Annahme der Normalverteilung der Messwerte für dichotome Variablen grundsätzlich nicht zutrifft.

### 12.2.5 Einfluss der Grundrate auf das Ergebnis des Signifikanztests und die Zusammenhangsstärke

Die Unterscheidung in Tabelle 12-2 in ein Symptom, das in 50 % der Fälle (links) bzw. 10 % der Fälle (rechts) auftritt, wurde gewählt, um nachvollziehbar zu machen, dass das Ergebnis des statistischen Signifikanztests und der durch φ abgebildeten Zusammenhangsstärke von der Grundrate abhängt, mit der die Merkmalsausprägungen beobachtet werden. Die Daten wurden so gewählt, dass der Anteil der jungen bzw. alten Menschen unter den Symptomträgerinnen und -trägern in den oberen beiden Tabellen identisch ist. Unter den Symptomträgerinnen und Symptomträgern befinden sich jeweils 60 % junge Menschen und 40 % alte Menschen.

- $h(\text{jung} \mid \text{Symptom}) = 60/100 = {,}6$ (links) bzw. $12/20 = {,}6$ (rechts)
- $h(\text{alt} \mid \text{Symptom}) = 40/100 = {,}4$ (links) bzw. $8/20 = {,}4$ (rechts)

Für Erkrankung 3 in den unteren Vierfeldertafeln gilt ebenfalls, dass die Altersverteilung unter den Symptomträgerinnen für das häufigere und seltene Symptom identisch ist:

- h(jung | Symptom) = 30/100 = ,3 (links) bzw. 6/20 = .3 (rechts)
- h(alt | Symptom) = 70/100 = ,7 (links) bzw. 14/20 = .7 (rechts)

Dass sich die Ergebnisse in den linken Vierfeldertafeln im Unterschied zu den rechten Vierfeldertafeln als signifikant erweisen und die Zusammenhangsstärke durch den φ-Koeffizient als höher ausgewiesen wird, ist dennoch durchaus plausibel nachvollziehbar: Der Unterschied in der Symptomhäufigkeit zwischen jungen und alten Menschen ist in den linken Tabellen (Symptom A) mit 40 - 60 = -20 bzw. 70 - 30 = 40 deutlich größer ausgeprägt, als in den rechten Tabellen (Symptom B) mit 8 - 12 = -4 bzw. 14 - 6 = 8.

Es lässt sich also festhalten: Der Zusammenhang zweier dichotomer Merkmale ist – unter ansonsten gleichen Bedingungen – am stärksten ausgeprägt und erweist sich am ehesten als

**Merke**

Der Zusammenhang zweier dichotomer Merkmale ist gemäß des $\chi^2$-Tests umso eher signifikant, und der φ-Koeffizient ist umso deutlicher von 0 verschieden,

- je stärker sich die Werte zwischen den beiden Diagonalen (Diagonale 1 (identisch ausgeprägte Werte in Merkmal 1 und 2): $o_{00}$ und $o_{11}$; Diagonale 2 (unterschiedlich ausgeprägte Werte in X und Y): $o_{01}$ und $o_{21}$) unterscheiden.
- je näher die Grundraten der beiden Merkmale $h_{\cdot i}$ bzw. $h_{\cdot j}$ am Wert ,5 (bzw. 50 %) liegen. Je stärker die Grundraten bzw. relativen Auftretenshäufigkeiten der Einzelmerkmale von ,5 bzw. 50% abweichen, desto schwächer bilden sich statistische Zusammenhänge in den Häufigkeiten einer Vierfeldertafel ab.

signifikant, wenn für jedes Merkmal die möglichen Elementarereignisse in 50 % der Fälle auftreten (Grundrate der Elementarereignisse: $h_i$ = ,5 bzw. 50 %). Je asymmetrischer die Randverteilungen $h_{i.}$ oder $h_{j.}$ sind, also je stärker die Grundraten der Elementarereignisse von $h_i$ = .5 bzw. 50 % abweichen, desto eher wird ein Zusammenhang nicht als signifikant erkannt und desto schwächer ist der Zusammenhang ausgeprägt. Auf dieses „Basisratenproblem“ (Wirtz, 2018a) werden wir in Kapitel 13 nochmals detailliert eingehen.

## 12.3 Analyse des Zusammenhangs polytomer kategorialer Merkmale

Hat eines der beiden kategorialen Merkmale mehr als zwei Ausprägungen, so kann der φ-Koeffizient nicht mehr als Korrelationsmaß berechnet werden. Stattdessen wird die Zusammenhangsstärke durch den *Kontingenzkoeffizienten C* oder den *Cramer Index V* abgebildet.

Angenommen, 300 Schülerinnen und Schüler wurden befragt, in welchem von drei Berufsfelder sie später am liebsten arbeiten würden. Es soll untersucht werden, ob die Präferenz für ein Berufsfeld mit dem Geschlecht in Zusammenhang steht. Die entsprechende Kontingenztabelle ist in **Tabelle 12-7** links abgetragen:

Es ergibt sich dann folgender $\chi^2$-Wert:

$$\sum_{i=1}^{3}\sum_{j=1}^{2}\frac{(o_{ij}-e_{ij})^2}{e_{ij}} = \frac{(40-48{,}33)^2}{48{,}33} + \frac{(60-51{,}67)^2}{51{,}67}$$

$$+ \frac{(25-29{,}00^2}{29{,}00} + \frac{(35-31{,}00)^2}{31{,}00} + \frac{(80-67{,}67)^2}{67{,}67} + \frac{(60-72{,}33)^2}{72{,}33} =$$

$$1{,}44 + 1{,}34 + 0{,}55 + 0{,}52 + 2{,}25 + 2{,}10 = 8{,}20.$$

Der $\chi^2$-Wert ist mit df = (3 - 1) · (2 - 1) = 2 Freiheitsgraden (s. Abschnitt 12.2.2) $\chi^2$-verteilt. Der kritische Wert beträgt bei df = 2 $\chi^2_{krit,\, df=2;95\%}$ = 5,99 (Tabelle 12-4).

Man beachte, dass im Falle einer größeren Tabelle (hier 6 Zellen im Vergleich zu 4 Zellen

**Tabelle 12-7:** 3 x 2-Kontingenztabelle für die beobachteten (links) und bei Unabhängigkeit der Merkmale erwarteten (rechts) Häufigkeiten für das Beispiel Berufspräferenz und Geschlecht.

| | Beobachtete Häufigkeiten ($o_{ij}$) | | | Erwartete Häufigkeiten ($e_{ij}$) | |
|---|---|---|---|---|---|
| | w | m | Σ | w | m |
| A | 40 | 60 | **100** | 48,33 | 51,67 |
| B | 25 | 35 | **60** | 29,00 | 31,00 |
| C | 80 | 60 | **140** | 67,67 | 72,33 |
| Σ | **145** | **155** | **300** | **145** | **145** |

**Definition**

**Der Kontingenzkoeffizient C und der Cramer Index V**

Der *Kontingenzkoeffizient C* wird auf Basis des $\chi^2$-Wertes und des Stichprobenumfangs N ermittelt.

$$C = \sqrt{\frac{\chi^2}{\chi^2 + N}}$$

Der Wertebereich des Kontingenzkoeffizienten liegt zwischen 0 und 1. Haben die beiden Analysemerkmale unterschiedlich viele Kategorien (Zeilenanzahl k ≠ Spaltenanzahl l), so beträgt die maximale Ausprägung

$C_{max} = \sqrt{(\min(k,l) - 1)/\min(k,l)}$,

wobei min(k,l) der kleineren Kategorienzahl entspricht.

Der Wertebereich des korrigierten Kontingenzkoeffizienten

$C_{cor} = \frac{C}{C_{max}}$

erweitert den Wertebereich wieder auf 0 bis 1. Alternativ kann der *Cramer Index* berechnet werden, dessen Ausprägung besser mit anderen Korrelationsmaßen verglichen werden kann, insbesondere weil dieser im Falle von Vierfeldertafeln dem φ-Koeffizienten entspricht:

$$V = \sqrt{\frac{\chi^2}{N \cdot (\min(k,l) - 1)}}$$

Für Vierfeldertafeln:

$$V = \sqrt{\frac{\chi^2}{N \cdot (2-1)}} = \sqrt{\frac{\chi^2}{N}} = \varphi$$

in Vierfeldertafeln) entsprechend mehr Summanden bei der Bestimmung des $\chi^2$-Werts aufsummiert werden. Je mehr Summanden addiert werden, desto größer ist im Allgemeinen auch die Summe. Dass mit wachsender Zellenanzahl der kritische $\chi^2$-Wert systematisch größer wird, korrespondiert mit der Tatsache, dass der $\chi^2_{krit;95\%}$-Wert von 0 zunehmend weiter entfernt liegt (Tabelle 12-6).

**Merke**

Je größer die Differenzen der $e_{ij}$ und $o_{ij}$ sind und je mehr Zellen eine Kontingenztabelle enthält, desto größer ist der Chi-Quadrat. Dies wird durch die Freiheitsgrade berücksichtigt bzw. korrigiert.

Somit lautet das Ergebnis des statistischen Signifikanztest: Da der $\chi^2 = 8{,}20$ größer als der kritische Wert $\chi^2_{krit,\,df=2;95\%} = 5{,}99$ ist, wird die Alternativhypothese angenommen. Es besteht ein signifikanter Zusammenhang zwischen dem Geschlecht und den drei Berufspräferenzen.

Der Kontingenzkoeffizient nimmt den Wert

$C = \sqrt{\frac{\chi^2}{\chi^2+N}} = \sqrt{\frac{8{,}20}{8{,}20+300}} = {,}16$ an.

Der in einer 3 x 2-Kontingenztabelle maximal mögliche Wert beträgt:

$Cmax = \sqrt{(\min(3,2) - 1)/\min(3,2)} = \sqrt{(2-1)/2} = {,}71.$

Der korrigierte Kontingenzkoeffizienten ist somit gleich

$$C_{cor} = \frac{C}{C_{max}} = \frac{,16}{,71} = ,23.$$

und erweitert den Wertebereich wieder auf 0 bis 1.

Der Cramer Index lautet:

$$V = \sqrt{\frac{\chi^2}{N \cdot (\min(3,2)-1)}} = \sqrt{\frac{8,20}{300 \cdot 1}} = ,17.$$

Der Zusammenhang der Merkmale ist also gemäß $\chi^2$-Wert signifikant. Der Kontingenzkoeffizient und V zeigen eine eher schwache Zusammenhangsstärke an.

## 12.4 Berechnung der Maßzahlen mittels SPSS

Das Datenfenster in **Abbildung 12-3** zeigt einen Ausschnitt des Datensatzes, für den sich die Vierfeldertafel in Tabelle 12-2 links oben ergibt. Im Auswahlmenü kann über *Analysieren → Deskriptive Statistiken → Kreuztabellen* die in **Abbildung 12-4** links dargestellte Dialogbox aufgerufen werden.

Nachdem dort die Variablen, die die Zeilen und Spalten der Vierfeldertafel definieren, eingetragen wurden, können die weiteren Angaben über den Button „Statistiken“ (Abbildung 12-4) angefordert werden. Unter Statistiken können wir den $\chi^2$-Wert, den φ-Koeffizienten, den Kontingenzkoeffizienten C und den Cramer Index V auswählen. Ohne diese Zusatzeinstellungen würde lediglich die Vierfeldertafel bestimmt.

**Abbildung 12-5** zeigt die berechneten Ergebnisse: Links wird die Vierfeldertafel angegeben (vgl. Tabelle 12-2 links oben). Der $\chi^2$-Wert ist gleich 8 (vgl. Angaben in Abschnitt 12.2.4) und $p = ,005$ ist kleiner als das Signifikanzniveau $\alpha = ,05$ bzw. 5 %. Zusätzlich sind noch alternative Schätzungen des $\chi^2$-Werts mit angegeben, die bei Problemen der Testvoraussetzungen (insbesondere zu schwache Zellenbesetzungen) verwendet werden können. Auf diese Problematik soll hier jedoch nicht vertiefend eingegangen werden. Durch den $\chi^2$-Wert wird auch die Signifikanz der Korrelationswerte $\varphi = -,20$ (vgl. Angaben in Abschnitt 12.2.4), $V = ,20$ und $C = ,196$ getestet (vgl. Angaben in Abschnitt 12.3).

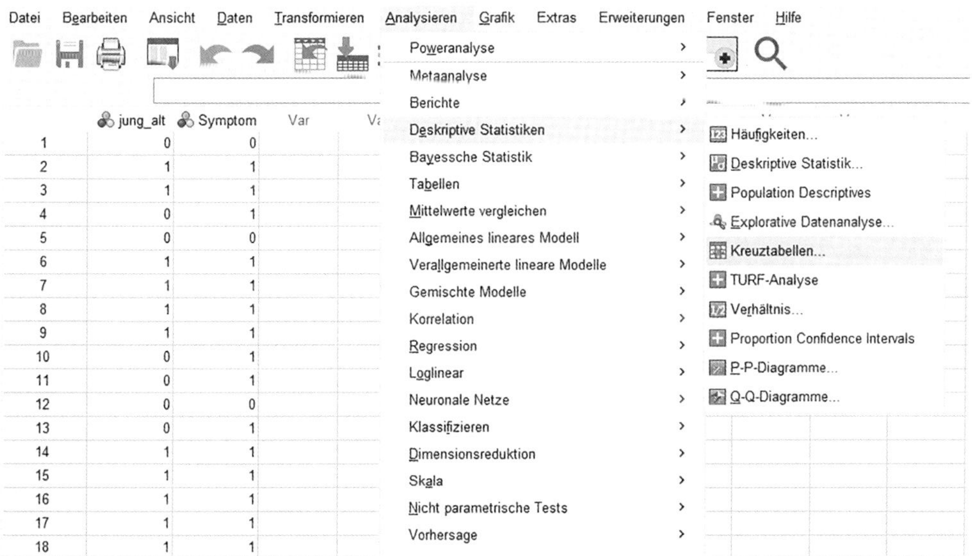


**Abbildung 12-3:** Datenmatrix gemäß des Beispiels oben links in Tabelle 12-2 und Menüauswahl Kreuztabellen

**Abbildung 12-4:** Definition der Analysemerkmale (links) und der zu berechnenden Koeffizienten (rechts) und bedingten Prozentangaben für die Zeileninformationen

| | | Symptom | | |
|---|---|---|---|---|
| | | 0 | 1 | Gesamt |
| jung alt | 0 | 40 | 60 | 100 |
| | 1 | 60 | 40 | 100 |
| Gesamt | | 100 | 100 | 200 |

| **Chi-Quadrat-Tests** | Wert | df | Asymptotische Signifikanz (zweiseitig) |
|---|---|---|---|
| Pearson-Chi-Quadrat | 8,000[a] | 1 | ,005 |
| Kontinuitätskorrektur[b] | 7,220 | 1 | ,007 |
| Likelihood-Quotient | 8,054 | 1 | ,005 |
| Zusammenhang linear-mit-linear | 7,960 | 1 | ,005 |
| Anzahl der gültigen Fälle | 200 | | |

a. 0 Zellen (0,0%) haben eine erwartete Häufigkeit kleiner 5. Die min. erwartete Häufigkeit ist 50,00.
b. Wird nur für eine 2x2-Tabelle berechnet

| | | Wert | Näherungsweise Signifikanz |
|---|---|---|---|
| Nominal- bzgl. Nominalmaß | Phi | -,200 | ,005 |
| | Cramer-V | ,200 | ,005 |
| | Kontingenzkoeffizient | ,196 | ,005 |
| Anzahl der gültigen Fälle | | 200 | |

**Abbildung 12-5:** Ergebnisoutput: Kreuztabelle, $\chi^2$-Wert und Korrelationsmaße

## 12.5 Zusammenfassung

**Kategoriale Merkmale** zeichnen sich dadurch aus, dass in der Regel nur wenige Merkmalsausprägungen möglich sind (z. B. Geschlecht: männlich, weiblich, divers; Sozialstatus: niedrig, mittel, hoch). Für jede Studienteilnehmerin und jeden Studienteilnehmer muss die Information vorliegen, welche der vorgegebenen Kategorien für sie zutrifft. Die Merkmalskategorien eines kategorialen Merkmals können ungeordnet (nominalskaliert; z. B. Berufsgruppen, Geschlecht) oder geordnet (ordinalskaliert; soziale Statusgruppe; Bildungsabschlüsse) sein. Die in diesem Kapitel behandelten Verfahren berücksichtigen jedoch stets nur die nominalskalierte Kategorienzugehörigkeit. Ob die Merkmalsausprägungen in einer Rangreihe gebracht werden, hat keinen Einfluss auf die Analyseergebnisse.

Die Analyse des Zusammenhangs zweier kategorialer Merkmale basiert auf den Häufigkeiten, mit der die jeweiligen Ausprägungen der beiden Merkmale gemeinsam auftreten. Diese kombinierten Auftretenshäufigkeiten werden in einer **Kontingenztabelle** dargestellt, deren Spalten durch Merkmal A und deren Zeilen durch Merkmal B definiert sind. Hat das Merkmal A k Ausprägungen und das Merkmal B l Ausprägungen, so handelt es sich um eine kxl-Kontingenztabelle. Sind beide Merkmale dichotom, so wird sowohl die 2x2-Kontingenztabelle auch als Vierfeldertafel bezeichnet.

Den Ausgangspunkt für die **Prüfung der Signifikanz des Merkmalszusammenhangs mittels des $\chi^2$-Tests** und geeigneter Korrelationskoeffizienten bildet folgende Überlegung. Sind Merkmale unabhängig voneinander, so wird erwartet, dass die Häufigkeit in den einzelnen Zellen ij durch die Grundhäufigkeit von Kategorie i in Merkmal A und die Kategorie j in Merkmal B festgelegt ist. Sind 50 % der Bevölkerung männlich bzw. weiblich und haben 50 % den Schulabschluss „Abitur“, so folgt bei Unabhängigkeit der beiden Merkmale unmittelbar: 25 % müssten männlich sein und kein Abitur haben, 25 % müssten männlich sein und Abitur haben, 25 % müssten weiblich sein und kein Abitur haben und 25 % müssten weiblich sein und Abitur haben. Indem wir festgestellt haben, wie die Häufigkeiten in der Kontingenztabelle sein sollten, wenn kein Zusammenhang besteht (erwartete Häufigkeiten; $e_{ij}$), haben wir eine Basis geschaffen, um mittels der Abweichungen der tatsächlich gemessenen Zellhäufigkeiten (beobachtete Häufigkeiten, $o_{ij}$) von den erwarteten Zellhäufigkeiten die Systematik des Merkmalszusammenhangs zu testen und die Stärke des Zusammenhangs in einem Korrelationskoeffizienten abzubilden. Mithilfe des $\chi^2$-Tests wird die Hypothese geprüft, ob die beobachteten und erwarteten Zellhäufigkeiten signifikant voneinander abweichen. Ist dies der Fall, so ist von einem systematischen Merkmalszusammenhang auszugehen (Alternativhypothese wird angenommen). Die Stärke und Richtung des Zusammenhangs wird in Vierfeldertafeln durch den **φ-Koeffizienten** abgebildet. Generell kann in kxl-Tabellen der **Kontingenzkoeffizient** als Korrelationsmaß berechnet werden. Sowohl die Signifikanzprüfung als auch die Ausprägung der Korrelationskoeffizienten werden von der Grundhäufigkeit, mit der die Merkmalsausprägungen gemessen werden (bzw. der Prävalenz), beeinflusst. So gilt in Vierfeldertafeln, dass sich ein Merkmalszusammenhang umso eher als signifikant erweist und der Korrelationskoeffizient umso stärker vom neutralen 0-Punkt abweicht, je näher die Grundrate der Merkmalsausprägung (bzw. die Prävalenz) im Bereich von 50 % liegt. In kxl-Kontingenztabellen können – statt des φ-Koeffizienten – der **Kontingenzkoeffizient C** oder **Cramers V** als standardisierte Maße des Zusammenhangs bzw. Korrelationskoeffizienten berechnet werden.

## 12.6 Blitzlichter aus der Forschungspraxis

**Blitzlicht 12.1: Analyse des Zusammenhangs der Gesundheit von Kindern und Arbeitsangeboten für deren Mütter und Familieneinkommen in Kamerun**

Tambi und Nkwelle (2013) verwenden den $\chi^2$-Test und den Kontingenzkoeffizienten, um den Zusammenhang der Gesundheit von Kindern mit (a) Arbeitsangeboten (bzw. Angeboten zur Erwerbsbeteiligung) für deren Mütter und (b) das Einkommen der Familie zu analysieren. Aus der Darstellung der zentralen Befunde werden die in diesem Kapitel eingeführten Charakteristika der Prüfung deutlich (2013, S. 172): „for the case of child health and maternal labour force participation, it is important to note that since the $\chi^2$ calculated value (6.68) is greater than the $\chi^2$ critical value (3.841), we reject the null hypothesis based on the decision rule. Hence, there is a significant relationship between child health and maternal labour force participation. The contingency coefficient (CC) of 0.25 compared to the contingency maximum ($C_{max}$) of 0.707 also means a positively moderate relationship. Whereas, in the case of child health and family income, we observed that the $\chi^2$ calculated value (92.43) is greater than the $\chi^2$ critical values (3.841), we reject the null hypothesis based on the decision rule, meaning there is a significant relationship between child health and family income. Considering, the contingency coefficient (CC) of 0.28 compared to the contingency maximum ($C_{max}$) of 0.707 implies a positively moderate relationship."

Im Beitrag werden alle Schritte der statistischen Analyse gut nachvollziehbar dargestellt. Bei der Interpretation muss darauf geachtet werden, dass die identifizierten Zusammenhänge nicht geeignet sind, die kausale Verknüpfung der Merkmale valide wiederzuspiegeln, da es sich lediglich um korrelative Befunde handelt. Ob Drittmerkmale, wie z. B. Bildung oder das Alter der Mütter, die Stärke der berichteten Zusammenhänge beeinflussen, kann nicht beantwortet werden.

**Blitzlicht 12.2: Zusammenhang von Geschlecht und depressiven Symptomen bei Patientinnen und Patienten mit akutem Koronarsyndrom**

Frazier et al. (2012) analysieren den Zusammenhang des Geschlechts mit selbstberichteten depressiven Symptomen bei akutem Koronarsyndrom mittels des $\chi^2$-Tests. Für jedes der 13 im Beck Depressions-Inventar (BDI-II) erfragten depressiven Symptome wird eine Vierfeldertafel analysiert: Merkmal 1 Symptom „ja" vs. „nein", Merkmal 2 Geschlecht „weiblich" vs. „männlich". $N = 248$ Frauen und $N = 541$ Männer wurden in der Studie untersucht. In Tabelle 2 des Artikels werden die Ereignisse dargestellt. 91 der 248 Frauen bzw. 36,69 % der Frauen geben das Symptom „Traurigkeit" an. Bei Männen liegt das Symptom „Traurigkeit" nur bei 21,3 % vor (115 von 541). Da der p-Wert des $\chi^2$-Werts mit <.0001 kleiner als das Signifikannzniveau $\alpha = ,05$ ist, liegt ein signifikanter Zusammenhang zwischen dem Symptom „Traurigkeit" und dem Geschlecht vor. Signifikante Zusammenhänge ergeben sich ebenfalls für „Selbstablehnung" (weiblich: 23,98 %, männlich: 16,64 %, $p = ,01708$), „Weinen" (weiblich: 36,59 %, männlich: 17,78 %, $p < ,0001$), „Unentschlossenheit" (weiblich: 30,77 %, männlich: 21,63 %, $p = ,00056$), „Schlafstörungen" (weiblich: 62,90 %, männlich: 54,90 %, $p = ,0348$), „Störungen des Appetits" (weiblich: 48,79 %, männlich: 35,49 %, $p = ,00004$) sowie „Verlust des Interesses an Sex" (weiblich: 51,82 %, männlich: 36.81 %, $p < ,00001$). Bei allen diesen Merkmalen ist die Symptomatik also bei Frauen höher ausgeprägt als bei Männern. Für die übrigen 14 Symptome („Pessimismus", „Früheres Versagen", „Verlust von Freude", „Schuldgefühle", „Gefühle unterdrücken", „Selbstkritik", „Suizidwunsch", „Agitiertheit", „Interessenverlust", „Wertlosigkeit", „Energieverlust", „Irritierbarkeit", „Konzentrationsmängel", „Erschöpftheit") wird die Nullhypothese beibehalten: Da der p-Wert des $\chi^2$-Werts größer ist als das Signifikanzniveau $\alpha = ,05$, besteht kein systematischer Zusammenhang der Symptome mit dem Geschlecht.

**Blitzlicht 12.3: Zusammenhang von pathologischem und nicht pathologischem Spielen mit Spielmerkmalen bei Hochfrequenzspielerinnen und -spielern**

Slack et al. (2022) untersuchen eine Stichprobe von Menschen, die sehr häufig spielen (mehr als 30 Stunden pro Woche). Dabei unterscheiden sie zwischen Spielerinnen und Spielern, die die diagnostischen Kriterien für eine Spielstörung (GD = Gaming Disorder; N = 131) erfüllen, und solchen, die trotz des häufigen Spielens nicht an einer Spielstörung leiden (NGD; N = 272). In Tabelle 2 im Artikel werden die Zusammenhänge von GD vs. NGD mit Merkmalen des Spielens mittels $\chi^2$-Tests geprüft. Für dichotome Merkmale des Spielens wird der φ-Koeffizient als Korrelationsmaß berichtet, für dreistufige Merkmale des Spielens Cramers V. 55 der 131 Menschen (bzw. 41,98 %) der GD-Guppe spielen Esports, während in der NGD-Gruppe 27,2 % (74 von 272) Esports spielen. Der $\chi^2$-Wert ist gleich 8,81. Da dieser jenseits des kritischen $\chi^2$-Wert 3,84 liegt (df = 1), steht pathologisches Spielen in signifikantem Zusammenhang mit dem Spielen von Esport. Die Korrelation beträgt $\varphi = ,15$. Auch der Einsatz von Geld beim Spielen ist mit pathologischem Spielen assoziiert ($\chi^2 = 6{,}58 > \chi^2_{krit,\ \alpha=,05} = 3{,}84$; (df = 1): 34 der 131 Menschen (bzw. 25,69 %) spielen mit Geldeinsatz in der GD-Gruppe, in der NGD-Gruppe sind es 39,3 % (107 von 272). Die Zusammenhangsstärke beträgt $\varphi = ,13$. Ob die Spielerinnen und Spieler einen Teil ihres Einkommens durch das Spielen beziehen, steht nicht mit der Gruppenzugehörigkeit in Zusammenhang (GD: 20 von 131 bzw. 15,27 %; NGD = 28 von 272 bzw. 10,3 %). In der Tabelle 3 werden anschließend die Ergebnisse des t-Tests für unabhängige Stichproben (vgl. Kapitel 7) berichtet: Dichotome Gruppenvariable: GD vs NGD, intervallskalierte Merkmale: u. a. Indikatoren der Lebensqualität. Hierbei zeigt sich, dass körperliche, psychische, soziale und umweltbezogene Aspekte der Lebensqualität bei pathologischen Spielerinnen und Spielern signifikant ($t_{df=401} = 2{,}96 - 4{,}99$; $p < \alpha = ,05$) und mit kleiner bis mittlerer Effektstärke (Cohens d = 0,31 bis 0,53; vgl. Kapitel 8) geringer ausgeprägt sind.

**Blitzlicht 12.4: Zusammenhang von arbeitsbezogenem Burnout, Depressivität und Alexithymie**

Mattila et al. (2007) haben in der finnischen „Health Study 2000" 3.322 arbeitende Erwachsene im Alter von 30 bis 64 Jahren in einer Querschnittsstudie untersucht. Eine zentrale Hypothese der Studie bestand darin, dass Menschen, die unter Alexithymie leiden, also in pathologischem Maße Probleme haben, ihre Gefühle wahrzunehmen und auszudrücken, eher arbeitsbezogenes Burnout aufweisen. Mittels des $\chi^2$-Test (Geschlecht x Alexithymie: $\chi^2_{df=1} = 21{,}56 > \chi^2_{krit,\ df=1,\ \alpha=,05} = 3{,}84$; $\varphi = ,08$) wurde gezeigt, dass das Geschlecht in Zusammenhang mit dem der Auftretenshäufigkeit (Prävalenz) von Alexithymie steht. Von den Probandinnen und Probanden mit leichtem oder schwerem Burnout waren 120 (13,0 %) alexithym. Hingegen lag Alexithymie nur bei 67 (2,8 %) Probandinnen und Probanden ohne Burnout vor (Burnout x Alexithymie: $\chi^2_{df=1} = 130{,}45 > \chi^2_{krit,\ df=1,\ \alpha=,05} = 3{,}84$; $\varphi = ,20$). 101 der 636 (bzw. 15,9 %) Probandinnen und Probanden mit depressiver Symptomatik waren alexitym. Bei den 2.686 Probandinnen und Probanden ohne depressive Symptomatik wurde in 81 (bzw. 3,1 %) der Fälle Alexithymie festgestellt (Depressivität x Alexithymie: $\chi^2_{df=1} = 157{,}93 > \chi^2_{krit,\ df=1,\ \alpha=,05} = 3{,}84$; $\varphi = ,22$). Mittels Kontigenztabellen und dem $\chi^2$-Test konnte so die Systematik der Zusammenhänge der dichotomen Merkmale Geschlecht, Depressivität und Alexithymie untersucht und dokumentiert werden.

## Übungsaufgaben

1. In einem Betrieb werden 140 Personen, die im Rahmen ihrer Tätigkeit Gegenstände transportieren müssen, mit 80 Personen verglichen, die primär sitzend im Büro tätig sind. In der ersten Gruppe leiden 44 Personen unter Rückenschmerzen und 42 Personen unter Knieschmerzen. Von den im Büro Tätigen leiden 20 Personen unter Rückenschmerzen und 11 Personen unter Knieschmerzen. Bitte prüfen Sie, ob die beiden Schmerzformen mit der Art der Tätigkeit in Zusammenhang stehen!
2. In einer psychosomatischen Klinik werden Herz-Kreislauf-Patientinnen und -Patienten untersucht. Erzeugen Sie eine entsprechende Vierfeldertafel, die die folgenden Bedingungen erfüllt: 30 % der behandelten Personen leiden unter einer komorbiden depressiven Störung. Bei den behandelten Frauen treten depressive Störungen etwas häufiger auf als bei Männern. 60 % der Behandelten sind männlich. Insgesamt werden 200 Personen in der Klinik behandelt. Berechnen Sie zudem die Korrelation $\varphi$ und prüfen Sie die Signifikanz des Zusammenhangs!
3. In Klinik A berichten 19,51 % der 82 befragten Mitarbeiterinnen und Mitarbeiter, dass sie die Absicht haben, sich in den kommenden fünf Jahren für einen Job in einer anderen Klinik zu bewerben. In Klinik B sind es 25,00 % der 44 Befragten, in Klinik C sind es 16,00 % der 50 Befragten und in Klinik D 13,89 % der 36 Befragten. Welcher Wert ergibt sich für die Stärke des Zusammenhangs der Klinikzugehörigkeit und der Wechselabsicht? Ist dieser Zusammenhang signifikant?

# 13 Analyse des Zusammenhangs von Risiko- und Schutzmerkmalen sowie Testergebnissen mit dem Gesundheitsstatus: Epidemiologische Maßzahlen

Wird der Zusammenhang zweier zweistufiger, dichotomer Merkmale analysiert, so erweitert sich das Spektrum der Analyseverfahren deutlich, weil neben klassischen korrelationsstatistischen Verfahren auch Methoden der epidemiologischen Forschung eingesetzt werden können. Die Berücksichtigung *epidemiologischer Maßzahlen* ist besonders wichtig, wenn die Wirksamkeit von Interventionsmaßnahmen auf den dichotom erhobenen Gesundheitszustand (gesund vs. krank) untersucht wird oder der Zusammenhang eines *Risiko-* (z.B. Übergewicht) oder eines *Schutzmerkmals* (z.B. mediteraner Ernährungsstil) mit dem Gesundheitszustand untersucht wird. Wird beispielsweise für eine geimpfte Gruppe und eine nicht geimpfte Gruppe (Merkmal X = Impfstatus) bestimmt, ob in den folgenden 12 Monaten eine Infektion erfolgt oder nicht (Merkmal Y: Infektionsstatus), so muss – wenn die Studienanlage angemessen gewählt wurde – ein statistisch signifikanter Zusammenhang der beiden Merkmale resultieren, wenn die Impfung wirksam ist.

Wir werden uns damit beschäftigen, welche statistischen Maßzahlen aussagekräftig und fair als Indikatoren der Wirksamkeit und des Ausmaßes der Wirksamkeit verwendet werden dürfen. Die angemessene Interpretation dieser Maßzahlen erweist sich als komplizierter, als man zunächst erwarten würde. Insbesondere im Zusammenhang mit der COVID-19-Pandemie haben diese Maßzahlen, die in der Regel auf prozentualen Anteilen basieren (z.B. *Relatives Risiko, Absolute Risikoveränderung)*, eine unerwartete öffentliche Prominenz und Relevanz erfahren. In der öffentlichen Diskussion wurde mittels dieser Zahlen die Notwendigkeit von Schutzmaßnahmen (z.B. Hygienemaßnahmen, Lock-down) und die Wirksamkeit von Coronaschutzimpfungen (z.B. Risikoreduktion aufgrund von Impfungen) kommuniziert und begründet. Ein wichtiges Anliegen dieses Kapitels besteht darin, grundlegende Überlegungen und Begründungen einzuführen, wann und wie epidemiologische Maßzahlen ausgewählt und interpretiert werden sollten, damit die statistischen Befunde zur angemessenen Begründung entsprechender Schlussfolgerungen und Interpretationen geeignet sind.

Folgende Fragen stehen hinsichtlich der Analyse des Zusammenhangs kategorialer Merkmale im Mittelpunkt des Kapitels:

- Welche Besonderheiten besitzen epidemiologische Maßzahlen, die die Verteilung bzw. den Zusammenhang zweier dichotomer kategorialer Merkmale abbilden?
- Wie lässt sich der Vorhersagewert eines Risikofaktors oder die Schutzwirkung einer Präventionsmaßnahme valide analysieren?
- Welchen Einfluss hat die relative Häufigkeit, mit der ein Merkmal auftritt (Prävalenz), auf die Vorhersagbarkeit von Merkmalen (Bayes-Theorem)?
- Was wird unter dem Begriff Wahrscheinlichkeit verstanden?

- Welcher Zusammenhang besteht zwischen den Begriffen relative Häufigkeit, Risiko und Wahrscheinlichkeit?

## 13.1 Maßzahlen epidemiologischer und klinischer Studien

In diesem Kapitel werden Maßzahlen eingeführt, die in der epidemiologischen Forschung eingesetzt werden. Die in Kapitel 12 behandelten Methoden ($\chi^2$-basierte Korrelationsstatistiken) stehen vor allem in der psychologischen und sozialwissenschaftlichen Statistik im Vordergrund, wenn dichotome Merkmale analysiert werden. Epidemiologische Maßzahlen werden in der biometrischen und medizinischen Statistik typischerweise verwendet, da sie geeignet sind, mögliche Effekte von Risiko- oder Schutzfaktoren oder von Interventionsmaßnahmen auf die Gesundheit aussagekräftig und fair abzubilden.

Um uns mit den statistischen Hintergründen vertraut machen zu können, ist es zunächst wichtig, einige grundlegende Begriffe einzuführen, die insbesondere im Verlauf der COVID-19-Pandemie eine hohe öffentliche und mediale Bedeutung gewonnen haben.

Das Ziel einer **epidemiologischen Studie** besteht darin, die natürlichen Verhältnisse in Populationen (z. B. in der gesamten Bevölkerung oder in Teilgruppen, z. B. alle Frauen; alle Personen, die ein gesundheitliches Risiko aufweisen) abzubilden. Hierbei kann z. B. die Auftretenshäufigkeit eines Merkmals untersucht werden (univariate Fragestellung: Wie viele Menschen in Deutschland leiden unter einer Diabetes-Typ-II-Erkrankung? Bei wie vielen Menschen, die mit dem COVID-19-Virus infiziert sind, ergibt sich ein schwerer Verlauf?). Oder die Stärke des Zusammenhangs zweier Merkmale beziehungsweise die bedingte Auftretenshäufigkeit soll bestimmt werden (bivariate Fragestellung), z. B.: Hängt ein schwerer Erkrankungsverlauf (Merkmal 1) damit zusammen, ob eine erkrankte Person Raucher oder Nicht-Raucher (Merkmal 2) ist? Kommt es häufiger zu einem schweren Erkrankungsverlauf (Merkmal 1), wenn eine Person raucht (Stufe 1 von Merkmal 2) oder aber nicht raucht (Stufe 2 von Merkmal 2)?

**Epidemiologische Studien** werden insbesondere eingesetzt, um die Häufigkeit bestimmter Erkrankungen oder Ereignisse (z. B. Unfälle), die Häufigkeit möglicher Ursachen von Erkrankungen (z. B. umwelt-, lebensstilbedingte oder genetische Risikofaktoren) oder Erkrankungsfolgen (z. B. Inanspruchnahme von Behandlungsangeboten) zu untersuchen. Die Formulierung „möglicher Ursachen“ trägt der Tatsache Rechnung, dass es sich bei epidemiologischen Studien typischerweise um Beobachtungsstudien handelt, die lediglich korrelative Zusammenhänge (Kapitel 10.3) abbilden.

In **klinischen Studien** oder **Interventionsstudien** werden hingegen Merkmalsverteilungen untersucht, bei denen die Untersucher aktiv in das natürliche Geschehen eingreifen. Die Effekte von Gesundheitsmaßnahmen bzw. -interventionen sollen ermittelt werden. Die Wirkung einer Impfung wird beispielsweise mittels einer klinischen Studie untersucht: Mitglieder der Interventionsgruppe erhalten die Impfung, die Kontrollgruppe bleibt ungeimpft (Merkmal 1: geimpft vs. ungeimpft). Es wird dann untersucht, ob sich die Häufigkeit des Zielmerkmals, das den Impfeffekt widerspiegelt (z. B. Merkmal 2: kein schwerer vs. schwerer Erkrankungsverlauf), zwischen den Gruppen unterscheidet. Diese Studie untersucht *nicht-natürliche* Bedingungen, da zum einen ein gezielter Eingriff stattfindet und zum anderen die Studienteilnehmerinnen und -teilnehmer von der Studienleitung den Bedingungen zugeteilt werden, insbesondere wenn es sich um eine randomisiert kontrollierte Studie handelt (vgl. Abschnitt 1.2.3, 10.3).

In klinischen Studien können aufgrund des gut kontrollierten Vorgehens *kausale Effekte* der Intervention nachgewiesen werden, in epidemiologischen Studien kann nur das gemeinsame Auftreten der Untersuchungsmerkmale im Sinne eines *korrelativen Zusammenhangs* bestimmt werden (Kapitel 10).

**Merke**

**Epidemiologische Studien** dienen vor allem dazu, natürliche Verhältnisse zu beschreiben. Es können i.d.R. keine Ursache-Wirkungseffekte nachgewiesen werden. Bei epidemiologischen Studien ist es wichtig, dass die Studienstichproben repräsentativ sind, d.h. die allgemeinen Verhältnisse unverzerrt abbilden. Dies kann durch Zufallsauswahl der Studienteilnehmerinnen und -teilnehmer sichergestellt werden.
**Univariat:** Wie ist *ein* Merkmal in einer Population natürlich verteilt?
**Bivariat:** Unterscheiden sich die Verteilungen eines Merkmals in Abhängigkeit von den Ausprägungen eines anderen Merkmals unter natürlichen Bedingungen?
**Klinische Studien** sind Interventionsstudien und dienen dem Nachweis des Effekts von Maßnahmen, indem Studienteilnehmerinnen und -teilnehmer gezielt und kontrolliert unter verschiedenen Bedingungen (Intervention wird appliziert bzw. nicht appliziert) untersucht werden. Bei klinischen Studien ist es wichtig, dass die Untersuchungsgruppen zu Studienbeginn gut vergleichbar sind, d.h., dass sich die Gruppen zu Studienbeginn nicht systematisch unterscheiden. Dies kann durch Zufallszuteilung der Studienteilnehmerinnen und -teilnehmer zu den Gruppen sichergestellt werden.
**Zufallsauswahl**: Der Zufall bestimmt, wer an einer Studie teilnimmt. Wichtig, um die empirischen Verhältnisse repräsentativ abzubilden und Schlussfolgerungen auf die allgemeinen Verhältnisse begründen zu können (Kriterium der externen Validität).
**Zufallszuteilung**: Der Zufall bestimmt, wer welcher der zu vergleichenden Studienbedingungen (z.B. Interventions- vs. Kontrollgruppe) zugewiesen wird. Stellt die Fairness von Vergleichen in randomisiert kontrollierten Studien (Kapitel 10.3) sicher, sodass kausale Wirkeffekte der Intervention identifiziert werden können.

### 13.1.1 Prävalenz, Inzidenz, Morbidität und Mortalität

Angenommen, in einer Kleinstadt, in der 50.000 Menschen wohnen, sind am 1. November 50 Personen mit dem COVID-19-Virus infiziert. In den nächsten 10 Tagen infizieren sich 35 Personen neu mit dem Virus. Im November sind insgesamt 150 Personen mit dem Virus infiziert. Von den 150 im November infizierten Personen versterben 3 der infizierten Personen.

**Definition**

**Prävalenz** (Erkrankungsrate; Morbidität): Anteil der Merkmalsträgerinnen und Merkmalsträger an der Gesamtzahl. Relative Häufigkeit von Fällen, bei denen das Merkmal vorliegt.

$\text{Prävalenz} = h_{\text{Merkmal}} = n_{\text{Merkmal}}/N$

**Punktprävalenz**: Anteil der Merkmalsträgerinnen und Merkmalsträger an der Gesamtzahl zu einem bestimmten Zeitpunkt.

**Periodenprävalenz**: Anteil der Merkmalsträgerinnen und Merkmalsträger an der Gesamtzahl in einem bestimmten Zeitintervall.

**Mortalität** (bzw. Todesprävalenz): Anteil der Versterbenden an der Gesamtzahl.

$\text{Mortalität} = h_{\text{Versterbende}} = n_{\text{Versterbende}}/N$

**Letalität** (Todesprävalenz unter den Erkrankten): Anteil der Versterbenden unter den Erkrankten.
$\text{Letalität} = h_{\text{Versterbende}} = n_{\text{Versterbende}}/n_{\text{Erkrankte}}$

**Inzidenz** (Rate der Neuerkrankten): Anteil der in einem bestimmten Zeitraum neu hinzukommende Merkmalsträgerinnen und Merkmalsträger.

$\text{Inzidenz}_{\text{Gesamt}} = h_{\text{Neuerkankte an allen}} = n_{\text{Neuerkrankte}}/N_{\text{Gesamt}}$

$\text{Inzidenz}_{\text{mögliche Fälle}} = h_{\text{Neuerkrankte an bisher Gesunden}} = n_{\text{Neuerkrankte}}/N_{\text{bisher Gesunde}}$

Für die Angaben zur COVID-19-Infektion ergibt sich somit eine *Punktprävalenz* für den 1. November von $= \frac{50}{50000} = ,001$

Obwohl die **Prävalenz** in ihrer ursprünglichen Form als relative Häufigkeit definiert ist, kann die Angabe auch als Prozentzahl oder in Bezug zu einer großen Gesamtzahl von Personen (i.d.R. 10.000 oder 100.000) erfolgen:

- $\text{Prävalenz}_{\%} = \text{Prävalenz} \cdot 100\,\% = 0{,}1\,\%$
- $\text{Prävalenz}_{N=10.000} = \text{Prävalenz} \cdot 10.000 = 10$
- $\text{Prävalenz}_{N=100.000} = \text{Prävalenz} \cdot 100.000 = 100$

Diese Berichtsformate sollen vor allem sicherstellen, dass die Rezipientinnen und Rezipienten der statistischen Angabe eine anschaulichere Vorstellung von der Erkrankungsrate haben. Während die relative Häufigkeit ,001 eine abstrakte Zahlenangabe ist, sind Prozentzahlen allgemein geläufiger und besser zu verstehen. Der Bezug zu den 10.000 bzw. 100.000 führt zudem dazu, dass die Häufigkeitsangaben in konkrete Einzelfälle übertragen werden. 10 Menschen von 10.000 Menschen bzw. 100 vom 100.000 Menschen ist als Information anschaulicher. Indem die Zahlen aus unterschiedlichen Studien oder Regionen auf dieselbe Zahl – also 10.000 bzw. 100.000 – bezogen werden, auch wenn die Studien oder Regionen tatsächlich unterschiedlich viele Personen umfassen, ist ein nachvollziehbarer und aussagekräftiger Vergleich möglich.

Die **30-Tages-Periodenprävalenz** entspricht im November dann 150/50.000 = ,003. 0,3 % der Menschen sind im Verlauf des Novembers infiziert. Bezogen auf 10.000 beträgt die $\text{Prävalenz}_{N=10.000} = 30$, bezogen auf 100.000 lautet der Wert $\text{Prävalenz}_{N=100.000} = 300$.

Die **Mortalität** beträgt 3/50.000 = ,0006 und die **Letalität** beträgt 3/150 = ,02. 0,006 % der Menschen in der Kleinstadt bzw. 6 von 100.000 ($\text{Mortalität}_{N=100.000} = 6$) versterben. 2 % der Erkrankten versterben, dies entspräche 2000 Verstorbenen im Falle von 100.000 Infizierten.

In den ersten 10 Tagen des Novembers liegt die **10-Tages-Inzidenz** bezogen auf die Gesamteinwohnerschaft bei 35/50.000 = ,0007 ($\text{Inzidenz}_{\text{Gesamt}}$) und bezogen auf die zu Beginn des Novembers noch nicht Infizierten bei 35/49950 = ,0007007 ($\text{Inzidenz}_{\text{Möglicher Fälle}}$). Bezogen auf 100.000 Personen erkranken also 70 Personen neu ($\text{Inzidenz}_{\text{Gesamt}}$, N = 100.000

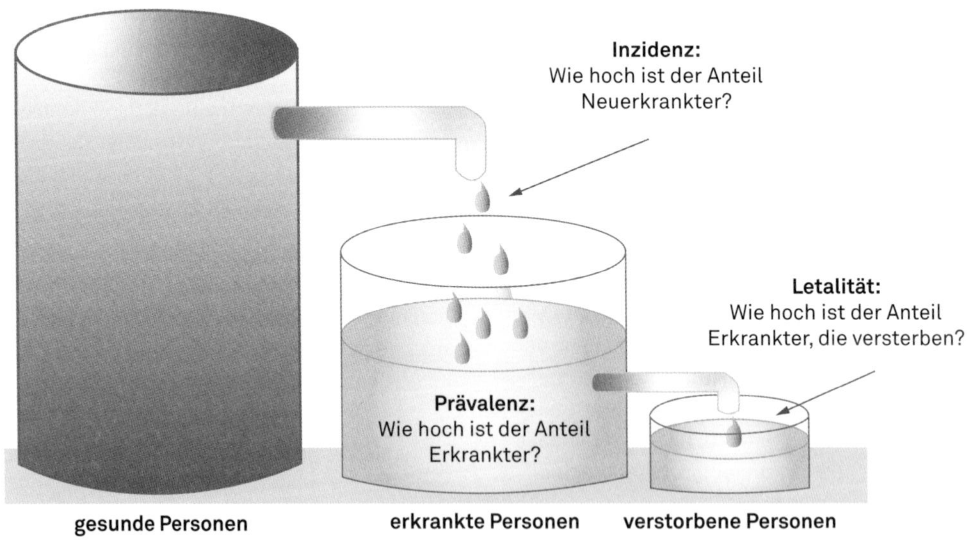


**Abbildung 13-1:** Epidemiologischer Brunnen (Wirtz & Warnke, 2020, S. 36)

= 70). Bezogen auf 100.000 Anfang November nicht erkrankter Personen erkranken also 70,07 Personen neu ($\text{Inzidenz}_{\text{mögliche Fälle, N = 100.000}} = 70{,}07$).

Die Systematik der Kennzahlen wird durch den sogenannten epidemiologischen Brunnen veranschaulicht, der in **Abbildung 13-1** dargestellt ist.

### 13.1.2 Risiko und Odds (Ereignisquote)

Als **Risiko** wird die relative Häufigkeit eines Ereignisses bezeichnet, wenn eine bestimmte Bedingung erfüllt ist, die mit der Auftretenshäufigkeit eines Ereignisses, z. B. eine Erkrankung zu entwickeln, in Zusammenhang steht. Um den Effekt eines Risikomerkmals zu untersuchen, wird das Risiko in der Gruppe von Merkmalsträgerinnen und -trägern im Vergleich zu dem Risiko, in einer Gruppe von Nicht-Merkmalsträgerinnen und -trägern betrachtet.

Die Datenstruktur entspricht also genau derjenigen, die wir in Kapitel 12 (Tabelle 12-2 und Tabelle 12-3) bereits kennengelernt haben:

- Dichotomes Merkmal 1: Risiko nicht gegeben (0) vs. Risiko gegeben (1)
- Dichotomes Merkmal 2: Gesund (0) vs. krank (1)

**Tabelle 13-1** (oben) zeigt oben die Darstellungsform einer Vierfeldertafel, wenn der Zusammenhang eines Risikofaktors und der Gesundheit untersucht wird.

Typische gesundheitswissenschaftliche Fragestellungen zu **Risikofaktoren** sind beispielsweise:

- Steht die Gefahr, Long-COVID zu entwickeln, mit der Tatsache in Zusammenhang, ob man raucht oder nicht raucht? (Risikofaktor: Rauchen [nein, ja]; Zielmerkmal: Long-COVID [nein, ja])
- Steht die erhöhte Stressbelastung am Arbeitsplatz mit dem Problem im Zusammenhang, langfristig Burnout zu entwickeln? (Risikofaktor: Erhöhte Stressbelastung [nein, ja]; Zielmerkmal: Burnout [nein, ja])
- Hängt der Cannabiskonsum im Jugendalter mit der Tendenz, langfristig drogenabhängig zu werden, zusammen? (Risikofaktor: Cannabis-Konsum [nein, ja]; Zielmerkmal: Drogenabhängigkeit [nein, ja])

Der Begriff Risiko ist semantisch mit einer negativen Folge verknüpft. Wird ein Merkmal untersucht, das in einem günstigen Zusammenhang mit der Gesundheit steht, sprechen wir von einem **Schutzfaktor**. Ein Schutzfaktor verringert das Risiko für eine gesundheitliche Ein-

**Tabelle 13-1:** Datenstruktur und Nomenklatur bei der Analyse eines Risikofaktors (oben) und eines Testergebnisses (unten; vgl. Abbildung 13-6)

| **Analyse eines Risikomerkmals** | | | |
|---|---|---|---|
| | **Gesund (0)** | **Krank (1)** | **Σ** |
| **Kein Risiko (0)** | $o_{00}$: Gesunde ohne Risiko | $o_{01}$: Erkrankte ohne Risiko | **$o_{0.}$: Fälle ohne Risiko** |
| **Risiko (1)** | $o_{10}$: Gesunde mit Risiko | $o_{11}$: Erkrankte mit Risiko | **$o_{1.}$: Fälle mit Risiko** |
| **Σ** | **$o_{.0}$: Gesunde Personen** | **$o_{.1}$: Kranke Personen** | **$o_{..}$: Alle Personen** |
| **Analyse des Vorhersagewertes eines Testergebnisses** | | | |
| | **Gesund / Nicht infiziert** | **Krank / Infiziert** | **Σ** |
| **Negativ (0)** | RN: Richtig Negative | FN: Falsch Negative | **Negative** |
| **Positiv (1)** | FP: Falsch Positive | RP: Richtig Positive | **Positive** |
| **Σ** | **Gesunde / Nicht Infizierte Personen** | **Kranke / infizierte Personen** | |

schränkung oder negative Entwicklung. Beispielhafte Forschungsfragestellungen:

- Wie hoch ist unter Geimpften die Gefahr, „Long-COVID" zu entwickeln, im Vergleich zu nicht Geimpften? (Schutzfaktor: Impfung [nein, ja]; Zielmerkmal: Long-COVID [nein, ja])
- Hängt ein stabiles soziales Umfeld mit einer verringerten Tendenz, Burnout zu entwickeln, zusammen? (Schutzfaktor: Stabiles soziales Umfeld [nein, ja]; Zielmerkmal: Burnout [nein, ja])
- Verringert die Teilnahme an einer Aufklärungskampagne die Gefahr, langfristig drogenabhängig zu werden? (Schutzfaktor: Aufklärungskampagne [nein, ja]; Zielmerkmal: Drogenabhängigkeit [nein, ja])

**Merke**

**Risiko, Risikofaktoren, Schutzfaktoren**

Risiko = Relative Häufigkeit eines Ereignisses, wenn eine mit dem Ereignis assoziierte (Risiko- oder Schutz-)Bedingung gegeben ist.

$$\text{Risiko} = h(\text{Ereignis}|\text{Bedingung}) = \frac{h(\text{Ereignis} \cap \text{Bedingung})}{h(\text{Bedingung})}$$

Risikofaktoren haben negative Konsequenzen bzw. erhöhen die Gefahr von Gesundheitsproblemen.
Schutzfaktoren haben positive Konsequenzen bzw. verringern die Gefahr von Gesundheitsproblemen.

Ein weiterer wichtiger Anwendungsbereich der hier behandelten Analyseverfahren ist die **Testdiagnostik**. In Abschnitt 13.3 werden wir hierauf genauer eingehen. Die entsprechende Terminologie ist in der Darstellung in Tabelle 13-1 unten aufgeführt. Fragestellungen in der Testdiagnostik können beispielsweise wie folgt lauten:

- Wie hoch ist die Gefahr mit COVID-19 infiziert zu sein, wenn ein Schnelltest ein positives Ergebnis zeigt, im Vergleich dazu, wenn ein negatives Testergebnis vorliegt? (Testergebnis: Schnelltest negativ vs. positiv; Zielmerkmal: COVID-19-Infektion [nein, ja])
- Wie hoch ist die Gefahr, an Tuberkulose erkrankt zu sein, wenn eine Röntgenaufnahme der Lunge Auffälligkeiten zeigt, im Vergleich dazu, wenn keine Auffälligkeiten vorliegen? (Testergebnis: auffällige Röntgenaufnahme [nein, ja]; Zielmerkmal: Tuberkulose [nein, ja])
- Wie stark ist das Risiko erhöht, dass eine Sportlerin oder ein Sportler gedopt ist, wenn in der Urinprobe eine erhöhte Konzentration eines kritischen Stoffes nachgewiesen wurde? (Testergebnis: Konzentration in der Urinprobe [nicht erhöht, erhöht]; Zielmerkmal: gedopt [nein, ja]).

Die Analyse all dieser Fragestellungen basiert entweder auf dem Wert des statistischen Risikos oder der Quote (Odds).

Die **Odds (Ereignisquote)** ist definiert als Anzahl der Merkmalsträgerinnen und -träger geteilt durch Nicht-Merkmalsträgerinnen und -träger:

$$\text{Odds} = \frac{h(\text{Ereignis} \cap \text{Bedingung})}{h(\text{Gegenereignis} \cap \overline{\text{Bedingung}})}$$

In **Tabelle 13-2** sind vier Vierfeldertafeln angegeben, in denen eine Erkrankung mit unterschiedlicher Prävalenz auftritt. Die Unterschiede in den Prävalenzen könnten dadurch zustande kommen, dass in der oberen Vierfeldertafel eine Population untersucht wird, die einer hohen Ansteckungsgefahr ausgesetzt ist (z. B. Lebenspartnerin oder -partner einer infizierten Person), sodass die Hälfte aller Personen erkrankt (Prävalenz gleich ,5 bzw. 50 %). Der unteren Vierfeldertafel (Prävalenz gleich ,05 bzw. 5 %) könnte eine Population zugrunde liegen, die ein geringes Infektionsrisiko hat (z. B. wenig Kontakt zu infizierten Personen). Die Werte „0" vs. „1" in den Zeilen sollen angeben, ob ein Risikofaktor vor-

**Tabelle 13-2:** Vierfeldertafeln mit Angaben zu Risken und Odds. In den Zeilen bedeutet „0“ „Risikofaktor liegt nicht vor“ und „1“ „Risikofaktor liegt vor“ oder aber „0“ „Testergebnis negativ“ und „1“ „Testergebnis positiv“ (vgl. Tabelle 11-1 und Tabelle 13-11)

| | $G_{(0)}$ | $K_{(1)}$ | Σ | Risiko | Odds |
|---|---|---|---|---|---|
| **Prävalenz = ,5 bzw. 50 %** | | | | | |
| 0 | 400 | 100 | **500** | Risiko(k) = 100 / 500 = ,2 | Odds(k) = 100 / 400 = 0,25 |
| 1 | 100 | 400 | **500** | Risiko(k)= 400 / 500 = ,8 | Odds(k) = 400 / 100 = 4 |
| Σ | **500** | **500** | **1000** | | |
| | | | | RR = ,8 / ,2 = 4<br>ARV = ,8 − ,2 = ,6<br>φ = ,6 | OR = 4 / 0,25 = 16<br>Yules Y = ,6 |
| **Prävalenz = ,2 bzw. 20 %** | | | | | |
| 0 | 640 | 40 | **680** | Risiko(k) = 40 / 680 = ,059 | Odds(k) = 40 / 640 = 0,0625 |
| 1 | 160 | 160 | **320** | Risiko(k) = 160 / 320 = ,50 | Odds(k) = 160 / 160 = 1 |
| Σ | **800** | **200** | **1000** | | |
| | | | | RR = ,50 / ,059 = 8,47<br>ARV = ,50–,059 = ,441<br>φ = ,55 | OR = 1 / 0,0625 = 16<br>Yules Y = ,6 |
| **Prävalenz = ,1 bzw. 10 %** | | | | | |
| 0 | 720 | 20 | **740** | Risiko(k) = 20 / 740 = ,027 | Odds(k) = 20 / 720 = 0,028 |
| 1 | 180 | 80 | **260** | Risiko(k) = 80 / 260 = ,308 | Odds(k) = 80 / 180 = 0,444 |
| Σ | **900** | **100** | **1000** | | |
| | | | | RR = ,308 / ,027 = 11,41<br>ARV = ,308–,027 = ,281<br>φ = ,41 | OR = 0,444/,028 = 16<br>Yules Y = ,6 |
| **Prävalenz = ,05 bzw. 50 %** | | | | | |
| 0 | 760 | 10 | **770** | Risiko(k) = 10 / 770 = ,013 | Odds(k) = 10 / 760 = 0,013 |
| 1 | 190 | 40 | **230** | Risiko(k) = 40 / 230 = ,174 | Odds(k) = 40 / 190 = 0,211 |
| Σ | **950** | **50** | **1000** | | |
| | | | | RR = ,174 / ,013 = 13,38<br>ARV = ,174–,013 = ,161<br>φ = ,31 | OR = 0,211 / 0,013 = 16<br>Yules Y = ,6 |

liegt: „1“ könnte z. B. bedeuten „nicht geimpft“ und „0“ „geimpft“.

In der oberen Vierfeldertafel (Prävalenz = , 5 bzw. 50 %) gilt, dass das Risiko einer Infektion bei geimpften Personen 100 / 500 = ,2 bzw. 20 % beträgt. Für nicht geimpfte Personen beträgt das Risiko 400 / 500 = ,8 bzw. 80 %.

### 13.1.3 Relatives Risiko (RR), Absolute Risikoveränderung (ARV) und Number-Needed-to-Treat (NNT)

Das **Relative Risiko (RR)** entspricht dem Quotienten der beiden Risiken. Für die erste Vierfeldertafel in Tabelle 13-2 ergibt sich:

$$RR = \frac{\text{Risiko(Bedingung 1)}}{\text{Risiko(Bedingung 0)}} = \frac{,8}{,2} = 4$$

Das Risiko einer nicht geimpften Person, sich zu infizieren, ist um den Faktor RR = 4 höher, als das Risiko einer geimpften Person. Nicht geimpft zu sein, geht mit einem 4-fach erhöhten Infektionsrisiko einher. Hätten wir die Zeilenwerte anders zugeordnet bzw. vertauscht - „0" „nicht geimpft", „1" - hätte sich der Kehrwert des RR ergeben:

$$RR = \frac{\text{Risiko(geimpft)}}{\text{Risiko(nicht geimpft)}} = \frac{,2}{,8} = \frac{1}{4}$$

Ist eine Person geimpft, entspricht das Infektionsrisiko nur noch einem Viertel desjenigen Risikos einer ungeimpften Person. Dass es sich bei „Nicht geimpft" um einen Risikofaktor handelt, zeigt sich darin, dass das RR einen Wert größer 1 annimmt („Nicht Geimpft" mit „1" kodiert). Dass „Geimpft" einen Schutzfaktor darstellt, korrespondiert mit einem RR kleiner 1, wenn „Geimpft" mit „1" kodiert ist.

**Definition**

**Relatives Risiko und Absolute Risikoveränderung**

Das **Relative Risiko** wird ermittelt, indem die beiden Risiken der Vergleichsbedingungen (Risikofaktor gegeben vs. nicht gegeben) durcheinander geteilt werden.

$$RR = \frac{\text{Risiko(Bedingung 1)}}{\text{Risiko(Bedingung 0)}}$$

Untersuchen wir den Effekt eines Risikofaktors (z.B. nicht geimpft, Rauchen oder Übergewicht), so muss das Risiko der für die Gesundheit ungünstigen Bedingung im Zähler stehen bzw. in der Vierfeldertafel mit „1" kodiert werden.

Untersuchen wir den Effekt eines Schutzfaktors (z.B. geimpft, bewusste Ernährung oder sportlich aktiv), so muss das Risiko der für die Gesundheit günstigen Bedingung im Zähler stehen bzw. in der Vierfeldertafel mit „1" kodiert werden.

- RR > 1: Das untersuchte Merkmal bzw. die mit „1" kodierte Merkmalsausprägung stellt ein Risiko dar. Das RR gibt an, um welchen Faktor sich das Risiko für eine Erkrankung erhöht, wenn das Risikomerkmal vorliegt. Z.B. bedeutet ein RR = 2 eine Verdopplung des Risikos.
- RR = 1: Das untersuchte Merkmal steht nicht mit dem Risiko in Zusammenhang.
- RR < 1: Das untersuchte Merkmal bzw. die mit „1" kodierte Merkmalsausprägung stellt einen Schutzfaktor dar. RR gibt an, um welchen Faktor sich das Risiko für eine Erkrankung verringert, wenn der Schutzfaktor vorliegt. Z.B. bedeutet ein RR = 0,5 eine Halbierung des Risikos.

Wertebereich von RR: $[0; +\infty[$

Die **Absolute Risikoveränderung** *(ARV)* entspricht der Differenz der beiden Risiken.

ARV = Risiko(Bedingung 1) – Risiko(Bedingung 0)

- ARV > 0: Das untersuchte bzw. mit 1 kodierte Merkmal stellt ein Risiko dar. ARR gibt an, um welchen Differenzbetrag sich das Risiko für eine Erkrankung erhöht, wenn das Risikomerkmal vorliegt. Z.B. bedeutet eine ARV = +,10, dass in der Bedingung 1 10 % der Personen mehr erkrankt sind, als in der Bedingung 0 (z.B. 15 % statt 5 %).
- ARV = 0: Das untersuchte Merkmal steht nicht mit dem Risiko in Zusammenhang. Die beiden dichotomen Merkmale sind unabhängig voneinander.
- ARV < 0: Das untersuchte bzw. mit 1 kodierte Merkmal stellt einen Schutzfaktor dar. ARV gibt an, um welchen Differenzbe-

trag sich das Risiko für eine Erkrankung verringert, wenn das Schutzmerkmal vorliegt. Z.B. bedeutet eine ARV = –,1, dass in der Bedingung 1 10 % weniger Personen erkrankt sind, als in der Bedingung 0 (z.B. 5 % statt 15 %).
- ARV ist im Unterschied zu RR selbst wieder eine relative Häufigkeit. Entsprechend kann die ARV auch als Prozentzahl ARV% berichtet und interpretiert werden, wenn ARV mit 100 % multipliziert wird.

Wertebereich von ARV: [–1; 1]

In den Beispielen in Tabelle 13-2 nimmt das RR mit abnehmender Prävalenz der Erkrankung zu und die ARV nimmt mit abnehmender Prävalenz ab:

- Prävalenz = ,5 bzw. 50 %:
  RR = 4 ARV = ,600 bzw. 60,0 %
- Prävalenz = ,2 bzw. 20 %:
  RR = 8,47 ARV = ,441 bzw. 44,1 %
- Prävalenz = ,1 bzw. 10 %:
  RR = 11,42 ARV = ,281 bzw. 28,1 %
- Prävalenz = ,05 bzw. 5 %:
  RR = 13,38 ARV = ,161 bzw. 16,1 %

Dies ist dadurch bedingt, dass beim RR mit gegen 0 strebender Prävalenz ein immer kleinerer Wert im Nenner steht. Je kleiner der Wert im Nenner eines Quotienten, desto größer wird der Wert des Quotienten, wenn der Zähler gleich bleibt.

Bei der ARV sind i.d.R. die nachweisbaren Veränderungen umso kleiner, je weiter sich die Prävalenz den Extremwertem 0 und 1 nähert. So kann z.B. ein Schutzfaktor nur maximal einen ARV-Wert von -0,02 bzw. -2 % annehmen, wenn die Prävalenz 2 % beträgt. Ein Risikofaktor kann nur maximal einen ARV-Wert von +0,02 bzw. +2 % annehmen, wenn die Prävalenz 98 % beträgt.

**Beispiel**

**Beispiel Infektionsschutz durch Mund-Nasen-Schutzmasken**
Angenommen, 2 % der Personen, die keine Maske tragen, infizieren sich. Nur 0,2 % derjenigen, die ein Maske tragen, infizieren sich (fiktive Zahlen). Das Relative Risiko beträgt dann RR = ,02/,002 = 10. Das RR zeigt somit einen starken Maskenschutzeffekt an, da sich das Risiko verzehnfacht, wenn man nicht von der Schutzmaske Gebrauch macht. Die ARV liegt bei ,02 – ,002 = ,018 bzw. 1,8 %. Man beachte, dass die Rezipientinnen und Rezipienten nun einen deutlich anderen Eindruck von dem Effekt der Maskenwirkung erhalten können.
Die entsprechende Information könnte auch wie folgt präsentiert werden, um besondere Aufmerksamkeit oder besonderes Bedrohungs- oder Schutzerleben zu erzeugen: Läge ein Anstieg von ,002 (keine Maske) zu ,004 (Maske) vor, so kann dies so ausgedrückt werden, dass das Infektionsrisiko um 100 % steigt, da zum ursprünglichen Wert von ,002 nochmal dieselbe Anzahl hinzukommt. Der Unterschied zwischen ,002 und ,02 entspricht damit einer Steigerung um 900 %. Wird in diesem Sinne von einer Steigerung um 900 % berichtet, so entsteht ein völlig anderer Eindruck, als wenn – im Sinne der ARV – von einer Steigerung des Risikos um 1,8 % berichtet wird.

**Beispiel Fleischkonsum und Krebsrisiko**
Im Jahr 2017 fand die Entscheidung der Weltgesundheitsorganisation, den Konsum bestimmter Fleischarten (rotes Fleisch) als krebserregend einzustufen, ein großes öffentliches Echo. Typische Zeitungsüberschriften lauteten etwa: „Fleisch krebserregend – Täglicher Fleischkonsum erhöht das Risiko für Darmkrebs um 18 %“. In eigenen Seminaren haben wir Studierenden die Informationen gegeben, dass das Darmkrebsrisiko grundsätzlich bei 2 % liege. Anschließend haben wir gefragt, wie hoch das Risiko für Darmkrebs bei täglichem Fleischkonsum

sein sollte, wenn sich das Risiko infolgedessen um 18 % erhöht. Die erste Antwort war stets 20 %. Gemäß der Terminologie in diesem Kapitel ist diese Antwort darauf zurückzuführen, dass die von der Weltgesundheitsorganisation berichteten 18 % im Sinne der ARV und nicht der relativen Risikoerhöhung verstanden werden: 2 % + 18 % = 20 %. Tatsächlich handelt es sich aber um die relative Risikoerhöhung: 18 % von 2 % sind 0,36 %. Folglich erhöht sich das Risiko von 2 % auf 2,36 % bei täglichem Fleischkonsum.
Dies ist ein eindrückliches Beispiel dafür, dass korrekte Zahlen zu einem Fehlverständnis führen können, wenn sie nicht richtig erläutert werden und oberflächlich, ggf. emotionalisiert verarbeitet werden. Die Nachricht, dass das Krebsrisiko von 2,00 % auf 2,36 % steigt, würde die Information als Kandidat für die Schlagzeile in einer Boulevardzeitung grundlegend diskreditieren. Hingegen löst die Formulierung „18 % Steigerung" bei Leserinnen und Lesern zusammen mit dem mit Angst assoziierten Begriff „Krebs" ein höheres Maß an Interesse und emotionaler Betroffenheit aus.

**Merke**

**Prozentzahlen lösen oft den Eindruck des Pseudoverstehens aus**

Rezipientinnen und Rezipienten von statistischen Angaben vermeinen, Prozentzahlen i.d.R. auch bei oberflächlicher Betrachtung intuitiv richtig verstehen zu können. Präsentiert man Menschen aber dieselbe Datenlage in unterschiedlichen Prozentzahlen, die alle korrekt sind, jedoch jeweils einen anderen Datenaspekt wiederspiegeln, entsteht i.d.R. ein deutlich unterschiedlicher Eindruck von der Faktenlage. Entsprechend wird die empirische Information je nach Art der Präsentation als mehr oder weniger aussagekräftig, bedrohlich oder hilfreich empfunden (Gigerenzer, 2013). So entscheidet weniger die tatsächliche Dateninformation, sondern die Art, wie diese „journalistisch" verwertet und präsentiert werden, darüber, welcher Eindruck bei den Rezipientinnen und Rezipienten entsteht.
Seriöses wissenschaftliches Arbeiten bedeutet aber, einen möglichst korrekten und verständlichen Eindruck von der empirischen Sachlage zu vermitteln, und nicht, gezielt bestimmte Interpretationen und Emotionen durch die Art der Darstellung erzeugen zu wollen.

Auf Basis der ARV kann als weiteres Maß die sogenannte **Number-Needed-to-Treat** (NNT; „Anzahl erforderlicher Behandlungsfälle") berechnet werden.

**Definition**

**Number-Needed-to-Treat (NNT) – „Anzahl erforderlicher Behandlungsfälle"**

Die NNT gibt an, wie viele Personen einer bestimmten Bedingung ausgesetzt werden müssen, damit erwartet werden kann, dass eine Person zusätzlich das Zielkriterium erreicht.
Im Falle eines Schutzfaktors: Anzahl der Personen, die behandelt werden müssen, damit *eine* Person zusätzlich gesundet oder gesund bleibt – also von der Maßnahme profitiert.
Im Falle eines Risikofaktors: Anzahl der Personen, die der Risikobedingung ausgesetzt sein müssen, damit eine Person zusätzlich erkrankt – also negative Folgen durch die Risikobedingung erleidet.

$$NNT = \frac{1}{|ARV|}$$

Je größer der Betragswert der ARV, desto weniger Personen müssen der Bedingung ausgesetzt sein, damit sich bei einer Person eine Änderung hinsichtlich des Zielkriteriums ergibt.

Für die beiden letztgenannten Beispiele würde sich also ergeben: 1/(,02-,002) = 55,56 Personen müssten eine Maske getragen haben, damit davon ausgegangen werden kann, dass sich eine Person weniger infiziert. 1/(,0236-,0200) = 278 Personen müssten auf den Fleischkonsum verzichten, damit eine Person weniger an Darmkrebs erkrankt.

In den Beispielen der Tabelle 13-2 nimmt der Wert der NNT abnehmender Prävalenz zu:

- Prävalenz = ,5 bzw. 50 %:
  NNT = 1 / ,600 = 1,67
- Prävalenz = ,2 bzw. 20 %:
  NNT = 1 / ,441 = 2,27
- Prävalenz = ,1 bzw. 10 %:
  NNT = 1 / ,281 = 3,56
- Prävalenz = ,05 bzw. 5 %:
  NNT = 1 / ,161 = 6,21

Die Abhängigkeit der NNT von der Prävalenz ist plausibel: Leiden nur wenige unter einer Erkrankung, so können auch weniger von einer Maßnahme profitieren. Ist ein Gesundheitsproblem selten, so haben vorbeugende Maßnahmen allgemein einen geringeren Nutzen, als wenn viele von diesem Problem betroffen sind.

**Tabelle 13-3** zeigt die Werte der NNT in Abhängigkeit von dem Betragswert der ARV%. Während bei einer Differenz von 0,5 % 200 Personen behandelt werden müssen, genügen bei einer Differenz von 33,3 % bereits drei Personen, damit es einer Person nützt.

### 13.1.4 Odds Ratio (OR), logarithmiertes Odds Ratio und Yules Y

Alle bisher behandelten Koeffizienten wurden systematisch durch die Prävalenz des untersuchten Merkmals beeinflusst. RR und NNT werden unter ansonsten gleichen Bedingungen größer, wenn sich die Prävalenz gegen 0 bewegt. ARV nimmt hingegen ab, je seltener das Merkmal auftritt. Gleiches gilt auch für das Korrelationsmaß φ, das wir in Kapitel 11 kennengelernt haben und dessen Werte ebenfalls in Tabelle 13-2 angegeben sind.

Dass diese systematische Abhängigkeit der Werte von der Prävalenz aber tatsächlich ausschließlich durch Prävalenzunterschiede bedingt ist, setzt voraus, dass die beiden dichotomen Merkmale in den Vierfeldertafeln der Tabelle 13-2 immer in gleich starkem statistischem Zusammenhang stehen. Dass der Zusammenhang in den vier Beispielen tatsächlich immer gleich ist, wird durch das Verhältnis der Odds deutlich.

**Definition**

**Odds Ratio und Yules Y:** Odds Ratio (Quotient der Ereignisquoten) entspricht dem Quotienten der Odds in den Zeilen der Vierfeldertafel:

$$OR = \frac{o_{11}}{o_{01}} / \frac{o_{10}}{o_{00}}$$

Dieser Quotient kann wie folgt umgeformt werden:

$$OR = \frac{o_{00} \cdot o_{11}}{o_{10} \cdot o_{01}}$$

Der Wertebereich von OR liegt zwischen 0 und + ∞.

Yules Y ist ein standardisiertes Korrelationsmaß, das direkt auf Basis von Odds Ratio berechnet wird:

$$Y = \frac{\sqrt{OR} - 1}{\sqrt{OR} + 1}$$

Wertebereich von Y: $[-1; +1[$

**Tabelle 13-3:** Number-Needed-to-Treat (NNT) in Abhängigkeit vom Betragswert der Absoluten Risikoveränderung in Prozent

| ARV% | 0,5% | 1% | 2% | 3% | 4% | 5% | 7,5% | 10% | 12,5% | 15% | 25% | 33,3% |
|---|---|---|---|---|---|---|---|---|---|---|---|---|
| NNT | 200 | 100 | 50 | 33,33 | 25 | 20 | 13,33 | 10 | 8 | 6,67 | 4 | 3 |

OR kann ähnlich interpretiert werden, wie RR. Es muss jedoch darauf geachtet werden, dass sich die Aussagen nicht auf die Risiken, sondern auf die Ereignisquoten (Odds) beziehen.

- *OR > 1; Yules > 0:* Das untersuchte Merkmal bzw. die mit „1" kodierte Merkmalsausprägung geht mit einer erhöhten Ereignisquote einher (Risikofaktor). OR gibt an, um welchen Faktor sich die Odds für eine Erkrankung erhöht, wenn das Risikomerkmal vorliegt. Z.B. entspricht ein OR = 2 einer Verdopplung der Ereignisquote Odds.
- *OR = 1; Yules Y = 0:* Das untersuchte Merkmal steht nicht mit der Ereignisquote in Zusammenhang. Die beiden dichotomen Merkmale sind unabhängig voneinander.
- *OR < 1; Yules Y < 0:* Das untersuchte Merkmal bzw. die mit „1" kodierte Merkmalsausprägung geht mit einer verringerten Ereignisquote einher (Schutzfaktor). OR gibt an, um welchen Faktor sich die Ereignisquote für eine Erkrankung verringert, wenn der Schutzfaktor vorliegt. Z.B. entspricht ein OR = 0,5 einer Halbierung der Ereignisquote Odds.

Für alle Beispiele in Tabelle 13-2 ist der Wert von Odds Ratio konstant:

$$OR = \frac{400 \cdot 400}{100 \cdot 100} = \frac{640 \cdot 160}{40 \cdot 160} = \frac{720 \cdot 80}{20 \cdot 180}$$

$$= \frac{760 \cdot 40}{10 \cdot 190} = 16$$

Dies entspricht einem Y-Wert von

$$Yules\ Y = \frac{\sqrt{16} - 1}{\sqrt{16} + 1} = \frac{3}{5} = 0{,}6$$

In Abschnitt 13.3 werden wir noch weitere Informationen betrachten (z.B. Sensitivität und Spezifität), die verdeutlichen, dass die Zusammenhangsstärken in den Beispielen in Tabelle 13-2 wirklich als identisch gelten können. An dieser Stelle sei aber bereits festgehalten, dass Odds Ratio und Yules Y nicht von der Prävalenz und den Randsummenverteilungen von Vierfeldertafeln beeinflusst werden. Damit bilden diese Maße die Zusammenhangsstärke fair ab: es ist egal, ob der Effekt einer Maßnahme in einer Population mit vielen oder wenigen Erkrankungsfällen untersucht wird.

**Merke**

Odds Ratio und Yules Y bleiben unverändert, wenn sich lediglich die Prävalenz eines Merkmals verändert, die Zusammenhangsstärke der Analysemerkmale an sich aber unverändert bleibt.

Interessanterweise und obwohl dies aufgrund der unterschiedlichen Berechnungsformeln überhaupt nicht nahe zu liegen scheint, entspricht der Wert von Yules Y (berechnet auf Basis von Odds Ratio) genau dem Wert des φ-Koeffizienten (berechnet auf Basis von $\chi^2$; Kapitel 11), wenn die Prävalenz der beiden Analysemerkmale ,5 bzw. 50 % beträgt. Je weiter sich die Prävalenz von ,5 bzw. 50 % entfernt, desto deutlicher sinkt der Wert von φ gegenüber Y ab. Yules Y kann damit auch dafür genutzt werden, abzuschätzen, wie stark der Zusammenhang gemäß des φ-Koeffizienten wäre, wenn die Prävalenz des Erkrankungsmerkmals bei ,5 bzw. 50 % läge.

**Merke**

**Yules Y und Odds Ratio als Effektstärkemaße**

Yules Y und Odds Ratio können – genau wie Cohens d (Abschnitt 8.2) und die Produkt-Moment-Korrelation r (Abschnitt 9.4.1) – als Maß der statistischen Effektstärke verwendet werden:

- Y = -,1 / +,1 bzw. OR = 0,82 / 1,22: Schwacher Effekt
- Y = -,3 / +,3 bzw. OR = 0,54 / 1,86: Mittlerer Effekt
- Y = -,5 / +,5 bzw. OR = 0,33 / 3,00: Starker Effekt

Liegt ein negativer Zusammenhang vor, so kann Odds Ratio lediglich einen Wert im Bereich [0,1[ annehmen. Bei positiven Zusammenhängen ist der Wertebereich ]1, + ∞[ unendlich viel größer. Man kann sich den Wertebereich für negative Zusammenhänge als „gequetscht" vorstellen: Je stärker der negative Zusammenhang wird, desto weniger kann der Wert von Odds Ratio absinken, da 0 die Grenze darstellt.

Für positive Zusammenhänge gilt in umgekehrter Weise: Der Werte von Odds Ratio nimmt umso stärker zu, je ausgeprägter der Zusammenhang ist. Dies wird bereits bei den Angaben zu den Effektstärken deutlich: Die Werte für schwache, mittlere und starke Effekte weichen für negative Effekte mit 1 - 0,82 = 0,18, 1 - 0,54 = 0,46 und 1 - 0,33 = 0,67 vom neutralen Wert 1 in geringerem Maße ab, als bei positiven Zusammenhängen mit 1,22 - 1 = 0,22, 1,86 - 1 = 0,86 und 3 - 1 = 2.

Dass die Unterschiede zwischen Odds Ratios nicht aussagekräftig interpretierbar und vergleichbar sind, wird auch dadurch deutlich, dass das Vertauschen der Zeilen oder der Spalten dazu führt, dass sich für Odds Ratio genau der Kehrwert ergibt. Angenommen, in einer Studie ergeben sich für eine Vierfeldertafel OR = 2 und in einer anderen Stichprobe OR = 4. Die Differenz der Odds Ratios beträgt somit 2. Vertauschen wir dann einfach in jeder der beiden Tabellen die Zeilen (bzw. „0" → „1", „1" → „0") so betragen die Werte der Odds Ratios ½ und ¼. Obwohl durch das Vertauschen der Zeilen nur das Vorzeichen, aber nicht die Stärke des Zusammenhangs beeinflusst wird, ist die Distanz der Odds Ratio mit ¼ nun viel geringer.

**Tabelle 13-4** zeigt die Zuordnung der Werte von Y, Odds Ratio und ln(OR). Es wird deutlich, dass die Abstände zwischen Odds Ratio die verhältnisskalierte ln(OR)-Information stark verzerrt und unsymmetrisch abbilden. Für negative ln(OR) werden die Werte von Odds Ratio z.B. „gestaucht". Zusätzlich sind die Werte des Relativen Risikos in Abhängigkeit von den Prävalenzwerten in der Vergleichsgruppe (,01, ,05, ,10, ,25 und ,50) angegeben. Hierdurch wird nochmals deutlich, dass eine korrekte Interpretation der Werte von RR die Kenntnis der Grundhäufigkeit, mit der ein Merkmal auftritt, voraussetzt: Je näher die Grundrate am Wert ,5 liegt, desto näher liegt RR am neutralen Punkt 1.

**Definition**

**Logarithmiertes Odds Ratio (ln(OR)) als metrische Größe der Zusammenhangsstärke**

Die Distanzen zwischen Odds Ratios dürfen nicht als Indikatoren der Größe des Unterschieds von Zusammenhangsstärken interpretiert werden: Die 0,5-Differenz zwischen z.B. 0,25 und 0,75 würde einen sehr viel größeren Unterschied in den Zusammenhangsstärken wiederspiegeln, als derselbe 0,5-Unterschied zwischen z.B. 10,1 und 10,6.

Die logarithmierten Werte von Odds Ratio ln(OR) lösen dieses Problem, da diese die Zusammenhangsstärke verhältnisskaliert repräsentieren: Der Nullpunkt ist eindeutig festgelegt („0" = „Es besteht kein Zusammenhang") und die Distanzen sind aussagekräftig.

Der Mittelwert verschiedener ln(OR) ist – im Unterschied zu den Mittelwerten verschiedener Yules Y-Werte oder von Odds Ratio – aussagekräftig: Dieser spiegelt die durchschnittliche Zusammenhangsstärke wieder.

- OR > 1 → ln(OR) > 0:
  Positiver Zusammenhang
- OR = 1 → ln(OR) = 0:
  Kein Zusammenhang
- OR < 1 → ln(OR) < 1:
  Negativer Zusammenhang

Der Wertebereich von ln(OR) ist nicht beschränkt: ]−∞; +∞[

Orientierungswerte für die Effektstärke:

- Schwacher Effekt:
  $|Y|$ = ,1 = −ln(0,82) = ln(1,22) = 0,20
- Mittlere Effekt:
  $|Y|$ = ,3 = -ln(0,54) = ln(1,86) = 0,62
- Starker Effekt:
  $|Y|$ = ,5 = -ln(0,33) = ln(3,00) = 1,10

**Tabelle 13-4:** Korrespondierende Werte von Yules Y, Odds Ratio (OR) und Logarithmus von Odds Ratio (ln(OR)). Zudem sind die entsprechenden Werte für das Relative Risiko für die Prävalenzen ,01, ,05, ,10, ,25 und ,50 angegeben.

| | | | RR | | | | |
|---|---|---|---|---|---|---|---|
| Y | OR | ln(OR) | $PV_0$ = ,01 | $PV_0$ = ,05 | $PV_0$ = ,10 | $PV_0$ = ,25 | $PV_0$ = ,50 |
| –,99 | 0,01 | – 5,29 | 0,01 | 0,01 | 0,01 | 0,01 | 0,02 |
| –,95 | 0,03 | – 3,66 | 0,03 | 0,03 | 0,03 | 0,04 | 0,06 |
| –,90 | 0,05 | – 2,94 | 0,05 | 0,05 | 0,06 | 0,07 | 0,10 |
| –,80 | 0,11 | – 2,20 | 0,11 | 0,12 | 0,12 | 0,14 | 0,20 |
| –,70 | 0,18 | – 1,73 | 0,18 | 0,19 | 0,20 | 0,23 | 0,31 |
| –,60 | 0,25 | – 1,39 | 0,25 | 0,26 | 0,27 | 0,31 | 0,40 |
| –,50 | 0,33 | – 1,10 | 0,33 | 0,34 | 0,35 | 0,40 | 0,50 |
| –,40 | 0,42 | – 0,85 | 0,42 | 0,43 | 0,45 | 0,49 | 0,59 |
| –,30 | 0,54 | – 0,62 | 0,54 | 0,55 | 0,57 | 0,61 | 0,70 |
| –,20 | 0,67 | – 0,40 | 0,67 | 0,68 | 0,69 | 0,73 | 0,80 |
| –,10 | 0,82 | – 0,20 | 0,82 | 0,82 | 0,84 | 0,86 | 0,90 |
| ,00 | 1,00 | 0,00 | 1,00 | 1,00 | 1,00 | 1,00 | 1,00 |
| +,10 | 1,22 | + 0,20 | 1,22 | 1,21 | 1,19 | 1,16 | 1,10 |
| +,20 | 1,50 | + 0,40 | 1,49 | 1,46 | 1,43 | 1,33 | 1,20 |
| +,30 | 1,86 | + 0,62 | 1,84 | 1,78 | 1,72 | 1,53 | 1,30 |
| +,40 | 2,33 | + 0,85 | 2,30 | 2,18 | 2,06 | 1,75 | 1,40 |
| +,50 | 3,00 | + 1,10 | 2,94 | 2,73 | 2,50 | 2,0 | 1,50 |
| +,60 | 4,00 | + 1,39 | 3,88 | 3,48 | 3,08 | 2,29 | 1,60 |
| +,70 | 5,67 | + 1,73 | 5,42 | 4,60 | 3,87 | 2,62 | 1,70 |
| +,80 | 9,00 | + 2,20 | 8,33 | 6,43 | 5,00 | 3,00 | 1,80 |
| +,90 | 19,00 | + 2,94 | 16,10 | 10 | 6,79 | 3,45 | 1,90 |
| +,95 | 39,00 | + 3,66 | 28,26 | 13,45 | 8,125 | 3,71 | 1,95 |
| +,99 | 199,00 | + 5,29 | 66,78 | 18,26 | 9,57 | 3,94 | 1,99 |

**Merke**

Während Distanzen der Werte von Odds Ratio nicht verglichen oder als Maß der Unterschiedsgröße interpretiert werden dürfen, ist dies für logarithmierte Werte von Odds Ratio zulässig, da diese verhältnisskaliert sind.

**Beispiel**

In fünf Studien haben sich die Werte für Odds Ratio von 0,11, 0,33, 1, 3 und 9 ergeben. Die Zusammenhänge scheinen sich auf den ersten Blick in den ersten beiden Studien mit 0,33 – 0,11 = 0,22 viel weniger zu unterscheiden als z. B. in den letzten beiden Studien (9 – 3 = 6). Ein Vergleich der Unterschiedsstärken ist aber nur zulässig, wenn die logarithmierten Werte ln(0,11) = -2,20, ln(0,33) = -1,10, ln(1) = 0, ln(3) = + 1,10 und ln(9) = + 2,20 betrachtet werden. Zwischen allen Werten liegen gleiche Distanzen, die Unterschiede zwischen den Zusammenhängen sind gleich groß. Da für die logarithmierten Werte zudem ein eindeutiger Nullpunkt definiert ist („0" = „kein Zusammenhang") darf zudem gefolgert werden, dass der Zusammenhang in Studie 1 doppelt so hoch ausgeprägt ist wie in Studie 2 (-2,20/-1,10 = 2) und der Zusammenhang in Studie 5 doppelt so hoch ausgeprägt ist wie in Studie 4 (+ 2,20/ + 1,10 = 2).

### 13.1.5 Die Berechnung und Prüfung der Signifikanz von OR und ln(OR) mittels SPSS

Für die epidemiologischen Maßzahlen haben wir bisher auf die Frage der statistischen Signifikanz verzichtet, da dies die einführende Darstellung nochmals verkompliziert hätte. Die folgende Beschreibung der Bestimmung und Prüfung der Kennziffern mittels der Software SPSS enthält die wesentlichen Informationen hierzu. Zunächst müssen die Daten der beiden Analysevariablen im Datenblatt eingegeben werden (**Abbildung 13-2**). Die folgenden Analysedaten entsprechen denjenigen, die im letzten Datenbeispiel in Tabelle 13-2 dargestellt sind.

Um Odds Ratio und dessen logarithmierten Wert zu erhalten, wird dann über die Menüauswahl *Analysieren* → *Deskriptive Statistiken* → *Kreuztabellen* die Definitionsbox (**Abbildung 13-3** links) aufgerufen, in der die Zeilen- und Spaltenanordnung durch die Zuordnung der Variablennamen festgelegt wird. Über den

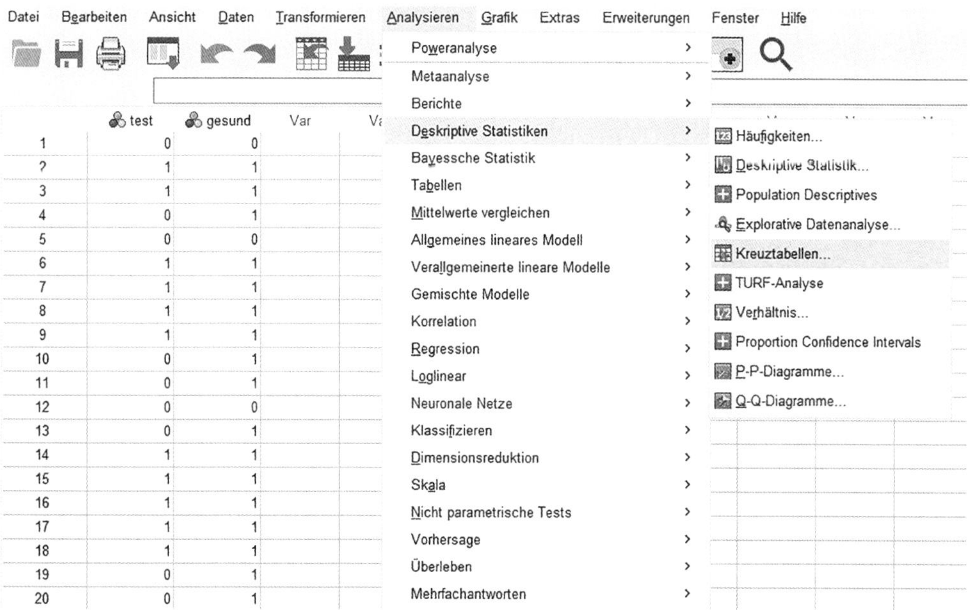


**Abbildung 13-2:** SPSS-Datenfenster mit den Daten des letzten Beispiels in Tabelle 13-2 („test": „0" = „negativ", „1" = „positiv"; „gesund": „0" = „gesund", „1" = „krank") und Menüauswahl „Kreuztabellen"

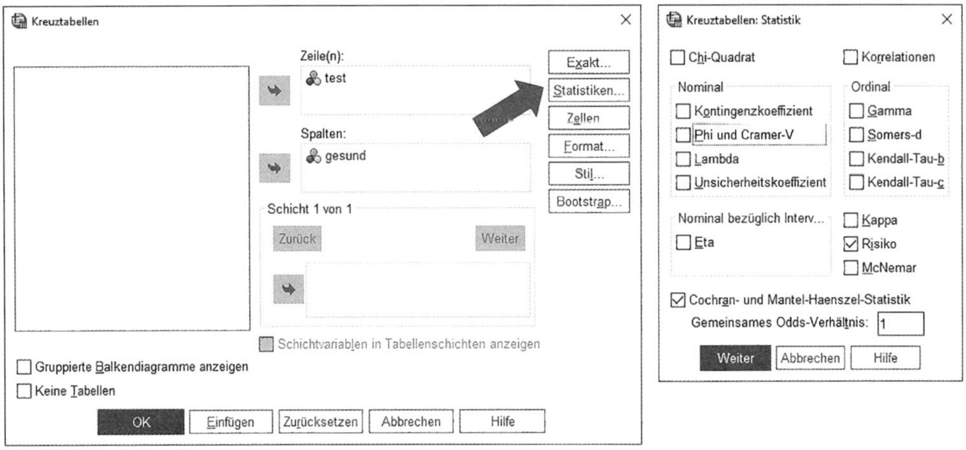


**Abbildung 13-3:** Definition der Spalten und Zeilen in der Dialogbox „Kreuztabellen" (links) und der Angaben zu Risiko und Odds Ratio unter „Statistiken" (rechts)

Button *Statistiken* kann dann die *Cochran-Mantel-Haenzsel-Statistik* angefordert werden. Hier ist für den integrierten Signifikanztest der Erwartungswert für Odds Ratio „1" voreingestellt: Besteht kein Zusammenhang, so sollte Odds Ratio den Wert 1 annehmen.

Im Ergebnisoutput (**Abbildung 13-4**) wird der aus **Tabelle 13-2** für das Datenbeispiel bekannte Wert von Odds Ratio = 16 angezeigt. Unten sind die Grenzen des Konfidenzintervalls angegeben: Der 95%-Sicherheitsbereich, in dem das wahre Odds Ratio liegt, lautet 7,859 bis 32,575. Da der Erwartungswert der Nullhypothese für Odds Ratio 1 lautet, kann bereits abgeleitet werden, dass es sich um einen signifikanten Zusammenhang handelt.

Der logarithmierte Wert ln(16) beträgt 2,773. Die Grenzen des 95%-Konfidenzintervalls ln(7,859) = 2,062 bis ln(32,575) = 3,484 schließen den Erwartungswert der Nullhypothese ln(1) = 0 ebenfalls nicht ein. Man beachte, dass das Konfidenzintervall für ln(OR) symmetrisch vom Stichprobenkennwert ln(OR) = 2,773 abweicht (Betragsabweichung der oberen und unteren Grenzen = 0,771). Hingegen ist das Konfidenzintervall für Odds Ratio nicht symmetrisch, sondern nach unten gestaucht (16 – 7,859 = 8,141) bzw. nach oben gestreckt (32,575 – 16 = 16,575).

**Merke**

Es besteht ein signifikanter Zusammenhang der Merkmale, wenn der Erwartungswert der Nullhypothese

E(OR | Nullhypothese)=1 bzw.
E(ln(OR) | Nullhypothese)=0

nicht im 95%-Konfidenzintervall liegt.

Das Konfidenzintervall für OR ist unsymmetrisch um den Stichprobenkennwert OR. Die Kennwerteverteilung ist rechtsschief (bei OR < 1) und linksschief (bei OR > 1).
Das Konfidenzintervall für ln(OR) ist symmetrisch um den Stichprobenkennwert ln(OR). Die Kennwerteverteilung ist symmetrisch.

Die Verteilung der ln(OR) entspricht annähernd einer Normalverteilung. Der Standardfehler der Verteilung wird von SPSS in der dritten Zeile ausgegeben: $\sigma_{\ln(OR)} = 0{,}363$.

Weicht ln(OR) also mehr als 1,96 Standardfehler von 0 ab bzw. ist der Quotient $|z| = \left|\frac{\ln(OR)}{\sigma_{\ln(OR)}}\right| > 1{,}96$, so ist der Zusammenhang auf dem 5%-Signifikanzniveau signifikant. Im Beispiel gilt $z = \frac{2{,}773}{0{,}363} = 7{,}64$. Dieser Prüfwert wird im Output nicht ausgegeben, lediglich dessen p-Wert („Asymptotische Signifikanz (zweiseitig): < ,001").

| Schätzung des gemeinsamen Odds-Verhältnisses nach Mantel-Haenszel | | | |
|---|---|---|---|
| Schätzer | | | 16,000 |
| ln(Schätzung) | | | 2,773 |
| Standardfehler von ln(Schätzung) | | | ,363 |
| Asymptotische Signifikanz (zweiseitig) | | | <,001 |
| Asymptotisches 95 % Konfidenzintervall | Gemeinsames Quotenverhältnis | Untergrenze | 7,859 |
| | | Obergrenze | 32,575 |
| | ln (gemeinsames Quotenverhältnis) | Untergrenze | 2,062 |
| | | Obergrenze | 3,484 |

Die Schätzung des gemeinsamen Quotenverhältnisses nach Mantel-Haenszel ist unter der Annahme des gemeinsamen Quotenverhältnisses von 1,000 asymptotisch normalverteilt. Dasselbe gilt für den natürlichen Logarithmus der Schätzung.

**Abbildung 13-4:** SPSS-Ergebnistabellen für das Datenbeispiel

**Definition**

**Schritte der Signifikanztestung von Odds Ratio und ln(OR)**

1. Die Null- und die Alternativhypothese lauten also wie folgt:
   - H0: E(OR) = 1 bzw. E(ln(OR)) = 0
   - H1: E(OR) ≠ 1 bzw. E(ln(OR)) ≠ 0
2. Signifikanzniveau festlegen: $\alpha$ = ,05 bzw. 5 %
3. Zusammenhangsmaß bestimmen: OR = 16 bzw. ln(OR) = 2,773
4. Bestimmung der Kennwerteverteilung: Approximative Normalverteilung
5. Bestimmung der kritischen Werte, die die extremen 5 % abschneiden:
   - Bestimmung des 95 %-Konfidenzintervalls:
     $P(\ln(OR) - 1{,}96 \cdot \sigma_{\ln(OR)} \leq \ln(OR)_{Population} < \ln(OR) + 1{,}96 \cdot \sigma_{\ln(OR)}) = .95$
     $P(2{,}773 - 1{,}96 \cdot 0{,}363 \leq \ln(OR)_{Population} < 2{,}773 + 1{,}96 \cdot 0{,}363) = .95$
     $P(2{,}06 \leq \ln(OR)_{Population} < 3{,}48) = .95$ oder
   - Bestimmung der Prüfgröße:
     $z = \left|\frac{\ln(OR)}{\sigma_{\ln(OR)}}\right| = \frac{2{,}773}{0{,}363} = 7{,}62$
6. Entscheidung: Der Zusammenhang ist statistisch signifikant auf dem Signifikanzniveau α = ,05 bzw. 5 %, weil (a) der Erwartungswert der Nullhypothese 0 außerhalb des 95 %-Konfidenzintervalls [2,06; 3,48] liegt oder (b) der Betrag des Werts der Prüfgröße z = 7,62 größer als 1,96 ist.

### 13.1.6 Vertiefender Ausblick: Integration von Zusammenhangsstärken in Metaanalysen

Metaanalysen fassen die Ergebnisse mehrerer Studien zur selben Fragestellung zusammen, um die gesamte Studienlage integriert beurteilen zu können. **Abbildung 13-5** zeigt ein sogenanntes Forest-Plot von sieben Originalstudien zum Wirkungseffekt eines Medikaments: Zu sehen sind die ln(OR) und deren 95 %-Konfidenzintervalle. In den ersten sechs Studien zeigt sich in den Einzelstichproben ein ln(OR) < 0. Die zeigt an, dass mehr gesunde bzw. gebesserte

| Studiennr./Jahr | Teilnehmerzahl Medikament | Teilnehmerzahl Placebo |
|---|---|---|
| 1 (1998) | 235 | 56 |
| 2 (2000) | 49 | 49 |
| 3 (1999) | 111 | 36 |
| 4 (2001) | 157 | 39 |
| 5 (1999) | 252 | 64 |
| 6 (1998) | 54 | 10 |
| 7 (1998) | 60 | 16 |

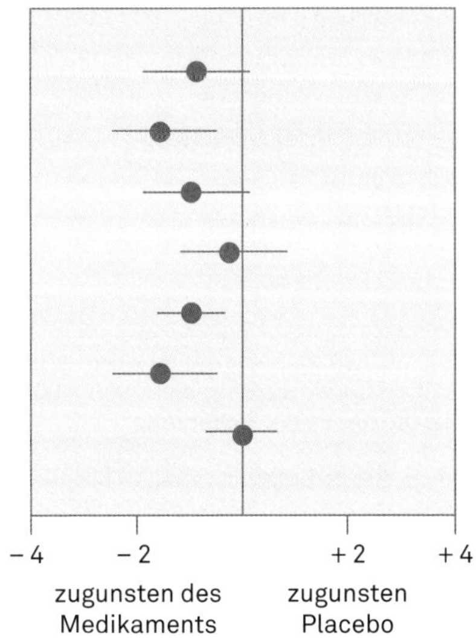


**Abbildung 13-5:** Forest-Plot: ln(OR) und deren 95 %-Konfidenzintervalle in sieben Studien zur Wirksamkeit eines Medikaments (angelehnt an Fletcher & Fletcher, 2007, S. 281)

Fälle in der Medikamenten- als in der Placebo-Vergleichsstichprobe beobachtet wurden. In der zweiten, fünften und sechsten Studie hat sich ein signifikantes Ergebnis gezeigt: Dies lässt sich daraus schließen, dass der Erwartungswert der Nullhypothese ($E[\ln(OR) = 0]$), der durch den senkrechten Strich eingetragen ist, oberhalb der oberen Grenze des Konfidenzintervalls liegt. In Studie 1, 3, 4 und 7 konnte entsprechend kein signifikanter Effekt nachgewiesen werden. In Studie 7 hat sich für ln(OR) genau der Erwartungswert 0 ergeben. Hier ist also noch nicht einmal eine Tendenz in Richtung Medikamentenwirksamkeit zu erkennen.

**Definition**

**Forest-Plot:** Grafische Darstellung der Ergebnisse mehrerer Studien (studienspezifische Effekte und jeweilige Konfidenzintervall; x-Achse Effektstärke; Y-Achse: Einzelstudien bzw. deren Integration). Der Erwartungswert der Nullhypothese wird als vertikale Linie dargestellt. Alle Studien, deren Konfidenzintervall diesen Erwartungswerte nicht enthält, zeigen ein signifikantes Ergebnis an bzw. ein Ergebnis, das signifikant vom Erwartungswert der Nullhypothese abweicht.

Für die Darstellung im Forest-Plot empfiehlt es sich, ln(OR) statt Odds Ratio selbst zu verwenden, da die Konfidenzintervalle für Odds Ratio asymmetrisch sind und sich für ln(OR) besser erkennen lässt, wo der Durchschnittswert der Studien lokalisiert ist.

## 13.2 Logistische Regression

Die logistische Regression ist ein komplexes Verfahren. Die detaillierte Behandlung der statistischen Hintergründe würde den Rahmen dieses Lehrbuchs deutlich sprengen. Deshalb sollen die Grundmerkmale dieses Analyseverfahrens in Bezug von bereits bekannten Informationen bzw. aufgrund von in diesem Lehrbuch bereits behandelten statistischen Prinzipien eingeführt werden:

- Bei der logistischen Regression wird genau wie bei der linearen Regression (Kapitel 11), die Ausprägung *einer Kriteriumsvariable* durch eine (*einfache logistische Regression*) oder durch mehrere (*multiple logistische Regression*) Prädiktorvariablen geschätzt. Während die Kriteriumsvariable bei der linearen Regression intervallskaliert erhoben worden sein muss, ist bei der logistischen Regression die **Kriteriumsvariable dichotom** ausgeprägt (z. B. gesund vs. krank).
- Die Regressionsgewichte werden bei der linearen Regression auf Basis der Produkt-Moment-Korrelation (Kapitel 9) berechnet, da lineare Zusammenhänge angenommen werden. Die Regressionsgewichte können entsprechend als korrigierte Produkt-Korrelationskoeffizienten interpretiert werden. Für die logistische Modellierung der Zusammenhänge der Prädiktoren mit der Kriteriumsvariablen bilden Methoden für kategoriale, dichotome Merkmale, die wir in Abschnitt 13.1 behandelt haben, die Basis. Die **Regressionsgewichte** können direkt in Odds Ratios transformiert werden. Der Schätzbeitrag eines Prädiktors für das Kriterium kann somit als (korrigiertes) Odds Ratio ausgedrückt werden. Die Interpetation von Odds Ratio erfolgt in gleicher Weise, wie sie in Abschnitt 13.1.4 erläutert wurde.

**Definition**

**Logistische Regression**

Bei der logistischen Regression ist die Kriteriumsvariable Y dichotom (0, 1) ausgeprägt. Die Prädiktorvariablen sind entweder dichotom oder intervallskaliert erhoben worden. Das Ziel der Analyse besteht darin, die Wahrscheinlichkeit, dass das Kriterium den Wert 1 annimmt, aufgrund des Wertes eines Prädiktors X oder einer gewichteten Summe der Pädiktoren $X_1 \ldots X_k$ zu schätzen.

- Einfache logistische Regression: $P(Y=1) = f(X)$
- Multiple logistische Regression: $P(Y=1) = f(X_1, \ldots, X_2)$

Da eine Wahrscheinlichkeit geschätzt werden muss, muss statt einer linearen Funktionsgleichung (Abbildung 13-6) eine logistische Funktionsgleichung (Abbildung 13.7) verwendet werden.

- Einfache logistische Regressionsgleichung: $P\ (Y = 1) = \frac{\exp(b_0+b_1 \cdot X)}{1+\exp(b_0+b_1 \cdot X)}$
- Multiple logistische Regressionsgleichung: $P\ (Y = 1) = \frac{\exp(b_0+b_1 \cdot X_1+b_2 \cdot X_2+\ldots+b_k \cdot X_k)}{1+\exp(b_0+b_1 \cdot X+b_2 \cdot X_2+\ldots+b_k \cdot X_k)}$

### 13.2.1 Einfache logistische Regression aufgrund einer dichotomen Prädiktorvariable

Die Bedeutung der Formelelemente soll ausgehend von den Ergebnissen der Analyse erklärt werden, da dies den einfachsten Zugang zum Verständnis der logistischen Regressionsanalyse ermöglicht. Die Beispielanalyse soll auf Basis der einfachen logistischen Regressionsanalyse der Daten aus Tabelle 13-2 (unten bzw. viertes Beispiel) erfolgen. Hier sind beide Merkmale „Risikofaktor" und „Gesundheit vs. Krankheit" dichotom ausgepragt. Statt die Dateninformation in Form einer Vierfeldertafel – wie in der Tabelle dargestellt – zu betrachten, sollte man sich hier die Daten so wie in Abbildung 13-2 bzw. Tabelle 13-6 (Spalte 1 bis 3) vorstellen: Die Daten jeder Einzelperson werden in einer jeweils Datenzeile eingetragen.

Gemäß des logistischen Regressionsmodells lautet die Analysefragestellung dann: Wie kann die Wahrscheinlichkeit, dass eine Person krank ist (Y = 1) optimal aus der Information, ob ein Risikofaktor vorliegt („1") bzw. nicht vorliegt („0") geschätzt werden?:

$$P\ (krank) = \frac{\exp(b_0+b_1 \cdot Risiko[0\ oder\ 1])}{1+\exp(b_0+b_1 \cdot Risiko[0\ oder\ 1])}$$

**Tabelle 13-5:** Ergebnisse der Berechnung der logistischen Regression für die Daten in Tabelle 13-2 (unten) mittels SPSS

| Risikofaktor | Koeffizient | Standardfehler | Wald | df | p | Exp(B) |
|---|---|---|---|---|---|---|
| **Steigung: $b_1$** | 2,773 | ,363 | 58,423 | 1 | <,001 | **16,000 [= Odds Ratio]** |
| **Konstante: $b_0$** | −4,331 | ,318 | 185,117 | 1 | <,001 | **,013 [= p(Y=1)\|(X = 0)]]** |

**Tabelle 13-6:** Vier Datenmuster, die im Datenbeispiel in Tabelle 13-2 (unten) auftreten können (erste drei Spalten), sowie regressionanalytisch geschätzte Warscheinlichkeiten p, krank zu sein, aufgrund der Information, ob der Risikofaktor vorliegt oder nicht

| Fall | Risikofaktor | Krank | p |
|---|---|---|---|
| 1 | 0 | 0 | **,01299** |
| 2 | 0 | 1 | **,01299** |
| 3 | 1 | 0 | **,17391** |
| 4 | 1 | 1 | **,17391** |

**Tabelle 13-5** zeigt die Ergebnisse der Analyse für die Elemente der Regressionsgleichung. Der Wert des Regressionsparameters $b_0$ beträgt −4,333 und der Wert des Regressionsparameters $b_1$ beträgt 2,773. Damit lautet die Schätzgleichung

$$P\ (krank) = \frac{\exp(-4{,}333+2{,}773 \cdot Risiko[0\ oder\ 1])}{1+\exp(-4{,}333+2{,}773 \cdot Risiko[0\ oder\ 1])}]$$

Zusätzlich zu den Ausprägungen der Regressionskoeffizienten $b_0$ und $b_1$ wird deren Standardfehler und die sog. **Wald-Statistik** ausgeben, die angenähert $\chi^2$-verteilt ist (vgl. Kapitel 12) und jeweils df = 1 Freiheitsgrade besitzt. Da der p-Wert mit <,001 kleiner ist als das Signifikanzniveau $\alpha$ = ,05 weichen $b_0$ und $b_1$ signifikant von Erwartungswert 0 der Nullhypothese ab. Dass die beiden Analysemerkmale Risikofaktor (X) und Erkrankung (Y) in systematischem Zusammenhang stehen, kann aus der Signifikanz des Koeffizienten $b_1$ abgeleitet werden.

Leider ist die Bedeutung der Werte $b_0$ = −4,333 und $b_1$ = 2,773 nicht unmittelbar nachzuvollziehen. Hierzu müssten wir weitere statistische Hintergründe betrachten. Wenn wir die Werte jedoch exponenzieren, erhalten wir Informationen, die wir bereits aus den vorangehenden Abschnitten kennen.

**exp($b_0$) = Wahrscheinlichkeit krank zu sein (Y = 1), wenn der Risikofaktor gleich 0 ist.**
exp(-4,333) bzw. $e^{-4,333}$ (e = 2,7172...; Euler'sche Zahl) ist gleich ,013. Dies ist gleich der relativen Häufigkeit, mit der Probandinnen und Probanden, die keinen Risikofaktor aufweisen (X = 0) krank sind (Y = 1). 10 von 770 Personen, die keinen Risikofktor aufweisen, sind erkrankt: 10 / 770 = ,013.

**exp($b_1$) = Odds Ratio der beiden Merkmale Risikofaktor (0, 1) und Krankheit (0, 1)**
exp(2,777) bzw. $e^{2,777}$ ist gleich 16. Dies ist gleich dem Wert von Odds Ratio, den wir auch direkt aus den Zellbesetzungen der Vierfeldertafel berechnet haben: (760 • 40) / (10 • 190) = 16 (vgl. Tabelle 13-2).

Hieraus können wir schließen, dass sich für alle vier Datenbeispiele in Tabelle 13-2 in der logistischen Regression derselbe Wert für $b_1$ 2,773 ergeben muss. Denn in allen vier Tabellen ist Odds Ratio gleich 16.

**Merke**

**Bedeutung der exponenziell transformierten Regressionsparameter $b_0$ und $b_1$ im Falle zweier dichotomer Analysevariablen**

Im Falle zweier dichotomer Analysemerkmale, die jeweils mit 0 und 1 kodiert sind, entspricht $\exp(b_0)$ dem Anteil der Merkmalsträgerinnen und Merkmalsträger an denjenigen, die das Risikomerkmal nicht aufweisen. $\exp(b_1)$ entspricht dem Wert von Odds Ratio: Weicht dieser Wert signifikant von 1 ab, so lässt sich die Wahrscheinlichkeit von Y = 1 systematisch durch X schätzen.

**Tabelle 13-6** zeigt die Wahrscheinlichkeitsschätzungen p, die bei Durchführung der Regressionanalyse ermittelt werden. Bei zwei dichotomen Merkmalen sind grundsätzlich nur die vier in der Tabelle abgetragenen Datenmuster möglich. Da zudem für die Schätzung nur die Information des Prädiktors genutzt wird, unterscheiden sich die geschätzten Wahrscheinlichkeiten nur für X bzw. Risiko = 0 und X bzw. Risiko = 1:

- $P\,(krank|Risiko = 0) = \frac{\exp(-4{,}333)}{1+\exp(-4{,}333)} = {,}013$
- $P\,(krank|Risiko = 1) =$

$$\frac{\exp(-4{,}333+2{,}773 \cdot Risiko[0\ oder\ 1)}{1+\exp(-4{,}333+2{,}773 \cdot Risiko[0\ oder\ 1])} = {,}174$$

Diese Wahrscheinlichkeiten entsprechen ebenfalls Werten, die wir direkt aus der Vierfeldertafel hätten bestimmen können: Wenn kein Risiko vorliegt, sind 10 von 770 erkrankt, also h(krank|Risiko = 0) = ,013. Wenn das Risiko vorliegt, sind 40 von 230 erkrankt, also h(krank|Risiko = 1) = ,174.

Die Analyse der Vierfeldertafel mittels der logistischen Regression hat also keine nicht schon bekannten Informationen hervorgebracht. Alle ermittelten Werte hätten wir auch direkt auf Basis der Zahlen in der Vierfeldertafel bestimmen können. Insofern hätten wir mit der logistischen Regression kein neues Verfahren kennen lernen müssen. Dies ändert sich jedoch, wenn die Prädiktorvariable intervallskaliert ist oder mehr als ein Prädiktor zur Schätzung verwendet wird. Das hier präsentierte Beispiel sollte verdeutlichen, wie die Schätzergebnisse in Verbindung zu den Maßen stehen, die wir bereits kennen gelernt haben: Relative Häufigkeiten, Wahrscheinlichkeiten und Odds Ratio. Für intervallskalierte Prädiktoren oder im Falle mehrerer Prädiktoren können diese nicht mehr aus Vierfeldertafeln bestimmt werden und die Interpretation muss angepasst werden. Das Grundprinzip der Analyse und der Ergebnisinterpretation bleibt aber gleich.

### 13.2.2. Einfache logistische Regression aufgrund einer intervallskalierten Prädiktorvariable

**Abbildung 13-6** zeigt ein Streudiagramm für den Fall, dass die intervallskalierte Prädiktorvariable kontinuierlich verteilt ist und die Kriteriumsvariable dichotom ist. Im Unterschied zu Streudiagrammen (vgl. Abbildung 9-6 bzw. 11-3) zweier kontinuierlich verteilter intervallskalierter Merkmale, entspricht die Datenverteilung nicht einer „Punktwolke", da in Y-Richtung nur zwei diskrete Ausprägungen möglich sind. Alle Messwerte liegen auf zwei Linien, die parallel zur X-Achse verlaufen ($y_i = f(x_i) = 0$ oder $y_i = f(x_i) = 1$). Zudem ist die lineare Regressionsgleichung eingetragen: Hierdurch wird auch grafisch nachvollziehbar, weshalb der Zusammenhang nicht angemessen durch eine Gerade beschrieben werden kann und somit das Modell der linearen Regressionsanalyse nicht datenadäquat sein kann (Kapitel 11):

1. Eine Regressionsgerade nimmt in der Abbildung nur für *einen* x-Wert ($x_i \approx 0{,}7$) den Wert $y_i = 0$ und nur für *einen* x-Wert ($x_i \approx 5{,}3$) den Wert $y_i = 1$ an. Die Regressionsgerade schneidet die Geraden y = 0 und y = 1 jeweils nur an einer Stelle. Grundsätzlich können so-

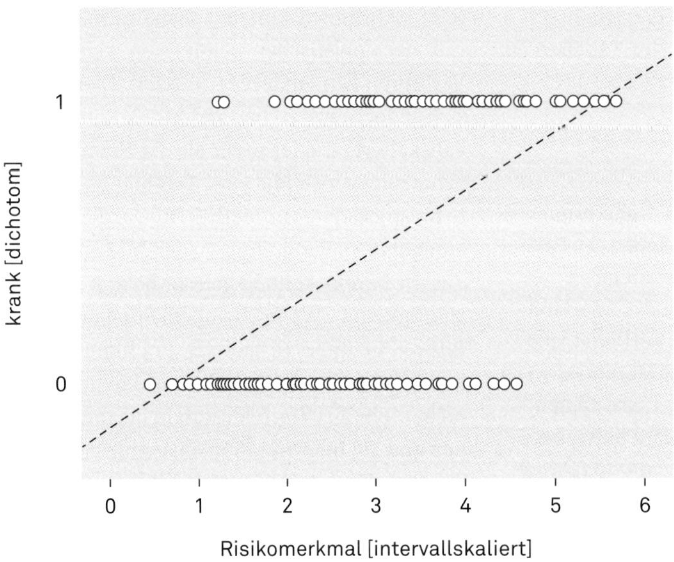


**Abbildung 13-6:** Beispielhafte Datenverteilung bei kontinuierlich verteiltem intervallskaliertem Prädiktor und dichotomem Kriterium. (gestrichelte Linie = lineare Regressionsfunktion)

mit nur für zwei $x_i$-Werte die $y_i$-Werte 0 und 1 durch eine lineare Funktionsgerade korrekt geschätzt werden. Für alle anderen $x_i$-Werte muss die Schätzung $\hat{y}_i$ vom gemessenen Wert $y_i$ per Definition abweichend sein, da die gemessenen $y_i$-Werte nicht auf der Gerade liegen können.

2. Die Regressionsgerade sagt Werteausprägungen in Y vorher, die nicht definiert sind:
   - Im unteren Bereich der x-Achse werden y-Werte kleiner 0 vorhergesagt und im oberen Bereich der x-Achse werden y-Werte größer 1 vorhergesagt, obwohl das empirische Minimum 0 ist und das empirische Maximum 1 beträgt.
   - Es werden y-Werte zwischen 0 und 1 vorhergesagt, obwohl Werte zwischen 0 und 1 nicht definiert sind.

Für eine angemessene Schätzfunktion muss gelten,

- dass keine y-Werte kleiner 0 und keine y-Werte größer 1 vorhergesagt werden, und
- dass y-Werte zwischen 0 und 1 eine interpretierbare Bedeutung haben. Wenn z. B. ein y-Wert gleich 0,5 geschätzt wird, muss angegeben werden können, welche empirisch messbare Information oder welche Merkmalsausprägung dieser Wert widerspiegeln soll.

Anstelle einer linearen Funktion bzw. Geraden wird deshalb ein ogivenförmiger Funktionsverlauf zur Modellierung des Zusammenhangs verwendet. **Abbildung 13-7** zeigt die ogivenförmige Gestalt der logistischen Funktion.

Die **logistische Funktion** ist eine stetig steigende Funktion, die lediglich y-Werte im Bereich von 0 bis 1 annimmt, wobei die Werte 0 und 1 nie erreicht, sondern nur angenähert werden. Die Funktionswerte konvergieren im negativen Bereich mit abnehmenden x-Werten gegen 0 und im positiven Bereich mit zunehmenden x-Werten gegen 1. Es werden also – wie erforderlich – niemals y-Werte größer 1 oder kleiner 0 vorhergesagt.

Das Problem, dass y-Werte zwischen 0 und 1 nicht definiert sind, bleibt aber auch bei Verwendung der logistischen Funktion zunächst ungelöst. Bei der Anwendung der logistischen Regression erhalten die Werte zwischen 0 und 1 dadurch eine Bedeutung, dass nicht die tatsäch-

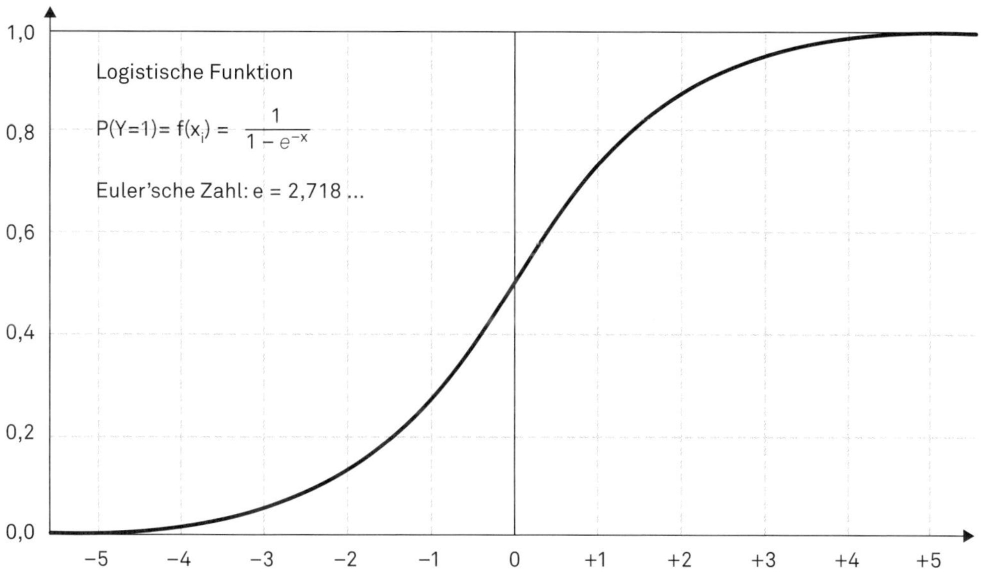


**Abbildung 13-7:** Die logistische Funktion.

lich gemessenen y-Werte 0 und 1 vorhergesagt werden. Stattdessen wird aufgrund des Prädiktorwerte x geschätzt, mit welcher **Wahrscheinlichkeit** eine Person den Wert y = 1 besitzt.

$$P\,(Y = 1|x_i) = \frac{\exp(b_0+b_1 \cdot x_i)}{1+\exp(b_0+b_1 \cdot x_i)}$$

**Merke**

Bei der logistischen Regression wird geschätzt, wie wahrscheinlich eine Person mit der Prädiktorausprägung $x_i$ in der Kriteriumsvariable Y den Wert 1 annimmt.

Das unterliegende Schätzprinzip kann mit Hilfe der **Abbildung 13-8** anschaulich nachvollzogen werden. Stellen Sie sich vor, die kontinuierlich verteilten x-Werte werden in Intervallen zusammengefasst. Alle Fälle, deren $x_i$-Wert kleiner als 1,5 ist, bilden das erste Intervall, die Werte von 1,5 bis 2,5 bilden das zweite Intervall usw. In der Abbildung werden gemäß der eingezeichneten Intervallgrenzen (vertikale Linien) fünf Intervalle gebildet. In diesen Intervallen lautet die relative Häufigkeit der Fälle mit einem Kriteriumswert y = 1 wie folgt:

$h_1(y = 1) = 2/24 = ,08$ (bzw. 8 %)
$h_2(y = 1) = 12/55 = ,22$ (bzw. 22 %)
$h_3(y = 1) = 46/88 = ,52$ (bzw. 52 %)
$h_4(y = 1) = 47/57 = ,83$ (bzw. 83 %)
$h_5(y = 1) = 13/14 = ,93$ (bzw. 93 %)

Diese relativen Häufigkeiten sind in der Abbildung 13-8 rechts abgetragen. Der Anstieg der Wahrscheinlichkeiten mit zunehmender Ausprägung der $x_i$-Werte wird sehr gut durch den Verlauf der eingezeichneten logistischen Regressionsfunktion angenähert. Die Schätzung der optimal passenden logistischen Regressionsgleichung erfolgt mittels eines Schätzalgorithmus, der hier nicht detailliert behandelt werden kann. Für die Schätzung der logistischen Regressionsfunktion muss keine Intervallbildung, wie in Abbildung 13-8 dargestellt, erfolgen. Insofern nähert die Darstellung in der Abbildung das Schätzprinzip nur anschaulich an, ohne dass dies dem tatsächlichen Schätzprinzp genau entspricht.

Die mittels SPSS ermittelte Regressionsgleichung lautet für das Datenbeispiel:

$$P\,(Y_i = 1|x_i) = \frac{e^{-3{,}94+1{,}35 \cdot x_i}}{1 + e^{-3{,}94+1{,}35 \cdot x_i}}$$

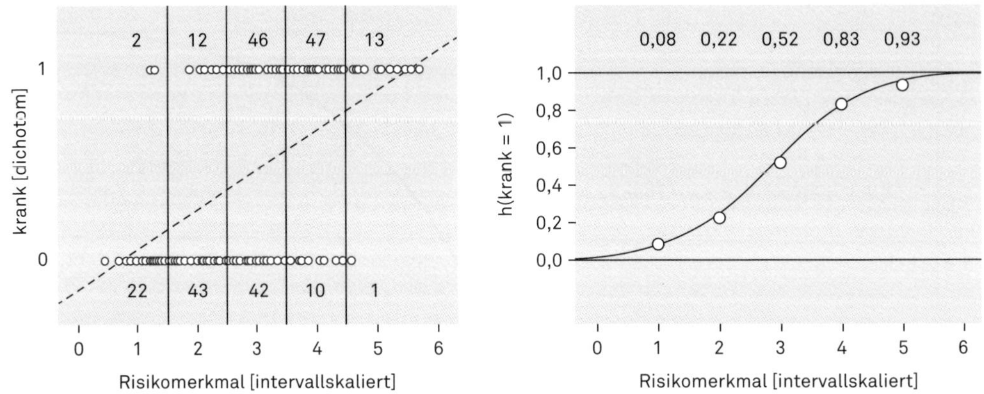


**Abbildung 13-8:** Links: Kategorisierung der Datenverteilung durch Zusammenfassung der Prädiktorausprägungen in Intervallen (bis 1,5[, [1,5-2,5[, [2,5-3,5[, [3,5-4,5[, [4,5-). Zahlenangaben = Häufigkeit der Messwerte in den Intervallen für y = 0 (unten) und y = 1 (oben). Rechts: Relative Häufigkeit der Messungen mit y = 1 in den Intervallen und logistischer Funktionsverlauf.

**Tabelle 13-7:** Geschätzte Erkrankungswahrscheinlichkeit auf Basis der Testergebnisse

| Testergebnis $x_i$ | Logit($x_i$) = $-3{,}94 + 1{,}35 \cdot x_i$ | Erkrankungswahrscheinlichkeit $P(Y_i = 1 \mid x_i) = \frac{e^{-3{,}94+1{,}35 \cdot x_i}}{1 + e^{-3{,}94+1{,}35 \cdot x_i}}$ |
|---|---|---|
| 0 | −3,94 | ,02 |
| 0,5 | −3,26 | ,04 |
| 1,0 | −2,59 | ,07 |
| 1,5 | −1,91 | ,13 |
| 2,0 | −1,24 | ,22 |
| 2,5 | −,57 | ,36 |
| 3,0 | ,11 | ,53 |
| 3,5 | ,79 | ,69 |
| 4,0 | 1,46 | ,81 |
| 4,5 | 2,14 | ,89 |
| 5,0 | 2,81 | ,94 |
| 5,5 | 3,49 | ,97 |
| 6,0 | 4,16 | ,98 |

**Tabelle 13-7** zeigt, welche geschätzte Erkrankungswahrscheinlichkeiten $P(Y=1|x_i)$ für ausgewählte Testergebnisse $x_i$ gemäß der logistischen Regressionsfunktion resultieren. Hierbei sind als Zwischenrechenergebnis die Werte im Exponenten angegeben der Berechnungsformel „$-3{,}94 + 1{,}35 \cdot x_i$“: Diese werden als **Logits** bezeichnet. Bei einer vertieften Beschäftigung mit dem Verfahren der logistischen Regression kommt diesem Wert eine besondere Bedeutung zu.

Wie bereits im vorangehenden Abschnitt im Falle eines dichotomen Prädiktors erläutert wurde, müssen die Regressionsparameter

**Tabelle 13-8:** Ergebnisse der Berechnung der logistischen Regression für die Daten in **Abbildung 13-6** mittels SPSS

| Risikofaktor | Koeffizient | Standardfehler | Wald | df | p | Exp(B) |
|---|---|---|---|---|---|---|
| **Steigung: $b_1$** | 1,348 | ,209 | 49,92 | 1 | <,001 | **3,856** **[= Odds Ratio]** |
| **Konstante: $b_0$** | −3,936 | ,636 | 45,71 | 1 | <,001 | **,020** **[= p(Y = 1)\|(X = 0)]]** |

$b_0$ und $b_1$ exponenziell transformiert werden, damit deren Bedeutung nachvollzogen werden kann.

- $\exp(b_0) = \exp(-3,94) = 0,02$: Dieser Wert entspricht der geschätzten Wahrscheinlichkeit, krank zu sein, wenn $x_i = 0$ ist (vgl. **Tabelle 13-8**).
- $\exp(b_1) = \exp(1,35) = 3,86$: Dieser Wert entspricht dem Odds Ratio: Mit jedem Schritt um eine Einheit nach rechts auf der x-Achse erhöht sich die Odds für Y = 1 um den Faktor 3,86.

In der letzten Spalte der Tabelle sind die exponenziell transformierten Werte der Regressionskoeffizienten angegeben, die dem Wert von Odds Ratio bzw. der Erkrankungswahrscheinlichkeit bei einer Prädiktorausprägung $x_i = 0$ entsprechen.

Merke

**Bedeutung der exponenziell transformierten Regressionsparameter $b_0$ und $b_1$ im Falle einer intervallskalierten Prädiktorvariablen**

Im Falle einer intervallskalierten Prädiktorvariablen X, entspricht $\exp(b_0)$ dem geschätzten Anteil der Merkmalsträgerinnen und Merkmalsträger, wenn die Prädiktorvariable den Wert $X_i = 0$ annimmt.

$\exp(b_1)$ kann wie ein Odds Ratio-Wert interpretiert werden: $\exp(b_1)$ gibt den Faktor an, um den die Odds zunehmen, wenn sich der Wert der Prädiktorvariable um eine Einheit 1 erhöht (von $x_i$ zu $x_i + 1$). Weicht der Wert von Odds Ratio signifikant von 1 ab, so lässt sich die Wahrscheinlichkeit von Y = 1 systematisch durch X schätzen.

Für die lineare Regression haben wir gezeigt, dass die quadrierte Korrelation angibt, welcher Anteil der Varianz durch den oder die Prädiktoren systematisch aufgeklärt werden können (Kapitel 11). Bei der logistischen Regression beruhen die Berechnungen jedoch nicht auf Informationen, die sich auf die Varianz des Kriteriums Y beziehen. Varianzen können zwar auch für dichotome Merkmale berechnet werden, jedoch wird die Schätzgüte der Prädiktoren hierdurch nicht fair abgebildet. Der lineare Determinationskoeffizient $R^2$ darf deswegen im Falle dichotomer Kriteriumsvariablen nicht als Anteil aufgeklärter Varianz interpretiert werden. Um auch für die logistische Regression Angaben zur Aufklärung der Information im Kriterium machen zu können, wurden alternative Maße entwickelt. Diese werden als **Pseudo-$R^2$-Werte** bezeichnet. Das „Pseudo" soll verdeutlichen, dass es sich nicht um ein Varianzaufklärungsmaß handelt. Pseudo-$R^2$-Werte werden als **Informationsaufklärungsmaße** bezeichnet. Im Datenbeispiel in Abbildung 13-6 lautet der Wert von Pseudo-$R^2$ gemäß der Definition von Nagelkerke .366: Die geschätzte Informationsaufklärung in der dichotomen Kriteriumsvariable Y liegt damit bei 36,6 %.

**Abbildung 13-9** zeigt zwei Merkmalsverteilungen, die mit den Extremwerten von Pseudo-$R^2$ korrespondieren. Links gehen höhere Werte in der Prädiktorvariable X nicht mit systematisch höheren oder niedrigeren y-Werten einher. X trägt somit nicht zur systematischen Vorhersage von Y bei, die Informationsaufklärung ist gemäß Pseudo-$R^2$ gleich 0. Die horizontale Linie entspricht der logistischen Regressionsfunktion. Der fehlende Zusammenhang von Prädiktor und Kriterium wird auch dadurch

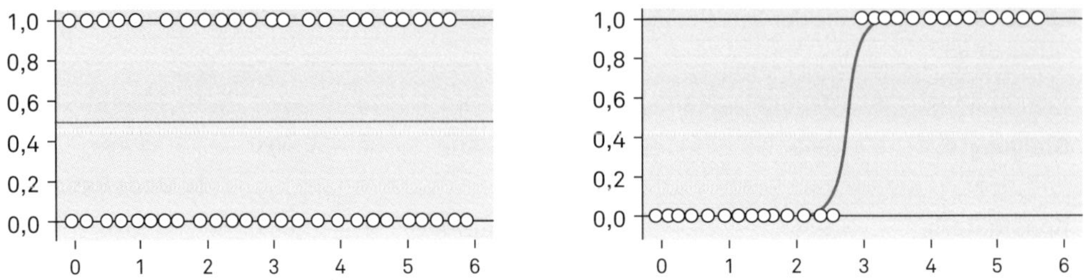


Pseudo-$R^2$ = 0

Keine Aufklärung von Informationen

Pseudo-$R^2 \rightarrow 1$

Maximale Aufklärung von Informationen

**Abbildung 13-9:** Links: Pseudo-$R^2$ =0. Information in Y durch den Prädiktor X nicht vorhergesagbar. Rechts: Pseudo-$R^2$ maximal: Information in Y kann durch den Prädiktor X fehlerfrei vorhergesagt werden.

kenntlich, dass die Regressionsfunktion eine Steigung von $b_1 = 0$ (entspricht: Odds Ratio = exp(0) = 1) aufweist.

> **Merke**
>
> **Negativer Zusammenhang** von X und Y:
> - $b_1 < 0$ (bzw. signifikant von 0 negativ abweichend), Odds Ratio = $\exp(b_1 < 0) = ]0$ – signifikant kleiner 1[, Pseudo-$R^2$: positiv bis maximal 1
>
> **Kein Zusammenhang** von X und Y:
> - $b_1 = 0$ (bzw. nicht signifikant von 0 abweichend), Odds Ratio = $\exp(b_1 = 0) = 1$ (bzw. nicht signifikant von 1 abweichend), Pseudo-$R^2 = 0$
>
> **Positiver Zusammenhang** von X und Y:
> - $b_1 > 0$ (bzw. signifikant von 0 positiv abweichend), Odds Ratio = $\exp(b_1 > 0) = ]$signifikant größer $1 - +\infty[$, Pseudo-$R^2$ positiv bis maximal 1

### 13.2.2 Multiple logistische Regression aufgrund mehrerer Prädiktorvariablen

Bei der multiplen logistischen Regression werden mehrere Prädiktorvariablen $X_1..X_k$, die dichotom oder intervallskaliert gemessen wurden, simultan zur Schätzung der Information, dass die dichotome Kriteriumsvariable Y den Wert 1 annimmt, verwendet:

$$P(Y = 1|X) = \frac{\exp(b_0 + b_1 \cdot X_1 + b_2 \cdot X_2 + \ldots + b_k \cdot X_k)}{1 + \exp(b_0 + b_1 \cdot X + b_2 \cdot X_2 + \ldots + b_k \cdot X_k)}$$

k = Anzahl der Prädiktorvariablen.

Für die multiple logistische Regression gelten im Vergleich zur einfachen logistischen Regression dieselben Eigenschaften, die für die multiple lineare Regression im Vergleich zur einfachen linearen Regression gelten (Kapitel 11.2): Die multiple Analyse berücksichtigt die Interkorrelation der Prädiktorvariablen bei der Berechnung der Regressionskoeffizienten. Repräsentieren verschiedene Prädiktoren zum Teil dieselbe Information, so wird darauf geachtet, dass die durch die Prädiktoren erfassten redundanten Informationen nicht doppelt oder mehrfach in die Schätzung mit eingehen. Diese Thematik wurde insbesondere in Zusammenhang mit Tabelle 11-2 und Abbildung 11-8 behandelt.

Wie sich die **Redundanz von Prädiktorinformationen** bei der multiplen logistischen Regression auf die Analyseergebnisse auswirkt, soll mit Hilfe der drei Beispiele in **Tabelle 13-9** erläutert werden.

Angenommen der Gesundheitszustand („0" = „gesund"; „1" = „krank"; Y) soll aufgrund des dichotomen Merkmals „Risikofaktor" („0" = „nein"; „1" „ja"; $X_1$) und des intervallskalierten Merkmals „Ungesunder Lebensstil" $X_2$ ge-

**Tabelle 13-9:** Gemeinsamkeiten und Unterschiede des linearen und logistischen Regressionsmodells

| Einfache Analysen für X1 und X2 getrennt | Multiple Analyse für $X_1$ und $X_2$ gemeinsam |
|---|---|
| *Analyse von $X_1$:*<br>$b_1 = 3{,}00$<br>$\exp(b_1) = 20$<br>Pseudo-$R^2$ = ,25 | *Fall 1: $X_1$ und $X_2$ sind nicht miteinander korreliert:*<br>$b_1 = 3{,}00$, $\exp(b_1) = 20$; $b_2 = 1{,}61$, $\exp(b_1) = 5$<br>Pseudo-$R^2$ ≈ ,50 |
| *Analyse von $X_2$:*<br>$b_1 = 1{,}61$; | *Fall 2: $X_1$ und $X_2$ sind sehr hoch miteinander korreliert (z. B. $r_{x1,x2}$ = ,8):*<br>$b_1 = 2{,}30$, $\exp(b_1) = 10$; $b_2 = 0{,}92$, $\exp(b_1) = 2{,}5$<br>Pseudo-$R^2$ ≈ ,25 |
| $\exp(b_1) = 5$<br>Pseudo-$R^2$ = ,25 | *Fall 3: $X_1$ und $X_2$ sind deutlich miteinander korreliert (z. B. $r_{x1,x2}$ = ,5):*<br>$b_1 = 2{,}70$, $\exp(b_1) = 15$; $b_2 = 1{,}37$, $\exp(b_1) = 3{,}75$<br>Pseudo-$R^2$ ≈ ,38 (größer ,25 und kleiner ,50) |

schätzt werden. In der Tabelle sind links die Ergebnisse der Schätzung aufgrund der beiden einfachen logistischen Regressionsanalyse dargestellt. Hier werden $X_1$ und $X_2$ also jeweils in zwei getrennten Analysen unabhängig voneinander als Prädiktoren von Y analysiert. Rechts werden die beiden Prädiktormerkmale kombiniert in einer multiplen logistischen Analyse integriert betrachtet.

Bei unabhängiger Analyse beträgt der Regressionskoeffizient des „Risikofaktors ($X_1$)" $b_1 = 3{,}0$ (Odds Ratio = 20) und des „Gesundheitsbewusster Lebensstil ($X_2$)" $b_1 = 1{,}61$ (Odds Ratio = 5). In beiden Analysen beträgt die Informationsaufklärung im Kriterium Y Pseudo-$R^2$ = ,25. Repräsentieren die beiden Prädiktormerkmale völlig unabhängige Informationen (*Fall 1*: Korrelation = 0), so verändern sich die Werte der Regressionskoeffizienten nicht, wenn diese gemeinsam in die multiple Analyse eingeschlossen werden. Da jeder Prädiktor unterschiedliche Informationen zur Schätzung beiträgt, liegt die gemeinsame Informationsaufklärung im Bereich der Summe der Pseudo-$R^2$-Werte der einfachen Analysen bei ,50. Beachten Sie, dass dies der Überlegung entspricht, die wir im Zusammenhang mit dem ersten Beispiel in Tabelle 11-2 für den linearen Fall formuliert hatten.

Sind die beiden Prädiktoren jedoch quasi informationsgleich (*Fall 2*: Korrelation = ,8), so ergibt sich bei gemeinsamer Betrachtung der Prädiktoren kein Informationsgewinn im Vergleich dazu, wenn lediglich ein Prädiktor zur Schätzung genutzt wird: Pseudo-$R^2$ ≈ ,25. Die Werte der Regressionsgewichte sind entsprechend beide deutlich kleiner als diejenigen, die sich in den Einzelanalysen ergeben ($b_1 = 2{,}3$ vs. 3,0 bzw. $b_1 = 0{,}92$ vs. 1,61) bzw. die Vorhersagebeiträge), werden sozusagen zwischen beiden Prädiktoren „aufgeteilt" (vgl. zweites Beispiel in Tabelle 11-2). Je nach Datenkonstellation wäre es auch möglich, dass einer der beiden $b_1$-Koeffizienten unverändert bleibt und der andere gleich 0 geschätzt wird, sodass auch im multiplen Modell effektiv nur ein Prädiktor in die Schätzung mit eingeht.

*Fall 3* zeigt die empirisch am häufigsten auftretende Struktur: Die beiden Prädiktoren stehen in bedeutsamem Zusammenhang, jedoch werden durch jeden Einzelprädiktor auch Informationen repräsentiert, die durch den jeweils anderen Prädiktor nicht erfasst werden. Sowohl die Werte der $b_1$-Koeffizienten als auch der Wert von Pseudo-$R^2$ liegen zwischen denjenigen in Fall 1 und Fall 2.

Inhaltlich wären in diesem Beispiel die Prädiktorvariablen „quasi informationsgleich", wenn genau diejenige, die den Risikofaktor ($X_1$) aufweisen, auch diejenigen wäre, die – im Unterschied zu denjenigen, die den Risikofaktor nicht aufweisen – nicht gesundheitsbewusst leben (Fall 2). Für Fall 1 dürften sich Personen mit und ohne Risikofaktor hinsichtlich des gesundheitsbewussten Lebensstils nicht unterscheiden. In Fall 3 geht das Vorliegen des Risikofaktors zwar mit einem weniger gesundheitsbewussten Lebensstil einher, jedoch korrespondieren diese beide Merkmale nur mäßig miteinander.

**Merke**

Die Ergebnisse der multiplen logistischen Regressionsanalyse unterscheiden sich von den Ergebnissen der unabhängigen Analyse der einzelnen Prädiktoren in isolierten einfachen logistischen Analysen, da die Zusammenhänge der Prädiktoren bei der multiplen Analyse berücksichtigt und kontrolliert werden. Je unabhängiger die Prädiktoren voneinander sind, desto höher ist der Schätzbetrag jedes einzelnen Prädiktors bei multipler Modellierung.
Der Regressionskoeffizient $b_i$, der sich in der der multiplen logistischen Regression ergibt, kann als korrigierter Regressionkoeffizient aufgefasst werden. „Korrigiert" in dem Sinne, dass die Schätzanteile, die durch die übrigen Prädiktoren mit in die Schätzung eingehen, „herausgerechnet" werden.
exp(b1) kann entprechend als korrigiertes Odds Ratio verstanden werden.

**Tabelle 13-10** fasst die wichtigsten Gemeinsamkeiten und Unterschiede des linearen und des logistischen Modells nochmals zusammen.

## 13.3 Analyse des Vorhersagewerts von Testergebnissen

Die Analyseverfahren zur Vorhersageleistung stehen in engem Zusammenhang mit den epidemiologischen Kennzahlen, die wir im Abschnitt 13.1 eingeführt haben. Trotzdem werden in der Testdiagnostik andere Begriffe verwendet und andere Informationen bei der Interpretation in den Mittelpunkt gestellt. Wie in Abschnitt 13.1.2 dargestellt, ist die Grundstruktur der Informationen identisch zu derjenigen, die bei der Analyse des Zusammenhangs von Risiko- und Schutzfaktoren sowie Behandlungsmaßnahmen zugrunde liegt. Die Häufigkeiten, mit der die negativen oder positiven Testergebnisse (dichotomes Merkmal 1) mit dem tatsächlichen Gesundheitsstatus (dichotomes Merkmal 2: gesund vs. krank oder infiziert vs. nicht infiziert) auftreten, können in einer Vierfeldertafel angeordnet werden. Die entsprechende Nomenklatur der Angaben in der **Vierfeldertafel** ist in Tabelle 13-2 unten angegeben.

### 13.3.1 Sensitivität, Spezifität, Positiv und Negativ Prädiktiver Wert

Grundsätzlich ist es natürlich wünschenswert, dass Gesunde negativ getestet werden und Erkrankte positiv getestet werden. In der Vierfeldertafel spiegelt sich die Gültigkeit bzw. Validität des Tests darin wider, in welchem Maße

- die Zellen $o_{00}$ (**RN - Richtig Negative**) und $o_{11}$ (**RP - Richtig Negative**) im Vergleich
- zu den Zellen $o_{01}$ (**FN - Falsch Negative**) und $o_{10}$ (**FP - Falsch Positive**)

stärker besetzt sind.

**Abbildung 13-10** veranschaulicht die Informationen aus Tabelle 13-1 (unten) für das Beispiel eines Brands und der Reaktion eines Feuermelders: Der Feuermelder ist dann valide funktionstüchtig, wenn er im Falle eines Brands Alarm schlägt („Richtig Positiv") und im Falle keines Feuers schweigt („Richtig Negativ"). In den beiden anderen Zellen ist die Reaktion des Feuermelders fehlerhaft.

Die Unterschiedlichkeit der Werte in den beiden Diagonalen ($o_{00}$ und $o_{11}$ vs. $o_{01}$ und $o_{10}$) wird auch hier durch Odds Ratio abgebildet:

$$\text{Odds Ratio} = \frac{RN \cdot RP}{FN \cdot FP}$$

In **Tabelle 13-11** sind die bereits in dem Kapitel 13.1 behandelten Daten in den Vierfeldertafeln der Tabelle 13-2 abgetragen. Die Zeilen sollen jedoch nun das Testergebnis (negativ vs. positiv) repräsentieren, die Spalten geben an, ob eine Person infiziert ist oder nicht.

**Tabelle 13-10:** Gemeinsamkeiten und Unterschiede des linearen (Kapitel 11) und des logistischen Regressionsmodells

| | **Gemeinsamkeiten linearer und logistischer Regression** | |
|---|---|---|
| **Anzahl Prädiktoren** | 1 oder mehrere [einfache oder multiple Analyse] | |
| **Messung der Prädiktoren** | Dichotom oder intervallskaliert | |
| **Anzahl der Kriteriumsvariablen** | 1 | |
| **Schätzung der Prädiktorgewichte $b_i$** | Interkorrelation der Prädiktoren wird berücksichtigt bzw. „rausgerechnet" | |
| **Unstandardisierte Prädiktorgewichte $b_i$** | Abhängig von den Maßeinheiten bzw. der Skalierung der Prädiktoren | |
| **Unterschiede** | **Lineare Regression** | **Logistische Regression** |
| **Messung der Kriteriumsvariable** | Intervallskaliert | Dichotom (0, 1) |
| **Regressionsgewichte** | Standardisierte Regressionsgewichte der Prädiktoren können als (korrigierte) Produkt-Moment-Korrelationen interpretiert werden | Expontiell transformierte Regressionsgewichte der Pädiktoren ($\exp(b_i)$) können als (korrigierte) Odds Ratios interpretiert werden |
| **Schätzverfahren** | Schätzung gemäß des Kriteriums der kleinsten Quadrat-Abweichungen | Maximum-Likelihood-Schätzung (Identifikation der Modellparameter, für die die Wahrscheinlichkeit der gemessenen Kriteriumswerte maximal wird) |
| **Verfahren zur Prüfung der Signifikanz der Regressionsgewichte** | t-Wert | Wald-Statistik |
| **Was wird geschätzt?** | Intervallskalierte Ausprägung der y-Werte | Wahrscheinlichkeit mit der die Kriteriumsvariable Y den Wert 1 annimmt |
| **Beurteilung der Güte der Schätzung der Kriteriumsinformation** | $R^2$ als Maß der Varianzaufklärung in Y | Pseudo-$R^2$ als Maß der Informationsaufklärung in Y |

- **RN**: Nicht infizierte Personen, die zurecht ein negatives Testergebnis erhalten.
- **FN:** Infizierte Personen, die fälschlich ein negatives Testergebnis erhalten („Verkennen der Gefahr").
- **FP:** Nicht infizierte Personen, die fälschlich ein positives Testergebnis erhalten („Falscher Alarm").
- **RP:** Infizierte Personen, die zurecht ein positives Testergebnis erhalten.

Für die Interpretation der Güte des Testergebnisses sind folgende vier Begriffe zentral:

**Sensitivität = RP / Infizierte =** $o_{11} / o_{.1}$

- Anteil der positiv Getesteten unter den Infizierten

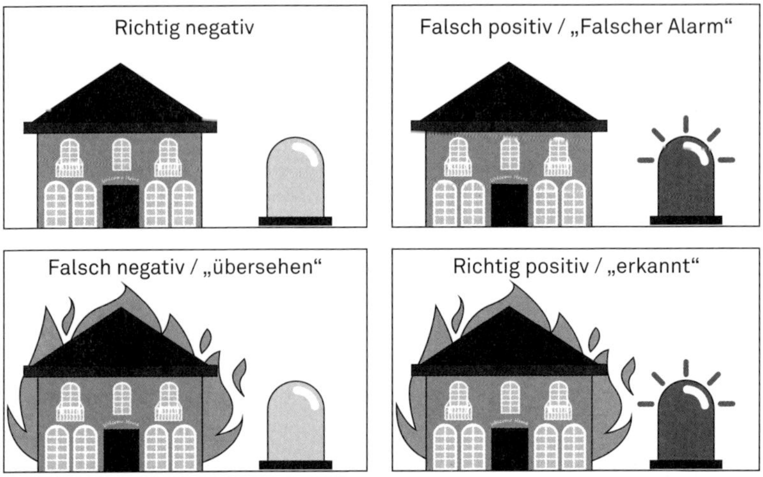


**Abbildung 13-10:** Die Informationen in einer Vierfeldertafel (Tabelle 3-1; unten) veranschaulicht an einem Hinweissignal (Feuermelder) und dem zu identifizierenden Ereignis (Brand) (angelehnt an Kutschmann et al., 2006, S. 379).

- Anteil der richtig bzw. zurecht positiv Getesteten an den Infizierten.
- Anteil der Erkannten unter den zu erkennenden Merkmalsträgerinnen und Merkmalsträgern.
- Die Sensitivität entspricht also der bedingten relativen Häufigkeit h(Positives Testergebnis | infiziert) =

$$\frac{n(\text{positiv} \cap \text{infiziert})}{n(\text{infiziert})} = \frac{o_{11}}{o_{.1}}$$

**Spezifität = RN / Nicht-Infizierte = $o_{00}$ / $o_{.1}$**

- Anteil der negativ Getesteten unter den Nicht-Infizierten.
- Anteil der richtig bzw. zurecht negativ Getesteten an den Nicht-Infizierten.
- Anteil der Erkannten unter den zu erkennenden Nicht-Merkmalsträgerinnen und Nicht-Merkmalsträgern.
- Die Spezifität entspricht also der bedingten relativen Häufigkeit h(negatives Testerg. | nicht infiz.) =

$$\frac{n(\text{negativ} \cap \text{nicht inf.})}{n(\text{nicht inf.})} = \frac{o_{00}}{o_{.0}}$$

Bei der Sensitivität und Spezifität gehen wir immer von der Perspektive der Infizierten bzw. Kranken bzw. vom Gesundheitsstatus aus: Angenommen, wir wissen, ob eine Person infiziert/krank oder nicht-infiziert/gesund ist: Wie wahrscheinlich ist es dann, dass die Person ein richtiges Testergebnis erhält?

In Bezug auf die Anordnung der Zahlen in der Vierfeldertafeln bedeutet dies, dass wir die Information in den Spalten betrachten.

**Positiv Prädiktiver Wert (PPW) = RP / Positiv Getestete = $o_{11}$ / $o_{1.}$**

- Anteil der Infizierten/Kranken unter den positiv getesteten Personen.
- Anteil derjenigen, die zurecht ein positives Testergebnis erhalten haben, unter denjenigen, die ein positives Testergebnis erhalten haben.
- Der Positiv Prädiktive Wert entspricht also der bedingten relativen Häufigkeit h(infiziert | positives Testergebnis) =

$$\frac{h(\text{infiziert} \cap \text{positiv})}{h(\text{positiv})} = \frac{o_{11}}{o_{1.}}$$

**Negativ Prädiktiver Wert (NPW) = RN / Negativ Getestete = $o_{00}$ / $o_{.0}$**

- Anteil der negativ Getesteten unter den Nicht-Infizierten

**Tabelle 13-11:** Rechts sind die diagnostischen Kenngrößen zum Vorhersagewert und der Erkennensleistung eines Tests angegeben. Identische Werte in den Vierfeldertafeln wie in Tabelle 13-2 (links).

| | Nicht infiziert | Infiziert | Σ | Kennwerte |
|---|---|---|---|---|
| **Prävalenz = ,5 bzw. 50 %** | | | | |
| **Negativ** | RN = 400 | FN = 100 | **500** | Spezifität: 400 / 500 = ,8 |
| **Positiv** | FP = 100 | RP = 400 | **500** | Sensitivität: 400 / 500 = ,8 |
| Σ | **500** | **500** | **1000** | NPW: 400 / 500 = ,8<br>PPW: 400 / 500 = ,8 |
| **Prävalenz = ,2 bzw. 20 %** | | | | |
| **Negativ** | 640 | 40 | **680** | Spezifität: 640 / 800 = ,8 |
| **Positiv** | 160 | 160 | **320** | Sensitivität: 160 / 200 = ,8 |
| Σ | **800** | **200** | **1000** | NPW: 640 / 680 = ,94<br>PPW: 160 / 320 = ,5 |
| **Prävalenz = ,1 bzw. 10 %** | | | | |
| **Negativ** | 720 | 20 | **740** | Spezifität: 720 / 900 = ,8 |
| **Positiv** | 180 | 80 | **260** | Sensitivität: 80 / 100 = ,8 |
| Σ | **900** | **100** | **1000** | NPW: 720 / 740 = ,97<br>PPW: 80 / 260 = ,31 |
| **Prävalenz = ,05 bzw. 50 %** | | | | |
| **Negativ** | 760 | 10 | **770** | Spezifität: 760/ 950 = ,8 |
| **Positiv** | 190 | 40 | **230** | Sensitivität: 40 / 50 = ,8 |
| Σ | **950** | **50** | **1000** | NPW: 760 / 770 = ,99<br>PPW: 40 / 230 = ,17 |

- Anteil derjenigen, die zurecht ein negatives Testergebnis erhalten haben, unter denjenigen, die ein negatives Testergebnis erhalten haben.
  Der Negativ Prädiktive Wert entspricht also der bedingten relativen Häufigkeit h(Nicht inf. | Negatives Testergebnis) =
  $\frac{n(\text{nicht inf.} \cap \text{negativ})}{n(\text{negativ})} = \frac{o_{00}}{o_{0\cdot}}$

Beim Positiv und Negativ Prädiktiven Wert gehen wir immer von der Perspektive der Getesteten bzw. vom Testergebnis aus. Angenommen, wir kennen das Testergebnis „positiv“ oder „negativ“: Wie wahrscheinlich ist es dann, dass der Gesundheitszustand richtig erkannt wird?

In Bezug auf die Anordnung der Zahlen in der Vierfeldertafeln bedeutet dies, dass wir die Information in den Zeilen betrachten.

**Merke**

**Sensitivität** und **Spezifität** charakterisieren die Erkennensleistung des Tests: Erhalten Infizierte bzw. Nicht-Infizierte jeweils das richtige Ergebnis? Wird der Gesundheitsstatus durch das Testergebnis richtig abgebildet?

- *Sensitiv*: Kranke werden positiv – also korrekt – getestet.
- *Spezifisch*: Gesunde werden negativ – also korrekt – getestet.

**Positiv** und **Negativ Prädiktiver Wert** charakterisieren die Zuverlässigkeit des Testergebnisses: Sind negativ getestete Personen zurecht „beruhigt“, sind positiv getestete zurecht „beunruhigt“? Gibt das Testergebnis den getesteten Personen zuverlässig Auskunft über ihren Gesundheitsstatus?

- *Positiv prädiktiv*: Positiv getestete Personen sind krank.
- *Negativ prädiktiv*: Negativ getestete Personen sind gesund.

Die Werte zur Sensitivität und Spezifität verdeutlichen nochmals die vorteilhaften Eigenschaften von Odds Ratio als Zusammenhangsmaß. Bleiben Sensitivität und Spezifität jeweils unverändert (Tabelle 13-11), so bleibt die Erkennensleistung des Tests unverändert. Die Erkennensleistung wird also durch Odds Ratio valide abgebildet, weil dieser Koeffizient nicht von der Prävalenz des Merkmals abhängt. Im Unterschied zum Relativen Risiko, der Absoluten Risikoreduktion oder dem φ-Koeffizienten (Tabelle 13-2) ist es egal, ob eine Studie in einer Population mit niedriger oder hoher Erkrankungsrate durchgeführt wird.

### 13.3.2 Das Bayes-Problem: Hohe Fehlerrate von positiven Testergebnissen bei seltenen Erkrankungen

Die Daten in Tabelle 13-11 verdeutlichen ein weiteres wichtiges Problem beim Umgang mit Testergebnissen: Je seltener ein zu erkennendes Merkmal ist (niedrige Prävalenz), desto weniger aussagekräftig ist ein positiver Testbefund. Mit sinkender Prävalenzrate (,50, ,20, ,10, ,05)

- steigt der Negativ Prädiktive Wert (,80, ,94, ,97, ,99) und
- sinkt der Positiv Prädiktive Wert (,80, ,50, ,31, ,17).

Dieses Problem wird durch das Flächendiagramm in **Abbildung 13-11** nachvollziehbar, das die Datenverteilung im vierten Beispiel in Tabelle 13-11 (Prävalenz = ,05) grafisch veranschaulicht. Jedes Rechteck steht für 10 untersuchte Personen. 760 (RN) sind nicht infiziert und erhalten ein negatives Testergebnis. 40 (RP) sind infiziert und werden als solche erkannt. Falsche Testergebnisse liegen bei 200 Personen vor: Bei 190 (FP) Nicht-Infizierten schlägt der Test an, bei 10 (FN) Infizierten wird fälschlicherweise keine Auffälligkeit angezeigt.

**BOX -Merke**

**Sinkende Prävalenz → Steigender Negativer Prädiktiver Wert**
**→ Abnehmender Positiv Prädiktiver Wert**
Je seltener eine Erkrankung ist, desto sicherer kann man sich sein, gesund zu sein, wenn man ein negatives Testergebnis hat.
Je seltener eine Erkrankung ist, desto eher ist ein positives Testergebnis falsch: Positiv Getestete sind trotz auffälligen Werten eher gesund als krank.

Versetzen wir uns nun in die Situation einer positiv getesteten Person: Sie gehört also zu den 230 positiv Getesteten. Nun stellt sich die Frage, ob sie eher infiziert oder nicht infiziert ist. Sie muss also den Positiv Prädiktiven Wert kennen, um ihre Situation richtig einschätzen zu können:

- $n(\text{positiv}) = n(\text{positiv} \cap \text{infiziert}) + n((\text{positiv} \cap \text{nicht infiziert}) = 230 = 40 + 190$

  $h(\text{infiziert} \mid \text{positiv}) = \dfrac{n(\text{positiv} \cap \text{infiziert})}{n(\textit{positiv})} = \dfrac{40}{230} = ,17$

  $h(\text{nicht infiziert} \mid \text{positiv}) = \dfrac{n(\text{positiv} \cap \text{nicht infiziert})}{n(\textit{positiv})} = \dfrac{190}{230} = ,83$

Die positiv getesteten Personen sind also in 83 % aller Fälle gesund und nur in 17 % der Fälle infiziert.

**Abbildung 13-12** zeigt einen sogenannten **Entscheidungsbaum**, der die Dateninformationen besser verständlich werden lässt. In der oberen Darstellung sind wiederum die Daten aus der unteren Vierfeldertafel in Tabelle 13-11 veranschaulicht: Die obere Verzweigung verdeutlicht, dass die Gesamtstichprobe stark von Gesunden dominiert wird. Von diesen beiden Zellen ausgehend, wird nun angegeben, wie viele positiv vs. negativ getestet sind. Der Vor-

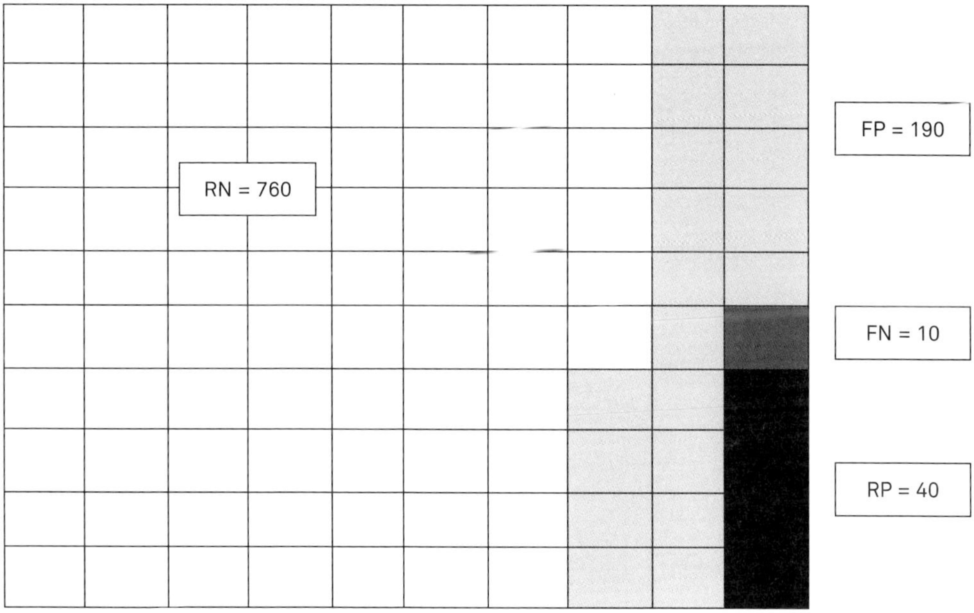


**Abbildung 13-11:** Flächendiagramm der Daten im letzten Beispiel in Tabelle 13-11. Jedes Kästchen repräsentiert 10 getestete Personen.

teil dieser Darstellung gegenüber der Angabe von relativen Häufigkeiten (i. S. von Sensitivität, Spezifität, PPW und NPW) ist, dass augenscheinlich wird, dass die Zahl positiver Testergebnisse auf der linken Seite – also bei den Gesunden – mit N = 190 sehr viel höher ist als die Zahl positiver Testergebnisse auf der rechten Seite mit N = 40 – also bei den Kranken. In der Kommunikation von Gesundheitsrisiken oder zur Aussagekraft von Testergebnissen hat sich diese Darstellung sehr bewährt, um auch bei Patientinnen und Patienten einen validen Eindruck zu erzeugen (Zill et al., 2018).

**Merke**

Ganze Zahlen und grafische Veranschaulichungen wie das Flächendiagramm oder Entscheidungsbäume, bilden in der Regel die Datenlage verständlicher ab als relative Häufigkeiten oder Wahrscheinlichkeiten.

In den beiden unteren Entscheidungsbäumen sind die Sensitivität und Spezifität des Testverfahrens mit jeweils ,90 und ,94 höher gewählt: Die Tests sind also fehlerfreier oder genauer. Während oben insgesamt für 200 Personen ein falsches Testergebnis resultierte, sind in der mittleren Darstellung nur noch 95 + 5 = 100 Testergebnisse falsch und in der unteren Darstellung nur noch 57 + 3 = 60. Trotz der deutlich höheren Erkennensleistung des Tests liegt der Positiv Prädiktive Wert mit ,39 bzw. ,45 unterhalb von .5 bzw. 50 %, sodass mehr Gesunde als Kranke ein positives Testergebnis erhalten.

Das Problem hoher Fehlerraten bei auffälligem Test bei geringem Positiv Prädiktivem Wert wird auch als **Bayes'sches Problem** bezeichnet. Dieser besteht im Wesentlichen darin, dass Menschen dazu tendieren, die beiden bedingten Häufigkeiten

- h(positiv|krank) und h(krank|positiv) bzw.
- die Sensitivität und den Positiv Prädiktiven Wert

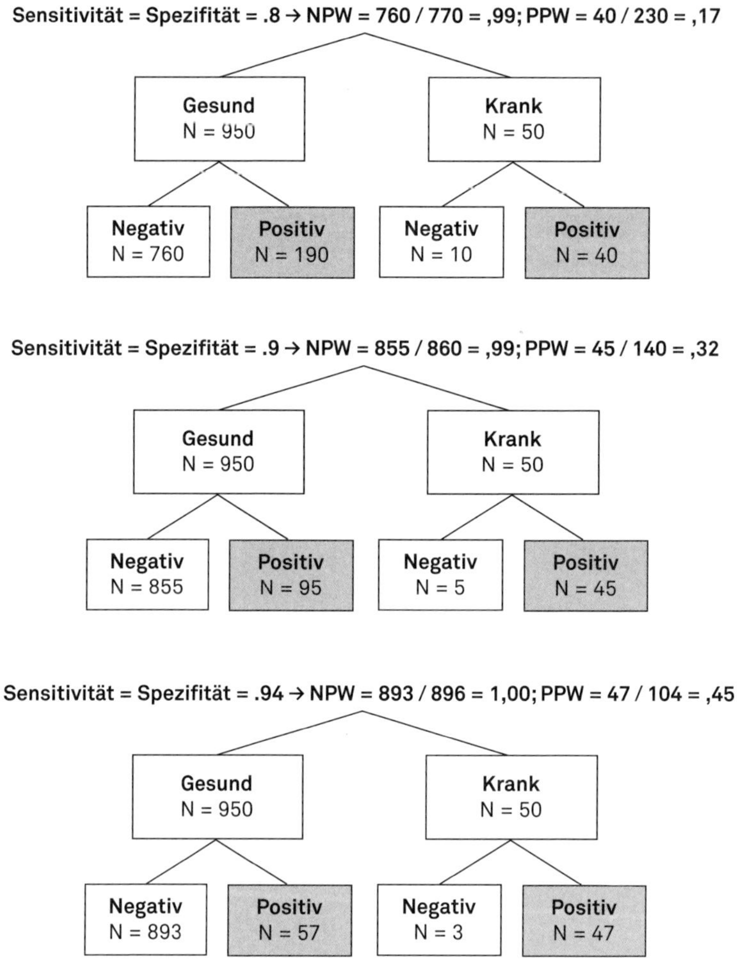


**Abbildung 13-12:** Entscheidungsbäume bei N = 1000 getesteten Personen, bei einer Prävalenz von .05 bzw. 5 %.

gleichzusetzen: „Wenn das Testergebnis wahrscheinlich positiv ist, wenn ich krank bin, dann bin ich auch wahrscheinlich krank, wenn das Testergebnis positiv ist.“ Wie die Daten in Tabelle 13-11 exemplarisch zeigen, ist diese Gleichsetzung umso irreführender, je deutlicher die Prävalenz gegenüber 50 % absinkt bzw. je seltener die zu erkennende Erkrankung ist.

Die Beziehung von Sensitivität und Positiv Prädiktivem Wert (PPW) ist wie folgt:

$$h\,(\text{krank}|\text{positiv}) = \frac{h\,(\text{krank}) \cdot h\,(\text{positiv}|\text{krank})}{h(\text{krank}) \cdot h(\text{positiv}|\text{krank}) + h\,(\text{gesund}) \cdot h\,(\text{positiv}|\text{gesund})} \quad \text{bzw.}$$

$$\text{PPW} = \frac{\text{Prävalenz} \cdot \text{Sensitivität}}{\text{Prävalenz} \cdot \text{Sensitivität} + (1 - \text{Prävalenz}) \cdot (1 - \text{Spezifität})}$$

**Definition**

**Bayes-Problem**
Bei geringer Prävalenz ist der Positiv Prädiktive Wert gering, auch wenn die Sensitivität hoch ist: Trotz hoher Erkennensleistung Erkrankter (hohe Sensitivität) sind positiv Getestete ggf. wahrscheinlicher gesund als krank.

**Merke**

Testergebnisse sind in der Regel nicht zu 100 % fehlerfrei. Es kann vorkommen, dass Gesunde auffällige Werte im Test erhalten (Falsch Positive) und Kranke zu Unrecht als unauffällig getestet werden (Falsch Negative). Je seltener eine Krankheit ist (geringe Prävalenz), desto größer ist die Gefahr, dass Gesunde als auffällig getestet werden und durch ein auffälliges Testergebnis zu Unrecht beunruhigt werden. Neben der Tatsache, wie zuverlässig Kranke zu Recht als auffällig (Richtig Positive) und Gesunde zu Recht als negativ (Richtig Negative) getestet werden, wird die Aussagekraft erheblich durch die Prävalenz der Erkrankung beeinflusst. Besitzt eine Krankheit eine Prävalenz im Bereich von 50 %, so ist man auch ziemlich sicher krank, wenn ein Test positiv ist.
Ist die Prävalenz einer Krankheit niedrig (z.B. 1 %), so sind positiv getestete Personen in der Regel erstaunlicherweise trotzdem eher gesund als krank, wenn keine perfekte Sensitivität und Spezifität gegeben sind.

Hier kann man sich fragen, weshalb überhaupt Tests eingesetzt werden, bei denen positiv Getestete häufiger gesund als krank sind (geringer PPW). Solche nicht leicht zu verstehenden Ergebnisse können insbesondere auftreten, wenn Tests als Screeningverfahren (engl. *to screen* = aussieben) eingesetzt werden. Weil die sichere und fehlerfreie Diagnostik oft aufwändig, zeitintensiv oder teuer ist, setzt man einfachere Verfahren ein, die helfen, Personen zu identifizieren, bei denen eine sichere und genauere Diagnostik überhaupt sinnvoll ist bzw. gerechtfertigt werden kann. Dies ist z.B. auch ethisch geboten, wenn die Diagnostik mit negativen Nebenwirkungen verbunden ist (z.B. Gewebeentnahme oder Injektion radioaktiver Marker).

**Definition**

**Screeningverfahren** zielen darauf ab, möglichst alle Verdachtsfälle zu erkennen, damit die ressourcenintensive und ggf. belastende genaue Diagnostik nur bei „begründetem Verdacht" eingesetzt werden muss. Dies erfordert eine hohe Sensitivität: Alle Kranken sollten im Screening auffällig sein.
Da Screenings aber nicht hinreichend genau sind, wird in Kauf genommen, dass auch Gesunde zu Unrecht ein auffälliges Ergebnis erhalten („falscher Alarm"; geringe Spezifität).
Ein positiver Screeningbefund bedeutet also nicht, dass eine Person wahrscheinlich krank ist, sondern, dass es sich lohnt, eine genaue Diagnostik durchzuführen.
Screening: Hohe Sensitivität, eingeschränkte Spezifität.
Eine **Diagnostik** ist genauer und fehlerfreier als ein Screening, sodass sowohl die Sensitivität als auch die Spezifität hinreichend groß ist.
Diagnostik: Hohe Sensitivität und hohe Spezifität.

**Beispiel**

**Bin ich wahrscheinlich krank, wenn bei mir eine Auffälligkeit erkannt wurde, die häufig bei Kranken und selten bei Gesunden auftritt?** (Quelle: Wirtz & Warnke, 2020, S. 33[2])
Frau K. wird im Anschluss an eine ärztliche Routineuntersuchung mitgeteilt, dass bei

2 Die Darstellung in diesem Kapitel orientiert sich an dem Text von Wirtz & Warnke (2020, S. 51–57) [© Verlag Handwerk und Technik, Hamburg –

der Analyse ihrer Blutwerte eine Auffälligkeit festgestellt worden sei. Diese Auffälligkeit deute auf das Vorliegen einer bestimmten Erkrankung hin, da bei 90 % aller Erkrankten dieser Blutwert erhöht sei. Hingegen sei der Blutwert nur bei 3 % aller gesunden Personen erhöht. Die Ärztin teilt Frau K. mit, sie solle erstmal nicht besorgt sein, da der Test keinen sicheren Befund liefere und es sich zudem um eine seltene Erkrankung handele: Nur 0,5 % aller Menschen litten unter dieser Erkrankung. Erst nach einer genaueren Untersuchung wisse man mit Sicherheit, ob die Erkrankung tatsächlich vorliege. Je länger Frau K. jedoch über das Untersuchungsergebnis nachdenkt, desto größer wird ihre Überzeugung mit hoher Sicherheit erkrankt zu sein: „Bei gesunden Menschen treten erhöhte Blutwerte fast nie auf. Bei erkrankten Menschen treten sie sehr häufig auf – in 90 % der Fälle. Wenn die Werte bei mir auffällig sind, dann gehöre ich doch ziemlich sicher zu denjenigen, die krank sind.

Versetzen Sie sich bitte in die Lage von Frau K.

- Würden Sie ebenfalls sehr besorgt sein, wenn Ihnen ein solches Ergebnis mitgeteilt wird?
- Bitte schätzen Sie: Wenn 100 Frauen in der Situation von Frau K. wären, also bei diesen dieselbe Auffälligkeit nachgewiesen worden sei, wie viele dieser 100 Frauen sollten dann tatsächlich an dieser Erkrankung leiden?
- Die Erkrankung hat eine Prävalenz von 10 / 2000 = ,005 (bzw. 0,5 %).
- Bei Erkrankten fällt das Ergebnis zu 90 % positiv aus (Risiko = 9 / 10 = ,9).
- Bei Gesunden ist das Testergebnis mit 3 % (Risiko = 60 / 1990 = ,03) sehr selten positiv.

Eine Datenverteilung, die genau mit den vorgegebenen Informationen korrespondiert, ist in **Tabelle 13-12** für eine Untersuchungsstichprobe des Umfangs N = 2000 dargestellt.

Leider geben die Informationen aber noch keine Antwort auf die Frage von Frau K. Sie möchte nicht wissen, wie häufig Gesunde oder Kranke ein positives Testergebnis erhalten (Risiko (positiv|krank)). Sie möchten wissen, wie häufig Personen mit positivem Testergebnis gesund oder aber krank sind, also:

$$\text{Risiko (krank|positiv)} = \frac{N(\text{krank} \cap \text{positiv})}{N(\text{positiv})}$$

Gemäß der Daten liegt für 9 Erkrankte ein positives Testergebnis vor (krank ∩ positiv). 69 Personen werden positiv getestet. Damit gilt also:

$$\text{Risiko (krank|R positiv)} = \frac{9}{69}$$

$$= 0{,}13 \text{ (bzw. 13\%)}$$

Das Risiko krank zu sein, wenn das Testergebnis positiv ausfällt (Risiko (krank|positiv)) beträgt also 13 %. Dieser Wert entspricht dem Positiv Prädiktiven Wert des Tests.

Das Risiko (bzw. die Chance) gesund zu sein, wenn das Testergebnis negativ ausfällt (Risiko (gesund|negativ)) entspricht dem Negativ Prädiktiven Wert des Tests. Der Negativ Prädiktive Wert ist im Beispiel nahezu maximal 1930 / 1931 ≈ 1 (bzw. ≈ 100 %). Fällt der Test negativ aus, kann man nahezu sicher sein, nicht krank zu sein. Ist der Test positiv, so bedeutet dies aber keineswegs, dass man krank ist.

Insofern ist der beruhigende Hinweis der Ärztin, Frau K. solle sich erstmal keine Sorgen machen, gerechtfertigt. Trotz des auffälligen Blutwertes ist sie wahrscheinlich (zu 87 %) gesund. Dies scheint auf den ersten Blick der Tatsache zu widersprechen, dass 90 % der Erkrankten positiv getestet werden. Obwohl positive Testergebnisse bei Erkrankten sehr häufig auftreten (90 %) und bei Gesunden sehr selten sind (3 %), sind positiv Getestete nur unwahrscheinlich krank (13 %). Der Effekt wird erst da-

---

https://www.handwerk-technik.de – Mensch im Fokus I, Best.-Nr.: 4596.]. Dieser Text wurde angepasst und in Teilen direkt für dieses Lehrbuch übernommen.

**Tabelle 13-12:** Darstellung der Häufigkeiten von Testergebnissen und Erkankungsstatus in einer Vierfeldertafel. 2000 Personen seien untersucht worden

| | Gesund | Krank | Σ |
|---|---|---|---|
| **Test negativ** | 1930 | 1 | 1931 |
| **Test positiv** | 60 | 9 | 69 |
| **Σ** | 1990 | 10 | 2000 |

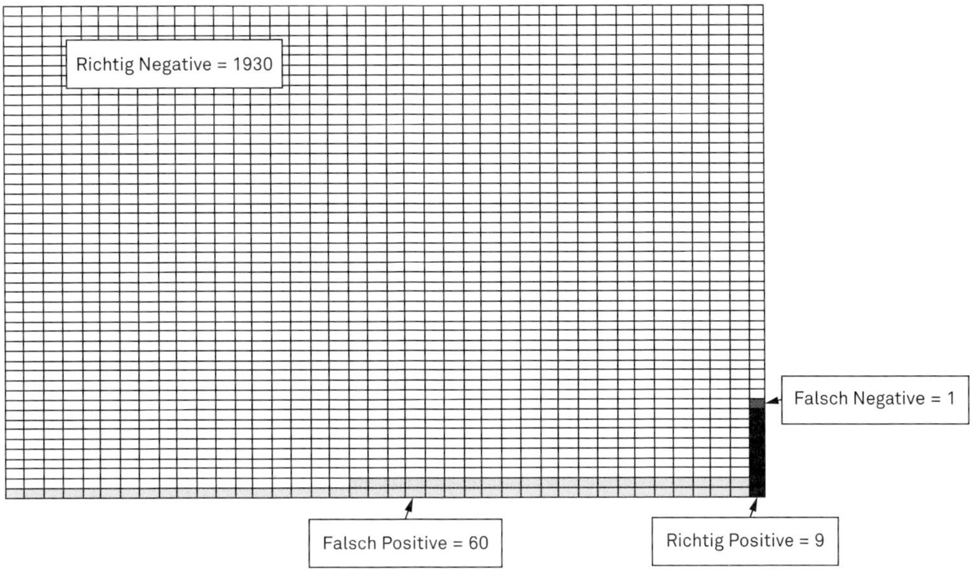


**Abbildung 13-13:** Veranschaulichung der Daten aus **Tabelle 13-6** als Flächendiagramm.

durch verständlich, dass die Krankheit grundsätzlich sehr selten auftritt (geringe Prävalenz).

**Abbildung 13-13** zeigt ein Flächendiagramm, in dem die 2000 Personen aus Tab. 13-12 als 2000 kleine Rechtecke repräsentiert sind. Hier wird deutlich, wie extrem die Datenverteilung durch gesunde Personen dominiert wird. Somit sind die folgenden beiden Aussagen korrekt, obwohl sie sich zu widersprechen scheinen:

1.) Der Anteil der richtig erkannten Kranken (9 von 10 Personen; 90 %) ist wesentlich höher als der Anteil der falsch positiv getesteten Gesunden (60 von 1990; 3 %).

2.) 9 positiv getestete Kranke sind dennoch wesentlich weniger als 60 positiv getestete Gesunde.

## 13.4 Zusammenfassung

In der epidemiologischen Forschung und der Interventionsforschung erweist sich die Abhängigkeit der statistischen Ergebnisse von der **Grundrate bzw. der Prävalenz der Merkmale** als problematisch. Ist eine Impfung bei einer seltenen Erkrankung (z. B. 1 %) genauso effektiv wie bei einer häufigeren Erkrankung (z. B. 20 %), so würde z. B. der φ-Koeffizient trotzdem deutlich unterschiedliche Zusammenhangsstärken ausweisen. Um dieses Problem zu umgehen, wurde die Maßzahl **Odds Ratio (Quotenverhältnis)** eingeführt. Der Wert von Odds Ratio ist unabhängig davon, ob die analysierten Merkmale selten oder häufig auftreten (Unabhängigkeit von den Basisraten). Ein Odds Ratio von 2 gibt beispielsweise an, dass sich der Ereignisquotient Odds für eine Erkrankung (dichotomes Merkmal A: gesund vs. krank) verdoppelt, wenn ein bestimmtes Gesundheitsrisiko (dichotomes Merkmal B: geimpft vs. nicht geimpft) vorliegt. Für Schutzfaktoren nimmt Odds Ratio einen Wert zwischen 0 und 1 an: Ergäbe sich für das Tragen einer Mund-Nasen-Bedeckung ein Odds Ratio von 0,5, so würde sich das Infektionsrisiko halbieren. Auf Basis des Werts von Odds Ratio kann der Korrelationskoeffizient **Yules Y** berechnet werden, dessen Wert grundsätzlich mit demjenigen des φ-Koeffizienten vergleichbar ist, der jedoch konstant bleibt, wenn sich die Prävalenz ändert. Der **logarithmierte Wert von Odds Ratio ln(OR)** besitzt die vorteilhafte Eigenschaft, dass die Abstände zwischen den Kennwerten aus verschiedenen Studien verglichen werden können und die Konfidenzintervalle symmetrisch sind, sodass die Schätzgenauigkeiten fairer bzw. fehlerfreier interpretierbar abgebildet werden.

Die Ereignisquote (Odds) bzw. das Quotenverhältnis wird in der Statistik wegen der Unabhängigkeit von der Prävalenz anstelle der Kennziffern **Risiko** oder **Relatives Risiko** bzw. **Absolute Risikoveränderung** verwendet. Risiken stellen relative Häufigkeiten bzw. bedingte relative Häufigkeiten dar und können in Prozentzahlen umgerechnet werden. Hierdurch sind diese zwar anschaulicher interpretierbar als das Quotenverhältnis, jedoch dürfen die Abstände zwischen Risikoschätzungen nicht einfach verglichen werden, da sich inhaltlich gleiche Unterschiede in umso kleineren Zahlendifferenzen abbilden, je weiter die Prävalenz von ,5 bzw. 50 % entfernt liegt. Um durch Risikoangaben unverfälschte Eindrücke von Dateninformationen zu erhalten, erweisen sich Veranschaulichungen z. B. in Form von Flächendiagrammen und die Verwendung absoluter Häufigkeiten als vorteilhaft. Prozentzahlen und relative Häufigkeiten führen häufig zu Fehlinterpretationen – insbesondere bei niedrigen Merkmalsprävalenzen.

Die **logistische Regression** wird alternativ zur linearen Regression eingesetzt, wenn (a) das Kriteriumsmerkmal dichotom ausgeprägt ist, also nur zwei Ausprägungen annimmt (z. B. „0“ = „gesund“ vs. „1“ = „krank“) und (b) das oder die Prädiktormerkmal(e) dichotom oder intervallskaliert gemessen wurde(n). Bei der logistischen Regression wird die Wahrscheinlichkeit geschätzt, mit der die Kriteriumsvariable den Wert „1“ annimmt, wenn die Werte auf den Prädiktormerkmalen bekannt sind. Die Regressionsgewichte können als logarithmierte Werte von Odds Ratio interpretiert werden. Für signifikante Prädiktoren weicht Odds Ratio systematisch vom Wert 1 und ln(Odds Ratio) signifikant vom Wert 0 ab. Je besser die Wahrscheinlichkeit für das Zielereignis (Kriterium = 1) in der Studienstichprobe geschätzt werden kann, desto höher ist der Wert von **Pseudo-$R^2$** ausgeprägt. Dieser kann als Anteil aufgeklärter Information der Kriteriumsvariable interpretiert werden.

In der Testdiagnostik wird die Erkennensleistung von Tests durch die Begriffe **Sensitivität** (relative Häufigkeit, mit der Kranke ein richtiges – also positives – Testergebnis erhalten) und **Spezifität** (relative Häufigkeit, mit der Gesunde ein richtiges – also negatives – Testergebnis erhalten) charakterisiert. Auch hier bilden nur Odds Ratio (bzw. aus diesem abgeleiteten Maße) die Erkennensleistung von Tests fair ab: Bleiben Sensitivität und Spezifität unverändert, so bleibt Odds Ratio konstant, auch wenn die Merkmalsprävalenz variiert.

Der **Negativ (NPW**; relative Häufigkeit, als negativ getestete Person gesund zu sein) und der **Positiv Prädiktive Wert (PPW**; relative Häufigkeit, als positiv getestete Person krank zu sein) variieren jedoch systematisch, wenn sich die Prävalenz des Erkrankungsmerkmals verändert. Das **Bayes'sche Theorem** beschreibt den Zusammenhang zwischen Sensitivität und PPW. Nur bei einer Prävalenz und einer positiven Testrate von ,5 bzw. 50 % sind Sensitivität und PPW identisch. Je mehr sich die Prävalenz gegen 0 bewegt, desto niedriger wird der PPW bei gleicher Sensitivität. Dies ist für die Kommunikation und Verwertung von Testergebnissen von hoher Bedeutung, da bei niedrigen Prävalenzen positiv getestete Personen trotzdem eher gesund als krank sind.

## 13.5 Blitzlichter aus der Forschungspraxis

**Blitzlicht 13.1: Mortalität aufgrund von COVID-19-Infektionen und assoziierte Risikofaktoren**

Dessie und Zewotier (2021) untersuchen in einer Metaanalyse Merkmale, die mit der Sterblichkeit in Folge einer COVID-19-Infektion in Zusammenhang stehen. Sie fassen die Ergebnisse von 42 hochwertigen Studien zusammen, die zu dieser Thematik weltweit durchgeführt wurden ($N_{Gesamt}$ = 423.117 Patientinnen und Patienten). Im Beitrag wird in Abbildung 2 ein Forest-Plot der Mortalitäts- bzw. Todesraten (Anzahl Verstorbene pro 100 Fälle bzw. Prozent) bei aufgrund einer COVID-19-Infektion hospitalisierten Menschen dargestellt. Die Prozentzahlen varieren erheblich im Bereich von 3,11 % und 61,51 %. Über alle Studien gemittelt verstarben 8,28 % der hospitalisierten Fälle („Fixed-Effects-Modell"; 95-Konfidenzintervall: [8,19; 8,36]).

Um identifizieren zu können, welche Patientinnen- und Patientenmerkmale mit einem erhöhten Sterberisiko einhergehen, wurden für jedes untersuchte Risikomerkmal Odds Ratios bestimmt. Abbildung 3 bis 9 im Artikel zeigen Forest-Plots der Odds Ratio für alle untersuchten Risikomerkmale. Für Nierenerkrankungen ergab sich mit 1,87 das höchste Odds Ratio. Abbildung 9 zeigt die entsprechenden Daten aus den fünf Studien, die Nierenerkrankungen als Risikofaktor untersucht haben. Da das 95 %-Konfidenzintervall des über die Studien integrierten Gesamt Odds Ratios [1,48; 2,26] den Erwartungswert der Nullhypothese „1" nicht einschließt, handelt es sich um einen signifikanten Zusammenhang. In den Studien wurden Odds Ratios zwischen 1,08 bis 3,62 gemessen. In 4 der Einzelstudien zeigten sich von 1 signifikant verschiedene Odds Ratios ([1,2; 5,73], [2,15; 2,48], [1,40; 2,10], [1,66, 196]) und damit eine systematische Assoziation von Nierenerkrankung und Versterbensrisiko. Das Odds Ratio der letzten berichteten Studie lag mit 1,08 zwar ebenfalls über 1, jedoch kann hier die Nullhypothese nicht verworfen werden, da die 1 im Konfidenzintervall der Effektsschätzung liegt [0,51; 2,28],

In der Metaanalyse von Dessie und Zewotier (2012) waren weiterhin folgende Merkmale gemäß Odds Ratio signifikant mit dem Sterberisiko bei hospitalisierten COVID-19-Infizierten assoziiert: Chronische Begleiterkrankungen, Komplikationen, Chronisch obstruktive Lungenerkrankung (Odds Ratio: 1,57; 95 %-Konfidenzintervall: [1,27; 1,87]), Diabetes (Odds Ratio: 1,52; 95 %-Konfidenzintervall: [1,36; 1,69]), Bluthochdruck (Odds Ratio: 1,57; 95 %-Konfidenzintervall: [1,27; 1,87]), zerebrovaskuläre Erkrankungen (Odds Ratio: 1,83; 95 %-Konfidenzintervall: [1,50; 2,17]), erhöhte D-Dimere (Odds Ratio: 10,49; 95 %-Konfidenzintervall: [1,80; 19,81]), männliches Geschlecht (Odds Ratio: 2,61; 95 %-Konfidenzintervall: [1,75; 3,47]), höheres Alter (Odds Ratio: 1,45; 95 %-Konfidenzintervall: [1,41–1,51]), aktueller Raucher (Odds Ratio: 1,42; 95 %-Konfidenzintervall: [1,01; 1,83]) und Fettleibigkeit (Odds Ratio: 1,34; 95 %-Konfidenzintervall: [1,17; 1,52]).

**Blitzlicht 13.2: Analyse des Behandlungserfolgs bei sehr frühgeborenen Säuglingen mit Atemnot**

Wiest et al. (2015) führen die Grundlogik und grundlegende Begriffe der logistischen Regression in einem didaktisch motivierten Artikel sehr verständlich ein. Als veranschaulichendes Beispiel wählen sie die Versorgung sehr frühgeborener Säuglinge, die unter Atemnot leiden.

Als dichotomes Kriterium wird definiert: „1“ = Sauerstoffzufuhr in der 36. Schwangerschaftswoche noch erforderlich oder Tod des Säuglings; „0“ = Säugling lebt und benötigt keine Sauerstoffzufuhr in der 36. Schwangerschaftswoche. In die Analyse gehen die Daten von insgesamt N = 610 Säuglingen ein, bei denen in 388 Fällen ein schlechtes Behandlungsoutcome (Kriteriumswert = 1) resultierte. Bei 222 wurde ein gutes Behandlungsoutome (Kriteriumswert = 0) festgestellt. Als Prädiktoren wurden (1) die randomisierte erfolgte Versorgung mittels kontinuierlichem positivem nasalem Atemwegsdruck vs. Intubation bei Geburt (dichotomer Prädiktor) und (2) das Geburtsgewicht (verhältnisskalierter Prädiktor) analysiert. In der logistischen Regressionsgleichung (s. Tabelle 3 im Artikel) erweist sich die Art der Behandlung als nicht signifikant (Regressionsgewicht $b_1 = -0{,}202$; $p = {,}256 > \alpha = {,}05$): Für den Behandlungserfolg ist es also unerheblich, welche Behandlungsmethode angewendet wird. Hingegen erlaubt das Geburtsgewicht eine signifikante Vorhersage des Behandlungserfolgs (Regressionsgewicht $b_2 = -3{,}505$; $p < {,}001 < \alpha = {,}05$): Aufgrund des Geburtsgewichts kann der Behandlungserfolg also systematisch vorhergesagt werden. Da das schlechte Behandlungsoutcome mit „1“ kodiert wurde, ist das Regressionsgewicht negativ: Je höher das Geburtsgewicht, desto geringer ist die Wahrscheinlichkeit eines schlechten Behandlungserfolgs. Hätten sich die Forschenden entschieden, die wünschenswerte Ausprägung des Behandlungsoutcomes mit 1 zu kodieren, wäre der $b_2$-Wert gleich 3,505: Je höher das Geburtsgewicht, desto höher wäre dann die Wahrscheinlichkeit für eine „1“ – also eines guten Behandlungsoutcomes. Der Artikel eignet sich sehr gut, um die Verknüpfung statistischer Kennwerte und inhaltlicher Bedeutung nachvollziehen zu können.

**Blitzlicht 13.3: Sensitivität, Spezifität sowie Positiv und Negativ Prädiktiver Wert des Beck-Depressions-Inventar in Bezug auf diagnostizierte depressive Anpassungsstörungen und affektive Störungen**

Wenn Patientinnen und Patienten körperlich erkrankt sind (z. B. Herz-Kreislauferkrankung), so sollten auch psychische Begleiterkrankungen im Blick behalten werden, da diese für die Gestaltung und den Erfolg einer Behandlung von Bedeutung sein können. Da jedoch eine psychiatrische Diagnosestellung in der üblichen somatischen Versorgung nicht vorgesehen ist, werden im Rahmen der Diagnostik i. d. R. weniger aufwändige Erhebungsinstrumente (Screeningverfahren) eingesetzt, um die psychische Befindlichkeit feststellen zu können. Barth et al. (2007) untersuchen in einer Stichprobe von N = 152 Patientinnen und Patienten, die an einer koronaren Herzkrankheit leiden, die Eignung des Beck-Depressions-Inventars (BDI; Screeningverfahren) zur Identifikation der psychiatrischen Diagnosen Affektive Störungen und Depressive Anpassungsstörungen. In der Studie wird für alle Patientinnen und Patienten eine aufwändige psychiatrische Diagnostik durchgeführt, sodass bekannt ist, ob eine der untersuchten psychischen Störungen vorliegt oder nicht (diagnostisches Kriterium). Im BDI ergibt sich aufgrund des Antwortverhaltens der Patientinnen und Patienten ein Summenwert im Bereich von 0 bis 63 Punkten. Je höher der BDI-Summenwert, desto ausgeprägter ist die Depressivitätssymptomatik. Im Artikel wird nun untersucht, ab welchem BDI-Schwellenwert (Cut-off-Wert) von einer auffälligen depressiven oder affektiven Störung ausgegangen werden sollte. In Tabelle 3 des Artikels sind für die BDI-Schwellenwerte 11 bis 20 die Sensitivität, Spezifität sowie der Positiv und Negativ Prädiktive Wert angegeben. Mit wachsender BDI-Punktzahl ist, die erreicht werden muss, damit von einer Störung ausggangen werden sollte, sinkt die Sensitivität und steigt die Spezifität (z. B. „BDI-GS = 11“: Sensitivität = 96,7 %, Spezifität = 38,7 %; „BDI-GS = 20“: Sensitivität =

55,0 %, Spezifität = 93,7 %). Je höher die Schwelle gesetzt wird, desto mehr Kranke werden nicht erkannt (sinkende Spezifität) und desto weniger Gesunde werden zu Unrecht als auffällig kategorisiert (steigende Spezifität). Die Autorinnen und Autoren kommen zu dem Schluss, dass ein BDI-Schwellenwert von „15" verwendet werden sollte, da für diesen die Summe der Spezifität und Sensitivität am höchsten ist und damit der beste diagnostische Nutzen bzw. die geringste Gefahr an Fehlentscheidungen besteht. Kranke werden bei Verwendung dieses Schwellenwerts zu 83,9 % erkannt (Spezifität), Gesunde werden in 68,8 % korrekt erkannt. Im Falle eines positiven Testergebnisses (BDI-Wert ≥ 15) liegt in 63,3 % der Fälle tatsächlich eine Störung vor (Positiv Prädiktiver Wert). 86,6 % der negativ Getesteten (BDI-Wert < 15) haben keine entsprechende psychische Störung (Negativ Prädiktiver Wert). Dieser Artikel zeigt exemplarisch, wie die Nutzung der Sensitivität, Spezifität sowie des Negativ und Positiv Prädiktiven Wertes zur Identifikation optimaler und möglichst fehlerfreierer Entscheidungen genutzt werden kann.

## Übungsaufgaben

1. In einer Stadt leben 400.000 Personen. Die Punktprävalenz für einer neu auftretenden Erkrankung beträgt ,03 bzw. 3 %. Die 30-Tages Inzidenz$_{Gesamt}$ liegt bei ,005 bzw. 0,5 %. Die Letalität betrage ,05.
   a. Wie viele Personen sind aktuell in der Stadt erkrankt?
   b. Angenommen, keine der erkrankten Personen wird wieder gesund. Wie viele Personen sind nach drei Monaten insgesamt erkrankt?
   c. Anschließend erkrankt keine Person mehr neu. Wie viele Personen versterben in der Stadt insgesamt aufgrund der Erkrankung?
2. 200 Personen wenden eine Hygienemaßnahme an, von diesen erkranken 2. 200 wenden die Hygienemaßnahme nicht an, von diesen erkranken 10.
   Berechnen Sie das Relative Risiko, die Absolute Risikoveränderung, Number-Needed-to-Treat, Odds Ratio und ln(OR).
3. Screeningverfahren A habe eine Sensitivität von ,90 und eine Spezifität von ,8.
   Screeningverfahren B habe eine Sensitivität von ,80 und eine Spezifität von ,9.
   Berechnen Sie den PPW und den NPW in einer Population,
   - (a) in der 1 % erkrankt sind bzw.
   - (b) in der 10 % erkrankt sind.

# 14 Schlussbemerkungen

In diesem Lehrbuch wurden zentrale Konzepte, Begriffe und Methoden der empirisch-statistischen Forschung eingeführt, die in gesundheits- und therapiewissenschaftlichen Studien typischerweise von Bedeutung sind. Bei der Erstellung der 13 Einzelkapitel erfolgte die Auswahl und Darstellung der Inhalte immer unter Berücksichtigung sowohl der fachlichen als auch der didaktischen Angemessenheit:

- Welche Inhalte müssen enthalten sein, damit der Anspruch, das „Basiswissen Statistische Methoden" kompakt und hinreichend vollständig aufbereitet zu haben, erfüllt werden kann?
- Wie muss die Darstellung erfolgen, damit Leserinnen und Leser für sich ein hilfreiches Verständnis zum Stellenwert, zur Anwendung, zur Durchführung und zur Interpretation statistischer Methoden bzw. Ergebnisse entwickeln können?
- Welches Wissen und welche Fertigkeiten sind notwendig, um die Darstellung der Anwendung und der Ergebnisse von statistischen Analysen in Lehrbüchern und Forschungsartikeln verstehen zu können?
- Wie kann eine gute Anschlussfähigkeit geschaffen werden, die Leserinnen und Leser optimal auf die Beschäftigung mit weiterführenden (multivariaten) statistischen Methoden und Themen vorbereitet?

Alle Inhalte wurden deswegen ausgehend oder in direkter Verbindung zu gesundheits- und therapiewissenschaftlichen Anwendungsfragestellungen eingeführt. Dies soll mit dazu beitragen zu verdeutlichen, dass jede Anwendung statistischer Methoden unmittelbar mit inhaltlichen gesundheits- und therapiewissenschaftlichen Aspekten des Forschungsinteresses und -ziels korrespondiert: Beispielsweise ist es inhaltlich wichtig, zu wissen, ob und in welchem Maße eine bestimmte Therapiemaßnahme gesichert dazu beiträgt, dass sich der Gesundheitszustand bessert. Damit das Wissen zur Wirksamkeit belastbar ist, muss dies forschungsmethodisch adäquat geprüft worden sein: Dies bedeutet u. a., dass der Gesundheitszustand reliabel und valide erfasst wird [Kapitel 2], Zufall als Ursache von Gruppenunterschieden ausgeschlossen werden kann [Kriterium der Signifikanz; Kapitel 7] und die gemessenen Unterschiede tatsächlich durch die Maßnahme und nicht durch konfundierte Störvariablen bedingt sind [Kapitel 10]. Die Statistik und die Forschungsmethoden liefern insofern die Kriterien und Standards, die erfüllt sein müssen, damit inhaltliche Fragestellungen wirklich solide beantwortet werden können.

Die Fähigkeit zur Übersetzung von gesundheits- und therapiewissenschaftliche Inhalten in die Sprache der statistischen Methoden und Forschungsmethoden sowie zur Übersetzung statistischer Befunde in gesundheits- und therapiewissenschaftlichen Bedeutungen, ist ein wesentliches Element professioneller Kompetenzen.

Die Struktur und die Gestaltung der Inhalte des Buches orientiert sich an den Schritten des Forschungsprozesses sowie an der zunehmenden Differenziertheit und dem zunehmenden Anspruchsniveau der statistischen Methoden, Techniken und Verfahren. Der rote Faden des Lehrbuchs kann wie folgt charakterisiert werden:

- Statistische Methoden werden im Rahmen von Forschungsprozessen eingesetzt, um gesundheits- und therapiewissenschaftliche Fragestellungen zu beantworten. Empirisch erhobene Daten sollen insbesondere Aufschluss über die Verhältnisse (v.a. hinsichtlich Gesundheitsmerkmalen) im jeweiligen Anwendungsfeld geben oder die Prüfung von Vermutungen (z.B. Hypothesen zu Therapieeffekten) ermöglichen. [Kapitel 1]
- Als Grundlage dient u.a. die Messung von Merkmalen. Dabei werden Merkmalsausprägungen gemäß einer begründeten Messvorschrift in Zahlenwerte auf einer Messskala überführt, die ein bestimmtes Informations- bzw. Skalenniveau aufweisen. [Kapitel 2]
- Das Skalenniveau ist maßgeblich für die valide grafische oder tabellarische Aufbereitung der Daten, sowie die Anwendung aller statistischer Analyseverfahren. Grafiken und Tabellen sind geeignet, zentrale Eigenschaften zur Verteilung der Daten nachvollziehbar zu veranschaulichen bzw. zu dokumentieren. [Kapitel 3]
- Statistische Kennzahlen repräsentieren z.B. die zentrale Tendenz, die Variabilität oder Schiefe einer Merkmalsverteilung in einer aggregierten Maßzahl. Die Standardisierung von Messwerten erlaubt es, Daten vergleichbar zu machen, die aus unterschiedlichen Zielgruppen stammen oder mittels unterschiedlicher Messinstrumente gemessen wurden. [Kapitel 4]
- Neben den Merkmalsinformationen, die in Untersuchungsstichproben gewonnen wurden, bilden theoretische Merkmalsverteilungen bzw. Wahrscheinlichkeitsverteilungen eine wesentliche Grundlage statistischer Analysen. Wahrscheinlichkeiten und Wahrscheinlichkeitsverteilungen sind im Folgenden wichtig, um beurteilen und definieren zu können, welche Messwerte „erwartbar“ oder aber „ungewöhnlich“ sind. [Kapitel 5]
- So geben etwa Konfidenz- oder Vertrauensintervalle Wertebereiche an, innerhalb derer z.B. Mittelwerte mit einer definierten Sicherheit erwartet werden können. Hierbei werden Merkmale der Datenverteilung aus repräsentativen Stichproben genutzt, um abzuschätzen, welche Ausprägungen allgemein bzw. auf Ebene der zugrunde liegenden Populationen plausibel sind. [Kapitel 6]
- Zur Prüfung von Hypothesen können statistische Signifikanztests eingesetzt werden. Der t-Test für unabhängige Stichproben prüft z.B., ob sich die Mittelwerte eines intervallskalierten Merkmals zweier Gruppen lediglich zufallsbedingt (Nullhypothese) oder systematisch (Alternativhypothese) unterscheiden. [Kapitel 7]
- Das Ergebnis von Signifikanztests wird nicht nur durch die Stärke z.B. des Mittelwertunterschieds zwischen den beiden Gruppen, sondern auch wesentlich durch die Stichprobengröße beeinflusst. Effektstärkemaße (z.B. Cohens d) sollten deswegen ergänzend berichtet werden, um die Größe des Gruppenunterschieds unabhängig vom Umfang der untersuchten Stichproben angemessen dokumentieren zu können. [Kapitel 8]
- Die Stärke und Richtung des Zusammenhangs zwischen zwei Merkmalen wird durch Korrelationskoeffizienten (z.B. Pearsons Produkt-Moment-Korrelation r) im Wertebereich −1 bis +1 abgebildet. Positive (vs. negative) Ausprägungen von Korrelationen repräsentieren die Systematik „Je größer der Wert von X, desto tendenziell größer (vs. kleiner) ist Y ausgeprägt“ [Kapitel 9].
- Zusammenhänge dürfen jedoch nicht als Beleg einer bestimmten Kausalbeziehung (z.B. X verursacht Veränderungen in Y) interpretiert werden. Gemäß der Standards der evidenzbasierten Gesundheitswissenschaften erlauben lediglich gut kontrollierte Interventionsstudien, ursächliche Wirkeffekte (z.B. von Therapieform auf Therapieeffekte) verlässlich nachzuweisen. [Kapitel 10].

- Soll die Ausprägung eines Merkmals Y (Kriteriumsvariable) durch eine oder mehrere dichotome oder intervallskalierte Prädiktorvariablen geschätzt werden, ermöglicht die Regressionsanalyse die Identifikation einer optimalen Schätzgleichung. Ist die Kriteriumsvariable intervallskaliert erfasst worden, kommt die lineare Regressionsanalyse zu Einsatz [Kapitel 11]. Die logistische Regressionsanalyse schätzt die Wahrscheinlichkeit, dass eine dichotome Kriteriumsvariable den Wert 1 annimmt. [Kapitel 13.2]
- Die Analyse des Zusammenhangs zweier kategorialer (insbesondere nominalskalierter) Daten erfolgt auf Basis einer Kontingenztabelle, in der die Häufigkeiten abgetragen sind, mit denen die Ausprägungen $x_i$ und $y_j$ der beiden Variablen gemeinsam auftreten. Der Zusammenhang kategorialer Merkmale ist umso stärker, je deutlicher die gemessenen Häufigkeiten $o_{ij}$ in den Zellen der Kontingenztabelle, von den entsprechenden Zellbesetzungen $e_{ij}$, die per Zufall erwartetet würden, abweichen. [Kapitel 12]
- In der epidemiologischen Forschung erfolgt die Analyse des Zusammenhangs kategorialer und insbesondere dichotomer Merkmale (z. B. Risikofaktor liegt vor: ja vs. nein; gesund vs. krank) vor allem auf Basis von Risikomaßen oder Ereignisquoten (Odds). Die Veränderung des Erkrankungsrisikos (Relatives Risiko, Absolute Risikoveränderung) oder der Erkrankungsquote (Odds Ratio), wenn eine bestimmte Bedingung vorliegt (z. B. Rauchen: ja vs. nein; an Behandlungsmaßnahme teilgenommen: ja vs. nein), steht hier im Mittelpunkt der Analyse. [Kapitel 13.1]
- Bei einer Testdiagnostik sollten Erkrankte häufig ein positives Testergebnis (Sensitivität) und Gesunde häufig ein negatives Testergebnis erhalten (Spezifität). Zudem sollten positiv Getestete in der Regel krank sein (Positiv Prädiktiver Wert) und negativ Getestete in der Regel gesund sein (Negativ Prädiktiver Wert). [Kapitel 13.3]

Weiterführende multivariate statistische Methoden (Döring, 2023; Eid et al., 2017; Sedlmeyer & Renkewitz, 2018) beruhen im Wesentlichen auf denselben Prinzipien, die in den 13 Kapiteln dieses Lehrbuchs eingeführt wurden. Zumeist werden Hypothesen geprüft, es werden Effektstärken und Konfidenzintervalle bestimmt, wobei die Datenstrukturen und die Untersuchungsfragestellungen komplexer werden. Während wir beispielsweise mit dem t-Test (Kapitel 8) ein Verfahren zur Prüfung des Unterschieds zweier Mittelwerte kennengelernt haben, prüfen Varianzanalysen Hypothesen für mehr als zwei Mittelwerte. Faktorenanalysen (Bühner, 2021; Eid & Schmidt, 2014) analysieren die Struktur von paarweisen Korrelationen mehrerer Variablen. Aufgrund der Korrelationen, die wir in Kapitel 9 kennengelernt haben, können so Gruppen von Variablen identifiziert werden, die den gemessenen Daten unterliegende Merkmalsdimensionen (sog. latente [„verborgene"] Variablen) repräsentieren (z. B. Lebensqualität oder Gesundheitskompetenz). Strukturgleichungsmodelle stellen eine Verknüpfung von korrelations-, faktoren- und regressionsanalytischen Methoden dar, die mittels des ebenfalls bereits bekannten $\chi^2$-Test und darauf aufbauender Koeffizienten geprüft werden. Obwohl es sich hierbei um ein sehr anspruchsvolles Verfahren handelt, sind die in diesem Lehrbuch eingeführten Verfahren ausreichend, um dieses Verfahren verstehen zu können: Die bereits bekannten Inhalte müssen nur kombiniert und integriert betrachtet werden.

Ein weiterer wichtiger Ansatzpunkt zur Vertiefung stellt die Unterscheidung von Methoden für intervallskalierte und kategoriale Daten dar. Im Lehrbuch wurden die Eigenschaften der linearen Regression (Kapitel 11) und der logistischen Regression (Kapitel 13.2) eingeführt und kontrastiert. Während erstere dazu dient, Messwerte einer Kriteriumsvariablen möglichst genau zu schätzen, zielt die logistische Analyse darauf ab, Wahrscheinlichkeiten von Merkmalsausprägungen zu schätzen. Je nach Datenniveau (intervallskaliert vs. kategorial) eröffnen sich zwei unterschiedliche Gruppen von Analysefamilien. Aber auch hier genügen die im Lehrbuch eingeführten Prinzipien der Varianzzerlegung (Kapitel 11) und der Analyse von Odds Ratios (Kapitel 13), um die zentralen Merkmale aller weiterführenden Verfahren prinzipiell nachvollziehen zu können.

Dieser kurze abschließende Ausblick soll verdeutlichen, dass das in diesem Lehrbuch eingeführte „Basiswissen Statistische Methoden“ keineswegs nur einfache statistische Inhalte vermitteln sollte. Alle für die vertiefende und weiterführende Statistik erforderlichen Prinzipien entsprechen denjenigen der Basisverfahren. Mit den Inhalten dieses Lehrbuchs sind Sie entsprechend nicht nur befähigt, die behandelten Inhalte kompetent anzuwenden, sondern sich auch strukturiert in verwandte und weiterführende Verfahren einzudenken. In diesem Sinne wünsche ich Ihnen, dass sich das Erlernte in der gesundheits- und therapiewissenschaftlichen Forschungsanwendung als nützlich und hilfreich erweist.

# Literaturverzeichnis


Barkmann, C., Otto, C., Meyrose, A.-K., Reiss, F., Wüstner, A., Voß, C., Erhart, M. & Ravens-Sieberer, U. (2021). Psychometrie und Normierung des Lebensqualitätsinventars KIDSCREEN in Deutschland. *Diagnostica, 67*, 2–12. https://doi.org/10.1026/0012-1924/a000257

Barth, J., Paul, J., Klesse, C. & Bengel, J. (2007). Die Diskriminationsleistung des Beck-Depressions-Inventars (BDI) hinsichtlich depressiver Störungen bei Patienten mit einer körperlichen Erkrankung. *Zeitschrift für Klinische Psychologie und Psychotherapie, 36*(2), 73–82. https://doi.org/10.1026/1616-3443.36.2.73

Beck-Bornholt, H.-P. & Dubben, H.-H. (2001). *Der Schein der Weisen*. Rowohlt.

Blum, W. (2011). Can Modelling Be Taught and Learnt? Some Answers from Empirical Research. In G. Kaiser, W. Blum, R. Borromeo Ferri & G. Stillman (Eds.), *Trends in Teaching and Learning of Mathematical Modelling, ICTMA 14* (pp. 15–30). Springer. https://doi.org/10.1007/978-94-007-0910-2_3

Bortz, J. & Lienert, G. A. (2008). *Kurzgefasste Statistik für die klinische Forschung* (3. Aufl.). Springer.

Bühner, M. (2021). *Einführung in die Test- und Fragebogenkonstruktion* (4. Aufl.). Pearson.

Busse, R., Blümel, M. & Spranger, A. (2017). *Das deutsche Gesundheitssystem* (2. Aufl.). Medizinische Verlagsgesellschaft.

Cohen, J. (1994). The earth is round (p < .05). *American Psychologist, 49*(12), 997–1003. https://doi.org/10.1037/0003-066X.49.12.997

Cohen, J. (1988). *Statistical Power Analysis for the Behavioral Sciences* (2nd ed.). Lawrence Erlbaum Associates.

Craig, P., Dieppe, P., Macintyre, S., Michie, S., Nazareth, I., Petticrew, M. & Medical Research Council Guidance (2008). Developing and evaluating complex interventions: the new Medical Research Council guidance. *British Medical Journal, 337*, Article a1655. https://doi.org/10.1136/bmj.a1655

Danner, D., Rammstedt, B., Bluemke, M., Lechner, C., Berres, S., Knopf, T., Soto, C. J. & John, O. P. (2019). Validierung eines Persönlichkeitsinventars zur Erfassung von 5 Persönlichkeitsdomänen und 15 Facetten. *Diagnostica, 65*, 121–132. https://doi.org/10.1026/0012-1924/a000218

Dessie, Z. G. & Zewotir, T. (2021). Mortality-related risk factors of COVID-19: a systematic review and meta-analysis of 42 studies and 423,117 patients. *BMC Infectious Diseaeses, 21*(1), Article 855. https://doi.org/10.1186/s12879-021-06536-3

Deutsche Forschungsgemeinschaft (2019). *Leitlinien zur Sicherung guter wissenschaftlicher Praxis*. DFG.

Döring, N. (2023). *Forschungsmethoden und Evaluation* (6. Aufl.). Springer.

Dresch, C., Schulz, A. A. & Wirtz, M. A. (2022). Qualitätssicherung in der Forschung. In T. Meyer, J. Bengel & M. A. Wirtz (Hrsg.). *Lehrbuch Rehabilitationswissenschaften* (S. 436–447). Hogrefe.

Egger, M., Schneider, M. & Smith, G. D. (1998). Spurious precision? Meta-analysis of observational studies. *British Medical Journal, 316*, 140–144. https://doi.org/10.1136/bmj.316.7125.140

Eid, M., Gollwitzer, M. & Schmitt, M. (2017). *Statistik und Forschungsmethoden* (5. Aufl.). Beltz.

Eid, M. & Schmidt, K. (2014). *Testtheorie und Testkonstruktion*. Hogrefe.

Ellert, U. & Kurth, B.-M. (2004). Methodische Betrachtungen zu den Summenscores des SF-36 anhand der erwachsenen bundesdeutschen Bevölkerung. *Bundesgesundheitsblatt – Gesundheitsforschung – Gesundheitsschutz, 47*, 1027–1032. https://doi.org/10.1007/s00103-004-0933-1

Ellert, U. & Kurth, B. M. (2013). Gesundheitsbezogene Lebensqualität bei Erwachsenen in Deutschland Ergebnisse der Studie zur Gesundheit Erwachsener in Deutschland (DEGS1). *Bundesgesundheitsblatt – Gesundheitsforschung – Gesundheitsschutz, 56*, 643–649. https://doi.org/10.1007/s00103-013-1700-y

Fahrenberg, J. (2022). Alltagstheorien. In M. A. Wirtz (Hrsg.), *Dorsch – Lexikon der Psychologie* (20. Aufl., S. 187). Hogrefe.

Faller, H. (2004). Signifikanz, Effektstärke, Konfidenzintervalle. *Rehabilitation, 43*(3), 174–178. https://doi.org/10.1055/s-2003-814934

Fletcher, R.H. & Fletcher, S.W. (2007). *Klinische Epidemiologie. Grundlagen und Anwendung*. Huber.

Frazier, L., Yu, E., Sanner, J., Liu, F., Udtha, M., Cron, S., Coulter, S. & Bogaev, R.C. (2012). Gender Differences in Self-Reported Symptoms of Depression among Patients with Acute Coronary Syndrome. *Nursing Research & Practice, 2012*, Article 109251. https://doi.org/10.1155/2012/109251

Gigerenzer, G. (1981). *Messung und Modellbildung in der Psychologie*. Reinhardt.

Gigerenzer, G. (2013). *Das Einmaleins der Skepsis*. Pieper.

Hair, A.J. F., Babin, B.B., Anderson, R.E. & Black, W.C. (2016). *Multivariate Data Analysis*. Cengage India.

Heaton, K.W. & Lewis, S.J. (1997). Stool form scale as a useful guide to intestinal transit time. *Scandinavian Journal of Gastroenterology, 32*(9), 920–924. https://doi.org/10.3109/00365529709011203

Henningsen, P. & Martin, A. (2013). Das chronische Erschöpfungssyndrom. *Deutsche Medizinische Wochenschrift, 138*, 33–38.

Hoebel, J., Müters, S., Kuntz, B., Lange, C. & Lampert, T. (2015). Messung des subjektiven sozialen Status in der Gesundheitsforschung mit einer deutschen Version der MacArthur Scale. *Bundesgesundheitsblatt, 58*, 749–757. https://doi.org/10.1007/s00103-015-2166-x

Holtmaat, K., van der Spek, N., Witte, B.I., Breitbart, W., Cuijpers, P. & Verdonck-de Leeuw, I. (2017). Moderators of the effects of meaning-centered group psychotherapy in cancer survivors on personal meaning, psychological well-being, and distress. *Supportive Care in Cancer, 25*(11), 3385–3393. https://doi.org/10.1093/med/9780199837229.003.0005

Huber, O. (2019). *Das psychologische Experiment* (7. Aufl.). Hogrefe. https://doi.org/10.1024/86010-000

Jerusalem, M., Kohlmann, C.-W. & Schwerdtfeger, A. (2018). Gesundheitspsychologische Diagnostik. In C.-W. Kohlmann, C. Salewski & M.A. Wirtz (Hrsg.), *Psychologie in der Gesundheitsförderung* (S. 297–310). Hogrefe.

Kahneman, D. (2012). *Schnelles Denken, langsames Denken*. Siedler.

Kamenidou, I., Stavrianea, A., Mamalis, S. & Mylona, I. (2020). Knowledge Assessment of COVID-19 Symptoms: Gender Differences and Communication Routes for the Generation Z Cohort. *International Journal of Environmental Health, 17*, 6964. https://doi.org/10.3390/ijerph17196964

Khan, K.S., Kunz, R., Kleijnen, J. & Antes, G. (2004). *Systematische Übersichtsarbeiten und Meta-Analysen*. Springer.

Kohlmann, T. (2014). Messung von Lebensqualität: So einfach wie möglich, so differenziert wie nötig. *Zeitschrift für Evidenz, Fortbildung und Qualität im Gesundheitswesen, 108*, 104–110. https://doi.org/10.1016/j.zefq.2014.03.015

Kraft, J., Kaltwasser, V. & Kohls, N. (2022). Achtsamkeit in der Schule (AISCHU) – Evaluation der Weiterbildung für Lehrkräfte zur Stressreduktion. *Prävention und Gesundheitsförderung, 17*(3), 299–305. https://doi.org/10.1007/s11553-021-00870-9

Krämer, W. (2015). *So lügt man mit Statistik*. Campus.

Kubinger, K.D. (2009). *Psychologische Diagnostik: Theorie und Praxis psychologischen Diagnostizierens* (2. Aufl.). Hogrefe.

Kutschmann, M., Bender, R., Grouven, U. & Berg, G. (2006). Aspekte der Fallzahlkalkulation und Powerberechnung anhand von Beispielen aus der rehabilitationswissenschaftlichen Forschung. *Die Rehabilitation, 45*(6), 377–384. https://doi.org/10.1055/s-2006-940113

Lincke, H.J., Vomstein, M., Lindner, A., Nolle, I., Häberle, N., Haug, A. & Nübling, M. (2021). COPSOQ III in Germany: validation of a standard instrument to measure psychosocial factors at work. *Journal of Occupational Medicine and Toxiology, 16*, 50. https://doi.org/10.1186/s12995-021-00331-1

Mattila, A.K., Ahola, K., Honkonen, T., Salminen, J.K., Huhtala, H. & Joukamaa, M. (2007). Alexithymia and occupational burnout are strongly associated in working population. *Journal of Psychosomatic Research, 62*(6), 657–65. https://doi.org/10.1016/j.jpsychores.2007.01.002

Mayring, P. (2018). Qualitative Inhaltsanalyse. *Grundlagen und Techniken* (12. Aufl.). Beltz.

Menold, N. (2019). Effekte der Verbalisierung von Ratingskalen auf die Messqualität. In N. Menold, T. Wolbring (Hrsg.), *Qualitätssicherung sozialwissenschaftlicher Erhebungsinstrumente* (online Referenzewerte). Springer VS. https://doi.org/10.1007/978-3-658-24517-7_4

Meyer, T. (2022). Evidenzbasierung in der Rehabilitation. In T. Meyer, J. Bengel & M.A. Wirtz (Hrsg.), *Lehrbuch Rehabilitationswissenschaften* (S. 294–306). Hogrefe.

Michalos, A. C. (Ed.) (2014). *Encyclopedia of Quality of Life and Well-Being Research*. Springer. https://doi.org/10.1007/978-94-007-0753-5

Möhler, R. & Farin-Glattacker, E. (2022). Merkmale von Intervention und Versorgung. In T. Meyer, J. Bengel & M. A. Wirtz (Hrsg.), *Lehrbuch Rehabilitationswissenschaften* (S. 369–376). Hogrefe.

Morfeld, M., Kirchberger, I. & Bullinger, M. (2011). *SF-36 Fragebogen zum Gesundheitszustand* (2. Aufl.). Hogrefe.

Nachtigall, C. & Wirtz, M. (2012). *Wahrscheinlichkeitsrechnung und Inferenzstatistik. Statistische Methoden für Psychologen – Band 2* (6. Aufl.). Beltz/Juventa.

Naidoo, J. & Wills, J. (2010). *Lehrbuch der Gesundheitsförderung*. Verlag für Gesundheitsförderung.

Neumann, M., Steffen, P., Wirtz, M., Ernstmann, N., Ommen, O. & Pfaff, H. (2007). Patientenzufriedenheit in der onkologischen Versorgung: Relevanz Einflussfaktoren und Praxisbeispiele. *Forum Deutsche Krebsgesellschaft, 5*, 41–47.

Obbarius, A. & Sarrar, L. (2020). Selbstberichtete anorektische Essstörungssymptomatik und psychische Struktur. *Psychotherapeut, 65*, 398–404. https://doi.org/10.1007/s00278-020-00442-w

Pearl, J., Glymour, M. & Jewell, N. P. (2019). *Causal Inference in Statistics*. Wiley.

Perbandt, K., Hodapp, V., Wendt, T. & Jordan, J. (2006). Die „Distressed Personality" (Typ D) – Zusammenhänge mit Ärger, Aggression und Feindseligkeit. Psychotherapie, Psychosomatik. *Medizinische Psychologie, 56*(8), 310–317. https://doi.org/10.1055/s-2006-932663

Peters, E., Hübner, J. & Katalinic, A. (2021). Stress, Copingstrategien und gesundheitsbezogene Lebensqualität während der Corona-Pandemie im April 2020 in Deutschland. *Deutsche Medizinische Wochenschrift, 146*(2), e11–e20. https://doi.org/10.1055/a-1275-3792

Reichel-Vacariu, G., Wiesinger, G., Fialka-Moser, V. (2017). Schmerzbeurteilung und Schmerzmessmethoden in der Physikalischen Medizin und Rehabilitation. In R. Crevenna (Hrsg.), *Kompendium Physikalische Medizin und Rehabilitation* (S. 155–170). Springer. https://doi.org/10.1007/978-3-662-49035-8_8

Rendtel, U., Liebig, S., Meister, R., Wagner, G. G. & Zinn, S. (2021). Die Erforschung der Dynamik der Corona-Pandemie in Deutschland: Survey-Konzepte und eine exemplarische Umsetzung mit dem Sozio-oekonomischen Panel (SOEP). *AStA Wirtschafts- und Sozialstatistisches Archiv, 15*, 155–196. https://doi.org/10.1007/s11943-021-00296-x

Robert Koch Institut (2021). Monitoring der Gesundheit von geflüchteten Menschen. *Journal of Health Monitoring, 6*(1). Verfügbar unter https://www.rki.de

Rohrmann, B. (1978). Empirische Studien zur Entwicklung von Antwortskalen für die sozialwissenschaftliche Forschung. *Zeitschrift für Sozialpsychologie, 9*, 222–245.

Rossi, P., Freeman, H. & Lipsey, M. (1999). *Evaluation A systematic approach* (6th ed.). CA Sage Publications.

Schaeffer, D., Berens, E. M., Vogt, D., Gille, S., Griese, L., Klinger, J. & Hurrelmann, K. (2021). Health Literacy in Germany: Findings of a Representative Follow-up Survey. Findings of a representative follow-up survey. *Deutsches Ärzteblatt, 118*, 723–729.

Schüz, B. (2018). Gesundheitseinstellungen und -überzeugungen. In C.-W. Kohlmann, C. Salewski & M. A. Wirtz (Hrsg.), *Psychologie in der Gesundheitsförderung* (S. 45–58). Hogrefe.

Schulz, F. H., Altman, D. G. & Moher, D. & the CONSORT Group (2010). CONSORT 2010 Statement: updated guidelines for reporting parallel group randomised trials. *British Medical Journal, 340*, Article c332. https://doi.org/10.1136/bmj.c332

Schulz, A. A., Dresch, C. & Wirtz, M. A. (2022). Publikationsstandards in den Rehabilitationswissenschaften. In T. Meyer, J. Bengel & M.A. Wirtz (Hrsg.), *Lehrbuch der Rehabilitationswissenschaften* (S. 456–469). Hogrefe.

Schuster, C. & Bortz, J. (2016). *Statistik für Human- und Sozialwissenschaftler* (7. Aufl.). Springer.

Schweizerisches Bundesamt für Statistik (2020). *Vollständige jährliche Sterbetafel (Männer), 2013–2019*. BFS. Verfügbar unter https://www.bfs.admin.ch/bfs/de/home/statistiken/kataloge-datenbanken/tabellen.assetdetail.14387068.html

Sedlmeier, P. & Renkewitz, F. (2018). *Forschungsmethoden und Statistik für Psychologen und Sozialwissenschaftler* (3. Aufl.). Pearson.

Senft, B., Fischer-Hansal, D. & Schosser, A. (2021). Evaluation eines naturalistischen verhaltenstherapeutischen Rehabilitations-Settings. *Psychotherapie Forum 25*, 72–79. https://doi.org/10.1007/s00729-021-00180-7

Soziökonomisches Panel der deutschen Wirtschaft (2016). *Forschungsbasierte Infrastruktureinrichtung 'Sozio-oekonomisches Panel (SOEP)*. SOEP. Verfügbar unter https://www.diw.de/de/soep

Slack, J. D., Delfabbro, P. & King, D. L. (2022). Toward a delineation of the differences between high engagement and problem gaming. *Addictive Behavi-*

*or Reports, 16*, Article 109251. https://doi.org/10.1016/j.abrep.2022.100462

Sterne, J.A., Hernán, M.A., Reeves, B.C., Savovic, J., Berkman, N.D., Viswanathan, M., Henry, D., Altman, D.G., Ansari, M.T., Boutron, I., Carpenter, J.R., Chan, A.W., Churchill, R., Deeks, J.J., Hróbjartsson, A., Kirkham, J., Juni, P., Loke, Y.K., Pigott, T.D., ... Higgnis, J. (2016). ROBINS-I: a tool for assessing risk of bias in non-randomised studies of interventions. *British Medical Journal, 355*, Article i4919.

Stevens, S.S. (1959). Measurement, psychophysics, and utility. In C.W. Churchman & P. Ratoosh (Eds.), *Measurement: definitions and theory* (pp. 18–63). Wiley.

Tambi, M.D. & Nkwelle, K.J. (2013). Child Health and Maternal Labour Supply: A Chi Square Approach. *International Journal of Economics, Finance and Management, 2*(2), 172–182.

von der Lippe, P. (1993). *Deskriptive Statistik*. UTB Verlag.

Weihe, W. (2004). Klinische Studien und Statistik: Von der Wahrscheinlichkeit des Irrtums. *Deutsches Ärzteblatt, 101*(13), A-834/B-699/C-679.

Weldring, T. & Smith, S.M. (2013). Patient-Reported Outcomes (PROs) and Patient-Reported Outcome Measures (PROMs). *Health Services Insights, 6*, 61–68. https://doi.org/10.4137/HSI.S11093

Wiest, M.M., Lee, K.J. & Carlin, J.B. (2015). Statistics for clinicians: An introduction to logistic regression. *Journal of Pediatrics and Child Health, 51*(1), 670–673. https://doi.org/10.1111/jpc.12895

Wirtz, M.A. (2004). Über das Problem fehlender Werte: Wie der Einfluss fehlender Informationen auf Analyseergebnisse entdeckt und reduziert werden kann. *Die Rehabilitation, 43*(2), 109–115. https://doi.org/10.1055/s-2003-814839

Wirtz, M.A. (2018a). Bayes'sches Theorem und der Basisratenfehler: Zum Vorhersagewert von Risikofaktoren und Screeningverfahren. *Die Rehabilitation, 55*, 108–116. https://doi.org/10.1055/s-0043-111613

Wirtz, M.A. (2018b). Konfundierungen und Störfaktoren in rehabilitationswissenschaftlichen Beobachtungs- und Interventionsstudien. *Die Rehabilitation, 57*, 381–387. https://doi.org/10.1055/s-0043-120911

Wirtz, M.A. (Hrsg.) (2022). *Dorsch – Lexikon der Psychologie* (20. Aufl.). Hogrefe.

Wirtz, M.A. & Caspar, F. (2002). *Beurteilerübereinstimmung und Beurteilerreliabilität*. Hogrefe.

Wirtz, M.A. & Ulrich, R. (2010). Bivariate deskriptive Statistik. In H. Holling & B. Schmitz (Hrsg.), *Handbuch der Psychologie – Methoden und Evaluation* (S. 288–301). Hogrefe.

Wirtz, M.A. & Nachtigall, C. (2012). *Deskriptive Statistik. Statistische Methoden für Psychologen – Band 1* (6. Aufl.). Juventa.

Wirtz, M.A., Bitzer, E.-M., Albert, U.-S., Ansmann, L., Bögel, M., Ernstmann, N., Hollederer, A., Nowak, M. & Vollmar, H.-C. (2019). Methodische Ansätze zur Evaluation und Implementation komplexer Interventionen in Versorgungsorganisationen. *Das Gesundheitswesen, 81*(03), 82–91.

Wirtz, M.A. & Schulz, A. (2020). Evidenzbasierung in der Rehabilitation – Studiendesigns und konzeptuelle Grundlagen der empirischen Analyse der Wirksamkeit von Rehabilitationsmaßnahmen. *Die Rehabilitation, 59*(5), 303–314. https://doi.org/10.1055/a-1064-6587

Wirtz, M.A. & Warnke, A. (2020). Epidemiologie, Empirie, Evaluation. In A. Höhne, E.-M. Bitzer, O. Knauss, N.H. Knepper, R. Krauss, B.S. Lehner, M. Reus, M. Tulke, S.J. Wagner, A. Warnke & M.A. Wirtz (Hrsg.), *Mensch im Fokus I – Band 1: Gesundheitswissenschaften und Gesundheitsversorgung* (S. 33–78). Handwerk und Technik.

Wirtz, M.A. & Strohmer, J. (2022). Psychologie als Wissenschaft des Erlebens und Verhaltens: Inhalte, Struktur, Systematik. In M.A. Wirtz (Hrsg.), *Dorsch – Lexikon der Psychologie* (S. 19–21, 20. Aufl.). Hogrefe.

World Health Organisation. (2002). *The World Health Report 2002: Reducing risks to health, promoting healthy life*. WHO.

Zill, J., Bernardini, J. & Härter, M. (2018). Gesundheitsinformationen und Risikokommunikation. In C.-W. Kohlmann, C. Salewski & M.A. Wirtz (Hrsg.), *Psychologie in der Gesundheitsförderung* (S. 269–280). Hogrefe.

# Glossar

**α-Fehler, Fehler erster Art, falsch signifikantes/positives Ergebnis**: Annahme der ↑Alternativhypothese, obwohl die ↑Nullhypothese gültig ist. Fälschlicherweise signifikantes Ergebnis.

**α-Fehler-Inflation**: Je häufiger ↑statistische Testverfahren durchgeführt werden, desto größer wird die ↑Wahrscheinlichkeit, dass ein auffälliges bzw. signifikantes Ergebnis rein zufallsbedingt auftreten kann (↑α-Fehler).

**Abhängige Stichproben**: ↑t-Test für abhängige/gepaarte Stichproben

**Abhängige Variable (AV)**: Die Variable oder Zielgröße (z. B. Gesundheitszustand), für die ein Unterschied zwischen den untersuchten Studienbedingungen (↑unabhängige Variable) untersucht wird.

**Absolute Häufigkeit $n_i$**: Anzahl der Beobachtungen mit einer bestimmten Merkmalsausprägung i. Wertebereich 0 bis *N* (N = Gesamtanzahl).

**Absolute Risikoveränderung**: Differenz der ↑Risiken zweier Gruppen [Risiko(Gruppe 1) – Risiko(Gruppe 0)].

**Absolutskala**: ↑Skala, bei der sowohl der Nullpunkt als auch die Maßeinheiten eindeutig festgelegt sind.

**Allgemeingültigkeit**: Ein Forschungsbefund ist allgemeingültig, wenn sich dieser nicht nur in *einer* Studie – z. B. zufallsbedingt – oder in bestimmten ↑Stichproben gezeigt hat, sondern stabil und wiederholbar nachweisbar ist und auf Ebene der ↑Population gültig ist.

**Alltagstheorien bzw. Alltagsüberzeugungen**: Auffassungen, die sich Menschen über ihre Lebensumwelt aufgrund ihrer Erfahrung in ihrer natürlichen Lebensumwelt gebildet haben. Sie „haben die wichtige Funktion, sowohl das eigene Leben als auch das Verhalten anderer Menschen verstehbar, subjektiv voraussagbar und scheinbar kontrollierbar zu machen." (Fahrenberg, 2022, S. 136)

**Alternativhypothese, H1**: Annahme, gemäß der in einer Stichprobe empirisch ermittelte Effekte nicht durch Zufall (↑Nullhypothese), sondern durch einen systematischen (wahren) Effekt auf Ebene der ↑Population bedingt sind.

**A-posteriori-Hypothese**: „Im Nachhinein formulierte ↑Hypothese". Hypothese, die aufgrund bereits vorliegender empirischer Daten entwickelt wurde.

**A-priori-Hypothese**: „Im Vorhinein formulierte ↑Hypothese". Hypothese, die i. d. R. aus der Theorie abgeleitet wurde, bevor die empirischen Daten bekannt sind.

**Äquidistanz**: ↑Intervallskala

**Äquivalenzrelation:** Beziehung, bei der Gleichheit bzw. Ungleichheit der Elemente definiert ist.

**Arithmetisches Mittel:** ↑Mittelwert

**Aufgeklärte Varianz:** ↑Varianz einer ↑Kriteriumsvariablen, die z. B. im Rahmen einer ↑Regressionsanalyse durch die Prädiktorvariablen systematisch vorhergesagt/geschätzt werden kann (Gegenteil: ↑Fehlervarianz).

**Ausreißerwert:** Messwert der deutlich außerhalb des üblichen („normalen“) Wertebereichs liegt. Ein Ausreißerwert liegt mehr als 1,5 * ↑Interquartilabstand unterhalb des 1. ↑Quartils (bzw. 25. Perzentils) oder oberhalb des 3. Quartils (bzw. 75. Perzentils).

**Ausschlusskriterium:** Merkmal(sausprägung) aufgrund der ein Objekt oder eine Person nicht in eine ↑Stichprobe eingeschlossen wird.

**β-Fehler:** Beibehaltung der ↑Nullhypothese, obwohl die ↑Alternativhypothese gültig ist. Fälschlicherweise nicht signifikantes Ergebnis.

**β-Gewichte:** Standardisierte ↑Regressionsgewichte für die z-standardisierten Variablen (unabhängig von Maßeinheiten bzw. Skalierung der Analysevariablen) (vgl. *b*-Gewichte). Orientierungswerte: $\beta \approx$ ,1: kleiner Effekt, $\beta \approx$ ,3: mittlerer Effekt, $\beta \approx$ ,5: großer Effekt.

**Balkendiagramm:** Darstellungsform bei der die Auftretenshäufigkeit einer Merkmalsausprägung durch die Höhe des jeweiligen Balkens repräsentiert wird. Geeignet für Merkmale mit diskreten Merkmalsausprägungen.

**Basisratenproblem:** Je stärker die ↑Prävalenzen bzw. relativen Auftretenshäufigkeiten der Einzelmerkmale von ,5 bzw. 50 % abweichen, desto schwächer bilden sich statistische Zusammenhänge in den Häufigkeiten einer ↑Vierfeldertafel ab. Bei seltenen Erkrankungen ist der ↑Positiv Prädiktive Wert i. d. R. niedrig.

**Bedarfsanalysen:** Bestimmung der Erwartungen und Ziele, die Patientinnen und Patienten mit einer Behandlung verbinden.

**Bedeutsamkeitsproblem:** Welche statistischen Kenngrößen oder Beschreibungen können sinnvoll berechnet werden? Welche empirischen Aussagen sind für die Zahlenwerte einer Messskala sinnvoll?

**Bernoulli-Verteilung:** ↑Wahrscheinlichkeitsverteilung, wenn nur zwei Ergebnisse möglich sind.

**b-Gewichte:** Unstandardisierte ↑Regressionsgewichte, mit denen die gemessenen Ausprägungen einer Person auf der jeweiligen ↑Prädiktorvariablen in die Schätzung der ↑Kriteriumsvariable eingehen. Der Wert der *b*-Gewichte ist abhängig von der Skalierung bzw. den Maßeinheiten der Analysevariablen (vgl. ↑$\beta$-Gewichte).

**Bias:** Systematischer Fehler (Über- oder Unterschätzung) bei der Schätzung einer Merkmalsausprägung. (Ggs. ↑Zufallsfehler).

**Bimodale Datenverteilung:** „Zweigipfige“ Datenverteilung mit zwei deutlich getrennt liegenden (lokalen) ↑Modalwerten.

**Binomialverteilung:** Eine Binomialverteilung ist eine ↑Wahrscheinlichkeitsverteilung, die resultiert, wenn eine Zufallsbetrachtung mit zwei möglichen Ergebnissen häufig (n-mal) durchgeführt wird. Die Binomialverteilung beschreibt, wie wahrscheinlich ein Ereignis genau k-mal bei n wiederholten Betrachtungen eintritt. ↑Erwartungswert

**Biometrisch-medizinische statistische Standards:** Standards zur optimalen Analyse medizinisch-klinischer Messwerte, die i. d. R. mittels genormter technischer Apparaturen oder Laboranalysen ermittelt werden (z. B. Blutwerte, Hirnscans) oder den Erkrankungsstatus (gesund vs. krank) widerspiegeln.

**Bivariate ↑Normalverteilung**: Statistische Verteilung, die die gemeinsame Verteilung der beiden Merkmale X und Y beschreibt. Korrespondiert mit kreis- oder ellipsenförmiger Gestalt der Punktwolke in einem ↑Streudiagramm.

**Bodeneffekt**: Rechtsschiefe Datenverteilung, bei der der niedrigste Werte dem ↑Modus entspricht.

**Box-and-Whisker-Plot**: Grafische Darstellung für mindestens ↑intervallskalierte Merkmale, die die ↑Quartile einer Verteilung und ggf. ↑Ausreißerwerte abbildet.

**$\chi^2$-Verteilung**: Linkssteile bzw. rechtsschiefe ↑Kennwerteverteilung des ↑$\chi^2$-Werts, deren ↑Freiheitsgrade der Anzahl aufsummierter quadrierter ↑standardnormalverteilter Werte entspricht.

**$\chi^2$-Wert**: Prüfgröße, die sich durch Aufsummierung quadrierter ↑standardnormalverteilter Werte ergibt. Wird z. B. zur Prüfung des Zusammenhangs zweier ↑kategorialer Merkmale in ↑Kontingenztabellen verwendet.

**Cohens d**: ↑Effektstärkemaße, das angibt, um wie viele Standardabweichungen sich zwei Mittelwerte unterscheiden. Orientierungswerte: $d \approx 0{,}2$: kleiner Effekt, $d \approx 0{,}5$: mittlerer Effekt, $d \approx 0{,}8$: großer Effekt.

**Daten**: Im Zahlenformat repräsentierte Informationen, die die Ausprägung von ↑Merkmalen der untersuchten Objekte oder Personen widerspiegeln. Sie sollen Informationen darüber liefern, welche Ausprägungen einzelne Merkmale besitzen.

**Datenmatrix**: Datentabelle, in der i. d. R. die Daten für jede Untersuchungseinheit (z. B. Personen) in einer Zeile angeordnet sind, und jede Spalte durch ein Merkmal definiert ist [vgl. Tabelle 3-1].

**Deckeneffekt**: Linksschiefe Datenverteilung, bei der der höchste Werte dem ↑Modus entspricht.

**Deduktion**: Von theoretischen Annahmen wird abgeleitet, welche Daten oder Datenstrukturen im Inhaltsbereich (↑Empirie) erwartet werden.

**Definition**: Eindeutige (bzw. genaue und hinreichende) Klärung der Bedeutung eines Begriffs oder Sachverhalts.

**Designs**: Untersuchungsanlage (↑Studiendesign)

**Deskriptive (beschreibende) Statistik**: Bestimmt statistische Eigenschaften von Merkmalen in einer bestimmten Gruppe von Personen (↑Stichprobe). I. d. R. wird eine Stichprobe zu einem bestimmten Zeitpunkt beschrieben und analysiert. Deskriptivstatistische Ergebnisse sagen ausschließlich etwas über die Objekte aus, die tatsächlich untersucht wurden. (vgl. ↑Inferenzstatistik)

**Deterministischer Zusammenhang**: ↑Funktionaler Zusammenhang

**Dichotome Variable**: ↑Kategoriale Variable mit zwei Ausprägungen

**Effektstärkemaß**: Maß der Größe eines statistischen Effekts (z. B. Mittelwertunterschied: ↑Cohens *d*; ↑Korrelation: $|r|$; ↑Regressionsanalyse ↑$\beta$-Gewichte:), das im Unterschied zur Signifikanzangabe unabhängig von der Stichprobengröße ist.

**Eindeutigkeitsproblem**: Wie dürfen die Werte einer ↑Skala transformiert werden, sodass die vorhandenen Informationen erhalten bleiben?

**Einfache lineare Regression**: Schätzt die Werte einer Kriteriumsvariablen Y aufgrund der Ausprägungen einer Prädiktorvariablen X. (↑Regressionsanalyse)

**Ein-Gruppen-Prä-Post-Design**: ↑Studiendesign, bei dem eine ↑Stichprobe vor und nach einer Maßnahme bzw. Intervention untersucht wird (↑Interventionsstudie).

**Einschlusskriterium**: Merkmal(sausprägung), das bzw. die vorliegen muss, damit ein Objekt oder eine Person in eine ↑Stichprobe eingeschlossen werden kann.

**Empirie bzw. empirische Forschung**: Forschungsansatz, bei dem alle Aussagen möglichst unmittelbar an direkt erhebbaren ↑Daten aus dem Anwendungsfeld geknüpft sind. Daten bilden die Basis für theoretische Schlussfolgerungen (↑Induktion) oder die Gültigkeit theoretischer Annahmen wird auf Basis von Daten geprüft (↑Deduktion). Empirische Forschung verfolgt das Ziel, dass alle Erkenntnisse mit Erfahrungen bzw. erhobenen Daten im Anwendungsfeld korrespondieren.

**Empirische Sozialforschung**: Untersucht das Erleben und Verhalten des Menschen in sozialen Kontexten und in möglichst natürlichen Untersuchungssituationen. In den Gesundheitswissenschaften sind Standards empirischer Sozialforschung wichtig, um die subjektive Sichtweise von Menschen und soziales bzw. sozial bedingtes Verhalten erfassen und systematisch untersuchen zu können. (↑Empirie)

**Empirische Studie**: Systematische Untersuchung von Phänomenen (i.d.R. in einem Anwendungsfeld) zur Beantwortung einer wissenschaftlichen Fragestellung.

**Empirisches Bezugssystem**: Menge von realen Objekten (z.B. Personen), die hinsichtlich eines definierten Merkmals (z.B. Größe, Lebensqualität) in Beziehung zueinander stehen. (↑Messen)

**Epidemiologische Studien**: ↑Ist-Stands-Analysen zur Verteilung von Merkmalen von Krankheit und Gesundheit in der Bevölkerung.

**Erwartungswert**: Wert der für einen statistischen Kennwert typischerweise erwartet werden kann. Z.B. wird bei einem fehlenden Zusammenhang zweier Merkmale eine ↑Korrelation von $E(r) = \rho = 0$ erwartet. Im Falle der ↑Binomialverteilung: Produkt der Gesamtanzahl von Betrachtungen und der Wahrscheinlichkeit des Zielereignisses: $E(X) = N \cdot p$. Es kann erwartet werden, dass das Zielereignis bei N Betrachtungen mit einer Häufigkeit von $N \cdot p$ auftritt. Kann vereinfacht als ↑arithmetisches Mittel der Werte in der ↑Population aufgefasst werden. (↑Populationsparameter)

**Evidenz**: Hohe Evidenz bedeutet hohe Sicherheit hinsichtlich der Wirkungsweise und Wirksamkeit einer Behandlungsmaßnahme. Nur die Ergebnisse von ↑randomisiert kontrollierten ↑Interventionsstudien garantieren hohe Evidenz.

**Evidenzbasierte Gesundheitswissenschaften**: Je eindeutiger aus einer Studie die ↑Wirksamkeit einer Maßnahme abgeleitet werden kann, desto höher ist die ↑Evidenz für einen kausalen Effekt der Maßnahme. Je höher die Evidenz der Maßnahmenwirksamkeit ist, desto eher können verlässliche Therapieempfehlungen abgeleitet werden.

**Experiment**: ↑Randomisiert kontrollierte Studie

**Exploratorischer Forschungsansatz**: Forschungsansatz, der die Suche nach nicht vermuteten, auffälligen Strukturen in den Mittelpunkt stellt. (Ggs. ↑ Konfirmatorischer Forschungsansatz)

**Exploratorisches Testen**: Einsatz von ↑Signifikanztests, um auffällige Datenstrukturen zu identifizieren, zu denen keine ↑A-priori-Hypothesen vorlagen.

**Fairness/Neutralität:** Befunde dürfen nicht im Sinne der Erwartungen und Wünsche der Forschenden verzerrt dargestellt werden.

**Falsifizierbarkeit:** ↑Widerlegbarkeit

**Fehlende Werte:** Einzelne Werte, die z.B. aufgrund von Verweigerung nicht erhoben wurden, obwohl davon ausgegangen werden kann, dass eine entsprechende Merkmalsausprägung existiert.

**Fehlervarianz:** ↑Varianz einer ↑Kriteriumsvariablen, die z.B. im Rahmen einer ↑Regressionsanalyse durch die Prädiktorvariablen nicht vorhergesagt/geschätzt werden kann und als zufallsbestimmt aufgefasst wird. (Ggs. ↑Aufgeklärte Varianz)

**Forschungsdesign:** ↑Studiendesign

**Forschungshypothese:** Theoretisch begründete Vermutungen, deren Gültigkeit empirisch geprüft wird. Wird in eine ↑statistische Hypothese übersetzt.

**Forschungsprozess:** In Einzelschritte gegliederter Ablauf der Durchführung einer Forschungsstudie.

**Forschungsstandard:** ↑Gütekriterien bzw. Eigenschaften, die Forschung erfüllen muss, um anerkannt, nachvollziehbar und aussagekräftig zu sein.

**Fragebogen, standardisierter:** Datenerhebungsinstrument, in dem Personen i.d.R. zu Fragen oder ↑Items eine Antwort durch Auswahl von vorgegebenen Antwortoptionen geben.

**Freiheitsgrade:** Anzahl frei variierender Informationen, die einer aggregierten statistischen Größe zugrunde liegen.

**Friedman-Test:** Statistisches Testverfahren für ordinale Daten. Entspricht einer ↑Rangvarianzanalyse für ↑abhängige ↑ordinale Daten (z.B. Vergleich einer durchschnittlichen Merkmalsausprägung für drei oder mehr Messzeitpunkte).

**Funktionaler Zusammenhang:** Zusammenhang, bei dem die Ausprägung von Y fehlerfrei aufgrund X bestimmt werden kann. (↑Lineare Funktionsgleichung)

**Gegenereignis:** Liegt ein Zielmerkmal (Ereignis) nicht vor, so spricht man vom Gegenereignis.

**Genauigkeit:** ↑Zuverlässigkeit

**Gleichverteilung:** Verteilung, bei der alle möglichen Ereignisse gleich wahrscheinlich auftreten.

**Gültige Angaben:** Messwerte, die in die Datenanalyse einfließen können.

**Gültigkeit/Validität:** Die Befunde spiegeln die Information wider, die die Forschenden tatsächlich vorgeben zu untersuchen. *In Bezug auf Messinstrumente*: Es wird das Merkmal gemessen, das man auch wirklich messen will (↑Gütekriterien empirischer Forschung). *In Bezug auf ↑Studiendesigns*: *Interne Validität/Gültigkeit* ist gegeben, wenn insbesondere Aussagen zur Kausalität von Merkmalszusammenhängen aufgrund des Studiendesigns (↑randomisiert kontrollierte Studie) zulässig sind. *Externe Validität/Gültigkeit* ist gegeben, wenn die Studienergebnisse in der ↑Stichprobe auf die ↑Population übertragen werden können. ↑Repräsentative Stichproben gewährleisten eine gute externe Validität der Studienbefunde.

**Gute wissenschaftliche Praxis (GWP):** Standards, die eingehalten werden müssen, damit die wissenschaftliche Seriosität einer Studie gewährleistet ist.

**Gütekriterien**: Festgelegte Standards, die zur Erfüllung hinreichender Forschungsqualität erreicht werden müssen.

**Halboffene Intervalle**: Intervall, bei dem nur eine Kategoriengrenzen noch in das Intervall fällt. Im Intervall [5-10[ ist beispielsweise die 5,00 enthalten, die 10,00 jedoch nicht.

**Häufigkeitsverteilung**: Bezeichnet die Menge der Paare von Merkmalsausprägungen und Häufigkeiten:
$[(x_1, \%_1), (x_2, \%_2), \ldots, (x_k, \%_k))]$ heißt *prozentuale* Häufigkeitsverteilung.
$[(x_1, h(x_2)), (x_1, h(x_2)), \ldots, (x_k, h(x_k))]$ heißt *relative* Häufigkeitsverteilung.
$[(x_1, n(x_1)), (x_2, n(x_2)), \ldots, (x_k, n(x_k))]$ heißt *absolute* Häufigkeitsverteilung.

**Histogramm**: Kategorisierte Darstellung der ↑Häufigkeitsverteilung eines feingestuften intervallskalierten Merkmals. Die Höhe der Segmente repräsentiert die Auftretenshäufigkeit.

**Hypothese**: Vermutung, Annahme. (↑Forschungshypothese; ↑statistische Hypothese)

**Inferenzstatistik (Induktive, schließende Statistik)**: Die erfassten Personen oder Objekte (↑Stichprobe) werden als ↑repräsentative Teilmenge einer ↑Population erhoben bzw. aufgefasst. ↑Signifikanztests ermöglichen es, mit einer gewissen Fehlerwahrscheinlichkeit von den Verhältnissen in der Stichprobe auf die Verhältnisse in der Population zu schließen (vgl. ↑Deskriptive (beschreibende) Statistik).

**Inkrementelle ↑Varianzaufklärung**: Anteil der Varianz einer Kriteriumsvariable, der bei Anwendung der ↑multiplen linearen Regression durch eine neu in die Prädiktorgruppe aufgenommene Variable zusätzlich bzw. inkrementell aufgeklärt werden kann.

**Interpretation**: Die Bedeutung einer Information (z. B. der statistischen Analyseergebnisse) wird für das Anwendungsfeld oder hinsichtlich eines theoretischen Bezugsrahmens reflektiert und expliziert.

**Interquartilabstand (IQA)**: Differenz zwischen dem 3. und 1. ↑Quartil bzw. den Messwerten zwischen denen die mittleren 50 % der Verteilung liegen.

**Intersubjektivität**: Verschiedene Beurteiler geben übereinstimmende Beurteilungen ab. (↑Objektivität)

**Intervallschätzung**: ↑Schätzung

**Intervallskala**: ↑Skala, bei der den Objekten eines ↑empirischen Bezugssystems Zahlen derart zugeordnet werden, dass gleichen Differenzen zwischen Messwerten gleiche Unterschiede in der Merkmalsausprägung im empirischen Bezugssystem entsprechen. Für Intervallskalen ist eine Maßeinheit definiert: Zwischen allen benachbarten Skalenpunkten liegen gleiche Abstände (Äquidistanz).

**Interventionsbedingung**: Untersuchungsbedingung, deren Wirkung untersucht wird (z. B. Teilnahme an einer Fördermaßnahme).

**Interventionsstudien**: Studien, bei denen eine Maßnahme (Intervention) appliziert wird.

**Irrtumswahrscheinlichkeit**: ↑Signifikanzniveau

**Ist-Stand-Analyse**: Analyse des aktuellen Zustands

**Item**: Aussage, für die eine befragte Person z. B. ihre Zustimmungstendenz („stimme nicht zu“ ... „stimme zu“; ↑Ratingskala) angeben soll.

**Kardinalprobleme der Messtheorie**: ↑Repräsentationsproblem, ↑Eindeutigkeitsproblem, ↑Bedeutsamkeitsproblem.

**Kategoriale Variable**: ↑Variable, deren Ausprägungen die Zugehörigkeit zu ↑Kategorien repräsentieren.

**Kategorie**: Begriff oder Ordnungskriterium, der bzw. das Elemente umfasst, die hinsichtlich eines definierten Merkmals oder einer Merkmalsausprägung gleich sind.

**Kategoriensystem**: Menge von sich gegenseitig ausschließenden ↑Kategorien (Distinktheit). Alle Elemente müssen einer Kategorie zugeordnet werden können (Exhaustivität).

**Kausalität**: Ursache-Wirkungsbeziehung. Liegt vor, wenn eine – kausal beeinflussende – Bedingung ursächlich Veränderungen der Ausprägung eines anderen – kausal beeinflussten – Merkmals zur Folge hat. (vgl. ↑Zusammenhang)

**Kendalls τ (tau)**: ↑Korrelationskoeffizient für ordinalskalierte Daten

**Kennwerteverteilung**: Die Kennwerteverteilung des ↑Mittelwerts für eine Stichprobengröße N entspricht der theoretischen Verteilung der Mittelwerte, die sich ergeben würde, wenn man unendlich viele ↑Stichproben des entsprechenden Umfangs N ziehen würde.

**Klinische Studie**: Dient dem Nachweis des Effekts von Maßnahmen, indem die Personen gezielt und kontrolliert unter verschiedenen Bedingungen (Intervention wird appliziert bzw. nicht appliziert) untersucht werden (möglichst ↑randomisiert kontrollierte Studien).

**Koeffizient, Kennziffer**: Statistischer Wert (z. B. ↑Mittelwert, ↑Standardabweichung), der eine bestimmte Eigenschaft (z. B. durchschnittliche/typische Merkmalsausprägung) einer Merkmalsverteilung in einer ↑Stichprobe abbildet.

**Kohortenstudie**: ↑Studiendesign, bei dem Personen, die z. B. einem bestimmten ↑Risikofaktor ausgesetzt sind (Kohorte), mit einer Gruppe von Personen, die dem Risikofaktor nicht ausgesetzt sind, hinsichtlich des zukünftigen Verlaufs verglichen werden.

**Kollinearität**: Miteinander korrelierte Variablen (↑Zusammenhang) werden als kollinear bezeichnet. Sie repräsentieren zum Teil ähnliche Informationen.

**Kolmogroff-Smirnov-Test**: ↑Signifikanztest zur Prüfung der Annahme der ↑Normalverteilung der Daten.

**Konfidenzintervall, Vertrauensintervall**: Ein durch eine obere und untere Schranke begrenzter Schätzbereich, in dem ein ↑Erwartungswert oder wahrer Wert mit einer definierten ↑Wahrscheinlichkeit (i. d. R. p = ,95 bzw. 95 %) lokalisiert ist.

**Konfirmatorischer bzw. prüfender Forschungsansatz**: Forschungsansatz, der der Prüfung von Vermutungen bzw. ↑Hypothesen, die theoretisch abgeleitet wurden, dient. (Ggs. ↑Exploratorischer Forschungsansatz)

**Konfirmatorisches Testen**: Testen von ↑A-priori-Hypothesen. (Ggs. ↑Exploratorisches Testen)

**Konfundierende Variable**: Variable Z, die sowohl die Ausprägung von X als auch die Ausprägung von Y beeinflusst. Konfundierende Variablen beeinflussen den Zusammenhang zwischen X und Y indirekt, sodass die Korrelation $r_{xy}$ nicht die direkte Beziehung zwischen X und Y valide widerspiegelt.

**Konstanz**: Messungen oder Ergebnisse sind (zeitlich) stabil.

**Kontingenztabelle**: Tabelle im Matrixformat, bei der die Merkmalsausprägungen eines ↑kategorialen Merkmals die Spalten und die Merkmalsausprägung des anderen kategorialen Merkmals die Zeilen definieren. In jeder Zelle wird die ↑absolute ($n_{ij}$) oder ↑relative ($h_{ij}$) Häufigkeit eingetragen, mit der Objekte in der Stichprobe vorhanden sind, die die Merkmalskombination ij aufweisen.

**Kontrollbedingung**: Untersuchungsbedingung, die als Vergleich zur ↑Interventionsbedingung dient. Wichtig, um Veränderungen zu ermitteln, die ohne die Intervention auftreten.

**Korrelation**: ↑Zusammenhang

**Korrelationskoeffizient**: Maßzahl, die die Stärke und Richtung einer ↑Korrelation standardisiert im Wertebereich -1 bis +1 abbildet. Negative Werte: Je größer X, desto kleiner Y; Positive Werte: Je größer X, desto größer Y. ↑Produkt-Moment-Korrelation; ↑Kendalls $\tau$; ↑Spearmans $\rho$.

**Kovarianz**: Durchschnittliches Abweichungsprodukt. Bildet die gleichgerichtete Abweichung zweier Merkmale vom jeweiligen Mittelwert ab. Negative Werte: Je größer X, desto kleiner Y; Positive Werte: Je größer X, desto größer Y. Wertebereich: $[-\hat{\sigma}_x \cdot \hat{\sigma}_y; +\hat{\sigma}_x \cdot \hat{\sigma}_y]$.

**Kreisdiagramm/Tortendiagramm**: Bildet die Häufigkeit einzelner Kategorien oder Messwerte als Kreissegmente ab. Die Verhältnisse der Flächen der Kreissegmente entsprechen den Verhältnissen der Kategorienbesetzungen. Winkel der Kreissegmente: Winkel(i) = $h_i \cdot 360°$. Geeignet bei ↑nominalskalierten Daten.

**Kriterium der kleinsten Quadratabweichungen**: Eine ↑Schätzung wird als optimal betracht, wenn die Summe der quadrierten Abweichungen von beobachteten und geschätzten Werten minimal ist.

**Kriteriumsvariable**: Variable, deren Werte in einer ↑Regressionsanalyse geschätzt werden.

**Kritische Werte**: Werte, die die extremen x% (i. d. R. 5%) einer statistischen ↑Kennwerteverteilung abschneiden. Ergebnisse jenseits der kritischen Werte werden als ↑signifikant bezeichnet.

**Kruskal-Wallis-Test**: ↑Rangvarianzanalyse zur Prüfung des Unterschieds in der zentralen Tendenz einer ordinalskalierten ↑abhängigen Variable zwischen mindestens drei Gruppen.

**Kumulierte Häufigkeiten**: Die kumulierte Häufigkeit der Kategorie i entspricht der Häufigkeiten aller Kategorien j, die kleiner-gleich i sind. Ab ↑Ordinalskalenniveau berechenbar. Kumulierte absolute Häufigkeiten: $N_i = \sum_{j=1}^{i} n_j$. Kumulierte relative Häufigkeiten: $F_i = \sum_{j=1}^{i} h_j$.

**Längsschnittstudie**: ↑Studiendesign, bei dem Merkmale zu mehreren Messzeitpunkten (i. d. R. im Verlauf bzw. wiederholt) erhoben werden.

**Levene-Test**: ↑Signifikanztest zur Prüfung der (Un-)Gleichheit von ↑Varianzen

**Lineare Funktionsgleichung/Linearer Zusammenhang**: Überführung eines intervallskalierten Merkmals X in eine Merkmal Y gemäß der Funktion $y_i = b_0 + b_1 \cdot x_i$.

**Lineare Regressionsgleichung**: Schätzgleichung bei der die aufgrund von X vorhergesagten Werte der ↑Kriteriumsvariable Y auf einer Gerade liegen. $\hat{y}_i = b_0 + b_1 \cdot x_i$.

**ln(OR)**: Logarithmus von ↑Odds Ratio. Für ln(OR) können im Unterschied zu Odds Ratio die Distanzen zwischen Werten verglichen werden. Wertebereich: $]-\infty; +\infty[$.

**Logistische Regression**: ↑Regressionsanalyse bei der die Werte einer ↑dichotomen Kriteriumsvariable Y bzw. deren ↑Wahrscheinlichkeiten aufgrund der Ausprägungen einer oder mehrerer Prädiktorvariablen $X_1 \dots X_k$ geschätzt werden.

**Median**: Der kleinste Wert einer geordneten Messwertreihe, für den gilt, dass 50 % aller Messwerte $x_i$ kleiner-gleich und 50 % der Messwerte $x_i$ größer-gleich sind.

**Merkmal**: Eigenschaft hinsichtlich derer sich Objekte unterscheiden bzw. hinsichtlich derer Objekte verschiedene Ausprägungen besitzen.

**Messen**: Bezeichnet die informationserhaltende Zuordnung von Zahlen (numerisches Bezugssystem) zu Objekten gemäß einer definierten Zuordnungsregel. Die Ausprägung *eines* definierten Merkmals *eines* Objekts (empirisches Bezugssystem) wird durch *einen* Messwert bzw. *eine* Zahl repräsentiert. Eine Zuordnung ist informationserhaltend, wenn sich die empirischen Verhältnisse (Merkmalsausprägungen) in den Verhältnissen zwischen den Zahlen angemessen widerspiegeln. Das aus einer Messung resultierende numerische Bezugssystem wird als ↑Skala bezeichnet.

**Messtheorie**: Beschäftigt sich mit Annahmen und Bedingungen, die erfüllt sein müssen, damit ein Merkmal aussagekräftig gemessen werden kann.

**Mittelwert bzw. arithmetisches Mittel ($\overline{x}$)**: Durchschnittliche Merkmalsausprägung, die sich durch Aufsummierung aller Werte geteilt durch die Anzahl der Summanden ergibt: $\overline{x} = \frac{1}{k}\sum_{i=1}^{k} x_i$. Berechnung ab ↑Intervallskalenniveau zulässig.

**Modell**: Vereinfachte und abstrahierte Repräsentation eines empirischen Sachverhalts, die v.a. die wesentlichen ↑Merkmale und Beziehungen zwischen diesen abbildet. Aspekte des Problembereichs werden so abgebildet, dass Betrachtungen und Analysen auf Ebene des Modells Aussagen über und Vorhersagen für die realen Sachverhalte im Anwendungsfeld ermöglichen.

**Modellierungskreislauf**: Modell des schrittweisen Ablaufs von Forschungsprozessen, in dem die Übersetzungsprozesse zwischen Anwendungsfeld, abstrahierter inhaltlicher Modellierung und statistischer Modellierung beschrieben werden.

**Modus bzw. Modalwert**: Messwert $x_i$, der am häufigsten gemessen wurde. Definiert ab ↑Nominalskalenniveau.

**Multiple Korrelation R**: Maß des Zusammenhangs von Y und einer Gruppe von Variablen $X_1 \dots X_k$ bei der ↑multiplen linearen Regression.

**Multiple lineare Regression**: Die multiple lineare ↑Regressionsanalyse schätzt die Werte einer ↑intervallskalierten Kriteriumsvariablen Y aufgrund der Ausprägungen mehrerer Prädiktorvariablen $X_1 \dots X_k$. Bei der Bestimmung der Regressionsgewichte wird darauf geachtet, dass überlappende Informationsanteile in mehreren Prädiktoren nicht mehrfach in die Schätzung eingehen.

**Multipler Determinationskoeffizient $R^2$**: Varianzanteil der in der ↑Kriteriumsvariable Y durch eine Gruppe von Variablen $X_1 \dots X_k$ aufgeklärt werden kann. (↑Multiple lineare Regression)

**Multivariate statistische Analyseverfahren**: Statistische Modellierung des Zusammenhangs mehrerer Variablen (z. B. Multivariate Varianzanalyse, Faktorenanalyse, Clusteranalyse, lineare Strukturgleichungsmodelle). Die Analyse mehrerer Variablen erfordert immer, dass die Zusammenhänge aller Analysevariablen bei der Bestimmung statistischer Koeffizienten berücksichtigt werden.

**Negativ Prädiktiver Wert**: Relative Häufigkeit mit der eine negativ getestete Person gesund ist: h(gesund | negativ).

**Neutralität**: ↑Fairness

**Nicht-linearer Zusammenhang**: Zusammenhang von Y und X, der nicht durch eine Gerade, sondern durch einen anderen Verlauf (z. B. exponentiell steigend, u-förmig) gekennzeichnet ist.

**Nominalskala**: ↑Skala, bei der durch Objekten eines empirischen Bezugssystems Zahlen derart zugeordnet, dass Objekte mit gleicher Merkmalsausprägung durch die gleiche Zahl und Objekte mit verschiedener Merkmalsausprägung durch verschiedene Zahlen repräsentiert werden.

**Normalverteilung**: Die Normalverteilung ist eine symmetrische, glockenförmige ↑Wahrscheinlichkeitsverteilung. Verschiedene Normalverteilungen unterscheiden sich nur durch den Mittelwert bzw. ↑Erwartungswert und die ↑Standardabweichung. Die Gestalt bleibt immer identisch. Die ↑Schiefe a ist gleich 0. Die Normalverteilung der ↑z-standardisierten Werte ($\mu = 0$; $\Sigma = 1$) bezeichnet man als Standardnormalverteilung. (↑Bivariate Normalverteilung)

**Normskala**: Einheitlich definierte Skalen mit festgelegtem ↑Mittelwert und ↑Standardabweichung, die die relative Abweichung in der Referenzgruppe bzw. -population abbilden. Sind der Mittelwert und die Standardabweichung der Merkmalsverteilung bekannt, so kann jedes beliebige i. d. R. normalverteilte Merkmal in Werte dieser Normskalen übertragen bzw. transformiert werden.

**Nullhypothese, H0**: Annahme, gemäß der empirisch ermittelte Effekt (z. B. Mittelwertunterschiede) durch Zufall bedingt sind.

**Nullhypothesenverteilung**: Verteilung einer statistischen Prüfgröße, wenn diese rein zufallsbedingt variiert, also die ↑Nullhypothese gilt.

**Number-Needed-to-Treat**: Die NNT gibt an, wie viele Personen einer bestimmten Bedingung ausgesetzt werden müssen, damit erwartet werden kann, dass genau eine Person durch die Bedingung im Falle eines Schutzfaktors profitiert oder im Falle eines Risikofaktors Schaden erleidet (Number-needed-to-Harm).

**Numerisches Bezugsystem**: Zahlensystem mit definierten Beziehungen (z. B größer-kleiner). (↑Messen)

**Objektivität**: Die individuelle Person der Forscherin bzw. des Forschers beeinflusst die Ergebnisse nicht. Im Wesentlichen identisch mit ↑Intersubjektivität. (↑Gütekriterien)

**Odds Ratio**: Quotient der ↑Odds zweier Vergleichsgruppen: Odds(Gruppe 1) / Odds(Gruppe 0). Odds Ratio < 1: In Gruppe 1 ist die Quote niedriger als in Gruppe 0 (↑Schutzfaktor). Odds Ratio > 1. In Gruppe 1 ist die Quote höher als in Gruppe 0 (↑Risikofaktor). Odds Ratio gibt den Faktor an, um den die Quote in Gruppe 1 im Vergleich zu Gruppe 0 erhöht oder verringert ist. Wertebereich: $[0; +\infty[$.

**Odds**: Quote, Ereignisquotient. Quotient der Merkmalsträger und der Nicht-Merkmalsträger. Wertebereich: $[0; +\infty[$. (↑Odds Ratio)

**Open science**: Wissenschaftliche Praxis, die maximale ↑Transparenz aller Forschungsdetails sicherstellt.

**Operationalisierung**: Festlegung oder Definition einer Messvorschrift, die ein ↑Merkmal konkret erfassbar oder messbar macht. Definiert, welche empirischen Erscheinungen zur Bestimmung der Ausprägung genutzt werden.

**Ordinalskala bzw. Rangskala:** ↑Skala, bei der den Objekten eines ↑empirischen Bezugssystems Zahlen derart zugeordnet werden, dass von zwei Objekten das Objekt mit der größeren Merkmalsausprägung entweder stets eine größere Zahl (gleichgerichtete ordinale Abbildung) oder aber stets eine kleinere Zahl (inverse ordinale Abbildung) erhält.

**Ordnungsrelation:** Beziehung, bei der ein rangordnender Größer-Kleiner-Vergleich der Elemente definiert ist.

**p, Probability:** Wahrscheinlichkeit.

**Polytome (mehrstufige) Variable:** ↑Kategoriale Variable mit mehr als zwei Ausprägungen

**Population/Grundgesamtheit:** Menge aller Objekte, für die wissenschaftliche Aussagen prinzipiell Gültigkeit anstreben (z. B. alle Menschen, die unter Diabetes leiden, alle erwachsenen Menschen, die in Deutschland leben). Populationen können i. d. R. nie vollständig erhoben werden. In der empirischen Forschung werden ↑Stichproben untersucht, die die Populationsverhältnisse möglichst ↑repräsentativ widerspiegeln sollen.

**Populationsparameter, ↑Erwartungswert, wahrer Wert:** ↑Mittelwert einer statistischen Verteilung in einer ↑Population.

**Positiv Prädiktiver Wert:** Relative Häufigkeit, mit der eine positiv getestete Person krank ist: h(krank | positiv).

**Prädiktorvariable:** Variable, die bei einer ↑Regressionsanalsye zur Schätzung der Werte einer ↑Kriteriumsvariable genutzt wird.

**Produkt-Moment-Korrelation:** ↑Korrelationskoeffizient für zwei intervallskalierte Merkmale. Bildet die Richtung des linearen stochastischen Zusammenhangs ab. Entspricht der standardisierten ↑Kovarianz. Wertebereich: [−1; +1]. Negative Werte: Je größer X, desto kleiner Y; Positive Werte: Je größer X, desto größer Y.

**Proportionale Transformation:** Überführung eines ↑verhältnisskalierten Merkmal X in ein ↑verhältnisskaliertes Merkmal Y gemäß der Funktion $y = b_1 \cdot X$.

**Prozentualer Anteil ($P_i$ bzw. $\%_i$):** ↑Relative Häufigkeit multipliziert mit 100 %. Wertebereich: 0 % bis 100 %.

**Psychometrische Mehr-Item-Skala:** Messinstrument, das aus mehreren Einzelitems (↑Item) besteht und der Messung eines unterliegenden Merkmals dient. Die Messwerte auf den Items werden aggregiert, um die Ausprägung des unterliegenden Merkmals zu schätzen.

**Punktschätzung:** ↑Schätzung

**Qualität:** Übereinstimmung des Ist-Zustands mit dem definierten Soll-Zustand

**Qualitative Inhaltsanalyse:** Qualitativer Analyseansatz, der z. B. die Entwicklung eines Kategoriensystems und der Identifikation von ↑Kategorien dient.

**Qualitätssicherung:** Maßnahmen zur Klärung, Dokumentation und Erhalt von ↑Qualität

**Quantifikatoren:** I. d. R. Adjektive oder Adverbien, die eine Intensitäts- oder Größenausprägung angeben (z. B. selten, mäßig).

**Quantifizierung:** Übertragung einer Merkmalsausprägung in ein Zahlenformat

**Quartil:** Kleinste Messwerte, für die gilt, dass 25 % (1. Quartil), 50 % (2. Quartil = ↑Median), 75 % (3. Quartil) bzw. 100 % kleiner-gleich sind (4. Quartil).

**Querschnittstudie**: ↑Studiendesign, bei dem alle Merkmale zu einem Messzeitpunkt erhoben werden.

**Randomisiert kontrollierte Studie (randomized control trials, RCTs)**: ↑Studiendesign, bei dem die Probandinnen und Probanden per Zufall den Untersuchungsbedingungen (↑unabhängige Variable) zugewiesen werden. Erlaubt die Prüfung einer ↑kausalen Beziehung zwischen ↑unabhängiger Variable und ↑abhängiger Variable.

**Randomisierung**: Zuteilung zu den Untersuchungsbedingungen nach Zufallsprinzip in einer ↑randomisiert kontrollierten Studie.

**Range**: ↑Spannweite

**Rangvarianzanalyse**: ↑Varianzanalyse für ↑ordinale ↑abhängige Merkmale

**Ratingskala**: Einschätzskala mit mehr als zwei geordneten Antwortstufen, z. B.: „1" – „trifft überhaupt nicht zu", „2" – „trifft eher nicht zu", „3" – „weder/noch"; „4" – „trifft eher zu", „3" – „trifft ganz genau zu".

**Regressionsanalyse**: Statistisches Analyseverfahren, bei dem die Ausprägung eines Zielmerkmals (↑Kriteriumsvariable) aus anderen Merkmalen (↑Prädiktorvariablen) geschätzt wird. (↑Einfache lineare Regression, ↑Multiple lineare Regression)

**Relative Häufigkeit $h_i$**: Anteil der Beobachtungen mit einer bestimmten Merkmalsausprägung ($h_i = n_i/N$ = Personen mit Merkmalsausprägung i / alle Personen). Wertebereich: 0 bis 1.

**Relatives Risiko**: Quotient der Risiken zweier Vergleichsgruppen: Risiko(Gruppe 1) / Risiko(Gruppe 0). Relatives Risiko < 1: In Gruppe 1 ist das ↑Risiko niedriger als in Gruppe 0 (↑Schutzfaktor). Relatives Risiko > 1. In Gruppe 1 ist das Risiko höher als in Gruppe 0 (↑Risikofaktor). Das relative Risiko gibt den Faktor an, um den das Risiko in Gruppe 1 im Vergleich zu Gruppe 0 erhöht oder verringert ist. Wertebereich: $[0; +\infty[$.

**Reliabilität**: ↑Zuverlässigkeit

**Replikationsstudie**: Möglichst identische erneute Durchführung einer Originalstudie, zur Prüfung der Wiederholbarkeit und Stabilität der Befunde.

**Repräsentationsproblem**: Welcher Informationsgehalt wird durch ein ↑numerisches Bezugssystem bzw. eine ↑Skala repräsentiert?

**Repräsentativität**: Eine ↑Stichprobe ist repräsentativ, wenn diese keine systematisch andere Merkmalsverteilung aufweist als die ↑Population, aus der die Stichprobe gezogen wurde. Eine repräsentative Stichprobe bildet die Verhältnisse in der Population somit unverzerrt ab. Repräsentativität ist dann gewährleistet, wenn jedes Mitglied der Population die gleiche Wahrscheinlichkeit hat, in die Stichprobe aufgenommen zu werden. Repräsentativität kann durch die zufällige Auswahl der Stichprobenelemente aus der Population erreicht werden.

**Risiko**: ↑Relative Häufigkeit, mit der ein Merkmal unter einer bestimmten Bedingung auftritt.

**Risikofaktor**: Merkmal, das mit einem erhöhten Risiko einhergeht (↑Relatives Risiko bzw. ↑Odds Ratio > 1). (Ggs. ↑Schutzfaktor)

**Robustheit**: ↑Statistische Testverfahren sind robust gegenüber Verletzungen von Annahmen, wenn Simulationsstudien gezeigt haben, dass die moderaten Verletzungen die Gültigkeit der Testergebnisse nicht bedeutsam beeinträchtigen.

**Schätzung**: Stichprobenbasierte Bestimmung einer zu erwartenden Merkmalsausprägung, die aber i. d. R. vom tatsächlichen Wert zufallsbedingt abweicht. Ermittlung eines Bereiches, in dem ein ↑Populationsparameter oder wahrer Wert mit einer definierten ↑Wahrscheinlichkeit liegt (Intervallschätzung, ↑Konfidenzintervall). Auch deskriptive Stichprobenkennwert stellen i. d. R. Schätzungen des Populationsparameters oder des wahren Wertes dar. (Punktschätzung, ↑Erwartungswert)

**Schiefe**: Maß der Asymmetrie einer Datenverteilung. Definiert als $a = \frac{1}{N} \cdot \sum_{i=1}^{N} \left(\frac{x_i - \bar{x}}{\sigma}\right)^3$. Für rechtssteile bzw. linksschiefe Verteilungen gilt a < 0 sowie $\bar{x}$ < ↑Median < ↑Modus. Für linkssteile bzw. rechtsschiefe Verteilungen gilt a > 0 sowie $\bar{x}$ > Median > Modus.

**Schnittmenge**: Menge der Ereignisse, für die alle Bedingungen gegeben sind. A ∩ B (lies: „A geschnitten B") bezeichnet alle Personen, für die sowohl A als auch B zutreffen.

**Schutzfaktor**: Merkmal, das mit einem verringerten Risiko einhergeht (↑Relatives Risiko bzw. ↑Odds Ratio < 1). (Ggs. ↑Risikofaktor)

**Sensitivität**: Relative Häufigkeit, mit der eine kranke Person ein positives Testergebnis erhält: h(positiv | krank).

**Signifikanz**: Unwahrscheinlich, unter der Annahme, dass die ↑Nullhypothese gültig ist, wobei eine definierte Fehlertoleranz (↑Signifikanzniveau) akzeptiert wird. Statistische Bedeutsamkeit im Sinne von „nicht plausibel aufgrund von Zufallseffekten erklärbar" bzw. „unwahrscheinlich, wenn lediglich Zufall zugrunde liegen würde". Signifikanz impliziert, dass die ↑Nullhypothese verworfen und die ↑Alternativhypothese angenommen wird. (↑Signifikanztest)

**Signifikanzniveau**: Beim ↑Signifikanztest festgelegte Irrtumswahrscheinlichkeit α (i. d. R ,05 bzw. 5 %). Gibt an, mit welcher Wahrscheinlichkeit ein signifikantes Ergebnis resultieren würde, obwohl die Nullhypothese gültig ist (↑α-Fehler).

**Signifikanztest**: Statistische Testverfahren, bei denen geprüft wird, ob die ↑Nullhypothese (H0) beibehalten wird (nicht signifikant, $p \geq \alpha$ =,05), oder die Alternativhypothese (H1) angenommen wird ($p < \alpha$ =,05). (↑Inferenzstatistik)

**Simpson-Paradox**: In der Gesamtstichprobe kann sich ein Zusammenhang zeigen, der den Merkmalszusammenhängen in allen Teilstichproben widerspricht. Extremform der ↑Konfundierung.

**Skala**: Numerisches Bezugssystem (Zahlensystem) bzw. Messinstrument, dessen Zahlenwerte das Vorhandensein oder die Ausprägung eines Merkmals abbilden. (↑Psychometrische Mehr-Item-Skala)

**Skalierung**: Festlegung der Eigenschaften einer Messskala oder Entwicklung einer Messvorschrift, die die Interpretierbarkeit der Messergebnisse gewährleistet.

**Sozialwissenschaftliche Standards**: ↑Empirische Sozialforschung

**Spannweite bzw. Range**: Differenz von höchstem und niedrigstem Wert. $Range = x_{max} - x_{min}$.

**Spearmans ρ**: ↑Korrelationskoeffizient für ↑ordinalskalierte Daten

**Spezifität**: Relative Häufigkeit, mit der eine gesunde Person ein negatives Testergebnis erhält: h(negativ | gesund).

**Standardabweichung**: Positive Wurzel aus der ↑Varianz: $\hat{\sigma}_X = +\sqrt{\hat{\sigma}_X^2}$. Faustregel: Die Standardabweichung repräsentiert in etwa das Ausmaß, in dem die Messwerte im Durchschnitt vom ↑Mittelwert $\bar{x}$ abweichen. Je „breiter" die Verteilung ist, desto größer ist die Standardabweichung.

**Standardfehler des Mittelwerts ($\hat{\sigma}_{\overline{x}}$):** Maß für die zu erwartende Abweichung eines ↑Mittelwerts $\overline{x}$ einer zufällig gezogenen ↑Stichprobe des Umfangs $N$ vom wahren Wert bzw. ↑Erwartungswert der Population $\mu$.

**Standardisierung:** Transformation von Messwerten oder einer Datenverteilung auf eine einheitlich definierte Messskala. Datenverteilungen, die unterschiedliche ↑Mittelwerte und unterschiedliche ↑Standardabweichungen besitzen, werden so ↑linear transformiert, dass sie identische Mittelwerte und Standardabweichung besitzen. ↑Normskala, ↑z-Standardisierung.

**Standardnormalverteilung:** ↑Normalverteilung mit ↑Erwartungswert $\mu = 0$ und Standardabweichung $\Sigma = 1$.

**Standardschätzfehler:** Je genauer die ↑Prädiktorvariable X die Werte der Kriteriumsvariable in Y regressionsanalytisch (↑Regressionsnalyse) schätzt, desto kleiner ist der Standardschätzfehler im Vergleich zur Standardabweichung von Y.

**Statistik:** Wissenschaft, die Regeln und Methoden zur Verfügung stellt, um ↑Daten zu erheben, Daten angemessen zu verarbeiten, Eigenschaften von Daten zu beschreiben und Eigenschaften der Daten angemessen zu beurteilen.

**Statistische Hypothese:** Vermutung oder Annahme, die mit einer ↑Forschungshypothese korrespondiert, und deren Gültigkeit mittels statistischer Signifikanztests geprüft wird.

**Statistische Testverfahren/Statistische Analyseverfahren:** ↑Alternativhypothese, ↑Nullhypothese. Auswertungsverfahren, die berücksichtigen, dass Zufallseffekte die systematischen Informationen überlagern. Dienen insbesondere der Prüfung von ↑Hypothesen und statistischer ↑Signifikanz. (↑Inferenzstatistik)

**Stichprobe:** Objekte, die in einer Studie tatsächlich untersucht werden und stellvertretend eine zugrunde liegende ↑Population repräsentieren. (↑Repräsentativität)

**Stochastischer Zusammenhang:** ↑Zusammenhang, bei dem die Ausprägung der Kriteriumsvariable Y lediglich fehlerbehaftet (d. h. mit Abweichungen von dem vorhergesagten Wert) aufgrund einer oder mehrerer Prädikorvariablen (↑Regressionsanalyse) geschätzt werden kann.

**Störgrößen/Störvariablen:** Merkmale, die die Ergebnisse einer Untersuchung verzerren oder deren Genauigkeit verringern. (↑Konfundierende Variable)

**Streudiagramm:** Grafische Darstellung der gemeinsamen Werteverteilung in X und Y. Person i ist durch einen Punkt mit den Koordinaten ($x_i$; $y_i$) definiert.

**Studiendesign/Forschungsdesign:** Festlegung aller Details der Durchführung einer empirischen Studie: Welche ↑Merkmale werden wie bei welchen Personen (↑Stichprobe), die welcher Untersuchungsgruppe angehören, wann erhoben?

**Summenzeichen Σ (griech. Sigma):** Symbol, das verkürzt die Aufsummierung von einzelnen Werten repräsentiert. Summierungsvorschrift.

**Symmetrie:** ↑Schiefe

**Transparenz von Forschung:** Alle Details der Studienplanung und -durchführung werden offengelegt bzw. den Rezipientinnen und Rezipienten der Studienbefunde mitgeteilt.

**t-Test für abhängige/gepaarte Stichproben:** ↑Signifikanztest, bei dem geprüft wird, ob sich die Mittelwerte eines zweimal gemessenen abhängigen intervallskalierten Merkmals (z. B. Vorher-Nachher-Messung) systematisch unterscheiden oder nicht. Das Merkmal wird also zweimal in derselben Gruppe von Personen oder bei einander eindeutig zugeordneten Personen (z. B. Ehepartner) erhoben.

**t-Test für unabhängige Stichproben:** ↑Signifikanztest, bei dem geprüft wird, ob sich die ↑Mittelwerte zweier Gruppen in einem abhängigen ↑intervallskalierten Vergleichsmerkmal systematisch unterscheiden oder nicht.

**t-Verteilung, Student'sche t-Verteilung:** Die t-Verteilung hat eine ähnliche Form wie die ↑Standardnormalverteilung: Die Werte verteilen sich glockenförmig um den Wert 0. Jedoch ist die ↑Standardabweichung $\varepsilon = \sqrt{(N/(N-2))}$ der t-Verteilung etwas größer als diejenige der Standardnormalverteilung ($\varepsilon = 1$).

**Unabhängige Stichproben:** ↑t-Test für unabhängige Stichproben

**Unabhängige Variable (UV):** Die Untersuchungsbedingungen. ↑Interventionsbedingung vs. ↑Kontrollbedingung), die in einer Forschungsstudie verglichen werden. Die UV repräsentiert damit das Merkmal, das die gewünschten Veränderungen in der ↑abhängigen Variable bewirken soll.

**Unimodale Datenverteilung:** Datenverteilung bei der die Häufigkeiten mit wachsender Distanz zum ↑Modalwert kontinuierlich abfallen. Datenverteilung mit eindeutigem Modalwert.

**Ursache-Wirkungsbeziehung:** ↑Kausalität

**Validierung:** Empirische Prüfung der ↑Gültigkeit

**Validität:** ↑Gültigkeit

**Variable:** Quantifiziertes Untersuchungsmerkmal, dessen unterschiedliche (bzw. variablen) Ausprägungen verglichen bzw. untersucht werden.

**Varianz:** Wird ermittelt, indem die Summe der quadrierten Abweichungen der $x_i$ -Werte vom Mittelwert $\overline{x}$ durch die um 1 verringerte Anzahl der Beobachtungen N geteilt wird: $\hat{\sigma}_x^2 = \frac{1}{N-1} \cdot (x_i - \overline{x})^2$. Sie repräsentiert die korrigierte durchschnittliche quadrierte Abweichung der Messwerte $x_i$ von $\overline{x}$. Je „breiter" die Verteilung ist, desto größer ist die Varianz. Die Wurzel aus der Varianz entspricht der ↑Standardabweichung.

**Varianzanalyse:** ↑Statistisches Testverfahren zur Prüfung der Signifikanz und der Stärke des Unterschieds zwischen mehr als 2 ↑Mittelwerten eines ↑intervallskalierten abhängigen Merkmals (z. B.Vergleich der Mittelwerte aus 3 Gruppen oder zu 3 Messzeitpunkten). Der ↑t-Test stellt einen Spezialfall der Varianzanalyse dar, wenn der Unterschied zwischen lediglich zwei Mittelwerten untersucht wird.

**Varianzaufklärung:** Je ähnlicher die ↑Varianz der bei der ↑Regressionsanalye geschätzten Werte $\hat{y}_i$ und die Varianz der gemessenen $y_i$-Werte sind, desto besser können die $y_i$-Werte durch die $x_i$-Werte geschätzt werden. Diese Gesamtvarianz einer regressionsanalytisch geschätzten Kriteriumsvariable Y lässt sich additiv in ↑aufgeklärte Varianz und ↑Fehlervarianz zerlegen.

**Varianzhomogenität:** Gleichheit von Varianzen. Annahme beim ↑t-Test für unabhängige Stichproben.

**Vereinigungsmenge:** Menge aller Personen, für die mindestens eine der beiden Bedingungen zutrifft: $A \cup B$ (lies: „A vereinigt B") bezeichnet alle Personen, für die entweder A oder B zutreffen (inklusive derjenigen, die A und B aufweisen).

**Verfügbarkeitsheuristik:** Information, denen man häufiger z. B. in den Medien begegnet, oder die man besser erinnert, sind ausschlaggebender für das eigene Urteil.

**Verhältnisskala:** ↑Skala, bei der den Objekten eines empirischen Relativs Zahlen derart zugeordnet werden, dass die Zahlen, die die Merkmalsausprägungen der Objekte repräsentieren, im selben Verhältnis zueinander stehen, wie die Merkmalsausprägungen der Objekte. Der Nullpunkt ist natürlich festgelegt.

**Verteilung:** ↑Häufigkeitsverteilung, ↑Bernoulli-Verteilung, ↑Binomialverteilung, ↑Normalverteilung.

**Verteilungsfunktion:** Verlauf der ↑kumulierten Häufigkeiten oder kumulierten ↑Wahrscheinlichkeiten in Abhängigkeit von der x-Achse. Die Daten müssen mindestens intervallskaliert sein.

**Vertrauensintervall:** ↑Konfidenzintervall

**Verzerrung:** ↑Bias

**Vierfeldertafel:** Tabellarische Darstellung (2 x 2-↑Kontingenztabelle) der Auftretenshäufigkeit der Kombination der Ausprägungen zweier ↑dichotomer Variablen.

**Wahrscheinlichkeit:** Entspricht der erwarteten ↑relativen Häufigkeit eines Ereignisses, wenn das Eintreten des Ereignisses zufallsbedingt ist. Die relative Häufigkeit nähert sich mit wachsender Größe einer ↑repräsentativen ↑Stichprobe der Wahrscheinlichkeit an. Wird durch den Variablennamen $p$ (engl. probability) bezeichnet.

**Wahrscheinlichkeitsdichte:** ↑Wahrscheinlichkeitsverteilung

**Wahrscheinlichkeitsverteilung:** Grafische oder tabellarische Darstellung bei der jedem möglichen diskreten Ereignis $x_i$ dessen ↑Wahrscheinlichkeit $p(x_i)$ zugeordnet ist (↑Bernoulli-Verteilung; ↑Binomialverteilung). Sind die möglichen Ereignisse kontinuierlich ausgeprägt, so spricht man von einer *Wahrscheinlichkeitsdichte*: Hier kann nur die Wahrscheinlichkeit für Merkmalsbereiche bzw. -intervalle abgelesen werden. (z. B. ↑Normalverteilung, ↑t-Verteilung)

**Widerlegbarkeit/Falsifizierbarkeit:** Für wissenschaftliche Aussagen muss angegeben werden können, welche empirischen Beobachtungen zeigen würden, dass sich die Aussage als falsch erweist.

**Wiederholbarkeit/Replizierbarkeit/Stabilität:** Wissenschaftliche Befunde müssen sich bei wiederholter Untersuchung (↑Replikationsstudie) erneut zeigen bzw. sich reproduzieren lassen.

**Wilcoxon-Test:** ↑Signifikanztest bei dem geprüft wird, ob sich die durchschnittliche Ausprägung eines ordinalskalierten Merkmals zweier Gruppen unterscheidet.

**Wirkmodelle:** Wirkmodelle beschreiben empirischen Phänomenen zugrunde liegende Merkmale, Strukturen und Prozesse. Wirkmodelle beschreiben die Ursachen für das Auftreten empirischer Phänomene.

**Wirksamkeit:** Eine Maßnahme oder Intervention (z. B. Therapieform) ist wirksam, wenn diese ursächlich Veränderungen in der Zielgröße (z. B. Gesundheitszustand) hervorruft bzw. bedingt. ↑Evidenzbasierte Gesundheitswissenschaften, ↑Kausalität.

**Wirksamkeitsstudie:** ↑Studiendesign, bei dem der ursächliche Effekt einer Maßnahme auf ein Zielmerkmal untersucht wird. (↑Randomisiert kontrollierte Studie)

**Wissenschaftlichkeit:** Eine Erkenntnis kann als „wissenschaftlich“ gelten, wenn sie auf Basis bestmöglichen Wissens zum Forschungsgegenstand gewonnen wird, die Forschenden ihr Handeln und ihre Schlussfolgerungen neutral, vollständig, transparent und nachvollziehbar begründen und dokumentieren, die analysierten Merkmale aussagekräftig erfasst wurden, Methoden eingesetzt werden, die eine möglichst eindeutige und verlässliche Interpretation gewährleisten, und alternative Erklärungsansätze, die dieselben Befunde ebenso gut erklären können, ausgeschlossen oder bestmöglich kontrolliert werden.

**z-↑Standardisierung**: z-standardisierte Werte erhält man, wenn man die Abweichung der Messwerte $x_i$ vom ↑Mittelwert $\overline{x}$ durch die ↑Standardabweichung teilt; $z_i = \frac{x_i - \overline{x}}{\hat{\sigma}}$ teilt. $z_i$-Werte geben an, wie viele Standardabweichungen und in welche Richtung ein Messwert vom ↑Mittelwert abweicht. Die z-standardisierten Werte haben immer einen Mittelwert von $z(\overline{x}) = 0$ und eine Standardabweichung von $\hat{\sigma}_{z(x)} = 1$. Der Wertebereich der *z*-standardisierten Werte liegt i. d. R. zwischen -2,5 und + 2,5. Negativer *z*-Wert bzw. $z(x_i) < 0$: Ein Messwert $x_i$ liegt unterhalb des arithmetischen Mittelwerts $\overline{x}$; $z(x_i) = 0$: Der Messwert entspricht dem arithmetischen Mittelwert $\overline{x}$; Positiver *z*-Wert bzw. $z(x_i) > 0$: Ein Messwert $x_i$ liegt oberhalb des arithmetischen Mittelwerts $\overline{x}$.

**Zentraler Grenzwertsatz**: Die ↑Kennwerteverteilung von ↑Mittelwerten nähert sich mit wachsender Stichprobengröße einer ↑Normalverteilung an, deren ↑Varianz proportional zum Stichprobenumfang N abnimmt und deren ↑Standardfehler proportional zur Wurzel aus N abnimmt.

**Zufallsauswahl**: Der Zufall bestimmt, wer an einer Studie teilnimmt. Wichtig, um die empirischen Verhältnisse ↑repräsentativ abzubilden und Schlussfolgerungen auf die allgemeinen Verhältnisse begründen zu können (Kriterium der externen ↑Validität).

**Zufall/Zufallseffekte**: Gesamtheit aller nicht erfassbarer bzw. nicht erfasster oder als unwesentlich vernachlässigter Einflüsse auf die Größe einer Beobachtungsvariablen. Abweichung von einer allgemeinen Erwartung, für die keine Erklärung existiert. Kann keine Ursache für ein Phänomen benannt werden, so wird dieses als zufallsbedingt angesehen.

**Zufallsfehler**: Unsystematische Fehler, die sich bei mehrfacher Durchführung gegenseitig aufheben und somit nicht zu einer systematischen Unter- oder Überschätzung einer Merkmalausprägung führen. (Ggs. ↑Bias)

**Zufallszuteilung**: Der Zufall bestimmt, wer welcher der zu vergleichenden Studienbedingungen (z. B. ↑Interventions- vs. ↑Kontrollgruppe) zugewiesen wird. Stellt die Fairness von Vergleichen in ↑randomisiert kontrollierten Studien sicher, sodass kausale Wirkeffekte der Intervention identifiziert werden können.

**Zusammenhang/Korrelation**: Besteht, wenn die Ausprägungen eines Merkmals mit den Ausprägungen des anderen Merkmals korrespondieren (z. B.: Je größer X, desto größer/kleiner Y). Eine korrespondierende Variation ist kein Beweis für eine Ursache-Wirkungsbeziehung (↑Kausalität) der Merkmale.

**Zuverlässigkeit/Reliabilität**: Urteile oder Messwerte sind hinreichend fehlerfrei oder genau, in dem Sinne, dass dieselben Objekte stets ähnlich beurteilt werden und verschiedene Objekte als verschieden erkannt werden. (↑Gütekriterien)

# Abkürzungsverzeichnis

**α**
Irrtumswahrscheinlichkeit, wenn die Nullhypothese gilt (Signifikanzniveau)

**1-α**
Schätzsicherheit

**a**
Schiefe einer Verteilung

**ARV**
Absolute Risikoveränderung

**β**
Irrtumswahrscheinlichkeit, wenn die Alternativhypothese gilt

**1 – β**
Teststärke (Power)

**$\beta_i$**
Regressionsgewicht der i-ten Prädiktorvariable in der standardisierten linearen Regressionsgleichung

**$b_0$**
Regressionskonstante der unstandardisierten linearen Regressionsgleichung; Konstante/y-Achsenschnittpunkt linearer Funktionsgeraden

**$b_i$**
Regressionsgewicht der i-ten Prädiktorvariablen in der unstandardisierten linearen Regressionsgleichung; Steigung einer linearen Funktionsgerade

**bzw.**
beziehungsweise

**cm**
Zentimeter

**COV**
Kovarianz

**COVID-19**
Corona virus infection disease 2019

**C-Werte**
Normskala mit $\mu = 5$ und $\sigma = 2$

**d**
Effektstärkemaß Cohens d

**d.h.**
Das heißt

**df**
Degrees of freedom, Freiheitsgrade

**$d_i$**
Differenz

**dl**
Deziliter

***η* (griech. eta)**
Korrelationskoeffizient in der Varianzanalyse

**e**
expected frequency; Bei Unabhängigkeit erwartete absolute Häufigkeit

**E(X)**
Erwartungswert

**$e_i$**
Fehler- bzw. Zufallskomponente

**φ (griech. phi)**
Korrelationskoeffizient für dichotome Variablen

**$F_i$**
(1) Kumulierte relative Häufigkeit für die Merkmalsausprägung i.
(2) $F_i$ Wert einer F-Verteilung

**g**
Gramm

**Ggs.**
Gegensatz

**$H_0$**
Nullhypothese

**$H_1$**
Alternativhypothese

**$h_i$**
relative Häufigkeit der Merkmalsausprägung i

**I**
Inversionen

**i. d. R.**
in der Regel

**IQA**
Interquartilabstand

**IQ-Werte**
Intelligenzquotient-Werte; Normskala mit $\mu = 100$ und $\sigma = 15$

**kg**
Kilogramm

**km**
Kilometer

**ln(OR)**
Logarithmierter Wert von Odds Ratio

**LQ**
Lebensqualität

**μ**
(griech. mue) Erwartungswert in einer Population

**m**
Meter

**max.**
Maximum

**mg**
Milligramm

**min**
Minimum, Minuten

**mmHg**
Millimeter-Quecksilbersäule, Maß des statischen Drucks

**N**
Umfang der Gesamtstichprobe

**$n_i$**
absolute Häufigkeit der Merkmalsausprägung i

**$N_i$**
Kumulierte absolute Häufigkeit für die Merkmalsausprägung i

**NNT**
Number-Needed-to-Treat

**NPW**
Negativ Prädiktiver Wert

**NV**
Normalverteilung

**o**
observed frequency; beobachtete absolute Häufigkeit

**OR**
Odds Ratio, Quotenverhältnis

**P**
Proversionen

**p**
Wahrscheinlichkeit

**$P_i$ bzw. $\%_i$**
Prozentualer Anteil der Merkmalsausprägung i

**PPW**
Positiv Prädiktiver Wert

**ρ (griech. rho)**
(1) wahre Korrelation/Erwartungswert der Korrelation.
(2) Rangkorrelationskoeffizient nach Spearman

**R**
Multiple Korrelation

**r**
Produkt-Moment-Korrelation

**$r^2$**
Determinationskoeffizient

**$R^2$**
Multipler Determininationskoeffizient

**Range**
Spannweite

**$r_i$**
Rangplatz von Objekt i

**RR**
Relatives Risiko

**Σ (großes griech. Sigma)**
Summenzeichen

**S**
Differenz von Proversionen und Inversionen

**s, σ, $\hat{\sigma}$ (kleines griech. sigma)**
Standardabweichung der Stichprobe, der Population bzw. geschätzte Standardabweichung der Population

**s.**
siehe

**$s^2$, $\sigma^2$, $\hat{\sigma}^2$**
Stichprobenvarianz, Populationsvarianz, geschätzte Populatiosnsvarianz

$\hat{\sigma}_{\overline{x}}$
Standardfehler des Mittelwerts

**sek.**
Sekunden

**SF-12**
Short-Form-12; Fragebogen zur gesundheitsbezogenen Lebensqualität

**Sig.**
Signifikanz

**SPSS**
Statistical Package for the Social Sciences

**Stanine**
(engl.) standard nine; Normskala mit $\mu = 5$ und $\sigma = 2$

**Sten**
(engl.) standard ten; Normskala mit $\mu = 5{,}5$ und $\sigma = 2$

**$t_{emp}$**
t-Wert einer empirischen Messung

**$t_i$**
Wert der i-ten Person in einer t-Verteilung

**$t_{krit}$**
kritischer t-Wert

**T-Werte**
Normskala mit $\mu = 50$ und $\sigma = 10$

**$\tau$**
(griech. tau) Rangkorrelationskoeffizient nach Kendall

**u. a.**
unter anderem

**vs.**
versus

**W**
Wilcoxon W, Teststatistik

**$x_i$**
Messwert der i-ten Person für die Variable X

**$\bar{x}$**
Arithmetisches Mittel

**$y_i$**
Messwert des i-ten Objekts für die Variable Y

$\hat{y}_i$
(lies: y i dach) Geschätzter Werte des i-ten Objekts in Y

**$z(x_i)$**
z-standardisierter Messwert

**z. B.**
zum Beispiel

**Z-Werte**
Normskala mit $\mu = 100$ und $\sigma = 10$

# Über den Autor

**Prof. Dr. Markus Antonius Wirtz** ist Diplom-Psychologe und leitet an der Pädagogischen Hochschule Freiburg die Fachrichtung Forschungsmethoden in den Gesundheitswissenschaften. 2019 wurde er mit dem Lehrpreis der Hochschule ausgezeichnet.

Von 2006 bis 2020 leitete er die Sektion „Methoden" der Deutschen Gesellschaft für Rehabilitationswissenschaften (DGRW) und von 2009 bis 2014 die Sektion „Organisationsbezogene Versorgungsforschung" des Deutschen Netzwerks für Versorgungsforschung (DNVF). Er ist (Mit-)Herausgeber und Autor mehrerer Lehrbücher im Bereich der Gesundheitswissenschaften sowie der Forschungsmethoden und Statistik sowie Mitherausgeber der Serie „Methoden der Rehabilitationswissenschaften" der Zeitschrift „Die Rehabilitation".

Gesundheitskompetenz, Gesundheitsbezogene Lebensqualität und Patientenzentrierte psychosoziale Versorgung bilden die inhaltlichen Schwerpunkte seiner Arbeit.

# Sachwortverzeichnis

## E



## F



## G



## H



## I

## S



## T



## U



## V

## W



## Y



## Z

# Hinweise zu Zusatzmaterialien

DOWNLOAD

Sie können für diesen Titel kostenfrei die Lösungen der Aufgaben in den Kapiteln 1 bis 13 als Online-Materialien über unsere Internetseite nach erfolgter Registrierung abrufen.

Nutzen Sie dazu bitte den angebenen Link und melden Sie sich nach den dort beschriebenen Schritten an. Sie können auf die Materialien über ***Mein Konto*** zugreifen, indem Sie unter ***Meine Zusatzmaterialien*** den Code eingeben. Sie werden dann automatisch in den Downloadbereich weitergeleitet.

Link: hgf.io/download
Code: **B-158199**

Wir empfehlen Ihnen, sich die Materialien auf Ihrem Rechner zu speichern, um sie jederzeit und dauerhaft nutzen zu können.

# Anzeigen

# Geeignete Assessments auswählen und implementieren

Helen Strebel / Claudia Merklein de Freitas / Florence Kranz (Hrsg.)

**Assessments in der Ergotherapie**

Die (Re-)Evaluation klienten- und betätigungszentriert gestalten

*2022. 368 S., 39 Abb., 35 Tab., Kt*
*€ 44,95 (DE) / € 46,30 (AT) / CHF 58.80*
*ISBN 978-3-456-86084-8*
*Auch als eBook erhältlich*

Um den ergotherapeutischen Prozess klienten- und betätigungszentriert zu gestalten, benötigen Ergotherapeutinnen und Ergotherapeuten aussagekräftige Assessments, mit deren Hilfe sie zum Beispiel Informationen über Betätigungsprofil, -anliegen und -performance ihrer Klientinnen und Klienten ermitteln können. Die Phase der (Re-)Evaluation erfordert, Assessments gezielt auszuwählen und zu implementieren. Ebenso gilt es, gewonnene Daten korrekt zu interpretieren und für den weiteren Behandlungsverlauf zu nutzen.

www.hogrefe.com

hogrefe

# Einblick und Einstieg leicht gemacht

Joseph Kuhn / Manfred Wildner

**Gesundheitsdaten verstehen**

Statistiken lesen lernen – ein Einsteigerbuch

*2., vollst. überarb. u. erw. Aufl. 2019.*
*128 S., 35 Abb., 41 Tab., Kt*
*€ 24,95 (DE) / € 25,70 (AT) / CHF 34.50*
*ISBN 978-3-456-85912-5*
*Auch als eBook erhältlich*

Dieses Buch führt allgemeinverständlich in die Welt der uns täglich umgebenden Gesundheitsdaten ein und fordert unterhaltsam ein „Glaube nur der Statistik, die du verstanden hast“: Wie man Statistiken lesen muss, wie man Prävalenzen und Risiken und Scheinzusammenhänge richtig einschätzt und welche Fallstricke dabei zu beachten sind. Vorkenntnisse der Statistik oder Medizin sind nicht erforderlich.

www.hogrefe.com

hogrefe